Java 6
Das Übungsbuch

Elisabeth Jung

Java 6
Das Übungsbuch

mitp

Bibliografische Information der Deutschen Nationalbibliothek
Die Deutsche Nationalbibliothek verzeichnet diese Publikation in der Deutschen Nationalbibliografie; detaillierte bibliografische Daten sind im Internet über <http://dnb.d-nb.de> abrufbar.

Bei der Herstellung des Werkes haben wir uns zukunftsbewusst für umweltverträgliche und wiederverwertbare Materialien entschieden. Der Inhalt ist auf elementar chlorfreiem Papier gedruckt.

ISBN 978-3-8266-1780-5
1. Auflage 2007

E-Mail: kundenbetreuung@hjr-verlag.de

Telefon: +49 89/2183-7928
Telefax: +49 89/2183-7620

www.mitp.de

Lektorat: Sabine Schulz
Fach- und Sprachkorrektorat: Hubert Partl
Satz: III-satz, Husby, www.drei-satz.de
Druck: Beltz Druckpartner GmbH und Co. KG, Hemsbach

Inhaltsverzeichnis

Einleitung

Das Java 6 Übungsbuch ist aus der Erkenntnis entstanden, dass zu umfangreiche Beispiele mit komplizierten Algorithmen beim Lernen von Java am Anfang keine echte Hilfe bieten. Darum liegt der Schwerpunkt des Buches nicht auf der Umsetzung von komplizierten Vorgängen, sondern auf der Art und Weise, wie man die nicht immer für den Leser verständlich formulierten Erläuterungen zu Java-Klassen und -Interfaces aus der Dokumentation mit einfachen Beispielen erklären und gleichzeitig die zugrunde liegenden Konzepte damit erörtern kann.

Das Java 6 Übungsbuch wendet sich in erster Linie an Lehrer, Schüler und Studenten als Begleitliteratur zum Lernen der Programmiersprache Java, ist aber auch zum Selbststudium für alle Interessenten an dem Erlernen der Programmiersprache geeignet.

Durch die Einfachheit und Vollständigkeit der Aufgabenlösungen sowie die unterschiedlichen Lösungsmöglichkeiten erhält der Leser ein fundiertes Verständnis für die Aufgabenstellungen und deren Lösungen.

Durch das Lösen von Aufgaben soll der in Referenz- und Lehrbüchern von Java angebotene Stoff vertieft werden, und die dabei erzielten Ergebnisse können anhand der Lösungsvorschläge überprüft werden. Die Beispiele im Buch sind eher selten von zu komplexer Natur, sodass der eigentliche Zweck nicht in den Hintergrund tritt, und alle beschriebenen Themen können tiefgehend und präzise damit eingeübt werden.

Vorkenntnisse

Es ist Voraussetzung, dass der Leser zusätzlich mit einem Lehrbuch zu Java arbeitet bzw. bereits damit gearbeitet hat. Die grundlegenden Erläuterungen zu Java in diesem Buch können lediglich als Wiederholung des bereits vorhandenen Wissens dienen, reichen aber nicht aus, um die Sprache Java erst neu zu lernen.

Als weitere Voraussetzung gelten Grundlagen im Bereich der Programmierung und im Umgang mit dem Betriebssystem. Ein paralleler Zugriff auf die Java-Online-Dokumentation kann Hilfe zu den Java-Standard-Klassen bieten.

Aufbau des Buches

Jedes Kapitel beginnt mit einer kurzen und knappen Wiederholung des Stoffes, der in den Übungsaufgaben dieses Kapitels verwendet wird. Danach folgen alle Aufgabenstellungen der Übungen. Am Ende des Kapitels folgen gesammelt alle Lösungen der Übungsaufgaben mit Kommentaren, Erläuterungen und Hinweisen.

Alle Kapitel enthalten Wiederholungsaufgaben, in denen versucht wird, die bis zur angelangten Stelle definierten Begriffe zusammenzutragen.

Die Aufgaben haben unterschiedliche Schwierigkeitsgrade. Dieser wird im Aufgabenkopf durch 1 bis 3 Sternchen gekennzeichnet:

☆ 1 Sternchen für besonders einfache Aufgaben, die auch von Anfängern leicht bewältigt werden können;

☆☆ 2 Sternchen für etwas kompliziertere Aufgaben, die einen durchschnittlichen Aufwand benötigen;

☆☆☆ 3 Sternchen für Aufgaben, die sich an geübte Programmierer richten und einen wesentlich höheren Aufwand oder die Kenntnis von speziellen Details erfordern.

Die Programme aus früheren Übungen werden teilweise in späteren Übungen gebraucht und es wird auch immer wieder auf theoretische Zusammenhänge zurückgekommen oder hingewiesen.

Die Lösungsvorschläge verfügen über umfangreiche Kommentare, sodass ein Verständnis für die durchgeführte Aufgabe auch daraus abgeleitet werden kann und dies jede einzelne Aufgabe im Gesamtkontext unabhängig erscheinen lässt.

In den Kapiteln 1, 2 und 3 liegt das Hauptmerkmal auf den Eigenheiten der objektorientierten Programmierung mit Java. Durch eine Vielzahl von Beispielen wird gezeigt, was die Java-Standard-Klassen an Funktionen bieten und wie diese sinnvoll in die Definition von eigenen Klassen eingebettet werden können.

Die Kapitel 4 bis 6 erproben umfangreiche Kenntnisse über die Java-GUI-Programmierung mit AWT und Swing.

Die darauf folgenden Spezialkapitel über Innere Klassen, Generics und Exceptions bringen parallel zu den Aufgaben, die einer umfangreichen Darstellung von neu eingeführten Begriffen und Definitionen dienen, auch weiterführende Aufgabenbeispiele zu den bisherigen Kapiteln.

Weil der Schwerpunkt des Buches nicht auf der Umsetzung von aufwendigen Algorithmen liegen soll, werden einfache Beispiele mit Zahlen, Buchstaben, Wörtern, Büchern, Wochentagen, geometrischen Figuren etc. und teilweise auch mit ganz abstrakten Klassennamen wie Klasse1, Klasse2, KlasseA, KlasseB etc. verwendet. In den Beispielen zur graphischen Programmierung werden nicht alle Komponenten behandelt – dies machen ja vorrangig Referenzbücher – sondern die Beispiele dienen dazu, die Basiskonzepte von Swing-Architekturen in sich ergänzend zu beschreiben und können ganz einfach auch für andere Swing-Komponenten umgesetzt werden.

Ich habe generell versucht, keine Begriffe, Klassen und Komponenten zu benutzen, die nicht schon in vorangehenden Beispielen und Kapiteln definiert oder erläutert wurden. In den wenigen Fällen, wo es sich nicht vermeiden ließ, wird darauf hingewiesen.

Die Kapitel 1 bis 9 sind auf die Java-Version 5.0 abgestimmt. Die wichtigsten Änderungen, welche die Version 6 von Java mit sich bringt, werden im Kapitel 10 behandelt.

Im Inhaltsverzeichnis werden alle Aufgaben mit einer Aufgabennummer und einer Kurzbeschreibung aufgelistet. Das Stichwortverzeichnis enthält alle wichtigen Begriffe sowie unter dem Oberbegriff Klassen- bzw. Schnittstellendefinitionen die Namen aller Beispiel-Klassen und -Interfaces.

An dieser Stelle möchte ich auf das dem Buch zugrunde liegende Konzept hinweisen, dass parallel zu ganz einfachen Aufgaben, die zu allen eingeführten Definitionen und Begriffen gebracht werden, anhand von inhaltlichen Zusammenhängen zwischen den Beispielen viele Basiskonzepte von Java erläutert werden.

Benötigte Software

Für die Durchführung der Übungen in den Kapiteln 1 bis 9 können Sie das Java Development Kit (JDK) der Java Standard Edition (SE) Version 5.x oder 6.x verwenden. Für die Übungen von Kapitel 10 brauchen Sie die Version 6.0 oder höher.

Das aktuelle Java Development Kit der Java Standard Edition können Sie sich kostenlos von der Java Homepage von Sun unter der Adresse `http://java.sun.com/javase/downloads/index.jsp` herunterladen. Das JDK umfasst sowohl die Software zur Programmerstellung als auch das JRE (Java Runtime Environment) für die Programmausführung.

Graphische Entwicklungsoberflächen (wie z.B. Eclipse) sind keine Voraussetzung und auch nicht Bestandteil dieses Buches. Die Programme lassen sich grundsätzlich mit einem Texteditor wie z.B. TextEdit oder auch Wordpad eingeben und über die Kommandozeile durch den Aufruf der Programme `jazc` und `java` übersetzen und starten. Der vollständige Programmaufruf ist bei jeder Aufgabe angegeben.

Sollte Ihnen beim Erlernen der Programmiersprache selbst eine Entwicklungsumgebung nicht zu aufwändig oder unübersichtlich erscheinen, steht Ihnen nichts im Wege, die zu den Aufgaben zugehörigen Programm- und Klassendateien zum Testen oder auch Ergänzen in eine solche einzubetten.

Web-Site

Die Web-Site zum Buch mit der Adresse `http://www.mitp.de/1780` beinhaltet den plattformunabhängigen Quellcode der Lösungsvorschläge und die für Windows XP kompilierte ausführbare Version als Download-Archiv. Diese Archivdatei enthält alle Java-Quellcodes, übersetzten Klassen und Bilddateien in einer Verzeichnisstruktur, die mit der im Buch beschriebenen übereinstimmt.

Ich wünsche Ihnen viel Erfolg beim Programmieren mit Java.

Elisabeth Jung

Autorin

Frau Elisabeth Jung ist freie Autorin und wohnhaft in Frankfurt am Main.

Nach dem Studium der Mathematik an der Universität Temeschburg in Rumänien hat Elisabeth Jung Grundlagen der Informatik und Fortran unterrichtet. Im Jahr 1982 hat sie bereits eine Aufgabensammlung für Fortran an der gleichen Universität veröffentlicht.

Zwischen den Jahren 1984 und 2001 hat Elisabeth Jung bei der Firma Siemens in Frankfurt in einer Vielzahl von Projektarbeiten umfangreiche Erfahrungen gesammelt in den Bereichen Programmiersprachen (Assembler, Fortran, Pascal, C, C++, Java), Datenbanken (Text-Retrieval, relationale Systeme, Client-Server-Architekturen) und der Entwicklung und dem Test von Hardware-naher Systemsoftware.

Seit 2001 beschäftigt sie sich mit ihren bevorzugten Themen, der Mathematik und den objektorientierten Programmiersprachen, insbesondere Java. Ihr Buch ist aus der Erfahrung im Unterricht und dem Erlernen von Programmiersprachen entstanden, bei dem insbesondere das eigene Programmieren und die praktische Anwendung des Gelernten eine große Rolle spielt.

Kapitel 1

Klassendefinition und Objektinstantiierung

1.1 Klassen und Objekte

Klassen und Objekte bilden die Basis in der objektorientierten Programmierung. Eine Klasse ist eine Ansammlung von Attributen, die Eigenschaften definieren und Felder genannt werden, sowie von Funktionen, die deren Zustände und Verhaltensweisen festlegen und als Methoden bezeichnet werden. Felder und Methoden werden auch als Member einer Klasse bezeichnet.

Klassen werden mit dem Schlüsselwort `class` eingeleitet und definieren eine logische Abstraktion, die eine Basisstruktur für Objekte vorgibt. Sie sind als eine Erweiterung der primitiven Datentypen zu sehen. Während Klassen Modelle definieren, sind Objekte konkrete Exemplare, auch Instanzen der Klasse genannt.

Eine Schnittstelle (Interface) ist eine reine Spezifikation, die definiert, wie eine Klasse sich zu verhalten hat. Sie wird mit dem Schlüsselwort `interface` eingeleitet und kann keine Implementationen von Feldern und Methoden enthalten, mit Ausnahme von Konstantendefinitionen.

Ein Objekt von einer Klasse wird in Java mit dem `new`-Operator und einem Konstruktor erzeugt. Damit werden auch seine Felder initialisiert und der erforderliche Speicherplatz für das Objekt reserviert. Ein Objekt wird über eine Referenz angesprochen. Eine Referenz entspricht in Java in etwa einem Zeiger in anderen Programmiersprachen und ist einem Verweis auf das Objekt gleichzustellen, womit dieses identifiziert werden kann.

Mit Referenztypen werden Datentypen bezeichnet, welche im Gegensatz zu den primitiven Datentypen vom Entwickler selbst definiert werden. Diese können vom Typ einer Klasse, einer Schnittstelle oder eines Arrays sein. Ein Arraytyp identifiziert ein Objekt, das mehrere Werte von ein und demselben Typ speichern kann.

Die mit dem Modifikator `static` deklarierten Felder und Methoden in einer Klasse werden als Klassenfelder bzw. Klassenmethoden bezeichnet. Alle anderen Felder und Methoden einer Klasse werden auch Instanzfelder bzw. Instanzmethoden genannt.

Die Klassen bilden in Java eine Klassenhierarchie. Jede Klasse hat eine Oberklasse, deren Felder und Methoden sie erbt. Die Oberklasse aller Klassen in Java ist die Klasse `java.lang.Object` (s. Kapitel 2, Abgeleitete Klassen und Vererbung und Kapitel 3, Abstrakte Klassen und Interfaces).

Beim Definieren von Klassen ist zu beachten, dass eine Klasse eine in sich funktionierende Einheit darstellt, die alle benötigten Felder und Methoden definiert.

Konstruktoren

Für die Initialisierungen eines Objektes der Klasse werden sogenannte Konstruktoren genutzt. Diese sind eine spezielle Art von Methoden. Sie haben den gleichen Namen wie die Klasse, zu der sie gehören, und verfügen über keinen Rückgabewert. Weil der `new`-Operator schon eine Referenz auf das erzeugte Objekt zurückgibt, ist eine zusätzliche Rückgabe von Werten in Konstruktoren nicht mehr erforderlich. Jede Klasse besitzt einen impliziten Konstruktor, der auch als Standard-Konstruktor bezeichnet wird. Dieser hat eine leere Parameterliste und übernimmt das Initialisieren der Instanzfelder mit den Defaultwerten der jeweiligen Datentypen. Eine Klasse kann mehrere explizite Konstruktoren definieren, die sich durch ihre Parameterlisten unterscheiden. Der parameterlose Konstruktor wird nur dann vom Compiler generiert, wenn die Klasse keinen expliziten Konstruktor definiert. Ist dies jedoch der Fall und die Klasse möchte auch den parameterlosen Konstruktor benutzen, so muss dieser ebenfalls explizit definiert werden.

Klassenfelder und Klassenmethoden

Klassenfelder gehören nicht zu einzelnen Objekten, sondern zu der Klasse, in der sie definiert wurden. Alle durchgeführten Änderungen ihrer Werte werden von der Klasse und allen ihren Objekten gesehen. Jedes Klassenfeld ist nur einmal vorhanden. Darum sollten Klassenfelder benutzt werden, um Informationen, die von allen Objekten der Klasse benötigt werden, zu speichern. Diese Felder können direkt über den Klassennamen angesprochen werden und stehen zur Verfügung, bevor irgendein Objekt der Klasse erzeugt wurde.

Klassenmethoden werden ebenfalls über den Klassennamen angesprochen.

Innerhalb der eigenen Klasse können alle Klassenfelder und Klassenmethoden auch ohne Klassennamen angesprochen werden, sollten aber, um den Richtlinien der objektorientierten Programmierung zu genügen, immer mit diesem verwendet werden.

Instanzfelder und Instanzmethoden

Instanzfelder sind mehrfach vorhanden, da für jedes Objekt eine Kopie von allen Instanzfeldern einer Klasse erstellt wird. Die Instanzen einer Klasse unterscheiden sich voneinander durch die Werte ihrer Instanzfelder. Innerhalb einer Klasse kann der Zugriff darauf direkt über ihren Namen erfolgen oder in der Form `this.name` bzw. `objekt.name` (wobei `objekt` eine Referenz auf ein Objekt der Klasse ist).

Das Schlüsselwort `this` bezeichnet die Referenz auf das Objekt, an dem die Methode bzw. der Konstruktor aufgerufen wird, auch das »aktuelle Objekt« bzw. das »aufrufende Objekt« genannt. Konstruktoren können nur mit dem Schlüsselwort `new` aufgerufen werden, sowie innerhalb eines anderen Konstruktors über das Schlüsselwort `this`, gefolgt von der Parameterliste.

Java-Programme

Die Java-Programmtechnologie basiert auf der Zusammenarbeit von einem Compiler und einem Interpreter. Die Programme werden zuerst kompiliert, was einer syntaktischen Prüfung und der Erstellung von Bytecode entspricht. Es entsteht dadurch noch kein ausführbares Programm, sondern ein plattformunabhängiger Code, welcher an einen Interpreter, die virtuelle Java-Maschine (JVM), übergeben wird. Die JVM ist ein plattformspezifisches Programm, welches Bytecode lesen, interpretieren und ausführen kann.

Ein Java-Programm manipuliert Werte, die durch Typ und Name gekennzeichnet werden. Über die Festlegung von Name und Typ wird eine Variable definiert. Man spricht von Variablen in Zusammenhang mit einem Programm und von Feldern in Zusammenhang mit einer Klassendefinition. Variablen können auf mehrere Arten und Weisen klassifiziert werden. Eine Aufteilung wäre in Variablen von einem primitiven Datentyp bzw. einem Referenztyp und eine zweite in Variablen, die einen Wert oder mehrere Werte (Arrayvariablen) aufnehmen können. Außerdem spricht man von Klassenvariablen, wenn die Felder einer Klasse gemeint sind, Instanzvariablen, wenn die Felder einer Instanz gemeint sind, und Arrayelementen, wenn die einzelnen Elemente eines Array gemeint sind. Von Parametervariablen wird in Methodendefinitionen gesprochen und von lokalen Variablen, wenn diese innerhalb von einem Methodenrumpf oder Anweisungsblock definiert wurden.

Eine Variable ist im Grunde genommen ein symbolischer Name für eine Speicheradresse. Während für primitive Variablen der Typ des Wertes, der an dieser Adresse gespeichert wird, gleich dem Typ des Namens der Variable ist, wird im Falle einer Referenzvariablen nicht der Wert von einem bestimmten Objekt an dieser Adresse gespeichert, sondern die Angabe, wo das Programm den Wert (das Objekt) von diesem Typ finden kann.

Im Gegensatz zu lokalen Variablen, die keinen Standardwert haben und deswegen nicht verwendet werden können, bevor sie nicht explizit initialisiert wurden, werden alle Felder in einer Klassendefinition automatisch mit Defaultwerten initialisiert (mit `0`, `0.0`, `false`, primitive Typen und mit `null`, Referenztypen).

Die Definition einer Referenzvariablen besteht aus dem Namen der Klasse bzw. eines Interfaces gefolgt vom Namen der Variablen. Eine so definierte Referenzvariable kann eine Referenz auf ein beliebiges Objekt der Klasse oder einer Unterklasse oder den Defaultwert `null` aufnehmen. Weil Arrays als Objekte implementiert werden, müssen Arrays mit einem Array-Initialisierer oder mit dem `new`-Operator erzeugt werden.

Bevor ein Programm Objekte von einer Klasse bilden kann, wird diese mit dem Java-Klassenlader (Klasse `java.lang.ClassLoader`) geladen und mit dem Java Bytecode-Verifier geprüft.

Nach der Art der Ausführung existieren mehrere Arten von Java-Programmen:

- Ein Java-Applet ist ein Java-Programm, das im Kontext eines Web-Browsers mit bestimmten Sicherheitseinschränkungen abläuft. Es wird mittels einer HTML-Seite gestartet und kann im Browser oder mit Hilfe des Appletviewer ausgeführt werden.
- Ein Servlet ist ein Java-Programm, das im Kontext eines Web-Servers abläuft.
- Eine Java-Applikation ist ein eigenständiges Programm, das direkt von der JVM gestartet wird.

Jede Java-Applikation benötigt eine `main()`-Methode, welche einen Eingangspunkt für die Ausführung des Programms durch die JVM definiert. Diese Methode muss für alle Klassen der JVM zugänglich sein und deshalb mit dem Modifikator `public` definiert werden. Sie muss auch mit dem Modifikator `static` als Klassenmethode deklariert werden, da ein Aufruf dieser Methode möglich sein muss, ohne dass eine Instanz der Klasse erzeugt wurde. Von hier aus werden alle anderen Programmabläufe gesteuert.

Auf die Definition der Parameterliste der `main()`-Methode wird in nachfolgenden Programmbeispielen hingewiesen.

Gleich in den ersten Beispielen werden für Bildschirmausgaben die Methoden `System.out.print(...)` und `System.out.println(...)` der Klasse `java.io.PrintStream` verwendet. Mit der Methode `System.out.print(...)` wird in der gleichen Bildschirmzeile weiter geschrieben, in welcher eine vorangehende Ausgabe erfolgte. Die Methode `System.out.println()` ohne Parameter schließt eine vorher ausgegebene Bildschirmzeile ab und bewirkt, dass danach in eine neue Zeile geschrieben wird. Ein Aufruf der Methode `System.out.println(...)` mit Parameter ist äquivalent mit dem Aufruf von `System.out.print(...)` gefolgt von einem Aufruf von `System.out.println()` ohne Parameter, d.h. dieser Aufruf führt immer zu einem Zeilenende. Auch auf die Definition von diesen Methoden kommen wir in der Beschreibung der Java-Standard-Klasse `java.lang.System` noch mal zurück.

Ein Programm wird als Quelltext in einer oder mehreren `.java-Dateien` und als übersetztes Programm in einer oder mehreren `.class`-Dateien abgelegt.

Aufgabe 1.1 ☆ ✓

Definition einer Klasse

Definieren Sie eine Klasse `KlassenDefinition`, welche die `main()`-Methode als einzige Klassenmethode implementiert. Aus dieser soll die Bildschirmanzeige »Dies ist eine einfache Klassendefinition« erfolgen.

Hinweise für die Programmierung:

Ein Erzeugen von Instanzen der Klasse ist nicht erforderlich.

Achten Sie auf den richtigen Abschluss der Ausgabezeile.

Java-Dateien: `KlassenDefinition.java`
Programmaufruf: `java KlassenDefinition`

Aufgabe 1.2

Objekt (Instanz) einer Klasse erzeugen

Definieren Sie eine Klasse `ObjektInstantiierung`, die in einem parameterlosen Konstruktor die Bildschirmanzeige »Instanz einer Java-Klasse« vornimmt und in ihrer `main()`-Methode eine Instanz der Klasse erzeugt.

Java-Dateien: `ObjektInstantiierung.java`
Programmaufruf: `java ObjektInstantiierung`

1.2 Die Member einer Klasse: Felder und Methoden

Aufruf von Instanz- und Klassenmethoden

Aufruf von Instanzmethoden: (immer void!)

- aus der gleichen Klasse
  - aus einer Instanzmethode – direkt über den Methodennamen und die Parameterliste.
  - aus einer Klassenmethode – es muss ein Objekt der Klasse instantiiert werden und die Instanzmethode wird an diesem Objekt aufgerufen.
- aus einer anderen Klasse
  - es muss ein Objekt der Klasse instantiiert werden und die Instanzmethode wird an diesem Objekt aufgerufen.

Aufruf von Klassenmethoden: (immer static + void!)

- aus der gleichen Klasse
  - direkt über den Methodennamen und die Parameterliste.
- aus einer anderen Klasse
  - über den Klassennamen, gefolgt von einem Punkt und dem Methodennamen und der Parameterliste.

Zugriff auf Instanz- und Klassenfelder

Zugriff auf Instanzfelder:

- aus der gleichen Klasse
  - aus einer Instanzmethode – direkt über den Feldnamen.

  - aus einer Klassenmethode – es muss ein Objekt der Klasse instantiiert werden und auf das Feld wird über die Objektreferenz gefolgt von einem Punkt und dem Feldnamen zugegriffen.
- aus einer anderen Klasse
  - es muss ein Objekt der Klasse instantiiert werden und auf das Feld wird über die Objektreferenz zugegriffen.

Zugriff auf Klassenfelder:

- aus der gleichen Klasse
  - direkt über den Feldnamen.
- aus einer anderen Klasse
  - über den Klassennamen, gefolgt von einem Punkt und dem Feldnamen.

Aufgabe 1.3

Zugriff auf Felder

Eine Klasse `FeldZugriffe` soll den Unterschied zwischen Klassen- und Instanzfeldern demonstrieren.

Sie definiert ein Klassenfeld `zaehlerAlsKlassenfeld` und ein Instanzfeld `zaehlerAlsInstanzfeld`. Die Werte von beiden Feldern werden im parameterlosen Konstruktor der Klasse inkrementiert (um eins erhöht). Definieren Sie eine Klassenmethode `anzeigeKlsMeth()` und eine Instanzmethode, `anzeigeInstMeth()`, welche jeweils beide Feldwerte am Bildschirm ausgeben.

Zum Testen dieser Klassendefinition wird die Klasse `FeldZugriffeTest` erstellt, die in ihrer `main()-Methode` eine Instanz der Klasse `FeldZugriffe` erzeugt, an welcher die Instanzmethode der Klasse aufgerufen wird. Ihre Klassenmethode wird über den Klassennamen aufgerufen.

Java-Dateien: `FeldZugriffe.java, FeldZugriffeTest.java`
Programmaufruf: `java FeldZugriffeTest`

Aufgabe 1.4

Aufruf von Methoden

Definieren Sie eine Klasse `MethodenAufrufe1`, welche die Instanzmethoden `instMethode1()` und `instMethode2()` und die Klassenmethoden `klsMethode1()` und `klsMethode2()` implementiert und eine zweite Klasse `MethodenAufrufe2` mit der Instanzmethode `instMethode()` und der Klassenmethode `klsMethode()`. Die Methode `instMethode1()` gibt am Bildschirm die Zeichenkette: "1. Instanzmethode der Klasse MethodenAufrufe1" aus und ruft die Methoden `instMethode2()` und `klsMethode1()` auf. Die Methode `instMethode2()` gibt die Zeichenkette: "2. Instanzmethode der Klasse MethodenAufrufe1« aus und die Methode `klsMethode1()` die Zeichenkette: "1. Klassenmethode der Klasse MethodenAufrufe1«. Die Methode `klsMethode2()`, gibt am Bildschirm die Zeichenkette: "2. Klassenmethode der Klasse MethodenAufrufe1" aus und ruft die Methoden `instMethode2()` und `klsMethode1()` auf.

Die Methoden der Klasse `MethodenAufrufe2` rufen beide die Methoden `instMethode1()` und `klsMethode2()` der Klasse `MethodenAufrufe1` auf.

Zum Testen des Aufrufes von Instanz- und Klassenmethoden aus Methoden der gleichen Klasse oder einer anderen Klasse wird die Klasse `MethodenAufrufeTest` erstellt, die in ihrer `main()`-Methode eine Instanz der Klasse `MethodenAufrufe2` erzeugt und deren Methoden aufruft.

Java-Dateien: `MethodenAufrufe1.java`, `MethodenAufrufe2.java`, `MethodenAufrufeTest.java`
Programmaufruf: `java MethodenAufrufeTest`

1.3 Das Überladen von Methoden

Eine Klasse kann mehrere Methoden mit gleichem Namen besitzen, wenn diese eine verschiedene Anzahl von Parametern bzw. Parameter von unterschiedlichen Typen im Methodenkopf definieren. Dabei ist ohne Bedeutung, ob es sich um Klassen- oder Instanzmethoden handelt.

Parallel zur Parameterliste unterscheidet sich auch die Aufrufsyntax der Methode. Diese Vorgehensweise ist unter dem Namen »Überladen von Methoden« bekannt.

Aufgabe 1.5

Eine Methode überladen

Definieren Sie eine Klasse `QuadratDefinition`, die ein Instanzfeld a vom Typ `int` besitzt, welches die Seitenlänge eines Quadrates angibt. Im Konstruktor der Klasse wird ein `int`-Wert zum Initialisieren des Instanzfeldes übergeben.

Implementieren Sie zwei Methoden für die Berechnung des Flächeninhaltes eines Quadrates mit der Formel f = a*a. Definieren Sie eine parameterlose Instanzmethode `flaeche()` und eine Klassenmethode, die die Instanzmethode überlädt und eine Referenz vom Typ der eigenen Klasse übergeben bekommt.

Die Klasse `QuadratDefinitionTest` erzeugt eine Instanz der Klasse `QuadratDefinition`, berechnet auf zwei Arten deren Flächeninhalt über den Aufruf der Methoden der Klasse und zeigt die errechneten Ergebnisse am Bildschirm an.

Java-Dateien: `QuadratDefinition.java`, `QuadratDefinitionTest.java`
Programmaufruf: `java QuadratDefinitionTest`

1.4 Die Datenkapselung, ein Prinzip der objektorientierten Programmierung

Den Feldern und Methoden einer Klasse können über Modifikatoren verschiedene Sichtbarkeitsebenen zugeordnet werden.

Der Modifikator `public` sagt aus, dass der Zugriff auf Member einer Klasse von überall aus erfolgen kann, von wo aus auch die Klasse erreichbar ist.

Sind die Felder oder Methoden mit `private` definiert, können sie nur innerhalb der eigenen Klasse direkt angesprochen werden. Felder sollten immer als `private` definiert werden, wenn die Zuweisung von unzulässigen Werten verhindert werden soll. Dies ist der Fall, wenn sie von einer eigenen Methode der Klasse, die diesen Wert auch ändern kann, verwendet werden.

Definiert die Klasse keine Einschränkungen diesbezüglich oder einen zugelassenen Wertebereich für Felder, innerhalb von welchem auch andere Klassen Werte setzen können, sollte sie über Zugriffsmethoden (»accessor-methods«) verfügen, welche die Werte dieser Felder zurückgeben und setzen können. Dies entspricht auch dem sogenannten Prinzip der Datenkapselung: Auf die Felder einer Klasse soll nur mit Hilfe von Methoden der Klasse zugegriffen werden können.

Aufgabe 1.6 ☆(√)

Zugriffsmethoden

Definieren Sie eine Klasse `Punkt` mit zwei Instanzfeldern vom Typ `double`, welche die Koordinaten x und y eines Punktes im zweidimensionalen kartesischen Koordinatensystem beschreiben. Sie sollen von außerhalb der Klasse nur über die von Ihnen definierten Zugriffsmethoden `setX()`, `setY()`, `getX()` und `getY()` zugänglich sein und werden im Konstruktor der Klasse übergeben. Fügen Sie der Klasse eine zusätzliche Instanzmethode `anzeige()` für eine Punktanzeige am Bildschirm in der Form (x, y), hinzu.

Definieren Sie zum Testen der Klasse `Punkt` eine zweite Klasse `PunktTest`, die in ihrer `main()`-Methode eine Instanz der Klasse `Punkt` erzeugt und an dieser die Methoden der Klasse aufruft.

Java-Dateien: `Punkt.java, PunktTest.java`
Programmaufruf: `java PunktTest`

1.5 Das »aktuelle Objekt« und die »this-Referenz«

In jedem Konstruktor und in jeder Instanzmethode kann das aktuelle (aufrufende) Objekt der Klasse in Form einer `this`-Referenz angesprochen werden. Ein Konstruktoraufruf aus einem anderen Konstruktor, erfolgt über `this(parameterliste)` und muss der zuerst erreichte übersetzte Programmcode in diesem Konstruktor sein. Aus anderen Methoden kann ein Konstruktor nicht über `this` aufgerufen werden sondern nur über `new`.

Aufgabe 1.7

Konstruktordefinitionen

Erstellen Sie eine Java-Klasse mit dem Namen `Vektor`, die drei Instanzfelder `x`, `y` und `z` definiert, welche die Komponenten eines Vektors bezeichnen. Die Klasse definiert drei Konstruktoren:

- den parameterlosen Konstruktor,
- einen Konstruktor, der drei Argumente vom Typ `int` mit den gleichen Namen wie die der Instanzfelder übergeben bekommt
- und den sogenannten Copy-Konstruktor, der als Parameter eine Referenz vom Typ der eigenen Klasse besitzt.

Der parameterlose Konstruktor soll über den Aufruf des zweiten Konstruktors alle Instanzfelder der Klasse auf 0 setzen.

Die Klasse soll über eine Methode für die Bildschirmanzeige eines `Vektor`-Objektes in der Form (x, y, z) verfügen.

Definieren Sie zwei weitere Methoden, die sich überladen, zum Erzeugen eines neuen `Vektor`-Objektes, das als Summe der aktuellen Instanz und einer übergebenen berechnet wird und deren Rückgabewert die aktuelle Instanz ist. Die erste Methode soll drei Parameter vom Typ `int` haben, die zweite Methode einen Parameter vom Typ `Vektor`.

Soll das ursprüngliche Objekt nicht verloren gehen, kann eine Kopie davon erzeugt werden. Eine dritte Methode, im Lösungsvorschlag der Aufgabe, berechnet die gleiche Summe, ohne dass die Instanz, an welcher die Methode aufgerufen wird, abgeändert wird. Bei gleicher Parameterliste muss die Methode über einen neuen Namen verfügen.

Zum Testen der Klasse `Vektor` soll eine zweite Klasse `VektorTest` erstellt werden, die in ihrer `main()`-Methode Instanzen der Klasse mit Hilfe ihrer Konstruktoren erzeugt und ihre Methoden aufruft.

Java-Dateien: `Vektor.java, VektorTest.java`
Programmaufruf: `java VektorTest`

1.6 Die Wert- und Referenzübergabe in Methodenaufrufen

In Java-Methoden werden alle Argumente, ob es Werte von primitiven Typen oder Referenzen sind, als Kopie per Wert übergeben. Der Mechanismus der Wertübergabe wird auch »call by value« bzw. »copy per value« genannt. Wenn ein Argument übergeben wird, wird dessen Wert an eine Speicheradresse in den Stack der Methodenaufrufe (»method call stack«) kopiert. Egal ob dieses Argument eine Variable von einem primitiven oder Referenztyp ist, wird der Inhalt der Kopie als Parameterwert übergeben, nur diese kann innerhalb der Methode abgeändert werden und nicht der Wert selbst. D. h., eine Parametervariable wird als lokale Variable betrachtet, die zum Zeitpunkt des Methodenaufrufs mit dem entsprechenden Argument initialisiert wird und nach dem Beenden der Methode nicht mehr existiert.

Eine Argumentübergabe per Referenz, auch »call by reference« genannt, wie sie in anderen Programmiersprachen verwendet wird, gibt es in Java nicht. Für die Übergabe von Objekten werden zwar Referenzen vom Typ der Objekte als Parameter für Methoden definiert, doch werden diese, wie vorher beschrieben, kopiert. Aus diesem Grund ist in der Java-Literatur oft zu lesen: »In Java werden Objekte per Referenz und Referenzen per Wert übergeben«.

Aufgabe 1.8 ☆☆☆

Wertübergabe in Methoden (»call by value«)

Die Klasse `MethodenParameter`, definiert drei Klassenmethoden mit den Signaturen `methode1(int x, int[] y)`, `methode2(Punkt x, Punkt[] y)` und `methode3(Punkt x)`, wobei `Punkt` eine Referenz vom Typ der Klasse aus der Aufgabe 1.6 bezeichnet.

Rufen Sie aus der `main()`-Methode der Klasse alle drei Methoden auf und zeigen Sie die Werte der von Ihnen übergebenen primitiven Array- und Referenz-Typen vor und nach den Methodenaufrufen am Bildschirm an.

Hinweise für die Programmierung:

Um festzustellen, wie die Übergabe in Methodenaufrufen erfolgt, sollen durch Zuweisungen und den Aufruf von Zugriffsmethoden der Klasse `Punkt` ein Teil der im Methodenaufruf übergebenen Werte verändert werden.

Java-Dateien: `MethodenParameter.java`
Programmaufruf: `java MethodenParameter`

1.7 Globale und lokale Referenzen

Alle bisherigen Programme haben Referenzvariablen als lokale Referenzen in Methoden oder als deren Parametervariablen definiert. Instanz- und Klassenfelder von einem Referenztyp werden auch als globale Referenzen bezeichnet.

Aufgabe 1.9 ☆☆

Der Umgang mit Referenzen

Definieren Sie eine Klasse `GlobaleReferenzen`, welche an Stelle der lokalen Variablen aus den Methoden der Klasse `MethodenParameter` globale Programmvariablen definiert, und die Methoden selbst ohne Parametervariablen.

Hinweise für die Programmierung:

Referenzparameter von Methoden können im Prinzip durch globale Referenzen der Klasse ersetzt werden, nur sind die darauf durchgeführten Änderungen innerhalb von Methoden auch nach Außen sichtbar. Dabei macht es keinen Unterschied, ob die globalen Referenzen als Klassen- bzw. Instanzfelder definiert wurden.

Java-Dateien: `GlobaleReferenzen.java`
Programmaufruf: `java GlobaleReferenzen`

Aufgabe 1.10 ☆☆☆

Wiederholungsaufgabe

Definieren Sie eine Klasse `GanzeZahlen`, die ein Instanzfeld `z` vom Typ `int` besitzt, und einen Konstruktor, der einen `int`-Wert zu dessen Initialisierung übergeben bekommt.

Definieren Sie die Zugriffsmethoden `getZahl()` und `setZahl()` zum Lesen und Setzen des Attributwertes der Klasse und vier weitere Instanzmethoden `negativ()`, `gleich()`, `kleiner()` und `anzeige()` zum Setzen eines negativen Vorzeichens, zur "Gleich-Abfrage«, zur »Kleiner-Abfrage« und zur Anzeige von `GanzeZahlen`- Objekten.

Der »größte gemeinsame Teiler« und das »kleinste gemeinsame Vielfache« von `GanzeZahlen`-Instanzen sollen mit Hilfe von zwei Klassenmethoden `ggTeiler()` und `kgVielfaches()` berechnet werden. Implementieren Sie zwei Klassenmethoden `add()` und `divid()` für das Ermitteln von Summe und Quotient und zwei Instanzmethoden `subtr()` und `multipl()` für das Ermitteln der Differenz und des Produktes von `GanzeZahlen`-Objekten.

Definieren Sie eine weitere Klasse `RationaleZahlen`, die zwei globale Referenzen vom Typ der Klasse `GanzeZahlen` besitzt, welche den Zähler und Nenner einer rationalen Zahl beschreiben. Die Klasse definiert die Zugriffsmethoden `setZaehler()`, `setNenner()`, `getZaehler()` und `getNenner()` und in Analogie zu den Methoden der Klasse `GanzeZahlen` Methoden für die Anzeige und Durchführung von Operationen mit `RationeleZahlen`-Instanzen, aus welchen die gleichnamigen Methoden der Klasse `GanzeZahlen` aufgerufen werden. Für das Kürzen der Werte von Zähler und Nenner soll eine Instanzmethode `kuerzen()` implementiert werden.

Die Klasse `ZahlenTest` definiert zwei globale Referenzen `z1` und `z2` vom Typ der Klasse `GanzeZahlen` als Instanzfelder und zwei Klassenfelder `GANZEZAHLEN` und `RATIONALEZAHLEN` mit konstanten Werten vom Typ `int` für die Beschreibung von Objektzuständen. Eine Konstantendefinition erfolgt in Java mit dem Schlüsselwort `final`. Das dritte Instanzfeld `zahlenTyp` bekommt im Konstruktor der Klasse einen dieser konstanten Werte zugewiesen und dient als Parameter in einer `switch`-Anweisung, der Auswahl von Methodenaufrufen zur Instantiierung von Objekten von Typ `GanzeZahlen` bzw. `RationaleZahlen`. Implementieren Sie für diese Klasse zwei Methoden `defGanzeZahlen()` und `defRationaleZahlen()`, welche Operationen mit diesen Instanzen durchführen.

Methodenaufrufe können in Java über den »Punkt-Operator« gekettet werden. Rufen Sie für die Ausgabe der Ergebnisse am Bildschirm die Methode `anzeige()` gekettet an die Methodenaufrufe `add()`, `subtr()`, `multpl()` und `divid()` auf.

Hinweise für die Programmierung:

Die Methoden einer Klasse können sowohl auf Feldwerte, als auch auf Objekte der eigenen Klasse operieren. Die Entscheidung, ob Methoden als Instanz- oder Klassenmethoden definiert werden, ist dem Programmierer überlassen. Methoden, welche keine Eigenschaften des Objekts der Klasse benutzen, sollten als Klassenmethoden definiert werden, Methoden, die nur ein Objekt der Klasse benutzen, als Instanzmethoden. Für Methoden, die mehrere Objekte einer Klasse manipulieren, können beide Definitionsarten in Betracht gezogen werden.

Beachten Sie bei einer Übergabe von Referenzen, dass Veränderungen, die innerhalb von Methoden an einem Parameterobjekt durchgeführt werden, auch außerhalb der Methode sichtbar bleiben und dass Zuweisungen von Objektreferenzen nicht wie Zuweisungen von primitiven Datentypen zum Erzeugen eines neuen Objektes, als Kopie eines schon vorhandenen führen. Wird einer Referenzvariablen eine Objektreferenz zugewiesen, so zeigt die Variable auf dieses Objekt, ohne dass ein neues erstellt wird.

Java-Dateien: `GanzeZahlen.java`, `RationaleZahlen.java`, `ZahlenTest.java`
Programmaufruf: `java ZahlenTest`

1.8 Selbstreferenzierende Klassen und Felder (»self-referential classes and fields«)

Selbstreferenzierende Klassen sind Klassen, die mindestens ein Feld als globale Referenz vom Typ der eigenen Klasse definieren. Als selbstreferenzierende Felder werden Felder vom Typ der eigenen Klasse bezeichnet. Diese werden auch Links genannt, weil sie es ermöglichen, Objekte von der gleichen Klasse zu verbinden, indem ihre Referenzen jedem anderen selbstreferenzierenden Feld zugewiesen werden können.

Aufgabe 1.11 ☆☆☆

Der Einsatz von selbstreferenzierenden Feldern

Das Vorwärts- und Rückwärtsblättern in einem Buch soll mit Hilfe von Instanzen einer selbstreferenzierenden Klasse mit dem Namen `Buch` illustriert werden. Dafür definiert die Klasse `Buch` ein Instanzfeld `seite` vom Typ `int`, ein selbstreferenzierendes Instanzfeld `naechsteSeite`, über welches Objekte der Klasse verknüpft werden können, und Zugriffsmethoden für das Setzen und Lesen deren Werte. Im

Konstruktoraufruf der Klasse wird ein `int`-Wert übergeben und für das Instanzfeld `naechsteSeite` eine `null`-Referenz gesetzt.

Die Klasse `Buch` definiert zwei Klassenmethoden `rueckwaertsBlaettern()` und `vorwaertsBlaettern()`, die zwei Argumente vom Typ `int` für die Angabe der Seitennummern, zwischen welchen geblättert werden soll, besitzen.

Definieren Sie eine Klasse `BuchTest`, die die Methoden der Klasse `Buch` mit verschiedenen Angaben von Seitenbereichen aufruft.

Hinweise für die Programmierung:

In den Methoden wird der Referenz auf ein Objekt der Klasse die Referenz auf das gerade vorher konstruierte Objekt der Klasse zugeordnet. Damit verbindet das selbstreferenzierende Feld alle Objekte der Klasse in der Methode `rueckwaertsBlaettern()` vom ersten zum letzten und in der Methode `vorwaertsBlaettern()` vom letzten zum ersten. Beim Verknüpfen der Felder bekommt das als erstes erzeugte Objekt in der Methode `rueckwaertsBlaettern()` und das als letztes erzeugte in der Methode `vorwaertsBlaettern()` eine `null`-Referenz zugeordnet, weil diese keinen Vorgänger bzw. Nachfolger besitzen.

Für die Anzeige der durchgeblätterten Seiten am Bildschirm kann in einer `while`-Schleife mit der Methode `getNaechsteSeite()` nacheinander auf die verknüpften Instanzen der Klasse zugegriffen werden.

Java-Dateien: `Buch.java, BuchTest.java`
Programmaufruf: `java BuchTest`

1.9 Java-Pakete

Die erstellten Java-Klassen können in Pakete zusammengefasst werden, die als eigene Klassenbibliotheken dienen. Jedes Paket definiert eine eigene Umgebung für die Namensvergabe von Klassen, um Konflikte zu unterbinden, die bei einer Vergabe von gleichen Namen auftreten könnten.

Ein Programm wird in ein Paket oder dessen Subpakete über eine `package paketname1[.paketname2...]`-Anweisung integriert, die am Anfang des Sourcecodes stehen muss. Paketnamen sind im Grunde genommen Bezeichnungen von Dateiverzeichnissen, in welche die Java-Dateien hinterlegt werden.

Immer wenn ein Klassenname in einem Programm auftritt, muss der Compiler das Paket identifizieren können, in welchem sich diese Klasse befindet. Dazu dient die Anweisung: `import paketname.klassenname;` von Java.

Die Namen von Klassen und deren Pakete werden vom Compiler in die schon vorher erwähnte Klassendatei, die mit dem Suffix `.class` gespeichert wird, eingetragen. Diese Datei ist eine Unterstützung für den JVM-Klassenlader beim Auffinden der Klasse. Eine zusätzliche Hilfe ist auch die Umgebungsvariable `CLASSPATH`, die eine Liste von Dateiverzeichnissen und Namen von Archivdateien für die Suche zur Verfügung stellen kann. Archivdateien sind Dateien, die selbst andere Dateien beinhalten und werden in Java mit dem Suffix `.jar` abgeschlossen. Unter Windows wird die CLASSPATH-Variable über das Betriebssystemkommando: `set classpath = c:\pfadname1;pfadname2;archivname1;...` gesetzt und mit `set classpath = .;` gelöscht.

Ist die Umgebungsvariable nicht gesetzt, so sucht der Klassenlader nach einer Klasse im aktuellen Verzeichnis oder in einem Verzeichnis, das den ersten Paketnamen in einer angegebenen `import`-Anweisung trägt, danach in einem Verzeichnis, das den zweiten Paketnamen trägt etc. Ist eine Umgebungsvariable gesetzt, werden ihre Einträge von links nach rechts nach einem Verzeichnis oder einer Archivdatei, welche entweder die Datei oder den ersten Paketnamen enthalten, durchsucht.

Beide Arten der Suche werden so lange fortgesetzt, bis eine Klasse gefunden und geladen wird, ansonsten wird die Fehlermeldung: »`no class definition found`«, ausgegeben.

Alle bis jetzt verwendeten Klassen wurden ohne Modifikator definiert. Eine Klasse ohne `public` ist nicht uneingeschränkt öffentlich, es können nur Klassen aus dem gleichen Paket Instanzen davon erzeugen. Eine Klasse hat nur zwei Zugriffsebenen: standard (ohne Modifikator) und `public`. Eine mit `public` definierte Klasse ist für alle anderen Klassen zugänglich und muss immer in einer Java-Datei mit gleichem Namen gespeichert werden.

Aufgabe 1.12 ☆

Die package-Anweisung

Für ein Dateiverzeichneis `kapitel1`, wird ein Unterverzeichnis `paket1` definiert. Erstellen Sie eine Klasse `PackageTest`, `die` in ihrer `main()`-Methode, die Zeichenkette "Test der package-Anweisung" am Bildschirm ausgibt und speichern Sie diese, als die Java-Datei `PackageTest.java`, im Verzeichnis `paket1` ab. Wie muss die `package`-Anweisung in dieser Klassendefinition lauten, so dass das Programm im Verzeichnis `kapitel1` übersetzt und ausgeführt werden kann?

Hinweise zu den Programmaufrufen:

Ist das Verzeichnis `paket1`icht mit der CLASSPATH-Umgebungsvariable gesetzt, so muss es beim Übersetzen als Dateiverzeichnisname angegeben werden: `javac paket1\PackageTest.java`. Wird im Sourcecode, die Anweisung `package paket1;` angegeben, kann für die Programmausführung der Paketname dem Klassennamen vorangestellt werden: `java paket1.PackageTest`.

Java-Dateien: `kapitel1\paket1\PackageTest.java`
Programmaufrufe im Verzeichnis `kapitel1`: `javac paket1\PackageTest.java` und `java paket1.PackageTest` oder `java paket1/PackageTest`

Aufgabe 1.13 ☆

Die import-Anweisung

Im Verzeichnis `paket1` wird ein weiteres Unterverzeichnis `paket2` hinterlegt. Definieren Sie eine Klasse `Klasse`, welche die Anweisung `package paket2;` definiert und in ihrer `main()`-Methode die Zeichenkette "Definition einer Klasse im Verzeichnis paket2" am Bildschirm ausgibt. Die Klasse muss als `public` definiert werden, weil sie aus einem externen Paket angesprochen werden soll. Speichern Sie diese Klasse als Java-Datei im Verzeichnis `paket2` ab.

Definieren Sie eine weitere Klasse `KlassenTest`, die als Java-Datei im Verzeichnis `paket1` gespeichert ist und eine Instanz der Klasse `Klasse` erzeugt.

Das mit der Klasse `KlassenTest` erstellte Java-Programm soll im Verzeichnis `paket1` übersetzt und ausgeführt werden. Die Verwendung des Klassennamens `Klasse` kann entweder über eine `import`-Anweisung erfolgen oder es muss immer der Präfix `paket2.` angegeben werden.

Java-Dateien: `kapitel1\paket1\KlassenTest.java`, `kapitel1\paket1\paket2\Klasse.java`

Programmaufrufe im Verzeichnis `kapitel1\paket1`: `javac KlassenTest.java` und `java KlassenTest`

1.10 Die Modifikatoren für Felder und Methoden in Zusammenhang mit der Definition von Paketen

Auf ein Member einer Klasse, das ohne Modifikator definiert wurde, kann von außerhalb eines Paketes nicht zugegriffen werden. Nur mit `public` deklarierte Member sind uneingeschränkt öffentlich. Ein mit `protected` definiertes Member ist außerhalb eines Paketes nur für abgeleitete Klassen einer Klasse sichtbar. Weitere Ergänzungen zu diesen Aussagen können im Kapitel 2, Abgeleitete Klassen und Vererbung, gelesen werden.

Aufgabe 1.14 ☆☆

Pakete und die Sichtbarkeit von Membern einer Klasse

Die Klassen aus diesen Programmbeispielen sollen als Test der `import`-Anweisung für Pakete, welche Subpakete beinhalten, dienen. Definieren Sie zu diesem Zweck eine Klasse `PackageTest1`, deren Programmdatei im Verzeichnis `kapitel1` abgelegt ist und Instanzen von zwei weiteren Klassen, `Klasse1` und `Klasse2` erzeugt, welche in den Unterverzeichnissen `paket1` und `paket2` von `kapitel1` in Programmdateien mit gleichem Namen abgelegt werden.

Die Klasse `Klasse1` definiert drei Klassenfelder vom Typ `int`: `privatesFeld`, `geschuetztesFeld`, `oeffentlichesFeld` mit den Modifakatoren `private`, `pro-`

`tected`, `public` und ein weiteres Klassenfeld `feld` ohne Modifikator. Sie soll die Zeichenkette »Instanz der Klasse1« am Bildschirm anzeigen und den Paketnamen über die Anweisung: `package paket1;` angeben. Die Klasse `Klasse2` soll die Zeichenkette »Instanz der Klasse2« am Bildschirm anzeigen und die Anweisung: `package paket2;` fuer die Angabe des Paketnamens definieren.

In der Klasse `PackageTest1` sollen beide Paketnamen über eine `import`-Anweisung bekannt gegeben werden und soweit möglich die Werte der in `Klasse1` definierten Felder am Bildschirm angezeigt werden.

Das Java-Programm `PackageTest1.java` soll im Verzeichnis `kapitel1` übersetzt und ausgeführt werden.

Java-Dateien: `kapitel1\PackageTest1.java`, `kapitel1\paket1\Klasse1.java`, `kapitel1\paket1\paket2\Klasse2.java`
Programmaufrufe im Verzeichnis `kapitel1`: `javac PackageTest1.java` und `java PackageTest1`

1.11 Standard-Klassen von Java

Von großer Bedeutung in der Programmierung mit Java sind seine Standard-Klassen, welche die Java-API bilden. Die Standard-Klassen von Java sind in Pakete gebündelt, wie z.B. `java.lang`, `java.io`, `java.util`, etc. Das Java-Paket `java.lang` beinhaltet die Klassen, welche die Basis der Java-Programmiersprache bilden, wie `Object`, `System`, `Process`, `ProcessBuilder`, `Runtime`, `Math`, `Class`, etc. Diese Klassen werden automatisch vom Compiler importiert, dafür ist keine `import`-Anweisung nötig.

Zur Identifikation einer Klasse muss bei allen Paketen außer `java.lang` der Paketname dem Klassennamen vorangestellt werden, wie z.B. mit `import java.lang.String`. Sollen alle Klassen eines Paketes importiert werden, geschieht dies über einen Stern statt dem Klassennamen, wie z.B. `import java.util.*`.

Die Klasse System

Die Klasse `System` kann nicht instantiiert werden, da sie keinen Konstruktor besitzt. Sie besitzt aber eine Vielzahl von nützlichen Klassenfeldern und -methoden. Dazu zählen Felder, welche den Zugriff auf die Standardein- und Standardausgabe erlauben und andere, die Systemeigenschaften und Umgebungsvariablen definieren.

Diese Klasse definiert als Klassenfelder die globalen Referenzen `in`, `out` und `err`, die auf die Objekte vom Typ der Klassen `InputStream` und `PrintStream` aus dem Paket `java.io` verweisen, welche Ein- und Ausgaben zu den Standardgeräten (in der Regel die Konsole) leiten. Das Objekt, auf welches die Referenz `err` der Klasse `PrintStream` zeigt, wird für die Ausgabe von Fehlermeldungen definiert. Alle drei Instanzen werden beim Programmaufruf erzeugt, mit den Standardgeräten verbunden und stehen jederzeit dem Programmierer zur Verfügung.

Die Instanz, auf welche die Referenz `out zeigt`, wird auch mit den Methoden `System.out.print(...)` und `System.out.println(...)` der Klasse `PrintStream` genutzt, um Bildschirmausgaben zu realisieren.

Eine Liste mit allen Systemeigenschaften kann mit der Methode `getProperties()`, und die Liste der im System gesetzten Umgebungsvariablen mit der Methode `getenv()` der Klasse `System` abgerufen werden.

Die Klasse File

Die Verwaltung von Dateien und deren Verzeichnissen wird in Java von der Klasse `File` aus dem Paket `java.io` übernommen. Ein `File`-Objekt ist eine abstrakte Repräsentation einer Datei oder eines Verzeichnisses. Die Klasse `File` stellt Methoden zur Verfügung, mit denen Informationen über Dateien und Verzeichnisse geholt werden können.

Die Klassen Runtime, ProcessBuilder und Process

Beim Ausführen eines Programms mit Hilfe des `java`-Kommandos wird eine JVM gestartet und vom Betriebssystem dazu ein eigener Prozess erzeugt. Es können auch mehrere JVMs gestartet werden, die entsprechenden Prozesse laufen dann parallel, wobei jeder Prozess seinen eigenen Adressraum besitzt.

Eine Instanz der Klasse `Runtime` repräsentiert die Laufzeitumgebung einer Java-Anwendung und kann über den Aufruf der Methode `getRuntime()` der Klasse ermittelt werden. Über dieses Objekt kann die aktuell laufende JVM mit der Methode `exit()` beendet werden. Dies ist auch über die gleichnamige Methode der Klasse `System` möglich und wird über deren Aufruf `System.exit()` eingeleitet.

Über den Aufruf der Methode `exec(name)` der Klasse – wobei `name` ein String ist, der den Namen einer `.exe`-Datei enthält, und der Rückgabewert vom Typ `Process` ist – kann eine andere Anwendung gestartet werden.

Die Klasse `ProcessBuilder` wurde mit Java 5.0 eingeführt und kann alternativ zur Klasse `Runtime` zum Starten eines Prozesses des Betriebssystems genutzt werden.

Ein Objekt der Klasse `Process` kann durch einen der Methodenaufrufe `Runtime.exec()` bzw. `ProcessBuilder.start()` erzeugt werden und represäntiert einen Prozess des Betriebssystems.

Die Klassen Exception und Error

Exceptions sind Ausnahmesituationen, die zur Laufzeit eines Programms auftreten und seinen Ablauf unterbrechen können. Diese können behandelt werden, sodass ein Programmabbruch dabei vermieden werden kann. Errors sind schwerwiegende Fehler, eine weitere Ausführung des Programms ist bei deren Auftreten meistens nicht mehr gerechtfertigt.

Exceptions werden über das Schlüsselwort `throw` (werfen) ausgelöst und können von einem `catch`-Block (fangen) aufgefangen werden, in welchem deren Verarbeitung erfolgen kann. Dazu werden die Anweisungen, die Exceptions auslösen, zu einem `try`-Block zusammengefasst und diesem wird ein catch-Block nachgestellt. Exceptions kann man zur Behandlung auch weitergeben, indem sie mit dem Schlüsselwort `throws` im Methodendefinitionskopf durch Komma getrennt aufgelistet werden. Wird eine Exception auch von der `main()`-Methode mit `throws` weiter geworfen, so wird diese nicht mehr von der Applikation behandelt und die Applikation wird mit einer entsprechenden Fehlermeldung beendet.

Diese Klassen und ihre Unterklassen befinden sich auch im Paket `java.lang` und werden im Kapitel 9, Exceptions und Errors, ausführlicher behandelt.

Die Klasse Math

Diese Klasse definiert viele mathematische Funktionen und Operationen in Form von Klassenfeldern und Klassenmethoden. Sie ist mit dem Modifikator `final` deklariert, so dass keine Unterklassen von dieser Klasse erzeugt werden können. Der Zugriff auf Felder und Methoden der Klasse erfolgt über ihren Namen, mit dem Klassennamen `Math` als Präfix.

Aufgabe 1.15 ☆☆☆

Aufruf von Methoden der Klasse Math

Mathematisch gesehen sind zwei Dreiecke kongruent (deckungsgleich), wenn sie in drei Seiten (sss) oder zwei Seiten und dem von diesen Seiten eingeschlossenen Winkel (sws) oder zwei Seiten und dem Gegenwinkel der längeren Seite (ssw) oder einer Seite und den beiden anliegenden Winkeln (wsw) übereinstimmen. So reicht die Angabe einer dieser Gruppen mit drei Größen, um die anderen Seiten und Winkel eines Dreiecks zu bestimmen. Dazu können die Relationen, die in einem beliebigen Dreieck zwischen seinen Seiten a, b, c und Winkeln A, B, C bestehen: $a^2 = b^2+c^2-2*b*c*\cos A$ (Rotationen von Werten sind möglich) und $a/\sin A=b/\sin B=c/\sin C$ genutzt werden. Für das Berechnen von fehlenden Winkelmaßen kann zusätzlich die Relation $A+B+C = 180°$ genutzt werden.

Definieren Sie eine Klasse `KongruenteDreiecke`, die über drei Instanzfelder `x`, `y` und `z` vom Typ `double` Werte für die Spezifikation von Seitenlängen und Winkelmaßen für ein Dreieck aufnehmen kann. Für das Bilden von Instanzen der Klasse wird ein Konstruktor mit drei Argumenten vom Typ `double` definiert, der eine Unterscheidung zwischen Seiten und Winkeln bei deren Übergabe nicht erforderlich macht.

Die Klasse `KongruenteDreiecke` implementiert vier Instanzmethoden: `sss()`, `sws()`, `ssw()` und `wsw()`, zum Erzeugen eines neuen `KongruenteDreiecke`-Objektes aus dem aktuellen, indem im Konstruktor der Klasse die von der Methode errechneten fehlenden Komponenten übergeben werden. Die Methode `sss()` soll also aus den drei Seiten die drei Winkel berechen, die Methode `sws()` aus den zwei Seiten und einem Winkel die dritte Seite und die beiden anderen Winkel, usw.

Diese Methoden rufen die Methoden: `cos()`, `sin()`, `acos()` und `asin()` der Klasse `Math` für die Berechnung der Werte auf.

Definieren Sie zwei weitere Methoden `winkelRadian()` und `winkelGrad()` für die Umsetzung der Winkelmaße von Grad in Radiant und Radiant in Grad. Diese haben eine Objektinstantiierung nicht nötig und sollten deshalb als Klassenmethoden definiert werden. Oder Sie verwenden an deren Stelle die Methoden der Klasse Math: `toRadians() und toDegrees()`. Verwenden Sie beim Rechnen die in der Klasse `Math` definierte Konstante `Math.PI` oder Sie definieren wie im Lösungsvorschlag für die Aufgabe ein eigenes Klassenfeld mit dem gleichen Wert.

Definieren Sie eine Klasse `KongruenteDreieckeTest`, die Instanzen dieser Klasse bildet und ihre Methoden aufruft. Der Zugriff auf die neu errechneten Komponenten von Instanzen der Klasse `KongruenteDreiecke` soll zwecks Bildschirmausgabe über die von der Klasse definierten Zugriffsmethoden erfolgen. Beim Erzeugen von Objekten der Klasse `KongruenteDreiecke` soll die gleiche Referenzvariable sowohl auf das über den Konstruktor der Klasse erzeugte Objekt als auch auf den Rückgabewert der an diesem Objekt aufgerufenen Methode zeigen.

Java-Dateien: `KongruenteDreieckejava, KongruenteDreieckeTest.java`
Programmaufruf: `java KongruenteDreieckeTest`

Aufgabe 1.16 ☆☆

Wiederholungsaufgabe

Erstellen Sie eine Klasse `Strecke`, die zwei globale Referenzen `P` und `Q` vom Typ der Klasse `Punkt` aus der Aufgabe 1.5 definiert. Im Konstruktor der Klasse werden auch Referenzen auf Objekte der Klasse `Punkt` übergeben. Definieren Sie analog zur Klasse `Punkt` die Zugriffsmethoden `setP()`, `setQ()`, `getP()` und `getQ()` für die Instanzfelder der Klasse. Zur Berechnung der Distanz zwischen zwei Punkten definiert die Klasse eine Methode `distanz()` und zur Anzeige der Gleichung der Geraden, die durch beide Punkte geht, eine Methode `geradenGleichung()`. Die Punktkoordinaten sollen mit Hilfe der Zugriffsmethoden der Klasse `Punkt` ermittelt werden.

Definieren Sie eine Klasse `Kreis`, die als Instanzfeld eine globale Referenz `PQ` vom Typ der Klasse `Strecke` besitzt. Implementieren Sie für diese Klasse zwei Methoden `flaeche()` und `umfang()` zum Berechnen des Flächeninhaltes und der Länge des Kreises mit einem Radius gleich der Länge der Strecke PQ und eine weitere Methode `kreisGleichung()`, welche die Gleichung des Kreises mit dem Mittelpunkt in `P` und dem Radius `PQ` ausgibt. Rufen Sie in diesen die Methode `round()` der Klasse `Math` auf, um die errechneten Ergebnisse zu runden. Die Klasse `Kreis` soll ein zusätzliches Klassenfeld mit dem Namen `PI` definieren, das den Wert der Konstanten `Math.PI` aus der Java-Standard-Klasse `Math` zugewiesen bekommt, und die Zugriffsmethoden `setPQ()` und `getPQ()` für das Instanzfeld der Klasse.

Zum Testen der neuen Klassendefinitionen soll eine Klasse `PunktStreckeKreisTest` definiert werden, welche in ihrer `main()`-Methode Instanzen der Klassen `Punkt`, `Strecke` und `Kreis` erzeugt und an diesen die Methoden der Klassen aufruft.

Java-Dateien: `Punkt.java`, `Strecke.java`, `Kreis.java`, `PunktStreckeKreisTest.java`
Programmaufruf: `java PunktStreckeKreisTest`

1.12 Die Wrapper-Klassen von Java und das Auto(un)boxing

Sowohl primitive Datentypen als auch Referenztypen legen die Eigenschaften ihrer Werte innerhalb von Klassen in Form von Felddefinitionen fest. Für die Manipulation der Werte stehen für primitive Datentypen Operatoren zur Verfügung, während Klassen Methoden benutzen. Operatoren sind von der Programmiersprache her vordefiniert und können in Java vom Programmierer nicht überladen werden. Methoden bringen den Vorteil mit sich, dass diese ein Überladen erlauben, ohne dass eine bestimmte Anzahl davon vorgegeben wird (s. die Aufgaben 1.5 und 1.22).

Weil höhere Datenstrukturen nur Objekte aufnehmen können, wurden Hüllenklassen, auch Wrapper-Klassen genannt, für alle primitiven Datentypen definiert: `Boolean`, `Byte`, `Integer`, `Float`, `Double`, `Long`, `Short`, `Character`. Während die primitiven Datentypen Bestandteil der Java-Programmiersprache sind, gehören die Wrapper-Klassen zur Java-API. Eine Hüllenklasse definiert ein Instanzfeld vom entsprechenden Datentyp und Methoden, mit welchen dieses manipuliert werden kann. Dies sind z.B. Konvertierungsmethoden wie `toBinaryString()`, `toHexString()` oder Methoden für die Rückgabe des primitiven Wertes des Wrapper-Objektes, wie `intValue()`, `floatValue()`, etc. Alle Hüllenklassen definieren einen Konstruktor, der ein Argument vom Typ des primitiven Datentypes besitzt, und einen Konstruktor mit einem Argument vom Typ der Klasse `String`.

Wrapper-Klassen definieren auch eine Reihe von nützlichen Konstanten wie z. B. `MIN_VALUE` oder `MAX_VALUE`, die den kleinsten bzw. größten Wert des entsprechenden arithmetischen Datentyps bezeichnen. Sie definieren jedoch keine Methoden für arithmetische oder logische Operationen zwischen Objekten einer Klasse oder zur Änderung des innerhalb einer Klasse gespeicherten Wertes.

Diese Klassen sind als `final` deklariert, d.h. sie sind nicht erweiterbar und werden alle von der abstrakten Klasse `Number` abgeleitet, deren Methoden sie implementieren (s. Kapitel 2, Abgeleitete Klassen und Vererbung und Kapitel 3, Abstrakte Klassen und Interfaces).

Mit der Version 5.0 von Java erübrigt sich weitgehend das manuelle Umwandeln von primitiven Datentypen in Objekttypen und umgekehrt, da diese Version eine automatische Konvertierung (Auto(un)boxing) für diese Art von Datentypen implementiert und deren Übergabe in Konstruktoren und Methoden damit wesentlich vereinfacht.

Damit wurde ein weiterer wesentlicher Beitrag zur Typsicherheit von Daten gewährleistet, wie auch mit den in Java 5.0 eingeführten generischen Datentypen, welche im Kapitel 8, Generics beschrieben werden.

Autoboxing ist der Vorgang, durch welchen ein primitiver Datentyp wie `int`, `boolean`, etc. automatisch in seinen entsprechenden Wrapper-Typ `Integer`, `Boolean`, etc. eingehüllt (boxed) wird, das Erzeugen eines neuen Objektes wird automatisch von Java übernommen.

Mit Auto-unboxing wird der Vorgang bezeichnet, durch welchen der Wert eines Wrapper-Objektes extrahiert wird, ohne dass Methoden wie `intValue()`, `booleanValue()` etc. der entsprechenden Wrapper-Klassen explizit aufgerufen werden müssen.

Aufgabe 1.17 ☆☆

Die Felder und Methoden von Wrapper-Klassen

Definieren Sie in einer Klasse mit dem Namen `WrapperKlassen` globale Referenzen vom Typ aller Hüllenklassen von Java. Übergeben Sie im Konstruktor dieser Klasse die korrespondierenden primitiven Werte und erzeugen Sie mit Hilfe der Konstruktoren von Hüllenklassen je eine Instanz für jede dieser Klassen. Rufen Sie nach Belieben die verschiedensten Methoden, wie `byteValue()`, `intValue()`, `toOctalString()`, `getNumericValue()`, `digit()`, etc., dieser Klassen auf.

Zum Bilden von Instanzen der Klasse und Aufruf ihrer Methoden soll eine Klasse `WrapperKlassenTest` erstellt werden.

Java-Dateien: `WrapperKlassen.java, WrapperKlassenTest.java`
Programmaufruf: `java WrapperKlassenTest`

Aufgabe 1.18 ☆

Das Auto(un)boxing

Die Klasse mit dem Namen `WrapperKlassenmitAutoBoxing` definiert die gleichen Instanzfelder wie die Klasse `WrapperKlassen` aus der Aufgabe 1.17 und einen Konstruktor mit den gleichen Argumenten. Prüfen Sie, ob einfache Zuweisungen von primitiven Werten für das Bilden der Instanzen von Hüllenklassen ausreichend sind und ob im Methodenaufruf von `System.out.println()` ein Unboxing bei der Angabe dieser Instanzen durchgeführt wird. Definieren Sie eine Methode mit der Signatur: `public boolean konvert(Boolean b)` und zeigen Sie, dass diese mit einem primitiven Wert vom Typ `boolean` aufgerufen werden kann.

Erstellen Sie anhand des Lösungsvorschlags ein eigenes Beispiel mit Umwandlungen zwischen primitiven Typen und Typen von Wrapper-Klassen im gleichen Ausdruck und nutzen Sie die erweiterte Schreibweise von `if`-Anweisungen für einen Vergleich von Wrapper Instanzen mit dem »==-Operator«.

Wie auch in der Aufgabe 1.17, soll zum Testen eine weitere Klasse, `WrapperKlassenmitAutoBoxingTest`, erstellt werden.

Hinweise für die Programmierung:

Ein Vergleich mit "==" bleibt weiterhin ein Vergleich von Referenzen und dabei wird kein Unboxing auf primitive Datentypen durchgeführt, sodass ein solcher Vergleich zwischen zwei Wrapper-Objekten trotz gleichem numerischem Wert im Allgemeinen das Ergebnis `false` liefert, wobei es aber Ausnahmen von dieser Regel gibt, je nachdem, wie das Autoboxing intern funktioniert, also ob dabei ein neues Objekt erzeugt wurde (z.B. bei nicht ganzzahligen oder bei großen ganzzahligen Zahlenwerten) oder ein altes Objekt wieder verwendet wurde (z.B. bei kleinen ganzzahligen Zahlenwerten, Zeichen oder logischen Größen).

Java-Dateien: `WrapperKlassenmitAutoBoxing.java, WrapperKlassenmitAutoBoxingTest.java`
Programmaufruf: `java WrapperKlassenmitAutoBoxingTest`

1.13 Arrays (Reihungen) und die Klassen Array und Arrays

Ein Array ist ein Objekt, das mehrere Werte von ein und demselben Typ speichern kann. Diese Werte werden auch Elemente oder Komponenten des Array genannt. Arrays können sowohl Werte von primitiven als auch von Referenztypen aufnehmen. Die aufeinander folgenden Elemente werden in zusammenhängende Speicherbereiche hinterlegt und ein Array hat immer eine feste Länge. Einem Arrayelement wird ein Index zugeordnet, über welchen es direkt angesprochen werden kann. Der Index des ersten Elementes hat in Java den Wert 0.

Mit Referenz vom Typ eines Array ist die Referenz auf ein Array-Objekt gemeint. Dieses Array-Objekt enthält alle Elemente des Arrays. Der Typ kann ein primitiver, Klassen- oder Interface-Typ sein.

Ein Array kann in Java mit Hilfe eines Array-Initialisierers erzeugt werden. So definiert `int [] iArray = {1, 5, 3};` ein Array vom Typ `int` und `char cArray = {'A', 'B'};` ein Array vom Typ `char`. Die Elemente der so definierten Arrays werden mit den angegebenen Werten initialisiert.

Eine zweite Möglichkeit besteht darin, den `new`-Operator zu benutzen, `int [] iArray = new int [3];` definiert ein Array von 3 Werten vom Typ `int`, `char cArray = new char [2];` ein Array von 2 Werten vom Typ `char` und `Punkt pArray = new Punkt [2];` ein Array von 2 Objekten vom Typ der Klasse `Punkt`.

Mit diesen Definitionen wird Speicher für die angegebene Anzahl von Elementen allokiert und alle Bits von Elementen werden auf 0 gesetzt. Der `new`-Operator gibt eine Referenz auf das Array-Objekt zurück.

Im Unterschied zu Arrays von primitiven Typen wird für Arrays von Referenztypen erstmal nur das Array-Objekt erzeugt und nicht auch Objekte von den einzelnen Elementen. Diese müssen im Nachhinein, einzeln mit dem Konstruktor erzeugt werden: `Punkt[0] = new Punkt(1,1);` und `Punkt[1] = new Punkt(2,2);`.

Beide Definitionsarten können auch kombniert werden. So definiert `int [] iArray = new int [3]{'1', '5', '3'};`, ein Array vom Typ `int` und `char [] cArray = new char [2] {'A', 'B'};`, ein Array vom Typ `char`.

Die Anzahl der Elemente eines Array wird auch Dimension genannt. Java unterstützt auch mehrdimensionale Arrays. Ein zweidimensionales Array wird als Array von eindimensionalen Arrays gebildet und ist somit eine Anreihung von mehreren eindimensionalen Arrays.

Die Java-Standard-Klasse `Array` ist eine Utility-Klasse, die nur Klassenmethoden enthält, daher wird kein Objekt vom Typ dieser Klasse instantiiert. Sie definiert Methoden, welche zur Manipulation von beliebigen Array-Objekten genutzt werden können, und eine Methode `newInstance()`, die ein Objekt vom Typ der Klasse `Object` zurückgibt, auf welches alle anderen Methoden der Klasse angewandt werden können. Diese Klasse befindet sich im Paket `java.lang.reflect`.

Die Java-Standard-Klasse `Arrays` ist im Paket `java.util` enthalten und definiert nützliche Funktionen zum Vergleichen, Sortieren und Füllen von Arrays. Mit der Version Java 5.0 wird mit der Methode `toString()` dieser Klasse eine `String`-Repräsentation für eindimensionale Arrays geliefert.

Aufgabe 1.19 ☆☆

Der Umgang mit Array-Objekten

Definieren Sie eine Klasse `ArrayTest1`, die ein- und zweidimensionale Arrays von primitiven Typen und Referenztypen deklariert und initialisiert. Wird ein Array-Objekt mit dem `new`-Operator erzeugt, muss dies über die Angabe einer festen Größe erfolgen. Denken Sie sich sowohl für Deklarationen als auch beim Initialisieren von Arrayelementen alternative Lösungen aus und vergleichen Sie Ihre Ergebnisse mit denen aus der Lösung für diese Aufgabe. Benutzen Sie für die Ausgabe am Bildschirm von eindimensionalen Arrays die Methode `toString()` der Klasse `Arrays` und definieren Sie eine Klassenmethode `anzeige()`, welche eine Referenz von einem zweidimensionalen Array übergeben bekommt und dessen Elemente am Bildschirm anzeigt.

Primitive Datentypen können als Objekte der Klasse `Class` von Java über Standard-Namen wie `int.class`, `long.class`, etc. angesprochen werden. Benutzen Sie die Methode `newInstance()` der Klasse `Array`, um ein Array-Objekt dynamisch zu erzeugen und deren Methoden `setInt()` und `getInt()`, um die Elemente des so erzeugten Arrays zu manipulieren. Zeigen Sie am Beispiel der Klasse `Vektor` aus der Aufgabe 1.7, dass Elemente von Referenz-Arrays immer einzeln instantiiert werden müssen und rufen Sie für deren Anzeige am Bildschirm die Methode `anzeige()` der Klasse `Vektor` auf. Achten Sie auf die Java-Klassen bzw. Pakete, welche von der Klasse `ArrayTest1` importiert werden müssen.

Java-Dateien: `ArrayTest1.java`
Programmaufruf: `java ArrayTest1`

1.14 Zeichenketten und die Klasse String

Objekte, die von der Java-Standard-Klasse `String` instantiiert werden, repräsentieren eine Folge von `char`-Werten. Um das Arbeiten mit der Klasse zu vereinfachen, wurde in Java eine abgekürzte Form definiert, mit welcher Objekte der Klasse ohne einen `new`-Operator gebildet werden können, und zwar durch die einfache Zuweisung einer Zeichenkette (Folge von `char`-Werten zwischen Anführungszeichen, auch Literal genannt): `String s = "Java";`. Das zugewiesene Literal wird vom Compiler in einen sogenannten Konstantenpool eingetragen, eine Liste, die alle anderen Literale und Konstanten aus der Klassendefinition enthält. Der Stringvariablen wird eine Refernez auf dieses Literal zugewiesen. Dies hat als Konsequenz, dass bei einer Objektinstantiierung in der Form: `String s = new String("Java");` zwei `String`-Objekte entstehen, das Literal und eine Kopie davon.

Aufgabe 1.20 ☆

Der Umgang mit String-Objekten

Die Java-Standard-Klasse `String` definiert mehrere Konstruktoren. Erzeugen Sie in einer eigenen Klasse `StringTest` mehrere `String`-Objekte, indem Sie einer `String`-Referenz ein Literal direkt zuweisen oder im Konstruktor der Klasse `String` ein Literal, ein `char`-Array oder ein anderes `String`-Objekt übergeben. Rufen Sie an diesen Objekten die Methoden `concat()` und `substring()` der Klasse `String` auf, um einen String zu erweitern oder einen Teilstring davon zu bilden. Mit den Methoden `parseInt()`, `parseDouble()` und `parseShort()` von Wrapper-Klassen, sollen Strings in die angegebenen primitive Typen umgewandelt und diese Werte am Bildschirm angezeigt werden.

Die Klasse `StringTest` definiert eine Methode zum Vergleichen von `String`-Instanzen und ein `String`-Array, dessen Elemente über den Aufruf dieser Methode initialisiert werden.

In der `main()-Methode` jeder Java-Klasse wird ein `String-Array` übergeben, das beim Start der Java-Applikation mit den Kommandozeilen-Parametern, die der Benutzer angibt, initialisiert wird. Rufen Sie dieses Java-Programm mit einer Angabe von Argumentwerten auf und zeigen Sie die Werte der Kommandozeilenparameter am Bildschirm an.

Java-Dateien: `StringTest.java`
Programmaufruf: `java StringTest <Kommandozeilen Parameter>`

1.15 Mit der Version 5.0 eingeführte Spracherneuerungen für Arrays und Methoden

Die for-each-Schleife für Arrays

Die `for`-Schleife kann genutzt werden, um eine Reihe von Daten zu durchlaufen, indem sie einen Index definiert und inkrementiert. Mit Java 5.0 wurde mit der

Anweisung: `for (<Typ> <iterationsVariable>: <iterationsObjekt>;` eine von einem Index unabhängige, bequemere `for`-Schleife in die Sprache eingeführt, die auch für Arrays eingesetzt werden kann.

Damit wird jedes Element der über `iterationsObjekt` angegebenen Menge erreicht, und die `iterationsVariable` entspricht dem Typ dieser Elemente. Dass multidimensionale Arrays in Java Arrays von Arrays sind, ist von Bedeutung für die Iterationen von multidimensionalen Arrays, weil jede Iteration eines Array das nächste Array liefert. So müssen in `for-each`-Schleifen im Falle eines n-dimensionalen Arrays die Iterationsvariablen Referenzen vom Typ eines (n-1)-dimensionalen Array sein und diese wiederum Iterationsvariablen besitzen, die Referenzen vom Typ eines (n-2)-dimensionalen Array sind, etc. Mit `for`-each- Schleifen kann man ein Array nur sequentiell vom Anfang zum Ende durchgehen, sodass sich nicht alle Arten von Algorithmen, wie z.B. ein gezielter Zugriff auf ein Arrayelement, dafür anbieten.

Java-Methoden kennen einen einzigen Rückgabewert. Sollen jedoch mehrere Werte zurückgegeben werden, müssen diese in ein einzelnes Objekt zusammengefasst werden, und das kann auch ein Array sein.

Aufgabe 1.21 ☆

Einfache und erweiterte for-Schleifen

Zur Illustration der vorangehenden Bemerkungen soll eine Klasse `ArrayTest2` erstellt werden, die aus der `main()-Methode` ihre zwei anderen Klassenmethoden `anzeige()` und `rueckgabe()` aufruft. Ein Erzeugen von Instanzen der Klasse ist dafür nicht erforderlich. In der Methode `anzeige()` werden drei lokale Referenzen vom Typ eines eindimensionalen, eines zweidimensionalen und eines dreidimensionalen `int`-Array: `array1`, `array2` und `array3` definiert. Jedes Arrayelement soll mit der Summe seiner Indexwerte initialisiert werden. Da diese Wertezuweisungen vom Index der Elemente abhängig sind, muss dazu die alte Form der `for`-Schleife genutzt werden. Die Anzeige der Elemente am Bildschirm soll jedoch mit Hilfe von `for-each`-Schleifen erfolgen.

Die Methode `rueckgabe()` bekommt drei `char`-Werte übergeben, initialisiert damit die Elemente eines Arrays vom gleichen Typ und gibt dieses an die aufrufende Methode zurück, welche dieses in einer weiteren `for-each`-Schleife am Bildschirm anzeigt. Sie soll auch demonstrieren, wie Arrays definiert werden, damit Werte, die von Methoden zurückgegeben werden sollen, als ein Rückgabewert zusammengefasst werden können.

Java-Dateien: `ArrayTest2.java`
Programmaufruf: `java ArrayTest2`

Arrays als variable Argumentenlisten in Methoden

Mit Java 5.0 können Methoden mit einer variablen Anzahl von Argumenten definiert werden, diese werden auch varargs-Methoden genannt. Ein Parameter, der eine variable Anzahl von Werten aufnehmen kann wird mit dem »...–Operator« definiert, dem der Typ des Parameters vorausgeht. Intern wird ein variables Argument als ein Array vom angegebenen Typ mit unbekannter Länge deklariert. So kann dieses mit einer erweiterten `for`-Schleife durchlaufen werden und auf die tatsächliche Anzahl der Argumente mit dem Schlüsselwort `length`, welches die Dimension eines Arrays definiert, zugegriffen werden.

Aufgabe 1.22 ☆

Methoden mit variablen Argumentenlisten

Definieren Sie eine Klasse `MethodenmitVararg`, die eine Methode mit dem Namen `varArg()` mit einer variablen Anzahl von `char`-Parametern besitzt. Überladen Sie diese Methode, indem Sie den Typ der Argumentenliste abändern bzw. über zwei `int`-Werte erweitern. Der Aufruf dieser Methode soll mit einer unterschiedlichen Anzahl von Argumenten aus der `main()-Methode` der Klasse erfolgen.

Java-Dateien: `MethodenmitVararg.java`
Programmaufruf: `java MethodenmitVararg`

1.16 Das Initialisieren von Klassen- und Instanzfeldern

Klassenfelder werden in Java über Klassen-Feld- bzw. Klassen-Block-Initialisierer initialisiert. Ein Klassen-Feld-Initialisierer besteht aus einer Zuweisung des Wertes, den das Klassenfeld aufnehmen soll. Wird dieser nicht explizit angegeben, so werden alle Bits des Feldes gleich 0 gesetzt, was einer Initialisierung mit den Default-Werten: `0`, `0.0`, `false` und `null` entspricht.

Ein Klassen-Block-Initialisierer besteht aus dem Schlüsselwort `static` gefolgt von einem in {} eingeschlossenen Initialisierungscode.

Zusätzlich zum Instanz-Feld-Initialisierer unterstützt Java auch sogenannte Instanz-Block-Initialisierer, welche aus einem in {} eingeschlossenen Initialisierungscode bestehen.

Die Konstruktoren einer Klasse führen alle Instanzfeldinitialisierungen durch, auch wenn diese außerhalb des Konstruktors im Programm definiert sind. Der Compiler fügt gleich am Anfang der Übersetzung den gesamten Initialisierungscode für Instanzfelder in den Konstruktor der Klasse ein.

An dieser Stelle sei noch mal darauf hingewiesen, dass Felddeklarationen (mit oder ohne explizite Initialisierung) kein Bestandteil von Methoden sind und deshalb innerhalb von Methoden nicht als Anweisung ausgeführt werden können, wie dies der Fall für lokale Variablen ist.

Selbstreferenzierende Felder können nur dann in ihrer Deklaration initialisiert werden, wenn sie als Klassenfelder definiert wurden. Wenn nämlich ein selbstreferenzierendes Instanzfeld über in der Deklaration oder in einem Konstruktor auf ein entsprechendes Objekt gesetzt würde, ergäbe das eine Endlosschleife: Das Objekt würde für dieses Feld ein Objekt derselben Klasse erzeugen, das dann wieder ein solches Objekt erzeugen würde, das dann wieder usw.

Aufgabe 1.23

Das Initialisieren von Instanzfeldern

Definieren Sie eine Klasse `InitialisierungInstanzfelder`, welche die Initialisierung für ihre Felder `einlong`, `eindouble` und `einString` in Instanz-Feld-Initialisierern vornimmt, für das `char`-Array `einArray` in einem Instanz-Block-Initialisierer und für die Felder `einPunkt` und `einint` im Konstruktor der Klasse. Die Felder `einshort`, `einfloat` und `einboolean` sollen über Default-Zuweisungen initialisiert werden.

Definieren Sie eine Methode `setselfReferentialFeld()`, die die Initialisierung eines selbreferenzierenden Instanzfeldes `selfReferentialFeld` übernimmt, weil diese Art von Feldern nicht über eine direkte Zuweisung mit dem `new`-Operator in ihrer Deklaration initialisiert werden können.

Um die Instanzfelder zu initialisieren, wird in der `main()`-Methode ein Objekt der Klasse erzeugt.

Die gleiche Methode soll alle Feldwerte am Bildschirm anzeigen. Kann die Anzeige der Werte des `char`-Array über den Methodenaufruf `Arrays.toString(einArray)` erfolgen?

Java-Dateien: `InitialisierungInstanzfelder.java`
Programmaufruf: java `InitialisierungInstanzfelder`

Aufgabe 1.24

Das Initialisieren von Klassenfeldern

Eine Klasse `InitialisierungKlassenfelder` definiert Klassenfelder mit den gleichen Namen wie die Instanzfelder aus der Aufgabe 1.23. Die Klassenfelder sollen in Analogie zur Klasse `InitialisierungInstanzfelder` mit Hilfe von Klassen-Feld-Initialisierern, Klassen-Block-Initialisierern und über Defaultwerte initialisiert werden. Im Unterschied zu selbstreferenzierenden Instanzfeldern können selbstreferenzierende Klassenfelder in ihrer Deklaration mit Hilfe des `new`-Operators initialisiert werden.

Java-Dateien: `InitialisierungKlassenfelder.java`
Programmaufruf: java `InitialisierungKlassenfelder`

1.17 Private Konstruktoren

Private Konstruktoren werden mit dem Modifikator `private` definiert und erlauben nicht, dass Objekte dieser Klasse innerhalb von anderen Klassen erzeugt werden. Die Klasse selbst kann ein oder mehrere Objekte erzeugen und diese allen anderen Klassen über einen Methodenaufruf oder über konstante Klassenfelder zur Verfügung stellen.

Aufgabe 1.25 ☆

Ein Objekt mit Hilfe eines privaten Konstruktoren erzeugen

Die Klasse `PrivaterKonstruktor` definiert einen privaten Konstruktor, der das aktuelle Datum und die gerade gemessene Uhrzeit am Bildschirm anzeigen soll. Diese Daten können über die Methoden der Java-Standard-Klasse `GregorianCalendar` ermittelt werden, zu welcher weitere Details im Kapitel 10 aufgeführt werden.

Definieren Sie dazu ein selbreferenzierendes Klassenfeld mit dem Namen `datumunduhrzeit` und eine Methode `getInstanz()`, welche ein Objekt der Klasse erzeugt und anderen Klassen zur Verfügung stellt.

Definieren Sie eine Klasse `PrivaterKonstruktorTest`, die in ihrer `main()`-Methode die Methode `getInstanz()` aufruft und sich so das erzeugte Objekt vom Typ der Klasse `PrivaterKonstruktor` holt.

Java-Dateien: `PrivaterKonstruktor.java`, `PrivaterKonstruktorTest.java`
Programmaufruf: `java PrivaterKonstruktorTest`

Aufgabe 1.26 ☆☆

Mehrere konstante Werte (Objekte) mit Hilfe eines privaten Konstruktoren erzeugen

Mit Hilfe einer Klasse `WochenTage` soll ein zweiter sinnvoller Einsatz von Klassen mit privaten Konstruktoren gezeigt werden. Im privaten Konstruktor dieser Klasse wird ein `int`-Wert übergeben, über welchen das öffentliche Instanzfeld `tag` der Klasse mit einem String, der den Namen des entsprechenden Wochentages angibt, initialisiert wird. Die Klasse definiert mit dem Modifikator `static final` sieben globale Referenzen mit dem Namen der Wochentage, die auf Objekte der eigenen Klasse zeigen, und im Konstruktor die Werte 1 bis 7 zugewiesen bekommen. Diese werden als `public` definiert, damit sie auch für andere Klassen uneingeschränkt zugänglich sind.

Eine zweite Klasse `WochenTageTest` definiert einen Konstruktor mit einem Parameter vom Typ der Klasse `WochenTage` und erzeugt in ihrer `main()`-Methode sieben Instanzen der eigenen Klasse, welche als Argument im Konstruktor Objekte der Klasse `WochenTage` übergeben bekommen.

Java-Dateien: `WochenTage.java`, `WochenTageTest.java`
Programmaufruf: `java WochenTageTest`

1.18 Lösungen

Lösung 1.1

Die Klasse KlassenDefinition

```
class KlassenDefinition {
  public static void main(String args[]) {
// Ausgabe einer Zeichenkette
    System.out.println("Definition einer einfachen "+
     "Java-Klasse");
  }
}
```

Programmausgaben

```
Definition einer einfachen Java-Klasse
```

Lösung 1.2

Die Klasse ObjektInstantiierung

```
class ObjektInstantiierung {
// Konstruktordefinition
  public ObjektInstantiierung() {
    System.out.println("Instanz einer Java-Klasse erzeugen");
  }
  public static void main(String args[]) {
    ObjektInstantiierung instanz = new ObjektInstantiierung();
  }
}
```

Programmausgaben

```
Instanz einer Java-Klasse erzeugen
```

Lösung 1.3

Die Klasse FeldZugriffe

```
class FeldZugriffe {
// Instanzfeld
  int zaehlerAlsInstanzfeld;
// Klassenfeld
  static int zaehlerAlsKlassenfeld;
// Konstruktordefinition
    FeldZugriffe() {
      zaehlerAlsKlassenfeld++;
      zaehlerAlsInstanzfeld++;
  }
```

```
// Instanzmethoden, haben direkten Zugriff auf Instanz- und
// Klassenfelder
   public void anzeigeInstMeth() {
      System.out.print("Zaehler als Instanzfeld: "
        + zaehlerAlsInstanzfeld);
// Zeilenumbruch ausgeben
      System.out.println();
      System.out.print("Zaehler als Klassenfeld: "
        + FeldZugriffe.zaehlerAlsKlassenfeld);
// Innerhalb der Klasse kann auf den Klassennamen verzichtet
// werden
      System.out.print("*"+zaehlerAlsKlassenfeld);
      System.out.println();
   }
// Klassenmethoden haben direkten Zugriff auf Klassenfelder,
// darin können nur die Instanzfelder eines erzeugten Objektes
// der Klasse angesprochen werden
   public static void anzeigeKlsMeth() {
      System.out.print("Zaehler als Klassenfeld: "
       + zaehlerAlsKlassenfeld);
      System.out.print("*"+FeldZugriffe.zaehlerAlsKlassenfeld);
// Zeilenumbruch
      System.out.println();
   // System.out.println(zaehlerAlsInstanzfeld); // Fehler
// Instanz vom Typ der Klasse erzeugen
      FeldZugriffe t = new FeldZugriffe();
      System.out.print("Zaehler als Instanzfeld: "
        + t.zaehlerAlsInstanzfeld);
      System.out.print("*"+t.zaehlerAlsKlassenfeld);
   }
}
Die Klasse FeldZugriffeTest
class FeldZugriffeTest {
   public static void main(String args[]) {
      FeldZugriffe t = new FeldZugriffe();
      t.anzeigeInstMeth();
      FeldZugriffe.anzeigeKlsMeth();
   }
}
```

Programmausgaben

```
Zaehler als Instanzfeld: 1
Zaehler als Klassenfeld: 1*1
Zaehler als Klassenfeld: 1*1
Zaehler als Instanzfeld: 1*2
```

Hinweise zu den Programmausgaben

Es ist zu erkennen, dass das Instanzfeld für jedes erzeugte Objekt neu initialisiert wird, das Klassenfeld jedoch für alle erzeugten Instanzen der Klasse zählt.

Lösung 1.4

Die Klasse MethodenAufrufe1

```
class MethodenAufrufe1 {
// Instanzmethoden
   public void instMethode1() {
      System.out.println("1. Instanzmethode der Klasse "
        + "MethodenAufrufe1");
// Aufruf einer Instanzmethode aus einer Instanzmethode der
// gleichen Klasse
      instMethode2();
// Aufruf einer Klassenmethode aus einer Instanzmethode der
// gleichen Klasse
      MethodenAufrufe1.klsMethode1();
   }
   public void instMethode2() {
      System.out.println("2. Instanzmethode der Klasse "
        + "MethodenAufrufe1");
   }
// Klassenmethoden
   public static void klsMethode1() {
      System.out.println("1. Klassenmethode der Klasse "
        + "MethodenAufrufe1");
   }
   public static void klsMethode2() {
      System.out.println("2. Klassenmethode der Klasse "
        + "MethodenAufrufe1");
// Aufruf einer Instanzmethode aus einer Klassenmethode der
// gleichen Klasse
      MethodenAufrufe1 instanz = new MethodenAufrufe1();
      instanz.instMethode2();
// Aufruf einer Klassenmethode aus einer Klassenmethode der
// gleichen Klasse
      MethodenAufrufe1.klsMethode1();
   }
}
```

Die Klasse MethodenAufrufe2

```
class MethodenAufrufe2 {
 // Instanzmethode
   public void instMethode() {
      System.out.println("Instanzmethode der Klasse "
```

```
      + "MethodenAufrufe2");
// Aufruf einer Instanzmethode aus einer Instanzmethode einer
// anderen Klasse
    MethodenAufrufe1 instanz1 = new MethodenAufrufe1();
    instanz1.instMethode1();
// Aufruf einer Klassenmethode aus einer Instanzmethode einer
// anderen Klasse
    MethodenAufrufe1.klsMethode2();
  }
// Klassenmethode
  public static void klsMethode() {
    System.out.println("Klassenmethode der Klasse "
      + "MethodenAufrufe2");
// Aufruf einer Instanzmethode aus einer Klassenmethode einer
// anderen Klasse
    MethodenAufrufe1 instanz2 = new MethodenAufrufe1();
    instanz2.instMethode1();
// Aufruf einer Klassenmethode aus einer Klassenmethode einer
// anderen Klasse
    MethodenAufrufe1.klsMethode2();
  }
}
```

Die Klasse MethodenAufrufeTest

```
class MethodenAufrufeTest {
  public static void main(String args[]) {
    MethodenAufrufe2.klsMethode();
    MethodenAufrufe2 instanz = new MethodenAufrufe2();
    instanz.instMethode();
  }
}
```

Programmausgaben

```
Klassenmethode der Klasse MethodenAufrufe2
1. Instanzmethode der Klasse MethodenAufrufe1
2. Instanzmethode der Klasse MethodenAufrufe1
1. Klassenmethode der Klasse MethodenAufrufe1
2. Klassenmethode der Klasse MethodenAufrufe1
2. Instanzmethode der Klasse MethodenAufrufe1
1. Klassenmethode der Klasse MethodenAufrufe1
Instanzmethode der Klasse MethodenAufrufe2
1. Instanzmethode der Klasse MethodenAufrufe1
2. Instanzmethode der Klasse MethodenAufrufe1
1. Klassenmethode der Klasse MethodenAufrufe1
2. Klassenmethode der Klasse MethodenAufrufe1
```

```
2. Instanzmethode der Klasse MethodenAufrufe1
1. Klassenmethode der Klasse MethodenAufrufe1
```

Lösung 1.5

Die Klasse QuadratDefinition

```
class QuadratDefinition  {
   int a;
// Konstruktordefinition
   QuadratDefinition(int x) {
      a = x;
   }
// Instanzmethode zum Berechnen des Flächeninhaltes
   public int flaeche() {
      int f = a*a;
      return f;
   }
// Gleichnamige Klassenmethode zum Berechnen des Flächeninhaltes
   public static int flaeche(QuadratDefinition q) {
      int f = q.a*q.a;
      return f;
   }
}
```

Die Klasse QuadratDefinitionTest

```
class QuadratDefinitionTest {
   public static void main(String args[]) {
      System.out.println("Instanz der Klasse erzeugen");
      QuadratDefinition quadrat = new QuadratDefinition(4);
      System.out.println("Aufruf der Instanzmethode");
      int finst = quadrat.flaeche();
      System.out.println("Flaeche: "+finst);
      System.out.println("Aufruf der Klassenmethode");
      int fkls2 = QuadratDefinition.flaeche(quadrat);
      System.out.println("Flaeche: "+fkls2);
   }
}
```

Programmausgaben

```
Instanz der Klasse erzeugen
Aufruf der Instanzmethode
Flaeche: 16
Aufruf der Klassenmethode
Flaeche: 16
```

Lösung 1.6

Die Klasse Punkt

```
class Punkt {
  private double x;
  private double y;
// Konstruktordefinition
  Punkt(double a, double b) {
    x = a;
    y = b;
  }
// Zugriffsmethoden
  public void setX(double X) {
    x = X;
    System.out.println("x-Wert gesetzt");
  }
  public void setY(double Y) {
    y = Y;
    System.out.println("y-Wert gesetzt");
  }
  public double getX() {
    return x;
  }
  public double getY() {
    return y;
  }
// Instanzmethode für eine Punktanzeige
  public void anzeige() {
    System.out.println("("+ x +","+ y +")");
  }
}
```

Die Klasse PunktTest

```
class PunktTest {
  public static void main(String args[]) {
// Erzeugen einer Punkt-Instanz
    Punkt p = new Punkt(1.5, -4.5);
// Anzeige der Punkt-Instanz
    p.anzeige();
// Setzen und Lesen von Punktkoordinaten
    p.setX(-4.0);
    p.setY(4.0);
    System.out.println("x = "+p.getX());
    System.out.println("y = "+p.getY());
  }
}
```

Programmausgaben

```
(1.5, -4.5)
x-Wert gesetzt
y-Wert gesetzt
x = -4.0
y = 4.0
```

Lösung 1.7

Die Klasse Vektor

```
public class Vektor {
   private int x;
   private int y;
   private int z;
// Konstruktordefinitionen
   public Vektor() {
      this(0,0,0);
   }
// Besitzen Methoden- oder Konstruktorenparameter die gleichen
// Namen wie Instanzfelder, müssen die Instanzfelder über this
// angesprochen werden
   public Vektor(int x, int y, int z) {
      this.x = x;
      this.y = y;
      this.z = z;
   }
// Ein mit dem Copy-Konstruktor erzeugtes Objekt hat die
// gleichen Feldwerte wie das übergebene
   public Vektor(Vektor v) {
      x = v.x;
      y = v.y;
      z = v.z;
   }
// Methodendefinitionen
   public Vektor neu(int a, int b, int c) {
      this.x = this.x+a;
      this.y = this.y+b;
      this.z = this.z+c;
      return this;
   }
   public Vektor neu(Vektor v) {
      x = x+v.x;
      y = y+v.y;
      z = z+v.z;
      return this;
   }
```

```
    public Vektor neu1(int a, int b, int c) {
        Vektor vektor = new Vektor(this);
        vektor.x = x+a;
        vektor.y = y+b;
        vektor.z = z+c;
        return vektor;
    }
    public void anzeige() {
        System.out.print("("+ x +","+ y +","+ z +") ");
    }
}
```

Die Klasse VektorTest

```
class VektorTest {
    public static void main(String args[]) {
// Erzeugen von Vektor-Objekten mit den unterschiedlichen
// Konstruktoren
        Vektor v1 = new Vektor();
        v1.anzeige();
        Vektor v2 = new Vektor(1,1,1);
        v2.anzeige();
        Vektor v3 = new Vektor(v2);
        v3.anzeige();
// Erzeugen eines neuen Vektor-Objektes durch Veränderung des
// aufrufenden Objektes
        Vektor vneu = v1.neu(3,3,3);
        v1.anzeige();
        vneu.anzeige();
// oder
        v1 = new Vektor();
        Vektor vcopy = v1.neu(new Vektor(3,3,3));
        v1.anzeige();
        vcopy.anzeige();
// Erzeugen eines neuen Vektor-Objektes durch Beibehalten des
// aufrufenden Objektes
        v1 = new Vektor();
        Vektor vneu1 = v1.neu1(3,3,3);
        v1.anzeige();
        vneu1.anzeige();
    }
}
```

Programmausgaben

```
(0,0,0) (1,1,1) (1,1,1) (3,3,3) (3,3,3) (3,3,3) (3,3,3) (0,0,0) (3,3,3)
```

Lösung 1.8

Die Klasse MethodenParameter

```
class MethodenParameter {
// Methodendefinitionen
   public static void methode1(int x, int[] y) {
      x = 0;
      y[1] = 0;
   }
   public static void methode2(Punkt x, Punkt[] y) {
      x.setX(0.0);
      x.setY(0.0);
      y[1].setX(0.0);
      y[1].setY(0.0);
   }
   public static void methode3(Punkt x) {
      x = new Punkt(-1.0,-1.0);
   }
   public static void main(String args[]) {
// Lokale primitive und Referenz-Variablen
      int i = 1;
      int[] iarray = {1,2,3};
      Punkt p = new Punkt(4.0, 3.0);
      Punkt[] parray = {new Punkt(1.0, 1.0), new Punkt(2.0,2.0)};
      System.out.println("int-Variable  vor dem Aufruf von "
        + "methode1(): "+i);
      System.out.print("int-Array vor dem Aufruf von "
        + "methode1(): ");
      for(int j=0; j<iarray.length; j++) {
         System.out.print(iarray[j]+" ");
      }
      System.out.println();
      methode1(i,iarray);
      System.out.println("int-Variable  nach dem Aufruf von "
        + "methode1(): "+i);
      System.out.print("int-Array nach dem Aufruf von "
        + "methode1(): ");
      for(int j=0; j<iarray.length; j++) {
         System.out.print(iarray[j]+" ");
      }
      System.out.println();
      System.out.print("Die Referenzvariable vom Typ Punkt zeigt"
        + " vor dem Aufruf von methode2() auf das Objekt: ");
// Die Methode anzeige() der Klasse Punkt wird aufgerufen
      p.anzeige();
      System.out.println("Punkt-Array vor dem Aufruf von "
        + "methode2(): ");
```

```
    for(int j=0; j<parray.length; j++) {
      parray[j].anzeige();
    }
    methode2(p, parray);
    System.out.print("Die Referenzvariable vom Typ Punkt zeigt"
      + " nach dem Aufruf von methode2() auf das gleiche Objekt"
        + " mit abgeaenderten Werten: ");
    p.anzeige();
    System.out.println("Punkt-Array nach dem Aufruf von "
      + "methode2(): ");
    for(int j=0; j<parray.length; j++) {
      parray[j].anzeige();
    }
    System.out.print("Die Referenzvariable vom Typ Punkt zeigt"
      +" vor dem Aufruf von methode3() auf das Objekt: ");
    p.anzeige();
    methode3(p);
    System.out.print("Die Referenzvariable vom Typ Punkt zeigt"
      + " nach dem Aufruf von methode3() auf das gleiche "
        + "Objekt: ");
    p.anzeige();
  }
}
```

Programmausgaben

```
int-Variable vor dem Aufruf von methode1(): 1
int-Array vor dem Aufruf von methode1(): 1 2 3
int-Variable  nach dem Aufruf von methode1(): 1
int-Array nach dem Aufruf von methode1(): 1 0 3
Die Referenzvariable vom Typ Punkt zeigt vor dem Aufruf von methode2() auf
das Objekt: (4.0,3.0)
Punkt-Array vor dem Aufruf von methode2():
(1.0,1.0)
(2.0,2.0)
x-Wert gesetzt
y-Wert gesetzt
x-Wert gesetzt
y-Wert gesetzt
Die Referenzvariable vom Typ Punkt zeigt nach dem Aufruf von methode2()
auf das gleiche Objekt mit abgeaenderten Werten: (0.0,0.0)
Punkt-Array nach dem Aufruf von methode2():
(1.0,1.0)
(0.0,0.0)
Die Referenzvariable vom Typ Punkt zeigt vor dem Aufruf von methode3() auf
das Objekt: (0.0,0.0)
Die Referenzvariable vom Typ Punkt zeigt nach dem Aufruf von methode3()
auf das gleiche Objekt: (0.0,0.0)
```

Hinweise zum Lösungsvorschlag

Nach dem Aufruf von `methode1()` bleibt der Wert der übegebenen `int`-Variablen `i gleich 1` und die Referenz `p` vom Typ `Punkt` zeigt nach dem Aufruf von `methode3()` weiter auf den Punkt (0.0,0.0) wie vor dem Aufruf der Methode, auch wenn diese innerhalb der Methoden abgeändert wurden.

Veränderungen, die innerhalb von Methoden an einem Parameterobjekt durchgeführt werden, bleiben jedoch auch außerhalb der Methode sichtbar, wie dies der Aufruf von `methode2()` zeigt.

Referenzen vom Typ Array können innerhalb von Methoden nicht abgeändert werden, weil sie wie alle Referenzen per Wert übergeben werden. D. h., der Parameter `y` bekommt die in `iarray` bzw. `parray` gespeicherte Array-Referenz übergeben und nicht eine Referenz auf diese. Weil aber der Methodenparameter `y` eine Referenz auf ein Array enthält, das durch `iarray` bzw.`parray` referenziert wird, können die Arrayelemente abgeändert werden.

Lösung 1.9

Die Klasse GlobaleReferenzen

```
class GlobaleReferenzen {
// Globale primitive und Referenz-Variablen
  private static int i = 1;
  private int[] iarray = {1,2,3};
  private Punkt p = new Punkt(4.0, 3.0);
  private static Punkt[] parray = {
    new Punkt(1.0, 1.0), new Punkt(2.0,2.0)};
// Methodendefinitionen
  public void methode1() {
    i = 0;
    iarray[1] = 0;
  }
// Das Objekt, auf welches die Referenz zeigt, wird abgeändert
  public void methode2() {
    p.setX(0.0);
    p.setY(0.0);
    parray[1].setX(0.0);
    parray[1].setY(0.0);
  }
// Die Referenz wird abgeändert
  public void methode3() {
    p = new Punkt(-1.0,-1.0);
  }
  public static void main(String args[]) {
// Objekt der Klasse erzeugen
    GlobaleReferenzen instanz = new GlobaleReferenzen();
```

```
      System.out.println("int-Variable vor dem Aufruf von "
        + "methode1(): "+i);
      System.out.print("int-Array vor dem Aufruf von "
        + "methode1(): ");
      for(int j=0; j<instanz.iarray.length; j++) {
        System.out.print(instanz.iarray[j]+" ");
      }
      System.out.println();
      instanz.methode1();
      System.out.println("int-Variable nach dem Aufruf von "
        + "methode1(): "+i);
      System.out.print("int-Array nach dem Aufruf von "
        + "methode1(): ");
      for(int j=0; j<instanz.iarray.length; j++) {
        System.out.print(instanz.iarray[j]+" ");
      }
      System.out.println();
      System.out.print("Die Referenzvariable vom Typ Punkt zeigt"
        + " vor dem Aufruf von methode2() auf das Objekt: ");
// Die Methode anzeige() der Klasse Punkt wird aufgerufen
      instanz.p.anzeige();
      System.out.println("Punkt-Array vor dem Aufruf von "
        + "methode2(): ");
      for(int j=0; j<parray.length; j++) {
        parray[j].anzeige();
      }
      instanz.methode2();
      System.out.print("Die Referenzvariable vom Typ Punkt zeigt"
        +" nach dem Aufruf von methode2() auf das gleiche Objekt"
          + " mit abgeaenderten Werten: ");
      instanz.p.anzeige();
      System.out.println("Punkt-Array nach dem Aufruf von "
        + "methode2(): ");
      for(int j=0; j<parray.length; j++) {
        parray[j].anzeige();
      }
      System.out.print("Die Referenzvariable vom Typ Punkt zeigt"
        + " vor dem Aufruf von methode3() auf das Objekt: ");
      instanz.p.anzeige();
      instanz.methode3();
      System.out.print("Die Referenzvariable vom Typ Punkt zeigt"
        + " nach dem Aufruf von methode3() auf ein neues "
          + "Objekt: ");
      instanz.p.anzeige();
    }
}
```

Programmausgaben

```
int-Variable vor dem Aufruf von methode1(): 1
int-Array vor dem Aufruf von methode1(): 1 2 3
int-Variable  nach dem Aufruf von methode1(): 0
int-Array nach dem Aufruf von methode1(): 1 0 3
Die Referenzvariable vom Typ Punkt zeigt vor dem Aufruf von methode2() auf
das Objekt: (4.0,3.0)
Punkt-Array vor dem Aufruf von methode2():
(1.0,1.0)
(2.0,2.0)
x-Wert gesetzt
y-Wert gesetzt
x-Wert gesetzt
y-Wert gesetzt
Die Referenzvariable vom Typ Punkt zeigt nach dem Aufruf von methode2()
auf das gleiche Objekt mit abgeaenderten Werten: (0.0,0.0)
Punkt-Array nach dem Aufruf von methode2():
(1.0,1.0)
(0.0,0.0)
Die Referenzvariable vom Typ Punkt zeigt vor dem Aufruf von methode3() auf
das Objekt: (0.0,0.0)
Die Referenzvariable vom Typ Punkt zeigt nach dem Aufruf von methode3()
auf ein neues Objekt:
(-1.0,-1.0)
```

Hinweise zu den Programmausgaben

Auch wenn Felddeklarationen kein Bestandteil von Methoden sind, können Wertezuweisungen für Felder auch innerhalb von Methoden erfolgen. So zeigt die in `methode3()` abgeänderte globale Referenzvariable vom Typ `Punkt` nach dem Aufruf der Methode auf ein anderes Objekt als vor dem Aufruf der Methode, d.h. ihr Wert hat sich geändert. Darum sollten Felder, deren Werte von einer eigenen Methode der Klasse abgeändert werden können, immer als `private` deklariert werden, um nur über Zugriffsmethoden erreichbar zu sein.

Lösung 1.10

Die Klasse GanzeZahlen

```
class GanzeZahlen {
  private int z;
// Konstruktordefinition
  public GanzeZahlen(int z) {
    this.z = z;
  }
  public int getZahl() {
    return this.z;
  }
```

```
   public void setZahl(int a) {
      this.z = a;
   }
   public GanzeZahlen negativ() {
      this.z = -this.z;
      return this;
   }
   public boolean gleich(GanzeZahlen a) {
      if(this.z == a.z)
         return true;
      return false;
   }
   public boolean kleiner(GanzeZahlen a) {
      if(this.z < a.z)
         return true;
      return false;
   }
   public static GanzeZahlen ggTeiler(GanzeZahlen a,
                                      GanzeZahlen b) {
// Mit den nachfolgenen Zuweisungen würde das Vorzeichen der
// Objekte, deren Referenz beim Methodenaufruf übergeben wird,
// abgeändert
    //   GanzeZahlen r = a;
    //   GanzeZahlen s = b;
// Um die ursprünglichen Objekte nicht zu verändern, werden
// Kopien von diesen erzeugt
      GanzeZahlen r = new GanzeZahlen(a.z);
      GanzeZahlen s = new GanzeZahlen(b.z);
      if(r.getZahl()<0)
         r.negativ();
      if(s.getZahl()<0)
         s.negativ();
      if(r.gleich(new GanzeZahlen(0)))
         return s;
      else if(s.gleich(new GanzeZahlen(0)))
         return r;
      else {
         while(!r.gleich(s)) {
            if(r.kleiner(s))
               s = s.subtr(r);
            else
               r = r.subtr(s);
         }
      }
      return r;
   }
   public static GanzeZahlen kgVielfaches(GanzeZahlen a,
                                          GanzeZahlen b) {
```

```
        GanzeZahlen r = new GanzeZahlen(a.z);
        GanzeZahlen s = new GanzeZahlen(b.z);
        if(r.getZahl() < 0)
            r.negativ();
        if(s.getZahl() < 0)
            s.negativ();
        GanzeZahlen t = ggTeiler(r,s);
        GanzeZahlen v = r.multipl(s);
        GanzeZahlen u = divid(v,t);
        return u;
    }
    public void anzeige() {
        System.out.println("Ganze Zahl: "+this.z);
    }
    public static GanzeZahlen add(GanzeZahlen a, GanzeZahlen b) {
        return new GanzeZahlen(a.z+b.z);
    }
    public GanzeZahlen subtr(GanzeZahlen a) {
        return new GanzeZahlen(this.z - a.z);
    }
    public static GanzeZahlen divid(GanzeZahlen a, GanzeZahlen b){
        return new GanzeZahlen(a.z/b.z);
    }
    public GanzeZahlen multipl(GanzeZahlen a) {
        return new GanzeZahlen(z*a.z);
    }
}
```

Die Klasse RationaleZahlen

```
class RationaleZahlen {
// Globale Referenzen vom Typ der Klasse GanzeZahlen
    private GanzeZahlen x, y;
// Konstruktordefinition
    public RationaleZahlen(GanzeZahlen zaehler,
                           GanzeZahlen nenner) {
        this.x = zaehler;
        this.y = nenner;
    }
    public GanzeZahlen getZaehler() {
        return x;
    }
    public GanzeZahlen getNenner() {
        return y;
    }
    public void setZaehler(GanzeZahlen a) {
        x = a;
    }
```

```
   public void setNenner(GanzeZahlen b) {
      y = b;
   }
   public void anzeige() {
      System.out.println("Rationale Zahl: "+ x.getZahl() +
        "/" + y.getZahl());
   }
// Da beim Kürzen der Erhalt des ursprünglichen Objektes nicht
// erforderlich ist, werden die Änderungen im aktuellen Objekt
// durchgeführt und dieses wird auch zurückgegeben
   public RationaleZahlen kuerzen() {
// Lokale Referenz vom Typ der Klasse GanzeZahlen
      GanzeZahlen t = GanzeZahlen.ggTeiler(x, y);
      x = GanzeZahlen.divid(x,t);
      y = GanzeZahlen.divid(y,t);
      return this;
   }
   public static RationaleZahlen add(RationaleZahlen a,
                                     RationaleZahlen b) {
      GanzeZahlen gNenner = GanzeZahlen.kgVielfaches(a.y, b.y);
      return  new RationaleZahlen (GanzeZahlen.add(
        GanzeZahlen.divid(gNenner,a.y).multipl(a.x),
          GanzeZahlen.divid(gNenner,b.y).multipl(b.x)),gNenner);
   }
   public RationaleZahlen subtr(RationaleZahlen a) {
     GanzeZahlen gNenner = GanzeZahlen.kgVielfaches(this.y, a.y);
     return new RationaleZahlen(((GanzeZahlen.divid(
       gNenner,this.y)). multipl(this.x)). subtr((
         GanzeZahlen.divid(gNenner,a.y)).multipl(a.x)), gNenner);
   }
   public static RationaleZahlen divid(RationaleZahlen a,
                                      RationaleZahlen b) {
      return new RationaleZahlen((a.x).multipl(b.y),
        (a.y).multipl(b.x));
   }
   public RationaleZahlen multipl(RationaleZahlen a) {
      return new RationaleZahlen(x.multipl(a.x), y.multipl(a.y));
   }
}
```

Die Klasse ZahlenTest

```
class ZahlenTest {
// Konstantendefinitionen zur Beschreibung von Objektzuständen
   static final int GANZEZAHLEN = 1;
   static final int RATIONALEZAHLEN = 2;
// Der Typ der Zahlen wird zur Vereinfachung von deren Auswahl
// als int-Wert definiert
   int zahlenTyp;
```

```
// Globale Referenzen vom Typ der Klasse GanzeZahlen
   GanzeZahlen z1;
   GanzeZahlen z2;
// Konstruktordefinition
   ZahlenTest(int zahlenTyp,int z1, int z2) {
      this.z1 = new GanzeZahlen(z1);
      this.z2 = new GanzeZahlen(z2);
      this.zahlenTyp = zahlenTyp;
      switch(zahlenTyp) {
         case GANZEZAHLEN:
            defGanzeZahlen();
            break;
         case RATIONALEZAHLEN:
            defRationaleZahlen();
             break;
      }
   }
   public void defGanzeZahlen() {
      z1.anzeige();
      z2.anzeige();
      GanzeZahlen t = GanzeZahlen.ggTeiler(z1, z2);
      System.out.print("Groesste gemeinsame Teiler: ");
      t.anzeige();
      GanzeZahlen v = GanzeZahlen.kgVielfaches(z1, z2);
      System.out.print("Kleinste gemeinsame Vielfache: ");
      v.anzeige();
      System.out.print("Ergebnis der Addition: ");
      GanzeZahlen.add(z1, z2).anzeige();
      System.out.print("Ergebnis der Subtraktion: ");
// Ketten von Methoden
      z1.subtr(z2).anzeige();
      System.out.print("Ergebnis der Division: ");
      GanzeZahlen.divid(z1, z2).anzeige();
      System.out.print("Ergebnis der Multiplikation: ");
      z1.multipl(z2).anzeige();
   }
   public void defRationaleZahlen() {
      RationaleZahlen r1 = new RationaleZahlen(
        new GanzeZahlen(-1), new GanzeZahlen(-5));
      r1.anzeige();
      RationaleZahlen r2 = new RationaleZahlen(z1,z2);
      r2.anzeige();
      System.out.print("Kuerzung von rationalen Zahlen: ");
      r1.kuerzen().anzeige();
      r2.kuerzen().anzeige();
      System.out.print("Ergebnis der Addition: ");
      RationaleZahlen.add(r1, r2).anzeige();
      System.out.print("Ergebnis der Subtraktion: ");
```

```
// Ketten von Methoden
      r1.subtr(r2).anzeige();
      System.out.print("Ergebnis der Division: ");
      RationaleZahlen.divid(r1, r2).anzeige();
      System.out.print("Ergebnis der Multiplikation: ");
      r1.multipl(r2).anzeige();
   }
// Objekte der Klasse erzeugen
   public static void main(String args[]) {
      ZahlenTest test1 = new ZahlenTest(1, 6, -9);
      ZahlenTest test2 = new ZahlenTest(2, 6, -9);
   }
}
```

Programmausgaben

```
Ganze Zahl: 6
Ganze Zahl: -9
Groesste gemeinsame Teiler: Ganze Zahl: 3
Kleinste gemeinsame Vielfache: Ganze Zahl: 18
Ergebnis der Addition: Ganze Zahl: -3
Ergebnis der Subtraktion: Ganze Zahl: 15
Ergebnis der Division: Ganze Zahl: 0
Ergebnis der Multiplikation: Ganze Zahl: -54
Rationale Zahl: -1/-5
Rationale Zahl: 6/-9
Kuerzung von rationalen Zahlen: Rationale Zahl: -1/-5
Rationale Zahl: 2/-3
Ergebnis der Addition: Rationale Zahl: -7/15
Ergebnis der Subtraktion: Rationale Zahl: 13/15
Ergebnis der Division: Rationale Zahl: 3/-10
Ergebnis der Multiplikation: Rationale Zahl: -2/15
```

Lösung 1.11

Die Klasse Buch

```
class Buch {
   private int seite;
// Eine globale Referenz vom Typ der eigenen Klasse definiert
// ein selbstreferenzierendes Feld
   private Buch naechsteSeite;
// Konstruktordefinition
   Buch(int seite) {
      setSeite(seite);
      setNaechsteSeite(null);
   }
```

```
// Zugriffsmethoden
  public void setSeite(int seite) {
    this.seite = seite;
  }
  public int getSeite() {
    return seite;
  }
  public void setNaechsteSeite(Buch naechsteSeite) {
    this.naechsteSeite = naechsteSeite;
  }
  public Buch getNaechsteSeite() {
    return naechsteSeite;
  }
// Links über selbreferenzierende Felder erzeugen
  public static void rueckwaertsBlaettern(int von, int bis) {
// Lokale Referenz vom Typ der eigenen Klasse
    Buch vorigeSeite = null;
    for(int i=von; i<=bis; i++) {
// Eine neue Instanz der Klasse, mit einem Verweis auf die vorher
// konstruierte, wird erzeugt
      Buch aktuelleSeite = new Buch(i);
      aktuelleSeite.setNaechsteSeite(vorigeSeite);
// Bei einer Zuweisung von Referenzvariablen, wird kein neues
// Objekt erzeugt, die Referenzvariable vorigeSeite zeigt auf das
// gleiche Objekt wie die Referenzvariable aktuelleSeite
      vorigeSeite = aktuelleSeite;
    }
    Buch aktuelleSeite = vorigeSeite;
    while(aktuelleSeite != null){
    System.out.print("Seite "+ aktuelleSeite.getSeite() + " ");
      aktuelleSeite = aktuelleSeite.getNaechsteSeite();
    }
    System.out.println();
  }
  public static void vorwaertsBlaettern(int von, int bis) {
// Lokale Referenz vom Typ der eigenen Klasse
    Buch vorigeSeite = new Buch(bis);
    for(int i=bis-1; i>=von; i--) {
// Eine neue Instanz der Klasse, mit einem Verweis auf die vorher
// konstruierte, wird erzeugt
      Buch aktuelleSeite = new Buch(i);
      aktuelleSeite.setNaechsteSeite(vorigeSeite);
// Zuweisung von Referenzvariablen
      vorigeSeite = aktuelleSeite;
    }
    Buch aktuelleSeite = vorigeSeite;
    while(aktuelleSeite != null) {
```

```
      System.out.print("Seite "+ aktuelleSeite.getSeite() + " ");
        aktuelleSeite = aktuelleSeite.getNaechsteSeite();
      }
      System.out.println();
    }
}
```

Die Klasse BuchTest

```
class BuchTest {
  public static void main(String args[]) {
    Buch.vorwaertsBlaettern(1,4);
    Buch.rueckwaertsBlaettern(1,4);
    Buch.vorwaertsBlaettern(10,13);
    Buch.rueckwaertsBlaettern(10,13);
    Buch.vorwaertsBlaettern(100,102);
    Buch.rueckwaertsBlaettern(100,102);
  }
}
```

Programmausgaben

```
Seite 1 Seite 2 Seite 3 Seite 4
Seite 4 Seite 3 Seite 2 Seite 1
Seite 10 Seite 11 Seite 12 Seite 13
Seite 13 Seite 12 Seite 11 Seite 10
Seite 100 Seite 101 Seite 102
Seite 102 Seite 101 Seite 100
```

Lösung 1.12

Die Klasse PackageTest

```
package paket1;
class PackageTest {
  public static void main(String args[]) {
    System.out.println("Test der package-Anweisung");
  }
}
```

Programmausgaben

```
Test der package-Anweisung
```

Lösung 1.13

Die Klasse Klasse

```
package paket2;
public class Klasse {
```

```
    public Klasse() {
        System.out.println(
          "Definition einer Klasse im Verzeichnis paket2");
    }
}
```

Die Klasse KlassenTest

```
// import paket2.Klasse;
class KlassenTest {
    public static void main(String args[]) {
        paket2.Klasse kls = new paket2.Klasse();
// Wird die import-Anweisung genutzt, kann auf den Klassennamen
// direkt zugegriffen werden
    //   Klasse kls = new Klasse();
    }
}
```

Programmausgaben

```
Definition einer Klasse im Verzeichnis paket2
```

Lösung 1.14

Die Klasse Klasse1

```
package paket1;
// Die Klasse muss als public definiert werden, weil sie aus
// einem externen Paket angesprochen wird
public class Klasse1 {
    private static int privatesFeld = 1;
    protected static int geschuetztesFeld = 2;
    public static int oeffentlichesFeld = 3;
    static int feld = 4;
// Konstruktordefinition
    public Klasse1() {
        System.out.println("Instanz der Klasse1");
    }
}
```

Die Klasse Klasse2

```
package paket1.paket2;
public class Klasse2 {
// Konstruktordefinition
    public Klasse2() {
        System.out.println("Instanz der Klasse2");
    }
}
```

Die Klasse PackageTest1

```
import paket1.Klasse1;
//import paket2.Klasse2; // Fehler
import paket1.paket2.Klasse2;
class PackageTest1 {
  public static void main(String args[]) {
    Klasse1 kls1 = new Klasse1();
    Klasse2 kls2 = new Klasse2();
// Compilerfehler:
// Das Feld aus paket1.Klasse1 verfügt über privaten Zugriff
  //  System.out.println(Klasse1.privatesFeld);
// Das Feld aus paket1.Klasse1 verfügt über geschuetzten Zugriff
  //  System.out.println(Klasse1.geschuetztesFeld);
// Das Feld feld aus paket1.Klasse1 besitzt keinen Modifikator
// und darauf kann nicht von außerhalb des Paketes zugegriffen
// werden
  //  System.out.println(Klasse1.feld);
// Zugriff erlaubt, weil uneingeschränkt öffentlich durch die
// Definition mit public
    System.out.println(Klasse1.oeffentlichesFeld);
  }
}
```

Programmausgaben

```
Instanz der Klasse1
Instanz der Klasse2
3
```

Lösung 1.15

Die Klasse KongruenteDreiecke

```
public class KongruenteDreiecke {
  private double x;
  private double y;
  private double z;
  private static final double PI = 3.14159;
 // Konstruktordefinition
  public KongruenteDreiecke(double x, double y, double z) {
    this.x = x;
    this.y = y;
    this.z = z;
  }
// Zugriffsmethoden
  public double getX() {
    return x;
  }
```

```
public double getY() {
  return y;
}
public double getZ() {
  return z;
}
public double setX(double a) {
  return x = a;
}
public double setY(double b) {
  return y = b;
}
public double setZ(double c) {
  return z  = c;
}
public static double winkelRadian (double winkelGrad) {
  return winkelGrad*PI/180;
}
public static double winkelGrad (double winkelRadian) {
  return winkelRadian*180/PI;
}
public KongruenteDreiecke sss() {
  double w1 = Math.round(winkelGrad(Math.acos((x*x-y*y-z*z)/
    (-2*y*z))));
  double w2 = Math.round(winkelGrad(Math.acos((y*y-x*x-z*z)/
    (-2*x*z))));
  double w3 = Math.round(winkelGrad(Math.acos((z*z-x*x-y*y)/
    (-2*x*y))));
  return new KongruenteDreiecke(w1,w2,w3);
}
public KongruenteDreiecke sws() {
  double s = Math.round(Math.sqrt(x*x+z*z-2*x*z*Math.cos(
    winkelRadian(y))));
  double w1 = Math.round(winkelGrad(Math.acos((x*x-z*z-s*s)/
    (-2*z*s))));
  double w2 = Math.round(winkelGrad(Math.acos((z*z-x*x-s*s)/
    (-2*x*s))));
  return new KongruenteDreiecke(w1,s,w2);
}
public KongruenteDreiecke wsw() {
  double w = 180-x-z;
  double s1 = Math.round(y*Math.sin(winkelRadian(x))/
    Math.sin(winkelRadian(w)));
  double s2 = Math.round(y*Math.sin(winkelRadian(z))/
    Math.sin(winkelRadian(w)));
  return new KongruenteDreiecke(s1,w,s2);
}
```

```
    public KongruenteDreiecke ssw() {
      double w1 = Math.round(winkelGrad(Math.asin(
        x*Math.sin(winkelRadian(z))/y)));
      double w2 = 180-z-w1;
      double s = Math.round(y*Math.sin(winkelRadian(w2))/
        Math.sin(winkelRadian(z)));
      return new KongruenteDreiecke(w1,w2,s);
    }
}
```

Die Klasse KongruenteDreieckeTest

```
public class KongruenteDreieckeTest {
  public static void main(String args[]) {
    KongruenteDreiecke d1 = new KongruenteDreiecke(4,4,4);
    d1 = d1.sss();
    System.out.println("w*w*w = "+ d1.getX()+"*"+d1.getY()+
      "*"+d1.getZ());
    KongruenteDreiecke d2 = new KongruenteDreiecke(4,60,4);
    d2 = d2.sws();
    System.out.println("w*s*w = "+ d2.getX()+"*"+d2.getY()+
      "*"+d2.getZ());
    KongruenteDreiecke d3 = new KongruenteDreiecke(60,4,60);
    d3 = d3.wsw();
    System.out.println("s*w*s = "+ d3.getX()+"*"+d3.getY()+
      "*"+d3.getZ());
    KongruenteDreiecke d4 = new KongruenteDreiecke(4,4,60);
    d4 = d4.ssw();
    System.out.println("w*w*s = "+ d4.getX()+"*"+d4.getY()+
      "*"+d4.getZ());
  }
}
```

Programmausgaben

```
w*w*w = 60.0*60.0*60.0
w*s*w = 60.0*4.0*60.0
s*w*s = 4.0*60.0*4.0
w*w*s = 60.0*60.0*4.0
```

Lösung 1.16

Die Klasse Strecke

```
public class Strecke {
  private Punkt P;
  private Punkt Q;
// Konstruktordefinition
```

```
   public Strecke(Punkt P, Punkt Q) {
      this.P = P;
      this.Q = Q;
   }
// Zugriffsmethoden
   public void setzeP(Punkt A) {
      P = A;
   }
   public void setzeQ(Punkt B) {
      Q = B;
   }
   public Punkt getP() {
      return P;
   }
   public Punkt getQ() {
      return Q;
   }
   public double distanz() {
      double xP = P.getX();
      double yP = P.getY();
      double xQ = Q.getX();
      double yQ = Q.getY();
      return Math.round(Math.sqrt(Math.pow(xQ-xP,2)+
        Math.pow(yQ-yP,2)));
   }
   public void geradenGleichung() {
      double xP = P.getX();
      double yP = P.getY();
      double xQ = Q.getX();
      double yQ = Q.getY();
      System.out.println("(y - "+yP+") = (("+yQ+" - "+yP+
        ")/("+xQ+" - "+xP+"))*(x - "+xP+")");
   }
}
```

Die Klasse Kreis

```
public class Kreis {
   private static final double PI = Math.PI;
   private Strecke PQ;
// Konstruktordefinition
   public Kreis(Strecke PQ) {
      this.PQ = PQ;
   }
   public double flaeche() {
      return Math.round (PI*PQ.distanz()*PQ.distanz());
   }
   public double umfang() {
```

```
      return Math.round(2*PI*PQ.distanz());
   }
   public void kreisGleichung() {
      Punkt P = PQ.getP();
      double xP = P.getX();
      double yP = P.getY();
      System.out.println("(x - " +xP+")**2 + "+ "(y - " +yP+
        ")**2 "+"- "+PQ.distanz()*PQ.distanz()+" = 0");
   }
}
```

Die Klasse PunktStreckeKtreisTest

```
public class PunktStreckeKreisTest {
   public static void main(String args[]) {
// Erzeugen und Anzeigen von zwei Punkt-Objekten
      Punkt P = new Punkt(4.0, 3.0);
      Punkt Q = new Punkt(1.0, 2.0);
      System.out.print("Punkt P: ");
      P.anzeige();
      System.out.print("PunktQ : ");
      Q.anzeige();
// Berechnung der Länge der Strecke PQ und Anzeige der
// Geradengleichung durch diese Punkte
      Strecke PQ = new Strecke(P,Q);
      System.out.println("Laenge der Strecke PQ = " +
        PQ.distanz());
      System.out.print("Geradengleichung: ");
      PQ.geradenGleichung();
// Berechnung von Flaeche und Umfang des Kreises und Anzeige der
// Kreisgleichung
      Kreis k = new Kreis(PQ);
      System.out.println("Flaeche des Kreises mit dem " +
        "Mittelpunkt P" + " und PQ als Radius = " + k.flaeche());
      System.out.println("Umfang des Kreises mit dem " +
        "Mittelpunkt P" + " und PQ als Radius = " + k.umfang());
      System.out.print("Kreisgleichung: ");
      k.kreisGleichung();
   }
}
```

Programmausgaben

```
PunktP: (4.0,3.0)
PunktQ: (1.0,2.0)
Laenge der Strecke PQ  =  3.0
Geradengleichung: (y - 3.0) = ((2.0 - 3.0)/(1.0 - 4.0))*(x - 4.0)
Fläche des Kreises mit dem Mittlpunkt P und PQ als Radius = 28.0
```

```
Umfang des Kreises mit mit dem Mittlpunkt P und PQ als Radius = 19.0
Kreisgleichung: (x - 4.0)**2 + (y - 3.0)**2 - 9.0 = 0
```

Lösung 1.17

Die Klasse WrapperKlassen

```
public class WrapperKlassen {
// Globale Referenzen vom Typ der Hüllenklassen
  private Byte einByte;
  private Character einCharacter;
  private Integer einInteger;
  private Short einShort;
  private Long einLong;
  private Float einFloat;
  private Double einDouble;
  private Boolean einBoolean;
// Konstruktordefinition
  WrapperKlassen(byte by, int i, char c, short s, long l,
               float f, double d, boolean bo) {
// Objekte der Hüllenklassen erzeugen
    einByte = new Byte(by);
    einCharacter = new Character(c);
    einInteger = new Integer(i);
    einShort = new Short(s);
    einLong = new Long(l);
    einFloat = new Float(f);
    einDouble = new Double(d);
    einBoolean = new Boolean(bo);
  }
// Umwandlungen in Zahlensysteme mit einer anderen Basis,
// am Beispiel von int-Werten
  public void konvert(int i) {
    System.out.println("Der Binaerwert von " + i + " = "+
          Integer.toBinaryString(i));
    System.out.println("Der Octalwert von " + i + " = "+
          Integer.toOctalString(i));
    System.out.println("Der Hexadecimalwert von " + i + " = "+
          Integer.toHexString(i));
  }
// Beispiele von Typumwandlungen mit Methoden von Wrapper-Klassen
  public int charToUnicodeint(char c) {
// Der Unicode-Wert des Zeichens wird der Variablen i
// zugewiesen
    int i  =  Character.getNumericValue(c);
    return i;
  }
  public char intTochar(int i) {
```

```
      char c = Character.forDigit(i,10);
      return c;
   }
   public int charToint(char c) {
      int i  =  Character.digit(c,10);
      return i;
   }
// Liefern des Basistyp-Wertes eines Wrapper-Objektes
   public void objectTonumber() {
      System.out.print(" "+einByte.byteValue());
      System.out.print(" "+einInteger.intValue());
      System.out.print(" "+einLong.longValue());
      System.out.print(" "+einShort.shortValue());
      System.out.print(" "+einFloat.floatValue();
      System.out.print(" "+einDouble.doubleValue());
      System.out.print(" "+einCharacter.charValue());
      System.out.print(" "+einBoolean.booleanValue());
      System.out.println();
   }
// Wrapper-Klassen exportieren auch eine Menge von nützlichen
// Konstanten, wie z. B. Wertebereiche für primitive Datentypen
   public void werteBereiche() {
      System.out.println("Der Datentyp byte nimmt Werte von "+
        Byte.MIN_VALUE+ " bis "+Byte.MAX_VALUE);
      System.out.println("Der Datentyp int nimmt Werte von "+
        Integer.MIN_VALUE+ " bis "+Integer.MAX_VALUE);
   }
// Einen Beitrag zum sicheren Rechnen mit Wrapper-Klassen liefern
// deren unendliche Werte
   public void unendlicheWerte() {
      double d1 = Double.MAX_VALUE;
      double dMax = 2*d1;
      double dMin = -1.0/0.0;
      double d = 0.0/0.0;
      System.out.println(dMax+" * "+dMin+" * "+d);
   }
}
```

Die Klasse WrapperKlassenTest

```
public class WrapperKlassenTest {
   public static void main(String args[]) {
      WrapperKlassen wrapper = new WrapperKlassen((byte)1, 2,'3',
        (short)4,(long)5,(float)1.0,2.0,true);
      System.out.print("Basistypwerte der Wrapper-Objekte: ");
      wrapper.objectTonumber();
      System.out.println(
       "Umwandlungen in Zahlensysteme mit einer anderen Basis:");
```

```
        wrapper.konvert(100);
        System.out.print("Typumwandlungen: ");
        System.out.print(" "+wrapper.charToUnicodeint('3'));
        System.out.print(" "+wrapper.charToint('3'));
        System.out.print(" "+wrapper.intTochar(3));
        System.out.println();
        wrapper.werteBereiche();
        wrapper.unendlicheWerte();
    }
}
```

Programmausgaben

```
Basistypwerte der Wrapper-Objekte:  1 2 5 4 1.0 2.0 3 true
Umwandlungen in Zahlensysteme mit einer anderen Basis:
Der Binaerwert von 100 = 1100100
Der Oktalwert von 100 = 144
Der Hexadecimalwert von 100 = 64
Typumwandlungen:  3 3 3
Der Datentyp byte nimmt Werte von - 128 bis 127
Der Datentyp int nimmt Werte von -2147483648 bis 2147483647
Infinity * -Infinity * NaN
```

Hinweise zum Lösungsvorschlag

Die als Lösung hinzugefügte Klasse ruft die Methoden von Hüllenklassen zu Typumwandlungen, Wechseln der Basis von Zahlensystemen und Ausgaben der Wertebereiche von primitiven Datentypen auf. Typumwandlungen beziehen sich auf das Verändern des Datentyps eines bestimmten Wertes. Java verhindert implizite Typumwandlungen, wenn eine fehlende Kompatibilität bei Zuweisungen zu einem Verlust von Daten führen könnte. Dann kann nur eine explizite Typumwandlung erfolgen oder man kann auf die entsprechenden Methoden der Wrapper-Klassen zurückgreifen. Beim Rechnen mit Bruchtypen (`float`, `double`) gibt es im Gegensatz zu den Ganzzahlentypen (`short`, `long`, `byte`) drei spezielle Werte "keine Zahl" (not a number, abgekürtzt `NaN`), "plus unendlich" (`POSITIVE_INFINITY`) und "minus unendlich" (`NEGATIVE_INFINITY`).

Lösung 1.18

Die Klasse WrapperKlassenmitAutoBoxing

```
public class WrapperKlassenmitAutoBoxing {
// Globale Referenzen vom Typ der Hüllenklassen
    private Byte einByte;
    private Character einCharacter;
    private Integer einInteger;
    private Short einShort;
    private Long einLong;
    private Float einFloat;
```

```
  private Double einDouble;
  Boolean einBoolean;
// Konstruktordefinition
  WrapperKlassenmitAutoBoxing(byte by, int i, char c, short s,
                 long l, float f, double d, boolean bo) {
// Instanzen von Hüllenklassen erzeugen
    einByte = by;
    einCharacter = c;
    einInteger = i;
    einShort = s;
    einLong = l;
    einFloat = f;
    einDouble = d;
    einBoolean = bo;
    }
// Lieferung des Basistyp-Wertes eines Wrapper-Objektes über
// Unboxing
  public void objectTonumber() {
    System.out.print(" "+einByte);
    System.out.print(" "+einInteger);
    System.out.print(" "+einLong);
    System.out.print(" "+einShort);
    System.out.print(" "+einFloat);
    System.out.print(" "+einDouble);
    System.out.print(" "+einCharacter);
    System.out.print(" "+einBoolean);
    System.out.println();
  }
// Das Autoboxing macht möglich, das der Methodenaufruf über
// konvert(boolean) erfolgen kann
  public boolean konvert(Boolean b) {
// Unboxing vom Wrapper-Typ Boolean zum primitiven Typen boolean
    return b;
  }
// Beispiele von Typumwandlungen in einem Ausdruck
  public void rechnen(float zahl1, double zahl2) {
// Die Werte von primitiven Detentypen werden eingehüllt,
    Float zahlFloat = zahl1;
    Double zahlDouble = zahl2;
// zum Rechnen entkapselt und als Ergebnis wieder eingehüllt
    Double ergebnis = zahlFloat*zahlDouble+zahlFloat/
      zahlDouble;
    System.out.println("Wert vor Inkrementieren: "+
      ergebnis);
// Das Wrapper-Objekt ergebnis wird entkapselt, der gewonnene
// Wert inkrementiert und wieder eingehüllt
    ergebnis++;
```

```
      System.out.println("Wert nach Inkrementieren: "+ergebnis);
      System.out.print(
        "Ausdruck vom Typ Integer in einer for-Schleife ");
      for(Integer i=0; i<=2; i++)
        System.out.print(i+" ");
      System.out.println();
   }
// Unboxing in Kontrollanweisungen
   public void vergleichen(Integer zahl1Integer,
                           Integer zahl2Integer) {
// Unboxing von Wrapper-Objekten
      int zahl1 = zahl1Integer;
      int zahl2 = zahl2Integer;
// Vergleich von Referenzen
      if(zahl1Integer == zahl2Integer){
        System.out.print("Gleiche Referenzen");
// Vergleich von primitiven Datentypen
        if(zahl1 == zahl2)
          System.out.println(" und gleiche Werte");
        else
          System.out.println(" und verschiedene Werte");
      }
      else {
        System.out.print("Verschiedene Referenzen");
        if(zahl1 == zahl2)
          System.out.println(" und gleiche Werte");
        else
          System.out.println(" und verschiedene Werte");
      }
   }
}
```

Die Klasse WrapperKlassenmitAutoBoxingTest

```
public class WrapperKlassenmitAutoBoxingTest {
   public static void main(String args[]) {
// Objekt der Klasse erzeugen
      WrapperKlassenmitAutoBoxing wrapper =
        new WrapperKlassenmitAutoBoxing
          ((byte)1, 2,'3',(short)4,(long)5,(float)1.0,2.0,true);
      System.out.print("Basistypwerte der Wrapper-Objekte:");
// und ihre Methoden aufrufen
      wrapper.objectTonumber();
      System.out.print("Auto(un)boxing in Methoden-aufrufen und "
        + "-rueckgaben: ");
      System.out.println(wrapper.konvert(true));
      System.out.println("Typumwandlungen in einem Ausdruck:");
      wrapper.rechnen(1, 2.0);
```

```
      System.out.println("Unboxing in Kontrollanweisungen:");
      wrapper.vergleichen(1, 2);
      wrapper.vergleichen(new Integer(1), new Integer(1));
      Integer zahl1 = new Integer(1);
      Integer zahl2 = zahl1;
      wrapper.vergleichen(zahl1,zahl2);
   }
}
```

Programmausgaben

```
Basistypwerte der Wrapper-Objekte: 1 2 5 4 1.0 2.0 3 true
Auto(un)boxing in Methoden-aufrufen und -rueckgaben: true
Typumwandlungen in einem Ausdruck:
Wert vor Inkrementieren: 2.5
Wert nach Inkrementieren: 3.5
Ausdruck vom Typ Integer in einer for-Schleife: 0 1 2
Unboxing in Kontrollanweisungen:
Verschiedene Referenzen und verschiedene Werte
Verschiedene Referenzen und gleiche Werte
Gleiche Referenzen und gleiche Werte
```

Lösung 1.19

Die Klasse ArrayTest1

```
import java.lang.reflect.Array;
import java.util.Arrays;
public class ArrayTest1 {
// Ein Array-Objekt muss mit dem new-Operator über die Angabe
// einer festen Grösse erzeugt werden
   private static int[]a = new int[3];
   private static int[][] x = new int [2][3];
// Alternative Deklarationen
   // private int a[] = new int[3];
   // private static [][] int x = new int [2][3];
   // private static int [] x [] = new int [2][3];
// Klassenmethode für die Anzeige eines zweidimensionalen Arrays
   public static void anzeige(int[][] x) {
      for(int i=0; i<2; i++) {
         for(int j=0; j<3; j++)
            System.out.print(x[i][j]+" ");
// Zeilenumbruch ausgeben
         System.out.println();
      }
      System.out.println();
   }
   public static void main(String args[]) {
// Eindimensionale Arrays initialisieren
```

```
// Arrayelemente können auch einzeln initialisiert werden
      int []y = new int[3];
      for(int i=0; i<3; i++)
        y[i]= 1;
// Eine kompakte Initialisierung für Arrayelemente wird vom
// Compiler in eine Initialisierung von einzelnen Elementen
// umgeformt und erst zur Laufzeit durchgeführt
      int[] z = {2,2,2};
// Initialisierungen mit einem konstanten Wert über die Methode
// fill() der Klasse Arrays
      Arrays.fill(a,7);
      System.out.println(
        "Eindimensionales Array von primitiven Datentypen");
// Mit der Methode toString() der Klasse Arrays das Array
// anzeigen
      System.out.println(Arrays.toString(a));
// Methoden der Klasse Array aufrufen
      Array.setInt(a, 0, 6);
      Array.setInt(a, 1, 6);
      Array.setInt(a, 2, 6);
      Integer integer = (Integer)Array.get(a, 0);
// Den Wert des Wrapper-Objektes ermitteln
      int n = integer.intValue();
      System.out.println(a[0] + " " + a[1] +" " +a[2]+"**"+n);
// Zweidimensionale Arrays über eindimensionale Arrays erzeugen
      System.out.println("Zweidimensionale Arrays sind Arrays"
        +" von eindimensionalen Arrays");
      for(int i=0; i<2; i++) {
        x[i] = new int [] {9, 9, 9};
// Mit der Methode toString() der Klasse Arrays die
// eindimsionalen Arrays anzeigen
        System.out.print(Arrays.toString(x[i]));
        System.out.println();
      }
      System.out.println("Zweidimensionale Arrays von primitiven"
        + " Datentypen");
// Das so erzeugte zweidimensionale Array ausgeben
      anzeige(x);
// Inititialisierungen von zweidimensionalen Arrays
      x = new int[][]{{1, 1, 1},{2,2,2}};
      anzeige(x);
      x = new int[][]{y, z};
      anzeige(x);
// Dynamisches Erzeugen eines Array mit der Methode
// newInstance() der Klasse Array
      int c[] = {2};
      Object array = Array.newInstance(int.class,c);
```

```
      Array.setInt(array, 0, 4);
      Array.setInt(array, 1, 4);
      System.out.println("Eindimensionales Array von primitiven"
        + " Datentypen");
      System.out.println(Array.getInt(array,0) + " "+
        Array.getInt(array,1));
// Elemente von Referenzarrays müssen immer einzeln instanziert
// werden
      Vektor [] v = new Vektor[2];
      Vektor [][] w = new Vektor[2][2];
      System.out.println("Eindimensionales Array vom Typ der "
        + "Klasse Vektor");
      for(int i=0; i<2; i++) {
        v[i] = new Vektor(1,2,3);
      }
// An den Vektor-Objekten wird die Methode anzeige() der Vektor-
// Klasse aufgerufen
      v[0].anzeige();
      v[1].anzeige();
// Zeilenumbruch definieren
      System.out.println();
      System.out.println("Zweidimensionales Array vom Typ der "
        + "Klasse Vektor");
      for(int i=0; i<2; i++) {
        w[i][0] = new Vektor(1,2,3);
        w[i][1] = new Vektor(4,5,6);
      }
      for(int i=0; i<2; i++) {
        w[i][0].anzeige();
        w[i][1].anzeige();
      }
   }
}
```

Programmausgaben

```
Eindimensionales Array von primitiven Datentypen
[7 7 7]
6 6 6**6
Zweidimensionale Arrays sind Arrays von eindimensionalen Arrays
[9 9 9]
[9 9 9]
Zweidimensionale Arrays von primitiven Datentypen
9 9 9
9 9 9

1 1 1
2 2 2
```

```
1 1 1
2 2 2
Eindimensionales Array von primitiven Datentypen
4 4
Eindimensionales Array vom Typ der Klasse Vektor
(1, 2, 3) (1, 2, 3)
Zweidimensionales Array vom Typ der Klasse Vektor
(1, 2, 3) (4, 5, 6) (1, 2, 3) (4, 5, 6)
```

Lösung 1.20

Die Klasse StringTest

```
import java.util.Arrays;
public class StringTest {
  public static void main(String args[]) {
    String s1, s2, s3;
// Zuweisung eines Literals
    s1 = "Java";
// Den Defaultwert für eine Referenzvariable zuweisen
    s2 = null;
// String-Objekt erzeugen
    s3 = new String("Java");
// String anfügen
    s1 = s1.concat(" lernen");
// String-Objekt erzeugen
    s2 = new String(s1);
// Teilstring bilden
    s3 = s2.substring(2,8);
// Die Methode valueOf()der Klasse String aufrufen
    String s4 = String.valueOf(s1);
    String s5 = String.valueOf(s2);
// Addieren von String-Objekten
    String s6 = s4 + s5;
    System.out.println(s1+" * "+s2+" * "+s3+" * "+s4+" * "+s5+
      " * "+s6);
// Vergleichen von String-Objekten
    System.out.println(vergleichen(s4,s5));
// Konvertieren von Strings in numerische Werte
    System.out.print(Integer.parseInt("123"));
    System.out.print(" "+Double.parseDouble("12.3"));
    System.out.print(" "+Short.parseShort("123"));
    System.out.println();
// Konvertieren von numerischen Werten in Strings
    System.out.print String.valueOf (123+1));
    System.out.print(" "+ String.valueOf (12.3+0.1));
    System.out.print(" "+ String.valueOf (123>0));
```

```
      System.out.println();
// Umwandlungen von char-Arrays in String-Objekte
      char[] buchstaben = {'J','A','V','A'};
// Den Konstruktor der Klasse String aufrufen
      String s = new String(buchstaben);
      char []zahlen = {'0','1','2','3','4','5','6','7','8','9'};
// Mit dem zweiten und dritten Element des char-Arrays einen
// String erzeugen
      String zwoelf = String.copyValueOf(zahlen,1,2);
// und diesen in ein neues char-Array umsetzen
      char[] zahl1 = zwoelf.toCharArray();
      System.out.println(zwoelf);
      System.out.println(Arrays.toString(zahl1));
      String tausendzweihundertvierunddreisig = String.
        copyValueOf(zahlen,1,4);
      char[] zahl2 = tausendzweihundertvierunddreisig.
        toCharArray();
      System.out.println(tausendzweihundertvierunddreisig);
      System.out.println(Arrays.toString(zahl2));
// Definition eines String-Array
      String[] sArray = new String[3];
// Initialisieren der Arrayelemente
      sArray[0] = StringTest.vergleichen("Java", "JAVA");
      sArray[1] = StringTest.vergleichen("JAVA", "JAVA");
      sArray[2] = StringTest.vergleichen("JAVA", "Java");
      System.out.println(sArray[0]+" und "+sArray[1]+" und "
        +sArray[2]);
// String-Array am Beispiel der Kommandozeilenparameter
      for(int i=0; i<args.length; i++) {
        System.out.println("Parameter "+(i+1)+": " +args[i]);
      }
   }
// Klassenmethode zum Vergleichen von String-Objekten
   public static String vergleichen(String s1, String s2) {
      if(s1.compareTo(s2) > 0)
        return s1+" > "+s2;
      else if(s1.compareTo(s2) < 0)
        return s1+" < "+s2;
      else
        return s1+" = "+s2;
   }
}
```

Programmausgaben

```
Java lernen * Java lernen * va ler * Java lernen * Java lernen * Java
lernenJava lernen
Java lernen = Java lernen
123 12.3 123
```

```
124 12.4 true
12
[1, 2]
1234
[1, 2, 3, 4]
Java > JAVA und JAVA = JAVA und JAVA < Java
```

Der Aufruf der Applikation über: java StringTest Java lernen, führt zur zusätzlichen Ausgabe:

```
Parameter 1: Java
Parameter 2: lernen
```

Lösung 1.21

Die Klasse ArrayTest2

```
public class ArrayTest2 {
// Methodendefinitionen
  public static void anzeige() {
    int[] array1 = new int[2];
    int[][] array2 = new int[2][2];
    int[][][] array3 = new int[2][2][2];
// Initialisieren der Arrayelemente
    for(int i=0; i<2; i++) {
      array1[i] = i;
      for(int j=0; j<2; j++) {
        array2[i][j] = i+j;
        for(int k=0; k<2; k++) {
          array3[i][j][k] = i+j+k;
        }
      }
    }
// Anzeige der Arrayelemente
    for(int x : array1) {
      System.out.print(x+" ");
    }
    System.out.println();
    System.out.println();
    for(int x[] : array2) {
      for(int y : x) {
        System.out.print(y+" ");
      }
      System.out.println();
    }
    System.out.println();
    for(int x[][] : array3) {
      for(int y[] : x) {
        for(int z : y) {
```

```
                System.out.print(z+" ");
            }
          System.out.println();
          }
        }
    }
// Array als Rückgabewert in Mehtoden
    public static char[] rueckgabe(char a0, char a1, char a2) {
      char[] a = {a0, a1,a2};
      return a;
    }
    public static void main(String args[]) {
      System.out.println("char-Array");
// Die Methode rueckgabe() liefert ein char-Array zurück, und
// dessen Elemente werden in einer for-each-Schleife ausgegeben
      for(char x : rueckgabe('a','b','c'))
        System.out.print(x+" ");
      System.out.println();
      System.out.println("int-Arrays");
      anzeige();
    }
}
```

Programmausgaben

```
char-Array
a b c
int-Arrays
0 1

0 1
1 2

0 1
1 2
1 2
2 3
```

Lösung 1.22

Die Klasse MethodenmitVararg

```
public class MethodenmitVararg {
// Methode mit einer variablen Anzahl von Argumenten
  public static void varArg(char ... c) {
    System.out.println("Anzahl der variablen Argumente: "
      + c.length);
```

```
    System.out.print("Werte der variablen Argumente: ");
    for(char x : c)
      System.out.print(x+" ");
    System.out.println();
  }
// Überladen der Methode, indem der Typ der Parameter
// abgeändert wird
  public static void varArg(boolean ... c) {
    System.out.println("Anzahl der variablen Argumente: "
      + c.length);
    System.out.print("Werte der variablen Argumente: ");
    for(boolean x : c)
      System.out.print(x+" ");
    System.out.println();
  }
// Überladen der Methode, indem die Parameterliste erweitert wird
  public static void varArg(int i1, int i2, boolean ... c) {
    System.out.println("Anzahl der variablen Argumente: "
      + c.length);
    System.out.print("Werte der variablen Argumente: ");
    for(boolean x : c)
      System.out.print(x+" ");
    System.out.println();
    System.out.println("Werte der klassischen Argumente: "
      + i1 + " " + i2);
  }
  public static void main(String args[]) {
// Methodenaufrufe mit unterschiedlicher Anzahl von Argumenten
    varArg('a');
    varArg('a','b','c');
    varArg(false);
    varArg(true, true);
    varArg(1,2,false,true);
    varArg(1,2,true);
  }
}
```

Programmausgaben

```
Anzahl der variablen Argumente: 1
Werte der variablen Argumente: a
...
Anzahl der variablen Argumente: 2
Werte der variablen Argumente: false true
Werte der klassischen Argumente: 1 2
...
```

Lösung 1.23

Die Klasse InitialisierungInstanzfelder

```
// import java.util.Arrays;
public class InitialisierungInstanzfelder {
// Instanzfeld Initialisierer
   private byte einbyte;
   private char einchar = 'A';
   private int einint ;
   private short einshort;
   private long einlong = 1;
   private float einfloat;
   private double eindouble = 0.1;
   private boolean einboolean;
   private String einString ="Java 6.0";
   private Punkt einPunkt;
   private char [] einArray = new char[26];
// Instanzblock Initialisierer
   {
      for(int i = 0; i<26; i++) {
// buchstabe ist eine lokale Variable und kein Feld der Klasse
         char buchstabe = (char)('A'+ i);
         einArray[i] = buchstabe;
      }
   }
// Selbstreferenzierendes Instanzfeld
   InitialisierungInstanzfelder selfReferentialFeld;
// Konstruktordefinition
   InitialisierungInstanzfelder(String s) {
      einPunkt = new Punkt(1,1);
      einint = 50;
      System.out.println(s);
   }
// Methode zur InitIialisierung des selbstreferenzierenden
// Instanzfeldes
   public InitialisierungInstanzfelder setselfReferentialFeld() {
      return selfReferentialFeld =
        new InitialisierungInstanzfelder(
          "Initialisierung von Instanzfelder");
   }
   public static void main(String args[]) {
// Objekt der Klasse erzeugen
      InitialisierungInstanzfelder instanz =
        new InitialisierungInstanzfelder(
          "Initialisierung von Instanzfelder");
```

```
// Initialisierung des selbstreferenzierenden Feldes
      System.out.println(instanz.setselfReferentialFeld());
// Anzeige der Werte  von primitiven Typen
      System.out.println("einbyte: "+instanz.einbyte);
      System.out.println("einint: "+instanz.einint);
      System.out.println("einshort: "+instanz.einshort);
      System.out.println("einfloat: "+instanz.einfloat);
      System.out.println("einboolean: "+instanz.einboolean);
      System.out.println("einchar: "+instanz.einchar);
      System.out.println("einlong: "+instanz.einlong);
      System.out.println("eindouble: "+instanz.eindouble);
// Anzeige der Werte von Referenztypen
      System.out.println("einString: "+instanz.einString);
      System.out.print("einPunkt: ");
// Die Methode der Klasse Punkt, an einer Instanz der Klasse
// aufrufen
      instanz.einPunkt.anzeige();
// Die Anzeige der Elemente von einArray kann nicht über den
// Methodenaufruf Arrays.toString(einArray) erfolgen, weil auf
// ein Instanzfeld, nicht aus einem statischen Kontext, direkt
// zugegriffen werden kann
   // System.out.println(Arrays.toString(einArray)); // Fehler
      System.out.print("[ ");
      for (int i = 0; i<26; i++) {
         System.out.print(instanz.einArray[i]+" ");
      }
      System.out.println("]");
   }
}
```

Programmausgaben

```
Initialisierung von Instanzfelder
Initialisierung von Instanzfelder
InitialisierungInstanzfelder...
einbyte: 0
einint: 50
einshort:  0
einfloat: 0.0
einboolean: false
einchar: A
einlong: 1
eindouble:  0.1
einString: Java 6.0
inPunkt: (1.0,1.0)
[ A B C D E F G H I J K L M N O P Q R S T U V W X Y Z ]
```

Lösung 1.24

Die Klasse InitialisierungKlassenfelder

```
import java.util.Arrays;
public class InitialisierungKlassenfelder {
// Klassenfeld Initialisierer
  private static byte einbyte;
  private static char einchar = 'A';
  private static int einint ;
  private static short einshort;
  private static long einlong = 1;
  private static float einfloat;
  private static double eindouble = 0.1;
  private static boolean einboolean;
  private static String einString = "Java 6.0";
  private static Punkt einPunkt;
  private static char [] einArray = new char[26];
// Klassenblock Initialisierer
  static {
    for(int i = 0; i<26; i++) {
// buchstabe ist eine lokale Variable und kein Feld der Klasse
      char buchstabe = (char)('A'+ i);
      einArray[i] = buchstabe;
    }
  }
// Selbstreferenzierendes Klassenfeld
  static InitialisierungKlassenfelder selfReferentialFeld =
   new InitialisierungKlassenfelder(
    "Initialisierung von Klassenfelder");
// Konstruktordefinition
  InitialisierungKlassenfelder(String s) {
    einPunkt = new Punkt(1,1);
    einint = 1;
    System.out.println(s);
  }
  public static void main(String args[]) {
// Anzeige der Werte von primitiven Typen
    System.out.println(selfReferentialFeld);
    System.out.println("einbyte: "+einbyte);
    System.out.println("einint: "+einint);
    System.out.println("einshort: "+einshort);
    System.out.println("einfloat: "+einfloat);
    System.out.println("einboolean: "+einboolean);
    System.out.println("einchar: "+einchar);
    System.out.println("einlong: "+einlong);
    System.out.println("eindouble: "+eindouble);
// Anzeige der Werte von Referenztypen
    System.out.println("einString: "+einString);
    System.out.print("einPunkt: ");
// Methode der Klasse Punkt an einer Instanz der Klasse aufrufen
```

```
        einPunkt.anzeige();
// Anzeige der Werte von Arraytypen mit der Methode der Klasse
// Arrays
        System.out.println(Arrays.toString(einArray));
    }
}
```

Programmausgaben

```
Initialisierung von Klassenfelder
InitialisierungKlassenfelder...
einbyte: 0
einint: 1
einshort:  0
einfloat: 0.0
einboolean: false
einchar: A
einlong: 1
eindouble:  0.1
einString: Java 6.0
einPunkt: (1.0,1.0)
[A, B, C, D, E, F, G, H, I, J, K, L, M, N, O, P, Q, R, S, T, U, V, W, X, Y, Z]
```

Lösung 1.25

Die Klasse PrivaterKonstruktor

```
public class PrivaterKonstruktorTest {
    public static void main(String args[]) {
        PrivaterKonstruktor datum=PrivaterKonstruktor.getInstanz();
    }
}
```

Programmausgaben

```
Datum: 29.6.2007
Uhrzeit: 18.11.36
```

Lösung 1.26

Die Klasse WochenTage

```
public class WochenTage {
// Selbstreferenzierende Klassenfelder können in ihrer
// Deklaration initialisiert werden
    public final static WochenTage MONTAG = new WochenTage(1);
    public final static WochenTage DIENSTAG = new WochenTage(2);
    public final static WochenTage MITWOCH = new WochenTage(3);
    public final static WochenTage DONNERSTAG = new WochenTage(4);
    public final static WochenTage FREITAG = new WochenTage(5);
    public final static WochenTage SAMSTAG = new WochenTage(6);
```

```
   public final static WochenTage SONNTAG = new WochenTage(7);
   public String tag;
// Privater Konstruktor der Klasse
   private WochenTage(int i) {
      if(i == 1)
         tag = "Der 1.Wochentag ist der Montag";
      else if(i == 2)
         tag = "Der 2.Wochentag ist der Dienstag";
      else if(i == 3)
         tag = "Der 3.Wochentag ist der Mitwoch";
      else if(i == 4)
         tag = "Der 4.Wochentag ist der Donnerstag";
      else if(i == 5)
         tag = "Der 5.Wochentag ist der Freitag";
      else if(i == 6)
         tag = "Der 6.Wochentag ist der Samstag";
      else if(i == 7)
         tag = "Der 7.Wochentag ist der Sonntag";
   }
}
```

Die Klasse WochenTageTest

```
public class WochenTageTest {
   private WochenTage wt;
   private static WochenTageTest woche;
// Konstruktordefinition
   WochenTageTest(WochenTage wtage) {
      wt = wtage;
      System.out.println(wt.tag);
   }
   public static void main(String args[]) {
      woche = new WochenTageTest(WochenTage.MONTAG);
      woche = new WochenTageTest(WochenTage.DIENSTAG);
      woche = new WochenTageTest(WochenTage.MITWOCH);
      woche = new WochenTageTest(WochenTage.DONNERSTAG);
      woche = new WochenTageTest(WochenTage.FREITAG);
      woche = new WochenTageTest(WochenTage.SAMSTAG);
      woche = new WochenTageTest(WochenTage.SONNTAG);
   }
}
```

Programmausgaben

```
Der 1.Wochentag ist der Montag
Der 2.Wochentag ist der Dienstag
Der 3.Wochentag ist der Mitwoch
Der 4.Wochentag ist der Donnerstag
Der 5.Wochentag ist der Freitag
Der 6.Wochentag ist der Samstag
Der 7.Wochentag ist der Sonntag
```

Kapitel 2

Abgeleitete Klassen und Vererbung

2.1 Abgeleitete Klassen

Eine abgeleitete Klasse (Unterklasse oder Subklasse) erweitert eine schon vorhandene Klasse (Oberklasse oder Superklasse) und erbt deren Felder und Methoden. In Java haben alle Klassen eine Oberklasse und können auch nicht mehr als eine Oberklasse besitzen. Wird diese nicht mit der `extends`-Klausel festgelegt, so ist es die Klasse `java.lang.Object`, das ist daher die einzige Klasse, die über keine weitere Oberklasse verfügt.

Auf die Felder und Methoden einer Oberklasse kann aus deren Unterklassen so zugegriffen werden, als würden diese darin definiert sein. Diese Eigenschaft wird in der objektorientierten Programmierung auch Vererbung genannt.

2.2 Die Konstruktoren von abgeleiteten Klassen

Konstruktoren werden von Unterklassen nicht direkt geerbt, der Konstruktor einer abgeleiteten Klasse muss für das Initialisieren der geerbten Felder einen Konstruktor der Oberklasse aufrufen. Des Weiteren muss dieser die in der eigenen Klasse definierten Felder initialisieren.

Der Aufruf eines beliebigen Konstruktors der Oberklasse erfolgt mit `super(argumentenliste)` und muss als erste Anweisung im Konstruktor der Unterklasse stehen. Fehlt dieser Aufruf und wird auch nicht über die `this`-Referenz ein anderer Konstruktor der Klasse aufgerufen, so fügt Java implizit über `super()` einen Aufruf des argumentlosen Konstruktoren der Oberklasse ein. Achten Sie stets darauf, dass dies zu einem Compiler-Fehler führen kann, wenn die Oberklasse solch einen Konstruktor nicht besitzt.

Wenn in der Unterklasse kein Konstruktor explizit definiert ist, wird automatisch ein Standard-Konstruktor erzeugt, dessen Inhalt nur der Aufruf von `super()` ist.

2.3 Abgeleitete Klassen und die Sichtbarkeit von Feldern und Methoden

Wenn eine Klasse mit dem Modifikator `final` deklariert ist, kann sie nicht erweitert werden. Eine mit `final` definierte Methode kann nicht überschrieben werden und mit `final` deklarierte Variablen werden zu Konstanten. Mit anderen Worten, alles was als `final` definiert wurde, ist nicht mehr änderbar.

Wie schon im Kapitel 1 beschrieben, wird die Sichtbarkeit von Membern einer Klasse, innerhalb einer Klasse und eines Paketes, mit Hilfe der Modifikatoren `public`, `private` und `protected` bestimmt.

Besitzt ein Member einer Klasse keine explizite Zugriffsangabe, so ist es nur innerhalb des Paketes, in welchem sich die Klasse befindet, sichtbar. D.h, die Standardzugriffsangabe in Java ist so gewählt, dass sie für andere Pakete wie `private` ist, aber innerhalb des Paketes wie `public`.

Die Felder einer Oberklasse können auch mit `protected` definiert werden, damit sind sie allen abgeleiteten Klassen, auch denen aus anderen Paketen, direkt zugänglich und sind dennoch geschützt vor dem Zugriff der übrigen Klassen, die außerhalb des Paketes liegen.

Die nachfolgende Tabelle soll eine Übersicht von Sichtbarkeitsebenen bereitstellen.

Sichtbarkeit	private	Standard (ohne Modifikator)	protected	public
Innerhalb der Klasse	ja	ja	ja	ja
In Unterklassen innerhalb des Paketes	nein	ja	ja	ja
In anderen Klassen innerhalb des Paketes	nein	ja	ja	ja
In Unterklassen in anderen Paketen	nein	nein	ja	ja
In anderen Klassen in anderen Paketen	nein	nein	nein	ja

Aufgabe 2.1 ☆☆

Test von Sichtbarkeitsebenen

Der Test von Feldmodifikatoren wird in diesem Kapitel neu aufgenommen, um im Zusammenhang mit abgeleiteten Klassen vertieft zu werden. Legen Sie dafür ein Dateiverzeichnis `kapitel2` mit dem Unterverzeichnis `paket1` an, das ein weiteres Unterverzeichnis `paket2` besitzt.

Die Klasse `Klasse1` definiert drei Klassenfelder vom Typ `int: privatesFeld`, `geschuetztesFeld`, `oeffentlichesFeld` mit den Modifakatoren `private`, `protected`, `public` und ein weiteres Klassenfeld `standardFeld` ohne Modifikator. Definieren Sie eine Methode `anzeige()`, welche die Werte dieser Felder am Bildschirm ausgibt und im parameterlosen Konstruktor der Klasse den Text, »Instanz der Klasse1«. Speichern Sie die Datei `Klasse1.java` im Verzeichnis `paket1` ab.

Leiten Sie eine Klasse mit dem Namen `Klasse2` von `Klasse1` ab und die Klasse mit dem Namen `Klasse3` von `Klasse2` und speichern Sie beide als Java-Dateien im Verzeichnis `paket2` ab.

Wird die `import`-Anweisung für die Paketidentifikation genutzt, so kann der Zugriff auf den Klassennamen `Klasse1` ohne die Angabe des Paketnamens erfolgen. Testen Sie, auf welche der von `Klasse1` geerbten Felder zwecks Bildschirmausgabe direkt über ihren Namen aus diesen beiden Klassen zugegriffen werden kann. Zur Identifikation ihrer Instanzen geben beide Klassen einen Text am Bildschirm aus.

Die Klasse `Klasse3` definiert eine `main()`-Methode, in welcher die Methode `anzeige()` von `Klasse1` aufgerufen wird. Vergewissern Sie sich, dass diese Methode durch die Definition mit `protected` geschützt ist und deswegen nicht aus anderen Klassen aufgerufen werden kann, sondern nur an Objekten von Klassen, welche die Methode definieren oder von dieser Klasse abgeleitet sind.

Eine weitere Klasse `Klasse4` ist nicht von der `Klasse1` abgeleitet und befindet sich im gleichen Paket `paket2` wie `Klasse2` und `Klasse3`. Zeigen Sie, dass aus dieser Klasse nur der Zugriff auf das mit dem Modifikator `public` definierte Feld der Klasse `Klasse1` erlaubt ist.

Definieren Sie in allen Klassen die erforderlichen `package`-Anweisungen für die Bekanntgabe des Pakets, zu dem die Klasse gehört. Mit welchem Modifikator müssen Klassendefinitionen erfolgen, um aus einem externen Paket angesprochen werden zu können?

Java-Dateien:

```
kapitel2\paket1\Klasse1.java, kapitel2\paket1\paket2\Klasse2.java,
kapitel2\paket1\paket2\Klasse3.java, kapitel2\paket1\paket2\Klasse4.java
```

Programmaufrufe im Verzeichnis `kapitel1`:

```
javac paket1\paket2\Klasse3.java, java paket1/paket2/Klasse3 oder
java paket1.paket2.Klasse3
```

2.4 Das Verdecken von Klassenmethoden und das statische Binden von Methoden

Eine Klassenmethode der Unterklasse kann mit dem gleichen Namen und gleicher Parameterliste wie eine Klassenmethode der Oberklasse deklariert werden und somit deren Namen verdecken.

Das »statische Binden« von Methoden bezieht sich auf den Aufruf von gleichnamigen Klassenmethoden an einem Objekt der Unterklasse, das einer Referenz vom Typ der Oberklasse vorher zugewiesen wurde. An dem Objekt der Unterklasse wird nun auch die Methode der Oberklasse aufgerufen. Darum sollten Klassenmethoden immer über den Klassennamen aufgerufen werden.

Sei `KlasseB` eine von `KlasseA` abgeleitete Klasse und `m()` eine Klassenmethode von `KlasseA`, welche von der Unterklasse verdeckt wird. Dann kann der Aufruf der Methode der Oberklasse mit `super.m()` auch aus einer Instanzmethode der Unterklasse erfolgen.

Aufgabe 2.2 ☆☆

Der Aufruf von verdeckten Klassenmethoden

Die Klasse mit dem Namen `KlasseA`, definiert ein Klassenfeld `zaehlerSupkls` vom Typ `int`, das zum Zählen von Instanzen dieser Klasse angewandt wird. Sie definiert ebenfalls einen parameterlosen Konstruktor, in welchem das Klassenfeld hochgezählt wird, und eine Klassenmethode `anzeigeZaehler()`, die die Anzahl von gebildeten Instanzen der Klasse an eine aufrufende Methode zurückgibt.

Definieren Sie eine zweite Klasse mit dem Namen `KlasseB`, die von `KlasseA` abgeleitet ist und auch ein Klassenfeld vom Typ `int`, zum Zählen von Instanzen der eigenen Klasse nutzt. Analog zur `KlasseA` wird der Wert des Klassenfeldes im Konstruktor der Klasse inkrementiert. Eine Klassenmethode mit dem gleichen Namen wie die Oberklasse verdeckt deren Klassenmethode und gibt die Anzahl von gebildeten Instanzen der Unterklasse an eine aufrufende Methode zurück.

Der Konstruktor der Unterklasse ruft, auch wenn hier nicht explizit über `super()` angegeben, den Konstruktor der Oberklasse auf, was über das Erzeugen von Instanzen nachvollzogen werden kann.

Um die Vorgehensweise beim Aufruf von verdeckten Klassenmethoden zu verstehen, soll eine Klasse `InstanzZaehlerTest` erstellt werden, die Array-Objekte vom Typ `KlasseA` und `KlasseB` erzeugt und an deren Elementen die Methoden der Klassen aufruft. Dabei erfolgt noch kein statisches Binden von Klassenmethoden. Zeigt jedoch eine Referenzvariable vom Typ der `KlasseA` auf ein Objekt der `KlasseB`, wie nach dem Ausführen der Anweisung: `KlasseA a = new KlasseB();`, so wird an dieser die Methode `anzeige()` der Oberklasse aufgerufen und damit ein statisches Binden von Klassenmethoden vollzogen.

Java-Dateien: `KlasseA.java, KlasseB.java, InstanzZaehlerTest.java`
Programmaufruf: `java InstanzZaehlerTest`

2.5 Das Überschreiben von Instanzmethoden und das dynamische Binden von Methoden

Per Definition wird festgelegt, dass eine Instanzmethode der Unterklasse, die den gleichen Namen und die gleiche Parameterliste wie eine Instanzmethode ihrer Oberklasse besitzt, diese überschreibt.

Wenn eine überschriebene Instanzmethode an einem Objekt der Unterklasse aufgerufen wird, dann wird nicht die Methodendefinition aus der Oberklasse verwendet, sondern die aus der Unterklasse.

Sei `KlasseB` eine von `KlasseA` abgeleitete Klasse und `m()` eine Instanzmethode von `KlasseA`, die in der `KlasseB` überschrieben wird. Wenn `objektB` ein Objekt der Klasse `KlasseB` ist, dann wäre die Schreibweise `((KlasseA)objektB).m();`, nicht zugelassen bzw. hätte nicht die beabsichtigte Wirkung. Dies bedeutet, dass die überschriebene Methode der Oberklasse nicht an einem Objekt der Unterklasse aufgerufen werden kann. Innerhalb der Unterklasse `KlasseB` kann sie jedoch direkt, wie auch im Fall von Klassenmethoden, über `super.m()` aufgerufen werden. Dieser Aufruf wird oft innerhalb der in der Unterklasse überschriebenen Methode verwendet, wenn diese als Ergänzung der Methode der Oberklasse definiert werden soll.

Wird einer Referenz vom Typ der Oberklasse `KlasseA` eine Unterklassenreferenz vom Typ `KlasseB` zugewiesen und daran die Methode `m()` aufgerufen, so wird die Methode der Unterklasse ausgeführt. Dies wird als »dynamisches Binden« von Methoden bezeichnet.

Dabei ist wichtig noch mal zu betonen, dass ein statisches Binden von Methoden sich immer auf Klassenmethoden bezieht, im Gegensatz zu einem dynamischen Binden, welches nur im Falle von Instanzmethoden zustande kommen kann.

Aufgabe 2.3 ☆

Das dynamische Binden von Methoden

Definieren Sie in Analogie zu den Klassen aus der Aufgabe 2.2 eine Klasse `KlasseC` und die davon abgeleitete Klasse `KlasseD`. In der Oberklasse `KlasseC` gibt es eine Klassenmethode `k()` und eine Instanzmethode `m()`, die jeweils einen Text mit `System.out.println()` ausgeben.
In der Unterklasse `KlasseD` gibt es auch eine Klassenmethode `k()`, die einen anderen Text ausgibt, und eine Instanzmethode `m()`, die zunächst `super.m()` aufruft und dann eine zusätzliche Textzeile ausgibt.
In der in der Unterklasse definierten `main()`-Methode werden drei Objekte angelegt: `Klasse C c1 = new KlasseC()`, `KlasseC c2 = new KlasseD()` und `KlasseD d1 = new KlasseD()`.

Zunächst sollen die beiden Klassenmethoden, über den Klassennamen `Klassec.k()` und `KlasseD.k()`, aufgerufen werden. Dann werden Instanzen der Klassen gebildet und an jedem der drei Objekte die Methoden `k()` und `m()` aufgerufen.

2.6 Vererbung und Komposition

Die Vererbung ermöglicht dem Programmierer eine Betrachtung von Objektebenen. So kann angenommen werden, dass die Objekte der Klasse `Object` die höchste Ebene definieren und jedes Objekt einer Unterklasse eine darunter liegende Ebene ihrer Oberklasse repräsentiert. Die Vererbung definiert eine »ist-ein-Beziehung« zwischen den Objekten von abgeleiteten Klassen.

Betrachtet man die unterschiedlichen Objekte, deren Referenzen Feldwerte einer Klasse repräsentieren, entsteht dabei auch eine Betrachtung von Objektebenen, jedoch anderer Art. Diese wird in der Java-Literatur auch als Komposition oder Anreihung bezeichnet. Zwischen den Objekten einer Klasse und den Werten, auf welche ihre Referenzfelder zeigen (Objekte von anderen Klassen), besteht eine »hat-ein-Beziehung«.

Einer Entscheidung zwischen dem Einsatz von abgeleiteten Klassen (Vererbung) und globalen Referenzen (Komposition) in der Programmierung sollte die Art der Beziehung zwischen den Objekten zugrunde liegen. Eine Wiederholung von Anweisungsblöcken in Klassendefinitionen kann ein Hinweis darauf sein, dass die Komposition genutzt wird, obwohl die Vererbung angebrachter wäre. So zeigen die nachfolgenden Beispiele, dass im Falle eines Kreises die Betrachtung: »ein Kreis ist ein Punkt und ein Radius« realitätsnäher ist, als die Betrachtung: »ein Kreis hat ein Punkt und ein Radius«, was in diesem Fall für eine Lösung mit Hilfe einer abgeleiteten Klasse spricht.

Aufgabe 2.4 ☆

Die Komposition

Definieren Sie eine Klasse `KreishatPunkt` mit einem Instanzfeld vom Typ `double`, das den Radius eines Kreises bezeichnet, und einer globalen Referenz vom Typ der Klasse `Punkt` (Aufgabe 1.6), welche die Mittelpunktkoordinaten des Kreises aufnimmt. Wir sprechen in diesem Zusammenhang von einer Komposition von Objekten.

Eine Methode mit den Namen `toString` soll die gleichnamige Methode der Klasse `Object` überschreiben und die Methode `anzeige()` der Klasse `Punkt` aufrufen, zwecks Anzeige der Mittelpunktkoordinaten des Kreises und der Kreisgleichung.

Definieren Sie eine Klasse `KreishatPunktTest`, die Instanzen der Klasse `Punkt` und `KreishatPunkt` erzeugt und deren Methoden aufruft. Rufen Sie auch die Zugriffsmethoden für die Instanzfelder der Klasse auf und zeigen Sie die Werte dieser Felder am Bildschirm an.

Java-Dateien: `Punkt.java, KreishatPunkt.java, KreishatPunktTest.java`
Programmaufruf: `java KreishatPunktTest`

Aufgabe 2.5 ☆

Die Vererbung

Erstellen Sie eine Klasse `PunktNeu`, die ihre Felder mit dem Modifikator `protected` definiert, um den von dieser Klasse abgeleiteten Klassen Zugriff darauf zu gewährleisten. Definieren Sie an Stelle der Methode `anzeige() der` Klasse `Punkt` eine Methode `toString() für` diese Klasse, welche die gleichnamige Methode der Klasse Object überschreibt.

Die Klasse `KreisistPunkt` besitzt nur ein Instanzfeld `r`, welches den Radius eines Kreises bezeichnet. Sie ist von der Klasse `PunktNeu` abgeleitet, deren Instanzfelder die Koordinaten des Mittelpunktes für einen Kreis definieren. Im Konstruktor der Klasse werden drei `double`-Werte übergeben und mit zwei davon wird der Konstruktor der Oberklasse aufgerufen, um die von der Klasse `PunktNeu` geerbten Felder `x` und `y` zu initialisieren. Die Methode `toString()` überschreibt die Methode mit dem gleichen Namen der Klasse `PunktNeu` und ruft diese über `super.toString()` auf.

Definieren Sie analog zur Klasse `KreishatPunktTest`, eine Klasse `KreisistPunktTest`. Rufen Sie die Zugriffsmethoden für die eigenen und die geerbten Felder der Klasse `KreisistPunkt` auf.

Java-Dateien: `PunktNeu.java`, `KreisistPunkt.java`, `KreisistPunktTest.java`
Programmaufruf: `java KreisistPunktTest`

2.7 Kovariante Rückgabetypen in Methoden

Ab der Version 5.0 von Java erlauben kovariante Rückgabetypen, dass eine in einer Unterklasse überschriebene Methode der Oberklasse, bei identischer Parameterliste, einen anderen Rückgabetyp besitzt.

Es gibt jedoch eine Einschränkung, der Rückgabetyp muss ein Subtyp des Rückgabetyps der Oberklasse sein. Wenn Methoden kovariante Rückgabetypen besitzen, generiert der Compiler zu jeder überschriebenen Methode eine Brückenmethode. Die Brückenmethode definiert den gleichen Rückgabetyp wie die Methode der Oberklasse.

Brückenmethoden sind nur auf Bytecode-Ebene sichtbar und können durch den Aufruf eines Decompilers von Java, wie z.B. `javap`, mit der Angabe des Namens des Klassenobjektes (`.class`-Datei) angezeigt werden.

Aufgabe 2.6 ☆☆

Die Benutzung von kovarianten Rückgabetypen

Definieren Sie eine Klasse `Objekte`, die ein geschütztes Instanzfeld vom Typ der Klasse `Object` besitzt und im Konstruktor eine Referenz vom gleichen Typ übergeben bekommt. Sie definiert die Zugriffsmethoden `setObject()` mit einem `void`-Rückgabetyp und `getObject()`, die eine Referenz vom Typ `Object` zurückgibt. Erweitern Sie diese Klasse um zwei weitere Klassen, `Zahlen` und `Worte`, welche die Zugriffsmethode `getObject()` der Oberklasse überschreiben. Der Rückgabetyp der überschriebenen Methoden `Integer` bzw. `String` ist ein Subtyp des Rückgabewertes vom Typ `Object` der Methode der Oberklasse. Beide Klasse erben das Instanzfeld und die Zugriffsmethode `setObject()` ihrer Oberklasse.

Mit Hilfe der Klasse `KovarianteRueckgabeTypen` soll die Funktionalität der überschriebenen Methoden, bestätigt werden. Erzeugen Sie in ihrer `main()`-Methode

Instanzen von allen drei Klassen und rufen Sie an diesen die Methode `getObject()` auf.

Java-Dateien: `Objekte.java`, `Zahlen.java`, `Worte.java`, `KovarianteRueckgabeTypen.java`
Programmaufruf: `java KovarianteRueckgabeTypen`

Über die Decompiler-Aufrufe: `javap Zahlen` und `javap Worte` werden die vom Compiler erstellten Brückenmethoden angezeigt.

2.8 Verdeckte Felder

Ein Feld einer Unterklasse verdeckt ein Feld der Oberklasse, wenn es mit dem gleichen Namen definiert wurde. Ist `x` ein Instanzfeld der Klassen `KlasseA` und `KlasseB`, wobei `KlasseB` von `KlasseA` abgeleitet ist, so kann innerhalb der Klasse `KlasseB` mit `x` bzw. `this.x` auf das Feld von `KlasseB` und mit `super.x` bzw. `((KlasseA)this).x` auf das Feld von `KlasseA` zugegriffen werden.

Bezeichnet `b` eine Instanz der `KlasseB`, so kann auf das Feld `x von KlasseB` mit `b.x` und auf das Feld `x` von `KlasseA` mit `((KlasseA)b).x` zugegriffen werden.

Auf verdeckte Klassenfelder kann auch mit dem Präfix `super.` zugegriffen werden. Dies ist generell nicht nötig, da diese über den Klassennamen angesprochen werden können und sich dadurch automatisch unterscheiden.

Aufgabe 2.7 ☆☆☆

Wiederholungsaufgabe

Zur Demonstration der Definition von verdeckten Feldern und dem Zugriff auf diese und auch zur Wiederholung der Definition von überschriebenen Methoden sollen die Klassen `Quadrat`, `Rechteck`, `Parallelogramm` und `Drachen` wie nachfolgend beschrieben definiert werden.

Die Klasse `Quadrat` definiert ein Instanzfeld, das die Seitenlänge eines Quadrates angibt. Dieses wird als `protected` definiert, um aus abgeleiteten Klassen direkt zugänglich zu sein. Die Klasse definiert drei Instanzmethoden zur Berechnung von Diagonale, Fläche und Umfang eines Quadrates. Eine Instanzmethode zur Anzeige der Diagonalen trägt den Namen `toString()` und überschreibt die gleichnamige Methode der Klasse `Object`.

Von der Klasse `Quadrat` wird die Klasse `Rechteck` abgeleitet und diese besitzt ein Instanzfeld mit dem gleichen Namen und Modifikator wie das Feld der Oberklasse. In diesem Feld wird die Länge der zweiten Seite für das Rechteck gespeichert. Ihre Instanzmethoden zum Berechnen von Diagonale, Flächeninhalt und Umfang überschreiben die Instanzmethoden der Oberklasse `Quadrat`. Der Zugriff auf das verdeckte Feld der Oberklasse soll mit `super.a` erfolgen.

Die Klasse `Parallelogramm` wird von der Klasse `Rechteck` abgeleitet und besitzt ein Instanzfeld vom Typ `double` namens `alpha`, welches den Wert von einem der ungleichen Winkel des Parallelogramms angibt. Die Instanzmethoden zum Berechnen von Diagonalen, Flächeninhalt und Umfang überschreiben die Instanzmethoden der Oberklasse `Rechteck`. Für den Zugriff auf die verdeckten Felder der Klassen `Quadrat` und `Rechteck` sollen die Schreibweisen `((Quadrat)this).a` und `((Rechteck)this).a` benutzt werden.

Der Umfang eines Parallelogramms wird mit der gleichen Formel wie der Umfang eines Rechtecks berechnet, so dass die Methode `umfang()` die gleiche Implementierung wie in der Oberklasse hätte und deswegen deren Methode von hier aus mit der `super`-Syntax auch direkt aufgerufen werden kann.

Von der Klasse `Parallelogramm` wird eine weitere Klasse `Drachen` abgeleitet und diese besitzt auch ein Instanzfeld vom Typ `double` alpha, das den Wert des zweiten Winkels vom ungleichen Winkelpaar eines Drachen angibt und das Feld mit gleichem Namen aus der Klasse `Parallelogramm` verdeckt. Die Felder, welche die Seitenlängen und den ersten Winkel vom ungleichen Winkelpaar definieren, werden von den Oberklassen geerbt und über den Aufruf von deren Konstruktoren initialisiert. Die Instanzmethoden zum Berechnen der Diagonalen und des Flächeninhaltes überschreiben die Instanzmethoden der Oberklasse `Parallelogramm`, die wiederum die Instanzmethoden der Klassen `Rechteck` bzw. `Quadrat` überschreiben. Der Zugriff auf die verdeckten Felder kann mit: ((Quadrat)this).a, ((Rechteck)this).a und ((Parallelogram)this).alpha erfolgen.

Im Unterschied zur Klasse `Rechteck` überschreibt die Klasse `Drachen` die Methode `umfang()` ihrer Oberklasse nicht, sodass deren Aufruf an einem Objekt der Klasse sich auf die Methode der Oberklasse bezieht.

Mit Hilfe der Klasse `ViereckeTest` sollen an Instanzen von diesen Klassen deren Methoden aufgerufen werden.

Hinweise für die Programmierung:

Die Diagonalen eines Quadrates mit der Seite a können mit der Formel $d = (2a^2)^{(1/2)}$ ermittelt werden. Die Berechnung von Flächeninhalt und Umfang kann über $f = a^2$ und $u = 4a$ erfolgen.

Ein Rechteck mit den Seiten a und b hat einen Flächeninhalt von $f = ab$, einen Umfang $u = 2a+2b$ und seine Diagonalen können mit der Formel $d = (a^{2+}b^2)^{(1/2)}$ berechnet werden.

Für ein Parallelogramm mit den Seiten a und b und den Winkeln alpha und beta können zur Berechnung der Diagonalen die Formeln $d_1 = a^2+b^2\text{-}2ab\cos(alpha)$ und $d_2 = a^2+b^2\text{-}2ab\cos(beta)$ benutzt werden. Der Umfang lässt sich auf die gleiche Art und Weise wie bei einem Rechteck berechnen und der Flächeninhalt als die Summe der Flächeninhalte von zwei Dreiecken, in welche dieses von einer der Diagonalen aufgeteilt wird. Benutzen Sie für die Berechnung des Flächeninhaltes eines Dreiecks die Formel $f = (p(p\text{-}a_1)(p\text{-}a_2)(p\text{-}a_3))^{(1/2)}$, wobei $a_{1,}$ a_2 und a_3 die Seiten des Dreiecks bezeichnen und $p = (a_1 + a_2 + a_3)/2$.

Für einen Drachen mit den Seiten a und b und den Winkeln alpha und beta können zur Berechnung der Diagonalen die Formeln $d_1 = a^2+b^2\text{-}2ab\cos(alpha)$ und

$d_2 = a^2+a^2-2a^2\cos(beta)$ eingesetzt werden. Sein Umfang lässt sich auf die gleiche Art und Weise wie bei einem Parallelogramm berechnen und die Fläche mit Hilfe der Diagonalen, $f = (d_1+d_2)/2$.

Java-Dateien: `Quadrat.java`, `Rechteck.java`, `Parallelogramm.java`, `Drachen.java`, `VierecKeTest.java`
Programmaufruf: `java VierecKeTest`

2.9 Vergrößernde und verkleinernde Konvertierung (»up- und down-casting«)

Nehmen wir wiederum an, dass eine Klasse `KlasseB` von einer anderen Klasse `KlasseA` abgeleitet wurde. Dann ist jedes `KlasseB`-Objekt auch ein zulässiges `KlasseA`-Objekt, welches seine zusätzlichen Erweiterungen vergisst.

Eine vergrößernde Konvertierung (»up-casting«) hat die Bedeutung, dass für ein Objekt der `KlasseB`, gebildet mit: `KlasseB b = new B();`, die Zuweisung `KlasseA a = b;` ohne Casting immer möglich ist.

Das Objekt `a`, auf welches die Referenz vom Typ der `KlassenA` zeigt, ist aber auch weiter ein gültiges `KlasseB`-Objekt, sodass auch eine verkleinernde Konvertierung, in diesem Fall mit Casting: `KlasseB b1 = (KlasseB)a;` erfolgen kann. D.h., eine verkleinernde Konvertierung (»down-casting«) kann nur durchgeführt werden, wenn vorher der Objektreferenz vom Typ der Oberklasse eine Referenz auf ein Objekt der Unterklasse zugewiesen wurde.

Aufgabe 2.8 ☆☆☆

Up- und Down-Casts

Für k ganze Zahlen aus einer Menge von n ganzen Zahlen können Anordnungen in Form von Permutationen, Variationen und Kombinationen erzeugt werden. Definieren Sie eine Klasse `Permutationen` als Oberklasse und leiten Sie davon zwei weitere Klassen, `Variationen` und `Kombinationen` ab.

Jedes `Permutationen`-Objekt besitzt als Instanzfeld die `int`-Variable `n`, die die Gesamtanzahl von Zeichen, aus welchen Anordnungen gebildet werden sollen, angibt. Das Instanzfeld der Klasse soll aus den abgeleiteten Klassen direkt ansprechbar sein, aber aus externen Klassen nur über Zugriffsmethoden. Definieren Sie eine Methode `anordnen()` zum Berechnen der Anzahl von Permutationen von n Zeichen.

Jedes `Variationen`- und `Kombinationen`-Objekt besitzt als Instanzfeld die `int`-Variable `k`, welche die Anzahl der Zeichen in den zu bildenden Anordnungen angibt und das Instanzfeld der Oberklasse erbt. Auch dieses Feld soll aus externen Klassen nur über Zugriffsmethoden zugänglich sein. Die Konstruktoren der Klassen rufen den Konstruktor der Oberklasse auf, der sowohl die Gesamtanzahl n der

Zeichen initialisiert als auch die Anzahl k der aus der Gesamtanzahl ausgewählten Zeichen. Auch diese Klassen definieren je eine Methode `anordnen()` zum Berechnen der Anzahl von `Variationen` bzw. `Kombinationen`, welche die Instanzmethode der Oberklasse überschreibt und aufruft.

Definieren Sie eine vierte Klasse, `KombinationenausVariationen`, die von der Klasse `Variationen` abgeleitet ist und keine zusätzlichen Instanzfelder definiert. Sie soll eine andere Möglichkeit der Definition der Ableitung der Klassen aus diesem Beispiel aufzeigen. Ihre Instanzmethode `anordnen()` überschreibt die Instanzmethode der Klasse `Variationen`, die die Instanzmethode ihrer Oberklasse `Permutationen` überschreibt.

Definieren Sie zum Testen dieser Klassen eine Klasse `AnordnenTest`, die Objekte der Klassen `Permutationen`, `Variationen`, `Kombinationen` und `KombinationenausVariationen` erzeugt, und rufen Sie an diesen die Methode `anordnen()` der Oberklasse und ihrer Unterklassen auf.

Hinweise für die Programmierung:

Permutationen sind n-stellige Anordnungen von n Zeichen, in welchen jedes Zeichen höchstens einmal vorkommt. Ihre Anzahl kann wie folgt berechnet werden: $P_n = 1.2.3... (n-1)n = n!$.

Variationen sind k-stellige Anordnungen von n Zeichen, jedes Zeichen kommt höchstens einmal vor und die Reihenfolge in den Anordnungen ist wesentlich. Ihre Anzahl wird mit der Formel:

$V_n^k = n(n-1)...(n-k+1) = n! / (n-k)!$ berechnet.

Kombinationen sind k-stellige Anordnungen von n Zeichen, jedes Zeichen kommt höchstens einmal vor und die Reihenfolge in den Anordnungen ist unwesentlich. Ihre Anzahl kann mit der Formel:

$C_n^k = V_n^k / P_n = n!/k!(n-k)!$ berechnet werden.

Java-Dateien: `Permutationen.java`, `Variationen.java`, `Kombinationen.java`, `KombinationenausVariationen`, `AnordnenTest.java`
Programmaufruf: `java AnordnenTest`

Aufgabe 2.9 ☆☆

Der Unterschied zwischen »ist-ein-« und »hat-ein- Beziehungen«

Wie schon in vorangehenden Beispielen gesehen, definieren abgeleitete Klassen eine »ist-ein-Beziehung« zwischen ihren Objekten. Gleichzeitig wurde darauf hingewiesen, dass zwischen den Objekten einer Klasse und den Objektwerten ihrer Referenzfelder eine »hat-ein-Beziehung« besteht. Definieren Sie, um den Unterschied zwischen derartigen Beziehungen noch einmal zu verdeutlichen, für die Klassen aus dem Beispiel 2.8, eine »hat-ein-Beziehung« mit Hilfe der Klassen `VariationenhabenPermutationen` und `KombinationenhabenPermutationen`.

Diese Klassen definieren globale Referenzen vom Typ der Klasse `Permutationen`, die über ihre Konstruktoren initialisiert werden, und eine Instanzmethode `anordnen()` zum Berechnen von Variationen bzw. Kombinationen mit Hilfe von Permutationen.

Zum Testen der Klasse soll analog zur Aufgabe 2.8 eine Klasse `AndersAnordnenTest` definiert werden.

Java-Dateien: `Permutationen.java`, `VariationenhabenPermutationen.java`, `KombinationenhabenPermutationen.java`, `AndersAnordnenTest.java`
Programmaufruf: `java AndersAnordnenTest`

2.10 Der Polymorphismus, ein Prinzip der objektorientierten Programmierung

Der Polymorphismus, ein weiteres Prinzip der objektorientierten Programmierung, bezeichnet die Fähigkeit von Objekten, auf gleiche Anweisungen unterschiedlich zu reagieren.

In der Java-Literatur werden mehrere Arten von Polymorphismus definiert:

Der »implizite Polymorphismus« bezieht sich auf implizite Konvertierungen von Datentypen, die durch ihre Definitionsart erzwungen werden. So wird bei einer Operation mit den primitiven Datentypen `int` und `double` eine Konvertierung des `int`-Wertes in einen `double`-Wert vorgenommen. Ein Beispiel für Referenztypen wäre der Aufruf einer Methode, die mit einem Parameter vom Typ einer Oberklasse definiert ist mit einer Referenz vom Typ einer deren Unterklassen. Der Compiler setzt dann automatisch die Unterklassenreferenz in eine Oberklassenreferenz um.

Von einem »überladenen Polymorphismus« wird gesprochen, wenn der gleiche Operator oder Methodenname für unterschiedliche Operationen oder Funktionalitäten eingesetzt werden kann. Das Überladen von Methoden ist ein Beispiel dafür.

Der »parametrisierte Polymorphismus« bezieht sich auf Klassendefinitionen, die den gleichen Feldnamen und Methodensignaturen erlauben, unterschiedliche Typen beim Instantiieren von Objekten einer Klasse zuzuordnen. Diese Art von Polymorphismus wurde in Java 5.0 mit der Definition von generischen (parametrisierten) Klassen und Interfaces eingeführt.

Der »Subtyp-Polymorphismus« sagt aus, dass ein Typ ein Subtyp von einem anderen Typ sein kann. Dies bezieht sich im Falle von Methoden auf das dynamische Binden von Instanzmethoden und für Felder auf die verkleinernde Konvertierung.

In der Aufgabe 2.10 wird der Subtyp-Polymorphismus für Methoden und Felder beispielhaft demonstriert. Sowohl der implizite wie auch der überladene Polymorphismus sind uns bei Zuweisungen von primitiven Datentypen und in Methodendefinitionen schon begegnet, und eine Vielzahl von Beispielen zum parametrisierten Polymorphismus sind im Kapitel 8, Generics, zu finden.

Aufgabe 2.10

Der »Subtyp-Polymorphismus« im Kontext einer Klassenhierarchie

Während der Subtyp-Polymorphismus für Felder ein Casting erzwingt, erwartet der Subtyp-Polymorphismus für Methoden keine explizite Konvertierung, da ein Objekt vom Typ einer Unterklasse ein gültiges Objekt vom Typ der Oberklasse bleibt. Begründen Sie diese Aussagen mit Hilfe der Definition einer Java-Klasse `Blumen`, von welcher drei andere Klassen `Rose`, `Tulpe` und `Nelke` abgeleitet werden, die über den Aufruf des Konstruktors der Oberklasse eine bestimmte Art von Blumen definieren.

Die Instanzfelder `blume` und `farbe` der Klasse `Blumen` definieren die Art und Farbe einer Blume und können verschiedene vorgegebene Werte, die als konstante Klassenfelder definiert sind, aufnehmen. All diese Felder werden von den Unterklassen geerbt.

Die Oberklasse definiert zwei Methoden, die Methode `identifizieren()`, welche von ihren Unterklassen überschrieben wird, und die Methode `farbe()`, die alle Unterklassen erben.

Die Unterklassen rufen in ihrer überschriebenen Methode `identifizieren()` die Methode der Oberklasse auf und melden sich beim Benutzer über eine Textausgabe am Bildschirm mit den Namen der Klasse. Sie definieren zusätzlich eine für die entsprechende Blumenart typische Methode: `wurzeln()`, `zwiebeln()` oder `stauden()`.

Eine weitere Klasse `BlumenTest` definiert ein Array-Objekt vom Typ der Klasse `Blumen` und ruft an seinen Elementen die Methoden von Oberklasse und Unterklassen auf.

Hinweise für die Programmierung:

Dadurch, dass die Klassen `Rose`, `Tulpe` und `Nelke` von der Klasse `Blumen` abgeleitet sind, können Referenzen auf Objekte dieser Klassen einer Referenzvariablen vom Typ der Oberklasse ohne explizite Konvertierung zugewiesen werden (»up-casting«)

An den so erzeugten Objekten kann ohne Konvertierung jedoch nur die Methode einer Unterklasse aufgerufen werden, die eine Methode der Oberklasse überschreibt, und ebenfalls jede beliebige Methode der Oberklasse. Darum sei an dieser Stelle noch mal darauf hingewiesen, dass der Objekttyp, auf den verwiesen wird, festlegt, welche Version einer überschriebenen Methode aufgerufen wird und nicht der Typ der Referenzvariablen.

Werden an diesen Instanzen Methoden der Unterklassen aufgerufen, die keine Methode der Oberklasse überschreiben, so muss eine verkleinernde Konvertierung (»down-casting«) erfolgen.

Über den Aufruf der Methode `farbe()` an Referenzen vom Typ der Oberklasse, welche auf Instanzen von Unterklassen zeigen, wird das entsprechende Typfeld für die Unterklasse eingesetzt.

Java-Dateien: `Blumen.java`, `Rose.java`, `Tulpe.java`, `Nelke.java` und `BlumenTest.java`
Programmaufruf: `java BlumenTest`

2.11 Lösungen

Lösung 2.1

Die Klasse Klasse1

```
package paket1;
public class Klasse1 {
   private static int privatesFeld = 1;
   protected static int geschuetztesFeld = 2;
   public static int oeffentlichesFeld = 3;
   static int standardFeld = 4;
// Konstruktordefinition
   public Klasse1() {
      System.out.println("Instanz der Klasse1");
   }
   protected void anzeige() {
      System.out.print(privatesFeld+" ");
      System.out.print(geschuetztesFeld+" ");
      System.out.print(standardFeld+" ");
      System.out.println(oeffentlichesFeld);
   }
}
```

Die Klasse Klasse2

```
package paket1.paket2;
import paket1.Klasse1;
public class Klasse2 extends Klasse1 {
// Konstruktordefinition
   public Klasse2() {
      System.out.println("Instanz der Klasse2");
// Das Feld aus Klasse1 verfügt über privaten Zugriff
   // System.out.println(Klasse1.privatesFeld); // Fehler
// Auf ein Standard-Feld kann nicht von außerhalb des Paketes
// zugegriffen werden
   // System.out.println(Klasse1.standardFeld); // Fehler
// Zugriff erlaubt, weil uneingeschränkt öffentlich durch die
// Definition mit public
      System.out.println("Zugriff aus Klasse2 auf ein "
        + "oeffentliches Feld der Klasse1: "
```

```
        + Klasse1.oeffentlichesFeld);
// Das Feld aus Klasse1 verfügt über geschützten Zugriff, kann
// aber aus einer Unterklasse, die in einem anderen Paket liegt,
// angesprochen werden
      System.out.println("Zugriff aus Klasse2 auf ein "
        + "geschuetztes Feld der Klasse1: "
          + Klasse1.geschuetztesFeld);
   }
}
```

Die Klasse Klasse3

```
package paket1.paket2;
import paket1.Klasse1;
public class Klasse3 extends Klasse2 {
// Konstruktordefinition
   public Klasse3() {
      System.out.println("Instanz der Klasse3");
// Das Feld aus Klasse1 verfügt über privaten Zugriff
   // System.out.println(Klasse1.privatesFeld); // Fehler
// Auf ein Standard-Feld, kann nicht von außerhalb des Paketes
// zugegriffen werden
   // System.out.println(Klasse1.standardFeld); // Fehler
// Zugriff erlaubt, weil uneingeschränkt öffentlich durch die
// Definition mit public
      System.out.println("Zugriff aus Klasse3 auf ein "
        + "oeffentliches Feld der Klasse1: "
          + Klasse1.oeffentlichesFeld);
// Das Feld aus Klasse1 verfügt über geschützten Zugriff, kann
// aber aus einer Unterklasse, die in einem anderen Paket liegt,
// angesprochen werden
      System.out.println("Zugriff aus Klasse3 auf ein "
        + "geschuetztes Feld der Klasse1: "
          + Klasse1.geschuetztesFeld);
   }
   public static void main(String args[]) {
      Klasse1 kls1 = new Klasse1();
// Für Unterklassen wird auch der Konstruktor der Oberklasse
// aufgerufen
      Klasse2 kls2 = new Klasse2();
      Klasse3 kls3 = new Klasse3();
      Klasse4 kls4 = new Klasse4();
// Die Methode anzeige() aus paket1.Klasse1 ist geschützt
   // kls1.anzeige(); // Fehler
   // kls2.anzeige(); // Fehler
      kls3.anzeige();
   // kls4.anzeige(); // Fehler
// Zugriff auf das geschützte Feld
```

```
      System.out.println(kls1.geschuetztesFeld +" "+
        kls2.geschuetztesFeld+" "+kls3.geschuetztesFeld);
   // System.out.println(kls4.geschuetztesFeld); // Fehler
   }
}
```

Die Klasse Klasse4

```
package paket1.paket2;
import paket1.Klasse1;
public class Klasse4 {
// Konstruktordefinition
   public Klasse4() {
      System.out.println("Instanz der Klasse4");
// Das Feld aus Klasse1 verfügt über privaten Zugriff
   // System.out.println(Klasse1.privatesFeld);
// Auf ein Standard-Feld kann nicht von außerhalb des Paketes
// zugegriffen werden
   // System.out.println(Klasse1.standardFeld); // Fehler
// Zugriff erlaubt, weil uneingeschränkt öffentlich durch die
// Definition mit public
      System.out.println("Zugriff aus Klasse4 auf ein "
        + "oeffentliches Feld der Klasse1: "
          + Klasse1.oeffentlichesFeld);
// Zugriff auf das geschützte Feld
   // System.out.println("Zugriff aus Klasse4 auf ein "
   //   + "geschuetztes Feld der Klasse1: "
   //     + Klasse1.geschuetztesFeld); // Fehler
   }
}
```

Programmausgaben

```
Instanz der Klasse1
Instanz der Klasse1
Instanz der Klasse2
Zugriff aus Klasse2 auf ein oeffentliches Feld der Klasse1: 3
Zugriff aus Klasse2 auf ein geschuetztes Feld der Klasse1: 2
Instanz der Klasse1
Instanz der Klasse2
Zugriff aus Klasse2 auf ein oeffentliches Feld der Klasse1: 3
Zugriff aus Klasse2 auf ein geschuetztes Feld der Klasse1: 2
Instanz der Klasse3
Zugriff aus Klasse3 auf ein oeffentliches Feld der Klasse1: 3
Zugriff aus Klasse3 auf ein geschuetztes Feld der Klasse1: 2
Instanz der Klasse4
Zugriff aus Klasse4 auf ein oeffentliches Feld der Klasse1: 3
1 2 4 3
2 2 2
```

Hinweise zum Lösungsvorschlag

Die Methode `anzeige()` aus `paket1.Klasse1` ist geschützt und kann nur aus der Klasse `Klasse3`, also in der eigenen Klasse, aufgerufen werden. Sie kann nicht in einer Klasse aus einem anderen Paket aufgerufen werden, auch nicht in Klassen, welche diese Methode definieren oder von dieser Klasse abgeleitet sind.

Das Feld `geschuetztesFeld` aus der `Klasse1` kann aus einer anderen Klasse, `Klasse4`, die in einem anderen Paket liegt und keine Unterklasse von `Klasse1` ist, nicht angesprochen werden.

Lösung 2.2

Die Klasse KlasseA

```
public class KlasseA {
  protected static int zaehlerSupkls;
// Konstruktordefinition
  KlasseA() {
    zaehlerSupkls++;
  }
// Klassenmethode, welche die Anzahl von erzeugten Instanzen der
// Klasse berechnet
  protected static int anzeigeZaehler() {
    System.out.println(
      "Die Methode der Oberklasse wurde aufgerufen");
    return zaehlerSupkls;
  }
}
Die Klasse KlasseB
public class KlasseB extends KlasseA {
  protected static int zaehlerSubkls;
// Konstruktordefinition
  KlasseB() {
    zaehlerSubkls++;
  }
// Klassenmethode, welche die Anzahl von erzeugten Instanzen
// der Klasse berechnet
  protected static int anzeigeZaehler() {
    System.out.println(
      "Die Methode der Unterklasse wurde aufgerufen");
    return zaehlerSubkls;
// Ein Auruf mit super. ist in Klassenmethoden nicht erlaubt
  // super.anzeigeZaehler(); // Fehler
  }
// Instanzmethode, zur Demonstration der Aufrufsyntax für
// verdeckte Klassenmethoden
```

```
   protected void aufrufMethoden() {
// Aufruf der Klassenmethode am aktuellen Objekt
     System.out.println("Es wurde die "+anzeigeZaehler()+
       ". Instanz der Unterklasse erzeugt");
// Aufruf der Klassenmethode der Oberklasse am aktuellen Objekt
     System.out.println("Es wurde die "+super.anzeigeZaehler()+
       ". Instanz der Oberklasse erzeugt");
   }
}
```

Die Klasse InstanzZaehlerTest

```
public class InstanzZaehlerTest {
   public static void main(String args[]) {
// Array mit Objekten von KlasseA und KlasseB erzeugen
     KlasseA[] klsA = new KlasseA[2];
     KlasseB[] klsB = new KlasseB[2];
// Erzeugen von Objekten der Oberklasse KlasseA
     for(int i = 0;i<2; i++) {
       klsA[i] = new KlasseA();
     }
// Aufruf der Klassenmethode der Oberklasse,über den Klassennamen
   System.out.println("Es wurden "+ KlasseA.anzeigeZaehler()+
     " Instanzen der Oberklasse erzeugt");
// Erzeugen von Objekten der Unterklasse KlasseB
     for(int i = 0; i<2; i++) {
       klsB[i] = new KlasseB();
// die Instanzmethode der KlasseB an diesen aufrufen
       klsB[i].aufrufMethoden();
     }
// Ausgabe der Anzahl von vorher erzeugten Instanzen über den
// Aufruf der Klassenmethoden aus Ober- und Unterklasse
     System.out.println("Es wurden "+ KlasseA.anzeigeZaehler()+
       " Instanzen der Oberklasse " +    "und "+ KlasseB.
       anzeigeZaehler()+" Instanzen der Unterklasse erzeugt");
// Aufruf der Klassenmethoden an Objekten der beiden Klassen
     for(int i = 0; i<2; i++) {
       System.out.println("Aktuelle Anzahl von Instanzen der "
         +"Oberklasse: "+klsA[i].anzeigeZaehler()+
          " * und der Unterklasse: "+klsB[i].anzeigeZaehler());
     }
// Statisches Binden von Klassenmethoden
     KlasseA a = new KlasseB();
       System.out.println("Neue Anzahl von Instanzen der "
         +"Oberklasse: "+a.anzeigeZaehler());
   }
}
```

Programmausgaben

```
Die Methode der Oberklasse wurde aufgerufen
Es wurden 2 Instanzen der Oberklasse erzeugt
Die Methode der Unterklasse wurde aufgerufen
Es wurde die  1. Instanz der Unterklasse erzeugt
Die Methode der Oberklasse wurde aufgerufen
Es wurde die  3. Instanz der Oberklasse erzeugt
...
Es wurden 4 Instanzen der Oberklasse und  2 Instanzen der Unterklasse erzeugt
...
Aktuelle Anzahl Instanzen der Oberklasse: 4 * und der Unterklasse: 2
...
Die Methode der Oberklasse wurde aufgerufen
Neue Anzahl von Instanzen der Oberklasse: 5
```

Hinweise zum Lösungsvorschlag

Eine Definition von Feldern und Methoden einer Klasse mit `protected` bietet keinen zusätzlichen Schutz innerhalb des gleichen Paketes.

Lösung 2.3

Die Klasse KlasseC

```
public class KlasseC {
// Konstruktordefinition
  KlasseC() {
  }
// Klassenmethode, die einen Text ausgibt
  protected static void k() {
    System.out.println(
      "Die Klassenmethode der Oberklasse wurde aufgerufen");
  }
// Instanzmethode, die einen Text ausgibt
  protected void m() {
    System.out.println(
      "Die Instanzmethode der Oberklasse wurde aufgerufen");
  }
}
```

Die Klasse KlasseD

```
public class KlasseD extends KlasseC {
// Konstruktordefinition
  KlasseD() {
  }
// Klassenmethode, die einen Text ausgibt
  protected static void k() {
```

```
        System.out.println(
          "Die Klassenmethode der Unterklasse wurde aufgerufen");
    }
// Instanzmethode, die die Methode der Oberklasse aufruft und
// einen Text ausgibt
    protected void m() {
        super.m();
        System.out.println(
          "Die Instanzmethode der Unterklasse wurde aufgerufen");
    }
    public static void main(String args[]) {
// Instanzen der Klassen erzeugen
        KlasseC c1 = new KlasseC();
        KlasseC c2 = new KlasseD();
        KlasseD d1 = new KlasseD();
// Die Klassenmethoden über den Klassennamen aufrufen
        KlasseC.k();
        KlasseD.k();
// Die von den jeweiligen Klassen definierten Methoden an
// Instanzen der Klassen aufrufen
        c1.k();
        d1.k();
        c1.m();
        d1.m();
        System.out.println("Statisches Binden von "
          + "Klassenmethoden:");
        c2.k();
        System.out.println("Dynamisches Binden von "
          + "Instanzmethoden:");
        c2.m();
    }
}
```

Programmausgaben

```
Die Klassenmethode der Oberklasse wurde aufgerufen
Die Klassenmethode der Unterklasse wurde aufgerufen
Die Klassenmethode der Oberklasse wurde aufgerufen
Die Klassenmethode der Unterklasse wurde aufgerufen
Die Instanzmethode der Oberklasse wurde aufgerufen
Die Instanzmethode der Oberklasse wurde aufgerufen
Die Instanzmethode der Unterklasse wurde aufgerufen
Statisches Binden von Klassenmethoden:
Die Klassemethode der Oberklasse wurde aufgerufen
Dynamisches Binden von Instanzmethoden:
Die Instanzmethode der Oberklasse wurde aufgerufen
Die Instanzmethode der Unterklasse wurde aufgerufen
```

Hinweise zu den Programmausgaben

Sowohl das statische Binden von Klassenmethoden als auch das dynamische Binden von Instanzmethoden erfolgt nur bei einem Aufruf der Methoden `k()` und `m()` an einer Referenz der Oberklasse, die auf ein Objekt der Unterklasse verweist. Im ersten Fall wird die Methode der Oberklasse, und im zweiten Fall, die der Unterklasse aufgerufen. Der im zweiten Fall damit verbundene Aufruf der Methode der Oberklasse ergibt sich dadurch, dass diese über `super.m()` aus der Methode der Unterklasse aufgerufen wird.

Lösung 2.4

Die Klasse Punkt

```
public class Punkt {
   private double x;
   private double y;
// Konstruktordefinition
   Punkt(double a, double b) {
      x = a;
      y = b;
   }
// Zugriffsmethoden
   public void setX(double X) {
      x = X;
      System.out.println("x-Wert gesetzt");
   }
   public void setY(double Y) {
      y = Y;
      System.out.println("y-Wert gesetzt");
   }
   public double getX() {
      return x;
   }
   public double getY() {
      return y;
   }
// Instanzmethode für eine Punktanzeige
   public void anzeige() {
      System.out.println("("+ x +","+ y +")");
   }
}
```

Die Klasse KreishatPunkt

```
public class KreishatPunkt {
   private double r;
   private Punkt p;
```

```
// Konstruktordefinition
   public KreishatPunkt(Punkt P, double R) {
      p = P;
      r = R;
   }
// Zugriffsmethoden
   public void setR(double R) {
      r = R;
      System.out.println("Wert fuer Radius gesetzt.");
   }
   public double getR() {
      return r;
   }
   public void setP(Punkt P) {
      p = P;
      System.out.println("Wert fuer Mittelpunkt gesetzt.");
   }
   public Punkt getP() {
      return p;
   }
// Überschreiben der toString()-Methode der Klasse Object
   public String toString() {
// Aufruf der Methode anzeige() der Klasse Punkt
      p.anzeige();
         return "Kreisgleichung: (x - " +p.getX()+")**2 + "+
           "(y - " +p.getY()+")**2 "+" - "+r*r+" = 0";
   }
}
```

Die Klasse KreishatPunktTest

```
public class KreishatPunktTest {
   public static void main(String args[]) {
      Punkt P = new Punkt(-1.0, -1.0);
      P.anzeige();
      KreishatPunkt K =new KreishatPunkt(new Punkt(1.0,1.0),3.0);
      System.out.println(K.toString());
      System.out.println("Die Koordinaten des Mittelpunktes: "+
         K.getP().getX()+ " * "+K.getP().getY()+
           " Der Radius: "+K.getR());
   }
}
```

Programmausgaben

```
(-1.0,-1.0)
(1.0,1.0)
Kreisgleichung: (x - 1.0)**2 + (y - 1.0)**2 - 9.0 = 0
Die Koordinaten des Mittelpunktes: 1.0 * 1.0 Der Radius: 3.0
```

Hinweise zum Lösungsvorschlag

Die Klasse stellt Zugriffsmethoden für alle ihre Instanzfelder bereit. Werden an Stelle von Anreihungen abgeleitete Klassen eingesetzt, wie in der Klasse `KreisistPunkt`, so werden die Zugriffsmethoden der Klasse `Punkt` geerbt und eine Datenredundanz dadurch vermieden.

Lösung 2.5

Die Klasse PunktNeu

```
public class PunktNeu {
   protected double x;
   protected double y;
// Konstruktordefinition
   PunktNeu(double a, double b) {
      x = a;
      y = b;
   }
// Zugriffsmethoden
   public void setX(double X) {
      x = X;
   }
   public void setY(double Y) {
      y = Y;
   }
   public double getX() {
      return x;
   }
   public double getY() {
      return y;
   }
// Instanzmethode für eine Punktanzeige
   public String toString() {
      return "("+ x +","+ y +")";
   }
}
```

Die Klasse KreisistPunkt

```
public class KreisistPunkt extends PunktNeu {
   private double r;
// Konstruktordefinition
   public KreisistPunkt(double X, double Y, double R) {
// Der Konstruktor der Oberklasse wird aufgerufen
      super(X,Y);
      r = R;
   }
// Zugriffsmethoden
```

```
   public void setR(double R) {
      r = R;
   }
   public double getR() {
      return r;
   }
// Überschreiben der toString()-Methode der Klasse PunktNeu
   public String toString() {
      System.out.println(super.toString());
      return "Kreisgleichung: (x - " +x+")**2 + "+"(y - " +y+
        ")**2 "+" - "+r*r+" = 0";
   }
}
```

Die Klasse KreisistPunktTest

```
public class KreisistPunktTest {
   public static void main(String args[]){
      PunktNeu P = new PunktNeu(-1.0, -1.0);
      System.out.println(P.toString());
      KreisistPunkt K = new KreisistPunkt(1.0, 1.0, 3.0);
      System.out.println(K.toString());
      System.out.println("Die Koordinaten des Mittelpunktes: "+
        K.getX()+ " * "+K.getY()+ " Der Radius: "+K.getR());
      PunktNeu Q = new KreisistPunkt(2.0, 1.0, 3.0);
      System.out.println(Q.toString());
   }
}
```

Programmausgaben

```
(-1.0,-1.0)
(1.0,1.0)
Kreisgleichung: (x - 1.0)**2 + (y - 1.0)**2 - 9.0 = 0
Die Koordinaten des Mittelpunktes: 1.0 * 1.0 Der Radius: 3.0
(2.0,1.0)
Kreisgleichung: (x - 2.0)**2 + (y - 1.0)**2 - 9.0 = 0
```

Hinweise zum Lösungsvorschlag

Mit der Ausführung der Anweisung `PunktNeu Q = new KreisistPunkt(2.0, 1.0, 3.0);` zeigt eine Referenz vom Typ `PunktNeu` auf eine Instanz der Unterklasse. Durch das dynamische Binden von Instanzmethoden wird die Methode der Unterklasse aufgerufen.

Lösung 2.6

Die Klasse Objekte

```
public class Objekte {
   protected Object object;
```

```
// Konstruktordefinition
   Objekte(Object o) {
      object = o;
   }
// Zugriffsmethoden
   public void setObject(Object o) {
      object = o;
   }
   public Object getObject() {
      System.out.print(
        "Die Methode Object getObject() wurde aufgerufen: ");
      return object;
   }
}
```

Die Klasse Zahlen

```
public class Zahlen extends Objekte {
// Konstruktordefinition
   Zahlen(Integer o) {
      super(o);
   }
// Zugriffsmethode mit geändertem Rückgabewert
   public Integer getObject() {
      System.out.print(
        "Die Methode Integer getObject() wurde aufgerufen: ");
      return (Integer)object;
   }
}
```

Die Klasse Worte

```
public class Worte extends Objekte {
// Konstruktordefinition
   Worte(String o) {
      super(o);
   }
// Zugriffsmethode mit geändertem Rückgabewert
   public String getObject() {
      System.out.print(
        "Die Methode String getObject() wurde aufgerufen: ");
      return (String)object;
   }
}
```

Die Klasse KovarianteRueckgabeTypen

```
public class KovarianteRueckgabeTypen {
  public static void main(String args[]) {
```

```
// Objekte der Klassen erzeugen
     PunktNeu punkt = new PunktNeu(1,1);
  // Punkt punkt = new Punkt(1,1);
     Objekte objekt = new Objekte(punkt);
     Worte wort = new Worte("ZAHL");
     Zahlen zahl = new Zahlen(2222);
// und die Methode getObject() an diesen aufrufen
  // System.out.println(objekt.getObject().anzeige()); // Fehler
     System.out.println(objekt.getObject().toString());
     System.out.println(wort.getObject());
     System.out.println(zahl.getObject());
  }
}
```

Programmausgaben

```
Die Methode Object getObject() der Klasse Objekte wurde aufgerufen:
(1.0,1.0)
Die Methode String getObject() der Klasse Worte wurde aufgerufen: ZAHL
Die Methode Integer getObject() der Klasse Zahlen wurde aufgerufen: 2222
```

Ausgabe von `javap Zahlen`

```
class Zahlen extends Objekte {
  Zahlen(java.lang.Integer)
  public java.lang.Integer getObject();
  public java.lang.Object getObject();
}
```

Ausgabe von `javap Worte`

```
class Worte extends Objekte {
  Worte(java.lang.String)
  public java.lang.String getObject();
  public java.lang.Object getObject();
}
```

Hinweise zum Lösungsvorschlag

Im Konstruktor der Klasse `Objekte` kann z. B. eine Referenz vom Typ der Klasse `PunktNeu` übergeben werden. Für die Anzeige der Punktkoordinaten wurde die Methode `getObject()` der Klasse `Objekte` mit der Methode `toString()` der Klasse `PunktNeu`, gekettet. Für den Compiler ist es die Methode `toString()` der Klasse `Object`, die an einer Instanz vom Typ dieser Klasse, welche die Methode `getObject()` zurückgeliefert, aufgerufen wird. Erst während der Laufzeit wird erkannt, dass ein `PunktNeu`-Objekt zurückgegeben wurde. Weil ein dynamisches Binden der Methode erfolgt, wird die Methode `toString()` der Unterklasse `PunktNeu` von `Object` aufgerufen. Im Konstruktor der Klasse `Objekte` kann auch eine Referenz vom Typ der Klasse `Punkt` übergeben werden. Warum kann die

Methode `anzeige()` der Klasse `Punkt` nicht mit der Methode `getObject()` der Klasse `Objekte` gekettet werden?

Lösung 2.7

Die Klasse Quadrat

```
public class Quadrat  {
   protected double a;
// Konstruktordefinition
   public Quadrat(double x) {
      a = x;
   }
// Zugriffsmethoden
   public double getSeite1() {
      return a;
   }
   public void setSeite1(double x) {
      a = x;
   }
// Instanzmethoden zum Berechnen von Diagonalen, Flächeninhalt
// und Umfang
   public double[] diagonale() {
      double[] d = new double [2];
      d[0] = Math.sqrt(2*a*a);
      d[1] = Math.sqrt(2*a*a);
      return d;
   }
   public double flaeche() {
      double f = a*a;
      return f;
   }
   public double umfang() {
      double u = 4*a;
      return u;
   }
// Instanzmethode zur Anzeige der Diagonalen
   public void toString(double[] d) {
      System.out.println("1. Diagonale= "+d[0]+
        " * 2. Diagonale= "+d[1]);
   }
}
```

Die Klasse Rechteck

```
public class Rechteck extends Quadrat {
   protected double a;
// Konstruktordefinition
```

```
   public Rechteck(double x, double y) {
// Der Konstruktor initialisiert die Variable a und nützt
// für das Initialisieren des geerbten Feldes den
// Konstruktor der Oberklasse
      super(x);
      a = y;
   }
// Zugriffsmethoden zum Setzen und Lesen der zweiten Seite eines
// Rechtecks, für die erste Seite können die Methoden der Klasse
// Quadrat genutzt werden, da diese geerbt werden
   public double getSeite2() {
      return a;
   }
   public void setSeite2(double y) {
      a = y;
   }
// Instanzmethoden zum Berechnen von Diagonalen, Flächeninhalt
// und Umfang
   public double[] diagonale() {
      double[] d = new double [2];
      d[0] = Math.sqrt(super.a*super.a+a*a);
      d[1] = Math.sqrt(super.a*super.a+a*a);
      return d;
   }
   public double flaeche() {
      double f = super.a*a;
      return f;
   }
   public double umfang() {
      double u = 2*(a+super.a);
      return u;
   }
}
```

Die Klasse Parallelogramm

```
public class Parallelogramm extends Rechteck {
   protected double alpha;
// Konstruktordefinition
   public Parallelogramm(double x, double y, double z) {
      super(x,y);
      alpha = z;
   }
// Zugriffsmethoden
   public double getWinkel1() {
      return alpha;
   }
```

```
   public void setWinkel1(double z ) {
      alpha = z;
   }
// Instanzmethoden zum Berechnen von Diagonalen, Flächeninhalt
// und Umfang
   public double[] diagonale() {
      double[] d = new double[2];
      double beta = 180-alpha;
      d[0] = Math.sqrt(((Quadrat)this).a*((Quadrat)this).a+
        ((Rechteck)this).a*((Rechteck)this).a-2*((Quadrat)this).
          a*((Rechteck)this).a*Math.cos(Math.toRadians(alpha)));
      d[1] = Math.sqrt(((Quadrat)this).a*((Quadrat)this).a+
        ((Rechteck)this).a*((Rechteck)this).a-2*((Quadrat)this).
          a*((Rechteck)this).a*Math.cos(Math.toRadians(beta)));
      return d;
   }
   public double flaeche() {
      double[] d = new double[2];
      d = this.diagonale();
      double p = 0.5*(((Quadrat)this).a+((Rechteck)this).a+d[0]);
      double f = 2*Math.sqrt(p*(p-((Quadrat)this).a)*
        (p-((Rechteck)this).a)*(p-d[0]));
      return f;
   }
   public double umfang() {
      double u = super.umfang();
   // double u = ((Rechteck)this).(super.umfang()); // Fehler
      return u;
   }
}
```

Die Klasse Drachen

```
public class Drachen extends Parallelogramm {
   private double alpha;
// Konstruktordefinition
   public Drachen(double x, double y, double z, double v) {
      super(x,y,z);
      alpha = v;
   }
// Zugriffsmethoden zum Setzen und Lesen des Instanzfeldes
   public double getWinkel2() {
      return alpha;
   }
   public void setWinkel2(double z ) {
      alpha = z;
   }
```

```
// Instanzmethoden zum Berechnen von Diagonalen und Flächeninhalt
   public double[] diagonale() {
      double[] d = new double[2];
// Die lokale Variable mit dem Namen alpha wird mit Werten der
// verdeckten Feldvariablen alpha initialisiert
      double alpha = (0.5)*(360-(this.alpha+
        ((Parallelogramm)this).alpha));
      d[0] = Math.sqrt(((Quadrat)this).a*((Quadrat)this).a+
        ((Quadrat)this).a*((Quadrat)this).a-2*((Quadrat)this).
          a*((Quadrat)this).a*Math.cos(Math.toRadians(alpha)));
      d[1] = Math.sqrt(((Quadrat)this).a*((Quadrat)this).a+
        ((Rechteck)this).a*((Rechteck)this).a-2*((Quadrat)this).
          a*((Rechteck)this).a*Math.cos(Math.toRadians(alpha)));
      return d;
   }
   public double flaeche() {
      double[] d = new double[2];
      d = diagonale();
      double f = (0.5)*d[0]*d[1];
      return f;
   }
// Die Methode umfang() wird hier nicht überschrieben
}
```

Die Klasse ViereckeTest

```
public class ViereckeTest {
   public static void main(String args[]) {
// Erzeugen von Objekten der Klasse Quadrat und ihrer
// Unterklassen, Aufruf von überschriebenen Methoden
      Quadrat q = new Quadrat(4);
      System.out.println("Quadrat: Flaeche = "+q.flaeche()
        +" * Umfang = "+q.umfang());
      q.toString(q.diagonale());
      Rechteck r = new Rechteck(4,3);
      System.out.println("Rechteck: Flaeche = "+r.flaeche()
        +" * Umfang = "+r.umfang());
      r.toString(r.diagonale());
      Parallelogramm p = new Parallelogramm(4,4,60);
      System.out.println("Parallelogramm: Flaeche = "+p.flaeche()
        +" * Umfang = "+p.umfang());
      p.toString(p.diagonale());
      Drachen d = new Drachen(4,3,60,40);
      System.out.println("Drachen: Flaeche = "+d.flaeche()
        +" * Umfang = "+d.umfang());
      d.toString(d.diagonale());
// Aufruf der Zugriffsmethoden, am Beispiel der Klasse Drachen
      System.out.println("1. Seite = "+d.getSeite1()
```

```
        +" * 2. Seite = "+d.getSeite2()+" * 1. Winkel = "
          +d.getWinkel1()+" * 2. Winkel = "+d.getWinkel2());
   }
}
```

Programmausgaben

```
Quadrat: Flaeche = 16.0 * Umfang = 16.0
1.Diagonale = 5.656854249492381 * 2.Diagonale = 5.656854249492381
Rechteck: Flaeche = 12.0 * Umfang = 14.0
1.Diagonale = 5.0 * 2.Diagonale = 5.0
Parallelogramm: Flaeche = 13.856406460551021* Umfang = 16.0
1.Diagonale = 3.9999999999999996 * 2.Diagonale = 6.928203230275509
Drachen: Flaeche = 23.05000038917783 * Umfang = 14.0
1.Diagonale = 7.2504622962931995 * 2.Diagonale = 6.358215365373915
1.Seite = 4.0 * 2.Seite = 3.0 * 1.Winkel = 60.0 * 2.Winkel = 40.0
```

Hinweise zum Lösungsvorschlag

Da die Methode `umfang()` der Klasse `Parallelogramm` keine Ergänzung zur Methode ihrer Oberklasse enthält, ist eine Implementierung nicht notwendig, die Methode der Oberklasse wird geerbt und kann an einem Objekt der Unterklasse aufgerufen werden, wie das in der Klasse `Drachen` beispielhaft demonstriert wird. Was nicht geht ist, dass die Methode in der Unterklasse überschrieben wird und dann an einem Objekt der Unterklasse, welches mit Casting in ein Objekt der Oberklasse umgewandelt wurde, die Methode der Oberklasse aufgerufen wird. Damit sei noch mal darauf hingewiesen, dass überschriebene Methoden anders behandelt werden als verdeckte Felder.

Lösung 2.8

Die Klasse Permutationen

```
public class Permutationen {
   protected int n;
// Konstruktordefinition
   public Permutationen(int n) {
      this.n = n;
   }
// Zugriffsmethoden
   public int getN() {
      return n;
   }
   public void setN(int n) {
      this.n = n;
   }
// Instanzmethode zum Berechnen der Anzahl von Permutationen
   protected int anordnen() {
      int nFakultaet = 1;
```

```
        if(n != 0) {
            for(int i=1;i<=n; i++) {
                nFakultaet = nFakultaet*i;
            }
        }
        return nFakultaet;
    }
}
```

Die Klasse Variationen

```
public class Variationen extends Permutationen {
    protected int k;
// Konstruktordefinition
    public Variationen(int n, int k) {
// Der Konstruktor der abgeleiteten Klasse ruft den Konstruktor
// der Oberklasse auf
        super(n);
        this.k = k;
    }
// Zugriffsmethoden
    public int getK() {
        return k;
    }
    public void setK(int k) {
        this.k = k;
    }
// Instanzmethode zum Berechnen der Anzahl von Variationen
    public int anordnen() {
// Eine lokale Referenz vom Typ der Klasse Permutationen
// definieren
        Permutationen p1 = new Permutationen(n-k);
// Die Methode der Oberklasse wird an einem Variationen-Objekt,
// dem aktuellen Objekt mit dem Präfix super. aufgerufen
        int a1 = super.anordnen();
// und hier direkt über den Methodennamen an einem
// Permutationen-Objekt
        int a2 = p1.anordnen();
        return a1/a2;
    }
}
```

Die Klasse Kombinationen

```
public class Kombinationen extends Permutationen {
    protected int k;
// Konstruktordefinition
    public Kombinationen(int n, int k) {
```

```
// Der Konstruktor der abgeleiteten Klasse ruft den Konstruktor
// der Oberklasse auf
      super(n);
      this.k = k;
   }
// Zugriffsmethoden
   public int getK() {
      return k;
   }
   public void setK(int k) {
      this.k = k;
   }
// Instanzmethode zum Berechnen der Anzahl von Kombinationen
   public int anordnen() {
// Lokale Referenzen vom Typ der Klasse Permutationen definieren
      Permutationen p1 = new Permutationen(n-k );
      Permutationen p2 = new Permutationen(k);
// Die Methode der Oberklasse wird an einem Kombinationen-Objekt,
// dem aktuellen Objekt, mit dem Präfix super. aufgerufen
      int a1 = super.anordnen();
// und hier direkt über den Methodennamen an
// einem Permutationen-Objekt
      int a2 = p1.anordnen()*p2.anordnen();
      return a1/a2;
   }
}
```

Die Klasse KombinationenausVariationen

```
public class KombinationenausVariationen extends Variationen {
// Konstruktordefinition
   public KombinationenausVariationen(int n,int k) {
// Der Konstruktor der abgeleiteten Klasse ruft den Konstruktor
// der Oberklasse auf
      super(n,k);
   }
// Instanzmethode zum Berechnen von Kombinationen
   public int anordnen() {
// Lokale Referenzen vom Typ der Klassen Variationen und
// Permutationen definieren
      Variationen v = new Variationen(n,k );
      Permutationen p = new Permutationen(k);
// Die Methode der Klasse Permutationen kann weder am aktuellen
// Objekt noch an einer Instanz der Klasse Variationen
// aufgerufen werden
   // int a1 = super.super.anordnen(); // Fehler
   // int a1 = v.(super.anordnen());   // Fehler
// Die Methode der Oberklasse Variationen wird an einem
```

```
// KombinationenausVariationen-Objekt, dem aktuellen Objekt,
// mit dem Präfix super. aufgerufen
     int a2 = super.anordnen();
// und hier direkt über den Methodennamen an Permutationen-
// oder Variationen-Objekten
     int a1 = p.anordnen();          // korrekt
  // int a2 = v.anordnen();          // korrekt
     return a2/a1;
  }
}
```

Die Klasse AnordnenTest

```
public class AnordnenTest {
  public static void main(String args[]) {
// Erzeugen eines Permutationen-Objektes
     Permutationen p = new Permutationen(4);
// Aufruf der Methode der Oberklasse
     int perm = p.anordnen();
// und deren Zugriffsmethode an dieser Instanz
     System.out.println("Mit " +p.getN()+ " verschiedenen Zei"
       +"chen koennen "+perm+" Permutationen gebildet werden");
// Vergrößernde Konvertierung, für die nachfolgende Zuweisung
// ist kein Casting nötig
     Permutationen p1 = new Variationen(4,2);
// An dem so erzeugten Objekt die Methode der Unterklasse
// Variationen aufrufen (dynamisches Binden von Methoden)
     int var1 = p1.anordnen();
// Da der Wert, auf welchen die Referenzvariable p1 zeigt, ein
// gültiges Variationen-Objekt bleibt, kann eine verkleinernde
// Konvertierung erfolgen, welche ein Casting erforderlich macht
     Variationen v1 = (Variationen)p1;
// Auch nachfolgend wird die Methode der Unterklasse aufgerufen
     int var = v1.anordnen();
// Aufruf der Zugriffsmethoden am Variationen-Objekt
     System.out.println("Mit "+v1.getN()+" verschiedenen "
       +"Zeichen koennen "+var+" "+v1.getK()+
         "-stellige Variationen gebildet werden");
// Erzeugen eines Kombinationen-Objektes
     Kombinationen k = new Kombinationen(5,3);
// Die Methode der Unterklasse wird aufgerufen
     int komb = k.anordnen();
// Aufruf der Zugriffsmethoden am Kombinationen-Objekt
     System.out.println("Mit "+k.getN()+" verschiedenen "
       +"Zeichen koennen "+komb+" "+k.getK()+
         "-stellige Kombinationen gebildet werden");
// Erzeugen eines KombinationenausVariationen-Objektes
     KombinationenausVariationen kv =
```

```
        new KombinationenausVariationen(5,3);
// Die Methode der Unterklasse wird aufgerufen
      int kombvar = kv.anordnen();
// Aufruf der Zugriffsmethoden an der
// KombinationenausVariationen-Instanz
      System.out.println("Mit "+kv.getN()+" verschiedenen "
        +"Zeichen koennen "+kombvar+" "+kv.getK()+
          "-stellige Kombinationen gebildet werden");
  }
}
```

Programmausgaben

```
Mit 4 verschiedenen Zeichen koennen 24 Permutationen gebildet werden
Mit 4 verschiedenen Zeichen koennen 12 2-stellige Variationen gebildet werden
Mit 5 verschiedenen Zeichen koennen 10 3-stellige Kombinationen gebildet werden
Mit 5 verschiedenen Zeichen koennen 10 3-stellige Kombinationen gebildet werden
```

Hinweise zum Lösungsvorschlag

Die Lösung zur Aufgabe bringt Beispiele zu Up- und Down-Casts. Aus den durchgeführten Konvertierungen ist zu erkennen, dass immer wenn einer Referenz vom Typ der Oberklasse die Referenz eines Objektes vom Typ der Unterklasse zugewiesen wird, an diesem die Methode der Unterklasse aufgerufen wird, auch wenn es explizit zu einem Objekt der Oberklasse gecastet ist, was auf das dynamische Binden von Methoden zurückzuführen ist.

Wie schon vermerkt, kann eine überschriebene Methode der Oberklasse nicht an einem mit dem Typ dieser Klasse gecasteten Objekt der Unterklasse aufgerufen werden, da diese Schreibweise nicht zugelassen ist. Sie kann direkt über `super.m()` aus einer Instanzmethode der Unterklasse aufgerufen werden. Dieser Aufruf wird hier innerhalb der überschriebenen Methoden der Unterklassen verwendet, weil diese die Methode der Oberklasse erweitern. Der Aufruf einer Methode der Oberklasse von einer Oberklasse über `super.super.` ist ebenfalls nicht zugelassen.

Lösung 2.9

Die Klasse VariationenhabenPermutationen

```
public class VariationenhabenPermutationen {
  Permutationen p1,p2;
// Konstruktordefinition
  public VariationenhabenPermutationen(Permutationen p1,
                                       Permutationen p2) {
      this.p1 = p1;
      this.p2 = p2;
  }
// Zugriffsmethoden
```

```
   public Permutationen getP1() {
      return this.p1;
   }
   public void setP1(Permutationen p1) {
      this.p1 = p1;
   }
   public Permutationen getP2() {
      return this.p2;
   }
   public void setP2(Permutationen p2) {
      this.p2 = p2;
   }
//Instanzmethode zum Berechnen von Variationen
   public int anordnen() {
      return  p1.anordnen()/p2.anordnen();
   }
}
```

Die Klasse KombinationenhabenPermutationen

```
public class KombinationenhabenPermutationen {
   Permutationen p1,p2,p3;
// Konstruktordefinition
   public KombinationenhabenPermutationen(Permutationen p1,
                            Permutationen p2,Permutationen p3) {
      this.p1 = p1;
      this.p2 = p2;
      this.p3 = p3;
   }
// Zugriffsmethoden
   public Permutationen getP1() {
      return this.p1;
   }
   public void setP1(Permutationen p1) {
      this.p1 = p1;
   }
   public Permutationen getP2() {
      return this.p2;
   }
   public void setP2(Permutationen p2) {
      this.p2 = p2;
   }
   public Permutationen getP3() {
      return this.p3;
   }
   public void setP3(Permutationen p3) {
      this.p3 = p3;
```

```
   }
//Instanzmethode zum Berechnen der Anzahl von Kombinationen
   public int anordnen() {
      return  p1.anordnen()/(p2.anordnen()*p3.anordnen());
   }
}
```

Die Klasse AndersAnordnenTest

```
public class AndersAnordnenTest {
   public static void main(String args[]) {
// Erzeugen eines Permutationen-Objektes
      Permutationen p = new Permutationen(4);
// und die Methode der Klasse aufrufen
      int perm = p.anordnen();
// Anzeige der Anzahl von Permutationen
   System.out.println("Mit "+p.getN()+" verschiedenen Zeichen "
     +"koennen "+perm+" Permutationen gebildet werden");
// Erzeugen eines VariationenhabenPermutationen-Objektes mit der
// Übergabe von Referenzen auf Permutationen-Objekte
   VariationenhabenPermutationen v =
     new VariationenhabenPermutationen(
       new Permutationen(4), new Permutationen(2));
   int var = v.anordnen();
// Anzeige der Anzahl von Variationen
   System.out.println("Mit "+v.getP1().getN()+" verschiedenen "
     +"Zeichen koennen "+var+" "+ v.getP2().getN()+
       "-stellige Variationen gebildet werden");
// Erzeugen eines KombinationenhabenPermutationen-Objektes mit
// der Übergabe von Referenzen auf Permutationen-Objekte
   KombinationenhabenPermutationen k = new
     KombinationenhabenPermutationen(new Permutationen(5),
       new Permutationen(2), new Permutationen(3));
   int komb = k.anordnen();
// Anzeige der Anzahl von Kombinationen
    System.out.println("Mit "+k.getP1().getN()+" verschiedenen "
      +"Zeichen koennen "+komb+" "+k.getP3().getN()+
        "-stellige Kombinationen gebildet werden");
   }
}
```

Programmausgaben

```
Mit 4 verschiedenen Zeichen koennen 24 Permutationen gebildet werden
Mit 4 verschiedenen Zeichen koennen 12 2-stellige Variationen gebildet werden
Mit 5 verschiedenen Zeichen koennen 10 3-stellige Kombinationen gebildet werden
```

Lösung 2.10

Die Klasse Blumen

```
public class Blumen {
   protected final static int ROSE = 0;
   protected final static int TULPE = 1;
   protected final static int NELKE = 2;
   protected final static String ROT = "rot";
   protected final static String GELB = "gelb";
   protected final static String BLAU = "blau";
   protected String farbe;
   protected int blume;
// Konstruktordefinition
   Blumen(int blume, String farbe) {
      this.blume = blume;
      this.farbe = farbe;
   }
// Methodendefinitionen
   public void identifizieren() {
      System.out.print("Diese Blume ist eine ");
   }
   public void farbe() {
      System.out.print(", von der Farbe " + farbe);
   }
}
```

Die Klasse Rose

```
public class Rose extends Blumen {
// Konstruktordefinition
      Rose() {
      super(0, ROT);
   }
// Die Methode der Oberklasse wird überschrieben und aufgerufen
   public void identifizieren() {
      super.identifizieren();
      System.out.print("Rose");
   }
   public void wurzeln() {
      System.out.println(" und hat Wurzeln");
   }
}
```

Die Klasse Tulpe

```
public class Tulpe extends Blumen {
// Konstruktordefinition
   Tulpe() {
```

```
      super(1, GELB);
   }
// Die Methode der Oberklasse wird überschrieben und aufgerufen
   public void identifizieren() {
      super.identifizieren();
      System.out.print("Tulpe");
   }
   public void zwiebeln() {
      System.out.println(" und hat Zwiebeln");
   }
}
```

Die Klasse Nelke

```
public class Nelke extends Blumen {
// Konstruktordefinition
   Nelke() {
      super(2,BLAU);
   }
// Die Methode der Oberklasse wird überschrieben und aufgerufen
   public void identifizieren() {
      super.identifizieren();
      System.out.print("Nelke");
   }
   public void stauden() {
      System.out.println(" und ist eine Staude");
   }
}
```

Die Klasse BlumenTest

```
public class BlumenTest {
   public static void main(String args[]) {
// Die vergrössernde Konvertierung wird implizit durchgeführt
      Blumen[] blumen = new Blumen[]{new Rose(), new Tulpe(),
        new Nelke()};
      for(int i = 0; i<3; i++) {
// Die Methode der Unterklasse wird aufgerufen
         (blumen[i]).identifizieren();
// Die Methode der Oberklasse wird aufgerufen
         (blumen[i]).farbe();
// Eine verkleinernde Konvertierung muss explizit durchgeführt
// werden
         switch (blumen[i].blume) {
            case Blumen.ROSE:
               ((Rose)blumen[i]).wurzeln();
               break;
            case Blumen.TULPE:
```

```
                ((Tulpe)blumen[i]).zwiebeln();
                break;
            case Blumen.NELKE:
                ((Nelke)blumen[i]).stauden();
         }
      }
   }
}
```

Programmausgaben

```
Diese Blume ist eine Rose, von der Farbe rot und hat Wurzeln
Diese Blume ist eine Tulpe, von der Farbe gelb und hat Zwiebeln
Diese Blume ist eine Nelke, von der Farbe blau und ist eine Staude
```

Kapitel 3

Abstrakte Klassen und Interfaces

3.1 Abstrakte Klassen

Abstrakte Klassen werden in Java mit dem Schlüsselwort `abstract` definiert und davon können keine Instanzen gebildet werden. Eine abstrakte Klasse kann abstrakte Methoden enthalten, dies sind Methoden ohne Implementierungen (mit einem Semikolon statt dem Methodenrumpf). Generell ist eine abstrakte Klasse dazu da, um die gemeinsamen Eigenschaften und Funktionalitäten von mehreren Klassen in Form von Feld- und Methodendefinitionen zu sammeln und als deren Oberklasse eingesetzt zu werden. Eine Unterklasse, die von einer abstrakten Klasse abgeleitet ist, kann nur dann instantiiert werden, wenn sie alle ihre abstrakten Methoden durch Überschreiben implementiert. Ansonsten muss sie auch als `abstract` deklariert werden. Nicht abstrakte Methoden einer abstrakten Oberklasse werden geerbt und können eventuell überschrieben werden.

Methoden, die mit `static`, `private` oder `final` deklariert wurden, können nicht gleichzeitig als `abstract` definiert werden. D.h., in abstrakten Klassen müssen Klassenmethoden implementiert werden und es können nur Instanzmethoden als `abstract` definiert werden.

3.2 Abstrakte Java-Standard-Klassen und eigene Definitionen von abstrakten Klassen

Die abstrakte Klasse `Number` wird in Java, wie schon im 1. Kapitel erwähnt, als Oberklasse für die Hüllenklassen `Byte`, `Double`, `Float`, `Integer`, `Long`, `Short`, aber auch für `BigDecimal`, `BigInteger` und die mit der Version 5.0 eingeführten Klassen `AtomicInteger` und `AtomicLong` definiert. Die abgeleiteten Klassen implementieren alle Methoden der abstrakten Klasse. Somit können diese instantiiert werden und auf ihre Instanzen können auch Referenzen vom Typ der Oberklasse zeigen.

Aufgabe 3.1 ☆

Die abstrakte Klasse Number und ihre Unterklassen

Definieren Sie eine Klasse `TypUmwandlungen` mit einer Klassenmethode `add()`, die als Parameter zwei Referenzen vom Typ der abstrakten Klasse `Number` und als

Rückgabetyp eine Arrayreferenz vom Typ der gleichen Klasse besitzt. Ermitteln Sie mit Hilfe von Methoden der abstrakten Klasse `Number` (wie `intValue()`, `floatValue()` und `doubleValue()`) für alle in der `add()`-Methode übergebenen Instanzen die von diesen Methoden über ihrem Namen spezifizierten Werte und addieren Sie diese in mehreren Varianten aufeinander. Die unterschiedlichen Ergebnistypen sollen in einer Arrayreferenz gespeichert werden, weil Java nur einen Rückgabewert in Methoden zulässt.

Rufen Sie in der `main()`-Methode der Klasse ihre `add()`-Methode auf, indem Sie Referenzen auf Instanzen von Unterklassen der Klasse `Number` übergeben. Welche Art von Polymorphismus wird hier angewandt?

Die Klasse `BigDecimal` gibt dem Benutzer die Möglichkeit, mehrere Arten von Rundungen für Zahlenwerte vorzunehmen. Testen Sie diese, indem Sie auf die verschiedenen Rundungs-Modi wie `ROUND_DOWN`, `ROUND_FLOOR`, `und ROUND_CEILING`, als Felder der Klasse definiert, zurückgreifen.

Hinweise für die Programmierung:

Die Klasse `BigDecimal` befindet sich in einem Paket mit dem Namen `java.math`, das importiert werden muss.

Die Typumwandlungen zwischen primitiven Typen und Referenztypen von Wrapper-Klassen aus diesem Beispiel können über das Nutzen von Auto(un)Boxing durchgeführt werden.

Java-Dateien: `TypUmwandlungen.java`
Programmaufruf: `java TypUmwandlungen`

Aufgabe 3.2 ☆

Definition einer eigenen abstrakten Klasse

Erstellen Sie eine abstrakte Klasse `GeometrischeKoerper`, die zwei Instanzfelder `r` und `h` für den Radius und die räumliche Höhe eines geometrischen Körpers definiert. Die Klasse soll zwei abstrakte Methoden zum Berechnen von Volumen und Oberfläche der geometrischen Körper definieren.

Die Klassen `Kugel` und `Kegel` werden von der abstrakten Klasse `GeometrischeKoerper` abgeleitet, erben deren Felder und implementieren ihre Methoden.

Die Klasse `GeometrischeKoerperTest` erzeugt Instanzen der Unterklassen, ruft deren Methoden auf und zeigt die Ergebnisse am Bildschirm an.

Hinweise für die Programmierung:

Das Volumen und die Oberfläche von einer Kugel mit dem Radius r können mit $v = 4*Math.Pi*r^3$ bzw. $o = 4*Math.Pi*r^2$ b berechnet werden, wobei Math.PI eine Konstante der Klasse `Math` bezeichnet. Für einen Kegel mit dem Radius r und einer Höhe h können die Formeln: $v = (1/3.)*Math.PI*r^2*h$ und $o = Math.PI*r*(r+h)$ angewandt werden.

Java-Dateien: `GeometrischeKoerper.java`, `Kugel.java`, `Kegel.java`, `GeometrischeKoerperTest.java`
Programmaufruf: `java GeometrischeKoerperTest`

3.3 Die Referenzen vom Typ einer abstrakten Klassen

Abstrakte Klassen definieren, wie alle Klassen in Java, einen neuen Datentyp, so dass in Programmen Referenzvariablen von diesem Typ deklariert werden können. Diese Variablen können auf beliebige Objekte von konkreten Klassen, die von dieser abstrakten Klasse abgeleitet wurden, zeigen, ohne dass ein Casting notwendig ist. Es geht auch hier um die vergrößernde Konvertierung

An den so erzeugten Objekten können alle Methoden der abstrakten Klasse aufgerufen werden, auch wenn sie nicht in der Unterklasse implementiert sind. Es wird immer anhand des zugewiesenen Objektes die entsprechende Methode der Unterklasse dynamisch ermittelt und somit ein weiteres Beispiel von einem Subtyp-Polymorphismus für Methoden geliefert.

In Analogie zur Aufgabe 2.10 demonstrieren beide nachfolgenden Aufgaben den Subtyp-Polymorphismus anhand von einfachen abstrakten Klassendefinitionen.

Aufgabe 3.3 ☆

Der Subtyp-Polymorphismus für Methoden im Kontext einer Klassenhierarchie mit abstrakten Klassendefinitionen

Die abstrakte Klasse `Person` definiert eine abstrakte Methode `arbeiten()`, welche das Tätigkeitsfeld von Personen allgemein beschreibt.

Die Klassen `Lehrer` und `Schueler` erweitern diese Klasse und überschreiben ihre Methode, indem sie über eine Bildschirmausgabe das jeweilige Arbeitsfeld von Personengruppen konkretisieren.

Die Klasse `PersonTest` ruft die überschriebenen Methoden an Objekten von Unterklassen auf.

Java-Dateien: `Person.java`, `Lehrer.java`, `Schueler.java`, `PersonTest.java`
Programmaufruf: `java PersonTest`

Aufgabe 3.4 ☆

Der Subtyp-Polymorphismus für Felder im Kontext einer Klassenhierarchie mit abstrakten Klassendefinitionen

Im Unterschied zur Klasse `Person` aus der Aufgabe 3.3 soll die abstrakte Klasse `PersonTyp` den Subtyp-Polymorphismus anhand eines Instanzfeldes, das den Typ einer Person definiert und verschiedene vorgegebene konstante Werte aufnehmen kann, veranschaulichen. Die Klassenfelder `LEHRER` und `SCHUELER` vom Typ `int` werden als `final` deklariert und bekommen die nicht mehr änderbaren Werte 0 und 1 zugewiesen.

Die Klassen `TypLehrer` und `TypSchueler` werden von der abstrakten Klasse abgeleitet und definieren über den Konstruktor ihrer Oberklasse einen bestimmten Typ von einer `Person`, den Typ `LEHRER` oder den Typ `SCHUELER`. Die Unterklassen definieren die Methoden `lehren()` und `lernen()`, welche die Tätigkeit eines Lehrers bzw. eines Schülers beschreiben.

Dadurch, dass die Klassen `TypLehrer` und `TypSchueler` von der abstrakten Klasse `PersonTyp` abgeleitet sind, können Referenzen auf Objekte dieser Klassen einer Referenz vom Typ der abstrakten Klasse zugewiesen werden. Definieren Sie eine Klasse `PersonTypTest`, die über das Instanzfeld der abstrakten Klasse `Person` entscheidet, in welche Unterklassenreferenz die `PersonenTyp`-Referenz konvertiert wird und deren Methode aufruft.

Java-Dateien: `PersonTyp.java`, `TypLehrer.java`, `TypSchueler.java`, `PersonTypTest.java`
Programmaufruf: `java PersonTypTest`

3.4 Interfaces (Schnittstellen)

Wie Java-Klassen definieren auch Interfaces einen Referenztyp. In der Definition einer Schnittstelle werden die Schlüsselwörter `class` und `abstract` durch `interface` ersetzt.

Im Unterschied zu Klassen ist ein Interface eine reine Spezifikation. Interfaces geben Methoden vor, ohne diese zu implementieren, und können parallel dazu nur Konstanten, die als `static` und `final` deklariert werden, enthalten. Dadurch, dass alle Methoden eines Interface implizit `abstract` und `public` sind, kann ein Interface weder Konstruktoren noch Klassenmethoden definieren.

Wie auch im Fall von abstrakten Klassen können keine Objekte vom Typ eines Interface erzeugt werden. Es können Referenzen vom Typ eines Interface definiert werden und diese können auf beliebige Objekte von konkreten Klassen zeigen, die entweder die Schnittstelle implementieren oder von einer abstrakten Klasse, die diese Schnittstelle implementiert, abgeleitet wurden. An den so erzeugten Objekten können alle Methoden der Schnittstelle aufgerufen werden.

Aufgabe 3.5 ☆☆

Die Definition eines Interface

Schnittstellen geben durch die von ihnen definierten Methoden vor, wie sich Instanzen von Klassen zu verhalten haben.

Definieren Sie ein Interface `Services`, das die Methoden `numberOf()`, `isElem()` und `addElem()` zum Manipulieren von Elementen einer Menge vorgibt.

Eine Klasse `Menge` implementiert das Interface, sie wird nicht als `abstract` definiert und muss somit alle Methoden des Interface implementieren. Definieren Sie zwei weitere Methoden in dieser Klasse, `vereinigung()` und `durchschnitt()`, die die Operationen mit gleichem Namen für zwei vorgegebene Mengen durchführen. Die Elemente der Mengen sollen in Array-Objekte vom Typ `int` abgelegt werden, für die im Konstruktor der Klasse über die Angabe der Anzahl von Mengenelementen Speicher allokiert wird. Die Klasse definiert zwei Instanzfelder `dimension` und `anzahl` zur Speicherung der Gesamtanzahl von Mengenelementen und zum Durchzählen von diesen bei der Durchführung von Operationen.

Für die Anzeige von Mengenelementen wird die Methode `toString()` der Klasse `Object` überschrieben und die gleichnamige Methode der Klasse `Integer` aufgerufen.

In der Klasse `MengeTest` werden zwei Instanzen der Klasse `Menge` erzeugt und diesen konkrete Elemente mit Hilfe der Methode `addElem()` hinzugefügt. Bilden Sie deren Vereinigung und ihren Durchschnitt.

Hinweise für die Programmierung:

Die Vereinigung von zwei Mengen enthält alle Elemente, die in der ersten oder in der zweiten Menge oder in beiden Mengen enthalten sind, wobei gleiche Elemente nur einmal aufgenommen werden. Ist C die Vereinigung der Mengen A und B, dann gilt: dim(C) <= dim(A)+dim(B).

Der Durchschnitt von zwei Mengen beinhaltet nur die gemeinsamen Elemente die sowohl in der ersten als auch in der zweiten Menge enthalten sind. Ist C der Durchschnitt der Mengen A und B, dann gilt: dim(C) <= min(dim(A),dim(B)).

Die Methode `addElem()` prüft, ob ein Element schon in der Menge enthalten ist, bevor dieses hinzugefügt wird.

Java-Dateien: `Services.java`, `Menge.java`, `MengeTest.java`
Programmaufruf: `java MengeTest`

3.5 Die Entscheidung zwischen abstrakten Klassen und Interfaces

Wie schon vermerkt, sind sowohl abstrakte Klassen als auch Interfaces abstrakte Datentypen – mit vielen ähnlichen, aber auch unterschiedlichen Merkmalen. Eine Entscheidung zwischen dem Einsatz des einen oder anderen wird dadurch erschwert.

Klassen sollten dann als `abstract` deklariert werden, wenn sie mehrere gemeinsame Merkmale von Unterklassen sammeln können, um Redundanzen in der Programmierung zu eliminieren. Interfaces sind eher als eine Ansammlung von Diensten zu sehen, die einer Klasse, welche diese implementiert, zur Verfügung gestellt werden.

Es kommt häufig vor, dass beide Datentypen eingesetzt werden. In so einem Fall sollten zuerst die Interfaces definiert werden. Nachfolgende Überlegungen sollten zur Definition einer abstrakten Klasse führen, die diese Interfaces implementiert und gegebenenfalls bestimmte Methoden mit gleicher Funktionalität für davon abgeleitete Klassen auch implementiert.

Eine wichtige Gemeinsamkeit von abstrakten Klassen und Interfaces ist, wie schon erwähnt, dass keine Objekte durch Instantiierung mit dem `new`-Operator von diesen Datentypen erzeugt werden können. Die abstrakten Klassen und Interfaces können aber als Typ für Referenzen verwendet werden, denen dann Referenzen auf Objekte der konkreten Klassen, die von der abstrakten Klasse abgeleitet wurden bzw. das Interface implementieren, zugewiesen werden.

Mit einer Referenz vom Typ einer der konkreten Klassen kann auf alle so geerbten Methoden und Felder zugegriffen werden. Mit der Interfacereferenz bzw. der Referenz vom Typ der abstrakten Klasse können nur Felder und Methoden, die im Interface bzw. in der abstrakten Klasse definiert sind, angesprochen werden.

Aufgabe 3.6 ☆☆☆

Paralleler Einsatz von Interfaces und abstrakten Klassen

Das Interface `FlaechenInhalt` definiert Methoden zum Berechnen der Höhe und Fläche eines Dreiecks und beinhaltet eine Konstantendefinition, um den Wert der mathematischen Konstante PI vorzubelegen.

Die abstrakte Klasse `DreieckArten` definiert drei Instanzfelder `a`, `b` und `c`, deren Werte die Seitenlängen eines Dreiecks angeben. Abstrakte Klassen können abstrakte Instanzmethoden definieren und sowohl Instanz- wie auch Klassenmethoden implementieren. Die Klasse implementiert die Schnittstelle `FlaechenInhalt` und deren Methode `flaeche()`, weil diese für alle Unterklassen die gleiche Implementierung hat. Die zweite Methode der Schnittstelle, `hoehe()`, wird von den Unterklassen selbst implementiert.

Implementieren Sie eine weitere Klassenmethode `winkel()` zum Berechnen eines Winkelmaßes in Radiant und stellen Sie dem Benutzer zwei weitere Instanzmethoden zum Berechnen der Winkel und des Umfanges eines Dreiecks zur Verfügung, wobei die Methode `berechneWinkel()` als abstrakte Methode definiert wird und die Methode `umfang()` von der abstrakten Klasse implementiert werden soll.

Die Klassen `GleichseitigesDreieck` und `GleichschenkligesDreieck` werden von der abstrakten Klasse `DreieckArten` abgeleitet. Die abstrakten Methoden der Oberklasse `hoehe()` (vom Interface `FlaechenInhalt` geerbt) und `berechneWinkel()` müssen implementiert werden, wenn Instanzen von diesen Klassen gebildet werden sollen, ansonsten müssen auch diese Klassen als abstrakt definiert werden.

In der Klasse `DreieckArtenTest` werden sowohl Objekte vom Typ der abstrakten Klasse oder des Interfaces durch Zuweisung von Objektreferenzen vom Typ der

Klassen `GleichseitigesDreieck` und `GleichschenkligesDreieck` erzeugt, die von der abstrakten Klasse abgeleitet wurden, wie auch Objekte vom Typ der Unterklassen. Berechnen Sie über Methodenaufrufe deren Höhe und Flächeninhalt und zeigen Sie die Ergebnisse am Bildschirm an.

Hinweise für die Programmierung:

Das Winkelmaß des Winkels A von einem beliebigen Dreieck mit den Seiten a, b und c und den gegenüberliegenden Winkeln A, B und C kann mit der Methode `acos()` der Java-Standard-Klasse `Math` wie folgt berechnet werden:

w = Math.acos((a*a-b*b-c*c)/(-2*a*b)))*180/PI

und sein Umfang mit u = a+b+c. Die Höhe eines gleichseitigen bzw. gleichschenkligen Dreiecks kann mit

h = (a/2)*Math.sqrt(3.0) bzw. h = Math.sqrt(a*a-(c/2)*2)

ermittelt werden, wobei `sqrt` den Namen einer Methode der Klasse `Math` bezeichnet. Setzen Sie für das Runden von Ergebnissen die Methode mit dem Namen `round` von dieser Klasse ein.

Java-Dateien: `FlaechenInhalt.java`, `GleichseitigesDreieck`, `GleichschenkligesDreieck`, `DreieckArten.java`, `DreieckArtenTest.java`
Programmaufruf: `java DreieckArtenTest`

3.6 Oberinterfaces

Ein Interface kann im Unterschied zu Klassen aus mehreren Interfaces abgeleitet werden und kann zusätzlich zu Methodendeklarationen, wie schon erwähnt, nur Konstantendefinitionen beinhalten. Auf diese beiden Eigenschaften wird mit Hilfe der Interfaces und Klassen aus dem nachfolgenden Beispiel näher eingegangen.

Aufgabe 3.7 ☆☆

Das Ableiten von Interfaces

Ein Interface `Farben` wird von zwei anderen Interfaces `FarbenHell` und `FarbenDunkel` abgeleitet.

Alle drei Interfaces definieren `int`-Konstanten, hinter welchen sich Namen von Farben verbergen. Das Interface `Farben` definiert zusätzlich eine Methode `defFarben()` mit einem Parameter vom Typ `int`.

Definieren Sie eine Klasse `FarbenAuswahl`, die das Interface `Farben` implementiert.

Für die Zuordnung der Farbennummern zu den Farbennamen soll ein statisches `String`-Array definiert werden. Bei der Initialisierung im `static`-Block werden verschiedene Möglichkeiten gezeigt, wie man die in den Interfaces definierten Konstanten ansprechen kann. In der implementierten Methode `defFarben()` wird die, über das im Methodenaufruf übergebene Argument, ausgewählte Farbe am Bildschirm angezeigt.

Der Zugriff auf die in den Interfaces definierten Konstanten kann mit und ohne den Namen der Interfaces erfolgen, da diese geerbt werden. Die Klasse `FarbenTest` erzeugt ein Objekt der Klasse `FarbenAuswahl` und ruft in einer `for`-Schleife deren Methode für die konstanten Werte von 1 bis 6 auf.

Hinweise zur Programmierung:

Ein Interface kann nur Konstanten, die als `static` und `final` deklariert werden, beinhalten. Fehlen die Modifikatoren, werden diese implizit gesetzt.

Java-Dateien: `FarbenHell.java`, `FarbenDunkel.java`, `Farben.java`, `FarbenAuswahl.java`, `FarbenTest.java`
Programmaufruf: `FarbenTest`

3.7 Implementieren von mehreren Interfaces für eine Klasse

Eine Klasse in Java kann immer nur eine Oberklasse besitzen, aber beliebig viele Interfaces implementieren. Die Instanzen der Klasse können sowohl vom Datentyp der Oberklasse als auch der Interfaces definiert werden. Implementieren mehrere Klassen die gleiche Schnittstelle, ist dies immer ein Beweis dafür, dass die Instanzen dieser Klassen in ihrem Verhalten Gemeinsamkeiten aufweisen.

Aufgabe 3.8 ☆☆

Wiederholungsaufgabe

Die abstrakte Klasse `RegelmaessigeGeometrischeKoerper` definiert die gemeinsamen wichtigsten Merkmale der geometrischen Körper vom Typ Tetraeder, Hexaeder (Würfel), Oktaeder, Dodekaeder und Ikosaeder: ein Attribut, das die Kantenlänge beschreibt, und zwei Methoden für das Berechnen von Volumen und Oberfläche.

Regelmäßige geometrische Körper verhalten sich auch ähnlich, alle können eine Kugel eingeschrieben oder umschrieben bekommen, deren Radius aus der Kantenlänge berechnet werden kann. Definieren Sie zwei Schnittstellen `UmKugelRadius` und `InKugelRadius`, die Methoden zum Ermitteln des Radius vorgeben. So kann die Arbeit mit dieser Vielzahl von ähnlichen Objekten vereinfacht werden.

Definieren Sie als Erweiterung der abstrakten Klasse die Klassen `Tetraeder`, `Wuerfel`, `Oktaeder`, `Dodekaeder` und `Ikosaeder`, welche diese Schnittstellen implementieren. Alle implementieren sowohl die Methoden der abstrakten Klasse, als auch die der beiden Schnittstellen. Eine Referenz auf ein beliebiges Objekt dieser Klassen kann einer Referenz vom Typ der Oberklasse zugewiesen werden, ohne dass ein Casting notwendig ist. Wird an einem so definierten `RegelmaessigeGeometrischeKoerper`-Objekt eine der Methoden `volumen()` oder `oberflaeche()` aufgerufen, erfolgt ein dynamisches Ermitteln der Methoden, die vom entsprechenden konkreten Objekt implementiert wurden.

Erstellen Sie die Klasse `RegelmaessigeGeometrischeKoerperTest`, in der Objektreferenzen der konkreten Klassen einer Referenzvariablen vom Typ der abstrakten Klasse und Referenzvariablen vom Typ der Interfaces `UmKugelRadius` und `InKugelRadius` zugewiesen werden. Testen Sie den Aufruf aller Methoden für Instanzen, auf die diese Referenzen zeigen.

Java-Dateien: `UmKugelRadius.java`, `InKugelRadius.java`, `Tetraeder.java`, `Wuerfel.java`, `Oktaeder.java`, `Dodekaeder.java`, `Ikosaeder.java`, `RegelmaessigeGeometrischeKoerper.java`, `RegelmaessigeGeometrischeKoerperTest.java`
Programmaufruf: `java RegelmaessigeGeometrischeKoerperTest`

3.8 Die Vererbung an Beispielen von Java-Standard-Klassen und Standard-Interfaces

Die Klasse Object

`Object` ist die Basisklasse von Java. Alle anderen Java-Klassen erben direkt oder über andere Unterklassen die Methoden dieser Klasse und können diese überschreiben.

Dazu gehören die Methode `finalize()`, die vom Garbage Collector beim Beseitigen von nicht mehr referenzierten Objekten aufgerufen wird, und die Methode `toString()`, die eine String-Darstellung des aufrufenden Objektes returniert.

In den Aufgaben aus diesem Kapitel werden auch zwei andere Methoden der Klasse `Object` des Öfteren überschrieben und aufgerufen: `clone()` erzeugt eine Kopie des aufrufenden Objektes und `equals(Object object)` vergleicht das aufrufende Objekt mit dem Objekt, das als Parameter übergeben wird.

Die Klasse Class

Mit der Methode `getClass()` der Klasse `Object` wird eine Referenz auf das Klassenobjekt zurückgegeben, das den Typ des Objekts beschreibt, also die Klasse, mit deren Konstruktor das Objekt instantiiert wurde. Weil diese Methode nicht auch für primitive Datentypen aufgerufen werden kann, benutzt Java in diesem Fall eine abgekürzte Form, um das Objekt vom Typ `Class`, das zu diesem Typ erzeugt wird, zurückzugeben. Dem Typnamen wird das Suffix `.class` angefügt: `int.class`, `double.class`, etc (siehe dazu auch die Aufgabe 1.19).

Mit den Methoden der Klasse `Class` können für jedes beliebige Objekt der Klassenname, ihre Felder und Methoden, etc. ermittelt werden. Die Klasse wurde ab der Version 5.0 von Java als generische Klasse mit einem Typparameter `Class<E>` implementiert. Darum erfolgt im Kapitel 8 eine etwas nähere Betrachtung von den Feldern und Methoden dieser Klasse.

Die Interfaces Cloneable und Comparable

`Cloneable` ist ein Marker-Interface. D.h., das Interface ist leer und soll nur zeigen, dass eine Klasse eine bestimmte Operation, das Klonen von Objekten, durchführen kann. Eine Klasse, die dieses Interface implementiert, kann die Methode `clone()`

der Klasse Object nutzen, um eine Kopie von einer Instanz der eigenen Klasse zu erstellen. Durch das Klonen werden nur die Felder der Objekte und keine Methoden kopiert. Die Methode clone() wirft eine Ausnahme vom Typ der Klasse CloneNotSupportedException, wenn die Klasse des Objektes, an dem sie aufgerufen wird, nicht das Interface Cloneable implementiert.

Das Interface Comparable definiert die Methode compareTo(). Jede Klasse, die dieses Interface implementiert, ermöglicht es, ihre Objekte in einer bestimmten Reihenfolge zu sortieren. Diese Reihenfolge bezieht sich auf die für diese Klasse typische Reihenfolge und ihre Methode compareTo() bezieht sich auf den klassentypischen Vergleich. Eine Implementierung der Methode liefert einen Wert der kleiner, gleich oder größer Null ist, wenn das übergebene Objekt kleiner, gleich oder größer als das aktuelle ist, im Sinne der für diese Klasse bestehenden Ordnungsrelation. Dieses Interface wird ab der Version 5.0 von Java als generisches Interface Comparable<E> implementiert.

Da Generics erst im Kapitel 8 behandelt werden, sei an dieser Stelle nur darauf hingewiesen, dass der in spitzen Klammern angegebene Typparameter beim Weglassen durch Object ersetzt wird, was der früheren Definition ohne Generics entspricht und für die Beispiele aus diesem Kapitel keine weitere Bedeutung mit sich bringt.

3.9 Das Klonen von Objekten

Die Methode clone() der Klasse Object ist als protected definiert, damit nicht ohne weiteres Instanzen von beliebigen Klassen geklont werden können. Sollen in einer Klasse Instanzen von anderen Klassen geklont werden, muss diese Methode überschrieben werden. Befindet sich diese Klasse in einem anderen Paket, sollte die Methode mit dem Modifikator public überschrieben werden, um auch für andere Klassen zugänglich zu sein.

Aufgabe 3.9

Das Klonen von Instanzen der eigenen Klasse

Die Klasse Objekt1 implementiert die Schnittstelle Cloneable, um Objekte der eigenen Klasse zu klonen. Sie ruft die Methode clone() der Klasse Object auf, die eine Referenz auf eine Kopie des Objektes, an dem sie aufgerufen wird, zurückgibt. Da dies eine Referenz vom Typ der Klasse Object ist, muss sie in eine Referenz vom Typ der eigenen Klasse konvertiert werden. Zeigen Sie über einen Vergleich mit dem »==-Operator«, dass die Referenzen auf die geklonten Objekte verschieden sind und durch das Klonen das Feld des Objektes kopiert wurde.

Java-Dateien: Objekt1.java

Programmaufruf: java Objekt1

Aufgabe 3.10 ☆

Das Klonen von Instanzen anderer Klassen

Die Klasse `Buchstabe` definiert einen Konstruktor mit einem Parameter vom Typ `char`, in welchem beim Instantiieren von Objekten der Klasse ein Buchstabe des Alphabets übergeben werden soll. Sie implementiert das Interfaces `Cloneable`, damit die Objekte der Klasse geklont werden können.

Eine Instanz dieser Klasse soll in der Klasse `KlonenTest` geklont werden. So muss die Klasse `Buchstabe` zusätzlich die Methode `clone()` von `Object` überschreiben, weil diese als `protected` definiert ist. Vergleichen Sie die Referenzen von geklonten Objekten.

Java-Dateien: `Buchstabe.java, KlonenTest.java`
Programmaufruf: `java KlonenTest`

Aufgabe 3.11 ☆☆

Das Klonen von Arrays

Definieren Sie in der `main()-Methode` einer Klasse `ArraysKlonen` eindimensionale Array-Objekte vom Typ der Klassen `Integer`, `String` und `Punkt`.

Zeigen Sie, dass Array-Objekte von jedem beliebigen Referenztyp in einer Klasse erzeugt und geklont werden können, ohne dass diese Klasse die Methode `clone()` von `Object` überschreibt. Vergleichen Sie die Referenzen von Array-Objekten und von ihren Elementen.

Java-Dateien: `ArraysKlonen.java`
Programmaufruf: `java ArraysKlonen`

Aufgabe 3.12 ☆

Das Überschreiben der clone()-Methode in Java 5.0

Ab der Version 5.0 von Java kann die Methode `clone()` der Klasse `Object` überschrieben werden, indem sie einen Subtyp von `Object` bzw. den Typ der Klasse verwendet, deren Instanzen geklont werden sollen. Damit erübrigt sich das Casting beim Aufruf der überschriebenen `clone()`-Methode.

Definieren Sie analog zur Klasse `Objekt1` aus der Aufgabe 3.9 eine Klasse `Objekt2`, die im Unterschied zu dieser die Methode `clone()` der Klasse `Object` überschreibt und einen Wert von einem Subtyp von `Object`, den Typ der eigenen Klasse, zurückgibt. Ein Vergleich der Referenzen auf geklonte Objekte soll in diesem Beispiel mit der Methode `equals()` der Klasse `Object` durchgeführt werden.

Erzeugen Sie in der `main()`-Methode dieser Klasse eine Instanz der Klasse `Objekt1` und rufen Sie an dieser die `clone()`-Methode der Klasse `Object` auf. Welche Fehlermeldung wird vom Compiler ausgegeben?

Java-Dateien: `Objekt2.java`
Programmaufruf: `java Objekt2`

3.10 Die Gleichheit von Objekten

Gleiche Objekte sind Objekte, deren Felder die gleichen Werte aufweisen, obwohl sie an unterschiedlichen Speicheradressen stehen und somit zweimal vorhanden sind. Es stellt sich gewissermaßen die Frage, ob über Klonen immer gleiche Objekte erzeugt werden.

Der »==-Operator« kann nur genutzt werden, um primitive Datentypen auf Gleichheit zu prüfen. Mit ihm kann weder festgestellt werden, ob zwei Objekte gleich oder ungleich sind. Dieser Operator sowie die Methode `equals()` der Klasse `Object` vergleichen, wie schon in den vorangehenden Aufgaben festgestellt wurde, die Referenzen von Objekten. Um die eigentlichen Objekte zu vergleichen, muss die Methode `equals()` der Klasse `Object` überschrieben werden.

Der `instanceOf`-Operator bietet die Möglichkeit, Typinformationen für ein Objekt während der Laufzeit zu ermitteln. Dieser kann wie folgt angewandt werden: `objekt instanceOf typ;`, wobei `objekt` die Referenz auf die Instanz einer Klasse bezeichnet und `typ` einen Referenztyp. Ist `objekt` vom angegebenen `typ` oder kann in diesen umgewandelt werden, so liefert der `instanceOf`-Operator den Wert `true` zurück.

Das Ermitteln des Typs eines Objektes während der Laufzeit kann im Zusammenhang mit Castings von Bedeutung sein. Da eine Referenz vom Typ einer Oberklasse auf Objekte von Unterklassen zeigen kann, ist zum Zeitpunkt des Compilierens nicht immer zu erkennen, ob ein Casting in Verbindung mit einer Oberklassenreferenz gültig ist oder nicht.

Aufgabe 3.13 ☆

Die Gleichheit von geklonten Objekten

Eine Klasse `Objekt` implementiert die Standard-Interfaces `Cloneable` und `Comparable`. Wie jede Java-Klasse, ist auch diese von der Java-Standard-Klasse `Object` abgeleitet und erbt ihre Methoden. Die Klasse definiert das gleiche Instanzfeld `zahl` wie die Klassen `Objekt1` und `Objekt2` aus den Aufgaben 3.9 und 3.12. Nun sollen geklonte Instanzen dieser Klasse auf Gleichheit geprüft werden.

Soll die Methode `equals()` der Klasse `Object` die Gleichheit von Objekten feststellen, so muss diese überschrieben werden. Die in der Klasse `Objekt` überschriebene Methode gibt den `boolean` Wert `true` zurück, falls die Objekt-Referenz `object` auf ein Objekt zeigt, dass dem aufrufenden Objekt gleich ist, was laut Definition der Gleichheit von Objekten bedeutet, dass die Feldwerte der Objekte gleich sein müssen.

Implementieren Sie die Methode `compareTo()` des Interface `Comparable` so, dass auch diese die Gleichheit von Objekten im Sinne der Definition feststellt. Vergleichen Sie geklonte Instanzen der Klasse und ihre Referenzen.

Java-Dateien: `Objekt.java`
Programmaufruf: `java Objekt`

3.11 Das oberflächliche und das tiefe Klonen (»shallow und deep cloning«)

In den vorangegangen Beispielen wurde gezeigt, dass die Feldwerte von geklonten Objekten dupliziert werden. Sind welche davon Referenzen, die auf andere Objekte verweisen, so werden diese Referenzen kopiert, ohne dass die Objekte, auf die sie zeigen, selbst dupliziert werden. Diese Vorgehensweise wird in der Java-Literatur auch als oberflächliches Klonen bezeichnet (»shallow cloning«).

Tiefes Klonen (»deep cloning«) bedeutet, dass auch die Feldwerte dieser anderen Objekte und nicht nur ihre Referenzen kopiert werden. Ein tiefes Klonen kann nur durch das Überschreiben der Methode `clone()` in einer Klasse erreicht werden, indem diese Methode für das Klonen der anderen Objekte jeweils deren `clone()`-Methode aufruft.

Aufgabe 3.14 ☆

Das Klonen und der Copy-Konstruktor

Wenn eine Klasse nur Felder von primitiven Datentypen enthält, reicht ein oberflächliches Klonen für das Duplizieren ihrer Instanzen.

Eine Klasse `VektorKopieren` definiert analog zu der Klasse `Vektor` aus der Aufgabe 1.7 zwei Konstruktoren, in welchen drei `int`-Werte bzw. eine Referenz vom Typ der eigenen Klasse (Copy-Konstruktor) übergeben werden können. Sie definiert auch die gleichen Methoden `neu()` und `neu1()` zum Erzeugen einer neuen Instanz der Klasse, indem auf die Feldwerte der aktuellen Instanz die im Methodenaufruf übergebenen Werte addiert werden.

Überschreiben Sie in der Klasse `VektorKopieren` die Methode `clone()` der Klasse `Object`, damit deren Aufruf aus einer anderen Klasse `VektorKopierenTest` erfolgen kann. Diese Klasse soll Instanzen vom Typ `VektorKopieren` mit Hilfe von Konstruktoren der Klasse und über den Aufruf ihrer Methoden `neu()` und `neu1()` erzeugen.

Soll das aktuelle Objekt bei einem Methodenaufruf nicht verlorengehen, kann eine Kopie davon erzeugt werden. Rufen Sie im Gegensatz zur Klasse `Vektor` an Stelle des Copy-Konstruktors in der Methode `neu1()` die Methode `clone()` auf.

Java-Dateien: `VektorKopieren.java, VektorKopierenTest`
Programmaufruf: `java VektorKopierenTest`

Aufgabe 3.15 ☆☆☆

Tiefes Klonen am Beispiel von Array-Objekten

Mit der Klasse `MengenDuplizieren` soll ein tiefes Klonen am Beispiel von Array-Objekten demonstriert werden. Wie in der Aufgabe 3.14 soll auch hier das Duplizieren von Instanzen auf zwei Arten durchgeführt werden: über das Klonen und über einen Copy-Konstruktor. Definieren Sie zwei Instanzfelder für diese Klasse: `n`, ein Feld vom primitiven Datentyp `int`, und `array`, eine globale Referenz vom Typ eines `int`-Array, sowie zwei Konstruktoren.

Im ersten Konstruktor wird ein `int`-Wert `n`, welcher die Dimension des Array-Objektes angibt, übergeben und die Arrayelemente werden mit Werten von 0 bis n initialisiert. Der zweite Konstruktor ist der Copy-Konstruktor, der ein neues Array-Objekt erzeugt, dessen Elemente gleich den Elementen der Instanz sind, auf die die im Konstruktoraufruf übergebene Referenz `m` zeigt.

Für ein tiefes Klonen von Instanzen dieser Klasse muss das Array-Objekt auch dupliziert werden, denn ein Arraytyp ist schließlich ein Referenztyp. Darum überschreibt die Klasse die `clone()`-Methode, die wiederum, wie schon mit der Aufgabe 3.11 festgestellt, für das Klonen von Objekten vom Typ Array die Methode `clone()` der Klasse `Object` direkt aufrufen kann.

Definieren Sie eine Klasse `MengenDuplizierenTest`, die eine Instanz vom Typ `MengenDuplizieren` erzeugt und diese mit Hilfe der `clone()`-Methode und des Copy-Konstruktors dupliziert.

Überzeugen Sie sich davon, dass ein tiefes Klonen stattgefunden hat, indem Sie die Elemente der Array-Objekte von kopierten Instanzen am Bildschirm ausgeben.

Java-Dateien: `MengenDuplizieren.java, MengenDuplizierenTest`
Programmaufruf: `java MengenDuplizierenTest`

Aufgabe 3.16 ☆☆☆

Oberflächliches und tiefes Klonen für Referenztypen

Um den Unterschied zwischen einem tiefen und oberflächlichen Klonen für Referenztypen zu zeigen, sollen zwei Klassen `Zahl` und `Wort` erstellt werden. Die Klasse `Zahl` implementiert das Interface `Cloneable` und überschreibt die Methode `clone()` der Klasse `Object`. Die Klasse `Wort` implementiert das Interface `Cloneable` nicht.

Eine weitere Klasse `KopievonReferenzTypen` definiert globale Referenzen vom Typ der Klassen `Zahl` und `Wort` und soll eine Instanz der eigenen Klasse klonen.

Dafür muss auch diese die `clone()`-Methode überschreiben. Sie ruft die gleichnamigen Methoden der Klassen `Object` und `Zahl` auf.

Zeigen Sie anhand der Klasse `Zahl`, dass Instanzen von Klassen, die das Interface `Cloneable` nicht implementieren, nicht geklont werden können, auch wenn diese die `clone()`-Methode überschreiben.

Java-Dateien: `Zahl.java`, `Wort.java`, `KopievonReferenzTypen`
Programmaufruf: `java KopievonReferenzTypen`

3.12 Der Garbage Collector und das Beseitigen von Objekten

In Java werden die meisten Objekte mit Hilfe des `new`-Operators erzeugt. Damit wird für jedes einzelne Objekt Speicher aus einem speziellen Speicherbereich der JVM, auch Heap genannt, allokiert. Im Heap werden die Werte der Instanzfelder des Objektes sowie Zeiger auf die Werte der Klassenfelder und Bytecode-Anweisungen für alle Methoden des Objektes hinterlegt.

Java besitzt Konstruktoren für das Erzeugen von Objekten, aber keine expliziten Destruktoren für deren Beseitigung. Dazu wird der Garbage Collector einer JVM genutzt: Jedes Objekt ist für eine Zerstörung freigegeben, wenn es nicht mehr referenziert wird.

Mit dem Garbage Collector wird auch das Fragmentieren des Heap bekämpft. Er laüft im Hintergrund ab, kann jedoch auch direkt aufgerufen werden, über die Klassenmethode `System.gc()`. Bevor die Beseitigung eines Objektes vorgenommen wird, ruft er die Methode `finalize()` der Klasse `Object` auf. Eine Klasse kann diese Methode überschreiben, um darin Aufräumungsaufgaben in Zusammenhang mit benutzten Ressourcen durchzuführen.

Aufgabe 3.17 ☆

Das Zerstören von Instanzen

Zum Zählen von erzeugten Instanzen wird im Konstruktor der Klasse mit dem Namen `Destruktor` ein `int`-Wert übergeben und dieser über eine Meldung am Bildschirm nach außen getragen. Die Klasse überschreibt die Methode `finalize()` der Klasse `Object`, die der Garbage Collector aufruft, bevor er mit der Zerstörung eines Objektes beginnt.

Zum Testen der Klasse `Destruktor` soll eine Klasse `DestruktorTest` definiert werden.

Hinweise zur Programmausführung:

Zu einem bestimmten Zeitpunkt der Programmausführung wird ein einziges `Destruktor`-Objekt über eine lokale Variable `destruktor` referenziert und alle anderen, die vorher konstruiert wurden, sind für das Beseitigen freigegeben. Dafür kommt automatisch der Garbage Collector zum Einsatz, was dadurch zu erkennen ist, dass die Methode `finalize()` der Klasse für diese Objekte aufgerufen wird.

Wie die Bildschirmausgabe zeigt, sind meistens nach der Beendigung des Programms nicht alle erzeugten Objekte zerstört worden. Der von denen belegte Speicherplatz wird beim Programmende automatisch vom Betriebssystem freigegeben.

Java-Dateien: `Destruktor.java`, `DestruktorTest.java`
Programmaufruf: `java DestruktorTest`

3.13 Lösungen

Lösung 3.1

Die Klasse TypUmwandlungen

```
import java.math.*;
import java.util.Arrays;
public class TypUmwandlungen {
// Definition von Klassenmethoden
  public static Number[] add(Number zahl1, Number zahl2) {
    Number[] zahlen = new Number[5];
    zahlen[0] = zahl1.intValue()+zahl2.intValue();
    zahlen[1] = zahl1.floatValue()+zahl2.floatValue();
    zahlen[2] = zahl1.doubleValue()+zahl2.doubleValue();
    zahlen[3] = zahl1.intValue()+zahl2.floatValue();
    zahlen[4] = zahl1.floatValue()+zahl2.doubleValue();
    return zahlen;
  }
  public static void main(String[] args) {
// Im Methodenaufruf von add() werden Referenzen auf Objekte von
// Unterklassen des Parametertyps übergeben (ein Beispiel
// für den "impliziten Polymorphismus")
    Number[] zahlen1 = add(new Integer(1), new Integer(2));
    System.out.println("Ergebnisse der Addition:"+
      Arrays.asList(zahlen1));
    Number[] zahlen2 = add(new Float(-0.56f), new Float(2E-2));
    System.out.println("Ergebnisse der Addition:"+
      Arrays.asList(zahlen2));
    Number[] zahlen3 =add(new Double(-0.56d), new Double(2E-2));
    System.out.println("Ergebnisse der Addition:"+
      Arrays.asList(zahlen3));
// Die Klasse BigDecimal gibt dem Benutzer die Möglichkeit,
// Rundungen für Zahlen vorzunehmen
    Number[] zahlen4 = add((new BigDecimal(-0.56d)).ROUND_DOWN,
      (new BigDecimal(2E-2)).ROUND_DOWN);
    System.out.println("Ergebnisse der Addition:"+
      Arrays.asList(zahlen4));
```

```
    Number[] zahlen5 =add((new BigDecimal(-0.56d)).ROUND_FLOOR,
      (new BigDecimal(2E-2)).ROUND_FLOOR);
    System.out.println("Ergebnisse der Addition:"+
      Arrays.asList(zahlen5));
    Number[] zahlen6 = add((new BigDecimal(-0.56d)).
      ROUND_CEILING,(new BigDecimal(2E-2)).ROUND_CEILING);
    System.out.println("Ergebnisse der Addition:"
      + Arrays.asList(zahlen6));
  }
}
```

Programmausgaben

```
Ergebnisse der Addition: [3, 3.0, 3.0, 3.0, 3.0]
Ergebnisse der Addition: [3, -0.54, -0.5400000028312206, 0.02, -
0.5400000028312206]
...
Ergebnisse der Addition: [4, 4.0, 4.0, 4.0, 4.0]
```

Lösung 3.2

Die Klasse GeometrischeKoerper

```
public abstract class GeometrischeKoerper {
  protected double r;
  protected double h;
// Konstruktordefinition
  public GeometrischeKoerper(double r, double h) {
    this.r = r;
    this.h = h;
  }
// Abstrakte Methoden zum Berechnen von Volumen und Oberfläche
  public abstract double volumen();
  public abstract double oberflaeche();
}
```

Die Klasse Kugel

```
public class Kugel extends GeometrischeKoerper {
// Konstruktordefinition
  public Kugel(double r) {
// Weil die Kugel keine Höhe besitzt, ruft ihr Konstruktor
// den Konstruktor der Oberklasse mit h = r auf
    super(r,r);
  }
// Implementierung der abstrakten Methoden
  public double volumen() {
     return Math.round(4*Math.PI*r*r*r);
  }
```

```
   public double oberflaeche() {
      return Math.round(4*Math.PI*r*r);
   }
}
```

Die Klasse Kegel

```
public class Kegel extends GeometrischeKoerper {
// Konstruktordefinition
   public Kegel(double r, double h) {
// Der Konstruktor der Klasse ruft den Konstruktor der
// abstrakten Oberklasse auf
      super(r,h);
   }
// Implementierung der abstrakten Methoden
   public double volumen() {
      return Math.round(Math.PI*r*r*h/3.);
   }
   public double oberflaeche() {
      return Math.round(Math.PI*r*(r+h));
   }
}
```

Die Klasse GeometrischeKoerperTest

```
public class GeometrischeKoerperTest {
   public static void main(String args[]) {
// Es können keine Objekte von abstrakten Klassen erzeugt werden;
// der Aufruf von Methoden erfolgt an Objekten der Unterklassen
      Kugel kugel = new Kugel(3);
      System.out.println("Kugel: Volumen = "+kugel.volumen()+
        " Oberflaeche = "+kugel.oberflaeche());
      Kegel kegel = new Kegel(3,4);
      System.out.println("Kegel: Volumen = "+kegel.volumen()+
        " Oberflaeche = "+kegel.oberflaeche());
   }
}
```

Programmausgaben

```
Kugel: Volumen = 339.0 Oberflaeche = 113.0
Kegel: Volumen = 38.0 Oberflaeche = 66.0
```

Lösung 3.3

Die Klasse Person

```
public abstract class Person {
// Abstrakte Methoden besitzen keinen Rumpf
```

```
    public abstract void arbeiten();
}
```

Die Klasse Lehrer

```
public class Lehrer extends Person {
    public void arbeiten() {
        System.out.println("Der Lehrer lehrt");
    }
}
```

Die Klasse Schueler

```
public class Schueler extends Person {
    public void arbeiten() {
        System.out.println("Der Schueler lernt");
    }
}
```

Die Klasse PersonTest

```
public class PersonTest {
    public static void main(String args[]) {
        Lehrer lehrer = new Lehrer();
        lehrer.arbeiten();
        Schueler schueler = new Schueler();
        schueler.arbeiten();
    }
}
```

Programmausgaben

```
Der Lehrer lehrt
Der Schueler lernt
```

Lösung 3.4

Die Klasse PersonTyp

```
public abstract class PersonTyp {
    protected final static int LEHRER = 0;
    protected final static int SCHUELER = 1;
    protected int personTyp;
// Konstruktordefinition
    PersonTyp(int typ) {
        personTyp = typ;
    }
}
```

Die Klasse TypLehrer

```
public class TypLehrer extends PersonTyp {
// Konstruktordefinition
  TypLehrer() {
    super(0);
  }
// Instanzmethode
  public void lehren() {
    System.out.println("Der Lehrer lehrt");
  }
}
```

Die Klasse TypSchueler

```
public class TypSchueler extends PersonTyp {
// Konstruktordefinition
  TypSchueler() {
    super(1);
  }
// Instanzmethode
  public void lernen() {
    System.out.println("Der Schueler lernt");
  }
}
```

Die Klasse PersonTypTest

```
public class PersonTypTest {
  public static void main(String args[]) {
    PersonTyp[] personen = new PersonTyp[]{new TypLehrer(),
      new TypSchueler()};
    for(int i=0; i<2; i++) {
      switch(personen[i].personTyp) {
        case PersonTyp.LEHRER:
// Eine verkleinernde Konvertierung muss explizit durchgeführt
// werden
        // personen[i].lehren(); // Fehler
          ((TypLehrer)personen[i]).lehren();
          break;
        case PersonTyp.SCHUELER:
          ((TypSchueler)personen[i]).lernen();
      }
    }
  }
}
```

Programmausgaben

```
Der Lehrer lehrt
Der Schueler lernt
```

Lösung 3.5

Das Interface Services

```
public interface Services {
   public int numberOfElem();
   public int isElem(int value);
   public boolean addElem(int value);
}
```

Die Klasse Menge

```
public class Menge implements Services {
// Array für das Speichern der Elemente einer Menge
   private int[] element;
// Dimension des Array
   private int dimension;
// Zaehler für Mengenelemente
   private int anzahl;
// Konstruktordefinition
   Menge(int dimension) {
      this.dimension = dimension;
      element = new int[dimension];
      anzahl = 0;
   }
// Die Methoden der Schnittstelle implementieren
   public int numberOfElem() {
      return anzahl;
   }
   public int isElem(int value) {
      int index = 0;
      for(int i=0; i<dimension; i++) {
         if(element[i] == value) {
            index = i;
            break;
         }
         else {
            index = -1;
         }
      }
      return index;
   }
   public boolean addElem(int value) {
      if((this.isElem(value))!= -1) {
```

```
            return false;
        }
        else {
            element[anzahl] = value;
            anzahl++;
            return true;,2
        }
    }
// Die Methode der Klasse Object wird überschrieben
    public String toString() {
        String s = "{";
        for(int i = 0; i<this.numberOfElem()-1; i++)
            s = s.concat((new Integer(element[i])).toString())+",";
        s = s.concat((new Integer(element[numberOfElem()-1])).
          toString())+"}";
        return s;
    }
// Instanzmethoden für Operationen mit Mengen
    public Menge vereinigung(Menge m) {
        Menge menge = new Menge(this.numberOfElem() +
          m.numberOfElem());
// Die Elemente der 1.Menge hinzufügen
        for(int i=0; i<this.numberOfElem(); i++)
            menge.addElem(this.element[i]);
// Die Elemente der 2.Menge hinzufügen
        for(int i = 0; i<m.numberOfElem(); i++)
            menge.addElem(m.element[i]);
        return menge;
    }
    public Menge durchschnitt(Menge m) {
        Menge menge = new Menge(this.numberOfElem());
// Ist ein Elemment aus der 1. Menge auch in der 2. enthalten,
// wird dieses der ersten Menge hinzugefügt
        for(int i=0; i<this.numberOfElem(); i++) {
            if(m.isElem(this.element[i])!= -1){
                menge.addElem(this.element[i]);
            }
        }
        return menge;
    }
}
```

Die Klasse MengeTest

```
public class MengeTest {
    public static void main(String args[]) {
        Menge m1 = new Menge(6);
```

```
        for(int i=1; i<7; i++)
            m1.addElem(i);
        System.out.println(m1.toString());
        Menge m2 = new Menge(5);
        for(int i=3; i<8; i++)
            m2.addElem(i);
        System.out.println(m2.toString());
        Menge m3 = m1.vereinigung(m2);
        System.out.println(m3.toString());
        Menge m4 = m1.durchschnitt(m2);
        System.out.println(m4.toString());
    }
}
```

Programmausgaben

```
{1,2,3,4,5,6}
{3,4,5,6,7}
{1,2,3,4,5,6,7}
{3,4,5,6}
```

Lösung 3.6

Das Interface FlaechenInhalt

```
public interface FlaechenInhalt {
// Konstantendefinition
    static final double PI = Math.PI;
// Methoden zum Berechnen der Hoehe und des Flaecheninhaltes
// eines Dreiecks
    double hoehe();
    double flaeche(double h);
}
```

Die Klasse DreieckArten

```
public abstract class DreieckArten implements FlaechenInhalt {
    protected double a;
    protected double b;
    protected double c;
// Konstruktordefinition
    public DreieckArten(double x, double y, double z) {
        a = x;
        b = y;
        c = z;
    }
    public static double winkel(double x, double y, double z) {
        return (Math.acos((x*x-y*y-z*z)/(-2*y*z)))*180/Math.PI;
```

```
    }
    public abstract double[] berechneWinkel();
    public double umfang() {
        return a+b+c;
    }
    public double flaeche(double h) {
        return Math.round((1/2.0)*c*h);
    }
}
```

Die Klasse GleichseitigesDreieck

```
public class GleichseitigesDreieck extends DreieckArten {
// Konstruktordefinition
    public GleichseitigesDreieck(double x) {
// Der Konstruktor der Klasse ruft den Konstruktor der
// abstrakten Oberklasse auf
        super(x, x, x);
    }
// Die Instanzmethoden zum Berechnen von Winkeln und Höhe werden
// implementiert
    public double[] berechneWinkel() {
        double w[] = new double[3];
        w[0] = Math.round(winkel(a,a,a));
        w[1] = w[0];
        w[2] = w[0];
        return w;
    }
    public double hoehe() {
        return Math.round((a/2)*Math.sqrt(3.0));
    }
}
```

Die Klasse GleichschenkligesDreieck

```
public class GleichschenkligesDreieck extends DreieckArten {
// Konstruktordefinition
    public GleichschenkligesDreieck(double x, double y) {
// Der Konstruktor der Klasse ruft den Konstruktor der
// abstrakten Oberklasse auf
        super(x, y, x);
    }
// Die Instanzmethoden zum Berechnen von Winkeln und Höhe werden
// implementiert
    public double[] berechneWinkel() {
        double w[] = new double[3];
        w[0] = Math.round(winkel(a,b,b));
        w[1] = Math.round(winkel(b,a,b));
```

```
        w[2] = w[1];
        return w;
    }
    public double hoehe() {
        return Math.round(Math.sqrt(a*a-(c/2)*2));
    }
}
```

Die Klasse DreieckArtenTest

```
public class DreieckArtenTest {
    public static void main(String args[]) {
        String[] name = {"Gleichseitiges Dreieck: ",
         "Gleichschenkliges Dreieck: "};
// Zuweisen von Objektreferenzen der konkreten Klassen an eine
// Referenzvariable vom Typ der abstrakten Klasse
        DreieckArten[] dr = new DreieckArten[] {
          new GleichseitigesDreieck(4),
            new GleichschenkligesDreieck(5,3)};
        for(int i=0; i<2; i++) {
          System.out.println(name[i]+ "Hoehe = "+dr[i].hoehe()+
           " * Flaecheninhalt = "+dr[i].flaeche(dr[i].hoehe())+
             " * Umfang = "+dr[i].umfang());
          double[] winkel = dr[i].berechneWinkel();
          System.out.println("1. Winkel = "+winkel[0]+" * 2. "+
            "Winkel = "+ winkel[1]+" * 3. Winkel = "+winkel[2]);
        }
// Zuweisen von Objektreferenzen der konkreten Klassen an eine
// Variable vom Typ des Interfaces
        FlaechenInhalt[] f = new FlaechenInhalt[] {
          new GleichseitigesDreieck(4),
            new GleichschenkligesDreieck(5,3)};
        for(int i=0; i<2; i++) {
          System.out.println(name[i]+ "Hoehe = "+f[i].hoehe()+
             " * Flaecheninhalt = "+f[i].flaeche(f[i].hoehe()));
        }
// Aufruf der Methoden der Schnittstelle und der abstrakten
// Klasse an Instanzen einer Unterklasse
        GleichseitigesDreieck gsd = new GleichseitigesDreieck(4);
        System.out.println( name[0]+ "Hoehe = "+gsd.hoehe()+
          " * Flaecheninhalt = "+gsd.flaeche(gsd.hoehe())+
            " * Umfang = "+gsd.umfang());
        double[] wgsd = gsd.berechneWinkel();
        System.out.println("1. Winkel = "+wgsd[0]+
          " * 2. Winkel = "+wgsd[1]+" * 3. Winkel = "+wgsd[2]);
    }
}
```

Programmausgaben

```
GleichseitigesDreieck: Hoehe =  3.0 * Flaecheninhalt = 6.0  * Umfang = 12.0
1. Winkel = 60.0 * 2. Winkel = 60.0 *  3. Winkel  = 60.0
GleichschenkligesDreieck: Hoehe =  4.0 * Flaecheninhalt = 10.0  * Umfang = 13.0
1. Winkel = 113.0 * 2. Winkel = 34.0 *  3. Winkel  = 34.0
GleichseitigesDreieck: Hoehe =  3.0 * Flaecheninhalt = 6.0
GleichschenkligesDreieck: Hoehe =  4.0 * Flaecheninhalt = 10.0
GleichseitigesDreieck: Hoehe =  3.0 * Flaecheninhalt = 6.0  * Umfang = 12.0
1. Winkel = 60.0 * 2. Winkel = 60.0 *  3. Winkel  = 60.0
```

Hinweise zum Lösungsvorschlag

Die Konstruktoren der Klassen definieren Parameter vom Typ `double`. Beim Instantiieren von Objekten werden jedoch `int`-Werte übergeben, die automatisch vom Compiler in `double`-Werte konvertiert werden. Somit ist dies ein Beispiel für den impliziten Polymorphismus.

Die Methoden der Schnittstelle `Flächeninhalt` können auch an `DreieckArten`-Objekten aufgerufen werden, denn sie werden geerbt. Ob sie von dieser Klasse auch implementiert wurden, spielt dabei keine Rolle.

An `FlaechenInhalt`-Objekten können die Methoden der abstrakten Klasse nicht aufgerufen werden, sondern nur die Methoden des Interfaces.

Die von der abstrakten Klasse abgeleiteten konkreten Klassen erben alle Methoden, sowohl die der Schnittstelle als auch die der abstrakten Klasse.

Lösung 3.7

Das Interface FarbenHell

```
interface FarbenHell {
   int WEISS = 3;
   int ROSA = 4;
}
```

Das Interface FarbenDunkel

```
interface FarbenDunkel {
   int SCHWARZ = 5;
   int BRAUN = 6;
}
```

Das Interface Farben

```
interface Farben extends FarbenHell, FarbenDunkel {
   int BLAU = 1;
   int ROT = 2;
   public void defFarbe(int i);
}
```

Die Klasse FarbenAuswahl

```
public class FarbenAuswahl implements Farben {
   private static final String[] farbe = new String[7];
   static {
      farbe[Farben.BLAU] = "blau";
      farbe[ROT] = "rot";
      farbe[Farben.WEISS] = "weiss";
      farbe[FarbenHell.ROSA] = "rosa";
      farbe[FarbenDunkel.SCHWARZ] = "schwarz";
      farbe[BRAUN] = "braun";
   }
   public void defFarbe(int i) {
      System.out.println("Die ausgewaehlte Farbe ist: "
        + farbe[i]);
   }
}
```

Die Klasse FarbenTest

```
public class FarbenTest {
   public static void main(String args[]) {
      FarbenAuswahl farbe = new FarbenAuswahl();
      for(int i=1; i<=6; i++)
         farbe.defFarbe(i);
   }
}
```

Programmausgaben

```
Die ausgewaehlte Farbe ist: blau
Die ausgewaehlte Farbe ist: rot
...
Die ausgewaehlte Farbe ist: braun
```

Lösung 3.8

Das Interface UmKugelRadius

```
public interface UmKugelRadius {
   double umkugel();
}
```

Das Interface InKugelRadius

```
public interface InKugelRadius {
   double inkugel();
}
```

Die Klasse RegelmaessigeGeometrischeKoerper

```
public abstract class RegelmaessigeGeometrischeKoerper
                implements UmKugelRadius, InKugelRadius {
   protected double a;
// Konstruktordefinition
   public RegelmaessigeGeometrischeKoerper(double x) {
      a = x;
   }
// Abstrakte Methoden zum Berechnen von Volumen und Oberfläche
   public abstract double volumen();
   public abstract double oberflaeche();
}
```

Die Klasse Tetraeder

```
public class Tetraeder extends RegelmaessigeGeometrischeKoerper {
// Konstruktordefinition
   public Tetraeder(double a) {
      super(a);
   }
   public double volumen() {
      return Math.round(Math.pow(a,3)/12*Math.sqrt(2.0));
   }
   public double oberflaeche() {
      return Math.round(Math.pow(a,2)*Math.sqrt(3.0));
   }
   public double umkugel() {
      return Math.round(a/4*Math.sqrt(6.0));
   }
   public double inkugel() {
      return Math.round(a/12*Math.sqrt(6.0));
   }
}
```

Die Klasse Wuerfel

```
public class Wuerfel extends RegelmaessigeGeometrischeKoerper {
// Konstruktordefinition
   public Wuerfel(double a) {
      super(a);
   }
   public double volumen() {
      return Math.round(Math.pow(a,3));
   }
   public double oberflaeche() {
      return Math.round(6*Math.pow(a,2));
   }
   public double umkugel() {
```

```
      return Math.round(a/2*Math.sqrt(3.0));
   }
   public double inkugel() {
      return Math.round(a/2);
   }
}
```

Die Klasse Oktaeder

```
public class Oktaeder extends RegelmaessigeGeometrischeKoerper {
// Konstruktordefinition
   public Oktaeder(double a) {
      super(a);
   }
   public double volumen() {
      return Math.round(Math.pow(a,3)/3*Math.sqrt(2.0));
   }
   public double oberflaeche() {
      return Math.round(2*Math.pow(a,2)*Math.sqrt(3.0));
   }
   public double umkugel() {
      return Math.round(a/2*Math.sqrt(2.0));
   }
   public double inkugel() {
      return Math.round(a/6*Math.sqrt(6.0));
   }
}
```

Die Klasse Ikosaeder

```
public class Ikosaeder extends RegelmaessigeGeometrischeKoerper {
// Konstruktordefinition
   public Ikosaeder(double a) {
      super(a);
   }
   public double volumen() {
      return Math.round(5*Math.pow(a,3)/12*(3+Math.sqrt(5.0)));
   }
   public double oberflaeche() {
      return Math.round(5*Math.pow(a,2)*Math.sqrt(3.0));
   }
   public double umkugel() {
      return Math.round(a/4*Math.sqrt(2*(5+Math.sqrt(5.0))));
   }
   public double inkugel() {
      return Math.round(a/12*Math.sqrt(3.0)*(3+Math.sqrt(5.0)));
   }
}
```

Die Klasse Dodekaeder

```
public class Dodekaeder extends RegelmaessigeGeometrischeKoerper {
// Konstruktordefinition
  public Dodekaeder(double a) {
    super(a);
  }
  public double volumen() {
    return Math.round(Math.pow(a,3)/4*(15+7*Math.sqrt(5.0)));
  }
  public double oberflaeche() {
    return Math.round(3*Math.pow(a,2)*Math.sqrt(
      (5*(5+2*Math.sqrt(5.0)))));
  }
  public double umkugel() {
    return Math.round(a/4*Math.sqrt(3.0)*(1+Math.sqrt(5.0)));
  }
  public double inkugel() {
    return Math.round(a/4*Math.sqrt(10+22/5.0*Math.sqrt(5.0)));
  }
}
```

Die Klasse RegelmaessigeGeometrischeKoerperTest

```
public class RegelmaessigeGeometrischeKoerperTest {
  public static void main(String args[]) {
    String[] name = {"Tetraeder: ", "Wuerfel: ", "Ikosaeder: ",
      "Oktaeder: ", "Dodekaeder: "};
// Zuweisen von Objektreferenzen der konkreten Klassen an eine
// Referenzvariable vom Typ der abstrakten Klasse
    RegelmaessigeGeometrischeKoerper[] rgk =
      new RegelmaessigeGeometrischeKoerper[]{new Tetraeder(4),
        new Wuerfel(4), new Ikosaeder(4), new Oktaeder(4),
        new Dodekaeder(4)};
    for(int i=0; i<5; i++) {
      System.out.println(name[i]+ "Oberflaeche = "+rgk[i].
        oberflaeche()+" * Volumen = "+rgk[i].volumen());
// Die Methoden der Schnittstellen können auch an
// RegelmaessigeGeometrischeKoerper-Instanzen aufgerufen werden
      System.out.println("Umkugelradius = "+rgk[i].umkugel()+
        " * Inkugelradius = "+rgk[i].inkugel());
    }
// Zuweisen von Objektreferenzen der konkreten Klassen an eine
// Referenz vom Typ des Interface UmKugelRadius
    UmKugelRadius[] ukr = new UmKugelRadius[] {
      new Tetraeder(4), new Wuerfel(4), new Ikosaeder(4),
      new Oktaeder(4), new Dodekaeder(4)};
// Die Methoden der anderen Schnittstelle und der abstrakten
// Klasse können nicht an UmKugelRadius-Objekten aufgerufen
```

```
// werden
      for(int i=0; i<5; i++)
         System.out.println(name[i]+"Umkugelradius = "
           + ukr[i].umkugel());
// Zuweisen von Objektreferenzen der konkreten Klassen an eine
// Referenz vom Typ des Interface InKugelRadius
      InKugelRadius[] ikr = new InKugelRadius[] {
        new Tetraeder(4), new Wuerfel(4), new Ikosaeder(4),
        new Oktaeder(4), new Dodekaeder(4)};
// Die Methoden der anderen Schnittstellen und der abstrakten
// Klasse können nicht an InKugelRadius-Objekten aufgerufen
// werden
      for(int i=0; i<5; i++)
         System.out.println(name[i]+"Inkugelradius = "
           + ikr[i].inkugel());
   }
}
```

Programmausgaben

```
Tetraeder: Oberflaeche = 28.0 * Volumen = 8.0
Umkugelradius =  2.0 * Inkugelradius =    1.0
Wuerfel: Oberflaeche = 96.0 * Volumen = 64.0
Umkugelradius =  3.0 * Inkugelradius = 2.0
...
```

Lösung 3.9

Die Klasse Objekt1

```
public class Objekt1 implements Cloneable {
   private int zahl;
// Konstruktordefinition
   public Objekt1(int n) {
      zahl = n;
   }
   public static void main(String args[])
                        throws CloneNotSupportedException {
// Erzeugen und Klonen eines Objektes der eigenen Klasse
      Objekt1 kopie1 = new Objekt1(4);
      Objekt1 kopie2 = (Objekt1)kopie1.clone();
// Vergleich der Referenzen von geklonten Objekten
      System.out.println("Vergleich der Referenzen auf geklonte "
        + "Objekte : " + (kopie1 == kopie2));
// Durch das Klonen wird das Feld des Objektes kopiert
      System.out.println(kopie1.zahl);
      System.out.println(kopie2.zahl);
   }
}
```

Programmausgaben

```
Vergleich der Referenzen auf geklonte Objekte : false
4
4
```

Lösung 3.10

Die Klasse Buchstabe

```
public class Buchstabe implements Cloneable  {
   private char buchstabe;
// Konstruktordefinition
   public Buchstabe(char c) {
      buchstabe = c;
   }
// Überschreiben der Methode der Klasse Object
   protected Object clone() throws CloneNotSupportedException {
      return super.clone();
   }
}
```

Die Klasse KlonenTest

```
public class KlonenTest {
   public static void main(String args[])
                              throws CloneNotSupportedException {
// Erzeugen und Klonen von Objekten der Klasse Buchstabe
      Buchstabe b1 = new Buchstabe('A');
      Buchstabe b2 = (Buchstabe)b1.clone();
// Vergleich der Referenzen auf geklonte Objekte
      System.out.println("Vergleich der Referenzen auf geklonte "
        + "Objekte : "+ (b1 == b2));
   }
}
```

Programmausgaben

```
Vergleich der Referenzen auf geklonte Objekte : false
```

Lösung 3.11

Die Klasse ArraysKlonen

```
public class ArraysKlonen {
   public static void main(String args[]) {
// Definition der Array-Objekte
      String [] zahlen1 = new String[]{"123", "345", "678"};
      Integer [] zahlen2 = new Integer[]{123, 345, 678};
      Punkt [] punkte = new Punkt[] {new Punkt(1,1),
        new Punkt(2,2), new Punkt(3,3)};
```

```
// Aufruf der clone()-Methode auf die Array-Objekte
     String[] kopie1 = (String[])zahlen1.clone();
     Integer[] kopie2 = (Integer[])zahlen2.clone();
     Punkt[] kopie3 = (Punkt[])punkte.clone();
     System.out.println("Vergleich der Referenzen auf die Array"
       +"-Objekte: "+(kopie1 == zahlen1)+" * "+
         (kopie2 == zahlen2)+" * "+(kopie3 == punkte));
     for(int i= 0; i<3; i++) {
       System.out.println("Vergleich der Referenzen der "
         +"Elemente auf Position "+i+" : "+(kopie1[i] ==
           zahlen1[i])+" * "+(kopie2[i] == zahlen2[i])+
             " * "+(kopie3[i] == punkte[i]));
     }
   }
}
```

Programmausgaben

```
Vergleich der Referenzen auf die Array-Objekte : false * false * false
Vergleich der Referenzen der Elemente auf Position 0 : true * true * true
Vergleich der Referenzen der Elemente auf Position 1 : true * true * true
Vergleich der Referenzen der Elemente auf Position 2 : true * true * true
```

Hinweise zum Lösungsvorschlag

Weil Arrays Objekte sind, kann die Methode `clone()` an jedem beliebigen Array aufgerufen werden, ohne dass die Klasse, von welchem Typ die Arrays sind, die `Cloneable`-Schnittstelle implementiert. Auf eine so erzeugte Kopie eines Arrays zeigt eine andere Referenz als auf das ursprüngliche Array-Objekt, aber deren Elementreferenzen bleiben gleich.

Lösung 3.12

Die Klasse Objekt2

```
public class Objekt2 implements Cloneable {
  private int zahl;
// Konstruktordefinition
  public Objekt2(int n) {
    zahl = n;
  }
// Überschreiben der Methode der Klasse Object
// mit Rückgabewert Objekt2 (ab Java 5.0)
  public Objekt2 clone() throws CloneNotSupportedException {
          return (Objekt2)super.clone();
  }
  public static void main(String args[])
                        throws CloneNotSupportedException {
// Erzeugen eines Objektes vom Typ einer anderen Klasse
```

```
      Objekt1 zahl1 = new Objekt1(2);
// und aufrufen der clone() Methode der Klasse Object an dieser
// Instanz
   // Objekt1 kopie1 = (Objekt1)zahl1.clone(); // Fehler
// Erzeugen eines Objektes der eigenen Klasse und Aufruf der
// clone()-Methode
      Objekt2 zahl2 = new Objekt2(4);
// Ein Casting ist nicht mehr erforderlich
      Objekt2 kopie2 = zahl2.clone();
// Vergleich der Referenzen auf geklonte Objekte
      System.out.println("Vergleich der Referenzen auf geklonte "
        + "Objekte : " + zahl2.equals(kopie2));
   }
}
```

Programmausgaben

```
Vergleich der Referenzen auf geklonte Objekte : false
```

Hinweis zum Lösungsvorschlag

Wird die Anweisung `Objekt1 kopie1 = (Objekt1)zahl1.clone();` nicht auskommentiert, bringt der Compiler die erwartete Fehlermeldung: »clone() has protected access in java.lang.Object«, da die Klasse `Objekt1` die `clone()`- Methode der Klasse `Object` nicht überschreibt und deshalb ihre Instanzen innerhalb von anderen Klassen nicht geklont werden dürfen.

Lösung 3.13

Die Klasse Objekt

```
public class Objekt implements Cloneable, Comparable {
   private int zahl;
// Konstruktordefinition
   public Objekt(int n) {
      zahl = n;
   }
// Überschreiben der Methode equals() der Klasse Object
   public boolean equals(Object object) {
      if(!(object instanceof Objekt))
         return false;
// Aufruf der Methode der Oberklasse
      System.out.println("Vergleich der Referenzen auf geklonte "
        + "Objekte : " + super.equals(object));
      Objekt kopie = (Objekt)object;
      return (zahl == kopie.zahl);
   }
// Implementieren der Methode des Interface Comparable
   public int compareTo(Object object) {
```

```
        Objekt kopie = (Objekt)object;
        return kopie.zahl - this.zahl;
    }
    public static void main(String args[])
                            throws CloneNotSupportedException {
// Objekt der Klasse erzeugen
        Objekt kopie1 = new Objekt(1234);
// Aufruf der Methode clone() der Klasse Object; die Referenz vom
// Typ Object wird in eine Referenz vom Typ des kopierten
// Objektes konvertiert
        Objekt kopie2 = (Objekt)kopie1.clone();
// Vergleich der Referenzen auf geklonte Objekte
        System.out.println("Vergleich der Referenzen auf geklonte "
          + "Objekte : " + (kopie1 == kopie2));
// Vergleich von geklonten Objekten
        System.out.println("Vergleich von geklonten Objekten : "
              + kopie1.equals(kopie2));
        System.out.println("Vergleich von geklonten Objekten : "
              + (kopie1.compareTo(kopie2) == 0));
    }
}
```

Programmausgaben

```
Vergleich der Referenzen auf geklonte Objekte : false
Vergleich der Referenzen auf geklonte Objekte : false
Vergleich von geklonten Objekten : true
Vergleich von geklonten Objekten : true
```

Hinweise zum Lösungsvorschlag

Weil die Klasse das Interface `Cloneable` implementiert, kann sie die Methode `clone()` der Klasse `Object` aufrufen, um eine Kopie von einer Instanz der eigenen Klasse zu erstellen. Die Datenelemente des ursprünglichen Objektes werden damit dupliziert und eine Referenz auf eine Kopie des so erzeugten Objektes wird zurückgegeben. Die Kopie und das ursprüngliche Objekt sind "gleich", weil ihre Felder die gleichen Werte aufweisen.

Die Methodensignaturen der Klasse definieren Parameter vom Typ der Klasse `Object` und werden mit einer Referenz vom Typ der Unterklasse `Objekt` aufgerufen, was ein weiteres Beispiel für den impliziten Polymorphismus darstellt.

Lösung 3.14

Die Klasse VektorKopieren

```
public class VektorKopieren implements Cloneable {
    private int x;
    private int y;
```

```
   private int z;
// Die Klasse definiert zwei Konstruktoren
   public VektorKopieren(int x, int y, int z) {
      this.x = x;
      this.y = y;
      this.z = z;
   }
// Der Copy-Konstruktor erhält als Argument eine Referenz vom
// Typ der eigenen Klasse
   public VektorKopieren(VektorKopieren v) {
      this.x = v.x;
      this.y = v.y;
      this.z = v.z;
   }
// Beim Überschreiben von Methoden sind kovariante Rückgabetypen
// zugelassen
   public VektorKopieren clone()
                        throws CloneNotSupportedException {
      VektorKopieren kopie = (VektorKopieren)super.clone();
      return kopie;
   }
// Instanzmethoden zum Erzeugen eines neuen
// VektorKopieren-Objektes aus dem aktuellen
   public VektorKopieren neu(int a, int b, int c) {
      this.x = this.x+a;
      this.y = this.y+b;
      this.z = this.z+c;
      return this;
   }
   public VektorKopieren neu1(int a, int b, int c)
                        throws CloneNotSupportedException {
// Der Aufruf der clone()-Methode kann hier, ohne das die Klasse
// diese Methode überschreibt, erfolgen
      VektorKopieren vektor = (VektorKopieren)this.clone();
      vektor.x = this.x+a;
      vektor.y = this.y+b;
      vektor.z = this.z+c;
      return vektor;
   }
// Instanzmethode zur Anzeige eines VektorKopieren-Objektes
   public void anzeige() {
      System.out.print( "("+ x +","+ y +","+z+") ");
   }
}
```

Die Klasse VektorKopierenTest

```
public class VektorKopierenTest {
   public static void main(String args[])
                        throws CloneNotSupportedException {
```

```
// Erzeugen eines neuen VektorKopieren-Objektes mit den
// Konstruktoren der Klasse
    VektorKopieren v1 = new VektorKopieren(1,1,1);
    v1.anzeige();
    VektorKopieren v2 = new VektorKopieren(v1);
    v2.anzeige();
// Erzeugen eines neuen VektorKopieren-Objektes durch Veränderung
// des aufrufenden Objektes
    VektorKopieren vneu = v1.neu(3,3,3);
    v1.anzeige();
    vneu.anzeige();
// Erzeugen eines neuen VektorKopieren-Objektes durch Beibehalten
// des aufrufenden Objektes
    v1 = new VektorKopieren(1,1,1);
    VektorKopieren vneu1 = v1.neu1(3,3,3);
    v1.anzeige();
    vneu1.anzeige();
// Für das Klonen von Instanzen der Klasse VektorKopieren
// ist das Überschreiben der clone()-Methode erforderlich
    VektorKopieren v3 = (VektorKopieren)v1.clone();
    v1.anzeige();
    v3.anzeige();
  }
}
```

Programmausgaben

```
(1,1,1) (1,1,1) (4,4,4) (4,4,4) (1,1,1) (4,4,4) (1,1,1) (1,1,1)
```

Hinweise zum Lösungsvorschlag

Die Klasse nimmt das Duplizieren von ihren Instanzen auf zwei Arten vor: über Klonen und mit Hilfe des Copy-Konstruktors. Auch ein mit dem Copy-Konstruktor erzeugtes Objekt hat die gleichen Attributwerte wie das übergebene Objekt. Das Duplizieren von Instanzen einer Klasse mit dem Copy-Konstruktor ist langsamer, weil dafür der new-Operator genutzt wird.

Da die Klasse `VektorKopieren` nur Instanzfelder vom primitiven Datentyp `int` enthält, ist ein oberflächliches Klonen von Instanzen dieser Klasse gleich einem tiefen Klonen.

Lösung 3.15

Die Klasse MengenDuplizieren

```
public class MengenDuplizieren implements Cloneable {
  private int n;
  private int[] array;
// Konstruktordefinition
```

```
  MengenDuplizieren(int n) {
     this.n = n;
     array = new int[n];
// Initialisieren der Arrayelemente
     for(int i=0; i<n; i++)
        array[i] = i;
  }
// Duplizieren von Objekten mit dem Copy-Konstruktor
  MengenDuplizieren(MengenDuplizieren m) {
// Die Zuweisung von Referenzen und das Kopieren der
// Arrayelemente reichen nicht aus, um gleiche Array-Objekte zu
// erzeugen
/*   this.array = m.array;
     for(int i=0; i<n; i++)
        this.array[i] = m.array[i];  */
// Es muss ein neues Array-Objekt erzeugt werden, dessen Elemente
// gleich den Elementen der Instanz sind, auf welche m zeigt.
     n = m.numberOfElem();
     this.array = new int[n];
     for(int i=0; i<n; i++)
        this.array[i] = m.array[i];
  }
  public Object clone() throws CloneNotSupportedException {
     MengenDuplizieren kopie = (MengenDuplizieren)super.clone();
// Für ein tiefes Klonen muss das Array-Objekt auch dupliziert
// werden
     kopie.array = (int[])array.clone();
     return kopie;
  }
// Für die Anzeige von Mengen wird die Methode toString() der
// Klasse Object überschrieben
  public String toString() {
     String s = "{";
     for(int i=0; i<this.numberOfElem()-1; i++)
// und die Methode toString() der Klasse Integer aufgerufen
        s = s.concat((new Integer(array[i])).toString())+",";
     s = s.concat((new Integer(array[numberOfElem()-1])).
       toString())+"}";
     return s;
  }
// Instanzenmethoden zum Ermitteln der Anzahl von Arrayelementen
// (Dimension des Array)
  public int numberOfElem() {
     return array.length;
  }
}
```

Die Klasse MengenDuplizierenTest

```
public class MengenDuplizierenTest {
   public static void main(String args[])
                                throws CloneNotSupportedException {
// Erzeugen und Kopieren von Objekten der Klasse
// MengenDuplizieren
      MengenDuplizieren m1 = new MengenDuplizieren(9);
      System.out.println(m1.toString());
      MengenDuplizieren m2 = new MengenDuplizieren(m1);
      System.out.println(m2.toString());
      MengenDuplizieren m3 = (MengenDuplizieren)m1.clone();
      System.out.println(m3.toString());
   }
}
```

Programmausgaben

```
{0,1,2,3,4,5,6,7,8}
...
```

Hinweise zum Lösungsvorschlag

Im Aufruf der überschriebenen `clone()`-Methode der Klasse `MengenDuplizieren` aus der `main()`-Methode der Klasse `MengenDuplizierenTest` ist kein Casting erforderlich, weil diese Methode einen kovarianten Rückgabetyp vom Typ der eigenen Klasse definiert.

Lösung 3.16

Die Klasse Zahl

```
public class Zahl implements Cloneable {
   public String zahl = "1234";
// Überschreiben von Methoden der Klasse Object
   public String toString() {
      return "Zahl: " + zahl;
   }
// Beim Überschreiben von Methoden ist ein kovarianter
// Rückgabetyp zugelassen
   public Zahl clone() throws CloneNotSupportedException {
      Zahl kopie = (Zahl)super.clone();
      return kopie;
   }
}
```

Die Klasse Wort

```
public class Wort {
   public String wort = "JAVA";
```

```
// Überschreiben der Methode der Klasse Object
   public String toString() {
     return "Wort: " + wort;
   }
}
```

Die Klasse KopievonReferenzTypen

```
public class KopievonReferenzTypen implements Cloneable {
   private Zahl z = new Zahl();
   private Wort w = new Wort();
// Die Methode clone() ruft die Methode der Oberklasse Object
// auf und die der Klasse Zahl (und ggf. der Klasse Wort)
   public  KopievonReferenzTypen clone()
                            throws CloneNotSupportedException {
     KopievonReferenzTypen kopie =
       (KopievonReferenzTypen)super.clone();
     kopie.z = z.clone();
     return kopie;
   }
// Durch das Klonen einer Instanz vom Typ der Klasse
// KopievonReferenzTypen wird ein tiefes Klonen der Instanz vom
// Typ der Klasse Zahl durchgeführt
   public static void main(String args[])
                          throws CloneNotSupportedException {
     KopievonReferenzTypen k1 = new KopievonReferenzTypen();
     KopievonReferenzTypen k2 = k1.clone();
// Das Feld z referenziert in verschiedenen Objektreferenzen
// vom Typ Zahl verschiedene Objekte
     System.out.println("Ein Vergleich der Referenzen von Typ "
       +"Zahl ergibt "+(k1.z == k2.z));
// Das Feld w referenziert in jeder Objektreferenz vom Typ Wort
// das gleiche Objekt, wenn dieses nicht geklont wurde
     System.out.println("Ein Vergleich der Referenzen vom Typ "
       +"Wort ergibt "+(k1.w == k2.w));
     System.out.println("Ein Vergleich der Referenzen von Typ "
       +"KopievonReferenzTypen ergibt "+(k1 == k2));
// Ausgabe von Feldwerten
     System.out.println("Ein Vergleich der Feldwerte von Zahl-"
       +"Instanzen ergibt fuer "+k1.z.toString()+" und "
         +k2.z.toString()+" "+(k1.z.zahl == k2.z.zahl));
     System.out.println("Ein Vergleich der Feldwerte vom Wort-"
       +"Instanzen ergibt fuer "+k1.w.toString()+" und "
         +k2.w.toString()+" "+(k1.w.wort == k2.w.wort));
   }
}
```

Programmausgaben

```
Ein Vergleich der Referenzen von Typ Zahl ergibt false
Ein Vergleich der Referenzen von Typ Wort ergibt true
Ein Vergleich der Referenzen von Typ KopievonReferenzTypen ergibt false
Ein Vergleich der Feldwerte von Zahl-Instanzen ergibt fuer Zahl: 1234 und
Zahl: 1234 true
Ein Vergleich der Feldwerte von Wort-Instanzen ergibt fuer Wort: JAVA und
Wort: JAVA true
```

Hinweise zum Lösungsvorschlag

Beim Versuch, die Objekte der Klasse `Zahl` zu klonen, erfolgt eine Programmunterbrechung mit der Meldung »ClonenotSupportedException«, wenn diese das Interface `Cloneable` nicht implementiert.

Lösung 3.17

Die Klasse Destruktor

```
public class Destruktor {
   private int zaehler;
// Konstruktordefinition
   Destruktor(int i) {
      zaehler = i;
      System.out.println("Der "+zaehler+"-te Konstruktoraufruf");
   }
// Die Methode der Klasse Object wird überschrieben
   public void finalize() {
      System.out.println("Der "+zaehler+"-te Destruktoraufruf");
   }
}
```

Die Klasse DestruktorTest

```
public class DestruktorTest {
   public static void main(String args[]) {
      for(int i=0; i<10000; i++) {
         Destruktor destruktor = new Destruktor(i);
      }
   }
}
```

Programmausgaben

```
Der 1-te Konstruktoraufruf
Der 2-te Konstruktoraufruf
etc.
Der 1-te Destruktoraufruf
Der 2-te Destruktoraufruf
```

```
etc.
Der 1000-te Konstruktoraufruf
etc.
```

Kapitel 4

Einführung in die graphische Programmierung

4.1 Das AWT (Abstract Windowing Toolkit) und Swing

In Java kann der Programmierer auf zwei Bibliotheken zurückgreifen, die bei der Erstellung von graphischen Oberflächen verwendet werden können.

Das AWT (Abstract Windowing Toolkit) wurde mit der Version 1.0 von Java zur Verfügung gestellt und in der Folgeversion des JDK 1.1 überarbeitet. Es benutzt für die Erstellung von Komponenten die Graphical-User-Interface-(GUI-)Elemente des jeweiligen Betriebssystems und führt dazu, dass eine Java-Anwendung mit AWT-Komponenten das typische Erscheinungsbild des zugrunde liegenden Betriebssystems hat. Da AWT-Komponenten auf jeder Plattform verfügbar sein sollen, mussten deren gemeinsamen Merkmale für die Bereitstellung ihrer Funktionalitäten ermittelt und zusammengefasst werden. Die Interfaces aus dem Paket `java.awt.peer` definieren die von AWT-Komponenten benötigten Betriebssystem-spezifischen Funktionen.

Swing, das als Teil der Java Foundation Classes (JVC) von Java 1.2 erstmal geliefert wurde, ist komplett in Java implementiert und zeichnet selbst seine graphischen Komponenten und ist dadurch plattformunabhängiger aber auch um einiges langsamer. Es gehört seit Java 1.3 zum JDK.

Die Klassen für AWT- und Swing-Komponenten sind alle von der Klasse `java.awt.Component` abgeleitet, worin auch die Bezeichnung als Komponente an Stelle von Objekt oder Instanz der Klasse, die wir im Nachfolgenden weitgehend benutzen werden, ihren Ursprung hat.

Komponenten und Container

Ein Container ist eine Komponente, die andere Komponenten enthalten kann. In diesem Zusammenhang wird von Vaterkomponenten bzw. Vorfahren (Aszendenten) und Kindkomponenten bzw. Nachfahren (Deszendenten) gesprochen.

Für die Definition der Anordnung von enthaltenen Komponenten benutzen Container einen Layout-Manager. Fast alle AWT- und Swing-Container definieren im Voraus eine bestimmte Anordnung für die in ihnen enthaltenen Komponenten, sie besitzen einen voreingestellten Layout-Manager. Wird diesem der Wert `null` zugewiesen, können Komponenten durch Angabe exakter Größe und Position angeordnet werden. Dafür werden Methoden der Klasse `Component`, wie `setBounds()`, setSize() oder setLocation() bzw. getBounds(), getX() oder getY(), angewandt.

Die setBounds()-Methode wird nicht von Layout-Managern überschrieben. Weil Layout-Manager die Größenangaben für Komponenten wieder zurücksetzen, scheint es des Öfteren in Programmen, dass der Aufruf dieser Methode ignoriert wird.

Die Koordinatenwerte, die von der getBounds()-Methode zurückgegeben werden, repräsentieren die Lage einer Komponente innerhalb ihrer Vaterkomponente und ihre Größe. Die Werte für die Lage können mit den Methoden getX() und getY() ermittelt werden. Die Position einer Komponente innerhalb eines Containers kann auch mit der Methode setLocation() gesetzt werden, die aber wiederum, wie auch setBounds(), ohne Wirkung bleiben kann, je nachdem welcher Layout-Manager genutzt wird.

Über so genannte Insets wird die Breite der Ränder (Border) eines Containers beschrieben. Die Klasse java.awt.Insets speichert vier Werte: die Breite des oberen, linken, rechten und unteren Rand eines Containers. Ist ein Border für eine Komponente definiert, gibt die Methode getInsets() der AWT-Klasse Container-Werte in Pixel für die Breite vom oberen, unteren, linken und rechten Rand der Komponente zurück.

AWT-Komponenten sind vorwiegend schwergewichtige Komponenten und werden des Weiteren als HW-Komponenten (wie »heavyweight«) bezeichnet. Sie besitzen ein eigenes Fenster und werden vom Betriebssystem gezeichnet.

Swing-Komponenten sind leichtgewichtige Komponenten, auch LW-Komponenten (wie »lightweight«) genannt. Sie benutzen zum Zeichnen das native Fenster von ihrem am nahesten liegenden schwergewichtigen Vorfahren und sind meistens komplett in Java implementiert.

Man spricht von »Z-Order« wenn die Tiefe gemeint ist, d.h. die Ebene, in welcher eine Komponente liegt. Alle HW-Komponenten besitzen eine eigene »Z-Order«-Ebene. Ab Java 5.0 kann mit der Methode setComponentZOrder(Component c, int index) der Klasse Container eine Komponente mit dem angegebenen Z-Order-Index in einem Container hinterlegt werden. Der Z-Order-Index wird auch genutzt, um die Reihenfolge zu bestimmen, in welcher Komponenten gezeichnet werden. Die Komponente mit dem höchsten Z-Order-Index wird als erste gezeichnet und die mit dem niedrigsten als letzte.

Eine Garantie für den Gebrauch dieser Methode gibt es laut Java-Spezifikation nur für LW-Komponenten.

AWT-Container werden als Instanzen der Klassen Applet, Container, Dialog, Frame, Panel, ScrollPane und Window erzeugt. Window, Frame und Dialog erzeugen ein eigenes Fenster. Panel, Applet und ScrollPane stellen jeweils einen Teil eines Fensters dar. Da Applet eine Unterklasse von Panel ist, werden Applets in einem Panel angezeigt, das im Fester eines Web-Browsers oder Appletviewers enthalten ist.

Dadurch, dass Swing-Komponenten von der Klasse `JComponent` abgeleitet werden, die eine Erweiterung von `Container` ist, sind alle Swing-Komponenten Container. In der Praxis werden jedoch nur die nachfolgenden Komponenten üblicherweise als Container benutzt: `Box`, `JApplet`, `JDesktopPane`, `JDialog`, `JFrame`, `JInternalFrame`, `JLayeredPane`, `JPanel`, `JRootPane`, `JScrollPane`, `JSplitPane`, `JTabbedPane`, `JViewport` und `JWindow`. Swing-Komponenten bieten gegenüber ihren vergleichbaren AWT-Komponenten eine Reihe von Vorteilen. Sie besitzen eine Vielfalt von Konfigurationsmöglichkeiten, können mit Border und Icons ausgestattet werden und auf diese kann gezeichnet werden.

Einen weiteren Vorteil von Swing bringt die Model-View-Controller-(MVC-)Architektur mit sich, nach der diese Komponenten aufgebaut sind. Die klassische MVC-Architektur umfasst drei Aspekte:

- Die Daten und Zustände, die von einer Komponente dargestellt werden sollen, werden unabhängig von ihrer graphischen Darstellung in einem Modell (Model) gespeichert.
- Unter der Ansicht (View) versteht man die Visualisierung der Daten in den GUI-Komponenten. Ein Modell kann mehrere Viewer besitzen.
- Ein dritter Aspekt, die Steuerung (Controller), ist für die Ereignisbehandlung zuständig. Swing-Komponenten sind nach einer etwas vereinfachten Version der MVC-Architektur aufgebaut, der Controller und der Viewer bilden eine Einheit. Dies wird das User-Interface-Delegationsobjekt, auch UI-Delegate, genannt. Dies sind Instanzen von User-Interface-Delegationsklassen, welche die sichtbare Komponente und die Ereignisbehandlung enthalten.

Sowohl Swing- wie auch AWT-Komponenten dienen dem Aufbau von graphischen Oberflächen. Diese besitzen mehrere Eigenschaften, die sie entweder selbst definieren oder erben können. Eigenschaften gehören, anders als Felder und Methoden, nicht zum formalen Teil einer Klasse und sind lediglich Namenskonvention. Besitzt eine Komponente z.B. zwei Zugriffsmethoden, deren Namen mit »get« und »set« beginnen, so ist damit eine Eigenschaft definiert. Ist der Wert einer Eigenschaft vom Typ `boolean`, so kann der Name der Zugriffsmethode auch mit »is« beginnen.

Für Komponenten von graphischen Benutzeroberflächen ist es sinnvoll, Konstruktoren ohne Parameter bereitzustellen. Wenn diese jedoch Eigenschaften definieren, denen ein Wert zugewiesen werden soll, ist ein zweiter Konstruktor durchaus berechtigt, der Werte für diese Eigenschaften entgegennehmen kann.

Für Komponenten kann eine minimale, eine maximale und eine bevorzugte Größe angegeben werden. Idealerweise sollte eine benutzerdefinierte Komponente die von `Component` definierten Methoden `set[get]PreferredSize()`, `set[get]MinimumSize()` und `set[get]MaximumSize()` überschreiben, wenn ihre Größe von den Standardgrößen abweichen soll. Nur werden die von diesen Methoden gesetzten Werte wie auch im Falle der `setBounds()`-Methode von Layout-Managern des

Öfteren zurückgesetzt oder neu vergeben. Bei den im AWT und Swing vorgesehenen fertig definierten Komponenten wie Labels, Buttons etc. geben diese Methoden bereits die richtige Größe in Abhängigkeit von der Beschriftung an und sollen deshalb nicht überschrieben werden.

Mit `set[get]MaximumSize()` wird vorgegeben, wie groß eine Komponente werden darf, wenn der umgebende Container größer wird und mit `set[get]MinimumSize()` eine Größe definiert, unterhalb welcher sie nicht mehr angemessen dargestellt werden kann. Mit `set[get]PreferredSize()` wird die bevorzugte Größe einer Komponente definiert.

LW-Komponenten unterstützen sowohl unter AWT wie auch unter Swing eine so genannte Transparenz-Eigenschaft. Wenn eine LW-Komponente alle oder ein Teil ihrer Bits unbemalt lässt, wird die darunter liegende Komponente sichtbar und wir sprechen in diesem Fall von durchsichtigen Komponenten.

Die Transparenz-Eigenschaft kann in Swing mit der Methode `setOpaque()` gesetzt werden und wird in diesem Zusammenhang auch `opaque`-Eigenschaft genannt, wobei opaque undurchsichtig bedeutet, also das Gegenteil von transparent. Der Defaultwert für diese Eigenschaft wird für Swing-Komponenten in der Regel über ihr aktuelles UI-Delegationsobjekt gesetzt und ist `true` für die meisten Komponenten. Wird beim Zeichnen von Komponenten deren `opaque`-Eigenschaft auf `true` gesetzt, und nicht der komplette Bereich innerhalb ihrer Grenzen definiert, kann in den Teilen, die unberücksichtigt geblieben sind, Bildschirmmüll angezeigt werden.

Swing-Komponenten besitzen eine zusätzliche Eigenschaft: das Überlappen von Komponenten. Wird eine Swing-Komponente gemalt, so ist es möglich, dass eine andere LW-Komponente diese partiell überlappt. Diese Eigenschaft wird über die Methode `isOptimizedDrawingEnabled()` gesetzt und alle Swing-Komponenten mit Ausnahme von `JLayeredPane`, `JDesktopPane` und `JViewport` geben `true` für diese Eigenschaft zurück.

Wird ein HW-Container einem anderen HW-Container hinzugefügt, so überdeckt dieser all seine LW-Komponenten. Darum sollten HW-Komponenten nicht innerhalb von LW-Containern platziert werden, die eine Überlappung ihrer Kinder unterstützen. LW-Komponenten, die sich im Inneren von HW-Komponenten befinden, können mit Swing in geschachtelte Ebenen angeordnet werden und unterstützen dabei ein Überlappen ihrer Kinder.

Beim Erstellen von graphischen Oberflächen gehen Programme ähnliche Wege. Die anzuzeigenden Komponenten werden über ihren Konstruktor erstellt und über die Felder ihrer zugehörigen Klassen mit Hilfe von Zugriffsmethoden konfiguriert. Diese werden einem Container, der einen Layout-Manager definiert, hinzugefügt und das Programm übernimmt die Behandlung der von den Komponenten generierten Ereignisse.

Alle Klassen und Interfaces des AWT sind im package `java.awt` und alle Swing-Komponenten im Package `javax.swing` und deren Unterpackages zusammengefasst.

4.2 Fenster unter graphischen Oberflächen

Die Klassen `[J]Window` und die davon abgeleiteten Klassen `[J]Frame` und `[J]Dialog`, sowie die Klassen `[J]Applet` und `[J]Panel` stellen Container bereit, in welchen sowohl Standard-Komponenten wie auch benutzerdefinierte Graphiken angeordnet und angezeigt werden können. Um eine graphische Benutzeroberfläche zu erstellen, muss eine dieser Klassen erweitert werden und davon ein Objekt erzeugt werden. Objekte vom Typ `[J]Frame` und `[J]Dialog` besitzen einen Rahmen und eine Titelleiste.

Unter AWT kann ein Fenster nur dann geschlossen werden, wenn eine Ereignisbehandlung implementiert ist. Dadurch, dass Ereignisse (Events) erst gegen Ende dieses Kapitels behandelt werden, müssen AWT-Fenster in den ersten Übungsbeispielen aus diesem Kapitel über die Kommandozeile (mit der Tastenkombination Strg+C z.B.) oder mit dem Taskmanager geschlossen werden. Swing bietet dafür die in der Klasse `JFrame` definierte Methode `setDefaultCloseOperation()` mit dem Argument `JFrame.EXIT_ON_CLOSE` an.

Unter AWT hat ein Dialogfenster immer einen Besitzer, dies ist ein Fenster, das den Dialog erzeugt und nach dem Schließen des Dialogs wieder die Steuerung erhält. In Swing ist der `JFrame`-Parameter für Dialog-Komponenten optional.

4.3 Die Klassen Graphics und Graphics2D

Eine wichtige Rolle in der Graphikprogrammierung spielen die AWT-Klasse `Graphics` und ihre Unterklasse `Graphics2D`, die in der 2D-API von Java moderne zweidimensionale Graphikfunktionen liefert. Diese Klassen dienen einem mehrfachen Zweck:

- Sie definieren in erster Linie einen graphischen Kontext für das Zeichnen, der einen Zeichenbereich auf dem Bildschirm oder auf dem Papier eines Druckers darstellt.
- Sie definieren Methoden zum Zeichnen von Linien, Schreiben von Texten, Anzeigen von Bildern und Ausfüllen von Flächen.
- Sie definieren eigene Felder mit vorbelegten Werten, auf welche mit Hilfe der Methoden dieser Klassen zugegriffen werden kann.
- Die zentrale Klasse beim Erstellen von graphischen Oberflächen bleibt jedoch nach wie vor die Klasse `Component`, weil mit Java nicht direkt auf den Bildschirm oder das Papier eines Druckers gemalt werden kann. Die `Graphics`-Instanz stellt zwar eine Oberfläche für das Zeichnen zur Verfügung, nur kann man sich während eines Zeichenvorgangs immer nur innerhalb von Komponentengrenzen bewegen.

4.4 Methoden zum Zeichnen

Für das Zeichnen von Graphiken können zwei Möglichkeiten genutzt werden:

- Eine `paint()`-Methode der jeweiligen Komponente wird überschrieben, wozu eine neue Klasse vom Typ der Komponente abgeleitet werden muss. Zum Aufruf von `paint()`-Methoden führt ein vom System ausgelöstes Ereignis, wenn der Bildschirm neu gezeichnet wird oder wenn die Größe von Komponenten abgeändert wird. Der Aufruf der Methode `repaint()` bewirkt das erneute Zeichnen von Seiten der Applikation durch einen Aufruf der `paint()`-Methode.
- Das Programm liefert mit Hilfe der Methode `getGraphics()` den Graphikkontext einer Komponente als ein `Graphics`-Objekt und ruft an diesem die Methoden der `Graphics`-Klasse auf. Im Unterschied zur ersten Möglichkeit muss in diesem Fall keine neue Klasse vom Typ der Komponente abgeleitet werden. Weil nach einer Überlagerung der Graphik diese nicht wieder neu gezeichnet wird, ist es im Allgemeinen günstiger, die `paint()`-Methode zu überschreiben.

Wird eine `paint()-Methode` aufgerufen, ist das `Graphics`-Objekt mit den für diese Komponente wichtigsten Eingenschaften für das Zeichnen prekonfiguriert:

- der `color`-Parameter ist gleichgesetzt mit der `foreground`-Eigenschaft der Komponente,
- der `font`-Parameter mit ihrer `font`-Eigenschaft,
- der `translation`-Parameter ist so gesetzt, dass die Punktkoordinaten (0,0) die höchste linke Ecke der Komponente repräsentieren und
- der `clip-rectangle-Parameter` ist dem Bereich der Komponente gleichgesetzt, der neu gezeichnet werden soll.

In der Java-Literatur wird zwischen einem »vom System ausgelösten Zeichnen« und einem »von einer Applikation ausgelösten Zeichnen« unterschieden. Dabei verhalten sich AWT- und Swing-Komponenten in beiden Fällen noch mal verschieden.

Wird das Zeichnen vom System ausgelöst, so veranlasst das AWT, dass die `paint()`-Methode der Komponente aufgerufen wird. Im zweiten Fall ruft das Programm die `repaint()`-Methode für die Komponente auf, die über eine asynchrone Aufforderung dem AWT mitteilt, dass die Komponente geändert werden soll und veranlasst, dass die `update()`-Methode der Komponente aufgerufen wird. Wenn die Komponente die `update()`-Methode nicht überschreibt, wird die Standardimplementierung von `update()` aufgerufen, die im Falle von HW-Komponenten deren Hintergrund löscht und danach `paint()` aufruft und im Falle von LW-Komponenten direkt auf `paint()` ausgerichtet ist.

Das Überschreiben der `update()`-Methode ermöglicht dem Programm, ein schon vorher durchgeführtes Zeichnen zu ergänzen, was auch unter dem Namen »incremental painting« (weiterführendes Zeichnen) bekannt ist.

Die paint()-Methode von Swing unterscheidet sich von der AWT paint()-Methode, dadurch, dass sie ihre Arbeit an drei andere Methoden paintComponent(), paintChildren() und paintBorder() delegiert. Dies erlaubt dem Programmierer, nur den Teil des Zeichenvorganges zu überschreiben, der erweitert werden soll.

Ein wesentlicher Unterschied zwischen AWT- und Swing-Komponenten besteht in diesem Zusammenhang auch darin, dass unter Swing eine Pufferung des Bildschirminhaltes zur Optimierung des Zeichenvorganges standardmäßig vorgenommen wird, während der AWT-Benutzer sich selbst darum kümmern muss.

Anderseits können Zeichenvorgänge für Swing-Komponenten »look and feel«-spezifisch gestaltet werden, d.h. sich dem Erscheinungsbild der Anwendung anpassen. Dafür müssen diese in den vorher erwähnten UI-Delegationsklassen von Komponenten durchgeführt werden.

Die paintComponent()-Methode prüft, ob die Referenz vom Typ der UI-Delegationsklasse der Komponente verschieden von null ist und ruft über super.paintComponent() deren update()-Methode auf, die den Hintergrund der Komponente malt, falls diese undurchsichtig ist (d.h. ihre opaque-Eigenschaft ist gleich true gesetzt). Aus der update()-Methode wird dann die paint()-Methode der UI-Delegationsklasse aufgerufen. Swing-Komponenten selbst rufen nie direkt die update()-Methode auf. Ein Aufruf der update()-Methode der UI-Delegationsklasse erfolgt auch, wenn die paint()-Methode überschrieben wird und daraus super.paint() aufgerufen wird oder wenn keine der paint()-Methoden überschrieben wird.

Die Methode paintBorder() kann überschrieben werden, um einen vom Standard abweichenden Rand für eine Komponente zu zeichnen.

Die Methode paintChildren() nutzt die clip-rectangle- und optimizedDrawingEnabled-Eigenschaften, um herauszufinden, für welche Deszendenten von Komponenten die paint()-Methode rekursiv aufzurufen ist.

Viele der nachfolgenden Beispiele zeigen im Detail, wie derartige Zusammenhänge funktionieren.

Die Sichtbarkeit protected für die Methoden paintComponent(), paintChildren() und paintBorder() sollte in der Programmierung beibehalten bleiben, weil diese Methoden nicht von außerhalb einer Klasse aufgerufen werden und eine Erweiterung der Sichtbarkeit auf public von daher unnötig wäre.

Die Vorgehensweise beim Zeichnen ist auch wieder unterschiedlich, was AWT- und Swing-Komponenten anbelangt.

Unter Swing wird empfohlen, eine Komponente, deren Klasse von JPanel abgeleitet ist, zu bilden und diese, nachdem ihr alle vom Programm aus definierten Komponenten hinzugefügt wurden, in ein Fenster zu setzen, ein Weg der durchaus auch für AWT-Komponenten genutzt werden kann. Genauso bleibt auch unter Swing die sehr häufig unter AWT genutzte Möglichkeit bestehen, eine Unterklasse von JFrame (unter AWT Frame) zu bilden und die paint()-Methode zu überschreiben. Zum Beachten für den Programmierer bleibt, dass bei einem Zeichnen in ein Swing-Fenster das Programm nicht auch die paintComponent()-Methode überschreiben kann, weil Swing-Fenster keine Erweiterungen der Klasse JComponent sind, die diese Methode definiert.

Farben werden in Java nach dem RGB-Modell erstellt, d.h. aus den Grundfarben rot, grün und blau gemischt. Ein Objekt der AWT-Klasse Color entspricht einer Farbe des RGB-Modells. Zur Definition von Farben kann eine Kombination von drei Zahlen vom Typ int oder float genutzt werden. Für die am häufigsten verwendeten Farben definiert die Klasse Color Konstanten (z.B. Color.red = new Color(255,0,0);).

Eine gewünschte Schrift für die Anzeige von Texten kann über ein Font-Objekt erzeugt werden. Im Konstruktor dieser Klasse werden die Schriftart (Arial, Courier,...), der Schriftstil (fett, kursiv,...) und die Schriftgröße (in Points als int-Zahl) übergeben. Die AWT-Klasse FontMetrics repräsentiert die metrischen Daten eines Font-Objektes. Der Konstruktor dieser Klasse ist geschützt und ein Objekt der Klasse kann nur über die Methode getFontMetrics() von Component, Graphics oder Toolkit ermittelt werden. Die font-ascent- bzw. font-descent-Eigenschaft der Klasse definiert die größte Ober- bzw. Unterlänge der Zeichen dieser Schrift.

Der Aufbau eines Fensters kann im Konstruktor einer von [J]Frame abgeleiteten Klasse erfolgen oder nachdem ein Objekt der Klasse erzeugt wurde. Für die Definition der Größe des Fensters, seiner Hintergrundfarbe, der Anzeigeposition etc. können Methoden der Klasse Component bzw. JComponent genutzt werden: setSize() definiert die Größe des Fensters, setBounds() die Anzeigeposition und Größe, setBackground() die Hintergrundfarbe get/setPrefferedSize() wiederum die Größe des Fensters.

Wird für Subkomponenten, die dem Fenster hinzugefügt werden, die bevorzugte Größe mit get/setPreferredSize() gesetzt, so wird diese in der Emittlung der Fenstergröße berücksichtigt. Der Aufruf der pack()-Methode für das Fenster führt dazu, dass das Fenster eine Größe aufnimmt, die von der preferredSize-Eigenschaft und dem Layout seiner Subkomponenten vorgegeben wird. Wird die Fenstergröße mit setBounds() definiert, so verhindert der Aufruf der pack()-Methode die Anzeige des Fensters. In beiden Fällen muss wegen der Sichtbarkeit, die Methode setVisible(true) aufgerufen werden.

Mit den Methoden getDefaultToolkit() und getScreenSize() der Klasse Toolkit kann die Bildschirmgröße ermittelt werden und diese Werte können mit in die Fensterpositionierung einbezogen werden. Die abstrakte Klasse java.awt.Toolkit definiert system- und bildschirmabhängige Implementierungen, die von Programmen genutzt werden können. Für jede Plattform gibt es eine Implementierung von dieser Klasse, diese ist unter Windows die Klasse WToolkit, die unter anderem dem AWT die Peer-Objekte, die einer betriebssystemspezifischen Darstellung von graphischen Komponenten dienen, liefert.

Aufgabe 4.1

Eine einfache AWT-Komponente vom Typ Frame

Definieren Sie eine von `Frame` abgeleitete Klasse, `Framemitpaint`, welche die Methode `paint()` der Oberklasse überschreibt und ein Oval mit Hilfe der Methode `fillOval()` der Klasse `Graphics` im Fenster zeichnet. Setzen Sie mit Hilfe der Methode `setColor()` der Klasse `Graphics` die Farbe für das Füllen von Umrissen und mit der Methode `setBackground()` eine Hintergrundfarbe für das Fenster. Die Klasse muss das Paket `java.awt` importieren, weil sie Klassendefinitionen aus diesem Paket benutzt.

Java-Dateien: `Framemitpaint.java`
Programmaufruf: java `Framemitpaint`

Aufgabe 4.2

Eine Einfache Swing-Komponente vom Typ JFrame

Definieren Sie eine Klasse `JFramemitpaint`, welche die Klasse `JFrame` erweitert und einen Kreis auf ein als Instanz der Klasse erzeugtes Fenster zeichnet. Die Klasse definiert zwei Instanzfelder `x` und `y`, die die Koordinaten des Punktes, von dem aus der Kreis gezeichnet wird, bestimmen sollen und in ihrer Deklaration initialisiert werden. Sie überschreibt, wie auch die Klasse `Framemitpaint`, die `paint()-Methode` ihrer Oberklasse.

Um ein Fenster symmetrisch zu den Bildschirmseiten zu platzieren, kann mit Hilfe der Methoden `getDefaultToolkit()` und `getScreenSize()` der Klasse `Toolkit` die Bildschirmgröße ermittelt werden. Setzen Sie die Fenstergröße mit Hilfe der Methode `setPreferredSize(new Dimension(100,100))`, die mit Java 5.0 auch für die Klasse `Component` implementiert wurde.

Über den Aufruf des Konstruktors der Oberklasse kann eine Überschrift für das Fenster gesetzt werden. Die Methoden `setBounds()` und `setDefaultCloseOperation()` werden am aktuellen Objekt aufgerufen, um die Größe und Position des Fensters zu definieren und das Fenster über die Fensterleiste schließen zu können.

Hinweise für die Programmierung:

Die Klasse `java.awt.Dimension` definiert die Höhe und Breite einer Komponente mit Hilfe von `int`-Werten.

In Zusammenhang mit `get/setPreferredSize()` muss immer die von der Klasse `Window` geerbte Methode `pack()` aufgerufen werden.

Java-Dateien: `JFramemitpaint.java`
Programmaufruf: `java JFramemitpaint`

Aufgabe 4.3

Ein JWindow-Fenster

Eine Instanz der Klasse `JWindow` besitzt weder einen Rand noch eine Titelleiste. Schreiben Sie einen Text in der Schriftart »`TimesRoman`«, mit einer Größe von 26 Pixeln, in ein `JWindow`-Fenster. Bestimmen Sie mit Hilfe der Methoden `getAscent()` und `getDescent()` der Klasse `FontMetrics` die Distanz von der Schriftbasis bis zum höchsten bzw. tiefsten Charakter der Schrift und zeichnen Sie oberhalb und unterhalb der Schrift je eine Linie.

Die von `JWindow` abgeleitete Klasse `JWindowmitpaint` überschreibt dazu die von der Klasse `Container` geerbte `paint()-Methode`. Rufen Sie für das Setzen der Größe und Position des Fensters die von der Klasse `Component` geerbte `setBounds()-Methode` auf.

Java-Dateien: `JWindowmitpaint.java`
Programmaufruf: `java JWindowmitpaint`

Aufgabe 4.4

Ein JDialog-Fenster

Mit der Klasse `JDialogmitpaint` soll eine weitere Container-Klasse von Swing `JDialog` und eine weitere Methode der `Graphics`-Klasse, `drawImage()`, zum Einsatz kommen. Überschreiben Sie die `paint()`-Methode in dieser Klasse, um damit ein Bild zu zeichnen.

Weil die Klasse `Image` eine abstrakte Klasse ist, können keine Objekte vom Typ dieser Klasse instantiiert werden. Bilden Sie ein `Image`-Objekt, indem Sie an einer Instanz der Klasse `ImageIcon` die Methode `getImage()` der Klasse aufrufen. Im Konstruktor der Klasse `ImageIcon` wird der Name der Bilddatei `javalogo.gif` übergeben.

Java-Dateien: `JDialogmitpaint.java`
Programmaufruf: java `JDialogmitpaint`

Aufgabe 4.5

Das Neuzeichnen einer Swing-Komponente ohne Benutzung des Clip-Rectangles

Es soll eine benutzerdefinierte Komponente vom Typ der Klasse `JComponent` gebildet werden, die eine eigene Graphik malt. Die dazu definierte Klasse `JComponentmitpaintundohneclipBounds` soll gleichzeitig auf eine einfache Art und Weise das Neuzeichnen einer LW-Komponente, nachdem ihre Größe am Bildschirm abgeändert wurde, veranschaulichen.

Auf einen hellgrauen Hintergrund werden durch das Überschreiben der Methode `paintComponent()` zwei Kreise in den Farben rot und grau gemalt. Die Klasse `JComponentmitpaintundohneclipBounds` definiert zwei Zähler `zaehlerKreis1` und `zaehlerKreis2` als Instanzfelder der Klasse, die bei jedem Aufruf der `paintComponent()`-Methode hochgesetzt und am Bildschirm angezeigt werden. Überschreiben Sie die von der Klasse `JComponent` geerbte Methode `getPreferredSize()`, um die erwünschte Größe der Komponente zu setzen. Diese wird über den Aufruf der Methode `pack()` in der Ermittlung der Fenstergröße berücksichtigt.

Erzeugen Sie in der `main()`-Methode der Klasse eine `JFrame`-Komponente mit dem Titel: »Clipping Region« und fügen Sie dieser eine Instanz der Klasse `JComponentmitpaintundohneclipBounds` hinzu.

Java-Dateien: `JComponentmitpaintundohneclipBounds.java`
Programmaufruf: java `JComponentmitpaintundohneclipBounds`

Aufgabe 4.6

Das Neuzeichnen einer Swing-Komponente mit Benutzung des Clip-Rectangles

Eine für das `Graphics`-Objekt vordefinierte Eigenschaft ist die `clip-rectangle`-Eigenschaft. Definieren Sie in Analogie zur Klasse `JComponentmitpaintundohneclipBounds` aus der Aufgabe 4.5 eine Klasse `JComponentmitpaintundclipBounds`, die für das Neuzeichnen einer Komponente, nachdem die Größe des Fensters abgeändert wurde, das Clip-Rectangle nutzt.

Hinweise für die Programmierung:

Ein Programm kann beim Implementieren seiner `paint()-Methode` immer davon ausgehen, dass nur der Bereich, der vom `clip-rectangle`-Parameter des `Graphics`-Objektes definiert ist, ungültig wurde und komplett neu gezeichnet werden muss. Die betroffenen Regionen können mit der Methode `getClipBounds()` der `Graphics`-Klasse ermittelt werden und nur deren Inhalte sollen in diesem Beispiel neu gezeichnet werden.

Java-Dateien: `JComponentmitpaintundclipBounds.java`
Programmaufruf: `java JComponentmitpaintundclipBounds`

Aufgabe 4.7

Das Parametrisieren der paint()-Methode

Erstellen Sie eine von `Dialog` abgeleitete Klasse `DialogmitFrameOwner`, die ein Dialog-Fenster mit einem Frame als Eigentümer definiert. Die Klasse überschreibt die `paint()-Methode`, die ein Bild und ein Text am Bildschirm zeichnet und über die Felder der Klasse parametrisiert werden soll.

Definieren Sie zu diesem Zweck eine zweite Klasse `Dialogmitrepaint`, die für unterschiedliche Objektzustände der Klasse `DialogmitFrameOwner` über `repaint()` deren `paint()-Methode` aufruft.

Das Fenster, das Eigentümer von `Dialogmitrepaint`-Objekten ist, wird nicht angezeigt.

Hinweise für die Programmierung:

Beim Programmaufruf wird die mit Hilfe der Datei `T1.gif` erzeugte `ImageIcon`-Instanz gezeichnet und der Text »Bild(1)« in das Dialogfenster geschrieben. Weitere Instanzen der Klasse `DialogmitFrameOwner` werden mit den Dateien `T2.gif`, `T3.gif` und `T4.gif` und den Literals »Bild(2)«, »Bild(3)« und »Bild(4)« gebildet.

Die benötigten Beschreibungen und die Namen der `.gif`-Dateien werden in zwei Array-Objekten vom Typ `String` hinterlegt, die als lokale Referenzvariablen in der `main()-Methode` der Klasse `Dialogmitrepaint` definiert sind. Parallel zu diesen werden in einem weiteren Array-Objekt vom Typ der Klasse `ImageIcon` Instanzen dieser Klasse hinterlegt. Die Elemente eines Array-Objektes vom Typ der Klasse `DialogmitFrameOwner` speichern die über eine `for`-Schleife konstruierten Objektzustände für diese Klasse.

Java-Dateien: `DialogmitFrameOwner.java, Dialogmitrepaint.java`
Programmaufruf: `java Dialogmitrepaint`

Aufgabe 4.8

Die Instanzen der Klasse Color

Zur Definition einer Farbe können im Konstruktoraufruf der Klasse `jawa.awt.Color` drei `int`-Werte übergeben werden, die je einem Ton der Grundfarben rot, grün und blau entsprechen, und zwar im Wertebereich von 0 bis 255.

Definieren Sie eine Klasse `DefinitionvonFarben`, die die Klasse `JFrame` erweitert und in ihrer `paint()-Methode` konzentrische Kreise in unterschiedlichen Farben malt. Die zur Definition von Farben genutzten `int`-Werte werden über drei geschachtelte `for`-Schleifen generiert. Der Wert des Radius der Kreise wird bei jedem Durchlauf einer `for`-Schleife um 5 erhöht. Die Werte von lokalen Variablen aus der Definition von `for`-Schleifen sollen um 100 erhöht werden und dürfen den Wert 255 nicht überschreiten.

Java-Dateien: `DefinitionvonFarben.java`
Programmaufruf: `java DefinitionvonFarben`

4.5 Die Transparenz-Eigenschaft und der Hintergrund von Komponenten

LW-Komponenten besitzen standardmäßig keinen Hintergrund. Für Swing-Komponenten kann dieser mit der Methode `setOpaque()` eingestellt werden.

Für das Setzen des Hintergrundes von benutzerdefinierten Swing-Komponenten, die die `paintComponent()`-Methode der Oberklasse nicht überschreiben, reicht der Aufruf der Methode `setOpaque(true)`, da in diesem Fall automatisch die `update()`-Methode des UI-Delegationsobjektes aufgerufen wird, die den Hintergrund der Komponente in der von der `background`-Eigenschaft definierten Farbe malt.

Standard- und benutzerdefinierte UI-Delegationskomponenten werden schwerpunktmäßig im Kapitel 6 behandelt. Hier sei nochmals darauf hingewiesen, dass ein Aufruf von Methoden der UI-Delegationsklassen von deren zugeordneten Komponentenklassen durch das Überschreiben der `paintComponent()-Methode`, ohne daraus mit `super.paintComponent()` die Methode der Oberklasse aufzurufen, vermieden werden kann. Derartige Komponenten ändern ihr Aussehen nicht, falls das Erscheinungsbild einer Anwendung abgeändert wird (siehe Kapitel 6).

4.6 Layout-Manager

Layout-Manager übernehmen, wie schon angesprochen, das Anordnen von Komponenten innerhalb von Containern. Die Layout-Manager-Klassen implementieren die Schnittstelle `java.awt.LayoutManager` oder deren Unterinterface `LayoutManager2`.

Es gibt mehrere Arten von Layout-Managern. Ein `LayoutManager`-Objekt wird über einen `new`-Operator instantiiert. Dieses Objekt wird dann an die `setLayout()-Methode` des entsprechenden Containers übergeben und die diversen Methoden des Layout-Managers werden aufgerufen. Wenn sich die Größe des Containers ändert, erneuert der Layout-Manager die Anordnung der Komponenten entsprechend.

Der Layout-Manager `FlowLayout` ordnet die Komponenten in Zeilen von links nach rechts und diese von oben nach unten an und ändert die bevorzugte Größe der Komponenten nicht. Er ist der Standard-Layout-Manager für `JPanel`. Es kann angegeben werden, ob die Zeilen zentriert, links- oder rechtsbündig ausgerichtet werden sollen und wie viel Platz oben, unten, links und rechts von den Komponenten frei bleiben soll. Falls der Container nicht groß genug ist, um alle Komponenten anzuzeigen, werden die zu großen Komponenten nur teilweise bzw. die überzähligen Komponenten gar nicht angezeigt.

Der `GridLayout`-Layout-Manager ordnet die Komponenten von links nach rechts und von oben nach unten in ein gleichmäßiges Raster von Zeilen und Spalten an. Die Anzahl der Zeilen und Spalten, sowie deren Abstände, können vordefiniert werden. Er berücksichtigt nicht die bevorzugte Größe von Komponenten. Der vorhandene Platz wird gleichmäßig aufgeteilt, so dass alle Komponenten die gleiche Größe in ihrer Darstellung bekommen, was eine vom Benutzer definierte Größeneinstellung rückgängig macht.

Der `BorderLayout`-Layout-Manager unterteilt einen Container in fünf Bereiche, die mit Hilfe der Konstantendefinitionen von `BorderLayout.NORTH`, `BorderLay-`

out.SOUTH, BorderLayout.WEST, BorderLayout.EAST und BorderLayout.CENTER zugeordnet werden können. Soll eine Komponente dem Container hinzugefügt werden, muss über den Namen dieser Konstanten angegeben werden, wohin sie gesetzt werden soll. Er ist der Standard-Layout-Manager für JFrame und JDialog. Die bevorzugte Größe der Komponenten wird nach den folgenden Regeln berücksichtigt: Komponenten im North- und South-Bereich werden so breit wie der Container und behalten ihre bevorzugte Höhe. Komponenten im West- und East-Bereich werden so hoch wie der Container und behalten ihre bevorzugte Breite. Einer Center-Komponente wird der in der Mitte des Containers verbliebene Platz zugeteilt. Zwischen den Komponenten kann ein bestimmter Leerraum vorgegeben werden.

Der Layout-Manager BoxLayout ordnet seine Komponenten in einer waagerechten Zeile BoxLayout.X_AXIS oder in einer senkrechten Spalte BoxLayout.Y_AXIS an. Anstatt diesen Layout-Manager direkt zu benutzen, kann eine Instanz der Klasse javax.swing.Box eingesetzt werden, die das BoxLayout verwendet. Zu den Box-Objekten kann man mit createHorizontalGlue(), createHorizontalStrut() und createHorizontalStrut()) einen dehnbaren oder festen Leerraum hinzufügen. Das BoxLayout ist das wichtigste Layout unter Swing.

Der Layout-Manager GridBagLayout ordnet seine Komponenten entsprechend einer Reihe von Einschränkungen (»constraints«) an. Diese werden in Objekten der Klasse GridBagConstraints abgelegt. Auch dieser Layout-Manager teilt, ähnlich wie Layout-Manager GridLayout, den Container in ein Raster mit Zeilen und Spalten auf, nur kann das Raster hier eine beliebige Größe haben und seine Zeilen und Spalten beliebige Höhen und Breiten. Die Komponenten werden an den angegebenen Positionen im Raster angeordnet.

Anstatt eines Layout-Managers ein selbst codiertes Layout zu benutzen, bedeutet, die Komponenten in einem Container nach Belieben anzuordnen. Weil alle AWT- und Swing-Komponenten Standard-Layout-Manager besitzen, müssen deren Referenzen dazu auf null gesetzt werden. Mit der Methode setBounds() der Klasse Component kann dann für jede einzelne Komponente die Größe und Position angegeben werden. Alternativ können auch die Methoden setSize() und setLocation() genutzt werden.

Um einen benutzerdefinierten Layout-Manager zu entwickeln, können eigene Klassen definiert werden, die die Schnittstellen LayoutManager bzw. LayoutManager2 implementieren. Dabei werden die Methoden der Schnittstelle implementiert, die der Container nachher selbstständig aufruft. Die wichtigste der Methoden ist layoutContainer(), die allen im Container enthaltenen Komponenten eine Position und Größe zuordnen muss.

Mit Hilfe von Methoden der Klasse javax.swing.BorderFactory können für bestimmte Container standard- und benutzerdefinierte Typen von Border (Rändern) gesetzt werden.

Aufgabe 4.9 ☆

Die vordefinierten Layout-Manager für Standard-Klassen

In einer Klasse `AnzeigevonLayoutManager` sollen, um einen globalen Überblick zu erreichen, Namen von AWT- und Swing-Komponenten und deren Standard-Layout-Manager am Bildschirm angezeigt werden.

Die Methode `anzeige()` der Klasse definiert als Parameter eine Referenz vom Typ der `Container`-Klasse. Das im Methodenaufruf angegebene Argument kann durch den impliziten Polymorphismus eine Referenz vom Typ einer beliebigen Klasse sein, die die Klasse `Container` erweitert.

Java-Dateien: `AnzeigevonLayoutManager.java`
Programmaufruf: `java AnzeigevonLayoutManager`

Aufgabe 4.10 ☆☆☆

Die Layout-Manager von AWT-Komponenten

`LayoutManager` ist das Interface, das alle Layout-Manager-Klassen implementieren. Darum kann eine Referenzvariable vom Typ `LayoutManager` auf Objekte aller dieser Klassen zeigen.

Die Klasse `FrameMaske` erweitert die `Frame`-Klasse und definiert einen Container, auf dem die verschiedenen Layout-Manager zum Einsatz kommen, um Komponenten vom Typ `Label` zu platzieren. Sie definiert als Klassenfeld eine globale Referenz vom Typ des Interface `LayoutManager`, die in der `main()`-Methode der Klasse anhand des im Programmaufruf übergebenen Argumentes die Referenz auf eine Instanz der entsprechenden Layout-Manager-Klasse zugewiesen bekommt.

In der gleichen Methode wird ein Objekt der eigenen Klasse erzeugt, dessen Referenz neben der `LayoutManager`-Referenz im Konstruktor einer Klasse `GrundMaskefuerAWT` übergeben wird. An dem so erzeugten Objekt wird die Methode `anzeige()` der Klasse `GrundMaskefuerAWT` aufgerufen.

Die Klasse `GrundMaskefuerAWT` definiert einen Maskenprototyp für die Anzeige von AWT-Komponenten mit unterschiedlichen Layout-Manager-Typen in einem Fenster. Sie erzeugt sieben Instanzen vom Typ einer Klasse `AWTLabel` und fügt diese unter Berücksichtigung der Layoutdefinition der in ihrem Konstruktor übergebenen `Frame`-Komponente hinzu.

Die Klasse `GrundMaskefuerAWT` implementiert das Interface `LabelFarben`, das Array-Objekte vom Typ `Color` und `String` für Farben- und Textdefinitionen bereitstellt.

Die Klasse `AWTLabel` wird von der Klasse `Label` abgeleitet und bekommt im Konstrukor Referenzen vom Typ der Klassen `Color` und `String` übergeben, mit welchen der Konstruktor ihrer Oberklasse aufgerufen wird, um Labels mit unterschiedlicher Farbe und Schrift zu erstellen.

Hinweise für die Programmierung:

Eine Instanz vom Typ der Klasse `Label` ist eine HW-Komponente, sodass diese standardmäßig einen Hintergrund besitzt.

Java-Dateien: `FrameMaske.java`, `GrundMaskefuerAWT.java`, `LabelFarben.java`, `AWTLabel.java`
Programmaufruf: `java FrameMaske [FlowLayout] [GridLayout] [BorderLayout]`

Aufgabe 4.11 ☆☆☆

Die Layout-Manager von Swing-Komponenten

Die Klassen `JFrameMaske` und `GrundMaskefuerSwing` definieren das Pendant zu den Klassen aus der Aufgabe 4.10 für Swing-Komponenten. Führen Sie die nötigen Änderungen in den Klassendefinitionen durch, so dass eine Anzeige von Swing-Komponenten, mit unterschiedlichen Layout-Manager-Definitionen, ermöglicht wird.

Die Klasse `SwingLabel` wird von der Klasse `JLabel` abgeleitet und definiert zwei globale Referenzen vom Typ der Klassen `Color` und `String`, deren Werte im Konstruktor der Klasse übergeben werden und in der `paintComponent()`-Methode zum Zeichnen eines Rechtecks und Schreiben eines Textes auf die Komponenten der Klasse genutzt werden. Vergewissern Sie sich, dass eine mit `getPreferredSize()` gesetzte bevorzugte Größe für die Komponenten dieser Klasse von einem Layout-Manager vom Typ `FlowLayout` nicht zurückgesetzt wird. Warum wird ein Aufruf der Methoden `setOpaque(true)` und `setBackground(Color.pink)` im Konstruktor der Klasse von den erzeugten Instanzen ignoriert?

Implementieren Sie eine zweite Version für die Klasse `SwingLabel`, die analog zur Klasse `AWTLabel` aus der Aufgabe 4.10 die Farbe und den Text im Konstruktoraufruf an die Oberklasse `JLabel` weitergibt. Warum wird hiermit der Hintergrund von Komponenten der Klasse angezeigt?

Java-Dateien: `JFrameMaske.java`, `GrundMaskefuerSwing.java`, `LabelFarben.java`, `SwingLabel.java`, `SwingLabelV1.java`
Programmaufruf: `java JFrameMaske [FlowLayout] [GridLayout] [BorderLayout]`

Aufgabe 4.12 ☆☆

Das BoxLayout

Eine `BoxLayout`-Instanz bekommt im Konstruktoraufruf ihrer Klasse einen Verweis auf den Container, für den das Layout definiert wird, übergeben.

Definieren Sie eine Klasse `JFramemitBoxLayout`, die von `JPanel` abgeleitet ist und ein BoxLayout definiert, das seine Komponenten waagerecht, also parallel zur x-Koordinatenachse anreiht. Setzen Sie für die `JPanel`-Komponente einen Border mit der Überschrift »Labels einem Container mit BoxLayout hinzufügen« und implementieren Sie das Interface `LabelFarben` für diese Klasse.

Einer Instanz dieser Klasse werden drei Labels vom Typ der Klasse `SwingLabel` (unter `SwingLabelV1.java` gespeichert) hinzugefügt.

Ein Objekt der Klasse `Box` soll seine Kindkomponenten, drei weitere Objekte der Klasse `SwingLabel`, senkrecht, also an der y-Achse, anordnen und soll dem Panel hinzugefügt werden.

In der `main()-Methode` der Klasse `JFramemitBoxLayout` wird ein Objekt der eigenen Klasse erzeugt und einer `JFrame`-Komponente hinzugefügt.

Hinweise für die Programmierung:

Wird die Klasse direkt von `JFrame` abgeleitet, bringt das Laufzeitsystem die Fehlermeldung: "BoxLayout can't be shared".

Ein Objekt vom Typ der Klasse `Box` bekommt automatisch einen Layout-Manager vom Typ `BoxLayout` zugewiesen und kann, wie ein Container, Komponenten aufnehmen.

Java-Dateien: `SwingLabel, LabelFarben.java, JFramemitBoxLayout.java`
Programmaufruf: `java JFramemitBoxLayout`

Aufgabe 4.13 ☆☆☆

Das GridBagLayout

Der Layout-Manager `GridBagLayout` erspart dem Programmierer komplizierte Layoutdefinitionen, die ansonsten mit Hilfe einer Vielzahl von Panels durchgeführt werden müssten. Damit kann die Position und Ausrichtung einer Komponente relativ zu den anderen Komponenten mittels der Klasse `GridBagConstraints` definiert werden. Die erforderlichen Parameterwerte können entweder über den Konstruktor der Klasse `GridBagConstraints` gesetzt werden oder über deren Instanzfelder.

Definieren Sie eine von `JFrame` abgeleitete Klasse `JFramemitGridBagLayout`, die ein `GridBagLayout` definiert und die gleichen Komponenten vom Typ der Klasse `SwingLabel` wie in der vorigen Aufgabe hinzugefügt bekommt. Die Einschränkungen, die jede einzelne `JLabel`-Komponente in ihrer Positionierung einzuhalten hat, sollen mit Hilfe von Feldern der Klasse `GridBagLayoutConstraints` in einer Methode mit dem Namen `addJLabel()` gesetzt werden. Bilden Sie in der `main()-Methode` eine Instanz vom Typ der eigenen Klasse und rufen Sie an dieser die Methode `addJLabel()` auf.

Wählen Sie die Werte für die `GridBagLayoutConstraints`-Parameter so, dass Sie das gleiche Bild wie in den Programmausgaben bei der Lösung für diese Aufgabe erhalten.

Java-Dateien: `SwingLabel.java`, `LabelFarben.java`, `JFramemitGridBagLayout.java`
Programmaufruf: `java JFramemitGridBagLayout`

Aufgabe 4.14 ☆☆

Das null-Layout

Eine Klasse `JFramemitNullLayout`, von `JFrame` abgeleitet, soll das von ihrer Oberklasse vordefinierte Layout auf `null` zurücksetzen, um ihre Komponenten selbst positionieren zu können. Mit `setLayout(null)` wird kein Layout definiert bzw. ein vordefiniertes zurückgesetzt. Zum Positionieren von Komponenten kann in diesem Fall die Methode `setBounds()` genutzt werden, welche die Position relativ zum Container und die Größe von Komponenten festlegt.

Definieren Sie eine Methode mit der Signatur: `createJLabel (String text, Color farbe, int x, int y, int breite, int höhe)`, die über ihre Argumente die Werte für Farbe, Schrift, Position und Größe von `JLabel`-Komponenten übergeben bekommt und diese für die einzelnen Komponenten setzt.

Die `JLabel`-Komponenten werden in einem parameterlosen Konstruktor der Klasse `JFramemitNullLayout`, mit Hilfe einer `for`-Schleife, welche die Werte ihrer Instanzfelder `x` und `y` für jeden Durchlauf um 50 und 20 erhöht, an unterschiedliche Positionen innerhalb des Fensters platziert.

Java-Dateien: `LabelFarben.java`, `JFramemitNullLayout.java`
Programmaufruf: `java JFramemitNullLayout`

4.7 Das Überlappen von Komponenten

Damit auf eine LW-Komponente gemalt werden kann, braucht diese eine HW-Komponente irgendwo in ihrer Einbettungshierarchie, um einen Platz zum Zeichnen zu haben.

Damit alle LW-Kindkomponenten einer AWT-HW-Komponente gemalt werden, muss diese in ihrer `paint()`-Methode, nachdem sie ihre eigenen Inhalte gemalt hat, die Methode der Oberklasse mit `super.paint()` aufrufen. Der Aufruf der Methode der Oberklasse kann im Falle von AWT- HW-Kindkomponenten unterbleiben.

Der Aufruf der Zeichenmethode der Oberklasse für Swing-Komponenten hat, wie in Zusammenhang mit der Transparenz-Eigenschaft festgestellt, eine andere Bedeutung als unter AWT. Durchsichtige Komponenten können sich überlappen, ohne eine dahinter liegende Komponente zu verdecken, und ein Aufruf von `super.paintComponent()` ist in diesem Zusammenhang nicht erforderlich. Überschreibt eine Swing-Container-Klasse die Methode `paintChildren()` an Stelle von `paintComponent()`, muss jedoch `super.paintChildren()` aufgerufen werden, damit ihre Kindkomponenten angezeigt werden.

Aufgabe 4.15 ☆

Das Verhalten von AWT-LW- und -HW-Komponenten

Erstellen Sie mit `AWTPaintKreis` zwei Versionen für eine Klassendefinition von benutzerdefinierten Komponenten, die einen Kreis zeichnen. Die Klasse soll nacheinander von den Klassen `Label` bzw. `Component` abgeleitet werden, um den Unterschied zwischen AWT-HW- und AWT-LW-Komponenten zu demonstrieren. Über die Parameterliste des Konstruktors der Klasse wird die `foreground`-, `background`- und `bounds`-Eigenschaft für ihre Komponenten gesetzt. Ihre `paint()`-Methode zeichnet in die linke Ecke der Komponente einen Kreis, dessen Durchmesser an die Größe der Komponente angepasst wird.

Eine zweite Klasse `FramemitPaintKreis` definiert einen Fenstertyp als Subtyp der `Frame`-Klasse und fügt diesem einen größeren und vier kleinere Kreise hinzu. Ermitteln Sie sinnvolle Werte für den Ausgangspunkt und Durchmesser beim Zeichnen von Kreisen anhand der vorher eingestellten Fenstergröße und achten Sie auf die Reihenfolge, in der die Komponenten dem Fenster hinzugefügt werden müssen.

Java-Dateien: `FramemitPaintKreis.java, AWTPaintKreis.java`
Programmaufruf: `java FramemitPaintKreis`

Aufgabe 4.16 ☆☆

AWT-Container mit LW- und HW-Kindkomponenten

Definieren Sie eine Klasse `AWTContainer`, welche die Klasse `Container` erweitert und in ihrer `paint()`-Methode ein Muster malt. Fügen Sie die gleichen Komponenten vom Typ der Klasse `AWTPaintKreis` wie in der Aufgabe 4.15 zu einer Instanz dieser Klasse hinzu und stellen Sie diesen Container in einem Fenster dar. Analog zur Aufgabe 4.15 soll dafür eine Klasse `FramemitContainerundPaintKreis` erstellt werden.

Die Klasse `AWTContainer` definiert eine globale Referenz vom Typ Array, deren Elemente Instanzen der Klasse `Color` referenzieren. Die im Konstruktor übergebenen Werte für Farben werden genutzt, um alternativ, vom Index eines Arrayelementes abhängig, eine Farbe für das Zeichnen von Quadraten zu setzen, die sich mit einer Seitenlänge von 5 Pixel in ein Muster einfügen. Im Konstruktoraufruf der Klasse werden im Lösungsvorschlag der Aufgabe die Farben weiß und schwarz übergeben. Testen Sie das Programm auch mit anderen Farben.

Hinweise für die Programmierung:

Die Klasse `AWTContainer` muss in ihrer `paint()`-Methode die Methode der Oberklasse über `super.paint()` aufrufen damit ihre LW-Kindkomponenten angezeigt werden. Der Bereich zwischen den LW-Komponenten ist transparent und dies lässt alles, was sich dahinter befindet, durchscheinen. Wird die Klasse `AWTPaintKreis` von der Klasse `Label` oder einer anderen AWT-HW-Komponentenklasse wie `Panel` oder `Button` abgeleitet, so ist dieser Aufruf nicht erforderlich.

Java-Dateien: `AWTPaintKreis.java`, `AWTContainer.java`, `FramemitContainerundPaintKreis.java`
Programmaufruf: `java FramemitContainerundPaintKreis`

Aufgabe 4.17 ☆☆☆

Z-Order-Index für AWT-LW-Komponenten

Mit diesem Beispiel soll eine weitere mit der Version 5.0 von Java zusätzlich geschaffene Möglichkeit für LW-Komponenten aufgezeigt werden: Diesen können innerhalb eines Containers Ebenen zugeordnet werden, um die Reihenfolge, in der die Komponenten gemalt werden, zu bestimmen.

Definieren Sie eine Klasse `FramemitZOrder`, die vier Instanzen vom Typ der Klasse `AWTPaintKreis` (von `Component` abgeleitet, aus der Aufgabe 4.15) erzeugt und einen Container vom Typ der Klasse `AWTContainer` aus der Aufgabe 4.16 hinzufügt. Legen Sie mit Hilfe der Methode `setComponentZOrder()` der Klasse `Container` die Reihenfolge fest, in der diese Komponenten gemalt werden sollen, und wechseln Sie die Tiefe von Ebenen zwischen mehreren unterschiedlichen Zuordnungen ab.

Java-Dateien: `AWTPaintKreis.java`, `AWTContainer.java`
`FramemitZOrder.java`
Programmaufruf: `java FramemitZOrder`

Aufgabe 4.18 ☆

Das Verhalten von Swing-Komponenten

Analog zur Aufgabe 4.15 sollen die Klassen `JFramemitPaintKreis` und `PaintKreis` erstellt werden, um das Verhalten von Swing-Komponenten zu testen. So wird die Klasse `PaintKreis` von `JLabel` bzw. `JComponent` abgeleitet und die Klasse `JFramemitPaintKreis` erzeugt ein Fenster vom Typ `JFrame`.

Damit der Hintergrund für die `JLabel`-Komponenten gemalt wird, muss sowohl `super.paintComponent()` wie auch `setOpaque(true)` aufgerufen werden.

Für Komponenten, deren Klasse `JComponent` erweitert, kann kein Hintergrund gesetzt werden.

Java-Dateien: `PaintKreis.java`,
`JFramemitPaintKreis.java`
Programmaufruf: `java JFramemitPaintKreis`

Aufgabe 4.19

Swing-Container und der Z-Order-Index für Swing-Komponenten

In Analogie zu den Klassen aus den Aufgaben 4.16 und 4.17 werden für einen Test mit Swing-Komponenten die Klassen `KreisContainer` und `JFramemitContainerundPaintKreis` definiert.

Die Klasse `KreisContainer` definiert einen Swing-Container vom Typ der Klasse `JPanel` für die Aufnahme von `JLabel`- bzw. `JComponent`-Objekten.

Erzeugen Sie mehrere Instanzen vom Typ `PaintKreis` und bewegen Sie diese in einem als Instanz der Klasse `KreisContainer` erzeugten Container in über den Z-Order-Index spezifizierte Ebenen. Ändern Sie die Reihenfolge der Zuordnungen und sehen Sie sich jedes Mal das erzielte Ergebnis am Bidschirm an.

Java-Dateien: `PaintKreis.java, KreisContainer.java, JFramemitContainerundPaintKreis.java`
Programmaufruf: `java JFramemitContainerundPaintKreis`

4.8 Das System als Auslöser für Zeichenoperationen

Wie in der Einführung zu diesem Kapitel schon vermerkt wurde, gibt es sowohl unter AWT als auch unter Swing zwei Auslöser für Zeichenoperationen: das System und die Applikationen selbst. Im ersten Fall fordert das System die Komponente auf, sich neu zu zeichnen, wenn diese erstmals am Bildschirm angezeigt oder ihre Größe geändert wird oder wenn das Fenster am Bildschirm verschoben wird oder wenn es durch ein anderes Fenster verdeckt wurde und nun wieder sichtbar wird.

Mit den vorangegangenen Beispielen lässt sich nachvollziehen, dass beim Überlappen von Komponenten mit einer `Container`-Klasse, für welche das Standard `null`-Layout gesetzt ist, die Methode `setBounds()` in den Fenster-Container- und Komponenten-Klassen aufgerufen werden muss, damit die `paintComponent()`-Methode für eine Instanz der Komponentenklassen überhaupt aufgerufen wird. Bei einem Resizing der Fenstergröße passt sich in diesem Fall die Größe der Komponenten nicht an.

Wird ein Layout-Manager in der `Container`-Klasse definiert, reicht dafür der Aufruf von `getPreferredSize()` in der erweiterten Komponentenklasse und der der `pack()`-Methode in der Fensterklasse. Bei einem Resizing der Fenstergröße passt sich in diesem Fall die Größe der Komponenten, abhängig von der Layoutdefinition, bei jeder Größenänderung des Fensters an die neue Größe des Fensters an.

Aufgabe 4.20 ☆☆

Resizing von AWT-Komponenten

Definieren Sie eine Klasse `KreisComponent`, die eine der Klassen `Component` oder `Canvas` erweitert und mit der `paint()`-Methode konzentrische Kreise auf die Zeichenoberfläche malt.

Eine zweite Klasse `ContainerfuerComponent` erweitert die Klasse `Container` und zeichnet in ihrer `paint()`-Methode übereinanderliegende Rechtecke in den gleichen Farben wie die Kreise der Klasse `KreisKomponent`.

AWT-Komponenten sind keine Container und besitzen somit kein eigenes Layout. Die von der Klasse `Component` geerbte Methode `getPreferredSize()` soll in den erweiterten Komponentenklassen überschrieben werden, um die Größe der Komponenten zu bestimmen. In der von der gleichen Klasse überschriebenen `paint()`-Methode soll die Größe der Komponente dynamisch ermittelt werden, um die Graphik bei einer Änderung der Fenstergröße anzupassen. Ob sich bei einer Größenveränderung des Fensters die Größe der Komponente an die Größe des Containers anpasst, ist von dessen Layout-Manager abhängig.

Die Größenangaben für Instanzen der `Container`-Klasse sollen auch dynamisch ermittelt werden. Testen Sie das Verhalten der in einem Container hinzugefügten Komponenten beim Wechseln der Fenstergröße für unterschiedliche Layoutdefinitionen.

Mit der Klasse `AWTPaintComponent` soll das Resizing von AWT-Komponenten getestet werden. Sie definiert ein Fenster vom Typ `Frame`, fügt zu einer `Container`-Komponente eine `KreisComponent`-Instanz hinzu und den Container zum Fenster.

Java-Dateien: `KreisComponent.java`, `ContainerfuerComponent.java`, `AWTPaintComponent.java`
Programmaufruf: `java AWTPaintComponent`

Aufgabe 4.21 ☆☆

Resizing von Swing-Komponenten

In Analogie zu den Klassen aus der Aufgabe 4.20 werden für den Test eines Resizing von Swing-Komponenten die Klassen `SwingComponent`, `SwingContainer` und `SwingPaintComponent` definiert.

Leiten Sie die Klasse `SwingComponent` alternativ von `JLabel` und `JComponent` ab und testen Sie das Aussehen von Instanzen dieser Klassen beim Vergrößern des Fensters in beiden Fällen.

Die Klasse `SwingContainer` wird von der Klasse `JPanel` abgeleitet, malt in einer `paintChildren()`-Methode ein eigenes Muster mit Rechtecken in den Farben schwarz, weiß und grau und ruft zur Anzeige ihrer Kindkomponenten die Methode der Oberklasse mit `super.paintChildren()` auf.

Tauschen Sie die Länge der Breite und der Höhe der Rechtecke untereinander aus, um das Muster der Klasse `SwingComponent` in den gleichen Farben zu zeichnen und setzen Sie eine Hintergrundfarbe für die Komponenten dieser Klasse, wenn sie von `JLabel` abgeleitet wird. Der dazu erforderliche Aufruf der Methode der Oberklasse mit `super.paintComponent()` muss erfolgen, bevor die Klasse ihre eigenen Inhalte malt, ansonsten werden diese überschrieben.

Java-Dateien: `SwingComponent.java`, `SwingContainer.java`, `SwingPaintComponent.java`
Programmaufruf: `java SwingPaintComponent`

4.9 Eventbehandlung

Nachrichten, die in Form von Tastatureingaben, Mausklicks und Mausbewegungen vom Benutzer an die Komponenten einer graphischen Oberfläche weitergegeben werden sowie das Schließen von Fenstern oder das Ändern ihrer Größe werden als Ereignisse (Events) bezeichnet.

Die Komponenten einer graphischen Oberfläche können auch über Ihre Reaktionen auf Anforderungen von Benutzern und Programmen selbst Ereignisse auslösen.

In Java sind Events Objekte, die als Instanzen von einer Unterklasse der abstrakten Klasse `AWTEvent` gebildet werden. Diese Klasse ist von der Klasse `java.util.EventObject` abgeleitet.

Mit Event-Listenern werden Instanzen vom Typ des Interface `EventListener` und seiner Unterinterfaces bezeichnet, die von Klassen implementiert werden, deren Objekte informiert werden sollen, wenn ein bestimmtes Ereignis auftritt. Das Interface `java.util.EventListener` ist ein Marker-Interface, das von allen anderen Listenern implementiert werden muss, und jeder Listener ist für eine bestimmte Art von Events zuständig.

Event-Adapter-Klassen sind Implementierungen von Event-Listener-Interfaces. Man kann das Implementieren von allen Methoden, die ein Event-Listener definiert, umgehen, indem man eine Unterklasse von einer Adapter-Klasse ableitet und nur die Methoden, die gebraucht werden, überschreibt.

Es gibt zwei Arten von Events:

Fenster-Events (»Low-Lewel-Events«, Ereignisse niedrigerer Ebene), die als unmittelbare Folge von Benutzereingaben auftreten (MouseEvent, KeyEvent, FocusEvent, WindowEvent, ComponentEvent, HierarchyEvent, InputMethodEvent) und Komponenten-Events (Ereignisse höherer Ebene, auch semantische Ereignisse gennant), die direkt von AWT- und Swing-Komponenten erzeugt werden (wie z. B. ActionEvent, ChangeEvent, ItemEvent).

Beide Arten von Events können die Event-Listener-API von Java benutzen, d.h., Komponenten, die Event-Objekte erzeugen, speichern eine Liste von Listenern und stellen Methoden zur Verfügung, um neue Listener aufzunehmen und alte zu entfernen. Diese Listener müssen für alle Komponenten, die benachrichtigt werden sollen, registriert werden.

Mit der Definition von »Inneren Klassen« (Kapitel 7) wurde die Möglichkeit geschaffen, kompakte Schreibweisen für die Implementierung von Event-Listenern und Event-Adaptern zu nutzen, was nicht als zusätzliche Methode in der Eventbehandlung zu sehen ist, aber eine große Hilfe für die Programmierung bereitstellt und durch die Beispiele aus diesem Kapitel später bestätigt wird.

4.10 Events auf niedriger Ebene

Für alle bisher erstellten Programme wurde keine explizite Ereignisbehandlung durchgeführt. Darum konnten die Fenster unter AWT nicht über ihre Fensterleiste geschlossen werden.

Fensterklassen lösen Events auf niedriger Ebene aus und leiten Event-Objekte vom Typ `WindowEvent` weiter. Eine `WindowListener`-Instanz wird mit der Methode `addWindowListener(WindowListener listener)` der Klasse `Window` für das Empfangen von Objekten vom Typ `WindowEvent`, die durch Operationen mit Fenstern ausgelöst werden, für das aktuelle Objekt dieser Klassen registriert.

Aufgabe 4.22 ☆

Das Interface WindowListener und die Klasse WindowEvent

Definieren Sie eine Klasse `FramemitWindowListener`, die das Interface `WindowListener` implementiert, das unter anderem Methoden zum Schließen von Fenstern definiert. Auch wenn nur eine Methode von den Instanzen der Klasse aufgerufen wird, muss die Klasse alle Methoden des `WindowListener` implementieren. So ist die Klasse nicht nur Auslöser, sondern auch Empfänger für Events vom Typ `WindowListener`.

Beim Schließen des Fensters soll die Methode `exit()` der Java-Standard-Klasse `System` aufgerufen werden, die auch gleichzeitig die Applikation beendet.

Java-Dateien: `FramemitWindowListener.java`
Programmaufruf: `java FramemitWindowListener`

Aufgabe 4.23 ☆

Die Klasse WindowAdapter

Eine zweite Methode, die in der Ereignisbehandlung eingesetzt werden kann, besteht darin, eine `WindowAdapter`-Klasse zu erweitern.

In Java kann eine Klasse nicht gleichzeitig von zwei anderen Klassen abgeleitet werden. Definieren Sie eine von `Frame` abgeleitete Klasse `FramemitWindowAdapter` und eine zweite Klasse `UnterklassevonWindowAdapter`, welche von der Klasse `WindowAdapter` abgeleitet wird, die von Instanzen der ersten Klasse gesendete `WindowEvent`-Objekte empfängt und darauf reagiert.

Überschreiben Sie die Methode `windowClosing()` von `WindowAdapter`, um ein von Ihnen erzeugtes Fenster vom Typ der Klasse `FramemitWindowAdapter` zu schließen.

Java-Dateien: `FramemitWindowAdapter.java`, `UnterklassevonWindowAdapter.java`
Programmaufruf: `java FramemitWindowAdapter`

4.11 Events auf höherer Ebene

Ein Beispiel für einen Event auf höherer Ebene (Komponenten-Event) ist der `ActionEvent`, der durch das Betätigen eines Buttons ausgelöst wird. Dieses Ereignis wird in Form eines `ActionEvent`-Objektes an einen Zuhörer gesendet, der den `ActionListener` implementiert und diesen mit der Methode `addActionListener()` für Objekte, die Aktionen auslösen, registriert.

Das `ActionListener`-Interface definiert nur eine Methode `actionPerformed(ActionEvent e)` und wird deshalb von keiner Adapter-Klasse implementiert.

Aufgabe 4.24 ☆

Das Interface ActionListener und die Klasse ActionEvent

Eine Klasse `FramemitActionListener` wird von `Frame` abgeleitet und implementiert die Schnittstelle `ActionListener`. Die Klasse erzeugt eine Instanz vom Typ der Klasse `Button`, für die der `ActionListener` registriert wird. Das Standard-Fenster-Layout ist das BorderLayout. Fügen Sie dem Fenster im südlichen Bereich die Instanz vom Typ `Button` hinzu, die in ihrem Konstruktoraufruf den String: »Fenster mit einem Button schließen" übergeben bekommt.

Java-Dateien: `FramemitActionListener.java`
Programmaufruf: `java FramemitActionListener`

Aufgabe 4.25 ☆

Das Interface KeyListener und die Klasse KeyEvent

Definieren Sie eine Klasse `JFramemitKeyListener`, die, wie der Klassenname schon aussagt, von der Klasse `JFrame` abgeleitet wird und das Interface `KeyListener` implementiert. Die Klasse definiert zwei globale Referenzen vom Typ der Klasse `JTextField` und zwei weitere vom Typ der Klasse `JLabel`. Eines der Textfelder, auf welche die `JTextField`-Referenzen zeigen, dient der Eingabe von Zeichen und das andere der Ausgabe der Tastennamen und den Tasten zugeordneten Werten. Die `JLabel`-Komponenten definieren die Beschriftungen »Eingabe« und »Ausgabe« für die Textfelder.

Teilen Sie das Fenster durch das Setzen einer Layoutdefinition vom Typ `GridLayout` in vier Zeilen mit je einer Spalte auf und fügen Sie dem Fenster diese Komponenten hinzu. Nur das erste Textfeld registriert den von der Klasse implementierten KeyListener. Implementieren Sie die Methode `keyPressed()` des Interface so, dass Name und Kodierung für das von Ihnen im ersten Textfeld eingegebene Zeichen bzw. für die von Ihnen betätigte Taste im zweiten Textfeld angezeigt werden.

Hinweise für die Programmierung:

Ein Event vom Typ `KeyEvent` wird beim Betätigen einer Taste ausgelöst und von einem EventListener vom Typ `KeyListener` empfangen. Die Schnittstelle `KeyListener` definiert drei Methoden: `keyPressed()` wird beim Drücken einer Taste ausgeführt, `keyReleased()` wird beim Loslassen einer Taste ausgeführt und `keyTyped()` wird ausgeführt, wenn eine Taste gedrückt und wieder losgelassen wurde.

Über die Methoden: `getKeyChar()`, `getKeyCode()`, `getKeyText()`, `getModifiers()` und `getKeyModifiersText()` der Klasse `KeyEvent` kann festgestellt werden, welche Taste, bzw. Kombination von Tasten, betätigt wurde.

Java-Dateien: `JFramemitKeyListener.java`
Programmaufruf: `java JFramemitKeyListener`

4.12 Das Delegationsmodell in der Eventbehandlung

Das Delegieren der Ereignisse von einer Ereignisquelle an einen Ereignisempfänger mit Hilfe von Event-Listenern, die für Komponenten, die auf diese Ereignisse reagieren sollen, registriert werden können, wird auch als Delegationsmodell bezeichnet. Die Ereignisquelle erzeugt, wie in den vorangegangenen Beispielen demonstriert wurde, ein `Event`-Objekt von einem bestimmten Eventtyp und dieses wird an die Methoden eines Listeners übergeben.

Weil diese Vorgehensweise eine Trennung des Codes für die Graphische Darstellung vom Verarbeitungsteil einer Anwendung ermöglicht, kann die Ereignisbehandlung in einer separaten Klasse definiert werden.

Aufgabe 4.26 ☆☆

Die Ereignisbehandlung in einer separaten Klasse definieren

Die Instanzen der Klasse `FramemitListenerKlasse` sollen Ereignisse vom Typ `WindowEvent` empfangen und eine `Button`-Komponente, welche zu diesen als Kindkomponente hinzugefügt wird, soll auf Ereignisse vom Typ `ActionEvent` reagieren. Aus diesem Grund muss die Klasse die entsprechenden Event-Listener implementieren und für ihre eigenen Instanzen bzw. Instanzen vom Typ der Klasse `Button` registrieren.

Trennen Sie die Ereignisbehandlung von der graphischen Darstellung von Komponenten, indem Sie eine zweite Klasse mit dem Namen `ListenerKlasse` definieren, die beide Listener, den WindowListener und den ActionListener, implementiert. So kann die Klasse `FramemitListenerKlasse` eine Instanz vom Typ `ListenerKlasse` erzeugen, die beim Registrieren der Listener für Komponenten der eigenen Klasse und der `Button`-Komponente übergeben wird.

Hinweise für die Programmierung:

Im Gegesatz zur Aufgabe 4.22, wo die Klasse eine Unterklasse der Klasse `Frame` war und das Interface `WindowListener` implementieren musste, können Sie die Klasse `ListenerKlasse` als Unterklasse der Klasse `WindowAdapter` definieren und müssen darin nicht alle Methoden des Interface `WindowListener` überschreiben, sondern nur die eine Methode, deren Rumpf nicht leer sein soll.

Java-Dateien: `FramemitListenerKlasse.java`
Programmaufruf: `java JFramemitListenerKlasse`

4.13 Lösungen

Lösung 4.1

Die Klasse Framemitpaint

```
import java.awt.*;
import javax.swing.*;
public class Framemitpaint extends Frame {
// Konstruktordefinition
  public Framemitpaint() {
// Eine Überschrift für das Fenster definieren
    super("Oval zeichnen und füllen");
// Größe und Position des Fensters bestimmen
    setBounds(0,0,100,100);
// Die Hintergrundfarbe für das Fenster setzen
    setBackground(Color.cyan);
  }
// Die paint()-Methode überschreiben
  public void paint(Graphics g) {
// Die Farbe für das Zeichnen setzen
    g.setColor(Color.red);
    g.fillOval(30,50,60,40);
  }
// Objekt der Klasse erzeugen
  public static void main(String[] args) {
```

```
        Framemitpaint frame = new Framemitpaint();
        frame.setVisible(true);
    }
}
```

Programmausgaben

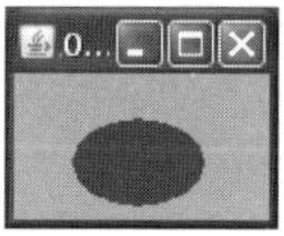

Hinweise zum Lösungsvorschlag

Die Methode `setVisible()` wird an einer Instanz der Klasse aufgerufen und stellt sicher, dass diese am Bildschirm angezeigt wird. Diese kann aber auch, mit dem gleichen Ziel, im Konstruktor der Klasse am aktuellen Objekt aufgerufen werden.

Lösung 4.2

Die Klasse JFramemitpaint

```
import java.awt.*;
import javax.swing.*;
public class JFramemitpaint extends JFrame {
   private int x = 35;
   private int y = 35;
// Konstruktordefinition
   public JFramemitpaint() {
      super("Kreis zeichnen und füllen");
      setPreferredSize(new Dimension(100,100));
      Dimension d = Toolkit.getDefaultToolkit().getScreenSize();
      setLocation((d.width-getSize().width)/2,
        (d.height-getSize().height)/2);
      setDefaultCloseOperation(JFrame.EXIT_ON_CLOSE);
      setVisible(true);
      pack();
   }
// Die paint()-Methode überschreiben
   public void paint(Graphics g) {
// Einen Hintergrund für des Fenster setzen
      super.paint(g);
// Die Farbe für das Zeichnen setzen
      g.setColor(Color.red);
      g.fillOval(x,y,50,50);
   }
// Objekt der Klasse erzeugen
   public static void main(String[] args) {
```

```
      JFramemitpaint frame = new JFramemitpaint();
   }
}
```

Programmausgaben

Hinweise zum Lösungsvorschlag

Wird die `paint()`-Methode für Komponenten vom Typ `JFrame` überschrieben, um eine Graphik zu zeichnen, muss daraus die Methode der Oberklasse mit `super.paint()` aufgerufen werden, damit die Fenster das richtige Aussehen erhalten.

Lösung 4.3

Die Klasse JWindowmitpaint

```
import java.awt.*;
import javax.swing.*;
public class JWindowmitpaint extends JWindow {
// Die Schrift für die Textanzeige definieren
   private Font f = new Font("TimesRoman", Font.BOLD, 26);
// Konstruktordefinition
   public JWindowmitpaint() {
      setBounds(300,300,150,100);
   }
   public void paint(Graphics g) {
// Ein Rechteck als Hintergrund für das Fenster malen
      g.setColor(Color.cyan);
      g.fillRect(0,0,150,100);
      g.setColor(Color.red);
      g.setFont(f);
// Die metrischen Daten des Font-Objektes mit Hilfe eines
// Objektes der Klasse FontMetrics ermitteln
      FontMetrics fm = g.getFontMetrics();
      int ascent = fm.getAscent();
      int descent = fm.getDescent();
      g.drawString("Java 6.0",10,50);
// Oberhalb und unterhalb des Textes werden zwei Linien
// gezeichnet
      g.drawLine(0,50-ascent,150,50-ascent);
      g.drawLine(0,50+descent,150,50+descent);
   }
```

```
// Objekt der Klasse erzeugen und sichtbar machen
   public static void main(String[] args) {
      JWindowmitpaint window = new JWindowmitpaint();
      window.setVisible(true);
   }
}
```

Programmausgaben

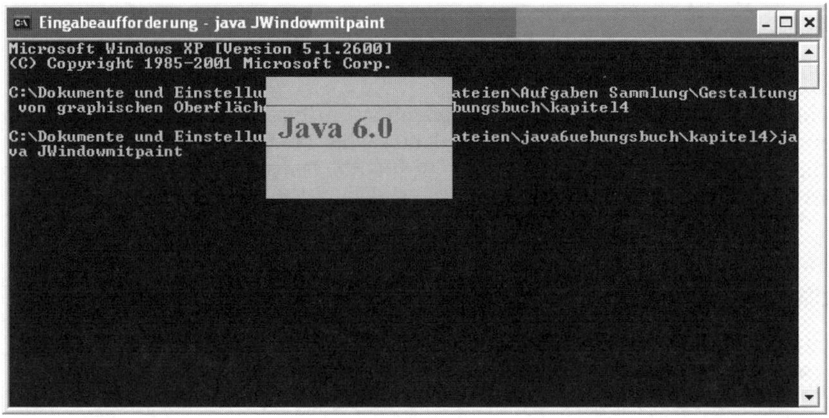

Lösung 4.4

Die Klasse JDialogmitpaint

```
import javax.swing.*;
public class JDialogmitpaint extends JDialog {
   private ImageIcon icon = new ImageIcon("javalogo.gif");
   private Image   bild = icon.getImage();
// Konstruktordefinition
   private public JDialogmitpaint() {
      setBounds(10,10,100,150);
   }
// Die paint()-Methode der Klasse JDialog überschreiben
   public void paint(Graphics g) {
// Die Methode der Oberklasse aufrufen
      super.paint(g);
// Das Bild wird auf dem Bildschirm an den Pixelkoordinaten
// (10,50) ausgegeben
      g.drawImage(bild,10,50,this);
   }
// Objekt der Klasse erzeugen und sichtbar machen
   public static void main(String[] args) {
      JDialogmitpaint dialog = new JDialogmitpaint();
```

```
        dialog.setVisible(true);
    }
}
```

Programmausgaben

Hinweise zum Lösungsvorschlag

Wird die `paint()`-Methode für Komponenten vom Typ `JDialog` überschrieben, um eine Graphik zu zeichnen, muss daraus die Methode der Oberklasse mit `super.paint()` aufgerufen werden, damit die Fenster das richtige Aussehen erhalten.

Lösung 4.5

Die Klasse JComponentmitpaintundohneclipBounds

```
import java.awt.*;
import javax.swing.*;
public class JComponentmitpaintundohneclipBounds
                                    extends JComponent {
  private int zaehlerKreis1 = 0;
  private int zaehlerKreis2 = 0;
// Überschreiben der paintComponent()-Methode
  protected void paintComponent(Graphics g) {
    zaehlerKreis1++;
    zaehlerKreis2++;
    g.setColor(Color.lightGray);
    g.fillRect(0,0,150,150);
    g.setColor(Color.red);
    g.fillOval(0,0,50,50);
    g.setColor(Color.gray);
    g.fillOval(50,50,50,50);
// Ausgabe der Zählerwerte
    System.out.println("Kreis1: " + zaehlerKreis1
      + " *Kreis2: " + zaehlerKreis2);
  }
// Die bevorzugte Größe der Komponente definieren
  public Dimension getPreferredSize() {
    return new Dimension(150,150);
  }
```

```
// Objekt der Klasse erzeugen und einem Fenster hinzufügen
   public static void main(String args[]) {
      JComponentmitpaintundohneclipBounds component =
         new JComponentmitpaintundohneclipBounds();
      JFrame frame = new JFrame();
      frame.setTitle("Clipping Region");
      frame.add(component);
      frame.pack();
      frame.setDefaultCloseOperation(JFrame.EXIT_ON_CLOSE);
      frame.setVisible(true);
   }
}
```

Programmausgaben

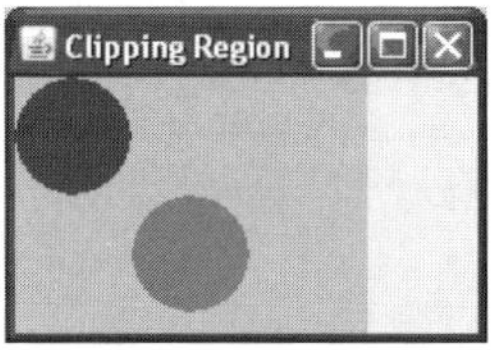


```
Kreis1: 1 *Kreis2: 1
Kreis1: 2 *Kreis2: 2
Kreis1: 20 *Kreis2: 20
...
```

Hinweise zu den Programmausgaben

Ändern Sie die Größe des am Bildschirm angezeigten Fensters, um festzustellen, wie oft der Wert der Zähler dabei abgeändert wird.

Lösung 4.6

Die Klasse JComponentmitpaintundclipBounds

```
import java.awt.*;
import javax.swing.*;
public class JComponentmitpaintundclipBounds extends JComponent {
   private int zaehlerKreis1 = 0;
   private int zaehlerKreis2 = 0;
// Überschreiben der paintComponent()-Methode
   protected void paintComponent(Graphics g) {
// Lesen der Grenzen der neu aufzubauenden Regionen
      Rectangle r = g.getClipBounds();
      int clipBoundsx = r.x;
      int clipBoundsy = r.y;
      int clipBoundsw = r.width;
```

```
      int clipBoundsh = r.height;
// Nur die betroffene Region wird neu gemalt
      g.setColor(Color.lightGray);
      g.fillRect(clipBoundsx, clipBoundsy, clipBoundsw,
        clipBoundsh);
// Den ersten Kreis neu malen, falls die mit clipBounds()
// ermittelten Koordinaten sich in dessen Region befinden
      if(clipBoundsx<=50 && clipBoundsy<=50) {
        g.setColor(Color.red);
        g.fillOval(0,0,50,50);
        zaehlerKreis1++;
      }
// Den zweiten Kreis neu malen, falls dieser betroffen ist
      if(clipBoundsx+clipBoundsw>=50 && clipBoundsx<=100
       && clipBoundsy+clipBoundsh>=50 && clipBoundsy<=100) {
        g.setColor(Color.gray);
        g.fillOval(50,50,50,50);
        zaehlerKreis2++;
      }
// Ausgabe der Zähler
      System.out.println("Kreis1: " + zaehlerKreis1 +" *Kreis2: "
        + zaehlerKreis2);
    }
// Die bevorzugte Größe der Komponente definieren
    public Dimension getPreferredSize() {
      return new Dimension(150,150);
    }
// Objekt der Klasse erzeugen und einem Fenster hinzufügen
    public static void main(String args[]) {
      JComponentmitpaintundclipBounds component =
        new JComponentmitpaintundclipBounds();
      JFrame frame = new JFrame();
      frame.setTitle("Clipping Region");
      frame.add(component);
      frame.pack();
      frame.setDefaultCloseOperation(JFrame.EXIT_ON_CLOSE);
      frame.setVisible(true);
    }
}
```

Programmausgaben

```
Kreis1: 1 *Kreis2: 1
Kreis1: 1 *Kreis2: 2
...
Kreis1: 41 *Kreis2: 25
...
Kreis1: 64 *Kreis2: 42
...
```

Hinweise zu den Programmausgaben

Ändern Sie die Größe des am Bildschirm angezeigten Fensters, um festzustellen, wie oft die Zähler jetzt ihren Wert ändern.

Lösung 4.7

Die Klasse DialogmitFrameOwner

```
import java.awt.*;
import javax.swing.*;
public class DialogmitFrameOwner extends Dialog {
  private ImageIcon icon = new ImageIcon("T1.gif");
  public Image bild = icon.getImage();
  public String title = "";
// Konstruktordefinition
  public DialogmitFrameOwner(int x, int y, Frame f) {
    super(f);
    setBounds(x,y,150,150);
    setBackground(Color.cyan);
    setVisible(true);
  }
// Das Bild wird auf der Komponente vom Typ Dialog an den
// Pixelkoordinaten (55,50) und der Text an (20,100) ausgegeben
  public void paint(Graphics g) {
    g.drawImage(bild,55,50,this);
    g.drawString(title,20,100);
  }
}
```

Die Klasse Dialogmitrepaint

```
import java.awt.*;
import javax.swing.*;
public class Dialogmitrepaint {
  public static void main(String[] args) {
    String[] titleStrings = {"Bild (1)", "Bild (2)", "Bild(3)",
      "Bild (4)"};
    String[] iconStrings = {"T1.gif", "T2.gif", "T3.gif",
```

```
          "T4.gif"};
      ImageIcon[] icon = new ImageIcon[4];
      Frame f = new Frame();
      DialogmitFrameOwner dialog[] = new DialogmitFrameOwner[4];
      int x = 10;
      int y = 10;
// Objektzustände über Feldwerte der Klasse DialogmitFrameOwner
// setzen und repaint() aufrufen
      for(int i=0; i<iconStrings.length; i++) {
        dialog[i] = new DialogmitFrameOwner(x, y, f);
        icon[i] = new ImageIcon(iconStrings[i]);
        dialog[i].bild = icon[i].getImage();
        dialog[i].title = titleStrings[i];
        dialog[i].repaint();
        x = x+150;
      }
  }
}
```

Programmausgaben

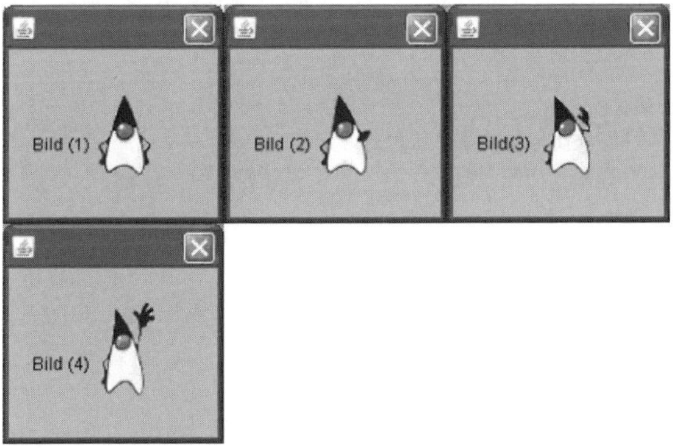

Lösung 4.8

Die Klasse DefinitionvonFarben

```
import java.awt.*;
import javax.swing.*;
public class DefinitionvonFarben extends JFrame {
  private int x = 60;
  private int y = 70;
  private int r = 0;
// Konstruktordefinition
```

```
    public DefinitionvonFarben(int radius) {
        super("Eigene Farben definieren");
        r = radius;
        setBounds(30,30,100,120);
        setDefaultCloseOperation(JFrame.EXIT_ON_CLOSE);
        setVisible(true);
    }
    public void paint(Graphics g) {
// Das normale Aussehen des JFrame setzen
        super.paint(g);
// Die Kreise in den verschiedenen Farben malen
        for(int i=0; i<255; i=i+100) {
            for(int j=0; j<255; j=j+100) {
                for(int k=0; k<255; k=k+100) {
                    Color farbe = new Color(i,j,k);
                    g.setColor(farbe);
                    r = r + 5;
                    g.drawOval(x-r,y-r,2*r,2*r);
                }
            }
        }
    }
// Objekt der Klasse erzeugen
    public static void main(String[] args) {
        DefinitionvonFarben kreise = new DefinitionvonFarben(0);
    }
}
```

Programmausgaben

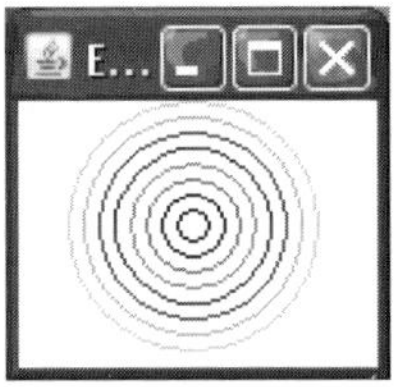

Hinweise zu den Programmausgaben

Dieses Bild wurde mit einem veränderten Programm erzeugt, bei dem die Schrittgröße für den Index der `for`-Schleife 200 statt 100 beträgt, damit Sie die Farbunterschiede deutlicher sehen können. Gleichzeitig wurde darin die Fenstergröße auf 100x120 abgeändert und die Initialisierung der Koordinaten für das Zeichnen der Kreise mit x = 60 und y = 70 vorgenommen.

Lösung 4.9

Die Klasse AnzeigevonLayoutManager

```
import java.awt.*;
import javax.swing.*;
public class AnzeigevonLayoutManager {
// Klassenmethode für die Anzeige des Klassennamens
// und des Standard-Layout-Managers eines Containers
  public static void anzeige(Container c) {
    System.out.println(c.getClass().getName() + "**"
      + c.getLayout());
  }
  public static void main(String[] args) {
// Aufruf der Klassenmethode anzeige() für verschiedene Container.
// Alle Swing-Komponenten sind Container.
    anzeige(new JLabel());
    anzeige(new JButton());
    anzeige(new Panel());
    anzeige(new Container());
    anzeige(new JPanel());
    anzeige(new JFrame());
    anzeige(new Frame());
    anzeige(new Dialog(new Frame()));
    anzeige(new Window(new Frame()));
    anzeige((new JFrame()).getContentPane());
    anzeige(new java.applet.Applet());
    anzeige(new JRadioButton());
    anzeige(new JTextField());
    anzeige(new JTextArea());
    anzeige(new JEditorPane());
    anzeige(new JViewport());
    anzeige(new JScrollPane());
    anzeige(new Box(BoxLayout.X_AXIS));
    anzeige(new JInternalFrame());
    anzeige(new JDesktopPane());
    anzeige(new JSplitPane());
    anzeige(new JTabbedPane());
    anzeige(new JSlider());
    anzeige(new JApplet());
    anzeige(new JDialog());
    anzeige(new JRootPane());
    anzeige(new JRootPane().getLayeredPane());
    anzeige(new JRootPane().getContentPane());
    anzeige(new JMenuBar());
  }
}
```

Programmausgaben

Hinweise zum Lösungsvorschlag

Die Klasse `JComponent` ist wie auch `Component` eine abstrakte Klasse. Von ihr können keine Instanzen gebildet werden.

Die `main()`-Methode kann um weitere Aufrufe der Methode `anzeige()` erweitert werden.

Lösung 4.10

Das Interface LabelFarben

```
import java.awt.*;
interface LabelFarben {
   final static String[] textLabel = {"Gelb", "Pink",
     "Lila", "Rot", "Grün", "Grau"};
   final static Color[] farbeLabel = {Color.yellow,
     Color.pink, Color.magenta, Color.red, Color.green,
       Color.gray};
}
```

Die Klasse FrameMaske

```
import java.awt.*;
public class FrameMaske extends Frame {
// Globale Referenz vom Typ des Interface LayoutManager
   private static LayoutManager layout;
// Konstruktordefinition
   public FrameMaske(String title) {
      super(title);
      setBounds(10,50,200,100);
```

```
    }
    public static void main(String[] args) {
// Lokale Referenz vom Typ der Klasse GrundMaskefuerAWT
      GrundMaskefuerAWT maske;
// Ein im Programmaufruf angegebenes Argument definiert den Namen
// des Layout-Managers als String
      FrameMaske frame = new FrameMaske(args[0]);
      if(args[0].equals("FlowLayout")) {
        layout = new FlowLayout();
      }
      else if(args[0].equals("GridLayout")) {
        layout = new GridLayout(2,3);
      }
      else if(args[0].equals("BorderLayout")) {
        layout = new BorderLayout();
      }
      maske = new GrundMaskefuerAWT (frame,layout);
      maske.anzeige();
    }
}
```

Die Klasse GrundMaskefuerAWT

```
import java.awt.*;
import javax.swing.*;
public class GrundMaskefuerAWT implements LabelFarben {
// Globale Referenzen und Konstantendefinitionen
  private FrameMaske frame;
  private LayoutManager layout;
// Konstruktordefinition
  GrundMaskefuerAWT(FrameMaske f, LayoutManager layout) {
    frame = f; this.layout = layout;
  }
// Methode zum Starten des Prototypen
  public void anzeige() {
    frame.setLayout(layout);
// Die Klasse AWTLabel erweitert die Klasse Label
    AWTLabel[] label = new AWTLabel[6];
    for(int i=0; i<textLabel.length; i++) {
      label[i] = new AWTLabel(textLabel[i], farbeLabel[i]);
    }
    if(layout.getClass().getName().
     equals("java.awt.BorderLayout")) {
      frame.add(label[0],BorderLayout.NORTH);
      frame.add(label[1],BorderLayout.WEST);
      frame.add(label[2],BorderLayout.CENTER);
      frame.add(label[3],BorderLayout.CENTER);
      frame.add(label[4],BorderLayout.EAST);
```

```
         frame.add(label[5],BorderLayout.SOUTH);
      }
      else {
         for(int i=0; i<textLabel.length; i++) {
            frame.add(label[i]);
         }
      }
      frame.setVisible(true);
   }
}
```

Die Klasse AWTLabel

```
import java.awt.*;
public class AWTLabel extends Label {
// Konstruktordefinition
   public AWTLabel(String text, Color farbe) {
      super(text);
// Den Text innerhalb des Labels zentrieren
      setAlignment(Label.CENTER);
// Die Hintergrundfarbe festlegen
      setBackground(farbe);
// Die Schriftfarbe festlegen
      setForeground(Color.black);
   }
}
```

Programmausgaben

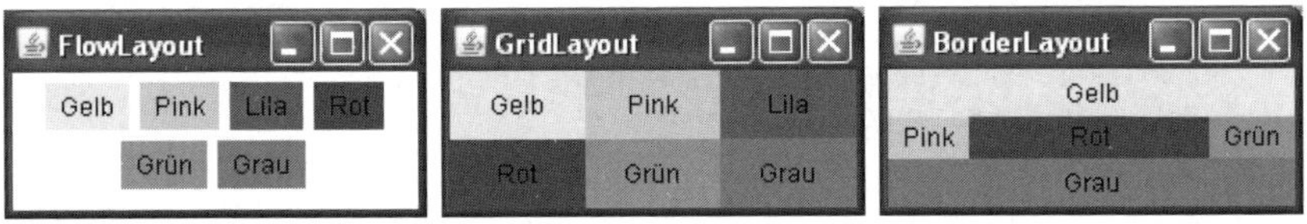

Lösung 4.11

Die Klasse JFrameMaske

```
import javax.swing.*;
import java.awt.*;
public class JFrameMaske extends JFrame {
// Globale Referenz vom Typ des Interface LayoutManager
   private static LayoutManager layout;
// Konstruktordefinition
   public JFrameMaske(String title){
        super(title);
        setBounds(10,50,200,100);
   }
```

```
  public static void main(String[] args) {
// Lokale Referenz vom Typ der Klasse GrundMaskefuerSwing
    GrundMaskefuerSwing maske;
// Ein im Programmaufruf angegebenes Argument definiert den
// Namen des Layout-Managers als String
    JFrameMaske frame = new JFrameMaske(args[0]);
    if(args[0].equals("FlowLayout")) {
      layout = new FlowLayout();
    }
    else if(args[0].equals("GridLayout")) {
      layout = new GridLayout(2,3);
    }
    else if(args[0].equals("BorderLayout")) {
      layout = new BorderLayout();
    }
    maske = new GrundMaskefuerSwing(frame, layout);
    maske.anzeige();
  }
}
```

Die Klasse GrundMaskefuerSwing

```
import java.awt.*;
import javax.swing.*;
public class GrundMaskefuerSwing implements LabelFarben {
// Das Interface LabelFarben enthält die Konstantendefinitionen
// textLabel und farbeLabel.
// Globale Referenzen
  private JFrameMaske frame;
  private LayoutManager layout;
// Konstruktordefinition
  GrundMaskefuerSwing(JFrameMaske f, LayoutManager layout) {
    frame = f;
    this.layout = layout;
  }
// Methode zum Starten des Prototypen
  public void anzeige() {
    frame.setLayout(layout);
    frame.setDefaultCloseOperation(JFrame.EXIT_ON_CLOSE);
// Die Klasse SwingLabel erweitert die Klasse JLabel
    SwingLabel[] label = new SwingLabel[6];
    for(int i = 0; i < textLabel.length; i++) {
      label[i] = new SwingLabel(textLabel[i], farbeLabel[i]);
    }
    if(layout.getClass().getName().
     equals("java.awt.BorderLayout")) {
      frame.add(label[0],BorderLayout.NORTH);
      frame.add(label[1],BorderLayout.WEST);
```

```
        frame.add(label[2],BorderLayout.CENTER);
        frame.add(label[3],BorderLayout.CENTER);
        frame.add(label[4],BorderLayout.EAST);
        frame.add(label[5],BorderLayout.SOUTH);
      }
      else {
        for(int i = 0; i<textLabel.length; i++) {
          frame.add(label[i]);
        }
      }
      frame.setVisible(true);
  }
}
```

Die Klasse SwingLabel (Version 1)

```
import javax.swing.*;
import java.awt.*;
public class SwingLabel extends Jlabel {
  private String text;
  private Color farbe;
// Konstruktordefinition
  public SwingLabel(String text, Color farbe) {
    this.farbe = farbe;
    this.text = text;
// Werden die auskommentierten Anweisungen ausgeführt,
// wird der Hintergrund auf rosa gesetzt.
// Ohne diese Anweisungen ist der Label transparent,
// d.h. es erscheint der Hintergrund des Containers.
  // setOpaque(true);
  // setBackground(Color.pink);
    setForeground(Color.black);
    setBorder(BorderFactory.createLineBorder(Color.black));
  }
// Graphische Definition der Komponente
  public void paintComponent(Graphics g) {
  //super.paintComponent(g);
    g.setColor(farbe);
    g.fillRect(5,5,30,30);
    g.setColor(getForeground());
    g.drawString(text,7,25);
  }
// Bevorzugte Größe der Komponente
  public Dimension getPreferredSize() {
    return new Dimension(40,40);
  }
}
```

Die Klasse SwingLabel (Version 2))

```
import javax.swing.*;
import java.awt.*;
public class SwingLabel extends JLabel{
// Konstruktordefinition
   public SwingLabel(String text, Color farbe) {
      super(text);
// Den Text in der Mitte des Labels positionieren
      setHorizontalAlignment(JLabel.CENTER);
//  Die Hintergrundfarbe der Komponente festlegen
      setOpaque(true);
      setBackground(farbe);
// Die Schriftfarbe festlegen
      setForeground(Color.black);
// Einen Rand festlegen
      setBorder(BorderFactory.createLineBorder(Color.black));
   }
}
```

Programmausgaben mit der Version 2 von SwingLabel

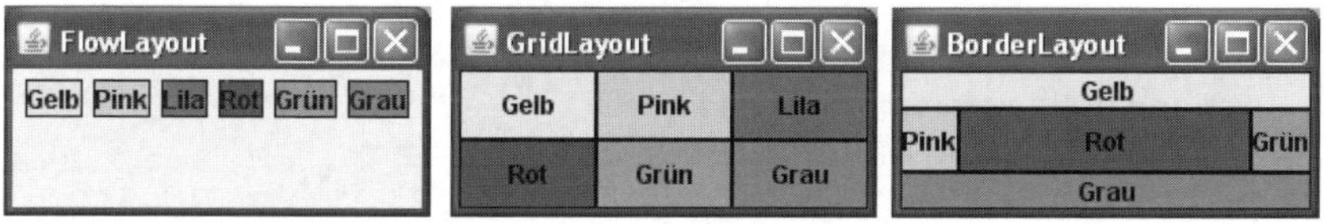

Hinweise zum Lösungsvorschlag

Weil die `paintComponent()`-Methode aus der ersten Version von `SwingLabel` nicht die Methode der Oberklasse aufruft, wird nicht in das Standard UI-Delegationsobjekt der Klasse verzweigt und der Aufruf der Methoden `setOpaque()` und `setBackground()` bleibt unberücksichtigt.

Die zweite Version der Klasse überschreibt nicht die `paintComponent()`-Methode, sodass automatisch in ihren Standard-UI-Delegate, den UI-Delegate ihrer Oberklasse `JLabel`, verzweigt wird. Zum Testen der 1. Version muss der Name der Java-Datei `SwingLabelV1.java` in `SwingLabel.java` abgeändert werden.

Lösung 4.12

Die Klasse JFramemitBoxLayout

```
import java.awt.*;
import javax.swing.*;
public class JFramemitBoxLayout extends JPanel
                                      implements LabelFarben {
```

```
//Konstruktordefinition
   public JFramemitBoxLayout () {
      setBorder(BorderFactory.createTitledBorder(
        "Container mit BoxLayout"));
      setLayout(new BoxLayout(this, BoxLayout.X_AXIS));
// Drei Labels dem Panel hinzufügen
      for(int i=0; i<3; i++) {
         SwingLabel label = new SwingLabel(textLabel[i],
           farbeLabel[i]);
         add(label);
      }
// Ein Box-Objekt erzeugen
      Box b = new Box(BoxLayout.Y_AXIS);
      for(int i=3; i<=5; i++) {
// Drei Labels zur Box-Instanz hinzufügen
         SwingLabel label = new SwingLabel(textLabel[i],
           farbeLabel[i]);
         b.add(label);
      }
// Die Box-Instanz zum Panel hinzufügen
      add(b);
   }
// Objekt der Klasse erzeugen und einem Fenster hinzufügen
   public static void main(String[] args) {
      JFrame frame = new JFrame("BoxLayout");
      JFramemitBoxLayout panel = new JFramemitBoxLayout();
      panel.setPreferredSize(new Dimension(150,80));
      frame.add(panel);
      frame.setDefaultCloseOperation(JFrame.EXIT_ON_CLOSE);
      frame.pack();
      frame.setVisible(true);
   }
}
```

Programmausgaben

Hinweise zum Lösungsvorschlag

Im Lösungsvorschlag wird die zweite Version der Klasse `SwingLabel` aus der Aufgabe 4.11 genutzt.

Lösung 4.13

Die Klasse JFramemitGridBagLayout

```
import java.awt.*;
import javax.swing.*;
public class JFramemitGridBagLayout extends JFrame
                                implements LabelFarben {
   private static SwingLabel[] label = new SwingLabel[6];
// Konstruktordefinition
   public JFramemitGridBagLayout() {
      super("GridBagLayout");
      setBounds(10,50,150,150);
      for(int i=0; i<textLabel.length; i++) {
         label[i] = new SwingLabel(textLabel[i],
           farbeLabel[i]);
      }
      setDefaultCloseOperation(JFrame.EXIT_ON_CLOSE);
   }
// Die Constraints für Komponenten definieren
   public void addJLabel(GridBagLayout gbLayout, JLabel l,
     int fill, int gridX, int gridY, int gridWidth,
       int gridHeight, double weightX, double weightY) {
      GridBagConstraints gbConstraints =
        new GridBagConstraints();
// fill bestimmt ob vergrößert werden kann
      gbConstraints.fill = fill;
// gridx und gridy geben die Position links vom bzw.
// über dem Anzeigebereich an
      gbConstraints.gridx = gridX;
      gbConstraints.gridy = gridY;
// gridwidth und gridheight für die Breite einer Spalte bzw.
// die Höhe einer Zeile in Pixeln
      gbConstraints.gridwidth = gridWidth;
      gbConstraints.gridheight = gridHeight;
// weightx und weighty geben an, wie der freie Platz
// horizontal und vertikal verteilt wird
      gbConstraints.weightx = weightX;
      gbConstraints.weighty = weightY;
// Die Constraints für jede einzelne Komponente setzen
      gbLayout.setConstraints(l, gbConstraints);
// Die Komponente zum Container hinzufügen
      add(l);
   }
// Ein Objekt der Klasse erzeugen und zu diesem die JLabel-
// Komponenten hinzufügen
   public static void main(String[] args) {
      JFramemitGridBagLayout frame =
```

```
      new JFramemitGridBagLayout();
    GridBagLayout gbLayout = new GridBagLayout();
    frame.setLayout(gbLayout);
    frame.addJLabel(gbLayout,label[0],GridBagConstraints.BOTH,
      0,0,3,1,1.0,1.0);
    frame.addJLabel(gbLayout,label[1],GridBagConstraints.BOTH,
      0,1,2,2,1.0,1.0);
    frame.addJLabel(gbLayout,label[2],GridBagConstraints.BOTH,
      2,1,1,1,1.0,0);
    frame.addJLabel(gbLayout,label[3],GridBagConstraints.BOTH,
      2,2,1,1,0,0);
    frame.addJLabel(gbLayout,label[4],GridBagConstraints.BOTH,
      0,4,3,1,0,0);
    frame.addJLabel(gbLayout,label[5],GridBagConstraints.BOTH,
      0,5,3,1,0,0);
    frame.setVisible(true);
  }
}
```

Programmausgaben

Hinweise zum Lösungsvorschlag

Im Lösungsvorschlag wird die zweite Version der Klasse `SwingLabel` aus der Aufgabe 4.11 genutzt.

Lösung 4.14

Die Klasse JFramemitNullLayout

```
import java.awt.*;
import javax.swing.*;
public class JFramemitNullLayout extends JFrame
                                 implements LabelFarben {
  private static JLabel[] label = new JLabel[6];
  private int x = 0;
  private int y = 0;
// Konstruktordefinition
  public JFramemitNullLayout() {
    super("JFrame mit Null-Layout");
```

```
    setBounds(30,15,300,150);
// Layout auf null setzen
    setLayout(null);
// Labels an bestimmten Positionen und mit beseimmter Größe
// hinzufügen
    for(int i=0; i<textLabel.length; i++) {
      label[i] = createJLabel(textLabel[i], farbeLabel[i],
        x, y, 50, 20);
      add(label[i]);
      x = x+50;
      y = y+20;
    }
    setDefaultCloseOperation(JFrame.EXIT_ON_CLOSE);
    setVisible(true);
  }
  public JLabel createJLabel(String text, Color farbe, int x,
                             int y, int breite, int höhe) {
// Eine JLabel-Komponente erzeugen
    JLabel label = new JLabel(text);
// Ihren Text in der Mitte positionieren
    label.setHorizontalAlignment(JLabel.CENTER);
// Die Komponente undurchsichtig setzen
    label.setOpaque(true);
// Position und Größe der Komponente bestimmen
    label.setBounds(x,y,breite,höhe);
// Farbe und Rand der Komponente bestimmen
    label.setBackground(farbe);
    label.setForeground(Color.black);
    label.setBorder(BorderFactory.createLineBorder(
      Color.black));
    return label;
  }
// Objekt der Klasse erzeugen
  public static void main(String[] args) {
    JFramemitNullLayout frame = new JFramemitNullLayout();
  }
}
```

Programmausgaben

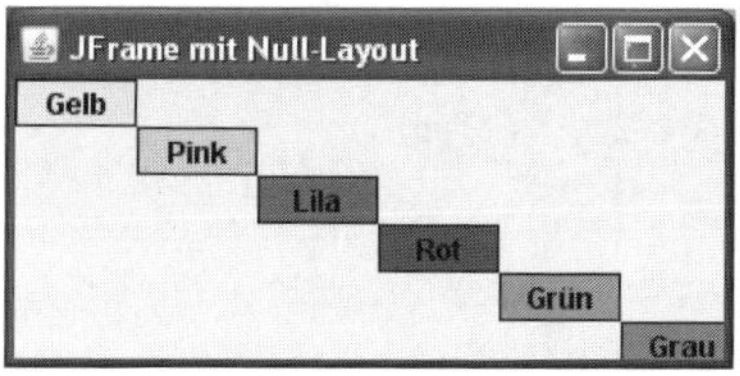

Lösung 4.15

Die Klasse AWTPaintKreis

```
import java.awt.*;
public class AWTPaintKreis extends Label { // Component {
// Konstruktordefinition
  public AWTPaintKreis(int x, int y, int d1, int d2, Color c) {
    setBounds(x,y,d1,d2);
    setForeground(c);
    setBackground(Color.lightGray);
  }
// Einen Kreis in der über die foreground-Eigenschaft
// gesetzten Farbe malen
  public void paint(Graphics g) {
    g.fillOval(0, 0, getSize().width-1, getSize().height-1);
  }
}
Die Klasse FramemitPaintKreis
import java.awt.*;
public class FramemitPaintKreis {
  public static void main(String[] args) {
    Frame f = new Frame("Kreise malen");
    f.setBounds(0,0,100,100);
    Dimension size = f.getSize();
// Durchmesser des Fensters
    int d = Math.min(size.width, size.height);
// Durchmesser der kleinen Kreise
    int d1 = d/5;
// Ausgangspunkt für die Positionierung der Komponenten im Fenster
    int x = (size.width - d)/2+12;
    int y = (size.height - d)/2+30;
// Layout-Manager ausschalten
    f.setLayout(null);
// Die kleinen Kreise zum Fenster hinzufügen
    f.add(new AWTPaintKreis(x+d/3-(d1/2), y+d/3-(d1/2),
      d1, d1, Color.white));
    f.add(new AWTPaintKreis(x+(2*(d/3))-(d1/2), y+d/3-(d1/2),
      d1, d1, Color.white));
    f.add(new AWTPaintKreis(x+d/3-(d1/2), y+2*(d/3)-(d1/2),
      d1, d1, Color.white));
    f.add(new AWTPaintKreis(x+(2*(d/3))-(d1/2), y+2*(d/3)
      -(d1/2), d1, d1, Color.white));
// Den großen Kreis zum Fenster hinzufügen
    f.add(new AWTPaintKreis(x, y, d, d, Color.gray));
// Die Fenstergröße der Größe der Komponenten anpassen
```

```
      f.setSize(new Dimension(100,135));
      f.setVisible(true);
   }
}
```

Programmausgaben

Die Klasse AWTPaintKreis wurde von der Klasse Component bzw. Label abgeleitet.

Hinweise zum Lösungsvorschlag

Eine von Component abgeleitete Klasse definiert eine LW-Komponente. Sie besitzt keinen Hintergrund und benutzt kein eigenes Fenster zum Malen.

Label-Komponenten hingegen sind HW-Komponenten, deren Hintergrund standardmäßig gezeichnet wird.

Lösung 4.16

Die Klasse AWTContainer

```
import java.awt.*;
public class AWTContainer extends Container {
   private Color[] color;
// Konstruktordefinition
   public AWTContainer(Color[] color) {
      setBounds(0,0,250,250);
// Das null-Layout ist das Standard-Layout für die Container-
// Klasse
   // setLayout(null);
      this.color = color;
   }
   public void paint(Graphics g) {
      int laenge = 5;
      for(int y=0; y+laenge<=getSize().height; y+=laenge) {
         for(int x=0; x+laenge<=getSize().width; x+=laenge) {
            g.setColor(color[x % color.length]);
            g.fillRect(x, y, laenge, laenge);
         }
// Die Reihenfolge der Farben wechseln
         Color[] c = new Color[color.length];
         for(int i=0; i<color.length; i++)
```

```
         c[i] = color[color.length-(1+i)];
      color = c;
    }
// Die Methode der Oberklasse muss nur, wenn die AWTPaintKreis-
// Klasse von Component abgeleitet wird, aufgerufen werden
    super.paint(g);
  }
}
```

Die Klasse FramemitContainerundPaintKreis

```
import java.awt.*;
public class FramemitContainerundPaintKreis {
  private final static Color color[] = {Color.black,
   Color.white, Color.black, Color.white};
  public static void main(String[] args) {
    Frame f = new Frame("Kreise malen");
    f.setBounds(0,0,100,100);
    Dimension size = f.getSize();
// Durchmesser des Fensters
    int d = Math.min(size.width, size.height);
// Durchmesser der kleinen Kreise
    int d1 = d/5;
// Positionierung von Komponenten
    int x = (size.width - d)/2 + 12;
    int y = (size.height - d)/2 + 38;
    AWTContainer c = new AWTContainer(color);
    f.setLayout(null);
// Die kleinen Kreise dem Container hinzufügen
    c.add(new AWTPaintKreis(x+d/3-(d1/2), y+d/3-(d1/2),
     d1, d1, Color.white));
    c.add(new AWTPaintKreis(x+(2*(d/3))-(d1/2), y+d/3-(d1/2),
     d1, d1, Color.white));
    c.add(new AWTPaintKreis(x+d/3-(d1/2), y+2*(d/3)-(d1/2),
     d1, d1, Color.white));
    c.add(new AWTPaintKreis(x+(2*(d/3))-(d1/2), y+2*(d/3)
     -(d1/2), d1, d1, Color.white));
// Den grossen Kreis dem Container hinzufügen
    c.add(new AWTPaintKreis(x, y, d, d, Color.gray));
// Den Container dem Fenster hinzufügen
    f.add(c);
// Die Fenstergröße der Größe von Komponenten anpassen
    f.setSize(new Dimension(100,150));
    f.setVisible(true);
  }
}
```

Programmausgaben

Die Klasse AWTPaintKreis wurde von der Klasse Component bzw. Label abgeleitet.

Lösung 4.17

Die Klasse FramemitZOrder

```
import java.awt.*;
import javax.swing.*;
public class FramemitZOrder {
   private final static Color color[] = {Color.black,
     Color.white};
   public static void main(String[] args) {
      Frame f = new Frame("Kreise malen");
      f.setBounds(0,0,100,100);
      Dimension size = f.getSize();
// Durchmesser des Fensters
      int d = Math.min(size.width, size.height);
// Position für die Komponenten
      int x = (size.width - d)/2+12;
      int y = (size.height - d)/2+38;
// AWTContainer-Objekt erzeugen
      AWTContainer c = new AWTContainer(color);
      f.setLayout(null);
// Objekte der Klasse AWTPaintKreis (vom Typ Component) erzeugen
      AWTPaintKreis k1 = new AWTPaintKreis(x-6, y-6, d+15, d+15,
        Color.white);
      AWTPaintKreis k2 = new AWTPaintKreis(x-4, y-4, d+10, d+10,
        Color.pink);
      AWTPaintKreis k3 = new AWTPaintKreis(x, y, d, d,
        Color.red);
      AWTPaintKreis k4 = new AWTPaintKreis(x+5, y+5, d-10, d-10,
        Color.gray);
// und dem Container hinzufügen
      c.add(k1);
      c.add(k2);
      c.add(k3);
      c.add(k4);
// Die AWTPaintKreis-Objekte, im Container, in die über den
// Z-Order-Index spezifizierte Ebene bewegen
```

```
      c.setComponentZOrder(k1,3);
      c.setComponentZOrder(k2,2);
      c.setComponentZOrder(k3,1);
      c.setComponentZOrder(k4,0);
// Den Container dem Fenster hinzufügen
      f.add(c);
      f.setSize(new Dimension(100,150));
      f.setVisible(true);
   }
}
```

Programmausgaben

Zugeteilte Z-Order-Indexe: 3,2,1,0 und 1,2,3,0

Lösung 4.18

Die Klasse PaintKreis

```
import java.awt.*;
import javax.swing.*;
public class PaintKreis extends JComponent { // JLabel {
// Konstruktordefinition
   public PaintKreis(int x, int y, int d1, int d2, Color c) {
      setBounds(x,y,d1,d2);
      setForeground(c);
      setBackground(Color.lightGray);
      setOpaque(true);
   }
// Die Komponente in der über die forground-Eigenschaft
// gesetzten Farbe malen
   protected void paintComponent(Graphics g) {
      super.paintComponent(g);
      g.fillOval(0, 0, getSize().width-1, getSize().height-1);
   }
}
```

Die Klasse JFramemitPaintKreis

```
import java.awt.*;
import javax.swing.*;
```

```
public class JFramemitPaintKreis {
   public static void main(String[] args) {
      JFrame f = new JFrame("Kreise malen");
      f.setBounds(0,0,100,100);
      Dimension size = f.getSize();
// Durchmesser des Fensters
      int d = Math.min(size.width, size.height);
// Durchmesser für die Komponenten
      int d1 = d/5;
// Positionierung der Komponenten
      int x = (size.width - d)/2+8;
      int y = (size.height - d)/2;
      f.setLayout(null);
// Die PaintKreis-Objekte zum Fenster hinzufügen
      f.add(new PaintKreis(x+d/3-(d1/2), y+d/3-(d1/2),
        d1, d1, Color.white));
      f.add(new PaintKreis(x+(2*(d/3))-(d1/2), y+d/3-(d1/2),
        d1, d1, Color.white));
      f.add(new PaintKreis(x+d/3-(d1/2), y+2*(d/3)-(d1/2),
        d1, d1, Color.white));
      f.add(new PaintKreis(x+(2*(d/3))-(d1/2), y+2*(d/3)-(d1/2),
        d1, d1, Color.white));
      f.add(new PaintKreis(x, y, d, d, Color.gray));
      f.setDefaultCloseOperation(JFrame.EXIT_ON_CLOSE);
      f.setSize(new Dimension(100,135));
      f.setVisible(true);
   }
}
```

Programmausgaben

Die Klasse PaintKreis wurde von der Klasse JComponent bzw. JLabel abgeleitet.

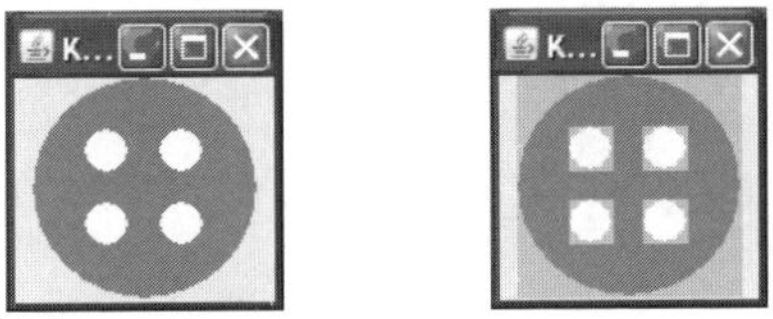

Lösung 4.19

Die Klasse PaintKreis

```
import java.awt.*;
import javax.swing.*;
public class PaintKreis extends JComponent { //JLabel {
// Konstruktordefinition
   public PaintKreis(int x, int y, int d1, int d2, Color c) {
```

```
      setBounds(x,y,d1,d2);
      setForeground(c);
      setBackground(Color.lightGray);
   // setOpaque(true);
   }
// Die Komponente in der über die forground-Eigenschaft
// gesetzten Farbe malen
   protected void paintComponent(Graphics g) {
      super.paintComponent(g);
      g.fillOval(0, 0, getSize().width-1, getSize().height-1);
   }
}
```

Die Klasse KreisContainer

```
import java.awt.*;
import javax.swing.*;
public class KreisContainer extends JPanel {
   private Color[] color;
// Konstruktordefinition
   public KreisContainer(Color[] color) {
      setBounds(0,0,300,300);
// Das Standard-Layout des Containers ausschalten
      setLayout(null);
      this.color = color;
   }
   protected void paintComponent(Graphics g) {
// Mit gleicher Auswirkung kann auch die Methode paintChildren()
// überschrieben werden
// protected void paintChildren(Graphics g) {
      int laenge = 5;
      for(int y=0; y+laenge<=getSize().height; y+=laenge) {
         for(int x=0; x+laenge<=getSize().width; x+=laenge) {
            g.setColor(color[x % color.length]);
            g.fillRect(x, y, laenge, laenge);
         }
// Die Reihenfolge der Farben wechseln
         Color[] c = new Color[color.length];
         for(int i=0; i<color.length; i++)
            c[i] = color[color.length-(1+i)];
         color = c;
      }
// Der Aufruf der Methode der Oberklasse ist erforderlich
   // super.paintChildren(g);
   }
}
```

Die Klasse JFramemitContainerundPaintKreis

```
import java.awt.*;
import javax.swing.*;
public class JFramemitContainerundPaintKreis {
   private final static Color color[] = {Color.black,
     Color.white};
   public static void main(String[] args) {
      JFrame f = new JFrame("Kreise malen");
      f.setBounds(0,0,100,100);
      Dimension size = f.getSize();
// Durchmesser des Fensters
      int d = Math.min(size.width, size.height);
// Durchmesser der Komponenten
      int d1 = d/6;
      int d2 = d/4;
      int x = (size.width - d)/2;
      int y = (size.height - d)/2;
// KreisContainer-Objekt erzeugen
      KreisContainer c = new KreisContainer(color);
      f.setLayout(null);
// Objekte der Klasse PaintKreis erzeugen
      PaintKreis k1 = new PaintKreis(x+d/3-(d1/2), y+d/3-(d1/2),
        d1, d1, Color.white);
      PaintKreis k2 = new PaintKreis(x+(2*(d/3))-(d1/2),
        y+d/3-(d1/2), d1, d1, Color.white);
      PaintKreis k3 = new PaintKreis(x+d/3-(d1/2), y+2*(d/3)
        -(d1/2), d1, d1, Color.white);
      PaintKreis k4 = new PaintKreis(x+(2*(d/3))-(d1/2),
        y+2*(d/3)-(d1/2), d1, d1, Color.white);
      PaintKreis k5 = new PaintKreis(x+(d-2)/3-(d2/2),
        y+(d-2)/3-(d2/2), d2, d2, Color.pink);
      PaintKreis k6 = new PaintKreis(x+(2*((d-2)/3))-(d2/2),
        y+(d-2)/3-(d2/2), d2, d2, Color.pink);
      PaintKreis k7 = new PaintKreis(x+(d-2)/3-(d2/2),
        y+2*((d-2)/3)-(d2/2), d2, d2, Color.pink);
      PaintKreis k8 = new PaintKreis(x+(2*((d-2)/3))-(d2/2),
        y+2*((d-2)/3)-(d2/2), d2, d2, Color.pink);
      PaintKreis k9 = new PaintKreis(x-2, x-2, d+5, d+5,
        Color.red);
      PaintKreis k10 = new PaintKreis(x, y, d, d, Color.gray);
// und zum Container hinzufügen
      c.add(k1);
      c.add(k2);
      c.add(k3);
      c.add(k4);
```

```
        c.add(k5);
        c.add(k6);
        c.add(k7);
        c.add(k8);
        c.add(k9);
        c.add(k10);
// Die PaintKreis-Objekte im Container in eine über den
// Z-Order-Index spezifizierte Ebene bewegen
        c.setComponentZOrder(k1,1);
        c.setComponentZOrder(k2,3);
        c.setComponentZOrder(k3,8);
        c.setComponentZOrder(k4,4);
        c.setComponentZOrder(k5,2);
        c.setComponentZOrder(k6,0);
        c.setComponentZOrder(k7,9);
        c.setComponentZOrder(k8,7);
        c.setComponentZOrder(k9,6);
        c.setComponentZOrder(k10,5);
// Den Container zum Fenster hinzufügen
        f.add(c);
        f.setDefaultCloseOperation(JFrame.EXIT_ON_CLOSE);
        f.setSize(new Dimension(100,135));
        f.setVisible(true);
    }
}
```

Programmausgaben

Die Klasse `PaintKreis` wurde von der Klasse `JComponent` abgeleitet.

Zugeteilte Z-Order-Indexe: 1,3,8,4,2,0,9,7,6,5 und 1,3,0,4,2,8,9,7,6,5

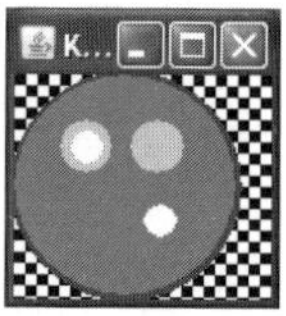

Hinweise zum Lösungsvorschlag

Erfolgt die Zuordnung der Ebenen wie in der Klassendefinition von `JFramemitContainerundPaintKreis`, werden die Komponenten `k3`, `k7` und `k8` vor `k9` und `k10` gemalt und deswegen von diesen verdeckt. Die Komponente `k2` wird vor `k6` gemalt und deshalb von dieser verdeckt. Wenn Sie die Zuordnungen zwischen Komponenten und Ebenen verändern, erreichen Sie eine andere Komponentendarstellung.

Lösung 4.20

Die Klasse KreisComponent

```
import java.awt.*;
public class KreisComponent extends Canvas { // Component {
// Konstruktordefinition
  public KreisComponent() {
    setBackground(Color.green);
  }
  public Dimension getPreferredSize() {
    return new Dimension(100,100);
  }
// Die Methode paint() wird aufgerufen, wenn eine
// Komponente zum erstemmal gemalt wird oder wenn sich
// ihre Sichtbarkeit oder Größe ändert
  public void paint(Graphics g) {
// Dynamisch ermittelte Größenwerte für die Komponente
    Dimension size = getSize();
    int d = Math.min(size.width, size.height);
// Konzentrische Kreise zeichnen
    int x = 0;
    int y = 0;
    int i = 0;
    while(x<size.width && y<size.height) {
      g.setColor(i%2==0 ? Color.white : Color.black);
      g.fillOval(x, y, size.width-(2*x), size.height-(2*y));
      x+=2;
      y+=2;
      i++;
    }
  }
}
```

Die Klasse ContainerfuerComponent

```
import java.awt.*;
public class ContainerfuerComponent extends Container {
// Konstruktordefinition
  public ContainerfuerComponent() {
// Das Default-Container-Layout von null, auf BorderLayout oder
// FlowLayout abändern
  // setLayout(new BorderLayout());
    setLayout(new FlowLayout());
  }
  public void paint(Graphics g) {
// Dynamisch ermittelte Größenwerte für die Komponente
    Dimension size = getSize();
```

```
        int d = Math.min(size.width, size.height);
// Übereinanderliegende Rechtecke zeichnen
        int x = 0;
        int y = 0;
        int i = 0;
        while(x<size.width && y<size.height) {
            g.setColor(i%2==0 ? Color.white : Color.black);
            g.fillRect(x, y, size.width-(2*x), size.height-(2*y));
            x+=2;
            y+=2;
            i++;
        }
// Für leichtgewichtige Kindkomponenten
        super.paint(g);
    }
}
```

Die Klasse AWTPaintComponent

```
import java.awt.*;
public class AWTPaintComponent {
    public static void main(String[] args) {
// Ein Objekt der Klasse ContainerfuerComponent
// in einem Fenster sichtbar machen
        Frame f = new Frame("AWT-Komponenten");
        Container c = new ContainerfuerComponent();
        c.add(new KreisComponent());
        f.add(c, BorderLayout.CENTER);
        f.pack();
        f.setVisible(true);
    }
}
```

Programmausgaben

- Die Komponentenklasse ist von `Component` abgeleitet und in der erweiterten `Container`-Klasse ist das BorderLayout gesetzt
- Die Komponentenklasse ist von `Canvas` abgeleitet und in der erweiterten `Container`-Klasse ist das FlowLayout gesetzt

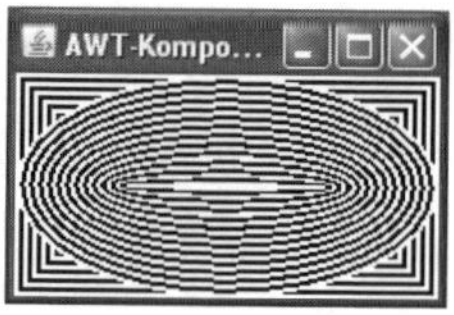

Hinweise zum Lösungsvorschlag

Der Farbenwechsel in den Klassen KreisComponent und ContainerfuerComponent erfolgt mit Hilfe des Fragezeichen-Operators: ?. Ist der logische Wert der gesetzten Bedingung true, wird die erste nach dem ? angegebene Anweisung ausgeführt, ansonsten die zweite. Damit wird eine verkürzte Schreibweise von if-else-Anweisungen ermöglicht.

Hinweise zu den Programmausgaben

Wird die Klasse KreisComponent von der Klasse Canvas abgeleitet, besitzen ihre Komponenten einen Hintergrund, der Teile des Musters der Container-Komponente überdeckt.

Lösung 4.21

Die Klasse SwingComponent

```
import java.awt.*;
import javax.swing.*;
public class SwingComponent extends JLabel { // JComponent {
   private final static Color farbe[] = {Color.black,
     Color.white, Color.gray};
// Konstruktordefinition
   public SwingComponent() {
      setOpaque(true);
      setBackground(Color.green);
   }
// Die gewünschte Größe der Komponente definieren
   public Dimension getPreferredSize() {
       return new Dimension(150,150);
   }
// Die Methode paintComponent() wird aufgerufen, wenn eine
// Komponente zum erstemmal gemalt wird oder wenn sich
// ihre Sichtbarkeit oder Größe ändert
   protected void paintComponent(Graphics g) {
// Den Hintergrund von Komponenten setzen
      super.paintComponent(g);
      Dimension size = getSize();
      int d = Math.min(size.width, size.height);
      int breite = 10;
      int y = 40;
      for(int x=40; x+breite<=size.width-40; x+=breite) {
         g.setColor(farbe[x % farbe.length]);
         g.fillRect(x, y, breite, size.height-8*breite );
      }
// Hiermit werden die gemalten Inhalte vom Hintergrund
// der Komponente überschrieben
```

```
//   super.paintComponent(g);
   }
}
```

Die Klasse SwingContainer

```
import javax.swing.*;
import java.awt.*;
public class SwingContainer extends JPanel {
   private final static Color colors[] = {Color.black,
     Color.white, Color.gray};
// Konstruktordefinition
   public SwingContainer() {
      setLayout(new BorderLayout());
   // setLayout(new FlowLayout());
   }
   protected void paintChildren(Graphics g) {
      Dimension size = getSize();
      int d = Math.min(size.width, size.height);
      int laenge = 10;
      int x = 0;
      for(int y=0; y+laenge<=size.height; y+=laenge) {
         g.setColor(colors[y % colors.length]);
         g.fillRect(0, y, size.width, laenge);
      }
      super.paintChildren(g);
   }
}
```

Die Klasse SwingPaintComponent

```
import java.awt.*;
import javax.swing.*;
public class SwingPaintComponent {
// Ein Objekt der Klasse SwingContainer
// in einem Fenster sichtbar machen
   public static void main(String[] args) {
      JFrame f = new JFrame("Swing-Komponenten");
      f.setDefaultCloseOperation(JFrame.EXIT_ON_CLOSE);
      Container c = new SwingContainer();
      c.add(new SwingComponent());
      f.add(c, BorderLayout.CENTER);
      f.pack();
      f.setVisible(true);
   }
}
```

Programmausgaben

- Die Komponentenklasse ist von `JComponent` abgeleitet und in der erweiterten `JPanel`-Klasse ist das FlowLayout gesetzt
- Die Komponentenklasse ist von `JLabel` abgeleitet und in der erweiterten `JPanel`-Klasse ist das BorderLayout gesetzt

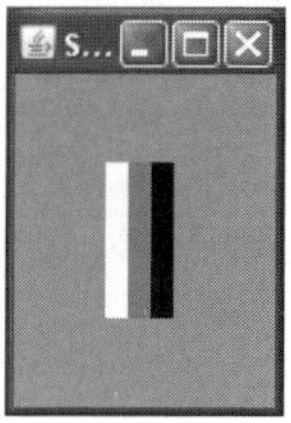

Lösung 4.22

Die Klasse FramemitWindowListener

```
import java.awt.*;
import java.awt.event.*;
public class FramemitWindowListener extends Frame
                                    implements WindowListener {
// Konstruktordefinition
  public FramemitWindowListener() {
    super("Fenster schließen");
// Eine Instanz der eigenen Klasse als WindowListener
// registrieren
    this.addWindowListener(this);
    this.setBounds(10,10,100,75);
    this.setBackground(Color.cyan);
    this.setVisible(true);
  }
// Alle Methoden des WindowListener müssen implementiert werden,
// die nicht benutzten Methoden mit leerem Rumpf
// Der Benutzer will das Fenster schließen
  public void windowClosing(WindowEvent e) {
    System.exit(0);
  }
// Das Fenster wurde geschlossen
  public void windowClosed(WindowEvent e) {}
// Das Fenster wurde zum Icon verkleinert
  public void windowIconified(WindowEvent e) {}
// Das Fenster wurde wieder hergestellt
  public void windowDeiconified(WindowEvent e) {}
// Das Fenster wurde aktiviert
```

```
   public void windowActivated(WindowEvent e) {}
// Das Fenster wurde deaktiviert
   public void windowDeactivated(WindowEvent e) {}
// Das Fenster wurde geöffnet
   public void windowOpened(WindowEvent e) {}
// Objekt der Klasse erzeugen
   public static void main(String[] args) {
// Fenster erzeugen und initialisieren
      FramemitWindowListener frame =
        new FramemitWindowListener();
   }
}
```

Programmausgaben

Hinweise zum Lösungsvorschlag

Dadurch, dass die Klasse `FramemitWindowListener` die Schnittstelle `WindowListener` implementiert, können Referenzen vom Typ `WindowListener` auf Instanzen der Klasse zeigen und dafür steht das `this` als Parameterwert im Methodenaufruf von `addWindowListener(this)`.

Lösung 4.23

Die Klasse FramemitWindowAdapter

```
import java.awt.*;
public class FramemitWindowAdapter extends Frame {
// Konstruktordefinition
   public FramemitWindowAdapter() {
      super("Fenster schließen");
// Den WindowListener als Objekt der Klasse
// UnterklassevonWindowAdapter für die Instanzen der Klasse
// registrieren
      this.addWindowListener(new UnterklassevonWindowAdapter());
      this.setBounds(10,10,100,75);
      this.setBackground(Color.cyan);
      this.setVisible(true);
   }
// Objekt der Klasse erzeugen
   public static void main(String[] args) {
      FramemitWindowAdapter frame = new FramemitWindowAdapter();
   }
```

```
}
Die Klasse UnterklassevonWindowAdapter
import java.awt.event.*;
public class UnterklassevonWindowAdapter extends WindowAdapter {
   public void windowClosing(WindowEvent e){
      System.exit(0);
   }
}
```

Programmausgaben

Lösung 4.24

Die Klasse FramemitActionListener

```
import java.awt.*;
import java.awt.event.*;
public class FramemitActionListener extends Frame
                                  implements ActionListener {
   private Button b;
// Konstruktordefinition
   public FramemitActionListener() {
      super("Fenster mit einem Button schließen");
      b = new Button("Fenster schließen");
      b.setBackground(Color.green);
      add(b, BorderLayout.SOUTH);
// Event-Handling für den Button aktivieren
      b.addActionListener(this);
      setBounds(10,10,100,75);
      setBackground(Color.cyan);
      setVisible(true);
   }
// Diese Methode wird aufgerufen, wenn der Button angeklickt wird
   public void actionPerformed(ActionEvent e){
      System.exit(0);
   }
// Objekt der Klasse erzeugen
   public static void main(String[] args) {
      FramemitActionListener frame =
        new FramemitActionListener();
   }
}
```

Programmausgaben

Lösung 4.25

Die Klasse JFramemitKeyListener

```
import java.awt.*;
import java.awt.event.*;
import javax.swing.*;
public class JFramemitKeyListener extends JFrame
                                        implements KeyListener {
   private JLabel l1 = new JLabel("Eingabe");
   private JTextField t1 = new JTextField();
   private JLabel l2 = new JLabel("Ausgabe");
   private JTextField t2 = new JTextField();
// Konstruktordefinition
   public JFramemitKeyListener() {
      super("Fenster mit Tastatureingaben");
      setBounds(20,20,700,100);
// Die Komponenten zum Fenster hinzufügen
      setLayout(new GridLayout(4,1));
      add(l1);
      add(t1);
      add(l2);
      add(t2);
      setDefaultCloseOperation(JFrame.EXIT_ON_CLOSE);
// Das Textfeld t1 registriert den von der Klasse
// implementierten KeyListener
      t1.addKeyListener(this);
   }
// Die Methoden des KeyListener implementieren
   public void keyPressed(KeyEvent e) {
      String string = "Zeichen <" + e.getKeyChar() + " >";
      String += "mit der Codierung <" + e.getKeyCode() +
        " > eingegeben.";
      String += " Taste <" + KeyEvent.getKeyText(e.getKeyCode());
      String += "> mit den Modifikatoren <" + KeyEvent.
        getKeyModifiersText(e.getModifiers()) + " > gedrückt";
      t2.setText(string);
   }
   public void keyReleased(KeyEvent e) {}
   public void keyTyped(KeyEvent e) {}
// Objekt der Klasse erzeugen
   public static void main(String[] args) {
```

```
        JFramemitKeyListener frame = new JFramemitKeyListener();
        frame.setVisible(true);
    }
}
```

Programmausgaben

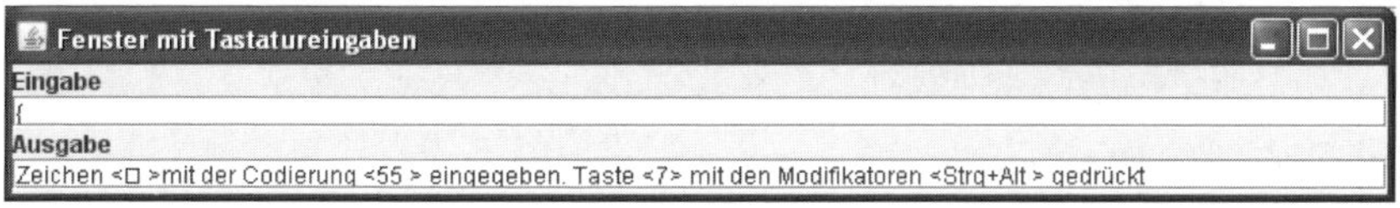

Lösung 4.26

Die Klasse ListenerKlasse

```
import java.awt.*;
import java.awt.event.*;
public class ListenerKlasse extends WindowAdapter
                            implements ActionListener {
// Methode der Klasse WindowAdapter überschreiben
  public void windowClosing(WindowEvent e) {
        System.exit(0);
  }
// Methode des Interfaces ActionListener implementieren
  public void actionPerformed(ActionEvent e) {
     System.exit(0);
  }
}
```

Die Klasse FramemitListenerKlasse

```
import java.awt.*;
import java.awt.event.*;
public class FramemitListenerKlasse extends Frame {
  private Button b;
// Eine Globale Referenz vom Typ ListenerKlasse zeigt auf
// eine Instanz dieser Klasse
  private ListenerKlasse listener = new ListenerKlasse();
// Konstruktordefinition
  public FramemitListenerKlasse(){
     super("Fenster schließen");
     b = new Button("Fenster schließen");
     this.add(b, BorderLayout.SOUTH);
     this.setBounds(10,10,100,75);
     this.setBackground(Color.cyan);
     this.setVisible(true);
// Die von der Klasse ListenerKlasse implementierten Listener
// registrieren
```

```
      addWindowListener(listener);
      b.addActionListener(listener);
   }
// Objekt der Klasse erzeugen
   public static void main(String[] args) {
      FramemitListenerKlasse frame =
        new FramemitListenerKlasse();
   }
}
```

Programmausgaben

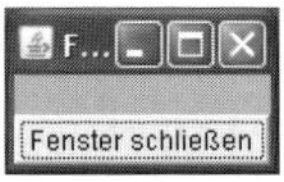

Kapitel 5

Erweiterte graphische Programmierung

5.1 Der RootPane-Container

Alle Swing-Komponenten sind von der Klasse `Container` abgeleitet, aber nicht alle Swing-Komponenten sind von `JComponent` abgeleitet. Die Ausnahme bilden `JApplet`, `JFrame`, `JWindow` und `JDialog`, welche von den AWT-Klassen `Applet`, `Frame`, `Window` und `Dialog` abgeleitet sind. So können diese nicht die Swing-spezifischen Funktionen von `JComponent` erben. Diese Container erstellen bei ihrer Instantiierung automatisch ein Objekt der Klasse `JRootPane`, die von `JComponent` abgeleitet ist und wiederum die Swing-Eigenschaften zur Verfügung stellt.

Der `JRootPane`-Container ist die einzige Kindkomponente von `JWindow`-, `JFrame`-, `JDialog`- und `JInternalFrame`-Komponenten und wird mit deren Methode `getRootPane()` geliefert.

Ein `JRootPane`-Container besteht aus zwei Objekten, der GlassPane und der LayeredPane. Die GlassPane ist unsichtbar, so dass man nur die LayeredPane sieht, die ihrerseits auch aus zwei Objekten besteht, einer optionalen MenuBar und einer ContentPane. Die LayeredPane ist als Vaterkomponente für alle Kindkomponenten der RootPane zu sehen.

Die Klasse `JRootPane` definiert die Instanzfelder: `layerdPane`, `glassPane`, `menuBar` und `contentPane`, welche Referenzen vom Typ der Klassen `JLayeredPane`, `Component`, `JMenuBar` und `Container` bezeichnen, mit dem Modifikator `protected`, sodass diese über einen geschützten Zugriff verfügen und darauf nur aus davon abgeleiteten Klassen zugegriffen werden kann.

Das Interface `RootPaneContainer`, das alle Fensterklassen von Swing und die `JRootPane`-Klasse implementieren, gibt Methoden vor, mit denen alle RootPane-Container erreicht werden können.

Es ist üblich, dass alle Komponenten einer `JFrame`-Komponente der ContentPane des Fensters hinzugefügt werden. Damit lässt sich die Arbeit mit einer `JFrame`-Komponente ähnlich wie mit einer Frame-Komponente gestalten.

Laut Empfehlung der Java-Spezifikation sollte vermieden werden, einen Layout-Manager für die RootPane zu definieren. Diese verfügt über einen eigenen Layout-Manager `RootLayout`, der speziell für das Managen der LayeredPane, Content-Pane, GlassPane und der MenuBar zuständig ist. Wird dieser durch einen anderen

Layout-Manager ersetzt, so muss dieser fähig sein, das Positionieren dieser Komponenten zu managen.

Wird eine GlassPane definiert und sichtbar gemacht, so wird eine auf ihr platzierte Komponente über der ContentPane angezeigt. Sie ermöglicht Events abzufangen, die wichtig für das Zeichnen und Bewegen von Komponenten sind und so nach außen getragen werden können.

Die LayeredPane dient dazu, Komponenten in unterschiedliche Ebenen anzuordnen, so dass Teile der Komponenten überdeckt werden können. Sie besitzt keinen Layout-Manager, so dass die Komponenten über die `setBounds()`-Methode positioniert werden müssen.

Wie schon im Kapitel 4 angesprochen wird die Ebene, in welcher sich eine Komponente befindet, als deren Tiefe bezeichnet. In einer so definierten Ebene kann eine beliebige Anzahl von Komponenten hinterlegt werden, die sich überlappen können. Das Hinzufügen von Komponenten innerhalb einer dieser Ebenen wird über ihre Position bestimmt, die als `int`-Wert definiert wird.

Die Ebene selbst wird durch ein `Integer`-Objekt festgellegt. Die Klasse `JLayeredPane` definiert sechs solche konstante `Integer`-Objekte: `FRAME_CONTENT_LAYER(-30000)`, `DEFAULT_LAYER(0)`, `PALETTE_LAYER(100)`, `MODAL_LAYER(200)`, `POPUP_LAYER(300)`, `DRAG_LAYER(400)`. Die MenuBar und die ContentPane werden der LayeredPane mit einer Tiefe gleich dem Wert der Konstante `FRAME_CONTENT_LAYER` hinzugefügt. Komponenten aus Ebenen mit einem höheren Wert überlappen alle Komponenten aus Ebenen mit einem niedrigeren Wert. Innerhalb einer Ebene erscheinen Komponenten mit einer höheren Position unterhalb von denen mit einer niedrigeren Position.

Jeder Komponente innerhalb einer LayeredPane wird noch ein dritter wichtiger Wert, der so genannte Index, zugeordnet. Dabei werden die vorher angesprochenen Ebenen ignoriert und die Komponenten von Position »0« in der höchsten Ebene bis zur Position »n-1« in der niedrigsten durchnummeriert, wobei »n« die Anzahl aller Komponenten bezeichnet. Dieser Index entspricht dem Z-Order-Index einer Komponente, womit auch die Reihenfolge, in welcher die Komponenten gezeichnet werden, festgelegt wird.

Mit der Methode `setComponentZOrder()` der Klasse `Container` wurde schon in den Klassen aus den Aufgaben 4.17 und 4.19 gearbeitet und für die Demonstration der hier angesprochenen Zuordnungen wird in den Aufgaben aus diesem Kapitel die Methode `getComponentZOrder()` der gleichen Klasse aufgerufen. Diese Methode gibt den Wert des Z-Order-Index für die Komponenten innerhalb eines Containers zurück bzw. -1, falls die Referenz auf eine Komponente gleich `null` oder diese nicht im Container enthalten ist.

Es gibt keine Methoden, mit welchen der Index einer Komponente geändert werden kann, jedoch kann auf eine beliebige Komponente über ihren Index zugegriffen werden. Die Ebene, in welcher sich eine bestimmte Komponente befindet, und ihre Position können mit der Methode `setLayer()` der Klasse `JLayeredPane` abgeändert werden. Das Hinzufügen von Komponenten zu einer LayeredPane kann auf drei Arten erfolgen. Erstens mit der Methode `add(Component komponente)`, welche die Komponente in die Ebene, die durch das `Integer`-Objekt mit dem Wert 0 definiert ist, das DEFAULT_LAYER hinterlegt. Zweitens, mit der Methode `add(Component komponente, new Integer(i))`, welche die Komponente in die Ebene, die durch das `Integer`-Objekt mit dem Wert »i« definiert ist, hinterlegt und drittens, mit der Methode `add(Component komponente, new Integer(i)), int position)`, womit die Komponente in die Ebene »i« an der Position »position« hinerlegt wird.

Der ContentPane können die Komponenten direkt über die Methode `add()` hinzugefügt werden und sie kann über die Methode `getContentPane()` ermittelt werden. In Java 5.0 wurde die Methode `add()` so implementiert, dass sie automatisch die Komponenten auf die ContentPane legt. Dies war in den bisherigen Beispielen immer der Fall und wurde bis dahin nur nicht erwähnt.

Die Klasse `JInternalFrame` definiert eine Schablone für interne Fenster. Sie implementiert ebenfalls das Interface `RootPaneContainer`, sodass interne Fenster den gleichen Schichtenaufbau wie `JFrame`-Instanzen besitzen.

Aufgabe 5.1 ☆☆

Die LayeredPane einer Fensterkomponente

Die von `JFrame` abgeleitete Klasse `JFramemitgetLayeredPane` ermittelt die LayeredPane eines Fensters mit der Methode `getJLayeredPane()`. Setzen Sie mit der Methode `setMenuBar()` parallel zur LayeredPane die MenuBar-Komponente für die RootPane des Fensters.

Die MenuBar wird als Objekt der Klasse `JMenuBar` erzeugt und zu ihr werden drei `JMenu`-Komponenten eines Array-Objektes, mit den Namen »Menue1«, »Menue2« und »Menue3«, in selbst definierten Farben hinzugefügt.

Drei `JButton`-Objekte werden über ein Array vom Typ `JButton` definiert und deren Elemente sollen geschachtelt in drei verschiedene Ebenen der LayeredPane hinterlegt werden. Die Schachtelungstiefe soll dem Index des Arrayelementes entsprechen. Die `JButton`-Komponenten verfügen über eine Länge und Breite von 60 Pixeln und werden mit Hilfe einer `for`-Schleife, ausgehend von den Pixelkoordinatenwerten (20,20) mit einem Offset von 30 Pixeln in der LayeredPane abgelegt. Die Punktkoordinaten sollen diesmal als Instanz der Java-Standard-Klasse `Point` zur Verfügung gestellt werden.

Rufen Sie an der `JLayeredPane`-Instanz die von der Klasse `Container` geerbte Methode `getComponentZOrder()` auf, um die Werte des Z-Order-Index für die Kindkomponenten der LayeredPane am Bildschirm anzuzeigen.

Hinweise für die Programmierung:

Die opaque-Eigenschaft für JButton-Komponenten ist standardmäßig auf true gesetzt.

Die Methode setBounds() wird genutzt, um Kindkomponenten in Container, die keinen Layout-Manager besitzen, wie auch die JLayeredPane zu platzieren.

Die am oberen Rand platzierte Menüleiste (MenuBar) für Container vom Typ JFrame, JDialog, JApplet, JRootPane und JInternalFrame wird mit der Methode setMenuBar() gesetzt. All diese Klassen implementieren die Schnittstelle RootPaneContainer, die eine Implementierung von setMenuBar() erzwingt.

Java-Dateien: JFramemitgetLayeredPane.java
Programmaufruf: java JFramemitgetLayeredPane

Aufgabe 5.2 ☆☆

Eine beliebige Instanz der Klasse JLayeredPane

Wird ein Objekt der Klasse JLayeredPane mit dem new-Operator erzeugt, kann dieses mit getContentPane().add(layeredPane) dem Fenster hinzugefügt werden. Dies ist aber nicht die Standard-LayeredPane des Fensters, welche mit getLayeredPane() ermittelt wird, sondern ein beliebiges Objekt der Klasse. Damit kann erreicht werden, Komponenten innerhalb der ContentPane geschachtelt zu hinterlegen, ohne dass diese von deren Layout-Manager neu angeordnet werden.

Erzeugen Sie die gleichen JButton-Komponenten wie in der Aufgabe 5.1 und platzieren Sie diese, wie gehabt, in einem Objekt vom Typ der Klasse JLayeredPane, das diesmal mit dem new-Operator erstellt und mit einem Border vom Typ der Java-Standard-Klasse TitledBorder versehen wird. Die so erzeugte JLayeredPane-Instanz soll der ContentPane einer Fensterkomponente vom Typ der Klasse JFramemitnewLayeredPane hinzugefügt werden.

Fügen Sie der Fensterkomponente auf die gleiche Art und Weise wie in der Aufgabe 5.1 auch eine MenuBar hinzu.

Was ändert sich in der Komponentenanzeige, wenn die so erzeugte JLayeredPane-Komponente dem Fenster mit der Methode setLayeredPane() hinzugefügt wird? Zeigen Sie in beiden Fällen den Z-Order-Index der Komponenten am Bildschirm an.

Java-Dateien: JFramemitnewLayeredPane.java
Programmaufruf: java JFramemitnewLayeredPane

Aufgabe 5.3

Das Positionieren von Komponenten in und innerhalb von Ebenen

Definieren Sie eine Klasse `JFramemitLayeredPane` von `JFrame` abgeleitet, die zur LayeredPane des Fensters mehrere `JButton`-Objekte in unterschiedliche Ebenen an verschiedene Positionen hinzufügt. Wählen Sie auch andere `Integer`- und `int`-Werte für die Positionierungen, zusätzlich zu denen aus dem Lösungsvorschlag der Aufgabe. Zeigen Sie jedes Mal den Z-Order-Index der Komponenten am Bildschirm an.

Die `JButton`-Instanzen werden in einem Array-Objekt mit acht Elementen hinterlegt. Beim Drücken der Buttons werden die Layer, in welchen sich die Buttons befinden, geändert. Um auf die Betätigung von Buttons zu reagieren, implementiert die Klasse das Interface `ActionListener` und dessen Methode `actionPerformed()`.

Java-Dateien: `JFramemitLayeredPane.java`
Programmaufruf: `java JFramemitLayeredPane`

Aufgabe 5.4

Eine GlassPane, die Ereignisse empfängt

Mit dieser Aufgabe soll eine Klasse `JFramemitLayeredPaneundGlassPane`, von `JFrame` abgeleitet, erstellt werden, die auf einem vorgegebenen Hintergrund Häuser in Form von `JButton`-Komponenten darstellt und das Fallen von Regentropfen simuliert.

Die Hintergrundkomponente soll als `JLabel`-Objekt erzeugt werden, das im Konstruktor eine Referenz vom Typ `ImageIcon` übergeben bekommt, und zur LayeredPane einer Fensterkomponente mit einer Schachtelungstiefe von -30000 hinzugefügt werden.

Drei `JButton`-Objekte werden über ein Array vom Typ `JButton` definiert und in einer transparenten `JPanel`-Komponente abgelegt, die zur ContentPane des Fensters hinzugefügt wird. Diese sollen ihre Standardgröße beibehalten, die Beschriftungen »Haus1«, »Haus2«, »Haus3« tragen und in unterschiedlichen Grüntönen angezeigt werden.

Erzeugen Sie eine GlassPane als Instanz der Klasse `JLabel` mit der Beschriftung "Eine GlassPane, aus der es regnen kann" und registrieren Sie für diese den MouseListener. Beim Anklicken mit der Maus sollen Regentropfen in Form von blauen Ovalen auf die GlassPane gezeichnet werden. Der Durchmesser der zu zeichnenden Ovale soll über einen Zufallsgenerator mit Hilfe der `random()`-Methode der Java-Standard-Klasse `Math` generiert werden.

Hinweise für die Programmierung:

Die GlassPane kann, wie auch die ContentPane, eine beliebige Komponente sein. Diese liegt über allen anderen Komponenten, auf sie kann gezeichnet werden und sie kann Ereignisse empfangen. Dazu muss sie sichtbar gemacht werden und die entsprechenden Listener registrieren.

Java-Dateien: `JFramemitLayeredPaneundGlassPane.java`
Programmaufruf: `java JFramemitLayeredPaneundGlassPane`

Aufgabe 5.5 ☆☆☆

Eine benutzerdefinierte GlassPane-Komponente

Die Klasse `UserGlassPane` wird von der Klasse `JComponent` abgeleitet und überschreibt deren `paintComponent()`-Methode, um ein Bild mit der Methode `drawImage()` der `Graphics`-Klasse zu zeichnen. In die linke Ecke des Bildes soll ein Text mit der Methode `drawString()` geschrieben werden.

Eine zweite Klasse `JPanelmitLayeredPaneundGlassPane` wird von der Klasse `JPanel` abgeleitet und besitzt einen Konstruktor, der eine Referenz vom Typ der Klasse `JLayeredPane` als Parameter definiert. Zu einer im Konstruktor übergebenen `JLayeredPane`-Instanz werden drei `JButton`-Komponenten in geschachtelten Ebenen auf gleiche Art und Weise wie in der Aufgabe 5.1 hinzugefügt. Zu dieser Instanz soll auch eine `JMenuBar`-Komponente mit einer Schachtelungstiefe von -30000 hinzugefügt werden.

In der `main()`-Methode der Klasse wird eine `JFrame`-Komponente erzeugt, deren LayeredPane ermittelt und ihre Referenz im Konstruktor der eigenen Klasse übergeben.

Das so erzeugte Objekt vom Typ der eigenen Klasse wird als ContentPane für das Fenster gesetzt.

Zeigen Sie, dass die vorher hinzugefügte `JMenuBar`-Komponente nicht die MenuBar der RootPane für das Fenster ersetzt, sondern parallel zu dieser existiert, indem Sie eine zweite `JMenuBar`-Komponente mit der Methode `setJMenuBar()` zum Fenster hinzufügen.

Setzen Sie eine benutzerdefinierte Komponente vom Typ der Klasse `UserGlassPane` als GlassPane für das Fenster.

Java-Dateien: `UserGlassPane.java`,
`JPanelmitgetLayeredPaneundGlassPane.java`
Programmaufruf: `java JPanelmitgetLayeredPaneundGlassPane`

5.2 Interne Fenster

Die Java-Standard-Klasse `JInternalFrame` befindet sich im Paket `javax.swing` und ist von `JComponent` abgeleitet. Sie definiert eine leichtgewichtige Swing-Komponente, die ein schwergewichtiges Fenster mit Titelleiste und anderen Bestandteilen simuliert.

Da ein internes Fenster über kein natives Fenster verfügt, muss es für seine Anzeige zu einer Container-Komponente hinzugefügt werden. Dieser Container kann ein `JLayeredPane`-Objekt sein, ist aber in der Regel ein Objekt der Klasse `JDesktopPane`, einer von `JLayeredPane` abgeleiteten Klasse, die speziell für das Managen der Kindkomponenten eines `InternalFrame` erzeugt wurde.

Aufgabe 5.6 ☆

Die Instanzen der Klasse JInternalFrame

Definieren Sie eine Klasse `JFramemitJInternalFrame`, von `JFrame` abgeleitet, die drei Instanzen der Klasse `JInternalFrame` erzeugt, diese sichtbar macht und an unterschiedlichen Positionen der LayeredPane zu einer Fensterkomponente hinzufügt.

Java-Dateien: `JFramemitJInternalFrame.java`
Programmaufruf: java `JFramemitJInternalFrame`

Aufgabe 5.7 ☆☆

Die Verschachtelung von internen Fenstern

Die Klasse `JFramemitInternenFenster` wird von `JFrame` abgeleitet und implementiert das Interface `MouseMotionListener`.

Erstellen Sie zwei interne Fenster und benutzen Sie dafür den Konstruktor der Klasse `JInternalFrame`, über dessen Definition auch eine Titelleiste für die Anzeige von Systemschaltflächen und die Fähigkeit, die Größe der Fenster zu ändern, erzeugt wird. Nutzen Sie für die Anzeige der internen Fenster ein Objekt der Klasse `JDesktopPane`. Dieses kann der `ContentPane` eines Fensters hinzugefügt werden oder diese ersetzen. Fügen Sie zu den internen Fenstern je eine Komponente vom Typ der Klasse `SwingLabel` aus der Aufgabe 4.12 hinzu.

Durch die Bewegung einer `JLabel`-Komponente, die im Konstruktor ein mit Hilfe der Bilddatei `rabbit.gif` erzeugtes Icon übergeben bekommt zwischen den internen Fenstern bei jeder Mausbewegung, soll auf die Verschachtelung der Fenster hingewiesen werden.

Java-Dateien: `SwingLabel.java, JFramemitInternenFenster.java`
Programmaufruf: `java JFramemitInternenFenster`

5.3 Die Applikation als Auslöser für Zeichenoperationen

Zeichenoperationen können sowohl unter AWT als auch unter Swing nicht nur vom System, sondern auch von einer Applikation ausgelöst werden. In diesem Fall entscheidet die Komponente selbst, dass ihr Inhalt geändert werden muss, weil ihr interner Zustand sich geändert hat. So kann ein gedrückter Button eine andere Farbe als beim Loslassen anzeigen und ein Text, eine Figur oder ein Bild auf eine Komponente an einer mit der Maus angeklickten Stelle neu gezeichnet werden.

Wie im Kapitel 4 schon beschrieben, ruft ein Programm bei einem durch eine Applikation ausgelöstem Zeichnen die `repaint()`-Methode für die Komponente auf. Diese veranlasst im Falle von AWT-Komponenten, dass die `update()`-Methode der Komponente aufgerufen wird, deren Standardimplementation für HW-Komponenten den Hintergrund der Komponente löscht und danach `paint()` aufruft, während für LW-Komponenten nur `paint()` aufgerufen wird.

In Swing wird der Aufruf der `repaint()`-Methode anders als unter AWT bearbeitet, obwohl das Endergebnis für den Applikationsprogrammierer das gleiche ist: eine `paint()`-Methode wird aufgerufen. Die `update()`-Methode wird für Swing-Komponenten nie direkt, auch nicht über `repaint()`, aufgerufen. Die Zusammenhänge zwischen diesen Aufrufen werden dem Programmierer im Kapitel 6 durch viele Beispiele näher gebracht.

Aufgabe 5.8 ☆☆

Aufruf der repaint()-Methode für AWT-Komponenten

Die Instanzen der Klasse `Framemitrepaint` reagieren auf das Anklicken mit der Maus, indem sie die Methode `mousePressed()` aus dem Interface `MouseListener` aufrufen, das von dieser Klasse implementiert wird. An einer auf dem Fenster angeklickten Stelle wird der Text »Java 6.0« mit der `paint()`-Methode geschrieben. Diese wird vom System beim Sichtbarmachen des Fensters aufgerufen und von der Applikation über die `repaint()`-Methode bei jedem Anklicken mit der Maus.

Hinweise für die Programmierung:

Wird die Standardimplementierung der `update()`-Methode genutzt, wird jedes Mal der Hintergrund der Komponente gelöscht und der Text erneut an die angeklickte Stelle geschrieben. Sollen alle geschriebenen Texte im Fenster enthalten bleiben, muss die `update()`-Methode so überschrieben werden, dass diese nur deren `paint()`-Methode auruft, ohne den Hintergrund der Komponente zu löschen.

Aufgabe 5.9 ☆☆

Aufruf der repaint()-Methode für Swing-Komponenten

Aufbauend auf die Aufgabe 5.8 soll die Klasse `JFramemitrepaint`, von `JFrame` abgeleitet, welche den gleichen Text zeichnet, erstellt werden. Sie braucht die `update()`-Methode nicht zu überschreiben, da diese unter Swing von `repaint()` nicht aufgerufen wird.

Java-Dateien: `JFramemitrepaint.java`
Programmaufruf: `java JFramemitrepaint`

Aufgabe 5.10

Die getGraphics()-Methode

Das gleiche Ergebnis wie in der Aufgabe 5.9 soll mit einer weiteren von `JFrame` abgeleiteten Klasse `JFramemitgetGraphics` mit Hilfe der Methode `getGraphics()` erreicht werden.

Dazu wird in der Klasse `JFramemitgetGraphics` der Graphikkontext für das aktuelle Objekt ermittelt und der MouseListener für dieses registriert. Sie implementiert die Methoden des MouseListener, um den Text »Java 6.0« an der angeklickten Fensterposition auszugeben.

Java-Dateien: `JFramemitgetGraphics.java`
Programmaufruf: `java JFramemitgetGraphics`

Aufgabe 5.11

Die Methoden paint(), getGraphics() und repaint() gleichzeitig nutzen

Erstellen Sie eine Klasse `JFramemitpaintundgetGraphics`, von `JFrame` abgeleitet, die eine Zeichenoberfläche mit Hilfe einer Canvas-Instanz definiert und die `paint()`-Methode ihrer Oberklasse überschreibt.

Auf das Fenster soll mit `paint()` gemalt werden und auf den Canvas mit Hilfe der `getGraphics()`-Methode. Schreiben Sie in der Farbe rot den Text »Java 6.0« auf den nicht vom Canvas bedeckten Teil des Fensters. Beim Anklicken des Canvas mit der Maus soll auf diesem der gleiche Text in der Farbe blau geschrieben werden.

Die Definition einer zusätzlichen Klasse `MouseAdapterfuergetGraphics`, von `MouseAdapter` abgeleitet, erspart dem Programmierer die Implementation der nicht benutzten Methoden des MouseListener. Sie bekommt im Konstruktor eine Referenz vom Typ der Klasse `Graphics` übergeben, die auf den Graphikkontext des Canvas zeigt.

Nicht die Instanzen der Klasse, sondern nur die von der Klasse `Canvas` definierte Zeichenoberfläche muss auf Mausklicks reagieren. Darum wird der `MouseListener` nur für diese als Instanz der Klasse `MouseAdapterfuergetGraphics` implementiert und registriert.

Java-Dateien: `MouseAdapterfuergetGraphics.java`, `JFramemitpaintundgetGraphics.java`
Programmaufruf: java `JFramemitpaintundgetGraphics`

Aufgabe 5.12

Weiterführendes Zeichnen (»incremental painting«)

Mit dieser Aufgabe soll ein weiterführendes Zeichnen, auch »incremental painting« genannt, von schwergewichtigen AWT-Komponenten demonstriert werden.

Zu einem Fenster vom Typ der Klasse `FramemitUpdate` werden zwei Komponenten vom Typ der Klassen `ComponentmitPaint` und `ComponentmitUpdate` hinzugefügt, die verschiedene Zeichentechniken nutzen, und es soll gezeigt werden, wie das Überschreiben der `update()`-Methode für ein weiterführendes Zeichnen genutzt werden kann.

Mit Hilfe der Klasse `ComponentmitPaint`, von Canvas abgeleitet, und ihrer Unterklasse `ComponentmitUpdate` soll wie auch in der Aufgabe 5.8 ein Text an jede mit der Maus angeklickte Stelle einer Komponente dieser Klassen geschrieben werden und alle Texte sollen auch nach einem Überdecken der Komponenten mit einem anderen Fenster erhalten bleiben. Damit die Texte an die gleiche Stelle wie gehabt erneut geschrieben werden können, müssen die durch Anklicken ermittelten Koordinatenwerte gespeichert werden. Definieren Sie dafür globale Arrayreferenzen vom Typ der Java-Standard-Klasse `Point`, welche über die Konstruktoren der Klassen initialisiert werden.

Beim Anklicken eines Canvas mit der Maus soll das ermittelte Koordinatenpaar von der Klasse `ComponentmitPaint` im übergebenen Array-Objekt gespeichert werden und die `repaint()`-Methode aufgerufen werden. Da diese standardmäßig die `update()`-Methode der Oberklasse aufruft, falls diese nicht überschrieben wurde, wird jedes Mal der Hintergrund von Komponenten neu gezeichnet und danach die `paint()`-Methode dieser Klasse aufgerufen.

Überschreiben Sie die `paint()`-Methode in dieser Klasse so, dass alle Arrayelemente durchlaufen werden und für jedes von diesen eine weitere von Ihnen definierte Methode `paintString()` der Klasse aufgerufen wird. An diese Methode sollen das `Graphics`-Objekt und der Index des jeweiligen Arrayelementes übergeben werden. Die Methode `paintString()` schreibt den Text »Java« gefolgt vom übergebenen Indexwert an das mit diesem Index gespeicherte Koordinatenpaar.

Die von `ComponentmitPaint` abgeleitete Klasse `ComponentmitUpdate` führt ein »incremental painting« durch. Sie überschreibt die Methode `update()` der Klasse `Canvas` und, ohne den Hintergrund einer Komponente zu löschen, es wird nur der Text an das zuletzt gespeicherte Koordinatenpaar aus dem übergebenen `Point`-Array über den Aufruf ihrer geerbten Methode `paintString()` geschrieben.

Die Klasse `FramemitUpdate` implementiert das `WindowListener`-Interface, um das Schließen des Fensters zu gewährleisten. Definieren Sie in ihrer `main()`-Methode zwei Array-Objekte vom Typ der Java-Standard-Klasse `Point` mit je 100 Elementen, die über den parameterlosen Konstruktor der Klasse initialisiert werden. Übergeben Sie diese Array-Objekte über ihre Referenzen im Konstruktor der Klassen `ComponentmitPaint` und `ComponentmitUpdate`, um Instanzen von beiden Klassen zu erzeugen.

Java-Dateien: `ComponentmitPaint.java`, `ComponentmitUpdate.java`, `FramemitUpdate.java`
Programmaufruf: `java FramemitUpdate`

5.4 Das Interface Shape

Die Klasse `java.awt.Graphics2D` ist von der Klasse `java.awt.Graphics` abgeleitet und stellt weitere Mechanismen für Textanzeigen, für die Benutzung von Farben und Schrift beim Zeichnen, Koordinatentransformationen und andere geometrische Funktionen zur Verfügung.

Mit dem Interface `java.awt.Shape` definiert die Java-2D-API viele Graphik-Grundtypen und Attribute. Das Paket `java.awt.geom` enthält mehrere nützliche Implementierungen von `Shape`.

Aufgabe 5.13

Die Methode draw() der Klasse Graphics2D

Zur Erinnerung sei erwähnt, dass von abstrakten Klassen und Interfaces keine Objekte instantiiert werden können. Es können aber Variablen von diesem Typ definiert werden, um Objekte von konkreten Klassen, die von diesen Klassen abgeleitet sind und die Schnittstellen implementieren, aufzunehmen.

So kann eine Referenzvariable vom Typ des Interface `Shape`, das von der abstrakten Klasse `RectangleShape` implementiert wird, von welcher wiederum die Klasse `Rectangle2D` abgeleitet ist, auf ein Objekt der Klasse `Rectangle2D.Float` zeigen, die von der abstrakten Klasse `Rectangle2D` abgeleitet ist.

Definieren Sie innerhalb der Klasse `JFramemitVektor2D` globale Arrayreferenzen vom Typ dieser Klassen und weisen Sie diese Referenzen vom Typ `Shape` zu.

Rufen Sie an Instanzen vom Typ `Shape` die Methoden des Interface und von Klassen, die dieses Interface implementieren, auf. So z.B. die Methode `getBounds()`, welche 2D-Rechtecke in einfache Rechtecke umwandelt, und die `translate()`-Methode zum Verschieben von diesen.

Die Methode `draw(Shape s)` der Klasse `Graphics2D` kann für das Zeichnen von Objekten aller im Paket `java.awt.geom` enthaltenen Klassen genutzt werden, die das Interface `Shape` implementieren. Rufen Sie diese in der `paint()`-Methode der Klasse auf, um die Rechtecke in unterschiedlichen Farben zu zeichnen.

In der `paint()`-Methode kann kein `Graphics2D`-Objekt übergeben werden, aber ein `Graphics`-Objekt kann problemlos zu einem `Graphics2D`-Objekt gecastet werden.

Java-Dateien: `JFramemitVektor2D.java`
Programmaufruf: `java JFramemitVektor2D`

Aufgabe 5.14

☆

Wiederholungsaufgabe

Die Klasse `JFramemitMatrix2D` generiert die Eckpunktkoordinaten von `Rectangle2D.Float`-Objekten als Elemente von zwei Arrays vom Typ double: `x` und `y` so, dass die Rechtecke durch ihre Anzeige am Bildschirm als Matrix dargestellt werden. Speichern Sie die Rechtecke in einem zweidimensionalen `Shape`-Array mit dem Namen `shapes` ab und rufen Sie in der `paint()`-Methode der Klasse für deren Darstellung am Bildschirm die Methoden `draw()` und `fill()` der Klasse `Graphics2D` auf.

Java-Dateien: `JFramemitMatrix2D.java`
Programmaufruf: `java JFramemitMatrix2D`

Aufgabe 5.15

☆

Wiederholungsaufgabe

Die Klasse `JFramemitMatrix2DAnders` speichert die gleichen Rechtecke wie in der Aufgabe 5.14 mit Hilfe eines eindimensionalen `Shape`-Arrays. Fügen Sie diese Rechtecke zu einer Matrix zusammen, die als zweifarbiges Raster aufgebaut werden soll. Ist der zugehörige Arrayindex eines Rechtecks eine gerade Zahl, soll dieses in der Farbe pink gezeichnet werden, ansonsten in rot.

Java-Dateien: `JFramemitMatrix2DAnders.java`
Programmaufruf: `java JFramemitMatrix2DAnders`

5.5 Praxisnahe Zeichenvorgänge und Eventbehandlungen

In der Kombination von Standard-Komponenten und eigenen Graphiken spielt das Erstellen von benutzerdefinierten Komponenten eine wichtige Rolle. Beide Typen von Komponenten können problemlos in ein vordefiniertes Layout integriert werden, ohne dass es zu Überschreibungen kommt.

Aufgabe 5.16

☆☆☆

Wiederholungsaufgabe

Definieren Sie eine Klasse `MalenmitderMaus`, die das Interface `ActionListener` implementiert und dem Benutzer ermöglicht, eine Auswahl von Farbe und Schrift für das Schreiben eines Textes auf ein `JLabel`-Komponente bzw. das Malen mit der Maus auf eine Komponente vom Typ `Canvas` über zwei `JToolBar`-Komponenten zu treffen.

Mit der von `Component` geerbten Methode `add()` können einer `JToolBar`-Komponente `JButton`-Komponenten hinzugefügt werden und alle Reaktionen auf deren Betätigung in einer gemeinsamen `actionPerformed()`-Methode abgefangen werden.

Die Klasse erzeugt zwei benutzerdefinierte Komponenten vom Typ `CanvasmitMouseEvent` und `LabelmitMouseEvent`, die als Schreib- und Maloberfläche dienen sollen. Die Optionen für Schrift- und Farbauswahl werden über nicht änderbare Array-Objekte vom Typ der Klassen `Color` und `String` definiert. Die Klasse `LabelmitMouseEvent` implementiert die Schnittstelle `MouseListener` so, dass in der Methode `mousePressed()` die Anzeige des Labels erneuert wird, und ruft in ihrer `paintComponent()`-Methode die Methode der Oberklasse auf. Dadurch wird die Methode `update()` ihrer UI-Delegationsklasse `JLabelUI` aufgerufen, welche den Hintergrund der Komponente malt.

Die Klasse `CanvasmitMouseEvent` wird als Erweiterung der Klasse `Canvas` definiert. Die Klasse `Canvas` zeichnet nicht selbst und bearbeitet keine Events. Sie kann aber so erweitert werden, dass sie jede Art von Zeichnung und Bild anzeigen und Events bearbeiten kann. Dazu wird in ihrer Unterklasse `CanvasmitMouseEvent` der Graphikkontext für das aufrufende Objekt mit Hilfe der `getGraphics()`-Methode ermittelt und die Schnittstelle `MouseMotionListener` implementiert.

Wählen Sie beliebige Farben, Schriftarten und Layoutdefinitionen für die Gestaltung der graphischen Oberfläche ihrer Applikation und definieren Sie für diese eine Statuszeile zur Anzeige der vom Benutzer ausgewählten Farbe und Schrift.

Für die Bereitstellung von Farben und Schriftarten soll ein Interface mit dem Namen `FarbeundSchrift` definiert werden.

Java-Dateien: `FarbenundSchrift.java`, `CanvasmitMouseEvent.java`, `LabelmitMouseEvent.java`, `MalenmitderMaus.java`
Programmaufruf: `java MalenmitderMaus`

5.6 Benutzerdefinierte Event-Objekte und Event-Listener

Eine Klasse, welche Event-Listener benachrichtigen soll, wenn in ihren Instanzen Änderungen durchgeführt werden, muss Felder vom Typ der entsprechenden Listener definieren und jedes Mal, wenn eine Änderung stattfindet, ein Event-Objekt erzeugen und dieses an alle von dieser Klasse aus definierten Listener weitergeben. Diese Klasse muss `add()`- und `remove()`-Methoden definieren, die anderen Klassen, die benachrichtigt werden sollen, erlauben, die Listener für ihre Komponenten zu registrieren und abzumelden. Gleichzeitig müssen Klassen, die über durchgeführte Änderungen informiert werden sollen, die entsprechenden Event-Listener und ihre Methoden implementieren.

Referenzen vom Typ `EventListener` werden meistens als Variablen vom Typ einer `Collection` angelegt, damit die Klasse, welche sie definiert, über eine beliebige Anzahl davon verfügen und diese zur Collection hinzufügen und daraus wieder entfernen kann.

Weil die Klassen, die parametrisierte Interfaces vom Typ `Collection` implementieren, erst im Kapitel 8 behandelt werden, arbeiten die hier definierten Klassen immer nur mit einem Event-Listener und im Kapitel 8 werden dafür zusätzliche Beispiele gebracht.

Das nachfolgende Beispiel fast drei unterschiedliche Standard-`EventObject`- und `EventListener`-Typen für drei verschiedene Komponenten in einen neuen `EventObject`-Typ und `EventListener`-Typ zusammen, um zu demonstrieren, wie erweiterte `EventObject`- und `EventListener`-Klassen, die von den Java-Standard-Klassen abgeleitet sind, definiert werden .

Beim Erzeugen von Event-Objekten wird im Konstruktor der Oberklasse mit `super(Object source)` der Name der Komponente, die dieses Event ezeugt, angegeben.

Aufgabe 5.17 ☆☆☆

Das Eweitern der Klasse EventObject und des Interface EventListener

Die Klasse `KomponentenEvent` definiert den neuen `EventObject`-Typ `KomponentenEvent` als Unterklasse von `EventObject`. Im Konstruktor der Klasse werden die Komponente und deren Name als Referenzen vom Typ `Component` und `String` übergeben. Sie definiert zwei Zugriffsmethoden für das Lesen der Werte ihrer Instanzfelder.

Das Interface `KomponentenListener` erweitert das `EventListener`-Interface und definiert eine Methode, über welche eine Komponente, die diesen Event-Listener registriert, beim Eintreten eines Events vom Typ `KomponentenEvent` benachrichtigt wird.

Die Klasse `UserTextField` soll als Schablone für eine benutzerdefinierte `JTextField`-Komponente dienen. Sie lauscht auf die internen Events vom Typ `TextListener` der Klasse `JTextField`, die bei einer Textänderung innerhalb eines Textfeldes generiert werden, und setzt diese in den benutzerdefinierten Eventtyp `KomponentenEvent` um. Die so erzeugten Event-Objekte werden ihrerseits vom benutzerdefinierten Event-Listener `KomponentenListener` empfangen, der beim Erzeugen eines Objektes vom Typ `KomponentenEvent` über seine Methode `komponentenAuswahl()` benachrichtigt wird. Dafür definiert diese Klasse eine globale Referenz vom Typ des Listeners und eine Methode `addKomponentenListener()` für das Registrieren von diesem.

Analog zu dieser Klasse sollen die Klassen `UserButton`, von `JButton` abgeleitet, und `UserRadioButton`, von `JRadioButton` abgeleitet, definiert werden, die die Java-Standard-EventListener vom Typ `ActionListener` und `ItemListener` implementieren und interne Events vom Typ `ActionEvent` und `ItemEvent` umsetzen.

Das `KomponentenListener`-Interface wird von einer Klasse `JFramefuerUserEventundListener`, von `JFrame` abgeleitet, implementiert, die Objekte der Klassen UserButton, UserRadioButton und UserTextField zum Testen instantiiert und den KomponentenListener für diese registriert.

Erzeugen Sie in der Klasse JFramefuerUserEventundListener eine Instanz von Typ JPanel zur Aufnahme dieser Komponenten und eine Instanz vom Typ JLabel zum Anzeigen einer Statusmeldung, die den Benutzer über die getroffene Komponentenauswahl informiert.

Java-Dateien: KomponentenListener.java, KomponentenEvent.java, UserButton.java, UserTextField.java, UserRadioButton.java, JFramefuerUserEventundListener.java
Programmaufruf: java JFramefuerUserEventundListener

5.7 Lösungen

Lösung 5.1

Die Klasse JFramemitgetLayeredPane

```
import java.awt.*;
import javax.swing.*;
public class JFramemitgetLayeredPane extends JFrame {
   private Point orig = new Point(20,20);
   private int offset = 25;
   private JButton []b = new JButton[3];
   private JMenuBar mb = new JMenuBar();
   private JMenu []m = new JMenu[3];
// Konstruktordefinition
   public JFramemitgetLayeredPane() {
      super("Die LayeredPane einer JFrame-Komponente" );
      setSize(200,150);
      setDefaultCloseOperation(JFrame.EXIT_ON_CLOSE);
      JLayeredPane layeredPane = this.getLayeredPane();
      for(int i=0; i<3; i++) {
         Color farbe = new Color(i*50,255,i*75);
         b[i] = new JButton(""+(i+1));
         m[i] = new JMenu("Menue"+(i+1));
         b[i].setBackground(farbe);
// Die Menüs undurchsichtig machen und eine Hintergrundfarbe
// für diese setzen
         m[i].setOpaque(true);
         m[i].setBackground(farbe);
         b[i].setBounds(orig.x,orig.y,50,50);
         mb.add(m[i]);
// Die Buttons werden geschachtelt in drei verschiedene Ebenen
// abgelegt
         layeredPane.add(b[i], new Integer(i));
         orig.x = orig.x+offset;
```

```
        orig.y = orig.y+offset;
      }
      setJMenuBar(mb);
// Den zugeordneten Z-Order-Index, der die Reihenfolge bestimmt,
// in welcher die Komponenten gemalt werden,
// am Bildschirm anzeigen
      System.out.print("Der Z-Order-Index fuer Komponenten: ");
      for(int i=0; i<3; i++)
        System.out.print(layeredPane.getComponentZOrder(
          b[i])+" ");
      System.out.print(layeredPane.getComponentZOrder(
        getContentPane())+" ");
      System.out.println(layeredPane.getComponentZOrder(
        getJMenuBar()));
      setVisible(true);
   }
// Objekt der Klasse erzeugen
   public static void main(String[] args) {
      JFramemitgetLayeredPane frame =
        new JFramemitgetLayeredPane();
   }
}
```

Programmausgaben

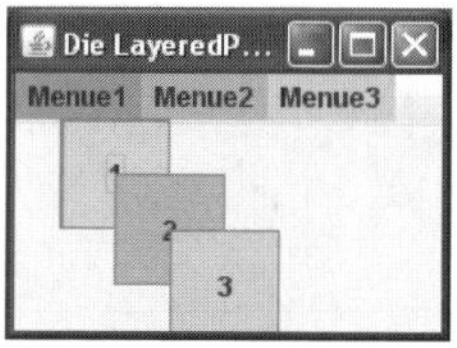

Der Z-Order-Index fuer Komponenten: 2 1 0 3 4

Lösung 5.2

Die Klasse JFramemitnewLayeredPane

```
import java.awt.*;
import javax.swing.*;
public class JFramemitnewLayeredPane extends JFrame {
   private Point orig = new Point(20,20);
   private int offset = 25;
   private JButton []b = new JButton[3];
   private JMenuBar mb = new JMenuBar();
   private JMenu []m = new JMenu[3];
// Konstruktordefinition
   public JFramemitnewLayeredPane() {
```

```
      super("JLayeredPane-Instanzen");
      setSize(175,175);
      setDefaultCloseOperation(JFrame.EXIT_ON_CLOSE);
      JLayeredPane layeredPane = new JLayeredPane();
      layeredPane.setBorder(BorderFactory.createTitledBorder(
        "Eine JLayeredPane-Instanz zur ContentPane hinzufügen"));
      for(int i=0; i<3; i++) {
         Color farbe = new Color(i*60,255,i*75);
         b[i] = new JButton(""+(i+1));
         m[i] = new JMenu("Menue"+(i+1));
         b[i].setBackground(farbe);
         m[i].setOpaque(true);
         m[i].setBackground(farbe);
         b[i].setBounds(orig.x, orig.y, 50, 50);
         mb.add(m[i]);
         layeredPane.add(b[i], new Integer(i));
         orig.x = orig.x+offset;
         orig.y = orig.y+offset;
      }
// JLayeredPane-Objekt zur ContentPane hinzufügen
      getContentPane().add(layeredPane);
// Ein JLayeredPane-Objekt kann auch als Standard-LayeredPane
// für das Fenster gesetzt werden
   // setLayeredPane(layeredPane);
// Der nachfolgende Aufruf ist äquivalent mit
// getRootPane().setJMenuBar(mb);
      setJMenuBar(mb);
// Den zugeordneten Z-Order-Index, der die Reihenfolge bestimmt,
// in welcher die Komponenten gemalt werden, am Bildschirm
// anzeigen
      System.out.print("Der Z-Order-Index fuer Komponenten: ");
      for(int i=0; i<3; i++)
         System.out.print(layeredPane.getComponentZOrder(
           b[i]) + " ");
      System.out.print(layeredPane.getComponentZOrder(
        getContentPane())+" ");
      System.out.println(layeredPane.getComponentZOrder(
        getJMenuBar()));
   }
// Objekt der Klasse erzeugen
   public static void main(String[] args) {
      JFramemitnewLayeredPane frame =
        new JFramemitnewLayeredPane();
      frame.setVisible(true);
   }
}
```

Programmausgaben

- Die JLayeredPane-Instanz wurde der ContentPane hinzugefügt

Der Z-Order-Index fuer Komponenten: 2 1 0 -1 -1

- Die JLayeredPane-Instanz wurde als Standard-LayeredPane für das Fenster gesetzt

Der Z-Order-Index fuer Komponenten: 2 1 0 -1 3

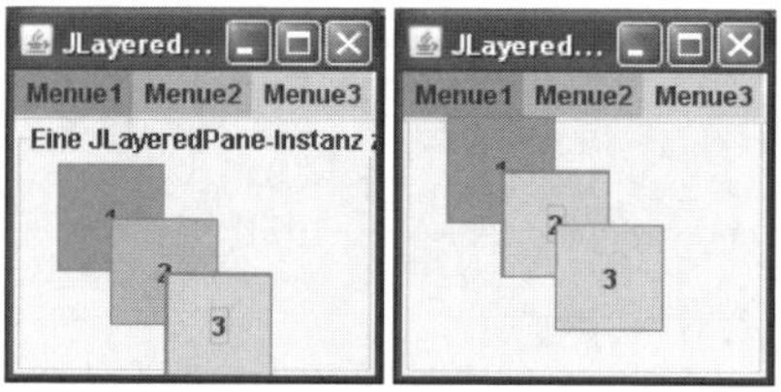

Lösung 5.3

Die Klasse JFramemitLayeredPane

```
import java.awt.*;
import java.awt.event.*;
import javax.swing.*;
public class JFramemitLayeredPane extends JFrame
                               implements ActionListener {
// Die LayeredPane des Fensters ermitteln
  private JLayeredPane layeredPane = getLayeredPane();
  private JButton [] b = new JButton[8];
// Konstruktordefinition
  public JFramemitLayeredPane() {
    super("Die Ebenen der LayeredPane");
    setSize(175,175);
    setDefaultCloseOperation(EXIT_ON_CLOSE);
    for(int i=0; i<8; i++) {
      b[i] = new JButton("B"+(i+1));
      b[i].setBackground(new Color(i*30,i+200,i+50));
      b[i].setBounds(i*25, i*25, 50, 50);
// Den ActionListener für die Buttons registrieren
      b[i].addActionListener(this);
    }
// Die ContentPane und B7 transparent machen; ansonsten ist B5
// nicht sichtbar, da dieser Button in der gleichen Ebene mit
// der ContenPane liegt (-30000)
  // ((JPanel)getContentPane()).setOpaque(false);
  // b[6].setOpaque(false);
// Die Buttons in den unterschiedlichen Ebenen an
// unterschiedliche Positionen platzieren
```

```
      layeredPane.add(b[1], new Integer(4), -1);
      layeredPane.add(b[2], new Integer(1));
      layeredPane.add(b[3], JLayeredPane.DRAG_LAYER);
      layeredPane.add(b[0], new Integer(4), 2);
      layeredPane.add(b[4], JLayeredPane.FRAME_CONTENT_LAYER);
      getContentPane().add(b[5], BorderLayout.NORTH);
      getContentPane().add(b[6], BorderLayout.CENTER);
      getContentPane().add(b[7], BorderLayout.SOUTH);
// Den zugeordneten Z-Order-Index am Bildschirm anzeigen
      System.out.print("Der Z-Order-Index fuer Komponenten: ");
      for(int i=0; i<8; i++)
        System.out.print(layeredPane.getComponentZOrder(
          b[i]) + " ");
      System.out.println(layeredPane.getComponentZOrder(
        getContentPane()));
  }
// Setzen einer neuen Tiefe für bestimmte Buttons
  public void actionPerformed(ActionEvent e) {
      if(e.getActionCommand().equals("B1")){
        layeredPane.setLayer(b[2], new Integer(100), 0);
        layeredPane.setLayer(b[0], new Integer(5), 0);
        layeredPane.setLayer(b[3], new Integer(400), 0);
      }
      else{
        layeredPane.setLayer(b[1], new Integer(10), 0);
        layeredPane.setLayer(b[4], new Integer(500), 0);
      }
// Den zugeordneten Z-Order-Index erneut anzeigen
      System.out.print("Der Z-Order-Index fuer Komponenten: ");
      for(int i=0; i<8; i++)
        System.out.print(layeredPane.getComponentZOrder(
          b[i]) + " ");
      System.out.println(layeredPane.getComponentZOrder(
        getContentPane()));
  }
// Objekt der Klasse erzeugen
  public static void main(String[] args) {
      JFramemitLayeredPane frame = new JFramemitLayeredPane();
      frame.setVisible(true);
  }
}
```

Programmausgaben

Die ContentPane und B7 mit der `opaque`-Eigenschaft `true`

Der Z-Order-Index fuer Komponenten: 2 1 3 0 5 -1 -1 -1 4

Der Z-Order-Index fuer Komponenten: 4 3 2 1 0 -1 -1 -1 5

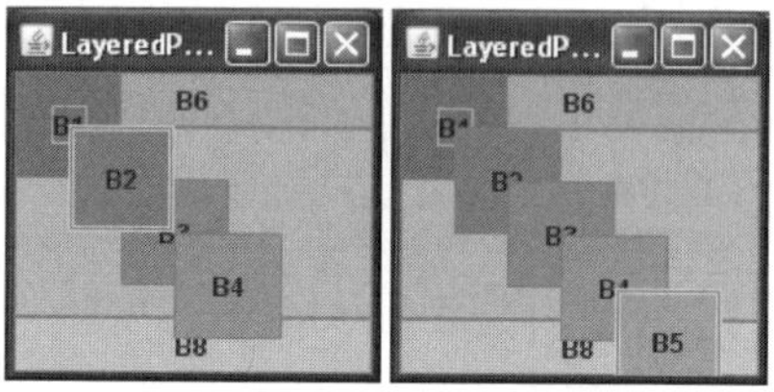

Hinweise zum Lösungsvorschlag

Die Komponente mit der Beschriftung B5 wird nicht angezeigt, da sie in der gleichen Ebene wie die ContentPane hinterlegt wurde und damit von der Komponente mit der Beschriftung B7 überdeckt wird. Wird für diese die `opaque`-Eigenschaft auf `false` gesetzt, ist auch B5 zu sehen.

Für Komponenten, die zur ContentPane hinzugefügt wurden, entscheidet deren Layout-Manager, wie sie angeordnet werden. Die `setBounds()`-Methode wird von diesem ignoriert.

Lösung 5.4

Die Klasse JFramemitLayeredPaneundGlassPane

```
import java.awt.*;
import java.awt.event.*;
import javax.swing.*;
public class JFramemitLayeredPaneundGlassPane extends JFrame
                                implements MouseListener {
  private Component glass;
  private JButton[] b = new JButton [3];
  private ImageIcon icon = new ImageIcon("sample1.jpg");
  private JLabel hintergrund = new JLabel(icon);
// Konstruktordefinition
  public JFramemitLayeredPaneundGlassPane() {
    super("Fenster mit LayeredPane und GlassPane");
    setBounds(20,20,256,200);
// Buttons als Ersatz für Häuser zu einem Panel hinzufügen und
// dieses transparent machen
    for(int i=0; i<3; i++) {
      b[i] = new JButton("Haus" + (i+1));
      b[i].setBackground(new Color(i*40, 255, i));
    }
    setDefaultCloseOperation(JFrame.EXIT_ON_CLOSE);
    JPanel content = new JPanel();
    content.setOpaque(false);
    for(int i=0; i<3; i++) {
      content.add(b[i]);
```

```
    }
// Das Panel zur ContentPane hinzufügen und diese transparent
// machen, damit der Hintergrund, der als Objekt der Klasse JLabel
// in gleicher Ebene hinterlegt wird, zu sehen ist
    getContentPane().add(content, BorderLayout.SOUTH);
    ((JPanel)getContentPane()).setOpaque(false);
// Zur LayeredPane des Fensters das Label mit Icon
// als Hintergrund hinzufügen
    getLayeredPane().add(hintergrund, new Integer(-30000));
    hintergrund.setBounds(0, 0, icon.getIconWidth(),
      icon.getIconHeight());
// Die GlassPane definieren
    glass = new JLabel("Eine GlassPane, aus der es regnen
      kann");
    setGlassPane(glass);
    glass.setVisible(true);
// den MouseListener für die GlassPane registrieren
    glass.addMouseListener(this);
  }
// Die Methoden des MouseListener implementieren und auf die
// GlassPane zeichnen
  public void mousePressed(MouseEvent e) {
// Den Graphikkontext der GlassPane ermitteln
    Graphics g = glass.getGraphics();
// Die Koordinaten des Mausklicks mit den Methoden der Klasse
// MouseEvent lesen
    int x = e.getX();
    int y = e.getY();
// Die Ovale werden auf dem Bildschirm an den Koordinaten (x,y)
// gezeichnet
    g.setColor(Color.blue);
    g.fillOval(x, y, (int)Math.round(Math.random()*10),
      (int)Math.round(Math.random()*30));
  }
  public void mouseClicked(MouseEvent e) {};
  public void mouseReleased(MouseEvent e) {};
  public void mouseEntered(MouseEvent e) {};
  public void mouseExited(MouseEvent e) {};
// Objekt der Klasse erzeugen
  public static void main(String[] args) {
    JFramemitLayeredPaneundGlassPane frame =
      new JFramemitLayeredPaneundGlassPane();
    frame.setVisible(true);
  }
}
```

Programmausgaben

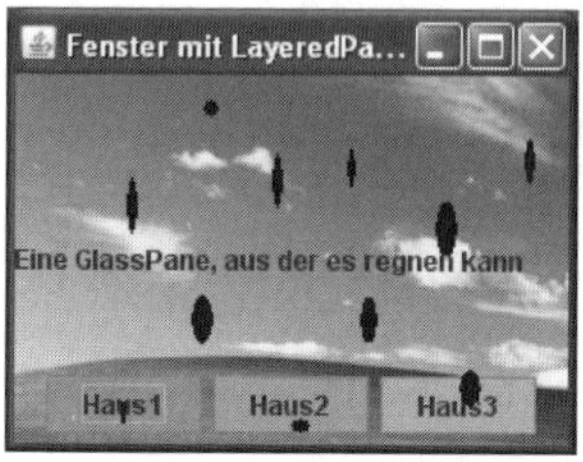

Hinweise zum Lösungsvorschlag

Dadurch, dass für die GlassPane der MouseListener registriert ist, wird diese Art von Events von der Komponente abgefangen und ein Anklicken der darunterliegenden Buttons ist nicht möglich.

Erzeugen Sie durch Anklicken mit der Maus Regentropfen auf dem angezeigten Hintergrund.

Lösung 5.5

Die Klasse UserGlassPane

```
import java.awt.*;
import java.awt.event.*;
import javax.swing.*;
public class UserGlassPane extends JComponent {
  protected void paintComponent(Graphics g) {
// Ein Bild wird auf dem Bildschirm an den Pixelkoordinaten
// (10,50) ausgegeben
    g.drawImage(bild,30,15,this);
// Die Farbe für die Schrift setzen
    g.setColor(Color.red);
    g.drawString("VRONI",35,35);
  }
}
```

Die Klasse JPanelmitLayeredPaneundGlassPane

```
import java.awt.*;
import javax.swing.*;
public class JPanelmitLayeredPaneundGlassPane extends JPanel {
  private JLayeredPane layeredPane;
  private JButton[] b = new JButton [3];
  private JMenuBar mb = new JMenuBar();
  private static JMenuBar mb1 = new JMenuBar();
  private JMenu [] m = new JMenu[3];
  private static JMenu m1 = new JMenu("Goethe Strasse");
```

```
// Konstruktordefinition
  public JPanelmitLayeredPaneundGlassPane (
                                  JLayeredPane layeredPane) {
    super(new GridLayout(1,1));
// Die Instanzfelder der Klasse initialisieren
    this.layeredPane = layeredPane;
    mb1.setBounds(0,0,200, 10);
    mb.setBounds(0,20,200,20);
// JMenu- und JButton-Objekte erzeugen
    for(int i=0; i<3; i++) {
      b[i] = new JButton("H" + (i+1));
      m[i] = new JMenu("Haus" + (i+1));
      mb.add(m[i]);
    }
// Die MenuBar mb zur LayeredPane mit der Schachtelungstiefe
// -30000 hinzufügen
    layeredPane.add(mb, JLayeredPane.FRAME_CONTENT_LAYER);
// Die Buttons der LayeredPane in geschachtelte Ebenen hinzufügen
// Anstatt der eigenen Klasse Punkt wird hier die Standard-
// Klasse-Point von Java eingesetzt
    Point orig = new Point(10,100);
    int offset = 35;
    for(int i=0; i<3; i++) {
      b[i].setBounds(orig.x+i*offset, orig.y, 50, 50);
      layeredPane.add(b[i], new Integer(i));
    }
  }
// Ein Fenster erzeugen und als ContentPane ein Objekt der
// eigenen Klasse setzen
  public static void main(String[] args) {
    JFrame frame = new JFrame(
      "Fenster mit LayeredPane und GlassPane");
    frame.setDefaultCloseOperation(JFrame.EXIT_ON_CLOSE);
    frame.setSize(new Dimension(175,175));
    JPanelmitLayeredPaneundGlassPane contentPane =
      new JPanelmitLayeredPaneundGlassPane(
        frame.getLayeredPane());
    frame.setContentPane(contentPane);
// Die MenuBar mb1 als die MenuBar der RootPane setzen
    mb1.add(m1);
    frame.setJMenuBar(mb1);
// Eine benutzerdefinierte GlassPane für das Fenster setzen
// und diese sichtbar machen
    UserGlassPane glassPane = new UserGlassPane();
    frame.setGlassPane(glassPane);
    glassPane.setVisible(true);
// Fenster anzeigen
```

```
      frame.setVisible(true);
   }
}
```

Programmausgaben

Hinweise zum Lösungsvorschlag

Die JButton-Komponenten wurden mit den Beschriftungen »H1«, «H2« und »H3« und die JMenu-Komponenten für die erste MenuBar mit den Beschriftungen »Haus1«, »Haus2« und »Haus3« als Elemente der Array-Objekte b und mb erzeugt. Die zweite MenuBar mb1 besitzt eine einzige JMenu-Komponente mit der Beschriftung «Goethe Straße«.

In diesem Beispiel fängt die GlassPane Komponente keine Events ab, sodass die darunterliegenden Komponenten weiter mit der Maus angeklickt werden können.

Lösung 5.6

Die Klasse JFramemitJInternalFrame

```
import java.awt.*;
import javax.swing.*;
public class JFramemitJInternalFrame extends JFrame {
// Konstruktordefinition
   public JFramemitJInternalFrame() {
      super("Interne Fenster");
      setSize(175,180);
// Drei interne Fenster zur LayeredPane hinzufügen
      JInternalFrame[] frames = new JInternalFrame[3];
      for(int i=0; i<3; i++) {
         frames[i] = new JInternalFrame("Fenster" + i);
         frames[i].setBounds(10+i*20,10+i*20,100,100);
         frames[i].setVisible(true);
         getLayeredPane().add(frames[i]);
      }
      setDefaultCloseOperation(JFrame.EXIT_ON_CLOSE);
      setVisible(true);
   }
// Objekt der Klasse erzeugen
   public static void main(String[] args) {
```

```
    JFramemitJInternalFrame f = new JFramemitJInternalFrame();
  }
}
```

Programmausgaben

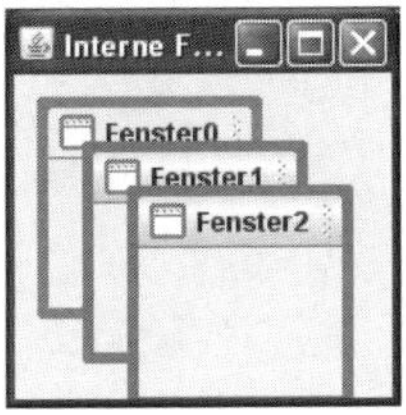

Lösung 5.7

Die Klasse JFramemitInternenFenster

```
import java.awt.event.*;
import java.awt.*;
import javax.swing.*;
public class JFramemitInternenFenster extends JFrame
                               implements MouseMotionListener {
// Globale Referenzen
  private JDesktopPane desktopPane;
  private JLabel iconLabel;
  private static int zähler = 0;
// Ein nicht änderbares ImageIcon-Objekt erzeugen
  private final ImageIcon icon = new ImageIcon("rabbit.gif");
// Konstanten für die Positionierung der internen Fenster und
// des Labels definieren
  private final static int x = 100;
  private final static int y = 100;
// Konstruktordefinition
  public JFramemitInternenFenster() {
    super("Interne Fenster");
    setBounds(50,50,225,225);
// Für die Anzeige von internen Fenstern kann ein Objekt der
// Klasse JDektopPane genutzt werden
    desktopPane = new JDesktopPane();
// Eine JLabel-Instanz mit einem Icon erzeugen
    iconLabel = new JLabel(icon);
    iconLabel.setBounds(35, 65, icon.getIconWidth(),
      icon.getIconHeight());
    for(int i = 0; i < 2; i++) {
// Interne Fenster erzeugen und diesen eine SwingLabel-Komponente
// hinzufügen
      JInternalFrame internalFrame = new JInternalFrame(
```

```
          "Internes Fenster" + (i+1), true, true, true, true);
        internalFrame.setSize(100,100);
        internalFrame.setLocation(x*i, y*i);
        JLabel label = new SwingLabel("Ebene"+(i*2),Color.green);
        internalFrame.getContentPane().add(label);
        internalFrame.setVisible(true);
// Interne Fenster zur JDesktopPane-Komponente hinzufügen
        desktopPane.add(internalFrame, new Integer(i*2));
      }
// Das Label mit Icon in einer Ebene, die zwischen den internen
// Fenstern liegt, zur DesktopPane hinzufügen
      desktopPane.add(iconLabel, new Integer(1), 0);
// Den MouseMotionListener für die DesktopPane registrieren
      desktopPane.addMouseMotionListener(this);
// Die DesktopPane zur ContentPane hinzufügen
      setContentPane(desktopPane);
    }
// Methoden des Interface MouseMotionListener implementieren
    public void mouseMoved(MouseEvent e) {
      iconLabel.setLocation(e.getX()-x, e.getY()-y);
    }
    public void mouseDragged(MouseEvent e) {
// gleiche Aktion wie bei nicht gedrückter Maustaste
      mouseMoved(e);
    }
// Objekt der Klasse erzeugen
    public static void main(String[] args) {
      JFramemitInternenFenster frame =
        new JFramemitInternenFenster();
      frame.setDefaultCloseOperation(JFrame.EXIT_ON_CLOSE);
      frame.setVisible(true);
    }
}
```

Programmausgaben

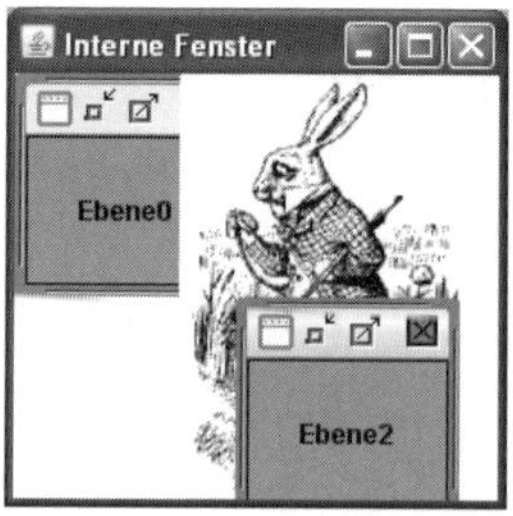

Lösung 5.8

Die Klasse Framemitrepaint

```
import java.awt.*;
import java.awt.event.*;
import javax.swing.*;
public class Framemitrepaint extends Frame
                                    implements MouseListener {
   private Font f = new Font("TimesRoman", Font.BOLD, 16);
// Die Koordinaten (x,y) für den Programmaufruf initialisieren
   private int x = 100 ;
   private int y = 50;
// Konstruktordefinition
   public Framemitrepaint() {
      super("Fenster anklicken");
      setBounds(10,10,200,100);
      setVisible(true);
// Den MouseListener für das Fenster registrieren
      addMouseListener(this);
   }
   public void paint(Graphics g) {
      g.setFont(f);
      g.setColor(Color.red);
// Der Text wird auf dem Bildschirm an den Pixelkoordinaten
// (x,y) ausgegeben
      g.drawString("Java 6.0", x, y);
   }
// Die Methoden des Interface implementieren
   public void mousePressed(MouseEvent e) {
// Die Koordinaten des Mausklicks lesen;
      x = e.getX();
      y = e.getY();
// ein neuer Text wird ausgehend von dem Punkt mit diesen
// Koordinaten geschrieben
      repaint();
   }
   public void mouseClicked(MouseEvent e){};
   public void mouseReleased(MouseEvent e){};
   public void mouseEntered(MouseEvent e){};
   public void mouseExited(MouseEvent e){};
// die update()-Methode überschreiben
   public void update(Graphics g) {
// nur Aufruf von paint(), ohne den Hintergrund zu löschen
       paint(g);
   }
// Objekt der Klasse erzeugen
   public static void main(String[] args) {
```

```
      Framemitrepaint frame = new Framemitrepaint();
   }
}
```

Programmausgaben

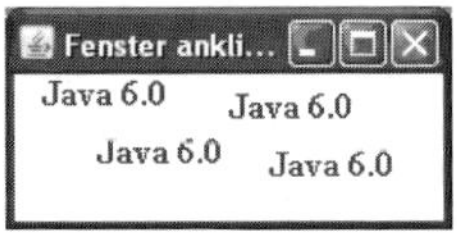

Lösung 5.9

Die Klasse JFramemitrepaint

```
import java.awt.*;
import java.awt.event.*;
import javax.swing.*;
public class JFramemitrepaint extends JFrame
                                        implements MouseListener {
   private Font f = new Font("TimesRoman", Font.BOLD, 16);
// Die Koordinaten (x,y) für den Programmaufruf initialisieren
   private int x = 100 ;
   private int y = 50;
// Konstruktordefinition
   public JFramemitrepaint() {
      super("Fenster anklicken");
      setBounds(10,10,200,100);
      setVisible(true);
      setDefaultCloseOperation(JFrame.EXIT_ON_CLOSE);
// Den MouseListener für das Fenster registrieren
      addMouseListener(this);
   }
   public void paint(Graphics g) {
      g.setFont(f);
      g.setColor(Color.red);
// Der Text wird auf dem Bildschirm an den Pixelkoordinaten
// (x,y) ausgegeben
      g.drawString("Java 6.0", x, y);
   }
// Die Methoden des Interface implementieren
   public void mousePressed(MouseEvent e) {
// Die Koordinaten des Mausklicks lesen;
      x = e.getX();
      y = e.getY();
// ein neuer Text wird ausgehend von dem Punkt mit diesen
// Koordinaten geschrieben
      repaint();
```

```
   }
   public void mouseClicked(MouseEvent e) {};
   public void mouseReleased(MouseEvent e) {};
   public void mouseEntered(MouseEvent e) {};
   public void mouseExited(MouseEvent e) {};
// Objekt der Klasse erzeugen
   public static void main(String[] args) {
      JFramemitrepaint frame =
        new JFramemitrepaint();
   }
}
```

Programmausgaben

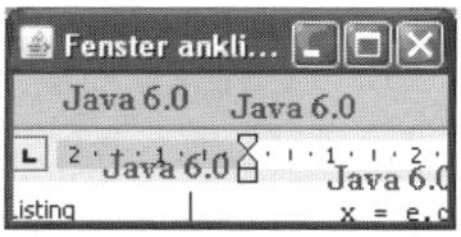

Hinweise zum Lösungsvorschlag

Soll ein Hintergrund für eine Komponente vom Typ einer Klasse gesetzt werden, welche `JFrame` erweitert und deren die `paint()`-Methode überschreibt, muss die Methode der Oberklasse mit `super.paint()` aufgerufen werden. Damit wird eine vorher gezeichnete Graphik überdeckt. Sollen alle geschriebenen Texte im Fenster enthalten bleiben, wie in der Aufgabe 5.8, muss das Fenster durchsichtig bleiben.

Lösung 5.10

Die Klasse JFramemitgetGraphics

```
import java.awt.*;
import java.awt.event.*;
import javax.swing.*;
public class JFramemitgetGraphics extends JFrame
                                    implements MouseListener {
   private Font f = new Font("TimesRoman", Font.BOLD, 16);
   Graphics g;
// Konstruktordefinition
   public JFramemitgetGraphicsundMouseListener() {
      super("Fenster anklicken");
      setBounds(10,50,200,100);
      setVisible(true);
      addMouseListener(this);
// Den Graphikkontext für das Fenster ermitteln
      g = this.getGraphics();
      g.setFont(f);
      g.setColor(Color.red);
```

```
      setDefaultCloseOperation(JFrame.EXIT_ON_CLOSE);
   }
// Die Methoden des MouseListener implementieren
   public void mousePressed(MouseEvent e) {
// Die Koordinaten des Mausklicks lesen
      int x = e.getX();
      int y = e.getY();
// Der Text wird auf dem Bildschirm an den Pixelkoordinaten
// (x,y) ausgegeben
      g.drawString("Java6.0", x, y);
   }
   public void mouseClicked(MouseEvent e) {};
   public void mouseReleased(MouseEvent e) {};
   public void mouseEntered(MouseEvent e) {};
   public void mouseExited(MouseEvent e) {};
// Objekt der Klasse erzeugen
   public static void main(String[] args) {
      JFramemitgetGraphics frame =
        new JFramemitgetGraphics();
   }
}
```

Programmausgaben

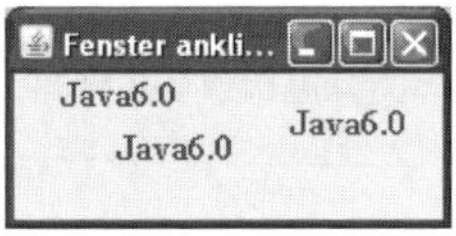

Lösung 5.11

Die Klasse MouseAdapterfuergetGraphics

```
import java.awt.*;
import java.awt.event.*;
public class MouseAdapterfuergetGraphics
                                        extends MouseAdapter {
// Globale Referenz vom Typ der Klasse Graphics
   private Graphics g;
// Konstruktordefinition
   public MouseAdapterfuergetGraphics(Graphics g) {
      this.g = g;
   }
// Die benötigte Methode der Klasse MouseAdapter überschreiben
   public void mousePressed(MouseEvent e) {
// Die Koordinaten des Mausklicks lesen
      int x = e.getX();
      int y = e.getY();
```

```
// Der Text wird auf dem Bildschirm an den Pixelkoordinaten
// (x,y) ausgegeben
      g.drawString("Java6.0",x,y);
   }
}
```

Die Klasse JFramemitpaintundgetGraphics

```
import java.awt.*;
import java.awt.event.*;
import javax.swing.*;
public class JFramemitpaintundgetGraphics extends JFrame  {
// Globale Referenzen vom Typ der Klassen Canvas und Font
   private Canvas c;
   private Font f = new Font("TimesRoman", Font.BOLD, 16);
// Konstruktordefinition
   public JFramemitpaintundgetGraphics() {
      super("Malen mit paint() und getGraphics()");
      setBounds(10,20,200,100);
      setVisible(true);
      setDefaultCloseOperation(JFrame.EXIT_ON_CLOSE);
      c = new Canvas();
      c.setSize(new Dimension(100,100));
      c.setBackground(Color.pink);
      getContentPane().add(c, BorderLayout.WEST);
// Mit der getGraphics()-Methode den Graphikkontext für den
// Canvas ermitteln, Farbe und Schrift für das Zeichnen setzen
      Graphics g = c.getGraphics();
      g.setColor(Color.blue);
      g.setFont(f);
// Den MouseListener für den Canvas registrieren
      c.addMouseListener(
        new MouseAdapterfuergetGraphics(g));
   }
// Auf das Fenster wird mit paint() gezeichnet
   public void paint(Graphics g) {
      g.setColor(Color.white);
      g.fillRect(100,0,150,100);
// Die Farbe und Schrift für das Zeichnen setzen
      g.setColor(Color.red);
      g.setFont(f);
      g.drawString("Java6.0",120,70);
   }
// Objekt der Klasse erzeugen
   public static void main(String[] args) {
      JFramemitpaintundgetGraphics frame =
        new JFramemitpaintundgetGraphics();
   }
}
```

Programmausgaben

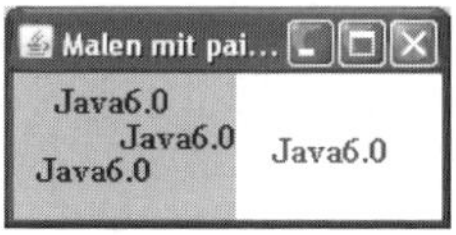

Lösung 5.12

Die Klasse ComponentmitPaint

```
import java.awt.*;
import java.awt.event.*;
public class ComponentmitPaint extends Canvas
                                     implements MouseListener {
  protected Point[] array = new Point[100];
  protected int letztElem;
  protected int anzahlElem;
// Konstruktordefinition
  public ComponentmitPaint(Point[] array) {
    this.array = array;
    setBackground(Color.lightGray);
    setSize(80,80);
    addMouseListener(this);
  }
// Die Methoden des MouseListener implementieren
  public void mousePressed(MouseEvent e) {
// Die Koordinaten des angeklickten Punktes werden gelesen und
// in das erste freie Element des Arrays mit dem Namen array
// abgelegt, danach wird repaint() aufgerufen
    if(anzahlElem < 99) {
      array[anzahlElem]= e.getPoint();
      anzahlElem++;
      repaint();
    }
  }
  public void mouseClicked(MouseEvent e) {};
  public void mouseReleased(MouseEvent e) {};
  public void mouseEntered(MouseEvent e) {};
  public void mouseExited(MouseEvent e) {}
// Der Text wird an die im "i"-ten Arrayelement gespeicherten
// Punktkoordinaten geschrieben
  public void paintString(Graphics g, int i) {
    g.setColor(Color.black);
    g.drawString("Java " + i, array[i].x, array[i].y);
    letztElem++;
  }
// Für alle im Array-Objekt gespeicherten Werte wird die
```

```
// Methode paintString() aufgerufen
   public void paint(Graphics g) {
      letztElem = 0;
      for(int i=0 ; i<anzahlElem; i++) {
         paintString(g, i);
      }
   }
}
```

Die Klasse ComponentmitUpdate

```
import java.awt.*;
public class ComponentmitUpdate extends ComponentmitPaint {
// Konstruktordefinition
   public ComponentmitUpdate(Point[] array) {
      super(array);
   }
// Die Methode update() der Klasse Canvas wird überschrieben
   public void update(Graphics g) {
// Nur für die zuletzt im Point-Array gespeicherten
// Koordinatenwerte wird die Methode paintString() aufgerufen
      paintString(g, letztElem);
   }
}
```

Die Klasse FramemitUpdate

```
import java.awt.*;
import java.awt.event.*;
public class FramemitUpdate extends Frame
                                  implements WindowListener {
// Konstruktordefinition
   public FramemitUpdate() {
      super("Incremental painting");
      setLayout(new FlowLayout());
      setPreferredSize(new Dimension(200,125));
// Den WindowListener für das aktuelle Objekt registrieren
      this.addWindowListener(this);
   }
// Die Methoden von WindowListener implementieren
   public void windowClosing(WindowEvent e) {
      System.exit(0);
   }
   public void windowClosed(WindowEvent e) {}
   public void windowIconified(WindowEvent e) {}
   public void windowDeiconified(WindowEvent e) {}
   public void windowActivated(WindowEvent e) {}
   public void windowDeactivated(WindowEvent e) {}
```

```
    public void windowOpened(WindowEvent e) {}
// Objekt der Klasse erzeugen
    public static void main( String args[] ) {
        Point []point1 = new Point[100];
        Point []point2 = new Point[100];
        for(int i=0; i<99; i++) {
            point1[i] = new Point();
            point2[i] = new Point();
        }
        FramemitUpdate frame = new FramemitUpdate();
// Zum Fenster zwei Komponenten, die verschiedene
// Zeichentechniken nutzen, hinzufügen
        frame.add(new ComponentmitPaint(point1));
        frame.add(new ComponentmitUpdate(point2));
        frame.pack();
        frame.setVisible(true);
    }
}
```

Programmausgaben

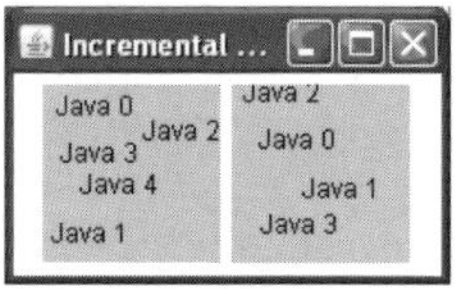

Hinweise zum Lösungsvorschlag

Wird die `update()`-Methode in der Klasse `ComponentmitPaint` durch eine Methode überschrieben, die den Hintergrund nicht neu zeichnet, sondern direkt `paint()` aufruft, so bleiben weiter alle vorher geschriebenen Texte auf der Komponente sichtbar.

Immer wenn zur Wiedergabe einer Komponente aufwendige Zeichenoperationen erforderlich sind, spart ein weiterführendes Zeichnen Aufwand und Zeit.

Lösung 5.13

Die Klasse JFramemitVektor2D

```
import java.awt.*;
import javax.swing.*;
import java.awt.geom.*;
public class JFramemitVektor2D extends JFrame {
    private Shape[] shapes = new Shape[10];
    private Rectangle2D.Float[] rectangle2D = new
      Rectangle2D.Float[10];
    private float x = 10;
```

```
   private float y = 50;
   private Rectangle r1[] = new Rectangle[10];
   private Rectangle r2[] = new Rectangle[10];
// Konstruktordefinition
   public JFramemitVektor2D() {
      super("2D-Graphiken");
      setBounds(20,20,200,150);
      setDefaultCloseOperation(JFrame.EXIT_ON_CLOSE);
      for(int i=0; i<10; i++) {
// Rectangle2D.Float-Instanzen einer Referenz vom Typ des
// Interface Shape zuweisen
         shapes[i] = new Rectangle2D.Float(x,y,10,10);
// Rectangle2D.Float-Instanzen einer Referenz vom gleichen Typ
// zuweisen
         rectangle2D[i] = new Rectangle2D.Float(x,y+20,10,10);
// Rectangle-Instanzen mit der Methode getBounds() erzeugen
         r1[i] = shapes[i].getBounds();
// Die Rectangle-Instanzen mit der Methode translate()
// verschieben
         r1[i].translate((int)x, (int)y+10);
         r2[i] = rectangle2D[i].getBounds();
         r2[i].translate((int)x, (int)y+10);
         x = x+10;
      }
      setVisible(true);
   }
   public void paint(Graphics g1) {
      super.paint(g1);
      Font f = new Font("TimesRoman", Font.BOLD, 16);
      g1.setFont(f);
      g1.drawString("2D-Vektoren",30,45);
      Graphics2D g = (Graphics2D)g1;
// Die Rechtecke aneinender reihen
      for(int i=0; i<10; i++) {
         g.setColor(Color.yellow);
         g.fill(shapes[i]);
         g.setColor(Color.black);
// Den Rand der Rechtecke mit einer 2-Pixel Breite zeichnen
         g.setStroke(new BasicStroke(2.0f));
         g.draw(shapes[i]);
         g.setColor(Color.green);
         g.fill(rectangle2D[i]);
         g.setColor(Color.black);
         g.draw(rectangle2D[i]);
         g.setColor(Color.yellow);
         g.fill(r1[i]);
         g.setColor(Color.black);
```

```
            g.draw(r1[i]);
            g.setColor(Color.green);
            g.fill(r2[i]);
            g.setColor(Color.black);
            g.draw(r2[i]);
         }
      }
   // Objekt der Klasse erzeugen
      public static void main(String[] args) {
         JFramemitVektor2D frame = new JFramemitVektor2D();
      }
   }
```

Programmausgaben

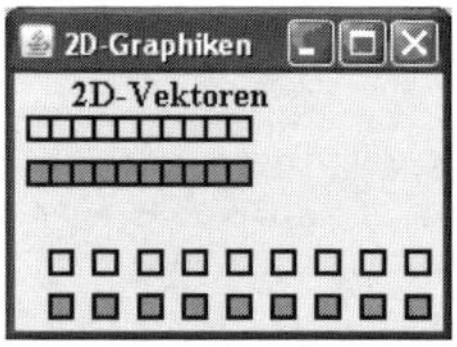

Lösung 5.14

Die Klasse JFramemitMatrix2D

```
import javax.swing.*;
import java.awt.*;
import java.awt.geom.*;
public class JFramemitMatrix2D extends JFrame {
   Shape[][] shapes = new Shape[10][10];
   float[] x = new float[11];
   float[] y = new float[11];
// Konstruktordefinition
   public JFramemitMatrix2D() {
      super("2D-Graphiken");
      setBounds(15,20,150,175);
      setDefaultCloseOperation(JFrame.EXIT_ON_CLOSE);
// Instanzfelder initialisieren
      x[0] = 20;
      y[0] = 55;
      for(int j=0; j<10; j++) {
         for(int i=0; i<10; i++) {
            shapes[i][j] =new Rectangle2D.Float(x[i],y[j],10,10);
            x[i+1] = x[i]+10;
         }
         y[j+1] = y[j]+10;
      }
```

```
        setVisible(true);
    }
    public void paint(Graphics g1) {
        super.paint(g1);
        Font f = new Font("TimesRoman", Font.BOLD, 16);
        g1.setFont(f);
        g1.drawString("2D-Matrix",30,45);
        Graphics2D g = (Graphics2D)g1;
        for(int j=0; j<10; j++) {
            for(int i=0; i<10; i++) {
                g.setColor(Color.pink);
                g.fill(shapes[i][j]);
                g.setColor(Color.black);
                g.draw(shapes[i][j]);
            }
        }
    }
// Objekt der Klasse erzeugen
    public static void main(String[] args) {
        JFramemitMatrix2D frame = new JFramemitMatrix2D();
    }
}
```

Programmausgaben

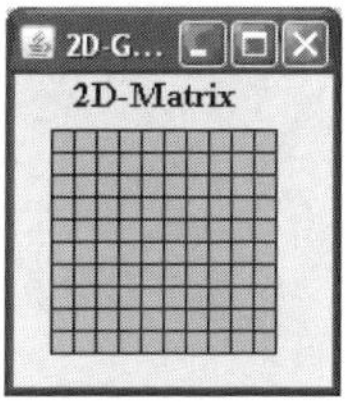

Lösung 5.15

Die Klasse JFramemitMatrix2DAnders

```
import java.awt.*;
import javax.swing.*;
import java.awt.geom.*;
public class JFramemitMatrix2DAnders extends JFrame {
    private Shape[] shapes = new Shape[101];
    private float[] x = new float[11];
    private float[] y = new float[11];
    private int k;
// Konstruktordefinition
    public JFramemitMatrix2DAnders() {
        super("2D-Graphiken");
```

```
    setBounds(15,20,150,175);
    setDefaultCloseOperation(JFrame.EXIT_ON_CLOSE);
// Instanzfelder initialisieren
    x[0] = 20;
    y[0] = 55;
    for(int j=0; j<10; j++) {
      for(int i=0; i<10; i++) {
        k = j*10+i;
        shapes[k] = new Rectangle2D.Float(x[i],y[j],10,10);
        x[i+1] = x[i]+10;
      }
      y[j+1] = y[j]+10;
    }
    setVisible(true);
  }
  public void paint(Graphics g) {
    super.paint(g);
    Font f = new Font("TimesRoman", Font.BOLD, 16);
    g.setFont(f);
    g.drawString("2D-Matrix",30,45);
    Graphics2D g1 = (Graphics2D)g;
// Den Rand der Rechtecke mit einer 2-Pixel Breite zeichnen
    g1.setStroke(new BasicStroke(2.0f));
    for(int i=0; i<=k; i++) {
      int j = i%2;
      if(j == 0) {
// Die Rechtecke zeichnen
        g1.setColor(Color.pink);
        g1.fill(shapes[i]);
        g1.setColor(Color.black);
        g1.draw(shapes[i]);
      }
      else {
        g1.setColor(Color.red);
        g1.fill(shapes[i]);
        g1.setColor(Color.black);
        g1.draw(shapes[i]);
      }
    }
  }
// Objekt der Klasse erzeugen
  public static void main(String[] args) {
    JFramemitMatrix2DAnders frame = new
      JFramemitMatrix2DAnders();
  }
}
```

Programmausgaben

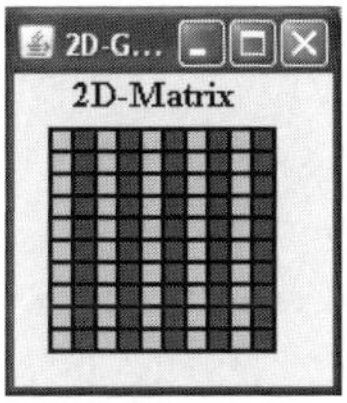

Lösung 5.16

Das Interface FarbeundSchrift

```
import java.awt.*;
interface FarbeundSchrift {
// Optionen für eine Schriftauswahl
   public final static String[] nameSchrift = {"TimesRoman",
     "Arial", "Times New Roman", "MS Sans Sherif",
        "Arial Narrow", "Andy"};
// Optionen für eine Farbauswahl
   public final static String[] nameFarbe = {"Gelb ", "Lila",
     "Cyan", "Hellgrau", "Grün", "Grau"};
   public final static Color[] farbe = {Color.yellow,
     Color.magenta, Color.cyan, Color.lightGray,
       Color.green, Color.gray};
}
```

Die Klasse CanvasmitMouseEvent

```
import java.awt.event.*;
import javax.swing.*;
public class CanvasmitMouseEvent extends Canvas
                              implements MouseMotionListener {
   private Color c;
   private Font f;
// Konstruktordefinition
   public CanvasmitMouseEvent() {
      c = Color.red;
      f = new Font("Arial", Font.BOLD, 16);
      addMouseMotionListener(this);
   }
// Zugriffsmethoden
   public void defFarbe(Color c) {
      this.c = c;
   }
   public void defSchrift(Font f) {
      this.f = f;
```

```
   }
// Die Methoden des MouseMotionListener implementieren
   public void mouseDragged(MouseEvent e) {
// Den Graphikkontext der Canvas für das Malen mit der Maus
// ermitteln
      Graphics g = getGraphics();
      g.setFont(f);
      g.setColor(c);
      g.drawString("Die Farbe ist: "+c.toString(), 0, 0);
// Die Koordinaten des Mausklicks mit den Methoden der Klasse
// MouseEvent lesen und ein Rechteck an dieser Stelle malen
      int x = e.getX();
      int y = e.getY();
      g.fillRect(x,y,3,3);
   }
   public void mouseMoved(MouseEvent e) {};
}
```

Die Klasse LabelmitMouseEvent

```
import java.awt.*;
import java.awt.event.*;
import javax.swing.*;
public class LabelmitMouseEvent extends JLabel implements
                                                MouseListener {
   private Color c;
   private Font f;
// Koordinatenwerte für den Aufruf von paintComponent()
// beim Programmstart setzen
   private int x = 100;
   private int y = 100;
// Konstruktordefinition
   public LabelmitMouseEvent() {
      c = Color.red;
      f = new Font("Arial", Font.BOLD, 16);
// Den MouseListener registrieren
      addMouseListener(this);
   }
// Zugriffsmethoden
   public void defFarbe(Color c) {
      this.c = c;
   }
   public void defSchrift(Font f) {
      this.f = f;
   }
// Den Text schreiben
   protected void paintComponent(Graphics g) {
      super.paintComponent(g);
```

```
        g.setFont(f);
        g.setColor(c);
        g.drawString("Java 6.0",x,y);
    }
// Die Methoden des Interface implementieren
    public void mousePressed(MouseEvent e) {
// Die Koordinaten des Mausklicks lesen;
        x = e.getX();
        y = e.getY();
// ein neuer Text wird ausgehend von dem Punkt mit diesen
// Koordinaten geschrieben
        repaint();
    }
    public void mouseClicked(MouseEvent e) {};
    public void mouseReleased(MouseEvent e) {};
    public void mouseEntered(MouseEvent e) {};
    public void mouseExited(MouseEvent e) {};
}
```

Die Klasse MalenmitderMaus

```
import java.awt.*;
import java.awt.event.*;
import javax.swing.*;
public class MalenmitderMaus extends JFrame
                 implements FarbeundSchrift, ActionListener {
    private Font[] schrift = new Font[6];
    private JLabel status;
    private LabelmitMouseEvent schreibflaeche =
      new LabelmitMouseEvent();
    private CanvasmitMouseEvent malflaeche =
      new CanvasmitMouseEvent();
    private JButton[] bColor = new JButton[6];
    private JButton[] bFont = new JButton[6];
// Konstruktordefinition
    public MalenmitderMaus() {
        super("Malen und Schreiben auf eine Zeichenfläche");
        setBounds(40,40,300,250);
        setDefaultCloseOperation(JFrame.EXIT_ON_CLOSE);
// Layout-Definitionen
        JPanel contentPane = new JPanel();
        JPanel contentPane1 = new JPanel();
        JPanel contentPane2 = new JPanel();
        contentPane.setLayout(new BorderLayout());
        contentPane1.setLayout(new GridLayout(1,3));
        contentPane2.setLayout(new GridLayout(2,1));
        contentPane1.add(new JLabel("Schrift"));
        contentPane1.add(new JLabel("Farbe"));
```

```
      contentPane1.add(new JLabel("Malen mit der Maus"));
      contentPane.add(contentPane1, BorderLayout.NORTH);
      malflaeche.setBackground(Color.pink);
      malflaeche.setSize(100,100);
      schreibflaeche.setBackground(Color.pink);
      schreibflaeche.setSize(100,100);
      contentPane2.add(malflaeche);
      schreibflaeche.setBorder(BorderFactory.createTitledBorder(
        "Schreibfläche anklicken"));
// Anzeigen der Hintergrundfarbe für die JLabel-Komponente
      schreibflaeche.setOpaque(true);
      contentPane2.add(schreibflaeche);
      contentPane.add(contentPane2, BorderLayout.EAST);
// Eine Statuszeile zur Prüfung der Funktionalität von JToolBar-
// Komponenten wird mit Hilfe einer JLabel-Komponente
// eingerichtet
      status = new JLabel(" ");
      contentPane.add(status, BorderLayout.SOUTH);
// JButton-Objekte zur Benutzung in Toolbars erzeugen
      for(int i=0; i<6; i++) {
        bColor[i] = new JButton(nameFarbe[i]);
        bColor[i].addActionListener(this);
        bColor[i].setBackground(farbe[i]);
      }
      for(int i=0; i<6; i++) {
        schrift[i] = new Font(nameSchrift[i], Font.BOLD, 24);
        bFont[i] = new JButton(nameSchrift[i]);
        bFont[i].setBackground(Color.pink);
        bFont[i].addActionListener(this);
      }
// JToolbar-Objekte erzeugen und ihnen die JButton-Objekte
// zuordnen
      JToolBar toolbar1 = new JToolBar("Schrift");
      for(int i=0; i<6; i++)
        toolbar1.add(bFont[i]);
      toolbar1.setOrientation(SwingConstants.VERTICAL);
      contentPane.add(toolbar1, BorderLayout.WEST);
      JToolBar toolbar2 = new JToolBar("Farbe");
      for(int i=0; i<6; i++)
        toolbar2.add(bColor[i]);
      toolbar2.setOrientation(SwingConstants.VERTICAL);
      contentPane.add(toolbar2, BorderLayout.CENTER);
      setContentPane(contentPane);
      setVisible(true);
    }
// Die Methode des Interface implementieren
    public void actionPerformed(ActionEvent ae) {
```

```
// Welcher Button wurde gedrueckt??
      String sBefehl = ae.getActionCommand();
      for(int i=0; i<6; i++) {
         if(sBefehl.equals(nameSchrift[i])) {
            status.setText("Schrift geändert: " +
              schrift[i].getName());
// Schrift setzen
            schreibflaeche.defSchrift(schrift[i]);
         }
      }
      for(int i=0; i<6; i++) {
         if(sBefehl.equals(nameFarbe[i])) {
            status.setText("Farbe geändert: "+ nameFarbe[i]);
// Farbe setzen
            malflaeche.defFarbe(farbe[i]);
            schreibflaeche.defFarbe(farbe[i]);
         }
      }
   }
// Objekt der Klasse erzeugen
   public static void main(String[] args) {
      MalenmitderMaus frame = new MalenmitderMaus();
   }
}
```

Programmausgaben

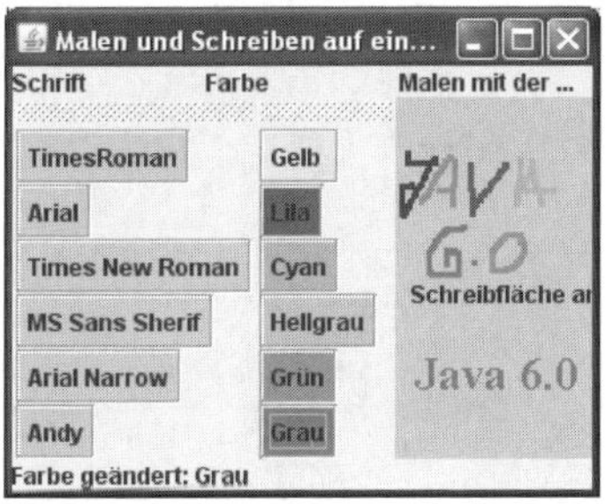

Lösung 5.17

Die Klasse KomponentenEvent

```
import java.awt.*;
import java.util.*;
public class KomponentenEvent extends java.util.EventObject {
// Globale Referenzen
   private String name;
   private Component component;
```

```
// Konstruktordefinition
   public KomponentenEvent(Component komponente, String name) {
// Im Konstruktor der Oberklasse wird der Name der Komponente,
// die das Event erzeugt, angegeben
      super(komponente);
      this.name = name;
      component = komponente;
   }
// Zugriffsmethoden der Klasse
   public Component getComponent() {
      return component;
   }
   public String getName() {
      return name;
   }
}
```

Das Interface KomponentenListener

```
import java.util.*;
public interface KomponentenListener extends EventListener {
   public void komponentenAuswahl(KomponentenEvent e);
}
```

Die Klasse UserTextField

```
import java.awt.*;
import java.awt.event.*;
import javax.swing.*;
public class UserTextField extends TextField
                                 implements TextListener {
// Globale Referenzen
   private String name;
   private KomponentenListener listener;
// Konstruktordefinition
   public UserTextField(String name) {
      super(name);
      this.name = name;
      addTextListener(this);
   }
// Die Methode von TextListener implementieren
   public void textValueChanged(TextEvent e) {
// KomponentenEvent-Objekt erzeugen und den von der Klasse
// registriereten KomponentenListener benachrichtigen
      KomponentenEvent ke = new KomponentenEvent(
        (Component)this,name);
      listener.komponentenAuswahl(ke);
   }
```

```
// Methode für das Registrieren von KomponentenListener
   public void addKomponentenListener(KomponentenListener l) {
      listener = l;
   }
}
```

Die Klasse UserButton

```
import java.awt.*;
import java.awt.event.*;
import javax.swing.*;
public class UserButton extends JButton
                                  implements ActionListener {
// Globale Referenzen
   private String name;
   private KomponentenListener listener;
// Konstruktordefinition
   public UserButton(String name) {
      super(name);
      this.name = name;
      addActionListener(this);
   }
// Die Methode von ActionListener implementieren
   public void actionPerformed(ActionEvent e) {
      KomponentenEvent  ke = new KomponentenEvent(
        (Component)this,name);
      listener.komponentenAuswahl(ke);
   }
// Methode für das Registrieren von KomponentenListener
   public void addKomponentenListener(KomponentenListener l) {
      listener = l;
   }
}
```

Die Klasse UserRadioButton

```
import java.awt.*;
import java.awt.event.*;
import javax.swing.*;
public class UserRadioButton extends JRadioButton
                                  implements ItemListener {
// Globale Referenzen
   private String name;
   private KomponentenListener listener;
// Konstruktordefinition
   public UserRadioButton(String name) {
      super(name);
      this.name = name;
```

```
      addItemListener(this);
    }
// Die Methode von ItemListener implementieren
    public void itemStateChanged(ItemEvent e) {
      KomponentenEvent  ke = new KomponentenEvent(
        (Component)this,name);
      listener.komponentenAuswahl(ke);
    }
// Methode für das Registrieren von KomponentenListener
    public void addKomponentenListener(KomponentenListener l) {
      listener = l;
    }
}
```

Die Klasse JFramefuerUserEventundListener

```
import java.awt.*;
import javax.swing.*;
public class JFramefuerUserEventundListener extends JFrame
                              implements KomponentenListener {
    private UserButton button = new UserButton("Anklicken");
    private UserRadioButton radiobutton =
      new UserRadioButton("Wert wählen");
    private UserTextField textfield =
      new UserTextField("Wert ändern");
// Ein Panel zur Aufnahme der Komponenten erzeugen
    private JPanel cPanel = new JPanel();
// Eine Statusmeldung wird in einer Komponente vom Typ JLabel
// angezeigt
    private JLabel status = new JLabel(" ");
// Konstruktordefinition
    public JFramefuerUserEventundListener() {
      super("Benutzerdefinierte EventObject- und EventListener- "
        + "Komponenten");
      setBounds(20,20,300,130);
      setDefaultCloseOperation(JFrame.EXIT_ON_CLOSE);
      button.setBackground(Color.pink);
      radiobutton.setBackground(Color.green);
      textfield.setBackground(Color.lightGray);
      cPanel.add(button);
      cPanel.add(radiobutton);
      cPanel.add(textfield);
// Den KomponentenListener für alle Komponenten registrieren
      button.addKomponentenListener(this);
      radiobutton.addKomponentenListener(this);
      textfield.addKomponentenListener(this);
// Das Panel und die Statuszeile zum Fenster hinzufügen
      Container contentPane = getContentPane();
```

```
        contentPane.add(new Label(
         "Angegebenes Ereignis durchführen:"), BorderLayout.NORTH);
        contentPane.add(cPanel, BorderLayout.CENTER);
        contentPane.add(status, BorderLayout.SOUTH);
        setVisible(true);
    }
// Die Methode von KomponentenListener implementieren
    public void komponentenAuswahl(KomponentenEvent e) {
        int index = e.getComponent().toString().indexOf('[');
        String name=e.getComponent().toString().substring(0,index);
        status.setText("Ereignis von Komponente: " + name + ": " +
            e.getName() + " empfangen");
        }
// Objekt der Klasse erzeugen
        public static void main(String[] args) {
            JFramefuerUserEventundListener frame =
              new JFramefuerUserEventundListener();
    }
}
```

Programmausgaben

Kapitel 6

Das Erscheinungsbild einer Anwendung mit graphischer Oberfläche

6.1 Die Architektur Modell View Controller (MVC) von Swing-Komponenten

Im Zusammenhang mit dem Erscheinungsbild einer Anwendung mit graphischer Oberfläche sei noch mal auf die drei Teile der klassischen MVC-Architektur hingewiesen:

- Das *Model* (Modell) beschreibt die Daten, Informationen oder Zustände, die von einer Komponente angezeigt werden sollen.
- Der *Viewer* (Ansicht) ist für die Visualisierung des Komponentenmodells zuständig und definiert somit ein »*look*« (Blick) auf die Komponente.
- Der *Controller* (Steuerung) steuert die Reaktionen der Komponente auf Mausbewegungen und Tastatureingaben und definiert das »*feel*« (Gefühl) der Komponente.

Eine der wichtigsten Eigenschaften der MVC-Architektur von Swing-Komponenten ist deren Fähigkeit, das »look and feel« von Komponenten zu definieren, ohne das Modell zu ändern. Das »look and feel« kann seit Java 2.1 bei der Erstellung von Komponenten festgelegt und während der Laufzeit geändert werden.

Wie schon im Kapitel 4 vermerkt, vereinigen Swing-Komponenten den Viewer und Controller in einem Objekt ihrer UI-Delegationsklasse, dem UI-Delegate (User-Interface-Delegate).

6.2 Benutzerdefinierte Modelle, die Standard-Model-Interfaces implementieren

Damit eine Komponente über die Datenänderungen eines Modells informiert wird, muss diese sich beim Modell registrieren. So melden sich Komponenten vom Typ der Klassen `JTextField`, `JTextArea` und `JEditorPane` bei einem Modell vom Typ der Klasse `PlainDocument` an, die das Interface `Document` implementiert. Diese drei Klassen werden von der abstrakten Klasse `JTextComponent` abgeleitet, welche die Modelle vom Typ `PlainDocument` lesen und setzen kann.

`JButton`-, `JToggleButton`- und `JMenuItem`-Komponenten sind bei einem Modell vom Typ der Klasse `DefaultButtonModel` registriert, die das Interface `ButtonModel` implementiert. Diese drei Klassen werden von der abstrakten Klasse `AbstractButton` abgeleitet, welche deren Modelle lesen und setzen kann.

Werden in einer Komponente, die das gleiche Modell wie eine andere zugewiesen bekommen hat, die Daten geändert, aktualisiert das Modell die Daten und informiert beide Komponenten von der Änderung, sodass eine Aktualisierung der View vorgenommen werden kann. Das Modell einer Komponente kann über die Methoden `getDocument()` und `setDocument()` der Klasse `JTextComponent` für Textfelder bzw. `getModel()` und `setModel()` der Klassen `AbstractButton`, `JList` etc. für alle anderen Komponenten ermittelt und gesetzt werden.

Nicht alle Swing-Komponenten besitzen Modelle, so z. B. die als Container verwendeten Klassen wie `JApplet`, `JLayeredPane`, `JDesktopPane` und `JInternalFrame`. Es gibt aber auch Komponenten, für welche mehrere Modelle definiert wurden (siehe die nachfolgenden Beispiele mit der Klasse `JTree`), und ein Modell kann mehrere Viewer besitzen.

Benutzerdefinierte Modelle können als eigenständige Klassen definiert werden, welche die entsprechenden Interfaces für ein Modell implementieren. Zweitens können Erweiterungen von Standard-Modellklassen auch als Vorlage für benutzerdefinierte Modelle dienen, indem diese die Methoden der Standard-Modellklassen überschreiben.

- Die erste Möglichkeit der Definition von eigenen Modellklassen aus den nachfolgenden Beispielen unterliegt dem gleichen Prinzip. Es wird zuerst eine einfache Klasse erstellt, die nur Methoden für die Definition der Datenstruktur enthält, und diese wird in einem zweiten Schritt mit der Fähigkeit der Bearbeitung von Ereignissen erweitert. Damit erzeugte konkrete Modelle werden mit Hilfe einer Viewer-Komponente (am Beispiel der Klassen `JComboBox` und `JTree`) zum Einsatz gebracht.
- Als zweite Möglichkeit werden Erweiterungen von Standard-Modellklassen vorgenommen.

Aufgabe 6.1 ☆

Die AWT-Klasse List und ein DefaultComboBox-Modell

Die Klasse `JFramemitDefaultComboBoxModel` soll zwei Viewer-Komponenten vom Typ der Klassen `java.awt.List` und `javax.swing.JComboBox` erstellen. Erzeugen Sie ein `String`-Array mit den Einträgen: »j«, »a«, »v« und »a« und ein Modell vom Typ der Klasse `DefaultComboBoxModel`, das die Daten aus diesem Array speichert.

Die `DefaultComboBoxModel`-Instanz soll im Konstruktoraufruf der `JComboBox`-Komponente übergeben werden.

Im Konstruktoraufruf der `List`-Komponente können keine Einträge für eine Liste mit übergeben werden. Die Listenelemente müssen einzeln über die `add()`-Methode der Klasse hinzugefügt werden. Wählen Sie in diesem Fall die Strings: »J«, »A«, »V« und »A«.

Erzeugen Sie eine weitere Komponente vom Typ `JButton` und Registrieren Sie für das Event-Handling den ActionListener für diese Komponente.

In der überschriebenen Methode `actionPerformed()` sollen die Einträge der Liste bei jeder Betätigung des Buttons mit: »?« erweitert werden und die der ComboBox mit: »!«.

Hinweise für die Programmierung:

Die Gegenüberstellung von AWT- und Swing-Komponenten soll auf die Unterschiede der Komponenten und die Rolle, welche die Modellklasse für Swing-Komponenten spielt, hinweisen.

Bei einer Betätigung des Buttons werden die neuen Daten beiden Komponenten hinzugefügt, der ComboBox über ihr Modell mit dessen Methode `addElement()` und der Liste mit Hilfe ihrer `add()`-Methode.

Aufgabe 6.2 ☆☆☆

Benutzerdefiniertes ComboBox-Modell ohne Eventbehandlung

Die Klasse `UserComboBoxModelohneEventBehandlung` definiert ein Modell für eine `JComboBox`-Komponente, welches die Schnittstelle `ComboBoxModel` implementiert und im Konstruktor eine Referenz vom Typ der AWT-Klasse `List` übergeben bekommt.

Ohne Vollständigkeitsansprüchen zu genügen, soll diese Klasse demonstrieren, wie eine eigene Modellklasse definiert werden kann. Sie definiert der Einfachheit halber keine Methoden, um den `ListDataListener` zu benachrichtigen, wenn Änderungen im Datenmodell vollzogen werden, jedoch eine Referenzvariable vom Typ der Klasse `EventListenerList`, weil die Methoden der Schnittstelle `ListModel` zum Registrieren und Deregistrieren von `ListDataListener`-Objekte implementiert werden müssen, auch wenn die Klasse selbst den `ListDataListener` bei Änderungen nicht benachrichtigt.

Die Klasse `EventListenerList` ist nur von `Object` abgeleitet und ermöglicht, dass alle Listener (von beliebeigen Typen) in einer einzigen Instanz dieser Klasse hinterlegt werden können.

Die erste Gruppe der zu implementierenden Methoden sind die Methoden der Schnittstelle `ListModel` zum Ermitteln der Größe und Abfragen der Datenstruktur des Modells, die Methoden der Schnittstelle `ComboBoxModel` zum Selektieren und Deselektieren von Einträgen und die Methoden der Schnittstelle `ListModel` zum Registrieren und Deregistrieren von `ListDataListener`-Objekten.

Eine zweite Art von Methoden dient der Manipulation der Modelldaten mit Hilfe der Methoden der Klasse `List`. Dabei soll keine Benachrichtigung des `ListDataListener` über die durchgeführten Operationen erfolgen.

Überschreiben Sie die Methode `toString()` der Klasse `Object`, indem Sie darin die Methode `getItems()` der Klasse `List` aufrufen, die ein Array mit allen Einträgen einer Liste returniert. Sie wird dann für die Ausgabe von Modelldaten in einer `System.out.println()`-Methode automatisch aufgerufen.

Definieren Sie eine zweite Klasse `UserComboBoxModelohneEventBehandlungTest`, die ein Modell vom Typ der Klasse `UserComboBoxModelohneEventBehandlung` erzeugt und in diesem die einzelnen Zeichen des Literals: »JAVA6.0!« hinzufügt oder löscht. Zeigen Sie die Daten des Modells am Bildschirm an.

Hinweise für die Programmierung:

Die Instanzen der Klasse `java.awt.List` können, wie in der Aufgabe 6.1 gesehen, als Viewer-Komponente zur Darstellung von AWT-GUIs verwendet werden.

In dieser Übung wird jedoch ein Objekt vom Typ `java.awt.List` als Modellobjekt verwendet, das nur der Speicherung von Strings dienen soll, und nicht zu deren Darstellung.

In Kapitel 8 werden dafür andere Typen wie `java.util.List<E>` verwendet, die speziell für die Datenspeicherung in Java definiert wurden.

Das Interface `ComboBoxModel`, welches das Interface `ListModel` erweitert, gibt Methoden vor, die Komponenten wie `JComboBox` benutzen, um die Werte einzelner Elemente zu lesen und zu setzen.

Die Java-Standard-Klasse `DefaultComboBoxModel`, die ein Modell für `JComboBox`-Komponenten definiert, implementiert zusätzlich zu dem Interface `ComboBoxModel` das Interface `MutableComboBoxModel` und definiert zusätzlich zu einem parameterlosen Konstruktor zwei Konstruktoren, die Referenzen vom Typ `Object[]` und vom Typ der generischen Klasse `Vector<E>` übergeben bekommen.

Mit der Methode `getListeners()` der Klasse `EventListenerList` können alle Listener vom Typ einer bestimmten `EventListener`-Klasse, hier der Klasse `DataListListener`, ermittelt und in einem Array vom Typ dieser Klasse hinterlegt werden.

Trotz des hohen Schwierigkeitsgrades der Aufgabe wird diese gleich am Anfang des Kapitels gebracht, weil das damit parallel erreichte Verständnis der Arbeitsweise von Java-Standard-Modellklassen bei einer Definition von eigenen Modellklassen von Vorteil sein kann.

Java-Dateien: `UserComboBoxModelohneEventBehandlung.java`, `UserComboBoxModelohneEventBehandlungTest.java`
Programmaufruf: `java UserComboBoxModelohneEventBehandlungTest`

Aufgabe 6.3

☆☆☆

Benutzerdefiniertes ComboBox-Modell mit Eventbehandlung

Aufbauend auf die Klasse `UserComboBoxModelohneEventBehandlung` soll die Klasse `UserComboBoxModel` erstellt werden, die das darin definierte Modell ergänzt, indem sie Methoden definiert, über welche der `ListDataListener` benachrichtigt wird, wenn Änderungen im Modell durchgeführt wurden.

Ein Modell vom Typ `UserComboBoxModel` erzeugt ein `ListDataEvent`-Objekt, wenn das zugrunde liegende `List`-Objekt geändert wird. Die zuständigen Methoden geben das Event-Objekt an alle von der Klasse definierten Listener weiter und werden aus allen Methoden, welche der Manipulation der Daten des Modells dienen, aufgerufen. Diese Methoden sollen nach den Methoden des Interface `ListDataListener`, die sie aufrufen, benannt werden. Diese wiederum tragen den Namen der von der Klasse `ListDataEvent` definierten Eventtypen: INTERVAL_ADDED, INTERVAL_REMOVED und CONTENTS_CHANGED.

Die Klasse `UserComboBoxModelTest` erzeugt eine `UserComboBoxModel`-Instanz und registriert für diese den ListDataListener, damit sie selbst benachrichtigt wird, wenn Änderungen im Modell durchgeführt wurden, um diese über Bildschirmausgaben zu protokollieren.

Java-Dateien: `UserComboBoxModel.java, UserComboBoxModelTest.java`
Programmaufruf: `java UserComboBoxModelTest`

Aufgabe 6.4

☆☆☆

Benutzung des ComboBox-Modells für eine Viewer-Komponente vom Typ JComboBox

Die Klasse `JFramemitUserComboBoxModel` erzeugt zwei Viewer-Komponenten vom Typ der Klasse `JComboBox`. Die erste bekommt im Konstruktor eine Referenz vom Typ `String[]` übergeben und die zweite ein benutzerdefiniertes `ComboBoxModel` vom Typ der Klasse `UserComboBoxModel`. Wenn die Methode `setModel()` aufgerufen wird, registriert sich eine `JCombobox`-Komponente selbst als Listener, sodass sie sich selbst abändern kann, wenn ihr Modell geändert wird. Die Klasse demonstriert, wie auch in der Aufgabe 6.1 schon gezeigt wurde, dass in der Modellklasse durchgeführte Änderungen automatisch in die Viewer-Komponente übernommen werden.

Java-Dateien: `UserComboBoxModel.java, JFramemitUserComboBoxModel.java`
Programmaufruf: `java JFramemitUserComboBoxModel`

Aufgabe 6.5 ☆☆☆

Die Vorlage für ein benutzerdefiniertes Modell als Erweiterung der Klasse PlainDocument definieren

Definieren Sie eine Vorlage für ein benutzerdefiniertes Modell mit Hilfe einer Klasse `GrossBuchstaben`, welche die Klasse `PlainDocument` erweitert und deren Methode `insertString()` überschreibt. Rufen Sie aus dieser Methode die gleichnamige Methode der Oberklasse auf, indem Sie im zweiten Methodenargument einen mit Hilfe der Methode `toUpperCase()`, die in der Klasse `String` definiert ist, konvertierten String übergeben.

Die Klasse `IconButton` ändert das Erscheinungsbild eines Buttons, indem sie die `paintComponent()`- und `paintBorder()`-Methoden der Oberklasse `JButton` überschreibt und runde Konturen und Flächen für ihre Komponenten zeichnet. Dafür muss die in eckiger Form vordefinierte Oberfläche des Buttons zurückgesetzt werden, dies kann durch das Setzen der `contentAreaFilled`-Eigenschaft der Komponente auf `false` erreicht werden. Dadurch wird auch die `opaque`-Eigenschaft der Komponente auf `false` gesetzt. Mit der Methode `getModel()` der abstrakten Klasse `AbstractButton` wird das Modell für den Button in einer Referenz vom Typ des Interface `ButtonModel` geliefert. Rufen Sie an diesem die Methode `isArmed()` der Klasse `DefaultButtonModel` auf, die das Interface implementiert, um einen neuen Icon bei der Betätigung dieses benutzerdefinierten Buttons zu zeichnen.

Die Klasse `JFramemitUserModell` definiert als Instanzfelder zwei Arrays vom Typ der Klassen `IconButton` und `JTextField` mit je drei Elementen und zwei weiteren Instanzfeldern vom Typ `JEditorPane` und `JTextArea`. Registrieren Sie für die `JButton`-Komponenten den von der Klasse implementierten ActionListener und setzen Sie für das erste Textfeld, mit Hilfe der Methode `setDocument()` ein neues Modell vom Typ der Klasse `GrossBuchstaben`. Ermitteln Sie die Modelle der beiden ersten `JButton`- und `JTextField`-Komponenten mit Hilfe der Methoden `getModel()` und `getDocument()` und setzen Sie diese auch für die zweiten Komponenten vom gleichen Typ.

Fügen Sie die Komponenten in der Reihenfolge TextArea, EditorPane, Buttons und Textfelder zum Fenster hinzu.

Wird ein Button betätigt, soll eine Nachricht in die dritte `JTextField`- und in die `JEditorPane`-Komponente geschrieben werden.

Hinweise für die Programmierung:

Das Label und das Focus-Rectangle für eine `JButton`-Komponente werden in deren UI-Delegationsklasse gemalt, und damit deren Methoden aufgerufen werden, muss mit `super.paintComponent()` die Methode der Oberklasse aufgerufen werden.

Java-Dateien: `GrossBuchstaben.java`, `IconButton.java`, `JFramemitUserModell.java`
Programmaufruf: `java JFramemitUserModell`

6.3 Standard-Modelle am Beipiel der Klasse JTree

Eine Baumstruktur kann in Java als Instanz der Klasse `JTree` definiert werden. Ihre Daten werden in Instanzen vom Typ der Klasse `DefaultTreeModel` abgelegt, die das Interface `TreeModel` implementiert. Die Elemente einer Baumstruktur werden Knoten genannt. Das oberste Element heißt Wurzel und alle Knoten, die keine Kindkomponenten besitzen, werden auch als Blätter bezeichnet. Für die Auswahl von Knoten wird ein weiteres Modell vom Typ `DefaultTreeSelectionModel` verwendet, welches das Interface `TreeSelectionModel` implementiert.

Die Klasse `JTree` befindet sich im Package `javax.swing` und alle anderen dazugehörigen Klassen im package `javax.swing.tree`.

Aufgabe 6.6 ☆

Die Klassen JTree und DefaultMutableTreeNode

Definieren Sie eine von `JFrame` abgeleitete Klasse `JFramemitJTree` zum Erzeugen einer einfachen Baumstruktur mit einer 3-stufigen Gliederung in Form von ganzen Zahlen: 1,11,12,111 etc. Die Wurzel, Knoten und Blätter der Baumstruktur sollen als Instanzen der Klasse `DefaultMutableTreeNode` erzeugt werden, in deren Konstruktor eine `String`-Referenz übergeben werden kann. Einem Wurzelknoten werden die untergeordneten Knoten über die `add()`-Methode der Klasse beigefügt.

Zum Anzeigen in einem Fenster der Klasse soll die `JTree`-Komponente einer `JScrollPane`-Komponente hinzugefügt werden.

Java-Dateien: `JFramemitJTree.java`
Programmaufruf: `java JFramemitJTree`

Aufgabe 6.7 ☆☆☆

Die Klassen DefaultTreeModel und DefaultTreeSelectionModel

Definieren Sie eine Klasse `JFramemitDefaultTreeModel` von `JTree` abgeleitet, welche erlaubt, die Daten der Baumstruktur aus der Aufgabe 6.6 durch das Hinzufügen und Entfernen von Knoten beliebig zu erweitern. Diese Daten werden in einem Objekt der Klasse `DefaultTreeModel` gehalten, die das Interface `TreeModel` implementiert. Benutzen Sie für die Auswahl von Knoten ein Modell vom Typ `DefaultTreeSelectionModel`, welches das Interface `TreeSelectionModel` implementiert.

Bei allen Änderungen, die im Modell der Baumstruktur durchgeführt werden, sollen Meldungen im Fenster und auf der Konsole angezeigt werden. Dafür werden für das Modell und die Komponente zwei Listener registriert: der `TreeModelListener` und der `TreeSelectionListener`. Diese sollen benachrichtigt werden, wenn eine Änderung in den Daten des Modells vorgenommen wird oder eine Knotenauswahl in der `JTree`-Komponente getroffen wurde.

Erzeugen Sie eine Viewer-Komponente vom Typ der Klasse `JTree` und rufen Sie an dieser die Methode `setModel()` der Klasse auf. Dabei registriert sich die `JTree`-Komponente selbst als Listener, um auf die im Modell durchgeführten Änderungen reagieren zu können.

Hinweise für die Programmierung:

Es kann immer nur auf ausgewählte Knoten zugegriffen werden, sei es mit Hilfe des Pfadnamens (vom Typ der Klasse `TreePath`) oder des Reihenindex. Ein Pfadname kann wiederum nur mit Hilfe eines Array-Objektes (z.B. vom Typ des Interface `TreeNode`) definiert werden und muss deswegen mit Hilfe der Baumstruktur aufgebaut werden. Informationen über einen Knoten, dessen Position in der Baumstruktur, seine Kind- und Vaterkomponenten können mit Methoden der Klasse `DefaultMutableTreeNode` bezogen werden, die die Interfaces `TreeNode` und `MutableTreeNode` implementiert.

Änderungen können nicht nur über das Modell mit den Methoden der Klasse `DefaultTreeModel`, sondern auch mit den Methoden der Klasse `DefaultMutableTreeNode` erfolgen. Damit Änderungen mit einer Methode der Klasse `DefaultMutableTreeNode` wie z.B. `insert()` in der `JTree`-Komponente sofort sichtbar werden, muss der TreeModelListener über die Methode `fireTreeNodesInserted()` benachrichtigt werden. Diese Methode ist jedoch als `protected` in der Klasse `DefaultTreeModel` definiert und kann deswegen aus einer nicht abgeleiteten Klasse nicht direkt aufgerufen werden.

Java-Dateien: `JFramemitDefaultTreeModel.java`
Programmaufruf: `java JFramemitDefaultTreeModel`

Aufgabe 6.8 ☆☆☆

Benutzerdefiniertes Tree-Modell mit Eventbehandlung

Definieren Sie analog zur Klasse `JFramemitDefaultTreeModel` eine Klasse `JFramemitUserDefaultTreeModel`, in der das Hinzufügen und Entfernen von Knoten über die Methoden `insert()` und `remove()` der Klasse `DefaultMutableTreeNode` durchgeführt wird. Damit diese Änderungen in der `JTree`-Komponente sofort sichtbar werden, muss der `TreeModelListener` über die `fireTreeNodesxx`- Methoden benachrichtigt werden.

Weil diese Methoden als `protected` in der Klasse `DefaultTreeModel` definiert sind, wird diese Klasse erweitert und die davon abgeleitete Klasse `UserDefault-`

`TreeModel` überschreibt ihre `fireTreeNodexx()`-Methoden. Sie definiert Listener und Methoden für deren Registrieren und Deregistrieren.

Java-Dateien: `UserDefaultTreeModel.java, JFramemitUserDefaultTreeModel.java`
Programmaufruf: `java JFramemitUserDefaultTreeModel`

6.4 Die UI-Delegationsklassen und ihre Instanzen, der UI-Delegate

Jede UI-Delegationsklasse von Swing-Komponenten ist von der abstrakten Klasse `ComponentUI` abgeleitet, deren Methoden als Parameter eine Referenzvariable vom Typ der Klasse `JComponent` für die Spezifikation einer Komponente definieren. UI-Delegationsklassen beschreiben die Art und Weise, wie der UI-Delegate und die Komponente, die diesen benutzt, kommunizieren werden. Sie übernehmen die Darstellung von Komponenten und deren Interaktion mit dem Benutzer.

- Die `createUI()`-Methode gibt eine unveränderbare Instanz des UI-Delegates zurück, die Komponenten vom gleichen Typ gemeinsam nutzen können. Auf diese Weise existiert nur eine Instanz der UI-Delegationsklasse und sie wird aktiv, als Viewer und Controller, für alle Instanzen, welche diesen UI-Delegate setzen.
- Die `installUI()`-Methode installiert den UI-Delegate für eine Komponente, sie registriert Listener für die Komponente oder ihre Modelle und informiert den UI-Delegate über Zustandsänderungen, die eine Änderung der View erfordern.
- Die `uninstallUI()`-Methode entfernt den UI-Delegate und die registrierten Listener.
- Die `update()`-Methode zeichnet den Hintergrund der Komponente, falls deren `opaque`-Eigenschaft `true` ist, und ruft die `paint()`-Methode auf.
- Die `paint()`-Methode holt sich alle brauchbaren Informationen von einer Komponente, um ihre Modelle korrekt wiederzugeben.
- Die `getPreferredSize()`-Methode gibt die bevorzugte Größe für die Komponente zurück, welcher der UI-Delegate zugeordnet wurde.
- Die `getMaximumSize()`-Methode gibt die maximale Größe für die Komponente zurück, welcher der UI-Delegate zugeordnet wurde.
- Die `getMinimumSize()`-Methode gibt die minimale Größe für die Komponente zurück, welcher der UI-Delegate zugeordnet wurde.

Die Zuordnung des UI-Delegates einer Komponente kann über die Methode `setUI()` der Klasse `JComponent` erfolgen, die von manchen Komponentenklassen überschrieben wird. Oberklassen von Komponentenklassen wie `AbstractButton`, `JTextComponent` etc. oder die Klassen selbst definieren eine Methode `getUI()`, die den UI-Delegate der Komponente zurückgibt.

In den Beispielen zur Illustration der Transparenz-Eigenschaft aus den vorigen Kapiteln wurde auf die Rolle von UI-Delegationsobjekten beim Setzen der Hintergrundfarbe von Komponenten hingewiesen.

Bevor UI-Delegationsklassen für benutzerdefinierte Komponenten erstellt werden, wird in den Aufgaben 6.9 bis 6.12 ein Überblick über die Standard-UI-Delegationsklassen von Swing-Komponenten am Beispiel von benutzerdefinierten `JButton`-Komponenten gegeben. Dabei wird zusätzlich zur Transparenz-Eigenschaft das Setzen von anderen Eigenschaften über die UI-Delegates vorgenommen, wie z. B. das Focus-Rectangle oder die Beschriftung eines Buttons.

6.5 Java-Standard-User-Interface-Delegationsklassen

Wird für eine benutzerdefinierte Komponente keine eigene UI-Delegationsklasse definiert, so wird dieser der UI-Delegate ihrer Oberklasse zugeordnet. Eine Verzweigung in den UI-Delegate kann verhindert werden, indem eine benutzerdefinierte Komponente die Methode `paintComponent()` überschreibt und nicht die Methode der Oberklasse daraus aufruft.

Aufgabe 6.9 ☆

Der Standard-UI-Delegate

Eine Klasse `JPanelmitpaint` wird von `JPanel` abgeleitet und besitzt je zwei `JButton`- und `JLabel`-Komponenten. Sie zeichnet mit Hilfe der Methode `paintComponent()` eine eigene Graphik: ein Oval in der Farbe rot.

Erstellen Sie ein Fenster vom Typ der Klasse `JFrame` und fügen Sie zu diesem ein Objekt dieser Klasse hinzu.

Ermitteln Sie den Typ des UI-Delegationsobjektes, welcher eine `JButton`- bzw. `JLabel`-Komponente trägt, und die Anzahl ihrer Kindkomponenten. Zeigen Sie die Ergebnisse am Bildschirm an.

Java-Dateien: `JPanelmitpaint.java`
Programmaufruf: `java JPanelmitpaint`

Aufgabe 6.10 ☆

Das Setzen der bevorzugten Größe für Komponenten

Eine Unterklasse von `JButton`, `JButtonmitZeichnung` überschreibt die von `JComponent` geerbte Methode `paintComponent()` ihrer Oberklasse, um zwei Kreise an die Pixelkoordinaten (40,10) und (40,100) zu zeichnen. Damit der Hintergrund von Komponenten vom Typ der Klasse und ihre Beschriftung gezeichnet werden, muss die Methode der Oberklasse mit `super.paintComponent()` gleich nach dem Methodendefinitionsteil aufgerufen werden, d.h. bevor die Klasse selbst etwas zeichnet.

Erzeugen Sie in der `main()`-Methode eine Instanz der eigenen Klasse und fügen Sie diese zu einer `JFrame`-Komponente hinzu. Ihre bevorzugte Größe wird mit `setPreferredSize()` in der Komponentenklasse gesetzt und diese wird bei der Ermittlung der Fenstergröße berücksichtigt.

Java-Dateien: `JButtonmitZeichnung.java`
Programmaufruf: `java JButtonmitZeichnung`

Aufgabe 6.11 ☆☆

Das Setzen einer minimalen Größe für Komponenten in Abhängigkeit von der Größe eines zu zeichnenden Bildes

Eine Klasse `JButtonmitIcon` soll einen Button definieren, der in seiner `paintComponent()`-Methode ein Icon mit einem Bild zeichnet. Damit nur dieses als Oberfläche erscheint, muss seine vordefinierte rechteckige Oberfläche zurückgesetzt werden. Da in diesem Fall kein Hintergrund für Komponenten gemalt werden soll, ist unwesentlich, an welcher Stelle die Methode der Oberklasse aufgerufen wird. Das vom UI-Delegate gemalte Focus-Rectangle, welches den Namen des Buttons umrandet, soll in die untere linke Ecke der Komponente gesetzt werden und das von der Komponentenklasse selbst gezeichnete Bild in die obere rechte Ecke.

Überschreiben Sie die von `JComponent` geerbten Methoden `getMinimumSize()` und `getPreferredSize()` der Oberklasse, um die Größe von Komponenten in Abhängigkeit von den Größen des zu zeichnenden Bildes zu setzen.

Java-Dateien: `JButtonmitIcon.java`
Programmaufruf: `java JButtonmitIcon`

Aufgabe 6.12 ☆☆☆

Das Setzen einer minimalen Größe für Komponenten in Abhängigkeit von der Größe der beim Zeichnen verwendeten Schrift

Erstellen Sie analog zur Klasse `JButtonmitIcon` aus der Aufgabe 6.11 eine Klasse `JButtonmitUeberschrift`, welche die `contentAreaFilled`-Eigenschaft gleich `false` setzt, um runde Konturen und eine runde Fläche für ihre Komponenten an Stelle der eckigen zu malen. Überschreiben Sie dazu die Methoden `paintBorder()` und `paintComponent()` der Klassen `AbstractButton` und `JComponent`, welche die Klasse `JButton` erbt und selbst nicht überschreibt.

Mit der Methode `getFocus()` der abstrakten Klasse `AbstractButton` soll ermittelt werden, ob die Komponente den Focus besitzt und in diesem Fall ihre Farbe gleich einem verdunkelten Ton ihrer Hintergrundfarbe gesetzt werden. Gleichzeitig sollen die Komponenten der Klasse mit einer Beschriftung versehen werden, die im Konstruktor der Klasse als Referenz vom Typ `String` übergeben und an die Merkmale einer vorgegebenen Schrift angepasst wird.

Die bevorzugte Größe soll in der Komponentenklasse in Abhängigkeit von der Größe der verwendeten Schrift gesetzt werden und die minimale Größe gleich der bevorzugten Größe.

Java-Dateien: `JButtonmitUeberschrift.java`
Programmaufruf: java `JButtonmitUeberschrift`

6.6 Benutzerdefinierte User-Interface-Delegaten

Wird ein Oberflächendelegationsobjekt für eine benutzerdefinierte Swing-Komponente verwendet, sollten die Methoden für das Setzen der minimalen, maximalen und bevorzugten Größe in der Delegationsklasse implementiert werden, da diese Werte passend zum »look and feel« returnieren.

Die Priorität für das Setzen von Komponentengrößen ist vordefiniert. Überschreibt die Komponentenklasse die Methode `getPreferredSize()`, gibt diese die bevorzugte Größe der Komponente zurück, falls sie verschieden von `null` ist. Gibt die gleiche Methode des zugehörigen Objektes vom Typ der UI-Delegationsklasse einen Wert verschieden von `null` zurück, wird dieser auch von einer nicht überschriebenen Methode der Komponente zurückgegeben. Überschreibt keine der beiden Klassen die Methode, ist der Wert abhängig vom Layout-Manager der Komponentenklasse.

Aufgabe 6.13 ☆☆☆

Ein benutzerdefinierter UI-Delegate und das Setzen der bevorzugten Größe von Komponenten

Die Klassen `UserButtonUI`, `UserButtonUI1` und `UserButtonUI2` erweitern die Klassen `BasicButtonUI` und `MetalButtonUI` und überschreiben deren Methoden, um neue Eigenschaften von `JButton`-Instanzen zu setzen oder vorhandene rückgängig zu machen. Sie sollen als erste Beispiele von eigenen UI-Delegationsklassen dienen, die für eine Wiedergabe von `JButton`-Objekten zuständig sind.

Die Klasse `UserButtonUI` wird von `BasicButtonUI` abgeleitet und überschreibt die Methode `paintButtonPressed()` der Oberklasse so, dass die Farbe einer `JButton`-Komponente beim Anklicken auf Grün gesetzt wird. Sie überschreibt auch die `getPreferredSize()`-Methode der Oberklasse und diese soll die bevorzugte Größe für die dazugehörige Komponente liefern. D.h., diese darf nicht für die Komponente selbst mit `get/setPreferredSize()` neu gesetzt werden und die Komponentenklasse darf auch nicht diese Methoden überschreiben.

Die Klasse UserButtonUI1 wird von MetalButtonUI abgeleitet und definiert eine UI-Delegationsklasse, die nicht das Rechteck malt, das standardmäßig erscheint, wenn ein Button den Focus bekommt. Sie setzt keine bevorzugte Größe für ihre Komponenten, sodass dafür die von der Klasse JComponent geerbten Methoden aufgerufen werden.

Die Klasse UserButtonUI2 überschreibt die Methode paint(Graphics g, JComponent c) ihrer Oberklasse so, dass beim Anklicken die Oberfläche eines Buttons mit einem Farbverlauf gefüllt wird. Sie wird von der Klasse MetalButtonUI abgeleitet, um deren Funktionalität zu erweitern. Die Klasse MetalButtonUI ist von der Klasse BasicButtonUI abgeleitet und erweitert wiederum deren Funktionalität. Die Klasse UserButtonUI2 überschreibt die Methode getPreferredSize() der Oberklasse.

Der Farbverlauf soll als Instanz der Klasse GradientPaint erstellt werden. Definieren Sie dafür vier Farben mit unterschiedlicher Transparenz über ihre r,g,b-Werte und einen Transparenz-Wert. Die Farbe rot soll mit den Transparenzwerten 0 und 124 erzeugt werden und zwei weitere Farben mit den r,g,b-Werten der Standardfarbe Magenta und wieder den Transparenzwerten 0 und 124.

Die Klasse JFramemitUserButtonUI setzt mit Hilfe der von der Klasse AbstractButton geerbten Methode setUI() für drei Standard-JButton-Komponenten mit den Beschriftungen »Button1«, »Button2« und »Button3« ein benutzerdefiniertes UI-Delegationsobjekt vom Typ der vorher beschriebenen Klassen. Am Beispiel der JButton-Komponente mit der Beschriftung »Button3« soll gezeigt werden, dass das Setzen der bevorzugten Größe in der Komponentenklasse Vorrang gegenüber dem Aufruf der Methode getPreferredSize() im zugehörigen Delegationsobjekt der Klasse UserButtonUI2 hat.

Java-Dateien: UserButtonUI.java, UserButtonUI1.java, UserButtonUI2.java, JFramemitUserButtonUI.java
Programmaufruf: java JFramemitUserButtonUI

Aufgabe 6.14 ☆☆☆

Ein benutzerdefinierter UI-Delegate für eine benutzerdefinierte Komponente

Die Java-Standard-Klasse AbstractBorder definiert einen durchsichtigen Rand mit der Breite Null für Swing-Komponenten. Sie implementiert das Java-Standard-Interface Border. Einen eigenen Rand für eine Komponente kann man erstellen, indem man diese Klasse durch eine andere Klasse erweitert und ihre paintBorder()- und getInsets()-Methoden überschreibt. Definieren Sie eine derartige Klasse mit dem Namen CustomBorder, die einen Rand für eine JButton-Komponente in einer vom Status des Buttons abhängigen Farbe malt.

Die Klasse JButtonmitCustomButtonUI implementiert eine benutzerdefinierte JButton-Komponente, die in ihrer paintComponent()-Methode ein Muster zeichnet. Der benutzerdefinierten Komponente soll ein benutzerdefiniertes UI-Delegationsobjekt vom Typ einer UI-Delegationsklasse mit dem Namen CustomButtonUI zugeordnet werden. Ergänzen Sie in der UI-Delegationsklasse das Muster der Komponente und setzen Sie für diese einen benutzerdefinierten Rand vom Typ der Klasse CustomBorder.

Erstellen Sie in der main()-Methode der Klasse JButtonmitCustomButtonUI eine JFrame-Komponente und fügen Sie zu dieser eine Instanz vom Typ der Klasse JButtonmitCustomButtonUI hinzu.

Wie schon erwähnt, sollten alle Zeichenoperationen im UI-Delegate implementiert werden, damit eine Wiedergabe von Komponenten »look and feel«-spezifisch gestaltet werden kann. Dies wird aber nicht erzwungen und ist auch nicht für alle Standard-Swing-Komponenten der Fall.

Java-Dateien: CustomBorder.java, CustomButtonUI.java, JButtonmitCustomButtonUI.java
Programmaufruf: java JButtonmitCustomButtonUI

Aufgabe 6.15 ☆☆☆

Wiederholungsaufgabe

Definieren Sie eine von JTextArea abgeleitete Klasse CustomArea, welche die Methode paintChildren() überschreibt und eine damit gezeichnete Überschrift über den in einer Komponente der Klasse gesetzten Text anzeigt.

Die Klasse CustomCaret wird von der Klasse DefaultCaret abgeleitet, um einen benutzerdefinierten Cursor mit einer Breite von 5 Pixeln an einer in der TextArea mit der Maus angeklickten Stelle immer wieder neu zu zeichnen. Sie überschreibt zu diesem Zweck die Methoden paint() und mouseClicked() der Klasse DefaultCaret.

Ordnen Sie dieser Klasse eine UI-Delegationsklasse CustomAreaUI zu, welche die Klasse BasicTextAreaUI erweitert. Sie überschreibt die Methode installDefaults() von ihrer Oberklasse und ermittelt mit der von ihrer Oberklasse geerbten Methode getComponent() die ihrem aktuellen Objekt zugeordnete Komponente. Für die so ermittelte Komponente soll ein Cursor vom Typ der Klasse CustomCaret installiert werden und neben der Farbe für den Cursor auch die Farbe und Schrift für das Schreiben des Textes der Komponente gesetzt werden.

Eine weitere Klasse KomponentenUeberlappen wird von JViewport abgeleitet. Sie überschreibt die von der Klasse JComponent geerbte Methode paintChildren() ihrer Oberklasse, um die Art und Weise festzulegen, wie sich ein von ihr selbst gezeichnetes Bild und ihre Kindkomponenten überlappen sollen. Erzeugen Sie in der main()-Methode der Klasse eine Komponente vom eigenen Typ und fügen Sie diese mit Hilfe einer Standard-JScrollPane-Komponente zu einem Fenster vom Typ der Klasse JFrame hinzu. Dem ViewPort werden benutzerdefinierte Komponenten vom Typ der mit der Aufgabe 6.11 definierten Klasse JBut-

`tonmitIcon` und mit dieser Aufgabe definierten Klasse `CustomArea`, hinzugefügt. Der `CustomArea`-Komponente wird ein benutzerdefinierter UI-Delegate als Instanz der in dieser Aufgabe definierten Klasse `CustomAreaUI` zugeordnet und für die `JButton`-Komponente soll in den Standard-UI-Delegate der Klasse `Button-UI` verzweigt werden.

Hinweise für die Programmierung:

Mit einem `JViewport`-Container kann man eine größere Region betrachten, als man ohne diesen sehen würde. Er kann in eine `JScrollPane`-Komponente eingefügt werden, aber auch als eine eigenständige Komponente gehandhabt werden, deren Scrolling-Funktionalität dann selbst zu kontrollieren ist. Es ist nicht empfehlenswert, diese Funktionalität selbst zu übernehmen, aber die Möglichkeit besteht. `JScrollPane`- und `JViewport`-Container können genutzt werden, um innerhalb von Swing-Komponenten Texte zu scrollen.

Java-Dateien: `CustomCaret.java`, `CustomArea.java`, `CustomAreaUI.java`, `JButtonmitIcon.java`, `KomponentenUeberlappen.java`
Programmaufrufe: `java KomponentenUeberlappen`

6.7 Die Klassen LookAndFeel, UIDefaults, UIManager und das Interface UIResource

Die UI-Delegationsklassen von Swing sind in mehrere getrennte Pakete aufgeteilt. Jedes dieser Pakete wird als LookAndFeel- bzw. Pluggable LookAndFeel (PLAF)-Implementation bezeichnet und beinhaltet zusätzlich eine von der abstrakten Klasse `LookAndFeel` abgeleitete Klasse. Die von `LookAndFeel` abgeleiteten Klassen werden genutzt, um das Erscheinungsbild einer Anwendung, ihr sogenanntes »look and feel«, zu bestimmen. Die Menge aller aktuell installierten `LookAndFeel`-Klassen wird von der Java-Standard-Klasse `UIManager` bereitgestellt, welche auch die Standard-Eigenschaften für eine »look and feel«-spezifische Anzeige von Komponenten verwaltet. Die Java-Standard-Klasse `UIDefaults` definiert »look and feel«-spezifische Eigenschaftswerte als Standards für alle Swing-Komponenten, welche in Applikationen mit Hilfe von `get()`- und `put()`-Methoden der Klasse `UIManager` gelesen und abgeändert werden können.

Die Eigenschaftswerte für Komponentenanzeigen werden entweder über das leere Java-Standard-Interface `UIResource` markiert oder in den von der `ComponentUI`-Klasse abgeleiteten UI-Delegationsklassen für Komponenten definiert.

Die Klasse `UIDefaults` wird von der generischen Klassse `Hashtable` abgeleitet. Im Kapitel 8 wird mit zusätzlichen Beispielen näher darauf eingegangen.

Die UIManager-Klasse gibt vor, wie das aktuelle LookAndFeel und die dazu gehörigen Standardwerte für Eigenschaften von Komponenten definiert sind. Sie verwaltet drei Ebenen von Defaultwerten: Benutzer-Defaults, LookAndFeel-Defaults und System-Defaults. Die `get()`-Methoden der Klasse können alle Defaultwerte zurückliefern im Gegensatz zu den `put()`-Methoden, die nur auf Benutzer-

Defaults zugreifen können. Gleichzeitig beeinflusst die Methode `setLookAndFeel()` der Klasse keine Benutzer-Defaults, sondern nur die LookAndFeel-Defaults.

Die Methode `getDefaults()` der Klasse `UIManager` liefert eine `UIDefaults`-Instanz mit allen Standardwerten für das gerade gültige LookAndFeel zurück.

Die `put()`-Methode der Klasse `UIManager` kann an Stelle der `setUI()`-Methode einer Komponentenklasse aufgerufen werden, um einer Swing-Komponente ihr zugehöriges Delegationsobjekt zuzuordnen. Weil damit der Eintrag in der UI-Defaults-Tabelle überschrieben wird, gilt diese Zuordnung für alle Komponenten der Klasse.

Auch durch das Überschreiben der Methode `initComponentDefaults()` der `LookAndFeel`-Klasse kann die UIDefaults-Tabelle um Einträge erweitert werden oder bestehende Einträge können überschrieben werden. Die Methode `initClassDefaults()` der gleichen Klasse wird überschrieben, um den Namen von UI-Delegationsklassen den Swing-Komponentenklassen zuzuordnen, und macht somit deren Zuordnen für einzelne Komponenten über die `setUI()` Methode von Komponentenklassen überflüssig.

An dieser Stelle sei noch einmal darauf hingewiesen, dass für ein erfolgreiches LookAndFeel erweiterte Komponentenklassen keine Wiedergabe-Funktionen wie `paint()` und `update()` implementieren und somit die Kontrolle der Zeichenfunktion den UI-Delegationsklassen überlassen sollten, damit alle Wiedergaben »look and feel«-spezifisch sind. Gleichzeitig ist es sinnvoller, den Hintergrund der Komponente in der `update()`-Methode des UI-Delegaten zu malen, wenn die `opaque`-Eigenschaft der Komponente gleich `true` gesetzt ist, und nicht mit den `paint()`-Methoden der Klasse `JComponent`.

Das Java-Standard-Interface `UIResource` ist ein Marker-Interface, das von vielen Swing-Klassen, u.a. `ColorUIResource` und `FontUIResource` implementiert wird und selbst keine Methoden definiert. Wie schon im Kapitel 3 vermerkt, dient diese Art von Interfaces nur der Markierung von Klassen, dass Sie die entsprechende Eigenschaft besitzen. So dient das Interface `UIResource` dazu, die von einer UI-Delegationsklasse bzw. einer erweiterten `LookAndFeel`-Klasse definierten Eigenschaftswerte für Komponenten von den Eigenschaftswerten zu unterscheiden, die explizit vom Programm gesetzt werden.

Aufagabe 6.16 ☆☆

Lesen von Werten der UIDefaults-Tabelle

Lesen Sie in einer von `JFrame` abgeleiteten Klasse mit dem Namen `JFramemitUIDefaultsLesen` mit Hilfe der Methode `getColor()` der `UIManager`-Klasse die Einträge für die `color`-Eigenschaft, mit welcher der Hintergrund und der Vordergrund einer `JButton`-Komponente in der UIDefaults-Tabelle definiert sind. Die

Variablen der Klasse vom Typ der gelesenen Werte sollen mit Hilfe eines `static`-Blocks deklariert und initialisiert werden (siehe 1.14).

Die Methode `getRGBColorComponents()` der Klasse `Color` gibt ein `float`-Array zurück, das die RGB-Komponenten des `Color`-Objektes, an welchem die Methode aufgerufen wird, beinhaltet. Rufen Sie diese Methode an den mit `getColor()` ermittelten `Color`-Instanzen auf und benutzen Sie die zurückgegebenen Werte, um damit unterschiedliche `background`- und `foreground`-Eigenschaften für ein zweidimensionales Array von `JButton`-Komponenten zu setzen, ohne dass die Standard-Eigenschaften aus der UIDefaults-Tabelle überschrieben werden.

Fügen Sie die einzelnen Komponenten des `JButton`-Arrays nach dem Setzen der Farbe zu einer Fensterkomponente vom Typ der Klasse hinzu.

Java-Dateien: `JFramemitUIDefaultsLesen.java`
Programmaufruf: `java JFramemitUIDefaultsLesen`

Aufgabe 6.17 ☆

Setzen von Werten der UIDefaults-Tabelle

Mit Hilfe der `put()`-Methode der `UIManager`-Klasse können die benutzerspezifischen Einträge der UIDefaults-Tabelle abgeändert werden. Definieren Sie eine Klasse `JFramemitUIDefaultsSetzen`, von `JFrame` abgeleitet, welche neue Werte für alle Komponenten vom Typ der Klasse `JButton` für deren `foreground`-, `background`- und `focus`-Eigenschaft setzt. Rufen Sie dafür die Methode `put()` an der `UIDefaults`-Instanz auf, die von der Methode `getDefaults()` der Klasse `UIManager` geliefert wird. Definieren Sie ein eindimensionales Array von `JButton`-Komponenten und fügen Sie diese, nach dem Durchführen der Änderungen in der UIDefaults-Tabelle, zu einer Fensterkomponente vom Typ der Klasse hinzu.

Java-Dateien: `JFramemitUIDefaultsSetzen.java`
Programmaufruf: `java JFramemitUIDefaultsSetzen`

Aufgabe 6.18 ☆☆☆

Setzen des UI-Delegationsobjektes mit der Methode put() der UIManager-Klasse

Definieren Sie eine Klasse `BenutzerBorder`, die von der abstrakten Klasse `AbstractBorder` abgeleitet wird und im Konstruktor die Breite des oberen, linken, rechten und unteren Randes für ihre Kompponenten als `int`-Werte übergeben bekommt. Erzeugen Sie mit diesen Werten ein `Insets`-Objekt und überschreiben Sie die Methode `paintBorder()` der Oberklasse, um einen benutzerdefinierten Rand zu zeichnen, der aus Rechtecken besteht, die sich in der oberen rechten und unteren linken Ecke der Komponente überschneiden. Nutzen Sie für die Beschreibung von Länge und Breite der Rechtecke die Felder `top`, `bottom`, `left` und `right` der Klasse Insets, über welche wegen uneingeschränktem Zugriff verfügt werden kann.

Die UI-Delegationsklasse BenutzerButtonUI wird von der Klasse MetalButtonUI abgeleitet und setzt einen benutzerdefinierten Rand vom Typ der Klasse BenutzerBorder für JButton-Komponenten.

In der von JFrame abgeleiteten Klasse JFramemitBenutzerButtonUI wird den JButton-Komponenten ein benutzerdefinierter UI-Delegate zugeordnet, indem der zugehörige Eintrag für diese Komponenten aus der UIDefaults-Tabelle mit Hilfe der put()-Methode der Klasse UIManager überschrieben wird. Erzeugen Sie im Konstruktor der Klasse eine Instanz vom Typ JButton und fügen Sie diese zum aktuellen Objekt der Klasse hinzu. Setzen Sie an Stelle des Standard-Layout-Managers BorderLayout einen Layout-Manager vom Typ FlowLayout für die ContentPane des Fensters.

Hinweise für die Programmierung:

Weil bei einer Zuordnung der UI-Delegationsklasse mit der Methode put() kein Objekt von dieser Klasse gebildet wird, wird diese beim Compilieren der Klasse JFramemitBenutzerButtonUI ignoriert und muss einzeln übersetzt werden.

Java-Dateien: BenutzerBorder.java, BenutzerButtonUI.java, JFramemitBenutzerButtonUI.java
Programmaufrufe: javac BenutzerButtonUI.java, javac JFramemitBenutzerButtonUI.java und java JFramemitBenutzerButtonUI

6.8 Standard-LookAndFeel-Komponenten

Swing-Komponenten unterstützen auswechselbare LookandFeels. Um ein neues LookandFeel zu setzen, wird die Methode setLookAndFeel() der Klasse UIManager aufgerufen. Dieser wird als Argument der Klassennamen eines von Java definierten oder eines benutzerdefinierten LookAndFeels übergeben:

- Ocean, der neue Standard in der Version 5.0, der eine Überarbeitung des MetalLookAndFeel älterer Versionen ist
- Motif
- Windows
- Synth (benutzerdefiniertes LookAndFeel)

Die Methode setLookAndFeel() der UIManager-Klasse kann mehrere Exceptions auslösen, die abgefangen oder weitergereicht werden müssen.

Alle verfügbaren LookAndFeels können mit der Methode getInstalledLookAndFeels() der Klasse UIManager gelesen werden, das plattformunabhängige Java-LookAndFeel mit getCrossPlatformLookAndFeelClassName() und das LookAndFeel des Systems, unter dem die Java-Applikation ausgeführt wird, mit getSystemLookAndFeelClassName().

Aufgabe 6.19 ☆☆☆

LookAndFeel-spezifische Wiedergabe von Komponenten

Die Klasse `IconButton` aus der Aufgabe 6.5 ändert das Erscheinungsbild eines Buttons, indem sie runde Konturen und runde Oberflächen für ihre Komponenten zeichnet. Die so erzeugten Buttons reagieren nach wie vor auf ihrer gesamten eckigen Oberfläche auf Mausbewegungen. Leiten Sie eine Klasse `MyButton` von `JButton` ab, die einen runden Button malt und die Methode `contains()` der Klasse `JComponent` überschreibt, um nur auf das Anklicken innerhalb des runden Bereiches des Buttons zu reagieren.

Bilden Sie immer wenn eine Komponente der Klasse zum ersten mal erzeugt wird oder ihre Größe ändert, eine `Arc2D.Float`-Instanz mit den neuen Dimensionen und weisen Sie deren Referenz zu einer von Ihnen definierten globalen `Shape`-Referenz mit dem Namen `button` zu.

Definieren Sie eine eigene UI-Delegationsklasse für die Klasse `MyButton` mit dem Namen `MyButtonUI`, die dazu beiträgt, dass bei einer Wiedergabe von Komponenten deren Beschriftung und Rand ihre Farbe bei unterschiedlichen Aktionen mit der Maus wechseln und gleichzeitig unterschiedliche Typen von Standard-Border anzeigt werden.

In ihrer `installUI()`-Methode können die Instanzfelder der Klasse mit Eigenschaften initialisiert werden, die für einen Standard-Button in der UIDefaults-Tabelle definiert sind, um vom Programm aus LookAndFeel-spezifisch gesetzt zu werden. Gleichzeitig können hier Mouse- und Key-Listener registriert werden, um eine gewünschte Funktionalität für Komponenten zu erreichen. Lesen Sie mit Hilfe der `getColor()`-Methode der `UIManager`-Klasse die Einträge für die Eigenschaften `Button.darkShadow` und `Button.Shadow` aus der UIDefaults-Tabelle und setzen Sie diese bei einem Anklicken mit der Maus als `foreground`-Eigenschaft für Komponenten. Über eine Ausgabe am Bildschirm kann festgestellt werden, dass diese Werte sich dem ausgewählten LookAndFeel anpassen. Zeichnen Sie in der `paint()`-Methode dieser Klasse ein grünes Oval auf die Oberfläche der Komponente und setzen Sie darüber deren Beschriftung, die ursprünglich von diesem Oval verdeckt wird, aber mit der Methode `getText()` der Klasse `AbstractButton` zurück gewonnen werden kann.

Die Klasse `JFramemitMyButtonUI` erweitert die Klasse `JFrame` und fügt zu ihrer aktuellen Instanz eine Standard-`JButton`-Komponente hinzu, deren UI-Delegationsklasse standardmäßig `MetalButtonUI` ist, und eine benutzerdefinierte `MyButton`-Komponente, die ein eigenes UI-Delegationsobjekt vom Typ der Klasse `MyButtonUI` zugeordnet bekommt. Durch das Setzen von unterschiedlichen LookAndFeels soll demonstriert werden, dass die aus der UIDefaults-Tabelle eingelesenen Werte für das Setzen der `foreground`-Eigenschaft der benutzerdefinierten `JButton`-Komponente »look and feel«-spezifisch sind.

Die Methode `setLookAndFeel()` kann mehrere `Exceptions` auslösen, auf welche der Programmierer, um einen Programmabbruch zu verhindern, reagieren muss.

Java-Dateien: `MyButton.java`, `MyButtonUI.java`, `JFramemitMyButtonUI.java`
Programmaufruf: `java JFramemitMyButtonUI`

Aufgabe 6.20

☆☆☆

Wechseln zwischen allen installierten LookandFeel-Komponenten

In den Aufgaben 6.5, 6.11 und 6.16 wurden Instanzen der Java-Standard-Klasse `ImageIcon` erzeugt, die die Schnittstelle `Icon` implementiert, um Icons mit Hilfe von Bildern zu zeichnen. Definieren Sie zwei eigene Klassen `FontIcon` und `ColorIcon`, welche die Schnittstelle `Icon` implementieren und benutzerdefinierte `Icon`-Komponenten zeichnen.

Die Klasse `FontIcon` soll die Schnittstelle `Icon` implementieren, um mit der im Konstruktor übergebenen Schrift und mit dem parallel dazu übergebenen String ein mit der Größe 96x16 definiertes Icon zu beschriften.

Die Klasse `ColorIcon` soll die Schnittstelle `Icon` implementieren, um mit der im Konstruktor übergebenen Farbe ein Rechteck in der Größe 56x16 und in der angegebenen Farbe als Icon zu zeichnen.

Eine weitere Klasse `JFramemitLookAndFeelAuswahl` wird von `JFrame` abgeleitet und soll beim Erzeugen einer Instanz der Klasse alle zu ihr hinzugefügten Komponenten mit jedem installierten LookAndFeel anzeigen. Die Klasse liest alle verfügbaren LookAndFeels, beschriftet eine Gruppe von RadioButtons mit deren Namen und setzt bei einer bestimmten RadioButton-Auswahl das entsprechende LookAndFeel für alle Komponenten.

Fügen Sie einem so erzeugten Fenster benutzerdefinierte Komponenten vom Typ der Klassen `FontIcon` und `ColorIcon` sowie beliebige Java-Standard-Komponenten Ihrer Wahl hinzu.

Java-Dateien: `FontIcon.java`, `ColorIcon`, `JFramemitLookAndFeelAuswahl.java`
Programmaufruf: `java JFramemitLookAndFeelAuswahl`

6.9 Das Erweitern der LookandFeel-Klasse

Benutzerdefinierte `LookAndFeel`-Komponenten können als Instanzen von erweiterten Java-Standard-`LookAndFeel`-Klassen erzeugt werden.

Aufgabe 6.21

☆☆☆

Benutzerdefinierte LookAndFeel-Komponenten

Definieren Sie mit der Klasse `MyStdButtonUI` eine von `MetalButtonUI` abgeleitete UI-Delegationsklasse, die für `JButton`-Komponenten rund um deren Beschriftung ein Oval in der über den Eintrag »Button.shadow" der UIDefaults-Tabelle definierten Farbe zeichnet und über eine benutzerdefinierte LookAndFeel-Komponente allen JButton-Komponenten an Stelle der Klasse ButtonUI zugeordnet wird.

Für das Setzen eines benutzerdefinierten LookAndFeels wird eine von der Java-Standard-Klasse BasicLookAndFeel abgeleitete Klasse MyLookAndFeel definiert. Prüfen Sie anhand der Methode initClassDefaults() der Klasse BasicLookAndFeel und der Methode put() der Klasse UIDefaults die verschiedenen Arten, auf welche UI-Delegationsklassen zu ihren Komponentenklassen zugeordnet werden können, und ordnen Sie allen JButton-Komponenten an Stelle von ButtonUI die UI-Delegationsklasse MyStdButtonUI zu. Überschreiben Sie die Methode initComponentDefaults() der Klasse LookAndFeel, um neue Komponenteneigenschaften zu definieren. Farben und Schriftarten sind als Objekte von Klassen zu definieren, die das Interface UIResource implementieren. Ändern Sie die von Standard-UI-Delegationsklassen definierten Voreinstellungen für Ressourcen in der UIDefaults-Tabelle, indem Sie mit Hilfe der Methode putDefaults() der UIDefaults-Klasse für JSlider- und JButton-Objekte einen neuen Rand und neue Farben für die foreground- und background-Eigenschaften setzen. Setzen Sie für JButton-Komponenten einen Rand vom Typ der in der Aufgabe 6.13 definerten Klasse CustomBorder und für JSlider-Komponenten einen Rand vom Typ der Java-Standard-Klasse BorderUIResource.LineBorderUIResource.

Definieren Sie eine Klasse JFramemitLookAndFeelundStdButtonUI, welche die Klasse JPanel erweitert. Sie liest den Namen des Java-Standard-LookAndFeel und bietet die Möglichkeit, über eine ButtonGroup von JRadioButton-Komponenten zwischen dem Standard-LookandFeel und dem benutzerdefinierten LookAndFeel vom Typ MyLookAndFeel zu wechseln. Sie definiert für ihre Instanzen eine weitere Kindkomponente vom Typ JButton. Erzeugen Sie in der main()-Methode der Klasse eine JFrame-Komponente und fügen Sie zu ihr Komponenten vom Typ der eigenen Klasse und der Klassen JSlider und JComboBox hinzu.

Java-Dateien: CustomBorder.java, MyStdButtonUI.java, MyLookAndFeel.java, JFramemitLookAndFeelundStdButtonUI.java
Programmaufrufe: javac MyStdButtonUI.java, javac MyLookAndFeel.java, javac JFramemitLookAndFeelundStdButtonUI.java, java JFramemitLookandFeelundStdButtonUI

Aufgabe 6.22 ☆☆☆

Das Zusammenspiel zwischen den drei MVC-Komponenten Model, Viewer und Controller

Um das Zusammenspiel zwischen den drei MVC-Komponenten Model, Viewer und Controller unter Java noch einmal zu demonstrieren, werden die Klassen: CustomField, CustomFieldUI und CustomFieldLookAndFeel erstellt, die eine benutzerdefinierte JTextField-Komponente, einen benutzerdefinierten UI-Delegate und ein benutzerdefiniertes LookAndFeel definieren. Eine weitere Klasse

`JFramemitLookAndFeelundTextFieldUI` definiert zwei Standard-Textfelder und zwei vom Typ der Klasse `CustomField` und setzt für je eines davon ein benutzerdefiniertes Modell vom Typ der in der Aufgabe 6.5 definierten Klasse `GrossBuchstaben`.

Für benutzerdefinierte Textfelder soll in deren UI-Delegationsklasse `CustomFieldUI` ein benutzerdefinierter Cursor vom Typ der in der Aufgabe 6.15 definierten Klasse `CustomCaret` gesetzt werden.

Die Klasse `CustomField` soll ein viereckig abgerundetes Textfeld durch das Überschreiben der Methoden `paintComponent()` und `paintBorder()` zeichnen und das UI-Delegationsobjekt daran hindern, den Hintergrund ihrer Komponenten zu malen.

Die Objekte der UI-Delegationsklasse werden über die Methode `setUI()` einem Standard- und einem benutzerdefinierten Textfeld zugewiesen.

Die erweiterte `LookAndFeel`-Klasse `CustomFieldLookAndFeel` definiert neue Einträge für Komponenteneigenschaften in der UIDefaults-Tabelle, welche in der UI-Delegationsklasse abgefragt werden.

Hinweise für die Programmierung:

Die Methode `paint()` kann in der Klasse `CustomFieldUI` nicht überschrieben werden, da sie in der Oberklasse `BasicTextFieldUI` als `final` definiert ist und somit nicht änderbar ist.

Java-Dateien: `CustomField.java`, `GrossBuchstaben.java`, `CustomFieldUI.java`, `CustomFieldLookAndFeel.java`, `CustomCaret.java`, `JFramemitLookandFeelundTextFieldUI.java`
Programmaufrufe: `javac CustomFieldUI.java`, `javac CustomFieldLookAndFeel.java`, `javac JFramemitLookAndFeelundTextFieldUI.java`, `java JFramemitLookAndFeelundTextFieldUI`

6.10 Lösungen

Lösung 6.1

Die Klasse JFramemitDefaultComboBoxModel

```
import java.awt.*;
import java.awt.event.*;
import javax.swing.*;
public class JFramemitDefaultComboBoxModel extends JFrame
                              implements ActionListener {
  private JButton button1 = new JButton("Anfuegen");
  private String [] data = {"j", "a", "v", "a"};
// Ein Modell vom Typ DefaultComboBoxModel, welches die Daten aus
// dem Array data speichert, erzeugen
```

```
  private DefaultComboBoxModel defaultModel = new
          DefaultComboBoxModel(data);
// Die Modell-Instanz im Konstruktoraufruf der Viewer-Komponente
// vom Typ JComboBox als Referenz übergeben
  private JComboBox comboBox = new JComboBox(defaultModel);
// Eine AWT-Komponente vom Typ List erzeugen
  private List liste = new List();
// Konstruktordefinition
  public JFramemitDefaultComboBoxModel() {
    super("AWT-List- und JComboBox-Komponenten");
    setBounds(20,20,200,175);
// Die Einträge für die Liste müssen einzeln über die add()-
// Methode der Klasse vorgenommen werden
    liste.add("J");
    liste.add("A");
    liste.add("V");
    liste.add("A");
    JPanel c = (JPanel)getContentPane();
    c.setLayout(new FlowLayout());
    setDefaultCloseOperation(JFrame.EXIT_ON_CLOSE);
    button1.addActionListener(this);
// Die Komponenten zum Fenster hinzufügen
    c.add(comboBox);
    c.add(liste);
    c.add(button1);
  }
// Die Methoden des ActionListener registrieren
  public void actionPerformed(ActionEvent e) {
// Bei einer Betätigung des Buttons werden neue Daten beiden
// Komponenten hinzugefügt
// Der ComboBox über ihr Modell
    defaultModel.addElement("!");
// und der Liste mit Hilfe ihrer add()-Methode
    liste.add("?");
  }
// Objekt der Klasse erzeugen
  public static void main (String args[]) {
    JFramemitDefaultComboBoxModel frame =
      new JFramemitDefaultComboBoxModel();
    frame.setVisible(true);


  }
}
```

Programmausgaben

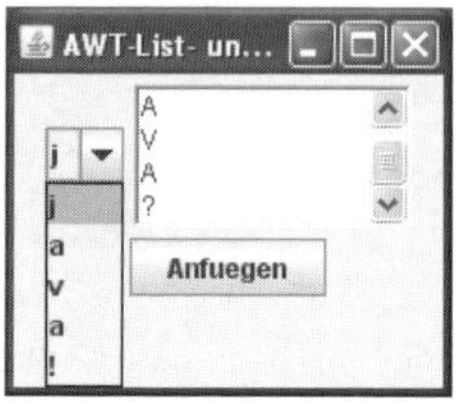

Lösung 6.2

Die Klasse UserComboBoxModelohneEventBehandlung

```
import javax.swing.*;
import javax.swing.event.*;
import java.awt.List;
public class UserComboBoxModelohneEventBehandlung
                                        implements ComboBoxModel {
   private List list;
   private EventListenerList listenerList =
     new EventListenerList();
   private Object objekt;
// Konstruktordefinition
   public UserComboBoxModelohneEventBehandlung(List list) {
      this.list = list;
   }
// Die Methoden der Schnittstelle ListModel implementieren
   public int getSize() {
      return list.getItemCount();
   }
// Das Element der List-Instanz mit dem spezifizierten Index
// wird zurückgegeben
   public Object getElementAt(int index) {
      return list.getItem(index);
   }
// Die Methoden der Schnittstelle ComboBoxModel zum Selektieren
// und Deselektieren von Einträgen implementieren
   public Object getSelectedItem() {
      return objekt;
   }
   public void setSelectedItem(Object objekt) {
      this.objekt = objekt;
   }
// Die Methoden der Schnittstelle ListModel zum Registrieren und
// Deregistrieren von ListDataListener-Instanzen implementieren
   public ListDataListener [] getListDataListeners() {
      return (ListDataListener [])
```

```
        listenerList.getListeners(ListDataListener.class);
    }
    public void addListDataListener(ListDataListener l) {
      listenerList.add(ListDataListener.class,l);
    }
    public void removeListDataListener(ListDataListener l) {
      listenerList.remove(ListDataListener.class,l);
    }
// Methoden zur Manipulation der Modelldaten mit Hilfe von
// Methoden der Klasse List definieren
    public void add(String str) {
      list.add(str);
    }
    public void addElement(String str, int index) {
      list.add(str,index);
    }
    public void remove(String str) {
      list.remove(str);
    }
    public String toString() {
      return (java.util.Arrays.asList(
        list.getItems()).toString());
    }
}
```

Die Klasse UserComboBoxModelohneEventBehandlungTest

```
import java.awt.*;
public class UserComboBoxModelohneEventBehandlungTest {
  public static void main(String args[]) {
// Objekt der Klasse UserComboBoxModelohneEventBehandlung
// erzeugen
    UserComboBoxModelohneEventBehandlung userModel =
      new UserComboBoxModelohneEventBehandlung(new List());
// Im Modell Daten hinzufügen und löschen
    userModel.add("J");
    userModel.add("A");
    userModel.add("V");
    userModel.add("A");
    userModel.add("!");
// Die Methode toString()der Klasse
// UserComboBoxModelohneEventBehandlung wird für die Ausgabe der
// Modelldaten automatisch aufgerufen
    System.out.println(userModel);
    userModel.addElement("6.0",4);
    System.out.println(userModel);
    userModel.remove("6.0");
    System.out.println(userModel);
```

```
  }
}
```

Programmausgaben

```
[J, A, V, A, !]
[J, A, V, A, 6.0, !]
[J, A, V, A, !]
```

Lösung 6.3

Die Klasse UserComboBoxModel

```
import java.awt.List;
import javax.swing.*;
import javax.swing.event.*;
public class UserComboBoxModel implements ComboBoxModel {
  private List list;
  private EventListenerList listenerList =
    new EventListenerList();
  private Object objekt;
// Konstruktordefinition
  public UserComboBoxModel(List list) {
    this.list = list;
  }
// Die Methoden der Schnittstelle ListModel implementieren
  public int getSize() {
    return list.getItemCount();
  }
// Das Element der List-Instanz mit dem spezifizierten Index wird
// zurückgegeben
  public Object getElementAt(int index) {
    return list.getItem(index);
  }
// Die Methoden der Schnittstelle ComboBoxModel zum Selektieren
// und Deselektieren von Einträgen implementieren
  public Object getSelectedItem() {
    return objekt;
  }
  public void setSelectedItem(Object objekt) {
    this.objekt = objekt;
  }
// Die Methoden der Schnittstelle ListModel zum Registrieren und
// Deregistrieren von ListDataListener-Objekte implementieren
  public ListDataListener [] getListDataListeners() {
    return (ListDataListener [])listenerList.
      getListeners(ListDataListener.class);
  }
  public void addListDataListener(ListDataListener l) {
```

```
    listenerList.add(ListDataListener.class,l);
  }
  public void removeListDataListener(ListDataListener l) {
    listenerList.remove(ListDataListener.class,l);
  }
  public String toString() {
    return (java.util.Arrays.asList(list.getItems()).
      toString());
  }
// Eine zweite Art von Methoden dient der Manipulation von
// Modelldaten und der Benachrichtigung des ListDataListener
// über die durchgeführten Operationen
  public void add(String str) {
    int index = list.getItemCount();
    list.add(str);
    fireIntervalAdded(this, index, index);
  }
  public void addElement(String str, int index) {
    list.add(str,index);
    fireContentsChanged(this, index, index);
  }
  public void remove(String str) {
    int index = list.getItemCount();
    fireIntervalRemoved(this, index, index);
    list.remove(str);
  }
// Die Methoden, über welche die ListDataListener-Instanzen
// benachrichtigt werden sollen, definieren
  public void fireIntervalAdded(Object source, int index1,
                                int index2) {
    ListDataEvent event = new ListDataEvent(
      source, ListDataEvent.INTERVAL_ADDED, index1, index2);
    ListDataListener[] listeners = getListDataListeners();
    for(int i=listeners.length-1; i>=0; i--) {
      listeners[i].intervalAdded(event);
    }
  }
  public void fireContentsChanged(Object source, int index1,
                                  int index2) {
    ListDataEvent event = new ListDataEvent(
      source, ListDataEvent.INTERVAL_ADDED, index1, index2);
    ListDataListener[] listeners = getListDataListeners();
    for(int i=listeners.length-1; i>=0; i--) {
      listeners[i].contentsChanged(event);
    }
  }
  public void fireIntervalRemoved(Object source, int index1,
```

```
                                    int index2) {
    ListDataEvent event = new ListDataEvent(
      source, ListDataEvent.INTERVAL_ADDED, index1, index2);
    ListDataListener[] listeners = getListDataListeners();
    for(int i=listeners.length-1; i>=0; i--) {
      listeners[i].intervalRemoved(event);
    }
  }
}
```

Die Klasse UserComboBoxModelTest

```
import java.awt.List;
import javax.swing.event.*;
public class UserComboBoxModelTest implements ListDataListener {
  static UserComboBoxModel userModel;
// Konstruktordefinition
  public UserComboBoxModelTest() {
    userModel = new UserComboBoxModel(new List());
// Den ListDataListener für das benutzerdefinierte Modell
// registrieren
    userModel.addListDataListener(this);
  }
// Die Methoden des Interface ListDataListener implementieren
  public void intervalAdded(ListDataEvent e) {
    System.out.println("Hinzufuegen: " + e);
  }
  public void intervalRemoved(ListDataEvent e) {
    System.out.println("Loeschen: " + e);
  }
  public void contentsChanged(ListDataEvent e) {
    System.out.println("Aendern: " + e);
  }
  public static void main(String args[]) {
// Objekt der Klasse erzeugen
    UserComboBoxModelTest testuserModel =
      new UserComboBoxModelTest();
// Im Modell Daten hinzufügen und löschen
    userModel.add("J");
    userModel.add("A");
    userModel.add("V");
    userModel.add("A");
    userModel.add("!");
// Die Methode toString() der Klasse UserComboBoxModel
// wird für die Ausgabe der Modelldaten automatisch aufgerufen
    System.out.println(userModel);
```

```
      userModel.addElement("6.0",4);
      System.out.println(userModel);
      userModel.remove("!");
      System.out.println(userModel);
   }
}
```

Programmausgaben

```
Hinzufuegen: javax.swing.event.ListDataEvent[type = 1, index0 = 0, index1 = 0]
...
[J, A, V, A, !]
Aendern: javax.swing.event.ListDataEvent[type = 1, index0 = 4, index1 = 4]
[J, A, V, A, 6.0, !]
Löschen: javax.swing.event.ListDataEvent[type = 1, index0 = 6, index1 = 6]
[J, A, V, A, 6.0]
```

Lösung 6.4

Die Klasse JFramemitUserComboBoxModel

```
import java.awt.*;
import java.awt.event.*;
import javax.swing.*;
import javax.swing.event.*;
public class JFramemitUserComboBoxModel extends JFrame
               implements ListDataListener, ActionListener {
   private JButton button1 = new JButton("Anfuegen");
   private String [] data = {"j", "a", "v", "a"};
   private JComboBox comboBox1 = new JComboBox(data);
   private JComboBox comboBox = new JComboBox();
   private UserComboBoxModel userModel;
// Konstruktordefinition
   public JFramemitUserComboBoxModel() {
      super("Model-Klassen und Model-Interfaces");
      setBounds(20,20,100,100);
      JPanel c = (JPanel)getContentPane();
      c.setLayout(new FlowLayout());
      setDefaultCloseOperation(JFrame.EXIT_ON_CLOSE);
// Im Konstruktor der Klasse UserComboBoxModel wird eine
// Referenz vom Typ der AWT-Klasse List übergeben
      userModel = new UserComboBoxModel(new List());
// Den ListDataListener für das benutzerdefinierte Modell
// registrieren
      userModel.addListDataListener(this);
// Im Modell Daten hinzufügen und loeschen
      userModel.add("J");
```

```
    userModel.add("A");
    userModel.add("V");
    userModel.add("A");
    userModel.add("!");
    System.out.println(userModel);
    userModel.addElement("6.0",4);
    System.out.println(userModel);
// Den ListDataListner deregistrieren, die nachfolgenden
// Änderungen im Modell werden nicht mehr gemeldet
    userModel.removeListDataListener(this);
    userModel.remove("!");
    System.out.println(userModel);
// Das Modell userModel für die JComboBox-Komponente setzen
    userModel.setSelectedItem("6.0");
    comboBox.setModel(userModel);
    button1.addActionListener(this);
// Die Komponenten zum Fenster hinzufügen
    c.add(comboBox1);
    c.add(comboBox);
    c.add(button1);
  }
// Die Methoden der Event-Listener registieren
  public void actionPerformed(ActionEvent e) {
// Bei einer Betätigung des Buttons werden neue Daten im Modell
// eingetragen
    userModel.add("!");
    userModel.setSelectedItem("!");
    System.out.println(userModel);
  }
  public void intervalAdded(ListDataEvent e) {
    System.out.println("Hinzufuegen: " + e);
  }
  public void intervalRemoved(ListDataEvent e) {
    System.out.println("Loeschen: " + e);
  }
  public void contentsChanged(ListDataEvent e) {
    System.out.println("Aendern: " + e);
  }
// Objekt der Klasse erzeugen
  public static void main (String args[]) {
    JFramemitUserComboBoxModel frame =
      new JFramemitUserComboBoxModel();
    frame.setVisible(true);
  }
}
```

Programmausgaben

```
Hinzufuegen: javax.swing.event.ListDataEvent[type = 1, index0 = 0, index1 = 0]
...
[J, A, V, A, !]
Aendern: javax.swing.event.ListDataEvent[type = 1, index0 = 4, index1 = 4]
[J, A, V, A, 6.0, !]
[J, A, V, A, 6.0]
[J, A, V, A, 6.0, !]
...
```

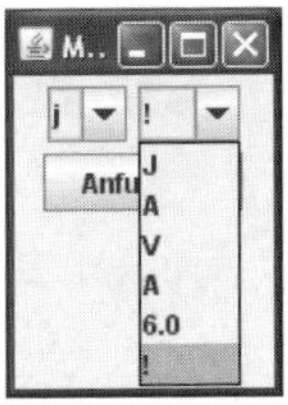

Lösung 6.5

Die Klasse GrossBuchstaben

```
import javax.swing.text.*;
public class GrossBuchstaben extends PlainDocument {
// Die Methode insertString() überschreiben
  public void insertString(int offs, String str, AttributeSet a)
                                 throws BadLocationException {
    if(str == null)
      return;
    super.insertString(offs, new String(str.toUpperCase()), a);
  }
}
```

Die Klasse IconButton

```
import java.awt.*;
import javax.swing.*;
public class IconButton extends JButton {
  private ImageIcon icon1 = new ImageIcon("HEARTS.GIF");
  private Image   bild1 = icon1.getImage();
  private ImageIcon icon2 = new ImageIcon("CLUBS.GIF");
  private Image   bild2 = icon2.getImage();
// Konstruktordefinition
  public IconButton(String s) {
    super(s);
    setContentAreaFilled(false);
  }
```

```
// Ein Bild auf den Button zeichnen
   protected void paintComponent(Graphics g) {
      if(getModel().isArmed()){
         g.drawImage(bild1, getSize().width-50,
           getSize().height/6, this);
      }
      else {
         g.drawImage(bild2, getSize().width-50,
           getSize().height/6, this);
      }
// Label und Focus-Rectangle für die Komponente zeichnen
         super.paintComponent(g);
     }
// Runde Konturen um das Bild malen
   protected void paintBorder(Graphics g) {
      g.setColor(getForeground());
      g.drawOval(getSize().width-50,getSize().height/6,20,20);
   }
}
```

Die Klasse JFramemitUserModell

```
import java.awt.*;
import java.awt.event.*;
import javax.swing.*;
import javax.swing.text.*;
public class JFramemitUserModell extends JFrame
                               implements ActionListener {
   private IconButton[] b = new IconButton[3];
   private JTextField[] t = new JTextField[3];
   private JTextArea tArea = new JTextArea();
   private JEditorPane ePane = new JEditorPane();
// Konstruktordefinition
   public JFramemitUserModell() {
      super("Model-Klassen und Model-Interfaces");
      setBounds(20,20,200,225);
      getContentPane().setLayout(new GridLayout(8,1));
      setDefaultCloseOperation(JFrame.EXIT_ON_CLOSE);
      for(int i=0; i<3; i++) {
         b[i] = new IconButton("Button"+(i+1));
         b[i].addActionListener(this);
         t[i] = new JTextField();
      }
// Setzen eines Modells vom Typ der Moddellklasse GrossBuchstaben
// für die erste JTextField- und die JEditorPane-Komponente
      t[0].setDocument(new GrossBuchstaben());
```

```
      ePane.setDocument(new GrossBuchstaben());
      getContentPane().add(tArea);
      getContentPane().add(ePane);
// Das Modell von "Button1" wird ermittelt und "Button2"
// zugewiesen; so wird bei der Betätigung eines der Buttons auch
// der andere automatisch gedrückt
      ButtonModel model = b[0].getModel();
      b[1].setModel(model);
      for(int i=0; i<3; i++) {
         getContentPane().add(b[i], null);
      }
// Das Modell vom 1.Textfeld wird ermittelt und dem 2.Textfeld
// zugewiesen; damit werden auch seine Inhalte in
// Grossbuchstaben geschrieben
      Document modell = t[0].getDocument();
      t[1].setDocument(modell);
      t[1].setBackground(Color.pink);
      tArea.setBackground(Color.pink);
// Die Komponenten zum Fenster hinzufügen
      getContentPane().add(tArea);
      getContentPane().add(ePane);
      for(int i=0; i<3; i++) {
         getContentPane().add(b[i], null);
      }
      for(int i=0; i<3; i++) {
         getContentPane().add(t[i], null);
      }
      for(int i=0; i<3; i++) {
         getContentPane().add(t[i], null);
      }
   }
// Eine Nachricht in die 3. JTextField- und in die JEditorPane-
// Komponente schreiben
   public void actionPerformed(ActionEvent e) {
      if(e.getActionCommand().equals("Button1"))
         t[2].setText(e.getActionCommand()+ " betätigt");
      else
         ePane.setText(e.getActionCommand()+ " betätigt");
   }
// Objekt der Klasse erzeugen
   public static void main(String[] args) {
      JFramemitUserModell frame = new JFramemitUserModell();
      frame.setVisible(true);
   }
}
```

Programmausgaben

Hinweise zum Lösungsvorschlag

Die von der Modellklasse definierten Zustände für eine Komponente, wie z.B. welche Werte das Drücken und Loslassen eines Buttons belegen oder die Art und Struktur der Daten in einem Textfeld, werden beim Setzen eines Modelltyps übernommen und nicht eine im nachhinein abgeänderte Farbe, da diese nicht den Zustand der Komponenten beschreibt, sondern zu deren Visualisierung beiträgt.

Lösung 6.6

Die Klasse JFramemitJTree

```
import javax.swing.tree.*;
import javax.swing.*;
import java.util.*;
public class JFramemitJTree extends JFrame {
   private JTree tree;
   private DefaultMutableTreeNode gliederung, stufe1, stufe2,
     stufe3;
// Konstruktordefinition
   public JFramemitJTree() {
      super("Definition einer Baumstruktur");
      setBounds(20,20,200,200);
      setDefaultCloseOperation(JFrame.EXIT_ON_CLOSE);
// Wurzel, Knoten und Blätter der Baumstruktur definieren
      gliederung = new DefaultMutableTreeNode("Gliederung");
      for(int i=0; i<2; i++) {
         stufe1 = new DefaultMutableTreeNode(" " + (i+1));
         gliederung.add(stufe1);
         for(int j=0; j<2; j++) {
            stufe2 = new DefaultMutableTreeNode(" "
              + (i+1) + (j+1));
            stufe1.add(stufe2);
            for(int k=0; k<3; k++) {
               stufe3 = new DefaultMutableTreeNode(" "
                 + (i+1) + (j+1) + (k+1));
```

```
            stufe2.add(stufe3);
          }
        }
      }
// Baumstruktur erzeugen und zu einer ScrollPane hinzufügen
      tree = new JTree(gliederung);
      JScrollPane jsPane = new JScrollPane(tree);
      getContentPane().add(jsPane);
      setVisible(true);
    }
// Objekt der Klasse erzeugen
    public static void main(String[] args) {
      JFramemitJTree frame = new JFramemitJTree();
    }
}
```

Programmausgaben

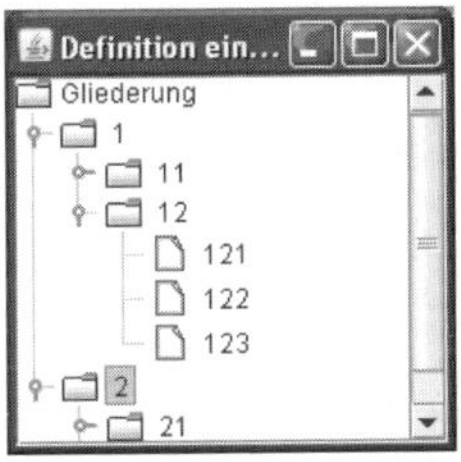

Lösung 6.7

Die Klasse JFramemitDefaultTreeModel

```
import java.awt.*;
import java.awt.event.*;
import javax.swing.tree.*;
import javax.swing.*;
import javax.swing.event.*;
public class JFramemitDefaultTreeModel extends JFrame implements
      ActionListener, TreeModelListener, TreeSelectionListener {
    private JTree tree = new JTree();
    private DefaultTreeModel modell;
    private MutableTreeNode gliederung, stufe1;
    private DefaultMutableTreeNode stufe;
    private JButton[] b = new JButton[2];
    private JPanel p = new JPanel();
    private String [] sButton = {"Hinzufuegen", "Entfernen"};
    private JLabel message = new JLabel("");
// Konstruktordefinition
    public JFramemitDefaultTreeModel() {
```

```
      super("Hinzufügen und Entfernen von Knoten einer "
        + "Baumstruktur");
      setBounds(20,20,250,200);
      setDefaultCloseOperation(JFrame.EXIT_ON_CLOSE);
      Container cPanel = getContentPane();
      cPanel.setLayout(new BorderLayout());
      for(int i=0; i<2; i++) {
        b[i] = new JButton(sButton[i]);
        p.add(b[i]);
        b[i].addActionListener(this);
      }
// Die Wurzel für eine Baumstruktur definieren
      gliederung = new DefaultMutableTreeNode("Gliederung");
// Ein TreeModel, in welchem jeder Knoten Kindkomponenten
// besitzen kann, erzeugen
      modell = new DefaultTreeModel(gliederung);
// Den ersten Knoten erzeugen und zum Modell hinzufügen
      stufe1 = new DefaultMutableTreeNode (" 1");
      modell.insertNodeInto(stufe1, gliederung,
        gliederung.getChildCount());
// Das Modell für die JTree-Komponente setzen und diese zu einer
// JScrollPane-Komponente hinzufügen
      tree.setModel(modell);
      JScrollPane jsPane = new JScrollPane(tree);
// TreeListener für das Modell und
// TreeSelectionListener für die Komponente registrieren
      modell.addTreeModelListener(this);
      tree.addTreeSelectionListener(this);
// Komponenten zum Fenster hinzufügen
      cPanel.add(jsPane, BorderLayout.CENTER);
      cPanel.add(p, BorderLayout.SOUTH);
      cPanel.add(message, BorderLayout.NORTH);
      setVisible(true);
    }
// Die Methoden des TreeModelListener implementieren
    public void treeNodesInserted(TreeModelEvent e) {
      message.setText("Ein neuer Knoten wurde hinzugefügt");
    }
    public void treeNodesChanged(TreeModelEvent e) {};
    public void treeNodesRemoved(TreeModelEvent e) {
      message.setText("Ein Knoten wurde gelöscht");
    }
    public void treeStructureChanged(TreeModelEvent e) {};
// Die Methode des TreeSelectionListener implementieren
    public void valueChanged(TreeSelectionEvent e) {
      System.out.println("Ein Knoten wurde selektiert");
    }
```

```
// Die Methode des ActionListener implementieren
   public void actionPerformed(ActionEvent e) {
// Den ausgewählten Pfad mit der Methode des Interface
// TreeSelectionModel lesen
     TreePath treePath = tree.getSelectionPath();
     if(treePath != null) {
// Ermitteln des selektierten Knoten
       stufe = (DefaultMutableTreeNode)treePath.
        getLastPathComponent();
// Der Button "Hinzufuegen" wurde gedrückt
       if(e.getActionCommand().equals("Hinzufuegen")) {
// Den Namen der ausgewählten und hinzuzufügenden Komponente
// ermitteln
         int n = 0;
         String name = stufe.toString();
// Ist der Knoten kein Blatt, besitzt er Kindkomponenten und
// kann eine weitere Komponente hinzugefügt bekommen
         if(!stufe.isLeaf()) {
           name = stufe.getLastChild().toString();
           String s = name.substring(name.length()-1);
           name = name.substring(0,(name.length()-1));
           n = Integer.parseInt(s.trim());
         }
// ist er ein Blatt, bekommt er eine erste Komponente
// hinzugefügt
         DefaultMutableTreeNode neueStufe =
          new DefaultMutableTreeNode(name+(n+1));
// Änderungen über das Modell mit einer Methode der Klasse
// DefaultTreeModel durchführen
         modell.insertNodeInto(neueStufe, stufe,
          stufe.getChildCount());
// Über die Methoden der Klasse DefaultMutableTreeNode
// durchgeführte Änderungen werden in der JTree-Komponente
// nicht angezeigt
       // stufe.insert(neueStufe, stufe.getChildCount());
// Aktualisieren der Anzeige
         tree.scrollPathToVisible(new TreePath(neueStufe.
          getPath()));
       }
// Der Button "Entfernen" wurde gedrückt
       else {
         if(stufe != gliederung) {
// Pfad der Vaterkomponente für die Anzeige sichern
           TreeNode vorigeStufe =
             stufe.getPreviousNode();
           TreeNode[] pfadName =
           modell.getPathToRoot(vorigeStufe);
```

```
// Knoten Entfernen
              modell.removeNodeFromParent(stufe);
// Aktualisieren der Anzeige
              tree.setSelectionPath(new
                TreePath(pfadName));
            }
          }
        }
    }
// Objekt der Klasse erzeugen
  public static void main(String[] args) {
    JFramemitDefaultTreeModel frame =
      new JFramemitDefaultTreeModel();
  }
}
```

Programmausgaben

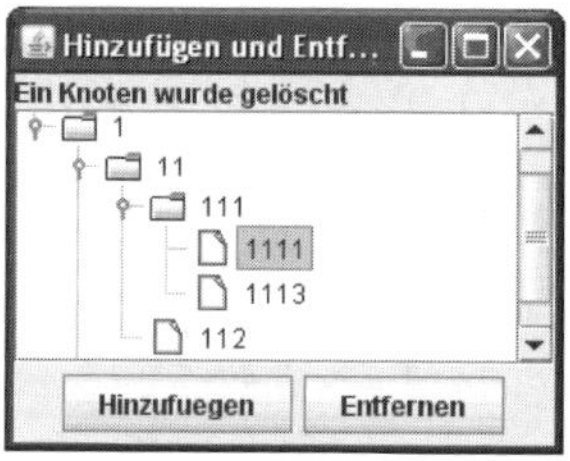


```
Ein Knoten wurde selektiert
...
```

Lösung 6.8

Die Klasse UserDefaultTreeModel

```
import javax.swing.*;
import javax.swing.tree.*;
import javax.swing.event.*;
public class UserDefaultTreeModel extends DefaultTreeModel {
// Definition der Listener für das benutzerdefinierte Modell
  private EventListenerList listenerList =
    new EventListenerList();
// Konstruktordefinition
  public UserDefaultTreeModel(TreeNode treeNode) {
    super(treeNode);
  }
// Methode zum Ermitteln der in einer Liste vom Typ
// ListenerList abgelegten Listener
  public TreeModelListener [] getTreeModelListeners() {
```

```
    return (TreeModelListener [])
      listenerList.getListeners(TreeModelListener.class);
  }
// Die Methoden der Oberklasse überschreiben
  public void fireTreeNodesInserted(Object source,
        Object[] path, int[] childIndices, Object[] children) {
    TreeModelEvent event = new TreeModelEvent(source, path,
      childIndices, children);
    TreeModelListener[] listeners = getTreeModelListeners();
    for(int i=listeners.length-1; i>=0; --i) {
      listeners[i].treeNodesInserted(event);
    }
  }
  public void fireTreeNodesRemoved(Object source, Object[] path,
                    int[] childIndices, Object[] children) {
    TreeModelEvent event = new TreeModelEvent(source, path,
      childIndices, children);
    TreeModelListener[] listeners = getTreeModelListeners();
    for(int i=listeners.length-1; i>=0; --i)
      listeners[i].treeNodesRemoved(event);
  }
  public void addTreeModelListener(TreeModelListener l) {
    listenerList.add(TreeModelListener.class,l);
  }
  public void removeTreeModelListener(TreeModelListener l) {
    listenerList.remove(TreeModelListener.class,l);
  }
}
```

Die Klasse JFramemitUserDefaultTreeModel

```
import java.awt.*;
import java.awt.event.*;
import javax.swing.tree.*;
import javax.swing.*;
import javax.swing.event.*;
public class JFramemitUserDefaultTreeModel extends JFrame
            implements ActionListener, TreeModelListener,
             TreeSelectionListener {
  private JTree tree;
  private UserDefaultTreeModel modell;
  private MutableTreeNode gliederung, stufe1;
  private DefaultMutableTreeNode stufe;
  private JButton[] b = new JButton[2];
  private JPanel p = new JPanel();
  private String [] sButton = {"Hinzufuegen", "Entfernen"};
  private JLabel message = new JLabel("");
```

```
// Konstruktordefinition
   public JFramemitUserDefaultTreeModel () {
      super("Hinzufügen und Entfernen von Knoten einer "
        + "Baumstruktur");
      setBounds(20,20,250,200);
      setDefaultCloseOperation(JFrame.EXIT_ON_CLOSE);
      Container cPanel = getContentPane();
      cPanel.setLayout(new BorderLayout());
      for(int i=0; i<2; i++) {
         b[i] = new JButton(sButton[i]);
         p.add(b[i]);
         b[i].addActionListener(this);
      }
// Die Wurzel für eine Baumstruktur definieren
      gliederung = new DefaultMutableTreeNode("Gliederung");
// Ein TreeModel, in welchem jeder Knoten Kindkomponenten
// besitzen kann, erzeugen
      modell = new UserDefaultTreeModel(gliederung);
// Den ersten Knoten erzeugen und zum Modell hinzufügen
      stufe1 = new DefaultMutableTreeNode (" 1");
      modell.insertNodeInto(stufe1,gliederung,
      gliederung.getChildCount());
// Mit Hilfe des Modells eine JTree-Komponente erzeugen und
// diese zu einer JScrollPane-Komponente hinzufügen
      tree = new JTree(modell);
      JScrollPane jsPane = new JScrollPane(tree);
// Den TreeListener für das Modell und
// den TreeSelectionListener für die Komponente registrieren
      modell.addTreeModelListener(this);
      tree.addTreeSelectionListener(this);
// Die Komponenten zum Fenster hinzufügen
      cPanel.add(jsPane, BorderLayout.CENTER);
      cPanel.add(p, BorderLayout.SOUTH);
      cPanel.add(message, BorderLayout.NORTH);
      setVisible(true);
   }
// Die Methoden des TreeModelListener implementieren
   public void treeNodesInserted(TreeModelEvent e) {
      message.setText("Ein neuer Knoten wurde hinzugefügt");
   }
   public void treeNodesChanged(TreeModelEvent e) {};
   public void treeNodesRemoved(TreeModelEvent e) {
      message.setText("Ein Knoten wurde gelöscht");

   }
```

```
  public void treeStructureChanged(TreeModelEvent e) {};
// Die Methode des TreeSelectionListener implementieren
  public void valueChanged(TreeSelectionEvent e) {
    System.out.println("Ein Knoten wurde selektiert");
  }
// Die Methode des ActionListener implementieren
  public void actionPerformed(ActionEvent e) {
// Den ausgewählten Pfad mit der Methode des Interface
// TreeSelectionModel lesen
    TreePath treePath = tree.getSelectionPath();
    if(treePath != null) {
// Ermitteln des selektierten Knoten
      stufe = (DefaultMutableTreeNode)treePath.
       getLastPathComponent();
// Der Button "Hinzufuegen" wurde gedrückt
      if(e.getActionCommand().equals("Hinzufuegen")) {
// Den Namen der ausgewählten und hinzuzufügenden Komponente
// ermitteln
        int n = 0;
        String name = stufe.toString();
// Ist der Knoten kein Blatt, besitzt er Kindkomponenten und
// kann eine weitere Komponente hinzugefügt bekommen
        if(!stufe.isLeaf()) {
          name = stufe.getLastChild().toString();
          String s = name.substring(name.length()-1);
          name = name.substring(0,(name.length()-1));
          n = Integer.parseInt(s.trim());
        }
// ist er ein Blatt, bekommt er eine erste Komponente hinzugefügt
        DefaultMutableTreeNode neueStufe =
         new DefaultMutableTreeNode(name+(n+1));
// Das Hinzufügen von Knoten über die Methode insert() der Klasse
// DefaultMutableTreeNode durchführen
        stufe.insert(neueStufe, stufe.getChildCount());
// Die Listener des Modells benachrichtigen
        modell.fireTreeNodesInserted(modell,
         modell.getPathToRoot(stufe), new int [] {
          stufe.getChildCount()-1},
           new DefaultMutableTreeNode[] {neueStufe});
// Aktualisieren der Anzeige
        tree.scrollPathToVisible(new
         TreePath(neueStufe.getPath()));
      }
// Der Button "Entfernen" wurde gedrückt
      else {
```

```
          if(stufe != gliederung) {
// Pfad der Vaterkomponente für die Anzeige sichern
            DefaultMutableTreeNode vorigeStufe =
              (DefaultMutableTreeNode)stufe.getParent();
            TreeNode[] pfadName =
              modell.getPathToRoot(vorigeStufe);
// Index des Knoten festhalten
            int index = vorigeStufe.getIndex(stufe);
// Das Entfernen von Knoten über die Methode remove() der Klasse
// DefaultMutableTreeNode durchführen
            vorigeStufe.remove(stufe);
// Die Listener des Modells benachrichtigen
            modell.fireTreeNodesRemoved(modell,
              modell.getPathToRoot(vorigeStufe),
                new int [] {index},
                  new DefaultMutableTreeNode[] {stufe});
// Aktualisieren der Anzeige
            tree.setSelectionPath(new
              TreePath(pfadName));
          }
        }
      }
    }
// Objekt der Klasse erzeugen
    public static void main(String[] args) {
      JFramemitUserDefaultTreeModel frame =
        new JFramemitUserDefaultTreeModel();
    }
}
```

Programmausgaben

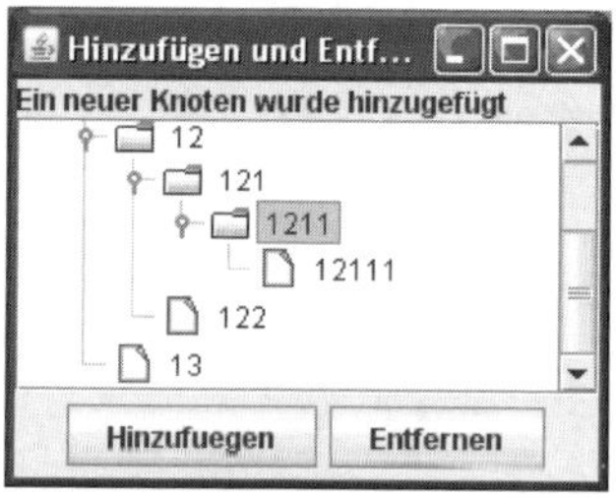


```
Ein Knoten wurde selektiert
...
```

Lösung 6.9

Die Klasse JPanelmitpaint

```
import java.awt.*;
import javax.swing.*;
import javax.swing.plaf.ComponentUI;
public class JPanelmitpaint extends JPanel {
   private static JButton b1 = new JButton();
   private static JLabel l1 = new JLabel("Button1");
   private static JButton b2 = new JButton();
   private static JLabel l2 = new JLabel("Button2");
// Konstruktordefinition
   public JPanelmitpaint() {
      setBackground(Color.green);
      b1.setBackground(Color.yellow);
      b1.add(l1);
      b2.setBackground(Color.cyan);
      b2.add(l2);
      add(b1);
      add(b2);
   }
   protected void paintComponent(Graphics g) {
// Die Oberklasse soll zuerst ihre Inhalte malen, damit der
// Hintergrund für eine Instanz der Klasse vor der Anzeige der
// JButton-Komponenten gesetzt wird
      super.paintComponent(g);
      g.setColor(Color.red);
      g.fillOval(50,40,100,50);
   }
// Ein Fenster erstellen und zu diesem ein Objekt der Klasse
// hinzufügen
   public static void main(String[] args) {
      JFrame frame = new JFrame("Der Standard-UI-Delegate");
      frame.setBounds(10,10,200,130);
      frame.setDefaultCloseOperation(JFrame.EXIT_ON_CLOSE);
      JPanelmitpaint panel = new JPanelmitpaint();
// Das zugewiesene UI-Delegationsobjekt, welches die Komponenten
// trägt, und die Anzahl ihrer Kindkomponenten ermitteln; deren
// Namen anzeigen
      ComponentUI pnlUI = panel.getUI();
      System.out.println(pnlUI.toString() +
        "Anzahl der Kindkomponenten:" +
          pnlUI.getAccessibleChildrenCount(panel));
      ComponentUI btnUI = b1.getUI();
      System.out.println(btnUI.toString() +
        " Anzahl der Kindkomponenten:" +
          btnUI.getAccessibleChildrenCount(b1));
```

```
      frame.add(panel);
      frame.setVisible(true);
   }
}
```

Programmausgaben

```
javax.swing.plaf.basic.BasicPanelUI@... Anzahl der Kindkomponenten:2
javax.swing.plaf.metal.MetalButtonUI@... Anzahl der Kindkomponenten:1
```

Lösung 6.10

Die Klasse JButtonmitZeichnung

```
import java.awt.*;
import javax.swing.*;
public class JButtonmitZeichnung extends JButton {
// Konstruktordefinition
   public JButtonmitZeichnung() {
      super("Button mit Zeichnung");
// Die Farbe für den Hintergrund der Komponente setzen
      setBackground(Color.green);
// Die bevorzugte Größe setzen
      setPreferredSize(new Dimension(175,150));
   }
   protected void paintComponent(Graphics g) {
// Die Oberklasse soll ihre Inhalte zeichnen
      super.paintComponent(g);
// Die Farbe für das Zeichnen setzen
      g.setColor(Color.red);
// Zwei Kreise auf die Komponente zeichnen
      g.fillOval(40,10,40,40);
      g.fillOval(40,100,40,40);
// Wird die Methode der Oberklasse an dieser Stelle aufgerufen,
// erscheint die Beschriftung der JButton-Komponenten, aber
// nicht die selbst gezeichnete Graphik, weil diese mit der
// Hintergrundfarbe überschrieben wird
   // super.paintComponent(g);
   }
   public static void main(String[] args) {
// Fenster erzeugen und zu diesem eine Instanz der Klasse
// hinzufügen
```

```
        JFrame frame = new JFrame("Der Standard-UI-Delegate");
        JButtonmitZeichnung button = new JButtonmitZeichnung();
        frame.add(button);
        frame.pack();
        frame.setDefaultCloseOperation(JFrame.EXIT_ON_CLOSE);
        frame.setVisible(true);
    }
}
```

Programmausgaben

Lösung 6.11

Die Klasse JButtonmitIcon

```
import java.awt.*;
import javax.swing.*;
public class JButtonmitIcon extends JButton {
  private ImageIcon icon = new ImageIcon("Vron.JPG");
  private Image bild = icon.getImage();
// Konstruktordefinition
  public JButtonmitIcon(String s) {
    super(s);
// Das Focus-Rectangle in die untere linke Ecke zeichnen
    setHorizontalAlignment(JButton.SOUTH_EAST);
    setContentAreaFilled(false);
  }
// Die Methoden zum Setzen der Größe von Komponenten
// überschreiben
  public Dimension getPreferredSize() {
    if(icon != null) {
      Insets insets = getInsets();
      return new Dimension(icon.getIconWidth() + insets.left
        + insets.right+225, icon.getIconHeight() + insets.top
        + insets.bottom+225);
    }
    else {
      return new Dimension(100,100);
    }
  }
```

```
   public Dimension getMinimumSize() {
      if(icon != null) {
// Der Button soll nur bis auf die Größe des Icons reduziert
// werden können
         return new Dimension(icon.getIconWidth(),
           icon.getIconHeight());
      }
      else {
         return new Dimension(0,0);
      }
   }
   protected void paintComponent(Graphics g) {
// Das Icon zeichnen
      g.drawImage(bild,0,0,this);
      super.paintComponent(g);
   }
   public static void main(String[] args) {
// Ein Fenster erzeugen und die neue Fensterleiste entsprechend
// dem aktuellen "look and feel" setzen
      JFrame.setDefaultLookAndFeelDecorated(true);
      JFrame frame = new JFrame("Der Standard-UI-Delegate");
      frame.getContentPane().setLayout(new FlowLayout());
      frame.getContentPane().add(new JButtonmitIcon("Vroni"));
      frame.setDefaultCloseOperation(JFrame.EXIT_ON_CLOSE);
      frame.pack();
      frame.setVisible(true);
   }
}
```

Programmausgaben

Hinweise zum Lösungsvorschlag

Weil dieser Button nur das Icon als Oberfläche besitzen soll, muss wie in der Aufgabe 6.5 die `contentAreaFilled`-Eigenschaft auf `false` gesetzt werden.

Die Klasse `JButtonmitIcon` definiert eine `Image`-Instanz mit Hilfe der Datei `Vron.jpg`.

Lösung 6.12

Die Klasse JButtonmitUeberschrift

```
import java.awt.*;
import javax.swing.*;
public class JButtonmitUeberschrift extends JButton {
   private String label;
   private Font lucidaHand = new Font("Lucida HandWriting",
     Font.PLAIN, 16);
// Konstruktordefinition
   public JButtonmitUeberschrift(String label) {
      this.label = label;
      setBackground(Color.pink);
      setContentAreaFilled(false);
      setFont(lucidaHand);
   }
   protected void paintComponent(Graphics g) {
// Die Methode getFocus() aufrufen, um unterschiedliche Farben
// für das Zeichnen zu setzen
      if(((AbstractButton)this).hasFocus()) {
         g.setColor(getBackground().darker());
      }
      else {
          g.setColor(getBackground());
      }
      g.fillOval(0, 0, getSize().width-1, getSize().height-1);
// Schriftmerkmale ermitteln
      FontMetrics fm = getFontMetrics(getFont());
// Die Schriftfarbe auf die Vordergrundfarbe setzen,
// die ungleich der Hintergrundfarbe sein muss.
      g.setColor(getForeground());
      g.drawString(label,getSize().width/2 - fm.stringWidth(
        label)/2, getSize().height /2 + fm.getMaxDescent());
   }
// Die bevorzugte Größe für den Button in Abhängigkeit von der
// Größe der verwendeten Schrift bestimmen
   public Dimension getPreferredSize() {
      Font f = getFont();
      if(f != null) {
         FontMetrics fm = getFontMetrics(getFont());
         int size = Math.max(fm.stringWidth(label)
           + 50,fm.getHeight()+50);
         return new Dimension(size,size);
      }
      else {
         return new Dimension(100,100);
      }
```

```
   }
// Eine minimale Größe für den Button setzen
   public Dimension getMinimumSize() {
      return getPreferredSize();
   }
// Runde Konturen für die Komponente malen
   protected void paintBorder(Graphics g) {
      g.setColor(getBackground().darker().darker());
      g.drawOval(0, 0, getSize().width-1, getSize().height-1);
   }
   public static void main(String[] args) {
// Ein Fenster erzeugen und die neue Fensterleiste entsprechend
// dem aktuellen "look and feel" setzen
      JFrame.setDefaultLookAndFeelDecorated(true);
      JFrame frame = new JFrame("Der Standard-UI-Delegate wird "
        + "nicht aufgerufen");
// Bleibt das Standard-BorderLayout für die JFrame-Komponente
// gesetzt, passt sich die Größe der Komponente der Fenstergröße
// bei Veränderungen an, nicht aber beim FlowLayout
      // frame.getContentPane().setLayout(new FlowLayout());
      frame.getContentPane().add(new JButtonmitUeberschrift(
        "Java 6.0"));
      frame.setDefaultCloseOperation(JFrame.EXIT_ON_CLOSE);
      frame.pack();
      frame.setVisible(true);
   }
}
```

Programmausgaben

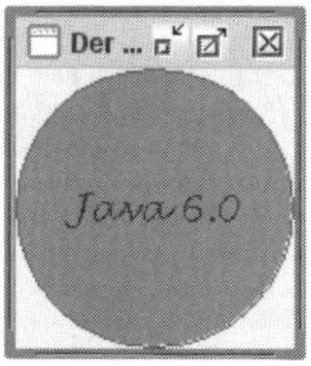

Hinweise zum Lösungsvorschlag

Die Klasse `JButtonmitUeberschrift` definiert eine `Font`-Instanz mit der Schriftart »Lucida HandWriting« und einer Schriftgröße von 36 Pixel.

Die Methode `paintComponent()` wird überschrieben, ohne dass diese die Methode der Oberklasse aufruft, d.h. es wird nicht in den UI-Delegate verzweigt. Aus diesem Grund reagiert eine `ButtonmitUeberschrift`-Komponente nicht auf Mausbewegungen, diese Funktionen werden von der UI-Delegationsklasse bereitgestellt.

Lösung 6.13

Die Klasse UserButtonUI

```
import java.awt.*;
import javax.swing.*;
import javax.swing.plaf.basic.BasicButtonUI;
import javax.swing.plaf.ComponentUI;
public class UserButtonUI extends BasicButtonUI {
// Ein selbstreferenzierndes Klassenfeld zeigt auf eine
// gemeinsame, nicht änderbare Instanz der Klasse, die von der
// createUI()-Methode returniert wird
  private final static UserButtonUI userButtonUI =
    new UserButtonUI();
// Klassenmethode für die Referenz auf die Instanz der Klasse
  public static ComponentUI createUI(JComponent c) {
    return userButtonUI;
  }
// Den Button grün färben
  protected void paintButtonPressed(Graphics g,
                                    AbstractButton b) {
    g.setColor(Color.green);
    g.fillRect(0, 0, b.getSize().width, b.getSize().height);
  }
// Bevorzugte Größe des Buttons
  public Dimension getPreferredSize(JComponent c) {
    return new Dimension(150,50);
  }
}
```

Die Klasse UserButtonUI1

```
import java.awt.*;
import javax.swing.*;
import javax.swing.plaf.metal.MetalButtonUI;
import javax.swing.plaf.ComponentUI;
public class UserButtonUI1 extends MetalButtonUI {
// Ein selbstreferenzierndes Klassenfeld zeigt auf eine
// gemeinsame, nicht änderbare Instanz der Klasse, die von der
// createUI()-Methode returniert wird
  private final static UserButtonUI1 userButtonUI1 =
    new UserButtonUI1();
// Klassenmethode für die Referenz auf die Instanz der Klasse
  public static ComponentUI createUI(JComponent c) {
    return userButtonUI1;
  }
// Die Methode der Klasse MetalButtonUI, welche das Focus-
```

```
// Rectangle malt, wird mit einer leeren Methode überschrieben
   protected void paintFocus(Graphics g, AbstractButton b,
    Rectangle viewRect, Rectangle textRect, Rectangle iconRect){}
}
```

Die Klasse UserButtonUI2

```
import java.awt.*;
import javax.swing.*;
import javax.swing.plaf.metal.MetalButtonUI;
import javax.swing.plaf.ComponentUI;
public class UserButtonUI2 extends MetalButtonUI {
// Ein selbstreferenzierndes Klassenfeld zeigt auf eine
// gemeinsame, nicht änderbare Instanz der Klasse, die von der
// createUI()-Methode returniert wird
   private final static UserButtonUI2 userButtonUI2 =
     new UserButtonUI2();
   private Color farbe1, farbe2, farbe3, farbe4;
   private Color grundFarbe;
// Konstruktordefinition
   public UserButtonUI2() {
// Vier Farben für einen Farbverlauf definieren
// Die Farbe rot
      farbe1 = new Color(255,0,0,0);
// Die gleiche Farbe mit dem Transparenz-Wert = 124
      farbe2 = new Color(255,0,0,124);
// Zwei weitere Farben
      grundFarbe = Color.MAGENTA;
      farbe3 = new Color(grundFarbe.getRed(),
        grundFarbe.getGreen(), grundFarbe.getBlue(),0);
      farbe4 = new Color(grundFarbe.getRed(),
        grundFarbe.getGreen(), grundFarbe.getBlue(),124);
   }
// Klassenmethode für die Referenz auf die Instanz der Klasse
   public static ComponentUI createUI(JComponent c) {
      return userButtonUI2;
   }
// Einen Farbverlauf mit einem GradientPaint-Objekt erzeugen
   public void paint(Graphics g, JComponent c) {
      super.paint(g, c);
      Graphics2D g2D = (Graphics2D)g;
      GradientPaint gradient1 = new GradientPaint(0.0F,
        (float)c.getHeight()/(float)2,farbe1,0.0F,0.0F,farbe2);
      Rectangle r1 = new Rectangle(0,0,c.getWidth(),
        c.getHeight()/2);
      g2D.setPaint(gradient1);
      g2D.fill(r1);
      GradientPaint gradient2= new GradientPaint(0.0F,(float)c.
```

```
      getHeight()/(float)2,farbe3,0.0F,c.getHeight(),farbe4);
    Rectangle r2 = new Rectangle(0,c.getHeight()/2,
    c.getWidth(),c.getHeight());
    g2D.setPaint(gradient2);
    g2D.fill(r2);
  }
// Bevorzugte Größe des Buttons
  public Dimension getPreferredSize(JComponent c) {
    return new Dimension(300,150);
  }
}
```

Die Klasse JFramemitUserButtonUI

```
import java.awt.*;
import javax.swing.*;
public class JFramemitUserButtonUI extends JFrame {
// Konstruktordefinition
  JFramemitUserButtonUI() {
    super("Benutzerdefinierter UI-Delegate");
    JButton b = new JButton("Button1");
    b.setUI(new UserButtonUI());
    JButton btn = new JButton("Button2");
    btn.setUI(new UserButtonUI1());
    JButton bt = new JButton("Button3");
    bt.setPreferredSize(new Dimension(100,50));
    bt.setUI(new UserButtonUI2());
    getContentPane().setLayout(new FlowLayout());
    getContentPane().add(b);
    getContentPane().add(btn);
    getContentPane().add(bt);
  }
// Objekt der Klasse erzeugen und sichtbar machen
  public static void main(String[] args) {
    JFrame frame = new JFramemitUserButtonUI();
    frame.setDefaultCloseOperation(JFrame.EXIT_ON_CLOSE);
    frame.pack();
    frame.setVisible(true);
  }
}
```

Programmausgabe

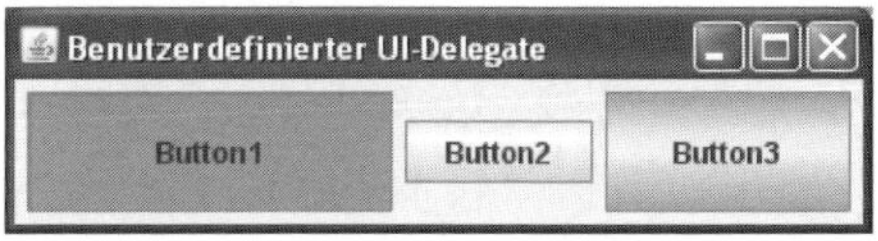

Lösung 6.14

Die Klasse CustomBorder

```
import javax.swing.border.*;
public class CustomBorder extends AbstractBorder {
// Selbstreferenzierendes Klassenfeld
  private static Border buttonBorder = new CustomBorder();
// Zugriffsmethode
  public static Border getButtonBorder() {
    return buttonBorder;
  }
// Einen neuen Rand in einer vom Button-Status abhängigen Farbe
// und der von der Methode getInsets() vorgegebenen Breite malen
  public void paintBorder(Component c, Graphics g, int x, int y,
                          int width, int height) {
    AbstractButton b = (AbstractButton)c;
    ButtonModel bm = b.getModel();
    Insets in = getBorderInsets(c);
    if(bm.isPressed()) {
      g.setColor(c.getForeground());
    }
    else if (b.hasFocus()) {
      g.setColor(SystemColor.green);
    }
    else {
      g.setColor(SystemColor.red);
    }
    g.fillRect(x, y, width, in.left);
    g.fillRect(x, y+height-in.right, width, in.left);
    g.fillRect(x+width-in.right, y, in.left, height);
    g.fillRect(x, y, in.left, height);
  }
// Definition der Breite des oberen, linken, rechten und
// unteren Randes der Kompponente
  public Insets getBorderInsets (Component c) {
    return new Insets(3, 3, 3, 3);
  }
}
```

Die Klasse CustomButtonUI

```
import java.awt.*;
import javax.swing.*;
import javax.swing.border.*;
import javax.swing.plaf.ComponentUI;
import javax.swing.plaf.metal.*;
public class CustomButtonUI extends MetalButtonUI {
```

```
// Eine gemeinsame, unveränderbare Instanz der Klasse
// CustomBorder erzeugen
   private final static Border customBorder =
     CustomBorder.getButtonBorder();
   private Border standardborder;
// Eine gemeinsame, unveränderbare Instanz der eigenen Klasse
// erzeugen
   private final static CustomButtonUI buttonUI =
      new CustomButtonUI();
// Die Methoden der Klasse MetalButtonUI überschreiben
   public static ComponentUI createUI(JComponent c) {
      return buttonUI;
   }
   public void installUI(JComponent c) {
      super.installUI(c);
// Den Standard-Border der übegebenen Komponente speichern
      standardborder = c.getBorder();
// Einen benutzerdefinierten Border für die Komponente setzen
      c.setBorder(customBorder);
   }
   public void uninstallUI(JComponent c) {
// Den Standard-Border für die Komponente zurücksetzen
      if(c.getBorder() == customBorder)
         c.setBorder(standardborder);
      super.uninstallUI (c);
   }
// Das Muster auf dem Button ergänzen
   public void paint(Graphics g, JComponent c) {
      Graphics2D g1 = (Graphics2D)g;
      Rectangle r1 = new Rectangle(0, c.getHeight()/4,
        c.getWidth(), c.getHeight()/4);
      g1.setColor(Color.MAGENTA);
      g1.fill(r1);
      Rectangle r2 = new Rectangle(0, c.getHeight()/2,
        c.getWidth(), c.getHeight()/4);
      g1.setColor(Color.GRAY);
      g1.fill(r2);
   }
}
```

Die Klasse JButtonmitCustomButtonUI

```
import java.awt.*;
import javax.swing.*;
public class JButtonmitCustomButtonUI extends JButton {
// Konstruktordefinition
   public JButtonmitCustomButtonUI() {
      setPreferredSize(new Dimension(100,100));
```

```
// Weil die Komponente standardmässig opaque ist, wird ihr
// Hintergrund gemalt
      setBackground(Color.lightGray);
      setUI(new CustomButtonUI());
   }
   protected void paintComponent(Graphics g) {
// Die paint()-Methode der UI-Delegationsklasse über die Methode
// der Oberklasse aufrufen
      super.paintComponent(g);
// Danach die eigenen Inhalte malen
      Graphics2D g1 = (Graphics2D)g;
      Rectangle r1 = new Rectangle(getWidth()/4, 0,
        getWidth()/4, getHeight());
      g1.setColor(Color.magenta);
      g1.fill(r1);
      Rectangle r2 = new Rectangle(getWidth()/2, 0,
        getWidth()/4, getHeight());
      g1.setColor(Color.gray);
      g1.fill(r2);
// Erfolgt der Aufruf der Methode der Oberklasse an dieser
// Stelle, wird das von der Komponente gemalte Muster von ihrem
// Hintergrund überdeckt
   //   super.paintComponent(g);
   }
// Objekt der Klasse erzeugen und in einem Fenster sichtbar
// machen
   public static void main(String[] args) {
      JButton button = new JButtonmitCustomButtonUI();
      JFrame frame = new JFrame();
      frame.getContentPane().add(button);
      frame.getContentPane().setLayout(new FlowLayout());
      frame.setDefaultCloseOperation(JFrame.EXIT_ON_CLOSE);
      frame.setSize(150,150);
      frame.setVisible(true);
   }
}
```

Programmausgaben

Lösung 6.15

Die Klasse CustomArea

```
import java.awt.*;
import javax.swing.*;
public class CustomArea extends JTextArea {
   private static Font f = new Font("Arial", Font.PLAIN, 24);
// Konstruktordefinition
   public CustomArea() {
// Das UI-Delegationsobjekt daran hindern, den Hintergrund
// der TextArea zu malen
      setOpaque(false);
   }
   protected void paintChildren(Graphics g) {
// Eine Überschrift über die TextArea an Position (40,40) zeichnen
      g.setColor(Color.red);
      g.setFont(f);
      g.drawString("TextArea",60,40);
   }
}
```

Die Klasse CustomAreaUI

```
import java.awt.*;
import javax.swing.*;
import javax.swing.plaf.ComponentUI;
import javax.swing.plaf.basic.*;
public class CustomAreaUI extends BasicTextAreaUI {
// Eine unveränderbare Instanz der Klasse erzeugen
    private final static CustomAreaUI AreaUI =
      new CustomAreaUI();
// Werte für Farbe und Schrift als Objekte der Klassen Color
// und Font vom Programm aus für die Komponente setzen
   private static Color defaultColor = Color.green;
   private static Font defaultFont = new Font(
     "Lucida HandWriting", Font.PLAIN, 14);
// Den Cursor setzen
   private CustomCaret caret = new CustomCaret();
// Die Methoden von BasicTextAreaUI überschreiben
   public static ComponentUI createUI(JComponent c) {
      return AreaUI;
   }
// Das Setzen von Eigenschaften für die Komponente erfolgt
// in dieser Klasse in der Methode installDefaults()
   public void installUI(JComponent c) {
      super.installUI(c);
   }
```

```
   public void uninstallUI(JComponent c) {
      super.uninstallUI(c);
   }
// Mit getComponent() wird die Komponente, welche dem aktuellen
// Objekt dieser UI-Delegationsklasse zugeordnet wird, geholt
   public void installDefaults() {
      getComponent().setCaret(caret);
      getComponent().setCaretColor(Color.red);
      getComponent().setFont(defaultFont);
      getComponent().setForeground(defaultColor);
   }
}
```

Die Klasse CustomCaret

```
import java.awt.*;
import java.awt.event.*;
import javax.swing.*;
import javax.swing.text.*;
import javax.swing.plaf.*;
public class CustomCaret extends DefaultCaret {
   private int caretWidth = 5;
// Eine benutzerdefinierte Wiedergabe für die Komponente
// definieren
   public void paint(Graphics g) {
      try {
// Das User-Interface-Objekt der Komponente, welcher der
// Cursor zugeordnet wird, ermitteln
         TextUI textUI = getComponent().getUI();
// Zwischen dem Model- und View-Koordinatensystem wechseln.
// Die Methode modelToView() der Klasse TextUI wirft eine
// Exception, die mit einem try/catch-Block abgefangen wird
         Rectangle r = textUI.modelToView(getComponent(),
         getComponent().getCaretPosition());
         g.setColor(getComponent().getCaretColor());
         g.fillRect(r.x, r.y, caretWidth, r.height - 1);
      }
      catch (Exception e) {
         System.out.println("Der Cursor wurde nicht gezeichnet");
      }
   }
   public void mouseClicked(MouseEvent e) {
      JComponent c = (JComponent)e.getComponent();
      c.repaint();
   }
}
```

Die Klasse KomponentenUeberlappen

```
import java.awt.*;
import javax.swing.*;
public class KomponentenUeberlappen extends JViewport {
  private ImageIcon icon = new ImageIcon("Vron.JPG");
  private Image bild = icon.getImage();
  protected void paintChildren(Graphics g) {
// Die Oberklasse soll als erstes ihre Kindkomponenten
// zeichnen; dann wird das von dieser Klasse gezeichnete Icon
// über alle hinzugefügten Kindkomponenten gesetzt
    super.paintChildren(g);
    g.drawImage(bild, 40, 60, this);
  }
  public static void main(String[] args) {
// Neue Fensterleiste setzen
    JFrame.setDefaultLookAndFeelDecorated(true);
    JFrame frame = new JFrame();
    frame.setDefaultCloseOperation(JFrame.EXIT_ON_CLOSE);
// Benutzerdefinierte Komponente vom Typ der Klasse CustomArea
// erzeugen und für diese einen Text setzen
    CustomArea textArea = new CustomArea();
    textArea.setText("ViewPort und ScrollPane\neeeeeeee\nddddd"
      +"dddddd\nssssssss\naaaaaaaaa\nggggggg\nwwwwwww\nmmmm"
       +"m\ngggggggg\nzzzzzzzzz\nhhhhhh\nwwwwwwwwwwww\nmmmmm"
        +"mmmmm\ngggggggggggggggg\nzzzzzzzzzzz\nhhhhhh");
// Der JTextArea-Komponente einen benutzerdefinierten UI-Delegate
// zuordnen; für die JButton-Komponente wird in den Standard-
// UI-Delegate der Klasse ButtonUI verzweigt
    textArea.setUI(new CustomAreaUI());
// Eine JViewport-Komponente vom Typ der Klasse erzeugen und
// zu einer ScrollPane hinzufügen
    KomponentenUeberlappen vp = new KomponentenUeberlappen();
// Benutzerdefinierte Komponente vom Typ der Klasse
// JButtonmitIcon erzeugen
    JButtonmitIcon myButton = new JButtonmitIcon("Vroni");
// Die TextArea zum Button hinzufügen und diesen als "View"
// (LW-Kindkomponente) im Viewport setzen
    myButton.add(textArea);
    myButton.setSize(350,350);
    vp.setView(myButton);
// JScrollPane-Komponente erzeugen und festlegen, dass ihre
// Scrollbalken immer gesetzt werden sollen
    JScrollPane sp = new JScrollPane();
    sp.setBounds(10,10,200,200);
    sp.setVerticalScrollBarPolicy(
```

```
        ScrollPaneConstants.VERTICAL_SCROLLBAR_ALWAYS);
      sp.setHorizontalScrollBarPolicy(
        ScrollPaneConstants.HORIZONTAL_SCROLLBAR_ALWAYS);
      sp.setViewport(vp);
// Die JScrollPane zu einem Fenster hinzufügen und sichtbar
// machen
      frame.getContentPane().setBackground(Color.lightGray);
      frame.getContentPane().setLayout(null);
      frame.getContentPane().add(sp);
      frame.setSize(250,250);
      frame.setVisible(true);
   }
}
```

Programmausgaben

Hinweise zum Lösungsvorschlag

Ein äquivalentes Vorgehen zum Überschreiben der `paintChildren()`-Methode wäre, die Methode `paintComponent()` zu überschreiben und `super.paintComponent()` aufzurufen, bevor die Klasse ihre Inhalte zeichnet.

Die Werte für Farbe und Schrift werden als Objekte der Klassen `Color` und `Font` vom Programm aus für die Komponenten gesetzt

Lösung 6.16

Die Klasse JFramemitUIDefaultsLesen

```
import java.awt.*;
import javax.swing.*;
public class JFramemitUIDefaultsLesen extends JFrame {
   private JButton [][]button  = new JButton[3][3];
   private JPanel panel = new JPanel();
   private static Color buttonForeground, buttonBackground;
   private static float[] foregroundKomponenten,
```

```
    backgroundKomponenten;
  private float[] colorForegroundKomponenten = new float[3];
  private float[] colorBackgroundKomponenten = new float[3];
// statische Initialisierung
  static {
    UIDefaults ui = UIManager.getDefaults();
    buttonForeground = ui.getColor("Button.foreground");
    buttonBackground = ui.getColor("Button.background");
    foregroundKomponenten =
      buttonForeground.getRGBColorComponents(null);
    backgroundKomponenten =
      buttonBackground.getRGBColorComponents(null);
  }
// Konstruktordefinition
  public JFramemitUIDefaultsLesen() {
    super("UIDefaults Lesen");
    setDefaultCloseOperation(JFrame.EXIT_ON_CLOSE);
    for(int i=0; i<3; i++) {
      for(int j=0; j<3; j++) {
// forground- und background-Eigenschaften generieren
        colorForegroundKomponenten[i] =
        foregroundKomponenten[i]*(Math.round(Math.random()));
        colorBackgroundKomponenten[j] =
        backgroundKomponenten[j]*(Math.round(Math.random()));
        button[i][j] = new JButton("Button"+(i+j));
        button[i][j].setForeground(new Color(
        colorForegroundKomponenten[0],
        colorForegroundKomponenten[1],
        colorForegroundKomponenten[2]));
// und für JButton-Komponenten setzen
        button[i][j].setBackground(new Color(
          colorBackgroundKomponenten[0],
            colorBackgroundKomponenten[1],
              colorBackgroundKomponenten[2]));
        panel.add(button[i][j]);
      }
    }
    getContentPane().add(panel);
    pack();
    setVisible(true);
  }
// Objekt der Klasse erzeugen
  public static void main (String[] args) {
    JFramemitUIDefaultsLesen frame =
      new JFramemitUIDefaultsLesen();
  }
}
```

Programmausgaben

Lösung 6.17

Die Klasse JFramemitUIDefaultsSetzen

```
import java.awt.*;
import javax.swing.*;
public class JFramemitUIDefaultsSetzen extends JFrame {
   private JButton []button = new JButton[3];
   private JPanel panel = new JPanel();
// Konstruktordefinition
   public JFramemitUIDefaultsSetzen() {
      super("UIDefaults Setzen");
      setDefaultCloseOperation(JFrame.EXIT_ON_CLOSE);
      UIManager.getDefaults().put("Button.background",
        Color.pink);
      UIManager.getDefaults().put("Button.foreground",
        Color.white);
      UIManager.getDefaults().put("Button.focus", Color.red);
      for(int i=0; i<3; i++) {
         button[i] = new JButton("Button"+i);
         panel.add(button[i]);
      }
      getContentPane().add (panel);
      pack();
      setVisible(true);
   }
// Objekt der Klasse erzeugen
   public static void main (String[] args) {
      JFramemitUIDefaultsSetzen frame =
        new JFramemitUIDefaultsSetzen();
   }
}
```

Programmausgaben

Lösung 6.18

Die Klasse BenutzerBorder

```
import java.awt.*;
import javax.swing.*;
import javax.swing.border.*;
public class BenutzerBorder extends AbstractBorder {
   private Insets in;
// Konstruktordefinition
   public BenutzerBorder(int oben, int unten, int rechts,
                        int links) {
      in = new Insets(oben, unten, rechts, links);
   }
// Die Methode der Klasse AbstractBorder wird überschrieben
   public void paintBorder(Component comp, Graphics g, int x,
                         int y, int width, int height) {
      g.setColor(Color.red);
      g.fillRect(x+in.top, y+in.bottom, width-in.right, in.right);
      g.fillRect(x+in.top, y+in.bottom, in.left, height-in.left);
      g.translate(x-in.top, y-in.bottom);
      g.fillRect(width-in.right, in.left, in.right,
        height-in.left);
      g.fillRect(in.right, height-in.left, width-in.right,
        in.left);
      g.translate(-x-in.top, -y-in.bottom);
   }
}
```

Die Klasse BenutzerButtonUI

```
import java.awt.*;
import javax.swing.*;
import javax.swing.plaf.*;
import javax.swing.plaf.metal.*;
public class BenutzerButtonUI extends MetalButtonUI {
// Eine unveränderbare Instanz der Klasse erzeugen
   private final static BenutzerButtonUI benutzerButtonUI =
     new BenutzerButtonUI();
// Die Methoden der Klasse MetalButtonUI werden überschrieben
   public static ComponentUI createUI(JComponent c) {
      return benutzerButtonUI;
   }
   public void installUI(JComponent c) {
      super.installUI(c);
// Einen benutzerdefinierten Rand, vom Typ der Klasse
// BenutzerBorder, für die Komponente setzen
      c.setBorder(new BenutzerBorder(4,4,4,4));
      c.setBackground(Color.pink);
```

```
    }
    public void uninstallUI(JComponent c) {
        super.uninstallUI(c);
    }
    public Dimension getPreferredSize(JComponent c) {
        return new Dimension(100,50);
    }
}
```

Die Klasse JFramemitBenutzerButtonUI

```
import javax.swing.*;
import java.awt.*;
public class JFramemitBenutzerButtonUI extends JFrame {
// Konstruktordefinition
    public JFramemitBenutzerButtonUI() {
        setDefaultCloseOperation(JFrame.EXIT_ON_CLOSE);
        JButton b = new JButton("Button");
        getContentPane().setLayout(new FlowLayout());
        add(b);
    }
// Den UI-Delegate setzen, ein Objekt der Klasse erzeugen und in // einem
Fenster sichtbar machen
    public static void main(String[] args) {
        UIManager.put("ButtonUI","BenutzerButtonUI");
        JFrame frame = new JFramemitBenutzerButtonUI();
        frame.pack();
        frame.setVisible(true);
    }
}
```

Programmausgaben

Lösung 6.19

Die Klasse MyButton

```
import java.awt.*;
import java.awt.geom.*;
import javax.swing.*;
import javax.swing.plaf.*;
public class MyButton extends JButton {
    private Shape button;
// Konstruktordefinition
```

```
  public MyButton(String sString) {
    super(sString);
// Den UI-Delegate zuweisen
    setUI(new MyButtonUI());
// Verhindert das Malen einer viereckigen Oberfläche
    setContentAreaFilled(false);
  }
  protected void paintComponent(Graphics g) {
// Die Klasse malt zuerst ihre eigenen Inhalte
    g.setColor(Color.lightGray);
    g.fillOval(0, 0, getSize().width-1, getSize().height-1);
// und ruft dann die Methode der Oberklasse auf, damit in ihren
// UI-Delegate verzweigt wird, um die als String-Referenz
// übergebene Beschriftung und das Focus-Rectangle zu zeichnen
    super.paintComponent(g);
  }
// Diese Definition der bevorzugten Größe für Komponenten
// hat Priorität gegenüber der Definition aus der
// UI-Delegationsklasse
  public Dimension getPreferredSize() {
    return new Dimension(75,75);
  }
// Diese Methode, die den Bereich innerhalb der Komponente
// festlegt, muss überschrieben werden, weil der Bereich
// in diesem Fall nicht rechteckig, sondern rund ist.
  public boolean contains (int x, int y) {
// Eine Arc2D.Float Instanz mit den neuen Dimensionen erzeugen
    if (button == null || !button.getBounds().
      equals(getBounds())) {
       button = new Arc2D.Float(0, 0,getWidth()- 1,
         getHeight()- 1,0, 360, Arc2D.Float.OPEN);
    }
// und true, nur für die darin enthaltene Punkte, returnieren
        return button.contains(x, y);
   }
// Diese Methode muss überschrieben werden, um einen runden Rand
// zu malen
   protected void paintBorder(Graphics g) {
     g.setColor(getForeground());
     g.drawOval(0, 0, getSize().width-1,getSize().height-1);
   }
}
```

Die Klasse MyButtonUI

```
import java.awt.*;
import java.awt.event.*;
import javax.swing.*;
```

```
import javax.swing.border.*;
import javax.swing.plaf.*;
import javax.swing.plaf.basic.BasicButtonUI;
import javax.swing.plaf.basic.BasicBorders;
public class MyButtonUI extends BasicButtonUI
                              implements MouseListener {
// Eine unveränderbare Instanz der Klasse erzeugen
  private final static MyButtonUI myButtonUI = new MyButtonUI();
// Klassenfelder für neue Bordertypen definieren und
// initialisieren
  private final static Border compoundBorder1 = new
    CompoundBorder(BorderFactory.createEmptyBorder(20,20,20,20),
      BorderFactory.createEmptyBorder(10,10,10,10));
  private final static Border compoundBorder2 = new
    CompoundBorder(BorderFactory.createEmptyBorder(10,10,10,10),
      BorderFactory.createEmptyBorder(5,5,5,5));
// Instanzfelder für Farben definieren
  private Color foregroundPressed = null;
  private Color foregroundClicked = null;
// Die Methoden der Klasse BasicButtonUI werden überschrieben
  public static ComponentUI createUI(JComponent c) {
    return myButtonUI;
  }
  public void installUI(JComponent c) {
    super.installUI(c);
// Instanzfelder initialisieren und Event-Listener registrieren
    foregroundPressed =UIManager.getColor("Button.darkShadow");
    foregroundClicked =UIManager.getColor("Button.shadow");
    c.addMouseListener(this);
  }
  public void uninstallUI(JComponent c) {
    super.uninstallUI(c);
// Event-Listener entfernen
    c.removeMouseListener(this);
  }
  public Dimension getPreferredSize(JComponent c) {
    return new Dimension(100,100);
  }
// Benutzerdefinierte Wiedergabe für die Komponente definieren
  public void paint(Graphics g, JComponent c) {
    Dimension size = c.getSize();
    FontMetrics fm = g.getFontMetrics();
    Insets insets = c.getInsets();
    g.setColor(Color.green);
    g.fillOval(5, 5, size.width - 10, size.height - 10);
    g.setColor(c.getForeground());
    g.drawString(((JButton)c).getText(), insets.left - 5,
```

```
        insets.top + fm.getAscent() + 10);
  }
// Die Methoden des MouseListener implementieren
  public void mousePressed(MouseEvent e) {
    JComponent c = (JComponent)e.getComponent();
    c.setBorder(compoundBorder1);
    c.setForeground(foregroundPressed);
    System.out.println("mousePressed: " + foregroundPressed);
    c.repaint();
  }
  public void mouseClicked(MouseEvent e) {
    JComponent c = (JComponent)e.getComponent();
    c.setBorder(compoundBorder2);
    c.setForeground(foregroundClicked);
    System.out.println("mouseClicked: " + foregroundClicked);
    c.repaint();
  }
  public void mouseReleased( MouseEvent e) {}
  public void mouseEntered( MouseEvent e) {}
  public void mouseExited( MouseEvent e) {}
}
```

Die Klasse JFramemitMyButtonUI

```
import java.awt.*;
import javax.swing.*;
public class JFramemitMyButtonUI extends JFrame {
// Konstruktordefinition
  public JFramemitMyButtonUI() {
    setTitle("Benutzedefinierter UI-Delegate");
// Es kann immer nur ein LookAndFeel das "aktuelle LookAndFeel"
// sein
    try {
      UIManager.setLookAndFeel(
        "javax.swing.plaf.metal.MetalLookAndFeel");
    // UIManager.setLookAndFeel(
    //   "com.sun.java.swing.plaf.motif.MotifLookAndFeel");
    // UIManager.setLookAndFeel(
    //   "com.sun.java.swing.plaf.windows.WindowsLookAndFeel");
    // UIManager.setLookAndFeel(
    //   "javax.swing.plaf.synth.SynthLookAndFeel");
// Jede JFrame-Komponente soll ihr LookAndFeel ändern
      SwingUtilities.updateComponentTreeUI(this);
    }
    catch(Exception ex) {
      System.out.println(ex);
    }
    getContentPane().setBackground(Color.gray);
```

```
        JButton jButton = new JButton("STD Button");
        MyButton myButton = new MyButton("My Button");
        getContentPane().setLayout(new FlowLayout());
        add(jButton);
        add(myButton);
    }
// Objekt der Klasse erzeugen
    public static void main(String args[]) {
        JFramemitMyButtonUI f = new JFramemitMyButtonUI();
        f.setDefaultCloseOperation(JFrame.EXIT_ON_CLOSE);
        f.setVisible(true);
        f.pack();
    }
}
```

Programmausgaben

- Mit dem MetalLookAndFeel und Setzen der bevorzugten Größe in der Komponentenklasse

```
mousePressed: javax.swing.plaf ColorUIResource[r=122,g=138,b=153]
mouseClicked: javax.swing.plaf ColorUIResource[r=184,g=207,b=229]
```

- Mit dem MotifLookAndFeel und Setzen der bevorzugten Größe in der UI-Delegationsklasse

```
mousePressed: javax.swing.plaf ColorUIResource[r=0,g=0,b=0]
mouseClicked: javax.swing.plaf ColorUIResource[r=99,g=101,b=111]
```

Hinweise zum Lösungsvorschlag

In der Lösung der Aufgabe wird noch einmal gezeigt, dass das Setzen der bevorzugten Größe für Komponenten von der Komponentenklasse Vorrang gegenüber dem Aufruf der Methoden im UI-Delegationsobjekt hat.

Wechseln Sie zwischen den auskommentierten und nicht auskommentierten Statements zum Sezten des LookandFeels und der bevorzugten Größe für Komponenten und zeigen Sie die unterschiedlichen Komponentendarstellungen am Bildschirm an.

Lösung 6.20

Die Klasse ColorIcon

```
import java.awt.*;
import javax.swing.*;
public class ColorIcon implements Icon {
   private Color color;
// Konstruktor der Klasse
   public ColorIcon(Color color) {
      this.color = color;
   }
// Die Methoden der Icon-Schnittstelle implementieren
// Die Größe des Icon definieren
   public int getIconHeight() {
      return 16;
   }
   public int getIconWidth() {
      return 56;
   }
// Das Icon zeichnen
   public void paintIcon(Component c, Graphics g, int x, int y) {
// Die Referenz vom Typ Component zeigt auf die Komponente,
// auf welche das Icon gemalt werden soll
      g.setColor(color);
      g.fillRect(x, y, 56, 16);
   }
}
```

Die Klasse FontIcon

```
import java.awt.*;
import javax.swing.*;
public class FontIcon implements Icon {
   private Font font;
   private String string;
// Konstruktor der Klasse
   public FontIcon(Font font, String string) {
      this.font = font;
      this.string = string;
   }
// Die Größe des Icon definieren
```

```
   public int getIconHeight() {
      return 16;
   }
   public int getIconWidth() {
      return 96;
   }
// Das Icon zeichnen; die paintIcon()-Methode wird nicht nur am
// Anfang beim Erzeugen der Komponente aufgerufen, sondern bei
// jeder Mausbewegung entlang der Komponente
   public void paintIcon(Component c, Graphics g, int x, int y) {
      g.setFont(font);
      g.setColor(Color.red);
// (x,y) ist der Eckpunkt der Komponente, auf welche das Icon
// gemalt werden soll
      g.drawString(string, x, y+10);
   }
}
```

Die Klasse JFramemitLookAndFeelAuswahl

```
import java.awt.*;
import java.awt.event.*;
import javax.swing.*;
import javax.swing.tree.*;
public class JFramemitLookAndFeelAuswahl extends JFrame
                                   implements ActionListener {
// Ein Array mit Elementen vom Typ JRadioButton für die Auswahl
// des LookAndFeel einrichten, und diese zu einer ButtonGroup-
// Komponente zusammenfassen, die ein Ausschließen von Buttons
// beim Anklicken ermöglicht.
   private ButtonGroup rbg = new ButtonGroup();
   private JRadioButton[] rb = new JRadioButton[4];
// Komponenten für die Anzeige erstellen
   private JButton[] b = new JButton[2];
   private JPanel p = new JPanel();
   private JPanel p1 = new JPanel();
   private Font f = new Font("Times Roman",Font.BOLD,14);
   private ColorIcon[] cIcon = new ColorIcon[2];
   private FontIcon [] fIcon = new FontIcon[4];
   private JTree tree;
   private DefaultMutableTreeNode gliederung, stufe1, stufe2,
     stufe3;
   private Canvas c;
// Konstruktordefinition
   public JFramemitLookAndFeelAuswahl() {
      super("LookAndFeel Auswahl");
      setBounds(15,15,300,200);
      setDefaultCloseOperation(JFrame.EXIT_ON_CLOSE);
```

```
    Container cPanel = getContentPane();
    p.setLayout(new GridLayout(1,2));
    p1.setLayout(new GridLayout(4,1));
// Wurzel, Knoten und Blätter einer Baumstruktur definieren
    gliederung = new DefaultMutableTreeNode("Gliederung");
    for(int i=0; i<2; i++) {
      stufe1 = new DefaultMutableTreeNode(" " + (i+1));
      gliederung.add(stufe1);
      for(int j=0; j<2; j++) {
        stufe2 = new DefaultMutableTreeNode(" "
         + (i+1)+(j+1));
        stufe1.add(stufe2);
        for(int k=0; k<3; k++) {
          stufe3 = new DefaultMutableTreeNode(" "
           + (i+1)+(j+1)+(k+1));
          stufe2.add(stufe3);
        }
      }
    }
// JTree-Komponente erzeugen und zu einer JScrollPane-Komponente
// hinzufügen
    tree = new JTree(gliederung);
    JScrollPane jsPane = new JScrollPane(tree);
    cPanel.add(jsPane, BorderLayout.CENTER);
// Verfügbare LookAndFeels lesen
    UIManager.LookAndFeelInfo[] plafs =
     UIManager.getInstalledLookAndFeels();
// RadioButtoneinträge mit dem Namen der PLAF's erstellen
    for(int i=0; i<plafs.length; i++) {
      String plafName = plafs[i].getName();
      fIcon[i] = new FontIcon(f, plafName);
      rb[i] = new JRadioButton(""+(i+1), fIcon[i], false);
      rbg.add(rb[i]);
      rb[i].addActionListener(this);
      p1.add(rb[i]);
    }
// Die Buttons und RadioButtons zum Fenster hinzufügen
    cPanel.add(p1, BorderLayout.WEST);
    for(int i=0; i<2; i++) {
      cIcon[i] = new ColorIcon(new Color(i*253,i+200,i+153));
      b[i] = new JButton(cIcon[i]);
      p.add(b[i]);
    }
    cPanel.add(p, BorderLayout.SOUTH);
    setVisible(true);
  }
// Das asgewählte LookAndFeel setzen
  public void actionPerformed(ActionEvent e) {
```

```
      try {
        String sBefehl = e.getActionCommand();
        char[] zahl = sBefehl.toCharArray();
        switch(zahl[0]) {
          case '1':
            UIManager.setLookAndFeel(
              "javax.swing.plaf.metal.MetalLookAndFeel");
            break;
          case '2':
            UIManager.setLookAndFeel(
              "com.sun.java.swing.plaf.motif."
                + "MotifLookAndFeel");
            break;
          case '3':
            UIManager.setLookAndFeel(
              "com.sun.java.swing.plaf.windows."
                + "WindowsLookAndFeel");
            break;
          case '4':
            UIManager.setLookAndFeel(
              "javax.swing.plaf.synth.SynthLookAndFeel");
        }
// Jede im Fenster angezeigte Komponente soll ihr LookAndFeel
// abändern
        SwingUtilities.updateComponentTreeUI(this);
      }
      catch(Exception ex) {
        System.out.println(ex);
      }
    }
// Objekt der Klasse erzeugen
  public static void main(String[] args) {
    JFramemitLookAndFeelAuswahl frame =
      new JFramemitLookAndFeelAuswahl();

  }
}
```

Programmausgaben

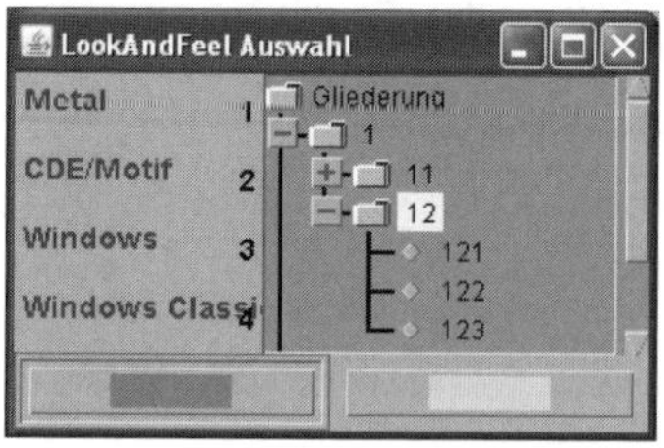

Lösung 6.21

Die Klasse MyStdButtonUI

```
import java.awt.*;
import javax.swing.*;
import javax.swing.border.*;
import javax.swing.plaf.ComponentUI;
import javax.swing.plaf.metal.*;
public class MyStdButtonUI extends MetalButtonUI {
// Eine unveränderbare Instanz der Klasse erzeugen
  private final static MyStdButtonUI myButtonUI =
    new MyStdButtonUI();
// Die Methoden der Klasse MetalButtonUI überschreiben
  public static ComponentUI createUI(JComponent c) {
    return myButtonUI;
  }
  public void installUI(JComponent c) {
    super.installUI(c);
  }
  public void uninstallUI(JComponent c) {
    super.uninstallUI(c);
  }
  protected void paintButtonPressed(Graphics g,
                                    AbstractButton b) {
    Dimension size = b.getSize();
    Insets insets = b.getBorder().getBorderInsets(b);
    g.setColor(UIManager.getColor("Button.shadow"));
    g.drawOval(insets.left, insets.top, size.width-insets.left-
      insets.right, size.height-insets.top-insets.bottom);
  }
}
```

Die Klasse MyLookAndFeel

```
import javax.swing.plaf.basic.*;
import javax.swing.plaf.*;
import javax.swing.*;
import javax.swing.border.*;
import java.awt.*;
public class MyLookAndFeel extends BasicLookAndFeel {
// Die nachfolgenden abstrakten Methoden der Klasse LookAndFeel
// müssen überschrieben werden, weil die Klasse nicht als
// abstrakt deklariert wird
// Gibt den Namen für das LookAndFeel zurück
  public String getName() {
    return "My";
  }
// Gibt eine Klassen-Id zurück
```

```
    public String getID() {
        return "My Look and Feel";
    }
// Gibt eine Beschreibung für das LookAndFeel zurück
    public String getDescription() {
        return "Ein benutzerdefiniertes Look and Feel";
    }
// Dieses LookAndFeel ist nicht das native-LookAndFeel
    public boolean isNativeLookAndFeel() {
        return false;
    }
// Dieses LookAndFeel wird standardmäßig unterstützt
    public boolean isSupportedLookAndFeel() {
        return true;
    }
// Initialisieren von Klassen-Eigenschaften: den Namen der
// UI-Delegationsklasse für JButton- und JSlider-Komponeten
// zuweisen
    protected void initClassDefaults(UIDefaults table) {
        super.initClassDefaults(table);
        Object[] uiDefaults = {
// Die UIDefaults-Tabelle kann hiermit um einen Eintrag
// erweitert werden
//   "ButtonUI", "MyStdButtonUI",     // korrekt
// Dieser Eintrag ist nicht erforderlich, weil er dem
// Standard-Eintrag entspricht
            "SliderUI", "javax.swing.plaf.basic.BasicSliderUI",
        };
        table.putDefaults(uiDefaults);
// Für JButton-Komponenten nutzen wir eine andere Art, die
// Defaults hinzuzufügen; die Methode forName() der Klasse
// Class wirft mehrere Exceptions die abgefangen werden müssen
        try {
            String className ="MyStdButtonUI";
            Class buttonClass = Class.forName(className);
            table.put("ButtonUI", className);
            table.put(className, buttonClass);
        }
        catch(Exception e) {
            e.printStackTrace();
        }
    }
// Initialisieren von Komponenten-Eigenschaften
    protected void initComponentDefaults(UIDefaults table) {
        super.initComponentDefaults(table);
// Neue Farben und Schriftarten als Objekte von Klassen, welche
// das Interface UIResource implementieren, definieren
```

```
      ColorUIResource pink = new ColorUIResource(Color.pink);
      ColorUIResource white = new ColorUIResource(Color.white);
// Setzen eines benutzerdefinierten Borders für einen Buttons mit
// einer Instanz der Klasse CustomBorder
      Object buttonBorder = new BorderUIResource(
        new CustomBorder());
// Für ein JSlider-Objekt einen neuen Rand definieren
      Object sliderBorder = new
      BorderUIResource.LineBorderUIResource(Color.red, 2);
// Die neuen Eigenschaftswerte für Komponenten in die
// UIDefaults-Tabelle einfügen
      Object[] defaults = {
        "Button.border", buttonBorder,
        "Button.background", pink,
        "Button.foreground", white,
        "Button.focus", white,
        "Button.pressed", white,
        "Slider.foreground", white,
        "Slider.background", pink,
        "Slider.border", sliderBorder
      };
      table.putDefaults(defaults);
   }
}
```

Die Klasse JFramemitLookAndFeelundStdButtonUI

```
import java.awt.*;
import java.awt.event.*;
import javax.swing.*;
import javax.swing.border.*;
import javax.swing.plaf.ComponentUI;
import javax.swing.plaf.metal.*;
public class JFramemitLookAndFeelundStdButtonUI
                  extends JPanel implements ActionListener {
// Den Namen des Standard-LookAndFeel ermitteln
   private static String stdLookandFeel =
     UIManager.getCrossPlatformLookAndFeelClassName();
   private JButton b = new JButton("Button");
   private ButtonGroup buttonGroup = new ButtonGroup();
   private JRadioButton stdButton =
     new JRadioButton("Std-LookAndFeel");
   private JRadioButton myButton =
     new JRadioButton("My-LookAndFeel");
// Konstruktordefinition
   public JFramemitLookAndFeelundStdButtonUI() {
      stdButton.setSelected(true);
      stdButton.addActionListener(this);
```

```
      buttonGroup.add(stdButton);
      myButton.addActionListener(this);
      buttonGroup.add(myButton);
      add(stdButton);
      add(myButton);
      add(b);
   }
// Methode von ActionListener implementieren
   public void actionPerformed(ActionEvent e) {
      String lnfName = null;
      if(e.getActionCommand().equals("My-LookAndFeel")) {
         lnfName = "MyLookAndFeel";
      }
      else {
         lnfName = stdLookandFeel;
      }
// Die von der Methode setLookAndFeel() geworfenen Exceptions
// mit einem try/catch-Block abfangen
      try {
         UIManager.setLookAndFeel(lnfName);
// Die Vaterkomponente der aktuellen Instanz ermitteln (es ist
// eine JFrame-Komponente)
         Container c = getTopLevelAncestor();
// und anzeigen
         System.out.println(JFramemitLookAndFeelundStdButtonUI.
           this.getTopLevelAncestor());
// Das entsprechende LookAndFeel für alle ihre Kindkomponenten
// setzen
         SwingUtilities.updateComponentTreeUI(c);
      }
      catch(Exception ex) {
         System.out.println("LookAndFeel: " + lnfName + "kann "
           + "nicht geladen werden");
      }
   }
// Objekt der Klasse erzeugen und in einem Fenster sichtbar machen
   public static void main(String args[]) {
      JFrame f = new JFrame("Standard und benutzerdefiniertes "
        + "LookAndFeel");
      JFramemitLookndFeelundStdButtonUI p =
        new JFramemitLookAndFeelundStdButtonUI();
      f.getContentPane().add (p, BorderLayout.CENTER);
// Ein JSlider-Objekt und ein JComboBox-Objekt zum Fenster
// hinzufügen
      JSlider slider = new JSlider();
      JComboBox combo = new JComboBox();
// Den Schieber des JSlider-Objektes auf Position 25 setzen
```

```
        slider.setValue(25);
        f.getContentPane().add(combo, BorderLayout.SOUTH);
        f.getContentPane().add(slider, BorderLayout.NORTH);
        f.setDefaultCloseOperation(JFrame.EXIT_ON_CLOSE);
        f.setSize (275,150);
        f.setVisible(true);
    }
}
```

Programmausgaben

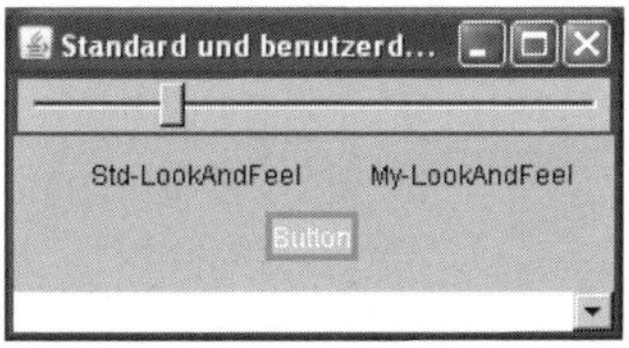


```
javax.swing.JFrame...
```

Hinweise zum Lösungsvorschlag

Damit ein Wechsel zwischen den LookAndFeel-Arten in der Wiedergabe all dieser Komponenten berücksichtigt werden kann, wird die Vaterkomponente der aktuellen Instanz der Klasse mit der Methode `getTopLevelAncestor()` ermittelt.

Lösung 6.22

Die Klasse CustomField

```
import java.awt.*;
import javax.swing.*;
public class CustomField extends JTextField {
// Konstruktordefinition
    public CustomField(int n) {
// Ein Textfeld mit n Spalten erzeugen
        super(n);
// Das UI-Delegationsobjekt daran hindern, den Hintergrund des
// Texfeldes zu malen
        setOpaque(false);
    }
// Eine abgerundete viereckige Fläche für das Textfeld zeichnen
    protected void paintComponent(Graphics g) {
        int width = getWidth();
        int height = getHeight();
        g.setColor(Color.gray);
        g.fillRoundRect(0, 0, width, height, height, height);
        super.paintComponent(g);
```

```
  }
// Einen abgerundeten viereckigen Rand um das Textfeld zeichnen
  protected void paintBorder(Graphics g) {
    g.setColor(getForeground());
    g.drawRoundRect(0, 0, getWidth()-1, getHeight()-1,
      getHeight()-1, getHeight()-1);
  }
}
```

Die Klasse CustomFieldUI

```
import java.awt.*;
import javax.swing.*;
import javax.swing.border.*;
import javax.swing.text.*;
import javax.swing.plaf.ComponentUI;
import javax.swing.plaf.*;
import javax.swing.plaf.basic.*;
public class CustomFieldUI extends BasicTextFieldUI {
// Eine unveränderbare Instanz der Klasse erzeugen
  private final static CustomFieldUI fieldUI =
    new CustomFieldUI();
// Eine unveränderbare Instanz der Klasse CompoundBorder erzeugen
  private final static Border compoundBorder =
    new CompoundBorder(BorderFactory.createEmptyBorder(5,5,5,5),
      BorderFactory.createLineBorder(Color.gray));
// Werte für Farbe und Schrift als Objekte der Klassen Color und
// Font vom Programm aus setzen
  private static Color defaultColor = UIManager.getColor(
    "Field.foreground");
  private static Font defaultFont = UIManager.getFont(
    "Field.font");
// Die Methoden der Klasse BasicTextFieldUI überschreiben
  public static ComponentUI createUI(JComponent c) {
    return fieldUI;
  }
// Das Setzen von Eigenschaften für Komponenten erfolgt in der
// Methode installDefaults()
  public void installUI(JComponent c) {
    super.installUI(c);
  }
  public void uninstallUI(JComponent c) {
    super.uninstallUI(c);
  }
// Mit getComponent() wird die Komponente, welche einer Instanz
// der UI-Delegationsklasse zugeordnet wird, geholt
  public void installDefaults() {
    getComponent().setCaret(new CustomCaret());
```

```
      getComponent().setCaretColor(Color.pink);
      getComponent().setFont(defaultFont);
      getComponent().setBorder(compoundBorder);
      getComponent().setForeground(defaultColor);
    }
}
```

Die Klasse CustomFieldLookAndFeel

```
import java.awt.*;
import javax.swing.*;
import javax.swing.plaf.*;
import javax.swing.plaf.basic.*;
public class CustomFieldLookAndFeel extends BasicLookAndFeel {
// Werte für Schrift und Farben als Objekte der Klassen
// FontUIResource und ColorUIResource definieren, um zu
// unterstreichen, dass diese von der LookAndFeel-Komponente
// gesetzt werden
  private FontUIResource lucidaHand = new FontUIResource(
    "Lucida HandWriting", Font.PLAIN, 12);
  private ColorUIResource red = new ColorUIResource(Color.red);
// Die abstrakten Methoden der Klasse LookAndFeel implementieren
// Gibt eine Klassen-Id zurück
  public String getID() {
    return "CustomField";
  }
// Gibt den Namen für das LookAndFeel zurück
  public String getName() {
    return "CustomField-LookAndFeel";
  }
// Gibt eine Beschreibung für das LookAndFeel zurück
  public String getDescription() {
    return "Ein benutzerdefiniertes LookAndFeel";
  }
// Dieses LookAndFeel ist nicht das native-LookAndFeel
  public boolean isNativeLookAndFeel() {
    return false;
  }
// Dieses LookAndFeel wird standardmäßig unterstützt
  public boolean isSupportedLookAndFeel() {
    return true;
  }
// Externe Defaultwerte für Farben und Schrift von Komponenten
// zur UIDefaults-Tabelle hinzufügen
  protected void initComponentDefaults(UIDefaults table) {
    super.initComponentDefaults(table);
    Object[] defaults = {"Field.foreground", getForeground(),
      "Field.font", getFont()};
```

```
        table.putDefaults(defaults);
    }
// Eigene Methoden zum Setzen von Schrift und Farbe definieren
    public FontUIResource getFont() {
        return lucidaHand;
    }
    public ColorUIResource getForeground() {
        return red;
    }
}
```

Die Klasse JFramemitLookAndFeelundTextFieldUI

```
import java.awt.*;
import javax.swing.*;
import javax.swing.text.*;
public class JFramemitLookAndFeelundTextFieldUI extends JFrame {
    private CustomField text1 = new CustomField(10);
    private CustomField text2 = new CustomField(10);
    private JTextField text3 = new JTextField(10);
    private JTextField text4 = new JTextField(10);
// Konstruktordefinition
    public JFramemitLookAndFeelundTextFieldUI() {
        super("Die MVC-Architektur von Swing");
// Das UI-Delegationsobjekt daran hindern, den Hintergrund der
// Standard-Texfelder zu malen
        text3.setOpaque(false);
        text4.setOpaque(false);
// Ein benutzerdefiniertes Modell für das erste Textfeld setzen
        text1.setDocument(new GrossBuchstaben());
        text1.setText("Feld1");
        text2.setText("Feld2");
        text3.setText("Feld3");
        text4.setText("Feld4");
// Das Modell des ersten Textfeldes ermitteln und dem vierten
// Textfeld zuweisen
        Document modell = text1.getDocument();
        text4.setDocument(modell);
        getContentPane().setBackground(Color.lightGray);
        getContentPane().add(text1);
        getContentPane().add(text2);
        getContentPane().add(text3);
        getContentPane().add(text4);
        getContentPane().setLayout(new FlowLayout());
// Ein benutzerdefiniertes LookAndFeel für die Anzeige der
// Textfelder setzen und die von der Methode setLookAndFeel()
// geworfenen Exceptions mit einem try/catch-Block abfangen
        try {
```

```
        UIManager.setLookAndFeel("CustomFieldLookAndFeel");
                SwingUtilities.updateComponentTreeUI (this);
      }
      catch(Exception ex) {
        System.out.println(" Das LookAndFeel kann nicht "
          + "geladen werden"+ex);
      }
      text1.setUI(new CustomFieldUI());
      text4.setUI(new CustomFieldUI());
      setDefaultCloseOperation(JFrame.EXIT_ON_CLOSE);
      setSize(200, 200);
      setVisible(true);
    }
// Objekt der Klasse erzeugen
  public static void main (String args[]) {
      JFramemitLookAndFeelundTextFieldUI frame =
        new JFramemitLookAndFeelundTextFieldUI();
  }
}
```

Programmausgaben

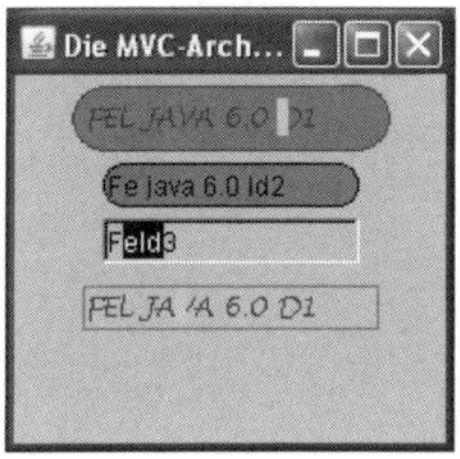

Kapitel 7

Innere Klassen

7.1 Die Definition von inneren Klassen und deren Instanzen

Member-Klassen

Im Kapitel 1 haben wir die Felder und Methoden einer Klasse als Member bezeichnet. Eine **Member-Klasse** wird auch als Member einer Klasse definiert, und zwar als ein nicht static Member. Damit gehört eine Member-Klasse zu einer Instanz der umgebenden Klasse und verhält sich wie deren Instanzfelder und Instanzmethoden. Eine Member-Klasse kann weder andere Klassen noch static Felder oder Methoden enthalten. Sie kann auf alle Member der umgebenden Klasse zugreifen, auch auf solche, die als `private` definiert sind. Member-Klassen sind von außerhalb der Klasse über eine Instanz der umgebenden Klasse erreichbar.

Static-Member-Klassen

Eine Static-Member-Klasse wird als static Member einer Klasse definiert. Sie gehört zu keiner Instanz der umgebenden Klasse und verhält sich wie deren Klassenfelder und Klassenmethoden. Eine Static-Member-Klasse hat Zugriff auf alle mit static definierten Felder und Methoden der umgebenden Klasse, einschließlich anderer Static-Member-Klassen und Interfaces, auch solcher, die als `private` deklariert sind. Sie hat keinen Zugriff auf die Instanzfelder der umgebenden Klasse, kann aber selbst sowohl Instanz- wie auch Klassenfelder definieren.

Lokale Klassen

Eine lokale Klasse wird in einem Java-Code-Block definiert, meistens innerhalb des Konstruktors einer Klasse oder von anderen Methoden. Es besteht aber auch die Möglichkeit, lokale Klassen innerhalb von Klassen- bzw. Instanz-Feld-Initialisierern zu definieren. Eine lokale Klasse ist nur innerhalb des Blocks gültig, in dem sie definiert wird.

Anonyme Klassen

Anonyme Klassen sind lokale Klassen ohne Namen. Dementsprechend besitzen sie alle anderen Merkmale von lokalen Klassen. Damit können innere Klassen an genau der Stelle im Programm definiert werden, wo sie gebraucht werden. Sie werden häufig bei der Implementierung von Interfaces genutzt.

Static-Member-Interface

Interfaces können nur als static Member in einer Klasse definiert werden und nicht als nicht-static Member oder lokale Klassen.

Die Nutzung von inneren Klassen leistet einen wesentlichen Beitrag in der Gestaltung von übersichtlichen Klassendefinitionen. Die Syntax, über welche innere Klassen innerhalb und außerhalb des Codes der umgebenden Klasse definiert und instantiiert werden, kann verschieden sein und wird dem Programmierer mit den nachfolgenden Beispielen näher gebracht.

Aufgabe 7.1 ☆

Instantiieren von Member-Klassen innerhalb der umgebenden Klasse

Es ist nicht zu empfehlen, zu Java-Standard-Komponenten selbst gezeichnete Graphiken in ein Fenster aufzunehmen. Diese sollten als benutzerdefinierte Komponenten in eigenen Klassen definiert und zum Fenster hinzugefügt werden. Eine elegantere Lösung ist deren Bereitstellung als innere Klassen.

Definieren Sie eine Member-Klasse `KreiseMalen` für eine von `JFrame` abgeleitete Klasse `JFramemitKreiseMalenMemberKlasse`. Die Klasse `KreiseMalen` wird von der Klasse `JComponent` abgeleitet und definiert eine Zeichenoberfläche, die zu einem Fenster vom Typ der umgebenden Klasse hinzugefügt wird. Sie definiert vier Instanzfelder `x`, `y`, `r1` und `r2` vom Typ `int`, welche den Mittelpunkt und Radius von zwei konzentrischen Kreisen angeben, und überschreibt die Methode `paintComponent()`der Oberklasse, um diese Kreise zu zeichnen.

Die Klasse `JFramemitKreiseMalenMemberKlasse` soll die Syntax demonstrieren, über welche Objekte von Member-Klassen innerhalb des Codes der umgebenden Klasse instantiiert werden können. Wird der `new`-Operator mit einer Referenz auf die umgebende Instanz als `this.new` benutzt, um die umgebende Instanz explizit anzugeben, so darf der Name der umgebenden Klasse nicht auch im Namen der inneren Klasse angegeben werden, weil die umgebende Instanz implizit den Namen der umgebenden Klasse festlegt. Wird der `new`-Operator ohne den Präfix `this` eingesetzt, so wird die neue Instanz automatisch mit dem aktuellen Objekt verknüpft. Der Name der umgebenden Klasse kann, aber muss nicht auch in diesem Fall angegeben werden. Benutzen Sie die beschriebenen Möglichkeiten beim Erzeugen von Instanzen der Member-Klasse und fügen Sie diese Instanzen zur ContentPane des Fensters hinzu.

Java-Dateien: `JFramemitKreiseMalenMemberKlasse.java`
Programmaufruf: `JFramemitKreiseMalenMemberKlasse`

Aufagabe 7.2 ☆☆

Instantiieren von Member-Klassen außerhalb der umgebenden Klasse

Die Klasse `MemberKlassen` soll demonstrieren, dass Instanzen von Member-Klassen nur innerhalb von Instanzen der umgebenden Klasse existieren und deswegen auch nur damit kreiert werden können. Im Konstruktor der Klasse werden Referenzen vom Typ der Klassen `Font` und `Color` übergeben.

Die Klasse `MemberKlassen` definiert die Klassen `FontIcon` und `ColorIcon` aus der Aufgabe 6.20 als Member-Klassen. Die Member-Klasse `FontIcon` implementiert die Schnittstelle `Icon`, um mit dem Namen der im Konstruktor angegebenen Schrift ein Icon mit der Größe 16x96 zu zeichnen. Die Member-Klasse `ColorIcon` implementiert die gleiche Schnittstelle, um mit der im Konstruktor angegebenen Farbe ein Icon mit der Grösse 16x16 zu zeichnen. Definieren Sie zwei Methoden `createFontIcon()` und `createColorIcon()`, die Instanzen vom Typ der Member-Klassen zurückgeben, für den Fall dass der Zugriff auf diese von außerhalb der umgebenden Klasse erfolgt. Member-Klassen spielen die gleiche Rolle wie Instanzfelder und diese sollten im Sinne der Datenkapselung über Methoden der Klasse erreichbar sein. Definieren Sie eine von `JFrame` abgeleitete Klasse `JFramefuerMemberKlassen`, die vier `JButton`-Komponenten mit jeweils zwei Icons vom Typ der Klassen `FontIcon` und `ButtonIcon` erstellt. In dieser Klasse soll die Syntax, über welche Objekte von inneren Klassen außerhalb des Codes der umgebenden Klasse instantiiert werden können, erläutert werden. Zeigen Sie, dass dafür im Vorhinein eine Instanz der umgebenden Klasse erzeugt werden muss. Ist eine Instanz der umgebenden Klasse vorhanden, so können mit dieser auf verschiedene Arten Instanzen der Member-Klassen kreiert werden.

Java-Dateien: `MemberKlassen.java, JFramefuerMemberKlassen.java`
Programmaufruf: `JFramefuerMemberKlassen`

Aufgabe 7.3 ☆

Instantiieren von Static-Member-Klassen innerhalb der umgebenden Klasse

Definieren Sie eine Klasse `JFramemitKreiseMalenStaticMemberKlasse` in welcher im Unterschied zur Klasse `JFramemitKreiseMalenMemberKlasse` die gleiche innere Klasse als `static` definiert wird und deren Name in `KreiseMalenStatic` abgeändert wird, um auszuschließen, dass die falsche `.class`-Datei beim Programmablauf eingebunden wird (angenommen die Java-Dateien befinden sich im gleichen Verzeichnis). Für diese innere Klasse gibt es keine `this`-Referenz auf eine Instanz der umgebenden Klasse, die beim Aufruf des `new`-Operators angegeben werden kann. Zeigen Sie, dass eine Instanz der inneren Klasse mit oder ohne Angabe des Namens der umgebenden Klasse gebildet werden kann.

Java-Dateien: `JFramemitKreiseMalenStaticMemberKlasse.java`
Programmaufruf: `java JFramemitKreiseMalenStaticMemberKlasse`

Aufgabe 7.4 ☆☆

Instantiieren von Static-Member-Klassen außerhalb der umgebenden Klasse

In Analogie zu den Klassen aus der Aufgabe 7.2 werden die Klassen `MemberKlassenStatic` und `JFramefuerMemberKlassenStatic` definiert, um zu zeigen, dass Instanzen von Static-Member-Klassen auch außerhalb der Klasse, in welcher sie definiert wurden, nicht nur mit Hilfe von Instanzen der umgebenden Klasse erzeugt werden können, sondern auch direkt über den Klassennamen der umgebenden Klasse. Gleichzeitig soll die Syntax, über welche Static-Member-Klassen außerhalb des Codes der umgebenden Klasse instantiiert werden können, verdeutlicht werden. Die Klasse `MemberKlassenStatic` definiert die Klassen `FontIcon` und `ColorIcon` als Static-Member-Klassen.

Java-Dateien: `MemberKlassenStatic.java, JFramefuerMemberKlassenStatic.java`
Programmaufruf: `java JFramefuerMemberKlassenStatic`

Aufgabe 7.5 ☆

Lokale Klassen

Definieren Sie eine lokale Klasse mit dem Namen `KreiseMalenLokal` innerhalb der Konstruktordefinition einer von `JFrame` abgeleiteten Klasse `JFramemitKreiseMalenLokaleKlasse`. Sie soll die gleichen Kreise wie die Klassen aus den Aufgaben 7.1 und 7.3 zeichnen.

Hinweise für die Programmierung:

Eine lokale Klasse ist wie eine lokale Variable nur innerhalb des umgebenden Blocks gültig, in dem sie definiert ist, hier im Konstruktor der Klasse. Lokale Klassen gehören wie auch Member-Klassen zu einer umgebenden Instanz und können alle Member dieser Klasse erreichen, auch solche, die als `private` definiert sind. Zusätzlich zu den Feldern, die in der umgebenden Klasse definiert sind, können sie auf lokale Variablen und Methodenparameter zugreifen, die in der umgebenden Methodendefinition liegen und als `final` deklariert sind.

Damit die Instanzen von lokalen Klassen über die Ausführung der Methode, in welcher sie definiert wurden, hinaus existieren, muss eine lokale Klasse Kopien von allen verwendeten lokalen Variablen erstellen, die den gleichen Wert wie diese haben. Um dies zu gewährleisten, werden die lokalen Variablen als `final` deklariert. Das gleiche gilt für Methodenparameter, die in einer lokalen Klasse angesprochen werden.

Definieren Sie eine zweite Version der von `JFrame` abgeleiteten Klasse `JFramemitKreiseMalenLokaleKlasseundFinal`, welche einen parameterlosen Konstruktor besitzt, die Mittelpunktkoordinaten der Kreise als Instanzfelder der Klasse vom Typ `int` definiert und deren Radius als lokale Variablen im Konstruktor. Die innere lokale Klasse hat direkten Zugriff auf die Instanzfelder der Klasse, auf die Werte von lokalen Variablen jedoch nur dann, wenn diese mit `final` deklariert werden.

Java-Dateien: `JFramemitKreiseMalenLokaleKlasse.java`, `JFramemitKreiseMalenLokaleKlasseundFinal.java`
Programmaufruf: `java JFramemitKreiseMalenLokaleKlasse`

Aufgabe 7.6 ☆

Anonyme Klassen

Definieren Sie analog zur Klasse `JFramemitKreiseMalenLokaleKlasseundFinal` eine Klasse `JFramemitKreiseMalenAnonymeKlasse`, die an Stelle der lokalen Klasse `KreiseMalenLokal` eine anonyme Klasse definiert.

Hinweise für die Programmierung:

Die Syntax zum Definieren einer anonymen Klasse und zum direkt darauf folgenden Erzeugen einer Instanz von dieser Klasse benutzt auch das Schlüsselwort `new`. Wenn auf das Schlüsselwort `new` der Name einer Klasse folgt, wie in diesem Beispiel, dann ist die anonyme Klasse von dieser abgeleitet. Wird danach der Name eines Interface angegeben, so implementiert die anonyme Klasse das Interface und ist von `Object` abgeleitet. Da diese Klassen keinen Namen haben, können sie keinen Konstruktor definieren. Es können jedoch Argumente nach dem Namen der Oberklasse in den runden Klammern angegeben werden, die implizit an die Oberklasse hochgereicht werden. Weil der Konstruktor von `JComponent` keine Argumente erwartet, bleiben hier die runden Klammern leer.

Java-Dateien: `JFramemitKreiseMalenAnonymeKlasse.java`
Programmaufruf: `java JFramemitKreiseMalenAnonymeKlasse`

Aufgabe 7.7 ☆

Member-Interfaces

Die Klasse `JFramemitKreiseMalenMemberInterface` wird von `JFrame` abgeleitet und überschreibt die Methode `paint()` der Oberklasse, um drei Kreise mit unterschiedlichen Positionierungen am Bildschirm anzuzeigen: rechts oben, in der Mitte und links unten. Die Klasse definiert und implementiert ein Static-Member-Interface `KreisePositionieren`, das die Methoden zum Positionieren der Kreise vorgibt.

Wird ein Interface als innere Klasse definiert, so darf dieses nicht zusätzlich über die `implements`-Klausel in der Klassendefinition angegeben werden.

Member-Interfaces werden implizit als `static` definiert, so dass die Angabe des Modifikators wahlfrei bleibt.

Java-Dateien: `JFramemitKreiseMalenMemberInterface.java`
Programmaufruf: `java JFramemitKreiseMalenMemberInterface`

Aufgabe 7.8 ☆☆

Member-Interface mittels einer anonymen Klasse implementieren

Definieren Sie eine Klasse `JFramemitRectangle2DMemberInterface`, welche das Static-Member-Interface `FigurenMalen` mittels einer anonymen Klasse implementiert. Die Klasse definiert eine globale Referenz vom Typ des Interface `Shape`, der im Konstruktor der Klasse eine `Rectangle2D.Float`-Referenz zugewiesen wird.

Das Interface `FigurenMalen` definiert eine Methode `drawShape()`, die eine Zeichenoberfläche und eine `Rectangle2D.Float`-Instanz als Referenzen vom Typ `Graphics2D` und `Shape` übergeben bekommt. Diese Methode ruft die Methode `draw()` der Klasse `Graphics2D` auf, um die übergebene geometrische Figur zu malen. Der Aufruf der Methode `drawShape()` erfolgt aus der `paint()`-Methode, die von dieser Klasse überschrieben wird.

Java-Dateien: `JFramemitRectangle2DMemberInterface.java`
Programmaufruf: `java JFramemitRectangle2DMemberInterface`

Aufgabe 7.9 ☆☆

Member-Interface von einer anderen Klasse implementieren

Die Klasse `GeomFigMemberInterface` definiert als neuen Datentyp eine Art Behälter, welcher die geometrischen Standardfiguren aufnehmen kann. Sie definiert ein Instanzfeld `shape` vom Typ des Interface `Shape`, in welchem je nach Wert des im Konstruktor initialisierten zweiten Instanzfeldes `figurenTyp` Referenzen von Instanzen der Klassen `Rectangle`, `Rectangle2D.Float`, `Ellipse2D.Float` oder `Polygon` gespeichert werden.

Die Methode zum Zeichnen einer solchen Figur soll in einem Static-Member-Interface `FigMalen` definiert werden und von einer anderen Klasse `JFramefuerGeomFigMemberInterface`, die das Zeichnen der Figuren übernimmt, implementiert werden. Der Variablen `interfaceGFM` vom Typ des Interface `GeomFigMemberInterface.FigMalen` wird die Referenz eines Objektes der anonymen Klasse zugewiesen, welche das Interface implementiert und von der Klasse `Object` abgeleitet ist.

Java-Dateien: `GeomFigMemberinterface.java`, `FramefuerGeomFigMemberInterface.java`
Programmaufruf: `java JFramefuerGeomFigMemberInterface`

Aufgabe 7.10 ☆☆

Member-Interfaces und Member-Klassen

Definieren Sie eine von `JFrame` abgeleitete Klasse `JFramemitKreiseMalenMemberInterfaceundMemberKlasse`, welche die gleichen Kreise wie in den Aufgaben 7.1 und 7.3 zeichnet und zusätzlich zu einer von `JComponent` abgeleiteten Member-Klasse `KreiseMemberKlasse` ein Static-Member-Interface `KreiseMalen` definiert. Das Interface, welches in seiner Methode `drawKreise()` das Zeichnen der Kreise übernimmt wird, von der umgebenden Klasse mittels einer anonymen Klasse implementiert.

Java-Dateien: `JFramemitKreiseMalenMemberInterfaceundMemberKlasse.java`
Programmaufruf: `java JFramemitKreiseMalenMemberInterfaceundMemberKlasse`

7.2 Innere Klassen am Beispiel von Event-Listener und Event-Adapter

Die Benutzung von inneren Klassen beim Implementieren von Event-Listenern und Event-Adaptern definiert keine zusätzliche Methode in der Eventbehandlung, lässt aber den Code der betroffenen Klassen wesentlich aufgeräumter aussehen. Zur Bestätigung dieser Aussage werden die Beispiele aus den Aufgaben 4.23 und 4.24 noch einmal neu aufgenommen.

Aufgabe 7.11 ☆

Den WindowAdapter als Member-Klasse definieren

Erstellen Sie analog zur Klasse `FramemitWindowAdapter` aus der Aufgabe 4.23 eine Klasse `FramemitWindowAdapterundMemberKlasse`, welche die Klasse `UnterklassevonWindowAdapter` aus der gleichen Aufgabe als Member-Klasse definiert.

Java-Dateien: `FramemitWindowAdapterundMemberKlasse.java`
Programmaufruf: `java FramemitWindowAdapterundMemberKlasse`

Aufgabe 7.12 ☆

Den WindowAdapter mittels einer anonymen Klasse implementieren

Erstellen Sie analog zur Klasse `FramemitWindowAdapterundMemberKlasse` aus der Aufgabe 7.11 eine Klasse `FramemitWindowAdapterundAnonymeKlasse`, die an Stelle der Member-Klasse eine anonyme Klasse verwendet.

Java-Dateien: `FramemitWindowAdapterundAnonymeKlasse.java`
Programmaufruf: `java FramemitWindowAdapterundAnonymeKlasse`

Aufgabe 7.13 ☆

Den ActionListener mittels einer anonymen Klasse implementieren

Definieren Sie analog zur Klasse `JFramemitActionListener` aus der Aufgabe 4.24 eine Klasse `JFramemitActionListenerundAnonymeKlasse`, die den ActionListener für die `JButton`-Komponente als Instanz einer anonymen Klasse erzeugt und registriert.

Java-Dateien: `JFramemitActionListenerundAnonymeKlasse.java`
Programmaufruf: `java JFramemitActionListenerundAnonymeKlasse`

Aufgabe 7.14 ☆☆☆

Benutzdefinierte Event-Objekte und Event-Listener für JButton- und JTextField-Komponenten

Die von `JPanel` abgeleitete Klasse `KomponentenmitZahlen` soll einen neuen Typ für Komponenten definieren, der Standard-Komponenten vom Typ `JButton` und `JTextField` aufnehmen kann. Im Konstruktor der Klasse werden die Art und der Name von Komponenten als Referenzen von Typ `String` und `String[][]` übergeben und die Methoden `defJButton()` und `defJTextField()` aufgerufen. Diese Methoden erstellen je ein Array-Objekt mit Elementen vom Typ `JButton` und `JTextField`. Der in Form einer Zahl übergebene Name wird als Beschriftung bzw. Textinhalt den so erzeugten Komponenten zugeordnet. Der so eingeführte neue Komponententyp rechtfertigt die dazugehörige Definition eines eigenen `EventObject`- und `EventListener`-Typs. Definieren Sie analog zu den externen Klassen `KomponentenEvent` und `KomponentenListener` aus der Aufgabe 5.17 innere Klassen mit dem gleichen Namen.

In der Klasse `KomponentenmitZahlen` wird auf die internen Events, die bei der Betätigung eines Buttons bzw. bei der Auswahl eines Textfeldes mit Hilfe der Return-Taste generiert werden, gelauscht und diese werden mit Hilfe der Methode `erzeugeEvent()` der Klasse `KomponentenEvent` in ein benutzerdefiniertes Event vom Typ dieser Klasse umgesetzt. Die so erzeugten Event-Objekte werden ihrerseits von Instanzen, welche den benutzerdefinierten Event-Listener vom Typ `KomponentenListener` registrieren, empfangen.

Definieren Sie eine Klasse `JFramefuerKomponentenmitZahlen`, die zwei Objekte vom Typ der Klasse `KomponentenmitZahlen` instantiiert und für diese den Komponentenlistener registriert, um auf eine Button-Betätigung bzw. Textfeld-Auswahl reagieren zu können.

Bei der Betätigung eines Buttons bzw. der Return-Taste in einem Textfeld soll eine Meldung mit dem Namen der ausgewählten Komponente und ihrem Typ am Bildschirm angezeigt werden.

Java-Dateien: `KomponentenmitZahlen.java`, `JFramefuerKomponentenmitZahlen.java`
Programmaufruf: `java JFramefuerKomponentenmitZahlen`

Aufgabe 7.15 ☆☆☆

Benutzdefinierte Event-Objekte und Event-Listener für JRadioButton-Komponenten

Definieren Sie eine Klasse `RadioButtonEventundListener`, welche die Klasse `JRadioButton` erweitert und ebenfalls, wie auch die Klasse `KomponentenmitZahlen` aus der Aufgabe 7.14, einen neuen Eventtyp `RadioButtonEvent` und einen neuen Listenertyp `RadioButtonListener` als innere Klassen definiert. Diesmal sollen die drei internen Eventarten ActionEvent, ChangeEvent und ItemEvent, die eine `JRadioButton`-Komponente auslöst, in den neuen Eventtyp umgesetzt werden und der für ein Objekt der Klasse registrierte `RadioButtonListener` benachrichtigt werden.

Die von `JFrame` abgeleitete Klasse `JFramefuerRadioButtonEventundListener` erzeugt ein Objekt der Klasse `RadioButtonEventundListener` und implementiert den als Static-Member-Interface definierten `RadioButtonListener`, um auf die benutzerdefinierten Events vom Typ `RadioButtonEvent` reagieren zu können, welche von diesem Objekt ausgelöst werden. Beim Selektieren bzw. Deselektieren des RadioButtons oder einer Mausbewegung zum und weg vom RadioButton soll eine Meldung mit Angabe des umgesetzten internen Eventtyps in einer Statuszeile der Fensterkomponente ausgegeben werden.

Java-Dateien: `RadioButtonEventundListener.java`, `JFramefuerRadioButtonEventundListener.java`
Programmaufruf: java `JFramefuerRadioButtonEventundListener`

Aufgabe 7.16 ☆☆☆

Benutzderfinierte Event-Objekte und Event-Listener für JLabel-Komponenten

Benutzerdefinierte `JLabel`-Komponenten sollen als Instanzen einer Klasse `UserKomponente` erzeugt werden, welche `Events` vom Typ `EventBlau` und `EventRot` generiert. Die Klasse implementiert den MouseListener mittels der `MouseAdapter`-

Klasse und ermittelt den Graphikkontext für ihre Komponenten über die Methode `getGraphics()` als lokale Referenz vom Typ der Klasse `Graphics`.

Ist eine der beim Anklicken einer Komponente vom Typ `UserKomponente` mit der Maus ermittelten Punktkoordinaten durch zwei teilbar, soll ein Ereignis vom Typ `EventBlau` erzeugt und der Text »Java 6.0« in der Farbe blau und mit der Schrift "Lucida HandWriting" an den Pixel-Koordinaten (x,y) auf dem Bildschirm an den Pixelkoordinaten (x, y) ausgegeben werden. Ansonsten wird ein Ereignis vom Typ `EventRot` erzeugt und der gleiche Text in der Farbe rot und mit der Schrift "Arial" auf dem Bildschirm an den Pixelkoordinaten (x,y) ausgegeben. Die entsprechenden Event-Listener vom Typ `EventListenerBlau` und `EventListenerRot` werden über diese Aktionen von ihren Methoden `eventBlau()` und `eventRot()` informiert. Definieren Sie in der Klasse `UserKomponente` die Methoden `addListenerBlau()` und `addListenerRot()` für das Registrieren der zugehörigen Event-Listener.

Die neuen `EventObject`- und zugehörigen `EventListener`-Arten sollen als Static-Member-Klassen und Static-Member-Interfaces in einer zweiten Klasse `UserEventundListener` definiert werden.

Eine dritte Klasse `JFramefuerUserKomponente` erzeugt eine Instanz der Klasse `UserKomponente` und registriert für diese Event-Listener vom Typ `EventListenerBlau` und `EventListenerRot`. Die Event-Listener sollen über eine `implements`-Klausel im Klassenkopf implementiert werden. Erstellen Sie zusätzlich eine `JPanel`-Komponente zur Aufnahme von Kindkomponenten für eine Fensterkomponente und ein Array-Objekt vom Typ `JLabel`, um damit zwei Statuszeilen für Meldungen zu generieren.

Java-Dateien: `UserKomponente.java, UserEventundListener.java, JFramefuerUserKomponente.java`
Programmaufruf: `JFramefuerUserKomponente`

7.3 Weitere Beispiele mit inneren Klassendefinitionen

Die von den Klassen `Dialog` und `JDialog` abgeleiteten Klassen dienen in erster Linie für die Anzeige von Fehlermeldungen, Warnungen und Informationen für den Benutzer, welche von diesem bestätigt werden müssen. Darum werden ihre Instanzen modal (den Hintergund sperrend) angezeigt, d.h. sie müssen als erste innerhalb der Anwendung geschlossen werden. In Swing besteht eine zusätzliche Möglichkeit, Dialoge mit den Methoden der Klasse `JOptionPane` anzuzeigen. Gleichzeitig gibt es zwei vordefinierte Dialoge, der Dialog zur Auswahl und Speichern einer Datei wird mit der Klasse `JFileChooser` definiert, und ein Farbauswahldialog wird mit der Klasse `JColorChooser` definiert.

Aufgabe 7.17 ☆☆

Die Methoden der Klasse JOptionPane aus einer anonymen Klasse aufrufen

Erstellen Sie eine Klasse `JFramemitDialogFenster`, die ein Instanzfeld b vom Typ `JButton[]` definiert. Die `JButton`-Komponenten, auf welche die Referenzvariablen `b[i] (i = 0,6)` zeigen, werden in einer `for`-Schleife mit von deren Index `i` abhängigen Beschriftungen: »`Dialog`«+`(i+1)` und Hintergrundfarben erzeugt. Für jede einzelne `JButton`-Komponente wird der ActionListener mittels einer anonymen Klasse implementiert und registriert, um bei der Betätigung des Buttons abhängig von dem Indexwert der `for`-Schleife eine Anzeige von Dialog-Fenstern mit den Methoden der Klasse `JOptionPane` vorzunehmen. Zeigen Sie in den Dialog-Fenstern Meldungen vom Typ `INFORMATION_MESSAGE`, `ERROR_MESSAGE`, `WARNING_ MESSAGE`, `QUESTION_MESSAGE` und `PLAIN_MESSAGE` an.

Hinweise für die Programmierung:

Achten Sie darauf, dass der Wert der lokalen Variablen der `for`-Schleife einer als `final` deklarierten Variablen zugewiesen werden muss, damit diese innerhalb des Definitionsbereiches der anonymen Klasse Gültigkeit hat.

Java-Dateien: `JFramemitDialogFenster.java`
Programmaufruf: java `JFramemitDialogFenster`

Aufgabe 7.18 ☆☆☆

Einen Farbauswahldialog und die main()-Methode innerhalb von inneren Klassen definieren

Definieren Sie eine von `JFrame` abgeleitete Klasse `InnereKlassemitmainMethode`, die zwei innere Klassendefinitionen beinhaltet. Die innere Klasse `SelectColorAction` wird von der Klasse `AbstractAction` abgeleitet. Überschreiben Sie die Methode `actionPerformed()` des Interface `ActionListener` und rufen Sie darin die Methode `showDialog()` der Klasse `JColorChooser` auf, um ein Dialog-Fenster für eine Farbauswahl zu eröffnen.

Übergeben Sie im Aufruf der Methode `add()` der Klasse `JToolBar` eine Instanz der Klasse `SelectColorAction` als Referenz vom Typ des Interfaces `Action`, um ein `JButton`-Objekt zu erzeugen und dieses zu einer `JToolBar`-Komponente hinzuzufügen. Benutzen Sie den von Swing vordefinierten Dialog für eine Farbauswahl, um neue Farben für das Malen mit der Maus auf einer Zeichenoberfläche vom Typ `Canvas` zu setzen, die von der Klasse `InnereKlassemitmainMethode` bereitgestellt wird. Für das Malen mit der Maus implementiert die Klasse den MouseMotionListener. In der überschriebenen Methode `mouseDragged()` werden die vom Mauszeiger beschriebenen Koordinaten gelesen und an deren Stelle kleine Quadrate mit einer Seitenlänge von 3 Pixel gezeichnet. Eine Statusmeldung zur

Prüfung der Funktionalität der `JColorChooser`-Instanz für die Farbauswahl soll mit Hilfe einer `JLabel`-Komponente im Fenster angezeigt werden.

Eine zweite innere Klasse `Test` definiert die `main()`-Methode, um den Programmaufruf über eine innere Klasse zu demonstrieren.

Hinweise für die Programmierung:

`Action` ist ein Interface, das von `ActionListener` abgeleitet ist. Dieses Interface wird von der abstrakten Klasse `AbstractAction` implementiert, von welcher konkrete Klassen abgeleitet werden können, die die Methoden der abstrakten Klasse und des Interface implementieren. Jedes `Action`-Objekt kann als ActionListener genutzt werden, um ein von einer Komponente generiertes ActionEvent zu beantworten, und fügt diesem die Fähigkeit hinzu, beliebige Eigenschaften mit einem `Action`-Objekt zu verknüpfen. Darüber hinaus definiert das `Action`-Interface Standard-Eigenschaftsnamen, um einen Namen oder ein Icon für die vom Listener durchgeführte Aktion anzugeben.

Hinweis für den Programmaufruf:

Da sich die `main()`-Methode in einer inneren Klasse befindet, muss beim Programmaufruf der vollständige Name dieser inneren Klasse angegeben werden, der aus dem Namen der umgebenden Klasse, einem Dollarzeichen und dem Namen der inneren Klasse besteht.

Java-Dateien: `InnereKlassemitmainMethode.java`
Programmaufruf: `java InnereKlassemitmainMethode$Test`

Aufgabe 7.19 ☆☆☆

Wiederholungsaufgabe

Erstellen Sie eine Klasse `BuchalsLayeredPane`, welche die Klasse `JPanel` erweitert und im Konstruktor eine Komponente als Referenz vom Typ `JLayeredPane` übergeben bekommt. Für diese Komponente soll der von der Klasse implementierte MouseMotionListener registriert werden.

Definieren Sie in dieser Klasse eine innere Klasse `UserLabel`, von `JLabel` abgeleitet, die im Konstruktor Referenzen vom Typ der Java-Standard-Klassen `String`, `Color`, `Point` und `Dimension` übergeben bekommt. Durch den Aufruf der Methoden `setBackground()` und `setBounds()` werden der Hintergrund, die Position und die Größe für die Komponenten dieser Klasse auf die in ihrem Konstruktor übergebenen Werte gesetzt. Über den Aufruf des Konstruktors ihrer Oberklasse wird eine Beschriftung für die Komponenten definiert.

Fügen Sie fünf Instanzen dieser Klasse in geschachtelter Form zu der im Konstruktor der umgebenden Klasse übergebenen LayeredPane-Komponente hinzu, um die Seiten eines Buches darzustellen. Eine weitere Instanz der Klasse soll als Lesezeichen dienen. Zu diesem Zweck wird diese mit den Methoden `moveToFront()` und moveToBack() der Klasse JLayeredPane vor oder hinter eine ausgewählte Buchseite positioniert.

Erzeugen Sie zwei JMenuBar-Komponenten und fügen Sie zu diesen JMenu- und JMenuItem-Komponenten für die Auswahl von Buchseiten und der Position des Lesezeichens hinzu. Zum ersten MenuBar wird eine JMenu-Komponente mit der Beschriftung »Lesezeichen setzen« hinzugefügt und zum zweiten zwei JMenu-Komponenten mit den Beschriftungen »Buchseiten« und »Lesezeichen«.

Definieren Sie für das Menü »Buchseiten« die Einträge: Seite1 bis Seite5 als Komponenten vom Typ JMenuItem und für das Menü »Lesezeichen« die Einträge: Lesezeichen vor die Seite setzen und Lesezeichen hinter die Seite setzten und registrieren Sie für diese den ActionListener, der mittels einer anonymen Klasse implementiert werden soll.

Die zweite MenuBar und das Lesezeichen sollen zur LayeredPane in der Ebene mit dem Index 0 hinzugefügt werden.

Definieren Sie eine Methode starteGUI() zwecks Darstellung all dieser Komponenten in einem Fenster und übergeben Sie die LayeredPane der Fensterkomponente vom Typ JFrame im Konstruktor der Klasse BuchalsLayeredPane, um eine Instanz dieser Klasse zu erzeugen.

Die erste MenuBar wird mit Hilfe der Methode setMenuBar() zur RootPane des Fensters hinzugefügt.

Rufen Sie die Methode starteGUI() in der main()-Methode einer inneren Klasse Test auf.

Java-Dateien: BuchalsLayeredPane.java
Programmaufruf: BuchalsLayeredPane

7.4 Lösungen:

Lösung 7.1

Die Klasse JFramemitKreiseMalenMemberKlasse

```
import java.awt.*;
import javax.swing.*;
public class JFramemitKreiseMalenMemberKlasse extends JFrame {
// Konstruktor der umgebenden Klasse
  public JFramemitKreiseMalenMemberKlasse() {
    super("Member-Klasse");
    setBounds(10,10,100,100);
    setDefaultCloseOperation(JFrame.EXIT_ON_CLOSE);
    Container cPanel = getContentPane();
// Eine innere Instanz wird automatisch mit dem aktuellen Objekt
// der umgebenden Klasse verknüpft
```

```
    KreiseMalen km = new
     JFramemitKreiseMalenMemberKlasse.KreiseMalen(55,35,30,20);
// Korrekt ist auch der Aufruf ohne den Namen der umgebenden
// Klasse
  // KreiseMalen km = new KreiseMalen(55,35,30,20);
// Wird die umgebende Instanz explizit angegeben, darf der
// Klassennamen der umgebenden Klasse nicht angegeben werden
  // KreiseMalen km = this.new KreiseMalen(55,35,30,20);
    cPanel.add(km);
    setVisible(true);
  }
// Innere Klasse (Member-Klasse)
  public class KreiseMalen extends JComponent {
    int x;
    int y;
    int r1;
    int r2;
// Konstruktor der Member-Klasse mit Mittelpunkt und zwei Radien
    KreiseMalen(int x, int y, int r1, int r2) {
      this.x = x;
      this.y = y;
      this.r1 = r1;
      this.r2 = r2;
    }
// Zwei Kreise malen
    protected void paintComponent(Graphics g) {
      g.setColor(Color.gray);
      g.fillOval(x-r1,y-r1,2*r1,2*r1);
      g.setColor(Color.pink);
      g.fillOval(x-r2,y-r2,2*r2,2*r2);
    }
  }
// Objekt der äußeren Klasse erzeugen
  public static void main(String[] args) {
    JFramemitKreiseMalenMemberKlasse frame =
     new JFramemitKreiseMalenMemberKlasse();
  }
}
```

Programmausgaben

Lösung 7.2

Die Klasse MemberKlassen

```
import java.awt.*;
import javax.swing.*;
public class MemberKlassen {
  private Font f = new Font("Times Roman",Font.BOLD,14);
  private Color c = Color.pink;
// Alle nachfolgenden Objektinstantiierungen von Member-Klassen
// sind korrekt
  // MemberKlassen.FontIcon fontIcon = new
  //    MemberKlassen.FontIcon(f);
  // MemberKlassen.ColorIcon colorIcon = new
  //    MemberKlassen.ColorIcon(c);
// oder
  // FontIcon fontIcon = this.new FontIcon(f);
  // ColorIcon colorIcon = this.new ColorIcon(c);
// oder
  public FontIcon fontIcon = new FontIcon(f);
  public ColorIcon colorIcon = new ColorIcon(c);
// Konstruktor der umgebenden Klasse
  public MemberKlassen(Font f, Color c) {
    this.f = f;
    this.c = c;
  }
// Instanzmethoden, die Objekte vom Typ der Member-Klassen
// erzeugen und zurückgeben
  public FontIcon createFontIcon() {
    return new FontIcon(f);
  }
  public ColorIcon createColorIcon() {
    return new ColorIcon(c);
  }
// Innere Klasse (Member-Klasse)
  public class FontIcon implements Icon {
    Font font;
// Konstruktor der inneren Klasse
    public FontIcon(Font font) {
      this.font = font;
    }
// Die Größe des Icon definieren
    public int getIconHeight() {
      return 16;
    }
    public int getIconWidth() {
```

```
        return 96;
      }
// Das Icon malen
      public void paintIcon(Component c, Graphics g, int x,
                           int y) {
        g.setFont(font);
        g.setColor(Color.red);
// (x,y) ist der Eckpunkt der Komponente, auf welche das Icon
// gemalt werden soll
        g.drawString(font.getName(), x, y+10);
      }
  }
// Eine weitere Member-Klasse
  public class ColorIcon implements Icon {
      Color color;
// Konstruktor der Member-Klasse
      public ColorIcon(Color color) {
        this.color = color;
      }
// Die Grösse des Icon definieren
      public int getIconHeight() {
        return 16;
      }
      public int getIconWidth() {
        return 16;
      }
// Das Icon malen
      public void paintIcon(Component c, Graphics g, int x,
                           int y) {
// c steht für die Komponente, auf welche das Icon gemalt wird
        g.setColor(color);
        g.fillRect(x, y, 16, 16);
      }
  }
}
```

Die Klasse JFramefuerMemberKlassen

```
import java.awt.*;
import javax.swing.*;
public class JFramefuerMemberKlassen extends JFrame {
  private JButton fontButton1, fontButton2;
  private JButton colorButton1, colorButton2;
  private Font font = new Font("Andy", Font.BOLD, 14);
  private Color color = Color.green;
// Konstruktordefinition
```

```
   public JFramefuerMemberKlassen() {
      super("Member-Klassen");
      setBounds(10,10,300,100);
      setDefaultCloseOperation(JFrame.EXIT_ON_CLOSE);
// Instanz der umgebenden Klasse
      MemberKlassen mb = new MemberKlassen(font,color);
      Container cPanel = getContentPane();
      cPanel.setLayout(new FlowLayout());
// Eine Instanz der Member-Klasse kann nicht ohne eine Instanz
// der umgebenden Klasse erzeugt werden
   // MemberKlassen.FontIcon fontIcon = new
   //   MemberKlassen.FontIcon(font); // Fehler
   // MemberKlassen.ColorIcon colorIcon = new
   //   MemberKlassen.ColorIcon(color); // Fehler
// Ist eine Instanz der umgebenden Klasse vorhanden, so können
// mit dieser auf verschiedene Arten Instanzen der Member-Klassen
// kreiert werden
      colorButton1 = new JButton(mb.colorIcon);
      fontButton1 = new JButton(mb.fontIcon);
// oder
   // colorButton1 = new JButton(mb.new ColorIcon(color));
   // fontButton1 = new JButton(mb.new FontIcon(font));
// oder über den Methodenaufruf
      fontButton2 = new JButton(mb.createFontIcon());
      colorButton2 = new JButton(mb.createColorIcon());
// Im Konstruktoraufruf darf der Name der umgebenden Klasse
// nicht explizit angegeben werden
   // FontIcon mbfi = mb.new MemberKlassen.FontIcon(font);
// Die Referenz auf das erzeugte Objekt muss wiederum diesen
// Namen vorangestellt bekommen
   // MemberKlassen.FontIcon mbfi = mb.new FontIcon(font);
// Damit kann ein JButton-Objekt erzeugt werden
   // fontButton1 = new JButton(mbfi);
// Die Buttons zum Panel hinzufügen
      cPanel.add(fontButton1);
      cPanel.add(fontButton2);
      cPanel.add(colorButton1);
      cPanel.add(colorButton2);
      setVisible(true);
   }
// Objekt der äußeren Klasse erzeugen
   public static void main(String[] args) {
      JFramefuerMemberKlassen frame = new
        JFramefuerMemberKlassen();
   }
}
```

Programmausgaben

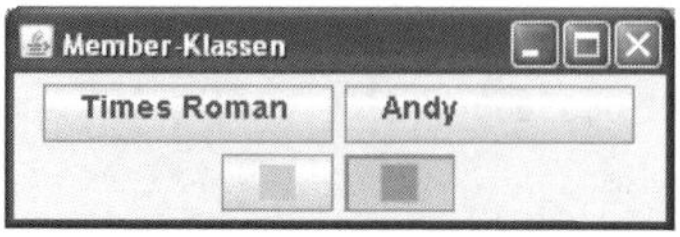

Lösung 7.3

Die Klasse JFramemitKreiseMalenStaticMemberKlasse

```
import java.awt.*;
import javax.swing.*;
public class JFramemitKreiseMalenStaticMemberKlasse
                                            extends JFrame {
// Konstruktor der umgebenden Klasse
  public JFramemitKreiseMalenStaticMemberKlasse() {
    super("Static-Member-Klasse");
    setBounds(10,10,100,100);
    setDefaultCloseOperation(JFrame.EXIT_ON_CLOSE);
//Eine Instanz der inneren Klasse bilden mit
    KreiseMalenStatic km = new
      KreiseMalenStatic(55,35,30,20);
// oder
  // JFramemitKreiseMalenStaticMemberKlasse.KreiseMalenStatic
  // km = new JFramemitKreiseMalenStaticMemberKlasse.
  //   KreiseMalenStatic(55,35,30,20);
// Fehlerhafte Zuweisungen
  // KreiseMalenStatic km = this.new
  //   JFramemitKreiseMalenStaticMemberKlasse.
  //     KreiseMalenStatic(55,35,30,20);
  // KreiseMalenStatic km = this.new
  //    KreiseMalenStatic(55,35,30,20);
    getContentPane().add(km);
    setVisible(true);
  }
// Static-Member-Klasse
  public static class KreiseMalenStatic extends JComponent {
    int x;
    int y;
    int r1;
    int r2;
// Konstruktor der inneren Klasse
    KreiseMalenStatic(int x, int y, int r1, int r2) {
      this.x = x;
      this.y = y;
      this.r1 = r1;
      this.r2 = r2;
```

```
      }
// Zwei Kreise zeichnen
      protected void paintComponent(Graphics g) {
         g.setColor(Color.gray);
         g.fillOval(x-r1,y-r1,2*r1,2*r1);
         g.setColor(Color.pink);
         g.fillOval(x-r2,y-r2,2*r2,2*r2);
      }
   }
// Objekt der äußeren Klasse erzeugen
   public static void main(String[] args) {
      JFramemitKreiseMalenStaticMemberKlasse frame = new
        JFramemitKreiseMalenStaticMemberKlasse();
   }
}
```

Programmausgaben

Lösung 7.4

Die Klasse MemberKlassenStatic

```
import java.awt.*;
import javax.swing.*;
public class MemberKlassenStatic {
   private Font f = new Font("Times Roman",Font.BOLD,14);
   private Color c = Color.pink;
// Die nachfolgenden 4 Objektinstantiierungen von Member-Klassen
// sind korrekt
   public MemberKlassenStatic.FontIconStatic FontIconStatic =
      new MemberKlassenStatic.FontIconStatic(f);
   public MemberKlassenStatic.ColorIconStatic ColorIconStatic =
      new MemberKlassenStatic.ColorIconStatic(c);
// oder
   // FontIconStatic FontIconStatic = new FontIconStatic(f);
   // ColorIconStatic ColorIconStatic = new ColorIconStatic(c);
// Die nachfolgenden 4 wären Fehler
   // FontIconStatic FontIconStatic = this.new FontIconStatic(f);
   // ColorIconStatic ColorIconStatic =
   //   this.new ColorIconStatic(c);
   // MemberKlassenStatic.FontIconStatic FontIconStatic =
   //   this.new MemberKlassenStatic.FontIconStatic(f);
   // MemberKlassenStatic.ColorIconStatic ColorIconStatic =
```

```
   //  this.new MemberKlassenStatic.ColorIconStatic(c);
// Konstruktor der umgebenden Klasse
  public MemberKlassenStatic(Font f, Color c) {
    this.f = f;
    this.c = c;
  }
// Instanzmethoden, die Objekte vom Typ der Member-Klassen
// erzeugen und zurückgeben
  public FontIconStatic createFontIconStatic() {
    return new FontIconStatic(f);
  }
  public ColorIconStatic createColorIconStatic() {
    return new ColorIconStatic(c);
  }
// Static-Member-Klasse
  public static class FontIconStatic implements Icon {
    Font font;
// Konstruktor der inneren Klasse
    public FontIconStatic(Font font) {
      this.font = font;
    }
// Größe des Icons
    public int getIconHeight() {
      return 16;
    }
    public int getIconWidth() {
      return 96;
    }
// Das Icon malen
    public void paintIcon(Component c, Graphics g, int x,
                          int y) {
      g.setFont(font);
      g.setColor(Color.red);
      g.drawString(font.getName(),x, y+10);
    }
  }
// Eine weitere Static-Member-Klasse
  public static class ColorIconStatic implements Icon {
    Color color;
// Konstruktor der inneren Klasse
    public ColorIconStatic(Color color) {
      this.color = color;
    }
// Größe des Icons
    public int getIconHeight() {
      return 16;
    }
```

```
      public int getIconWidth() {
        return 16;
      }
// Das Icon malen
      public void paintIcon(Component c, Graphics g, int x,
                             int y) {
        g.setColor(color);
        g.fillRect(x, y, 16, 16);
      }
    }
}
```

Die Klasse JFramefuerMemberKlassenStatic

```
import java.awt.*;
import javax.swing.*;
public class JFramefuerMemberKlassenStatic extends JFrame {
   private JButton fontButton1,fontButton2;
   private JButton colorButton1, colorButton2;
   private Font font = new Font("Andy", Font.BOLD, 14);
   private Color color = Color.green;
// Konstruktordefinition
   public JFramefuerMemberKlassenStatic() {
      super("Static-Member-Klasse");
      setBounds(10,10,200,100);
      setDefaultCloseOperation(JFrame.EXIT_ON_CLOSE);
      MemberKlassenStatic mb = new
        MemberKlassenStatic(font,color);
      Container cPanel = (Container)new JPanel();
// Eine Instanz der Static-Member-Klasse kann ohne eine Instanz
// der umgebenden Klasse erzeugt werden
      MemberKlassenStatic.FontIconStatic fontIcon = new
        MemberKlassenStatic.FontIconStatic(font);
      MemberKlassenStatic.ColorIconStatic colorIcon = new
        MemberKlassenStatic.ColorIconStatic(color);
// Ist eine Instanz der umgebenden Klasse vorhanden, so können
// auch mit dieser auf verschiedene Arten Instanzen der Static-
// Member-Klassen erzeugt werden
      colorButton1 = new JButton(mb.ColorIconStatic);
      fontButton1 = new JButton(mb.FontIconStatic);
      fontButton2 = new JButton(fontIcon);
      colorButton2 = new JButton(colorIcon);
// oder
   // colorButton1 = new JButton(mb.new ColorIconStatic(color));
   // fontButton1 = new JButton(mb.new FontIconStatic(font));
// oder
   // MemberKlassenStatic.FontIconStatic mbfi =
   //   mb.new FontIconStatic(font);
```

```
   // fontButton1 = new JButton(mbfi);
// oder
   // fontButton2 = new JButton(mb.createFontIconStatic());
   // colorButton2 = new JButton(mb.createColorIconStatic());
// Im Konstruktoraufruf darf der Name der umgebenden Klasse nicht
// explizit angegeben werden, aber die Referenz auf das Objekt
// muss wiederum diesen Namen vorangestellt bekommen
   // FontIconStatic mbfi = mb.new MemberKlassenStatic.
   //   FontIconStatic(font); // Fehler
      cPanel.add(fontButton1);
      cPanel.add(colorButton1);
      cPanel.add(colorButton2);
      cPanel.add(fontButton2);
      setContentPane(cPanel);
      setVisible(true);
   }
// Objekt der äußeren Klasse erzeugen
   public static void main(String[] args) {
      JFramefuerMemberKlassenStatic frame = new
        JFramefuerMemberKlassenStatic();
   }
}
```

Programmausgaben

Lösung 7.5

Die Klasse JFramemitKreiseMalenLokaleKlasse

```
import java.awt.*;
import javax.swing.*;
public class JFramemitKreiseMalenLokaleKlasse extends JFrame {
// Konstruktordefinition
   public JFramemitKreiseMalenLokaleKlasse() {
      super("Lokale Klasse");
      setBounds(10,10,100,100);
      setDefaultCloseOperation(JFrame.EXIT_ON_CLOSE);
// Eine lokale Klasse wird innerhalb einer Methode definiert,
// hier ist es der Konstruktor der umgebenden Klasse
      class KreiseMalenLokal extends JComponent {
         int x;
         int y;
         int r1;
```

```
        int r2;
// Konstruktor der lokalen Klasse
        KreiseMalenLokal(int x, int y, int r1, int r2) {
          this.x = x;
          this.y = y;
          this.r1 = r1;
          this.r2 = r2;
        }
// Methode der lokalen Klasse
        protected void paintComponent(Graphics g) {
          g.setColor(Color.gray);
          g.fillOval(x-r1,y-r1,2*r1,2*r1);
          g.setColor(Color.pink);
          g.fillOval(x-r2,y-r2,2*r2,2*r2);
        }
      }
// Eine Instanz der lokalen Klasse erzeugen
      KreiseMalenLokal km = new KreiseMalenLokal(55, 35, 30, 20);
      getContentPane().add(km);
      setVisible(true);
    }
// Objekt der äußeren Klasse erzeugen
    public static void main(String[] args) {
      JFramemitKreiseMalenLokaleKlasse frame = new
        JFramemitKreiseMalenLokaleKlasse();
    }
}
```

Die Klasse JFramemitKreiseMalenLokaleKlasseundFinal

```
import java.awt.*;
import javax.swing.*;
public class JFramemitKreiseMalenLokaleKlasseundFinal
                                          extends JFrame {
    private int x = 55;
    private int y = 35;
// Konstruktor der umgebenden Klasse
    public JFramemitKreiseMalenLokaleKlasseundFinal() {
      super("Lokale Klasse");
      final int r1 = 30;
      final int r2 = 20;
      setBounds(10,10,100,100);
      setDefaultCloseOperation(JFrame.EXIT_ON_CLOSE);
// Eine lokale Klasse wird innerhalb einer Methode definiert;
// hier ist es der Konstruktor der umgebenden Klasse
      class KreiseMalenLokal extends JComponent {
// Methode der lokalen Klasse
        protected void paintComponent(Graphics g) {
```

```
            g.setColor(Color.gray);
            g.fillOval(x-r1,y-r1,2*r1,2*r1);
            g.setColor(Color.pink);
            g.fillOval(x-r2,y-r2,2*r2,2*r2);
          }
        }
//Eine Instanz der lokalen Klasse erzeugen
      KreiseMalenLokal km = new KreiseMalenLokal();
      getContentPane().add(km);
      setVisible(true);
    }
// Objekt der äußeren Klasse erzeugen
    public static void main(String[] args) {
      JFramemitKreiseMalenLokaleKlasseundFinal frame = new
        JFramemitKreiseMalenLokaleKlasseundFinal();
    }
}
```

Programmausgaben

Lösung 7.6

Die Klasse JFramemitKreiseMalenAnonymeKlasse

```
import java.awt.*;
import javax.swing.*;
public class JFramemitKreiseMalenAnonymeKlasse extends JFrame {
    int x = 55;;
    int y = 35;
// Konstruktordefinition
    public JFramemitKreiseMalenAnonymeKlasse() {
      super("Anonyme Klasse");
      setBounds(10,10,100,100);
      final int r1 = 30;
      final int r2 = 20;
      setDefaultCloseOperation(JFrame.EXIT_ON_CLOSE);
// Definition der anonymen Klasse innerhalb der
// Parameterliste der add()-Methode
        getContentPane().add(new JComponent() {
          Color farbe = Color.gray;
          protected void paintComponent(Graphics g) {
            g.setColor(farbe);
            g.fillOval(x-r1,y-r1,2*r1,2*r1);
```

```
            g.setColor(Color.pink);
            g.fillOval(x-r2,y-r2,2*r2,2*r2);
         }
      }); // Ende der anonymen Klasse und der add-Anweisung
      setVisible(true);
   }
// Objekt der äußeren Klasse erzeugen
   public static void main(String[] args) {
      JFramemitKreiseMalenAnonymeKlasse frame = new
        JFramemitKreiseMalenAnonymeKlasse();
   }
}
```

Programmausgaben

Lösung 7.7

Die Klasse JFramemitKreiseMalenMemberInterface

```
import java.awt.*;
import javax.swing.*;
public class JFramemitKreiseMalenMemberInterface extends JFrame {
   private int x;
   private int y;
   private int r = 25;
// Konstruktordefinition
   public JFramemitKreiseMalenMemberInterface() {
      super("Static-Member-Interface");
      setBounds(100,100,100,100);
      setDefaultCloseOperation(JFrame.EXIT_ON_CLOSE);
// Die aktuellen Koordinaten des oberen rechten Eckes der
// Komponente mit den von der Klasse Component geerbten
// Methoden lesen
      y = getX();
      x = getY();
      setVisible(true);
   }
   public void paint(Graphics g) {
      super.paint(g);
      g.setColor(Color.pink);
      rechtsOben(g);
      linksUnten(g);
      idMitte(g);
```

```
    }
// Ein Static-Member-Interface als inneres Interface definieren
    public static interface KreisePositionieren {
        public void rechtsOben(Graphics g);
        public void linksUnten(Graphics g);
        public void idMitte(Graphics g);
    }
// Die Methoden des Interface in der äußeren Klasse
// implementieren
    public void rechtsOben(Graphics g) {
        g.fillOval(r,r,r,r);
    }
    public void linksUnten(Graphics g) {
        g.fillOval(x-r,y-r,r,r);
    }
    public void idMitte(Graphics g) {
        g.fillOval((x/2),(y/2),r,r);
    }
// Objekt der äußeren Klasse erzeugen
    public static void main(String[] args) {
     JFramemitKreiseMalenMemberInterface frame = new
        JFramemitKreiseMalenMemberInterface();
    }
}
```

Programmausgaben

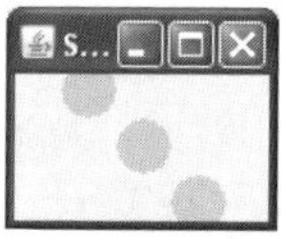

Lösung 7.8

Die Klasse JFramemitRectangle2DMemberInterface

```
import java.awt.*;
import java.awt.geom.*;
import javax.swing.*;
public class JFramemitRectangle2DMemberInterface extends JFrame {
    private Shape shapes;
// Konstruktordefinition
    JFramemitRectangle2DMemberInterface() {
        super("Static-Member-Interface");
        setBounds(10,10,100,100);
        setDefaultCloseOperation(JFrame.EXIT_ON_CLOSE);
        shapes = new Rectangle2D.Float(40,40,50,50);
        setVisible(true);
    }
```

```
// Das Static-Member-Interface mittels einer
// anonymen Klasse implementieren
   JFramemitRectangle2DMemberInterface.FigurenMalen
     interfaceShape = new JFramemitRectangle2DMemberInterface.
       FigurenMalen() {
      public void drawShape(Graphics2D g, Shape figur) {
         g.setColor(Color.green);
         g.fill(figur);
         g.setColor(Color.black);
         g.setStroke(new BasicStroke(2.0f));
         g.draw(figur);
      }
   }; // Ende der anonymen Klasse und der Zuweisung
// Rechteck malen
   public void paint(Graphics g) {
      super.paint(g);
      interfaceShape.drawShape((Graphics2D)g,shapes);
   }
// Das Static-Member-Interface definieren
   public static interface FigurenMalen {
      public void drawShape(Graphics2D g, Shape figur);
   }
// Objekt der äußeren Klasse erzeugen
   public static void main(String[] args) {
      JFramemitRectangle2DMemberInterface frame = new
        JFramemitRectangle2DMemberInterface();
   }
}
```

Programmausgaben

Lösung 7.9

Die Klasse GeomFigMemberInterface

```
import java.awt.*;
import java.awt.geom.*;
import javax.swing.*;
public class GeomFigMemberInterface {
   public Shape shape;
   private int figurenTyp;
// Konstanten definieren, die den Typ der geometrischen
// Figuren wiedergeben
```

```
    private static final int RECTANGLE = 0;
    private static final int RECTANGLE2D = 1;
    private static final int ELLIPSE2D = 2;
    private static final int POLYGON = 3;
// Konstruktordefinition
    GeomFigMemberInterface(int figurenTyp) {
        this.figurenTyp = figurenTyp;
        switch(figurenTyp) {
            case RECTANGLE: {
                shape = new Rectangle(30,30,50,50);
                break;
            }
            case RECTANGLE2D: {
                shape = new Rectangle2D.Float(130,130,50,50);
                break;
            }
            case ELLIPSE2D: {
                shape = new Ellipse2D.Float(80,80,50,50);
                break;
            }
            case POLYGON: {
                shape = new Polygon(new int[] {100,60,20},
                  new int[] {150,175,90},3);
                break;
            }
        }
    }
// Static-Member-Interface
    public static interface FigMalen {
        public void drawFig(Graphics2D g,
          GeomFigMemberInterface figur);
    }
}
```

Die Klasse JFramefuerGeomFigMemberInterface

```
import java.awt.*;
import java.awt.geom.*;
import javax.swing.*;
public class JFramefuerGeomFigMemberInterface extends JFrame {
    GeomFigMemberInterface.FigMalen interfaceGFM;
// Konstruktordefinition
    public JFramefuerGeomFigMemberInterface() {
        super("Static-Member-Interface");
        setBounds(200,200,200,200);
        setDefaultCloseOperation(JFrame.EXIT_ON_CLOSE);
// Das Interface FigMalen mittels einer anonymen Klasse
// implementieren
```

```
      interfaceGFM = new GeomFigMemberInterface.FigMalen() {
         public void drawFig(Graphics2D g,
                        GeomFigMemberInterface komponente) {
            g.setColor(Color.pink);
            g.fill(komponente.shape);
            g.setColor(Color.black);
            g.setStroke(new BasicStroke(2.0f));
            g.draw(komponente.shape);
         }
      };
      setVisible(true);
   }
// Figuren zeichnen
   public void paint(Graphics g) {
      super.paint(g);
      for(int i=0; i<4; i++)
         interfaceGFM.drawFig((Graphics2D)g,
           new GeomFigMemberInterface(i));
   }
// Objekt der Klasse erzeugen
   public static void main(String[] args) {
      JFramefuerGeomFigMemberInterface frame = new
        JFramefuerGeomFigMemberInterface();
   }
}
```

Programmausgaben

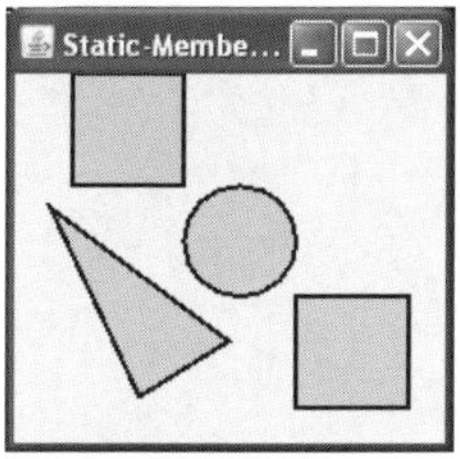

Lösung 7.10

Die Klasse JFramemitKreiseMalenMemberInterfaceundMemberKlasse

```
import java.awt.*;
import javax.swing.*;
public class JFramemitKreiseMalenMemberInterfaceundMemberKlasse
                                     extends JFrame {
   private KreiseMalen interfaceKM;
// Konstruktor der umgebenden Klasse
   public JFramemitKreiseMalenMemberInterfaceundMemberKlasse(){
```

```
      super("Member-Klasse und Member-Interface");
      setBounds(10,10,100,100);
      setDefaultCloseOperation(JFrame.EXIT_ON_CLOSE);
// Instanz der inneren Klasse erzeugen und zum Fenster hinzufügen
      getContentPane().add(new
        JFramemitKreiseMalenMemberInterfaceundMemberKlasse.
          KreiseMemberKlasse(55,35,30,20));
// Das innere Interface mittels einer anonymen Klasse
// implementieren
      interfaceKM = new
        JFramemitKreiseMalenMemberInterfaceundMemberKlasse.
          KreiseMalen() {
         public void drawKreise(Graphics g,
           JFramemitKreiseMalenMemberInterfaceundMemberKlasse.
             KreiseMemberKlasse km) {
            g.setColor(Color.gray);
// Auf die Felder der Member-Klasse kann nur über eine Instanz
// dieser Klasse zugegriffen werden
            g.fillOval(km.x-km.r1,km.y-km.r1,2*km.r1,2*km.r1);
            g.setColor(Color.pink);
            g.fillOval(km.x-km.r2,km.y-km.r2,2*km.r2,2*km.r2);
         }
      };
      setVisible(true);
   }
// Definition der Member-Klasse
   public class KreiseMemberKlasse extends JComponent {
      int x;
      int y;
      int r1;
      int r2;
// Konstruktor der Member-Klasse
      KreiseMemberKlasse(int x, int y, int r1, int r2) {
         this.x = x;
         this.y = y;
         this.r1 = r1;
         this.r2 = r2;
      }
// Methode der Member-Klasse (Kreise zeichnen)
      protected void paintComponent(Graphics g) {
         interfaceKM.drawKreise(g,this);
      }
   }
// Definition des Static-Member-Interface
   public static interface KreiseMalen {
      public void drawKreise(Graphics g, KreiseMemberKlasse km);
   }
// Objekt der äußeren Klasse erzeugen
```

```
    public static void main(String[] args) {
      JFramemitKreiseMalenMemberInterfaceundMemberKlasse frame =
       new JFramemitKreiseMalenMemberInterfaceundMemberKlasse ();
    }
}
```

Programmausgaben

Lösung 7.11

Die Klasse FramemitWindowAdapterundMemberKlasse

```
import java.awt.*;
import java.awt.event.*;
public class FramemitWindowAdapterundMemberKlasse extends Frame {
// Konstruktor der umgebenden Klasse
   public FramemitWindowAdapterundMemberKlasse() {
      super("Member-Klasse für WindowAdapter");
// Ein WindowAdapter-Objekt vom Typ der inneren Klasse
// für die umgebende Klasse registrieren
      this.addWindowListener(new UnterklassevonWindowAdapter());
      this.setBounds(10,10,100,100);
      this.setBackground(Color.cyan);
      this.setVisible(true);
   }
// Definition der inneren Klasse
   public class UnterklassevonWindowAdapter extends WindowAdapter{
      public void windowClosing(WindowEvent e) {
         System.exit(0);
      }
   }
// Objekt der umgebenden Klasse erzeugen
   public static void main(String[] args) {
      FramemitWindowAdapterundMemberKlasse frame = new
        FramemitWindowAdapterundMemberKlasse();
   }
}
```

Programmausgaben

Lösung 7.12

Die Klasse FramemitWindowAdapterundAnonymeKlasse

```
import java.awt.*;
import java.awt.event.*;
public class FramemitWindowAdapterundAnonymeKlasse extends Frame{
// Konstruktor der umgebenden Klasse
  public FramemitWindowAdapterundAnonymeKlasse() {
    super("Anonyme Klasse für WindowAdapter");
    setBounds(10,10,100,100);
    setBackground(Color.cyan);
    setVisible(true);
// Den WindowListener als Instanz vom Typ WindowAdapter mittels
// einer anonymen Klasse für Objekte der umgebenden Klasse
// registrieren und implementieren
    addWindowListener(new WindowAdapter() {
      public void windowClosing(WindowEvent e) {
        System.exit(0);
      }
    });
  }
// Objekt der umgebenden Klasse erzeugen
  public static void main(String[] args) {
    FramemitWindowAdapterundAnonymeKlasse frame = new
      FramemitWindowAdapterundAnonymeKlasse();
  }
}
```

Programmausgaben

Lösung 7.13

Die Klasse JFramemitActionListenerundAnonymeKlasse

```
import javax.swing.*;
import java.awt.*;
import java.awt.event.*;
public class JFramemitActionListenerundAnonymeKlasse
                                        extends JFrame {
  private JButton b;
// Konstruktor der umgebenden Klasse
  public JFramemitActionListenerundAnonymeKlasse() {
```

```
        super("Fenster schließen");
        b = new JButton("Fenster schließen");
        b.setBackground(Color.green);
        this.getContentPane().add(b, BorderLayout.SOUTH);
    // ActionListener als anonyme Klasse für den Button registrieren
        this.b.addActionListener(new ActionListener() {
           public void actionPerformed(ActionEvent e) {
              System.exit(0);
           }
        });
        this.setBounds(20,20,200,100);
        this.getContentPane().setBackground(Color.cyan);
        this.setVisible(true);
     }
  // Objekt der äußeren Klasse erzeugen
     public static void main(String[] args) {
        JFramemitActionListenerundAnonymeKlasse frame = new
          JFramemitActionListenerundAnonymeKlasse();
     }
  }
```

Programmausgaben

Lösung 7.14

Die Klasse KomponentenmitZahlen

```
import java.awt.*;
import java.awt.event.*;
import javax.swing.*;
import java.util.*;
public class KomponentenmitZahlen extends JPanel {
// Globale Referenz vom Typ der Klasse KomponentenListener
   private KomponentenListener listener;
// Globale String-Referenzen
   private String[][] komponenten;
   private String komponentenName;
   private String komponentenTyp;
// Konstanten, welche den Typ der Standard-Komponenten definieren
   public static final String JBUTTON = "BUTTON";
   public static final String JTEXTFIELD = "TEXTFIELD";
// Konstruktordefinition
   public KomponentenmitZahlen(String komponentenTyp,
```

```
                    String[][] komponenten) {
    setLayout (new GridLayout(3,3,1,1));
    this.komponentenTyp = komponentenTyp;
    this.komponenten = komponenten;
 // Initialisierung von Komponenten
    if(komponentenTyp == "BUTTON")
      defJButton();
    else if (komponentenTyp == "TEXTFIELD")
      defJTextField();
  }
// Methode zum Erzeugen von JButton-Objekten
  public void defJButton() {
    JButton [][] button = new JButton[3][3];
    for(int i=0; i<3; i++) {
      for(int j=0; j<3; j++) {
        button[i][j] = new JButton(komponenten[i][j]);
        add(button[i][j]);
// Interne Event-Listener für die JButton-Komponenten
// als anonyme Klassen definieren und registrieren
// und darin beim Empfangen eines internen Event mit der
// Methode erzeugeEvent(), am aktuellen Objekt dieser Klasse
// aufgerufen, eine benutzerdefinierte Event-Komponente erzeugen
        button[i][j].addActionListener(new ActionListener() {
          public void actionPerformed(ActionEvent e) {
            KomponentenmitZahlen.this.
             erzeugeEvent(e.getActionCommand());
          }
        });
      }
    }
  }
// Methode zum Erzeugen von JTextField-Objekten
  public void defJTextField() {
    JTextField [][] textField = new JTextField[3][3];
    for(int i=0; i<3; i++) {
      for(int j=0; j<3; j++) {
        textField[i][j] = new JTextField(komponenten[i][j]);
// Den Text zentrieren
        textField[i][j].setHorizontalAlignment(JTextField.
         CENTER);
        add(textField[i][j]);
// Interne Event-Listener für die JTextField-Komponenten
// als anonyme Klassen definieren und registrieren
        textField[i][j].addActionListener(new
         ActionListener(){
          public void actionPerformed(ActionEvent e) {
```

```
                KomponentenmitZahlen.this.erzeugeEvent(e.
                  getActionCommand());
            }
         });
      }
   }
}
// Zugriffsmethoden für die Instanzfelder der umgebenden Klasse
   public String getkomponentenName() {
      return komponentenName;
   }
   public Object[][] getkomponenten() {
      return komponenten;
   }
   public String getkomponentenTyp() {
      return komponentenTyp;
   }
// Methode für das Registrieren des KomponentenListener
   public void addKomponentenListener(KomponentenmitZahlen.
     KomponentenListener l) {
      listener = l;
   }
// Die Methode, welche bei jeder Komponentenauswahl ein neues
// KomponentenEvent-Objekt erzeugt
   public void erzeugeEvent(String komponentenName) {
// Den Komponentenname für das aktuelle KomponentenmitZahlen-
// Objekt zuweisen
      this.komponentenName = komponentenName;
// Ein KomponentenEvent-Objekt, das diesem zugeordnet wird,
// erzeugen
      KomponentenmitZahlen.KomponentenEvent ke = new
        KomponentenmitZahlen.KomponentenEvent(this,
          komponentenName);
// Den Listener mit dem Aufruf der im KomponentenListener-
// Interface definierten Methode von der durchgeführten Auswahl
// über das zugeordnete KomponentenEvent-Objekt benachrichtigen
      listener.komponentenAuswahl(ke);
   }
// Definition von inneren Klassen und Interfaces
// Static-Member-Klasse, die für Objekte der Klasse
// KomponentenmitZahlen einen eigenen Eventtyp definiert
   public static class KomponentenEvent
                        extends java.util.EventObject {
// Name der ausgewählten Komponente
      String name;
// Konstruktordefinition der Static-Member-Klasse
```

```
    public KomponentenEvent(KomponentenmitZahlen kmz,
      String name) {
       super(kmz);
       this.name = name;
    }
// Zugriffsmethoden der Static-Member-Klasse
    public KomponentenmitZahlen getKomponentenmitZahlen () {
       return (KomponentenmitZahlen)getSource();
    }
    public String getName() {
       return name;
    }
  }
// Static-Member-Interface, das von jedem KomponentenmitZahlen-
// Objekt implemetiert werden muss, welches benachrichtigt werden
// soll, wenn eine beliebige Zahl ausgewählt wird
  public static interface KomponentenListener
                           extends java.util.EventListener {
    public void komponentenAuswahl(KomponentenmitZahlen.
      KomponentenEvent e);
  }
}
```

Die Klasse JFramefuerKomponentenmitZahlen

```
import java.awt.*;
import java.awt.event.*;
import javax.swing.*;
public class JFramefuerKomponentenmitZahlen extends JFrame {
// Konstante Optionen für die Beschriftung von Komponenten
  private final static String[][] zahlen =
    {{"1","2","3"},{"4","5","6"},{"7","8","9"}};
// Die Statusvariable als final deklarieren, weil sie innerhalb
// einer anonymen Klasse genutzt wird
  private final JLabel status = new JLabel(" ");
// Globale Referenzen vom Typ der Klasse KomponentenmitZahlen
  private KomponentenmitZahlen kml1, kml2;
// Ein Panel zur Aufnahme der Komponenten erzeugen
  private JPanel cPanel = new JPanel();
// Konstruktordefinition
  public JFramefuerKomponentenmitZahlen () {
    super("Event-Objekte und Event-Listener");
    setBounds(25,20,250,200);
    setDefaultCloseOperation(JFrame.EXIT_ON_CLOSE);
    cPanel.setLayout(new BorderLayout());
// Zwei KomponentenmitZahlen-Objekte erzeugen
```

```
        kml1 = new KomponentenmitZahlen(KomponentenmitZahlen.
          JBUTTON, zahlen);
        kml2 = new KomponentenmitZahlen(KomponentenmitZahlen.
          JTEXTFIELD, zahlen);
// Zur Definition der anonymen Klasse und anschließendem Erzeugen
// einer Instanz dieser Klasse wird das Schlüsselwort new benutzt
// Diese Klasse implementiert das Interface KomponentenListener
// und wird von der Klasse Object abgeleitet
        KomponentenmitZahlen.KomponentenListener l =
          new KomponentenmitZahlen.KomponentenListener() {
        public void komponentenAuswahl(KomponentenmitZahlen.
          KomponentenEvent e) {
            status.setText("Gewählte Zahl: "+e.
              getKomponentenmitZahlen().getkomponentenName()+
                " aus der " +e.getKomponentenmitZahlen().
                  getkomponentenTyp()+" - Tabelle");
          }
        };
        kml1.addKomponentenListener(l);
        kml2.addKomponentenListener(l);
// Die KomponentenmitZahlen-Objekte zum Panel hinzufügen
        cPanel.add("Center",kml2);
        cPanel.add("West",kml1);
// Das Panel und die Statuszeile im Fenster anzeigen
        Container contentPane = getContentPane();
        contentPane.add(new Label("Auswahl einer Zahl"),
          BorderLayout.NORTH);
        contentPane.add(cPanel, BorderLayout.CENTER);
        contentPane.add(status, BorderLayout.SOUTH);
        setVisible(true);
    }
// Objekt der Klasse erzeugen
    public static void main(String[] args) {
        JFramefuerKomponentenmitZahlen frame =
          new JFramefuerKomponentenmitZahlen();
    }
}
```

Programmausgaben

Lösung 7.15

Die Klasse RadioButtonEventundListener

```
import java.awt.*;
import java.awt.event.*;
import javax.swing.event.*;
import javax.swing.*;
import java.util.*;
public class RadioButtonEventundListener extends JRadioButton {
// Globale Referenz vom Typ RadioButtonListener
  private RadioButtonListener listener;
// Globale String-Referenz
  private String eventTyp;
// Konstantendefinitionen für Eventtypen
  private static final String ACTION_EVENT = "ACTION";
  private static final String CHANGE_EVENT = "CHANGE";
  private static final String ITEM_EVENT = "ITEM";
// Konstruktordefinition
  public RadioButtonEventundListener(String name) {
    super(name);
// Interne Event-Listener für das aktuelle Objekt der Klasse
// registrieren und mittels anonymer Klassen implementieren; beim
// Empfangen eines internen Event wird die Methode erzeugeEvent()
// am aktuellen Objekt der Klasse aufgerufen, um eine
// benutzerdefinierte RadioButtonEvent-Komponente zu erzeugen
    addChangeListener(new ChangeListener() {
      public void stateChanged(ChangeEvent e) {
        RadioButtonEventundListener.this.
          erzeugeEvent(CHANGE_EVENT);
      }
    });
    addActionListener(new ActionListener() {
      public void actionPerformed(ActionEvent e) {
        RadioButtonEventundListener.this.
          erzeugeEvent(ACTION_EVENT);
      }
     });
    addItemListener(new ItemListener() {
      public void itemStateChanged(ItemEvent e) {
        RadioButtonEventundListener.this.
          erzeugeEvent(ITEM_EVENT);
      }
    });
  }
// Zugriffsmethoden für die Instanzfelder der umgebenden Klasse
  public String geteventTyp() {
    return eventTyp;
```

```
  }
  public void seteventTyp(String eventTyp) {
    this.eventTyp = eventTyp;
  }
// Methode für das Registrieren von RadioButtonListener
  public void addRadioButtonListener(
   RadioButtonEventundListener.RadioButtonListener l) {
    listener = l;
  }
// Ein RadioButtonEvent-Objekt erzeugen
  public void erzeugeEvent(String eventTyp) {
    this.eventTyp = eventTyp;
    RadioButtonEventundListener.RadioButtonEvent ke =
      new RadioButtonEventundListener.
        RadioButtonEvent(this, eventTyp);
// und den RadioButtonListener benachrichtigen
    listener.eventErzeugt(ke);
  }
// Definition von inneren Klassen und Interfaces
// Innere Klasse, die den RadioButtonEvent-Typ definiert.
// Erzeuger des Events ist hier die Klasse selbst, darum wird sie
// als Argument im Konstruktoraufruf übergeben
  public static class RadioButtonEvent extends EventObject {
// Standard Eventtyp, welcher umgesetzt werden soll
    String typ;
// Konstruktordefinition
    public RadioButtonEvent(RadioButtonEventundListener rbel,
      String typ) {
       super(rbel);
       this.typ = typ;
    }
// Zugriffsmethoden der inneren Klasse
    public RadioButtonEventundListener
      getRadioButtonEventundListener () {
       return (RadioButtonEventundListener)getSource();
    }
    public String getTyp() {
      return typ;
    }
  }
// Static-Member-Interface
  public static interface RadioButtonListener
                                      extends EventListener {
    public void eventErzeugt(RadioButtonEventundListener.
      RadioButtonEvent e);
  }
}
```

Die Klasse JFramefuerRadioButtonEventundListener

```
import java.awt.*;
import javax.swing.*;
public class JFramefuerRadioButtonEventundListener
                                    extends JFrame {
// Globale Referenz vom Typ RadioButtonEventundListener
  private RadioButtonEventundListener rbel;
// Statusmeldungen werden in einer Liste hinterlegt
  private final List status = new List();
// Konstruktordefinition
  public JFramefuerRadioButtonEventundListener() {
    super("Event-Objekte und Event-Listener");
    setBounds(30,30,300,150);
    setDefaultCloseOperation(JFrame.EXIT_ON_CLOSE);
    status.setBackground(Color.pink);
// RadioButtonEventundListener-Objekt erzeugen
    rbel = new RadioButtonEventundListener("RadioButton");
// Den RadioButtonEventListener als anonyme Klassse
// implementieren
    RadioButtonEventundListener.RadioButtonListener l =
     new RadioButtonEventundListener.RadioButtonListener() {
      public void eventErzeugt(RadioButtonEventundListener.
        RadioButtonEvent e) {
         status.add("Event vom Typ: "+ e.getTyp()
           +" umgesetzt");
      }
    };
// Den RadioButtonEventListener registrieren
    rbel.addRadioButtonListener(l);
// Die Komponenten zum Fenster hinzufügen
    Container contentPane = getContentPane();
    contentPane.add(new
      Label("Aktionen mit dem RadioButton durchfuehren"),
       BorderLayout.NORTH);
    contentPane.add(status, BorderLayout.CENTER);
    contentPane.add(rbel, BorderLayout.SOUTH);
    setVisible(true);
  }
// Objekt der Klasse erzeugen
  public static void main(String[] args) {
    JFramefuerRadioButtonEventundListener frame =
      new JFramefuerRadioButtonEventundListener();
  }
}
```

Programmausgaben

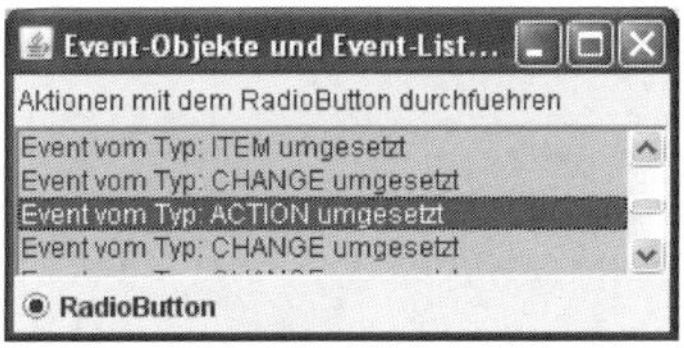

Lösung 7.16

Die Klasse UserKomponente

```
import java.awt.*;
import java.awt.event.*;
import javax.swing.*;
public class UserKomponente extends JLabel {
// Globale Referenzen zur Identifikation der benutzerdefinierten
// Event-Listener
  private UserEventundListener.ListenerBlau listenerBlau;
  private UserEventundListener.ListenerRot listenerRot;
  private String name;
// Konstruktordefinition
  public UserKomponente(final String name) {
    super(name);
    this.name = name;
    setBounds(50,50,100,100);
    setBackground(Color.pink);
// Den MouseListener als anonyme Klasse implementieren
    addMouseListener(new MouseAdapter() {
      public void mousePressed(MouseEvent e) {
// Den Graphikkontext der aktuellen Instanz ermitteln
        Graphics g = getGraphics();
// Die Koordinaten des Mausklicks lesen
        int x = e.getX();
        int y = e.getY();
// Ist einer der Koordinatenwerte durch 2 teilbar,
        if((x%2==0) || (y%2==0)) {
// ein Ereignis vom Typ EventBlau erzeugen,
          UserEventundListener.EventBlau eBlau = new
           UserEventundListener.EventBlau(UserKomponente.
            this,name);
// den EventListenerBlau informieren
          listenerBlau.selectBlau(eBlau);
// und den Text in der Farbe blau und mit der Schrift "Lucida
// HandWriting" an den Pixel-Koordinaten (x,y) zeichnen
          g.setColor(Color.blue);
          g.setFont(new Font(
```

```
                "Lucida HandWriting", Font.PLAIN, 16));
              g.drawString("Java 6.0",x,y);
            }
            else {
// ansonsten wird ein Ereignis vom Typ EventRot erzeugt,
              UserEventundListener.EventRot eRot = new
                UserEventundListener.EventRot(UserKomponente.
                  this,name);
// der EventListenerRot informiert
              listenerRot.selectRot(eRot);
// und der Text in der Farbe rot und mit der Schrift "Arial"
// an den Pixel-Koordinaten (x,y) gezeichnet
              g.setFont(new Font(
                "Arial", Font.PLAIN, 16));
              g.setColor(Color.red);
              g.drawString("Java 6.0",x,y);
            }
          }
        });
    }
// Methoden für das Registrieren der beiden Listener
    public void addListenerBlau(UserEventundListener.
      ListenerBlau l) {
        listenerBlau = l;
    }
    public void addListenerRot(UserEventundListener.
      ListenerRot l) {
        listenerRot = l;
    }
}
```

Die Klasse UserEventundListener

```
import javax.swing.*;
import java.util.*;
public class UserEventundListener {
// Static-Member-Klasse für den ersten Event
    public static class EventRot extends EventObject {
        String name;
        JComponent component;
        static int zaehler;
// Konstruktordefinition
        public EventRot(JComponent komponente, String name) {
// Die Komponente, welche das Ereignis auslöst, wird im
// Konstruktor der Oberklasse angegeben
            super(komponente);
            this.name = name;
            component = komponente;
```

```
            zaehler++;
        }
// Zugriffsmethoden der inneren Klasse
        public JComponent getComponent() {
            return component;
        }
        public String getName() {
            return name;
        }
    }
// Static-Member-Klasse für den zweiten Event
    public static class EventBlau extends EventObject {
        String name;
        JComponent component;
        static int zaehler;
// Konstruktordefinition
        public EventBlau(JComponent komponente, String name) {
// Die Komponente, welche das Ereignis auslöst, wird im
// Konstruktor der Oberklasse angegeben
            super(komponente);
            this.name = name;
            component = komponente;
            zaehler++;
        }
// Zugriffsmethoden der inneren Klasse
        public JComponent getComponent() {
            return component;
        }
        public String getName() {
            return name;
        }
    }
// Static-Member-Interfacess für die beiden Listener
    public static interface ListenerRot
                            extends java.util.EventListener {
        public void selectRot(EventRot e);
    }
    public static interface ListenerBlau
                            extends java.util.EventListener {
        public void selectBlau(EventBlau e);
    }
}
```

Die Klasse JFramefuerUserKomponente

```
import java.awt.*;
import javax.swing.*;
public class JFramefuerUserKomponente extends JFrame
```

```
                implements UserEventundListener.ListenerBlau,
                           UserEventundListener.ListenerRot {
// Globale Referenz vomTyp der Klasse UserKomponente
  private UserKomponente c;
// Ein Panel zur Aufnahme von Kindkomponenten erzeugen
  private JPanel cPanel = new JPanel();
// Eine Status-Variable als Array vom Typ JLabel definieren
  private JLabel status[] = new JLabel[2];
// Konstruktordefinition
  public JFramefuerUserKomponente() {
    super("Event-Objekte und Event-Listener");
    setBounds(20,20,600,200);
    setDefaultCloseOperation(JFrame.EXIT_ON_CLOSE);
// Ein Objekt der Klasse UserKomponente erzeugen
    c = new UserKomponente("RotBlau");
// und die Listener für diese Komponente registrieren
    c.addListenerBlau(this);
    c.addListenerRot(this);
// Den Hintergrund der Komponente darstellen; dadurch dass die
// Komponenetenklasse keine paint()-Methode überschreibt,
// wird die update()-Methode des Standard UI-Delegates
// vom Typ der Klasse LabelUI automatisch aufgerufen
    c.setOpaque(true);
    cPanel.setLayout(new GridLayout(2,1));
    for(int i=0; i<2; i++) {
      status[i] = new JLabel("Status "+i);
      cPanel.add(status[i]);
    }
// Das Panel und die Komponente im Fenster anzeigen
    Container contentPane = getContentPane();
    contentPane.add(new Label("Komponente anklicken"),
      BorderLayout.NORTH);
    contentPane.add(c, BorderLayout.CENTER);
    contentPane.add(cPanel, BorderLayout.SOUTH);
    setVisible(true);
  }
// Die Methoden der Listener implementieren
  public void selectBlau(UserEventundListener.EventBlau e) {
    int index =e.getComponent().toString().indexOf('[');
    String name =e.getComponent().toString().
      substring(0, index);
    status[0].setText(e.zaehler+". Ereignis vom Typ: "+
      e.getClass().getName()+" von "+name+": "+e.getName()+
        " empfangen");
  }
  public void selectRot(UserEventundListener.EventRot e) {
    int index =e.getComponent().toString().indexOf('[');
```

```
      String name =e.getComponent().toString().
       substring(0, index);
       status[1].setText(e.zaehler+". Ereignis vom Typ: "+
        e.getClass().getName()+" von "+name+": "+e.getName()+
          " empfangen");
  }
// Objekt der Klasse erzeugen
   public static void main(String[] args) {
      JFramefuerUserKomponente frame =
        new JFramefuerUserKomponente();
   }
}
```

Programmausgaben

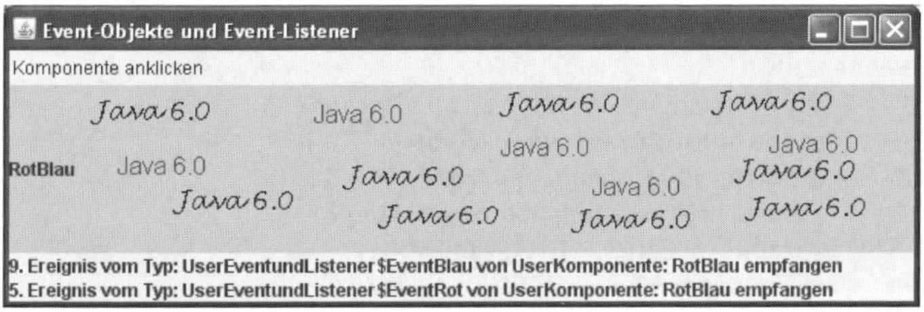

Lösung 7.17

Die Klasse JFramemitDialogFenster

```
import java.awt.*;
import java.awt.event.*;
import javax.swing.*;
public class JFramemitDialogFenster extends JFrame {
   private JButton[] b = new JButton [6];
// Konstruktordefinition
   public JFramemitDialogFenster() {
      super("Dialog Klassen");
      setBounds(20,20,200,100);
      setBackground(Color.pink);
      getContentPane().setLayout(new GridLayout(3,2));
      setDefaultCloseOperation(JFrame.EXIT_ON_CLOSE);
      for(int i=0; i<6; i++) {
         b[i] = new JButton("Dialog"+(i+1));
         b[i].setBackground(new Color(i*40,255,i));
         getContentPane().add(b[i]);
         final int c = i;
// Den ActionListener als anonyme Klasse implementieren
         b[i].addActionListener(new ActionListener() {
            public void actionPerformed(ActionEvent e) {
```

```
            switch (c) {
              case 0: {
                JOptionPane.showMessageDialog(
                  JFramemitDialogFenster.this,
                    "InformationMessage","MessageDialog",
                      JOptionPane.INFORMATION_MESSAGE,null);
                break;
              }
              case 1: {
                JOptionPane.showConfirmDialog(
                  JFramemitDialogFenster.this,"ErrorMessage"
                    , "ConfirmDialog",
                    JOptionPane.YES_NO_OPTION,
                      JOptionPane.ERROR_MESSAGE);
                break;
              }
              case 2: {
                String[]warnung = {"Option1","Option2"};
                JOptionPane.showOptionDialog(
                  JFramemitDialogFenster.this,
                    "WarningMessage","OptionDialog",
                      JOptionPane.DEFAULT_OPTION,
                        JOptionPane.WARNING_MESSAGE,
                          null, warnung, warnung[0]);
                break;
              }
              case 3: {
                String[]eingabe = {"Option1","Option2",
                  "Option3"};
                JOptionPane.showInputDialog(
                 JFramemitDialogFenster.this,"PlainMessage",
                    "InputDialog", JOptionPane.
                      PLAIN_MESSAGE,null,eingabe,eingabe[0]);
                break;
              }
              case 4: {
                String[]eingabe ={"Option1","Option2",
                  "Option3"};
                JOptionPane.showInputDialog(
                  JFramemitDialogFenster.this,
                    "QuestionMessage","InputDialog",
                      JOptionPane.QUESTION_MESSAGE);
                break;
              }
              case 5: {
                JDialog dialog = new JDialog();
                dialog.setBounds(10,10,100,100);
```

```
                dialog.setVisible(true);
                break;
              }
            }
          }
        });
      }
      setVisible(true);
    }
// Objekt der Klasse erzeugen
    public static void main(String[] args) {
      JFramemitDialogFenster frame = new JFramemitDialogFenster();
    }
}
```

Programmausgaben

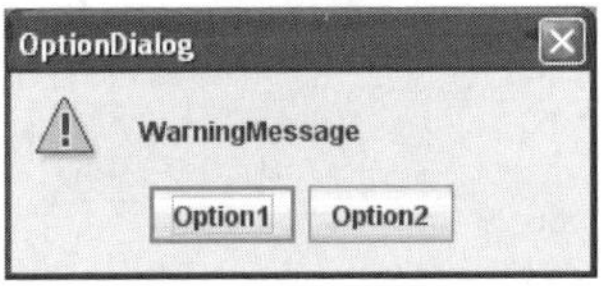

Lösung 7.18

Die Klasse InnereKlassemitmainMethode

```
import java.awt.*;
import java.awt.event.*;
import javax.swing.*;
public class InnereKlassemitmainMethode extends JFrame
                              implements MouseMotionListener {
    private JLabel status;
    private Canvas malflaeche;
    private Graphics g;
// Konstruktordefinition
    public InnereKlassemitmainMethode() {
      super("Programmaufruf über eine innere Klasse");
      setBounds(10,10,250,150);
      getContentPane().setLayout(new BorderLayout());
      malflaeche = new Canvas();
      malflaeche.setBackground(Color.pink);
      malflaeche.setSize(100,100);
```

```
      setDefaultCloseOperation(JFrame.EXIT_ON_CLOSE);
      malflaeche.addMouseMotionListener(this);
      status = new JLabel(" ");
      getContentPane().add(status, BorderLayout.SOUTH);
// Eine lokale Referenz vom Typ des Interface Action zeigt auf
// ein Objekt vom Typ der inneren Klasse SelectColorAction
      Action select = new SelectColorAction();
// Zu einer JToolBar-Komponente wird eine JButton-Komponente,
// welche die vorher definierte Aktion ausführt, hinzugefügt
      JToolBar toolbar = new JToolBar("Farbe wählen");
      JButton b = toolbar.add(select);
      getContentPane().add(toolbar, BorderLayout.WEST);
      getContentPane().add(malflaeche, BorderLayout.EAST);
      setVisible(true);
// Den Graphikkontext des Canvas ermitteln
      g = malflaeche.getGraphics();
   }
// Die Methoden des Interface MouseMotionListener implementieren
   public void mouseDragged(MouseEvent e) {
// Die Koordinaten des Mausklicks lesen
      int x = e.getX();
      int y = e.getY();
// und mit der Maus malen
      g.fillRect(x,y,3,3);
   }
   public void mouseMoved(MouseEvent e) {};
// Definition der inneren Klassen
   public class SelectColorAction extends AbstractAction {
      public SelectColorAction() {
         super("Farbe setzen");
      }
      public void actionPerformed(ActionEvent e) {
         Color color = JColorChooser.showDialog(
         InnereKlassemitmainMethode.this, "Eine Farbe wählen",
           Color.red);
         if(color != null) {
            g.setColor(color);
            status.setText("Farbe mit JColorChooser abgeändert");
         }
      }
   }
// Eine Instanz der umgebenden Klasse in einer inneren Klasse
// mit dem Namen Test erzeugen
   public static class Test {
      public static void main(String[] args) {
         InnereKlassemitmainMethode frame =
           new InnereKlassemitmainMethode();
```

```
        }
    }
}
```

Programmausgaben

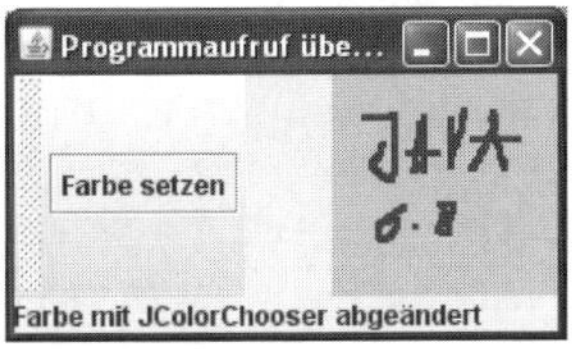

Lösung 7.19

Die Klasse BuchalsLayeredPane

```
import javax.swing.*;
import java.awt.*;
import java.awt.event.*;
public class BuchalsLayeredPane extends JPanel
                            implements MouseMotionListener {
// Globale Referenzen vom Typ der Klassen JLayeredPane und
// UserLabel
  private JLayeredPane layeredPane;
  private UserLabel label;
  private JMenuBar mbBuch = new JMenuBar();
  private JMenu menuSeiten;
  private JMenu menuLesezeichen;
  private static JMenuBar mbLesezeichen = new JMenuBar();
  private static JMenu m = new JMenu("Lesezeichen setzen");
// Der Wert 0 definiert die erste Position in einer Ebene
// und der Wert -1 entspricht der letzten Position
  private int position = 0;
// Ursprung und Distanz für das Anordnen von Komponenten
  private Point orig = new Point(10, 50);
  private int offset = 15;
// Konstruktordefinition
  public BuchalsLayeredPane(final JLayeredPane layeredPane) {
    super(new GridLayout(1,1));
    this.layeredPane = layeredPane;
    layeredPane.addMouseMotionListener(this);
    menuSeiten = new JMenu("Buchseiten");
    menuLesezeichen = new JMenu("Lesezeichen");
    mbBuch.add(menuSeiten);
    mbBuch.add(menuLesezeichen);
    JMenuItem[] itemSeiten = new JMenuItem[5];
    JMenuItem[] itemLesezeichen = new JMenuItem[2];
```

```
// Einträge für das Menü Buchseiten definieren und den
// ActionListener für diese als anonyme Klasse registrieren
    for(int i=0; i<5; i++) {
      itemSeiten[i] = new JMenuItem("Seite"+(i+1));
      final int layer = i;
      itemSeiten[i].addActionListener(new ActionListener() {
        public void actionPerformed(ActionEvent e) {
// Das Lesezeichen für eine ausgewählte Seite setzen
          layeredPane.setLayer(label, layer, position);
        }
      });
      menuSeiten.add(itemSeiten[i]);
// Eine lokale Referenz vom Typ der Klasse UserLabel trägt den
// gleichen Namen wie die globale Referenz vom Typ dieser Klasse
      UserLabel label = new UserLabel("Seite"+(i+1),
        Color.pink, orig, new Dimension(100,100));
// Buchseiten erzeugen und in unterschiedliche Ebenen hinterlegen
      layeredPane.add(label, new Integer(i));
      orig.x += offset;
      orig.y += offset;
    }
// Einträge für das Menü Lesezeichen definieren und den
// ActionListener für diese als anonyme Klasse registrieren
    itemLesezeichen[0] = new JMenuItem(
      "Lesezeichen vor die Seite setzen");
    itemLesezeichen[1] = new JMenuItem(
      "Lesezeichen hinter die Seite setzen");
    for(int i=0; i<2; i++) {
      final int layer = i;
      menuLesezeichen.add(itemLesezeichen[i]);
      itemLesezeichen[i].addActionListener(
        new ActionListener() {
// Das Lesezeichen vor oder hinter eine Seite setzen
        public void actionPerformed(ActionEvent e) {
          if(layer==0) {
            layeredPane.moveToFront(label);
            position = 0;
          }
          else {
            layeredPane.moveToBack(label);
            position = -1;
          }
        }
      });
    }
// Die MenuBar mbBuch zu der LayeredPane in der Ebene mit dem
// Index 0 hinzufügen
```

```
    mbBuch.setBounds(0,25,300,20);
    layeredPane.add(mbBuch, new Integer(0));
// Eine JLabel-Komponente als Lesezeichen zu der LayeredPane in
// der Ebene 0 hinzufügen
    label = new UserLabel("Lesen",Color.gray,
      new Point(15,15), new Dimension(40,150));
    layeredPane.add(label, new Integer(0),0);
  }
// Member-Klasse
  public class UserLabel extends JLabel {
// Konstruktordefinition
    public UserLabel(String string, Color color, Point point,
                Dimension dimension) {
      super(string);
      setVerticalAlignment(JLabel.TOP);
      setHorizontalAlignment(JLabel.CENTER);
      setOpaque(true);
      setBackground(color);
      setForeground(Color.black);
      setBorder(BorderFactory.createLineBorder(Color.black));
      setBounds(point.x, point.y, dimension.width,
        dimension.height);
    }
  }
// Das Lesezeichen mit der Maus bewegen
  public void mouseDragged (MouseEvent e) {
    label.setLocation(e.getX()-offset, e.getY()-offset);
  }
  public void mouseMoved (MouseEvent e) {}
// Ein Fenster erzeugen und seine LayeredPane im Konstruktor der
// umgebenden Klasse übergeben
  private static void starteGUI() {
    JFrame frame = new JFrame("BuchalsLayeredPane");
    frame.setDefaultCloseOperation(JFrame.EXIT_ON_CLOSE);
// Objekt der umgebenden Klasse erzeugen und als ContentPane
// setzen
    BuchalsLayeredPane newContentPane = new
      BuchalsLayeredPane(frame.getLayeredPane());
    frame.setContentPane(newContentPane);
// Die MenuBar mbLesezeichen setzen
    mbLesezeichen.add(m);
    frame.setJMenuBar(mbLesezeichen);
// Das Fenster anzeigen
    frame.setSize(new Dimension(200,250));
    frame.setVisible(true);
  }
// Static-Member-Klasse
```

```
    public static class Test{
      public static void main(String[] args) {
        starteGUI();
      }
    }
}
```

Programmausgaben

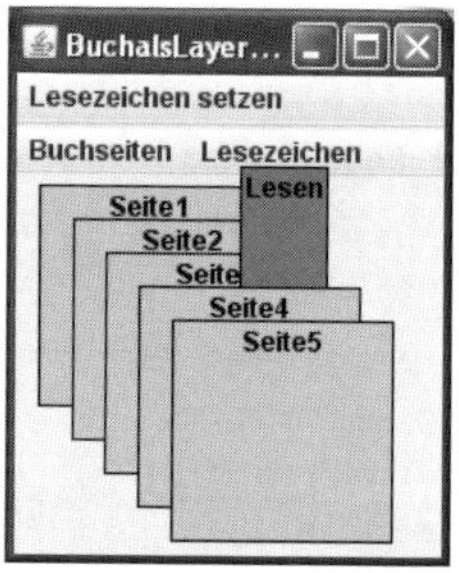

Hinweise zum Lösungsvorschlag

Der Referenzparameter vom Typ `JLayeredPane` im Konstruktor der umgebenden Klasse wird als `final` deklariert, damit dieser innerhalb der anonymen Klasse Gültigkeit hat.

Kapitel 8

Generics

8.1 Die Generizität

Die Generizität wurde für Java mit der Version 5.0 eingeführt, um die Prüfung der Typsicherheit von Daten an den Compiler zu übergeben. Damit werden dem Anwender aufwendige Tests für das Prüfen von Fehlerquellen, welche in diesem Zusammenhang in Programmen erforderlich waren, erspart.

Generische Datentypen, auch parametrisierte Typen genannt, werden mit Hilfe von Klassen und Interfaces realisiert, die als Parameter eine oder mehrere andere Klassen als Datentypen definieren. Solche Klassen werden in der Java-Literatur auch »polymorphe Klassen« genannt und liefern ein Beispiel für den im Kapitel 2 definierten »parametrisierten Polymorphismus«. Beim Erzeugen einer Instanz von einem parametrisierten Typ werden die gewünschten Typargumente übergeben und damit ein Objekt der Klasse von dem so spezifizierten Typ gebildet. In der gleichen Art wie Klassen können auch Interfaces parametrisiert werden.

Andere Arten von Polymorphismus konnte man schon mit den Sprachmitteln von Java 1.4 realisieren, so z.B. den im Kapitel 1 definierten »impliziten Polymorphismus«. Da in Java alle Klassen Erweiterungen der Klasse `Object` sind, kann ein Platzhalter für einen beliebigen Datentyp (ausgenommen primitive Typen) als vom Typ `Object` deklariert werden und zu einem späteren Zeitpunkt durch einen von `Object` abgeleiteten Typ ersetzt werden. So ist es zum Beispiel möglich, in einem Array vom Typ `Object` Elemente von unterschiedlichen Typen wie `Integer`, `String`, `Punkt`, etc. zu speichern. Diese Art der Realisierung von Polymorphismus kann jedoch zu Fehlern führen, wenn während der Laufzeit Operationen zwischen derartigen unterschiedlichen Werten durchgeführt werden und diese nicht vom Programm aus vorher geprüft wurden. Für generische Datentypen werden derartige Prüfungen schon während der Übersetzung durchgeführt.

Die Typparameter werden der Klassen- bzw. Schnittstellendefinition in spitzen Klammern hinzugefügt: `class name <T, U, V>`.

Typparameter können auch in Methoden angewandt werden und dazu braucht die Klasse oder Schnittstelle keine Typparameter zu besitzen. Sie werden vor dem Rückgabewert der Methode in spitzen Klammern angegeben und können sowohl in den Parametern der Methode wie auch als Rückgabetyp verwendet werden.

Nachdem die Typprüfung vom Compiler durchgeführt wurde, wird in Java eine einzige Klasse mit einem allgemeinen Typ erzeugt, dies ist der Typ `Object`. Danach stehen keine Informationen zu den verwendeten generischen Typen mehr zur Verfügung und während der Laufzeit wird eine einzige .class-Datei erzeugt. So braucht die JVM von Java die Generics nicht zu unterstützen.

8.2 Generische Klassen und Interfaces

Generics unterstützen die Definition von abstrakten »Über-Typen«. Die häufigsten Einsätze sind die als Behälter (Container) für andere Datentypen, wie z.B. die aus der Interface- und Klassen-Hierarchie für Collections.

Um die statische Typsicherheit von generischen Datentypen zu gewährleisten, gibt es Einschränkungen bei der Typumwandlung zwischen generischen Klassen. Als Beispiel, ein Behälter vom Typ Object ist nicht ein Supertyp eines Behälters vom Typ String oder Integer, obwohl String und Integer Subtypen von Object sind. Generell gesagt, ist KlasseA ein Supertyp von KlasseB und GenKlasse eine Deklaration für einen generischen Datentyp, so ist GenKlasse<KlasseA> kein Supertyp von GenKlasse<KlasseB>.

Um damit für generische Datentypen keine Einschränkungen einzuräumen, wurde das Wildcardzeichen »?« als Platzhalter für alle möglichen Datentypen eingeführt. Schon mit den früheren Java-Versionen konnten Instanzen von Klassen, welche die Interfaces Collection, List oder Set implementieren, beliebige Objekttypen aufnehmen. Wäre diese Erweiterungsmöglichkeit für generische Datentypen nicht gegeben, würde die Verwendung von generischen Parametern für derartige Klassen und Interfaces nicht mehr die Möglichkeiten von vorher unterstützen. Im Vergleich zu einem mit Namen gekennzeichneten Typen <T>, steht <?> nicht für Object, sondern für jeden beliebigen Typ. Ist GenKlasse die zuvor ausgewählte Bezeichnung für die Deklaration eines generischen Datentyps, so wird der Supertyp für alle Subtypen von GenKlasse mit GenKlasse<?> definiert und in der Java-Literatur als »Typ von Unbekannt« bezeichnet. Weil wir den Typ von GenKlasse<?> nicht kennen, können wir von diesem keine Objekte erzeugen. Einer Variablen vom Typ <?> kann eine Instanz der Klasse von einem beliebigen Typ zugewiesen werden, nur kann auf diese im Nachhinein nicht schreibend zugegriffen werden. Ein lesender Zugriff ist jedoch erlaubt, und dabei wird der Typ Object zurückgegeben.

Aufgabe 8.1

Generischer Datentyp als Behälter für die Instanzen vom Typ des Klassenparameters

Eine generische Klasse GenericTyp1<T> definiert eine globale Referenz objekt vom Typ des Klassenparameters T. Die Klasse soll nur über den parameterlosen Standard-Konstruktor verfügen und zur Aufnahme und Bereitstellung von Objekten, die Methoden setObjekt() und getObjekt() definieren.

Der Typparameter T wird durch einen realen Typ eingetauscht, sobald eine Instanz der Klasse erzeugt wird. Bilden Sie Instanzen der Klasse vom Typ Integer und

`String` und zeigen Sie, dass eine Instanz der Klasse vom Typ `Integer` nur Objekte vom Typ `Integer` aufnehmen kann. Das gleiche gilt für Instanzen vom Typ `String`.

Definieren Sie eine Methode `getObjektTyp()`, um den Datentyp der erzeugten Objekte zu ermitteln und zeigen Sie diesen am Bildschirm an.

Hinweise für die Programmierung:

Beim Versuch, ein Objekt von einem Typ verschieden vom Typ der Klasse in deren Instanzen aufzunehmen, wird ein Compilerfehler gemeldet.

Java-Dateien: `GenericTyp1.java`
Programmaufruf: `java GenericTyp1`

Aufgabe 8.2

☆

Generischer Datentyp als »Über-Typ« für die Instanzen vom Typ des Klassenparameters

Definieren Sie analog zur Aufgabe 8.1 eine generische Klasse `GenericTyp2<T>`, deren Konstruktor eine Referenz auf ein Objekt vom Typ des Klassenparameters `T` übergeben bekommt. Damit wird die Methode `setObjekt()` zur Aufnahme von Objekten nicht mehr benötigt. Diese Art der Definition rechtfertigt den Begriff »Über-Typ« für generische Datentypen, im Gegensatz zur Klasse `GenericTyp1`, die eher den Begriff »Behälter (Container) für andere Datentypen« als sinnvoller erscheinen lässt.

Java-Dateien: `GenericTyp2.java`
Programmaufruf: `java GenericTyp2`

Aufgabe 8.3

☆☆☆

Generischer Stack

Ein Stack (Kellerspeicher) kann über eine verkettete Liste definiert werden, die über ein selbstreferenzierendes Feld einer Klasse erzeugt wird. Fügt man zur Klassendefinition eine Typvariable zur Parametrisierung der Klasse ein, kann diese innerhalb der Klasse als Platzhalter für einen bestimmten Datentyp verwendet werden und der so erzeugte Stack auch nur zum Kellern von Daten dieses speziellen Typs genutzt werden.

Erstellen Sie zu diesem Zweck die generische Klasse `GenericStack<T>`, die zwei Instanzfelder `objekt` vom parametrisierten Typ `T` und `aktuellElem` vom Typ einer Member-Klasse `Knoten` definiert. Im ersten Feld werden die Werte gespeichert, welche im Stack abgelegt sind, und im zweiten ein Element der verketteten Liste, über welche der Stack generiert wird.

Die Klasse `Knoten` definiert ein selbstreferenzierendes Feld vom Typ der eigenen Klasse `vorElem` und ebenfalls ein Instanzfeld `objekt` vom parametrisierten Typ T. Implementieren Sie in der Klasse `GenericStack<T>` die Methoden `push()` und `pop()` der generischen Schnittstelle `GenInterface` zum Einfügen und Herausnehmen der im Stack gespeicherten Werte. `GenInterface` soll als Static-Member-Interface definiert werden.

Erzeugen Sie Instanzen vom Typ `Integer` und `String` der Klasse `GenericStack<T>` und fügen Sie zu diesen die ganzen Zahlen von 1 bis 26 bzw. die Buchstaben von A bis Z hinzu.

Für die Anzeige der in den Stacks gekellerten Daten am Bildschirm sollen `JComboBox`-Komponenten verwendet werden, die diese Daten aufnehmen und zu einer `JFrame`-Komponente hinzugefügt werden.

Java-Dateien: `GenericStack.java`
Programmaufruf: `java GenericStack`

8.3 Generische Wildcardtypen

Für generische Wildcardtypen können Schranken gesetzt werden. Die Deklaration mit `<? extends Klasse>` wird als obere Schranke (»upper bound wildcard«) bezeichnet und die Deklaration mit `<? super Klasse>` als untere Schranke (»lower bound wildcard«). Im Gegensatz zu `extends` kann die Ergänzung `super` wie auch das `Fragezeichen` nicht in der Deklaration von Klassen genutzt werden. Es können aber Variablen und Methodenparameter vom Typ <?> mit und ohne obere und untere Schranke definiert werden, womit eine Einschränkung für Wildcardtypen ermöglicht wird.

Aufgabe 8.4 ☆☆

Generische Wildcardtypen

Erstellen Sie eine Klasse `GenericTypmitWildcard<T>`, die das gleiche Instanzfeld und die gleichen Methoden wie die Klasse `GenericTyp1` aus der Aufgabe 8.1 besitzt. Definieren Sie für diese Klasse eine zusätzliche Klassenmethode `anzeige()` und benutzen Sie in ihrer Deklaration Wildcardtypen, um damit die von allen Instanzen der Klasse mit den unterschiedlichen Typen `Integer`, `Float` und `Double` aufgenommenen Objekte anzeigen zu können.

Hinweise für die Programmierung:

Dass bei der Verwendung eines parametrisierten Datentyps später nur Objekte des beim Erzeugen einer Instanz der Klasse verwendeten Datentyps genutzt werden können, wäre ohne Erweiterungsmöglichkeiten eine Einschränkung gegenüber vorherigen Versionen von Java. Wildcards können aber nicht in Klassendefinitionen verwendet werden, eine Klassendeklaration mit `class GenericTypmitWildcard<?>` führt zum Compilerfehler "Identifier expected". Sie können als Platzhalter in der Definition von Referenzen vom Typ der Klasse genutzt werden, die Referenzen von Instanzen der Klasse von einem bestimmten Typ zugewiesen bekommen, oder als Parameter bzw. Rückgabewert in Methodendefinitionen dienen.

Einer Referenzvariablen vom Typ <?> kann die Referenz einer Instanz der Klasse von einem beliebigen Typ zugewiesen werden, nur kann auf diese im Nachhinein nicht schreibend zugegriffen werden. Weil der Compiler den Typ, den man hinzufügen möchte, nicht kennt, führt dies zu einem Compilerfehler. Ein lesender Zugriff wird jedoch erlaubt und die zurückgegebene Instanz hat den Typ `Object`.

Java-Dateien: `GenericTypmitWildcard.java`
Programmaufruf: java `GenericTypmitWildcard`

Aufgabe 8.5 ☆☆☆

Obere Schranke (»upper bound wildcard«) für Wildcardtypen

Definieren Sie analog zur Klasse `GenericTypmitWildcard` aus der Aufgabe 8.4 eine neue Klasse `GenericTypmitExtend<T extends Number>`. Diese soll in ihrer Methode `anzeige()` als Methoden- und Rückgabe-Parameter eine Referenz vom Typ der eigenen Klasse zulassen, die als Typparameter alle Typen von Klassen, welche die Java-Standard-Klasse `Number` erweitern, definiert.

Definieren Sie eine zusätzliche Methode `add()` für diese Klasse, die zwei Referenzen vom gleichen Typ wie der Parameter der Methode `anzeige()` übergeben bekommt. Sie liest mit Hilfe der Methode `getObjekt()` der Klasse die Objekte, welche in den Instanzen der Klasse von unterschiedlichen Typen hinterlegt wurden und für diese mit Hilfe der Methode `getValue()` der abstrakten Klasse `Number` deren numerischen Wert. Die von der Klasse `Number` abgeleiteten Klassen `Integer`, `Float` und `Double` implementieren alle diese Methode. Die so ermittelten numerischen Werte sollen addiert und als `int`-Wert von der Methode zurückgegeben werden.

Erzeugen Sie in der `main()`-Methode der Klasse Instanzen von zugelassenen generischen Typen, wie `GenericTypmitExtend<Integer>`, `GenericTypmitExtend<Float>` oder `GenericTypmitExtend<Double>` und rufen Sie für diese die Methoden der Klasse auf.

Java-Dateien: `GenericTypmitExtend.java`
Programmaufruf: `java GenericTypmitExtend`

Aufgabe 8.6 ☆☆☆

Untere Schranke (»lower bound wildcard«) für Wildcardtypen

Die Klasse `GenericTypmitSuper<T extends Container>` definiert einen parametrisierten Datentyp T, der vom Typ der Klasse `Container` oder deren Unterklassen sein kann. Sie definiert eine globale Referenz `komponente` vom Typ des Klassenparameters und Zugriffsmethoden für das Setzen und Lesen von Werten ihres Instanzfeldes. Die Methode `add()` der Klasse definiert zwei Parameter mit einer unteren Schranke für die Typvariable T. Es sind alle Oberklassen von `MetalScrollButton` erlaubt. Sie dient dazu, die im zweiten Parameter über ihre Referenz übergebene Komponente zu der im ersten Parameter übergebenen Komponente hinzuzufügen.

Erzeugen Sie eine Instanz der Klasse `GenericTypmitSuper` vom Typ `Container` und fügen Sie zu dieser ein `Container`-Objekt hinzu, welches einen Layout- Manager vom Typ `GridLayout` definiert. Instanzen vom Typ `JButton`, `MetalScrollButton` und `BasicArrowButton` der Klasse, die je eine Komponente vom zugehörigen Typ beinhalten, sollen mit Hilfe der `add()`-Methode nacheinander zu dieser Komponente hinzugefügt werden und in einer anderen Komponente der Klasse vom Typ des Rückgabewertes der Methode abgelegt werden. Zeigen Sie die so erstellte Komponente in einem Fenster vom Typ der Klasse `JFrame` am Bildschirm an.

Hinweise für die Programmierung:

In der Klassendeklaration ist die Angabe von `Container` als obere Schranke erforderlich, da das Typargument `T` beim Übersetzen durch den Typ `Object` eingetauscht wird und die Klasse `Object` keine `add()`-Methode definiert, welche von der `add()`-Methode dieser Klasse aufgerufen werden kann.

Java-Dateien: `GenericTypmitSuper.java`
Programmaufruf: `java GenericTypmitSuper`

8.4 Legacy Code, Erasure und Raw-Typen

Eine der wichtigsten Voraussetzungen bei der Einführung von Generics war deren Kompatibilität mit früheren Java-Versionen, sodass keine Änderungen in den grundlegenden Sprachelementen von Java und der JVM erforderlich sind.

Dies wurde durch die Nutzung der Typlöschung (»Type erasure«) erreicht: beim Compilieren von Programmen werden die Typparameter durch ihre Schranken ersetzt und diese sind vom Typ `Object`, falls keine anderen definiert wurden. Um die Typkompatibilität mit dem durch die Typargumente spezifizierten Typ beizubehalten, wird ein Casting durchgeführt.

Generische Klassen müssen nicht zwangsläufig parametrisiert werden. Ein parametrisierter Typ ohne Typ wird »Raw-Typ« genannt. Damit bisher erstellter Java-Code, auch »legacy code« genannt, kompatibel mit den generischen Typen bleibt, wurde in Java die Möglichkeit geschaffen, parametrisierte Klassen ohne Typargumente zu nutzen. Damit werden Instanzen erzeugt, deren parametrisierter Typ durch den Typ `Object` ersetzt wird.

Raw-Typen bringen allerdings auch einen Nachteil mit sich, die von Generics gewährleistete Typsicherheit geht damit verloren. Um dem Benutzer dies mitzuteilen, erzeugt der Compiler beim Instantiieren von Raw-Typen eine Warnung: "unchecked call ...".

Die Warnung "unchecked conversion" wird ausgegeben, wenn einem parametrisierten Typ ein Raw-Typ zugewiesen wird. Einem Raw-Typ können jedoch alle parametrisierten Typen zugewiesen werden, ohne dass der Compiler darauf hinweist, weil diese keine zusätzlichen Verletzungen der Typsicherheit mit sich bringen als die, auf welche schon beim Erstellen von Raw-Typen hingewiesen wurde.

Darum sollten Raw-Typen nur in Zusammenhang mit legacy code genutzt werden und nicht beim Erstellen von neuem Java-Code.

Um die Warnungen anzuzeigen, kann der Compiler mit dem Argument `-Xlint` aufgerufen werden.

Die Typlöschung durch den Compiler kann für bestimmte Methoden zu Problemen führen, wenn diese ihren Deklarationen in abstrakten Klassen oder Interfaces genügen müssen. Um dies zu verhindern, fügt der Compiler zur Klasse so genannte Brückenmethoden (»bridge methods«) hinzu. Dadurch wird eine Methode generiert, die der Methode der abstrakten Klasse bzw. des Interface entspricht, und diese ruft die Methode der Klasse auf, welche einen speziellen Typ des Interface oder der abstrakten Klasse implementiert.

Wie schon im Kapitel 2 vermerkt, werden Brückenmethoden auch dann generiert, wenn der Typ des Rückgabewertes für eine in einer Unterklasse überschriebene Methode der Oberklasse nicht der gleiche ist wie der für die Methode der Oberklasse (kovariante Rückgabetypen).

Aufgabe 8.7

Raw-Typen am Beispiel einer generischen Klasse mit zwei Typparametern

Eine generische Klasse `GenericPunkt<T,V>` mit zwei Typargumenten `T` und `V` soll ein `Punkt`-Objekt definieren, das unterschiedliche Typen von Koordinaten besitzen kann. Sie definiert zwei globale Referenzen vom Typ der Klassenparameter, die sowohl über den Konstruktor der Klasse als auch über deren Zugriffsmethoden `setKoordinate1()` und `setKoordinate2()` initialisiert werden können. Zwei weitere Zugriffsmethoden `getKoordinate1()` und `getKoordinate2()` können deren Werte returnieren. Definieren Sie für die Anzeige der Punktkoordinaten eine Methode `ausgabe()` mit einem Argument vom Typ `GenericPunkt<?,?>`, das erlaubt, Objekte von beliebigen parametrisierten Typen der generischen Klasse anzuzeigen.

Erstellen Sie in der gleichen Java-Datei mit der Klasse `GenericPunkt` eine externe Klasse `RawTyp`, welche auch den Namen des Java-Programms festlegt und die Definition und Arbeit mit Raw-Typen anhand von Instanzen der Klasse `Generic-Punkt` demonstrieren soll. Erzeugen Sie in der `main()`-Methode der Klasse Instanzen von Typen wie GenericPunkt<Integer,Integer> und GenericPunkt <Double,Double>, aber auch von Mischtypen wie z.B. GenericPunkt<Integer,Double> und Raw-Typen. Testen Sie, welche Zuweisungen zwischen parametrisierten Typen und Raw-Typen erlaubt sind und welche nicht.

Hinweise für die Programmierung:

Ein Raw-Typ-Objekt der generischen Klasse GenericPunkt kann mit: GenericPunkt punkt=new GenericPunkt(1.0F,1.0F); bzw. GenericPunkt punkt=new GenericPunkt(1,1); gebildet werden und auch mit: GenericPunkt punkt3=new GenericPunkt(-1.0F,1);. Damit werden GenericPunkt-Objekte erzeugt, deren Typparmeter T und V durch den Typ Object ersetzt werden.

Die externe Klasse GenericPunkt darf in ihrer Deklaration den Modifikator public nicht enthalten, weil diese in der gleichen Java-Datei mit der Klasse RawTyp abgespeichert wird.

Java-Dateien: RawTyp.java
Programmaufrufe : javac -Xlint RawTyp.java und java RawTyp

Aufgabe 8.8 ☆

Generische Interfaces

Definieren Sie ein generisches Interface Equality<T>, das eine Methode equal() vorgibt, um die Gleichheit von zwei Objekten zu prüfen, die über ihre Referenzen im Methodenaufruf übergeben werden.

Die Klasse PointEqual soll das mit der Klasse Point parametrisierte Interface und dessen Methoden für Instanzen vom Typ der Java-Standard-Klasse Point implementieren.

Die Methode equal() gibt den boolean-Wert true zurück, falls die Koordinaten der in ihrem Aufruf übergebenen Punkte, die über die Feldnamen x und y der Klasse Point angesprochen werden können, den gleichen Wert haben. Ansonsten returniert die Methode den boolean-Wert false.

Definieren Sie ein Array von beliebigen Point-Instanzen und vergleichen Sie nacheinander deren Werte, indem Sie die Methode equal() an einer Instanz der Klasse PointEqual aufrufen.

Die generische Schnittstelle Equality<T> soll als externes Interface ebenfalls in der Java-Datei PointEqual.java definiert werden.

Rufen Sie den Decompiler javap für die Datei PointEqual.class auf, damit die Brückenmethode angezeigt wird, welche vom Compiler generiert wurde, um der Methodensignatur des Interface zu genügen.

Java-Dateien: PointEqual.java
Programmaufruf: java PointEqual und javap PointEqual

Aufgabe 8.9 ☆☆

Brückenmethoden (»bridge methodes«)

Um das Erstellen von Brückenmethoden in Zusammenhang mit generischen Datentypen zu verdeutlichen, wird eine generische Klasse `GenericTyp<T>` mit dem Typargument `T` erstellt und von der mit der Klasse `Point` parametrisierten Klasse `GenericTyp<Point>` eine zweite Klasse `GenericSubTyp` abgeleitet.

Die Klasse `GenericSubTyp` erbt das Instanzfeld `objekt` der Oberklasse und ihre Methode `setObjekt()`, die eine Referenz vom Typ des Klassenparameters übergeben bekommt. Sie überschreibt deren Methode `getObjekt()`, indem sie einen kovarianten Rückgabetyp vom Typ der Klasse `Point` für den Rückgabetyp `Object` der gleichnamigen Methode ihrer Oberklasse definiert.

Definieren Sie eine weitere Klasse `BrueckenMethoden`, in der Sie `GenericTyp<Point>`- und `GenericSubTyp`-Objekte erzeugen und an diesen die Methode `getObject()` aufrufen.

Die Klassen `GenericTyp` und `GenericSubTyp` sollen als externe Klassen mit der Klasse `BrueckenMethoden` in der Java-Datei `BrueckenMethoden.java` definiert werden.

Rufen Sie für die Klassen `GenericTyp` und `GenericSubTyp` einen Decompiler auf, um die generierten Brückenmethoden anzuzeigen.

Java-Dateien: `BrückenMethoden.java`
Programmaufrufe: `java BrückenMethoden`, `javap GenericPoint` und `javap GenericSubTyp`

8.5 Generische Arrays

Ein `new T()`-Ausdruck, in welchem `T` eine Typ-Variable ist, wird in Java vom Compiler als Fehler zurückgewiesen. Dies liegt daran, dass intern der generische Typ mit `Object` als Platzhalter übersetzt wird und man damit genau das erreichen würde, was ohne die Nutzung von Generizität der Fall war. So kann der Elemententyp für ein Array-Objekt weder eine Typvariable noch ein generischer Typ sein, es sei denn, dieser ist ein nicht eingeschränkter Wildcard-Typ. Man kann Arraytypen deklarieren, deren Elemententyp eine Typvariable oder ein generischer Typ ist, aber keine Array-Objekte erzeugen, weil die Typparameter zur Laufzeit nicht mehr zur Verfügung stehen. Arrays kennen auch keine Typlöschung (Erasure).

Der Benutzer kann ein generisches Array erzeugen, indem er einer Arrayreferenz vom Typ eines Klassenparameters `T` eine Referenz auf ein existierendes Array zuweist, oder die Methode `newInstance()` der Klasse `java.lang.reflect.Array` aufruft.

Aufgabe 8.10

☆☆

Erzeugen von generischen Arrays

Definieren Sie eine generische Klasse `GenericArray<T>` mit dem Typargument `T` und versuchen Sie ein generisches Array vom gleichen Typ `T` zu erzeugen. Es können weder Arrays vom Typ eines Parameters der Klasse erzeugt werden, wie mit: `array = new T[10];`, noch Arrays vom Typ einer generischen Referenz der Klasse, wie mit: `GenericArray<Integer> [] GenericArray = new GenericArray <Integer>[2];`.

Es können jedoch Referenzen auf ein Array vom Typ des Klassenparameters definiert werden und diesem kann im Konstruktor der Klasse eine Referenz auf ein existierendes im Typ kompatibles Array zugewiesen werden.

Erstellen Sie in der `main()`-Methode der Klasse zwei Array-Objekte vom Typ `Integer` und `Float` mit den Elementwerten 1 und 2 bzw. 1.0 und 2.0 und übergeben Sie diese als Referenz im Konstruktor der Klasse. Somit können weitere Array-Objekte vom Typ `Integer` bzw. `Float` erstellt werden.

Erzeugen Sie des Weiteren Array-Objekte von parametrisierten Typen der Klasse `GenericArray`. Damit entstehen zweidimensionale Arrays, die über Wildcardtypen deklariert werden müssen.

Zeigen Sie sowohl die neu erzeugten eindimensionalen Arrays als auch die zweidimensionalen Arrays am Bildschirm an.

Java-Dateien: `GenericArray.java`
Programmaufruf: `java GenericArray`

8.6 Generische Methoden

Eine Methode, die einen generischen Typ benutzt, muss diesen in der Signatur, ähnlich wie bei parametrisierten Klassen, in spitzen Klammern angeben und wird generische Methode genannt. Somit können parametrisierte Datentypen in Methoden genutzt werden, ohne dass die Klasse Typparameter besitzt.

Aufgabe 8.11

☆☆☆

Generische Methodendefinitionen

Definieren Sie eine Klasse `GenericMethoden` mit zwei generischen Methoden `erzeugeArray()`, die generische Arrays mit der Methode `newInstance()` der Klasse `java.lang.reflect.Array` erzeugt, und `anzeigeArray()`, welche die Elemente eines Arrays über eine `for-each`-Schleife ausgibt.

Durch den Aufruf der Methode `newInstance()` erfolgt nur das Erzeugen eines Array-Objektes vom dem im Methodenaufruf übergebenen Typ. Die Elemente des Arrays müssen nach wie vor einzeln initialisiert werden.

Hinweise für die Programmierung:

Würde ein new T[] in ein new Object[] umgesetzt werden, würde damit ein Array vom Typ Object erzeugt, was der Typsicherheit widerspricht und deshalb vom Compiler verboten wird. Der Benutzer kann einen passenden Datentyp erzeugen, indem er die Methode newInstance() der Klasse java.lang.reflect.Array aufruft. Dabei wird der Typ von T explizit mittels der Methode getClass() von einem existierenden Array geholt und, aufbauend darauf, ein Array vom gleichen Typ erzeugt. Ohne das Casting (T[]) meldet der Compiler den Fehler "incompatible Types" und mit dem Casting die Warnung "unchecked cast", d.h. ein Laufzeitfehler wird auch damit nicht ausgeschlossen.

Java-Dateien: GenericArraymitGenericMethoden.java
Programmaufrufe: javac -Xlint GenericMethoden.java und java GenericMethoden

8.7 for-each-Schleifen für Collections

for-each-Schleifen wurden, wie schon im Kapitel 1 angesprochen, mit Java 5.0 eingeführt. Die Aufgabe 1.20 liefert Beispiele für die Anwendung von for-each-Schleifen mit Arrays.

Zusätzlich zu der for-Schleifen-Variante mit einem Indexzähler, der initialisiert und inkrementiert wurde, konnte schon in den Vorgänger-Versionen ein Iterator erzeugt werden, um damit auf einzelne Elemente einer Menge zuzugreifen. Die erweiterte for-Schleife (for-each) für Collectionen basiert auf dem mit der Version 5.0 von Java eingeführten Interface java.lang.Iterable<T> und verfügt über eine abgekürzte Schreibweise: for(<Typ> <Variable>: <Collection>);, wobei die Typvariable dem Typ der Aufzählungselemente der Collection entspricht. Diese Elemente müssen in einem Objekt vom Typ einer Klasse abgelegt werden, die das Interface java.lang.Iterable<E> implementiert, d.h. vom Typ einer Collection-Klasse sein.

Aufgabe 8.12 ☆☆☆

Generische Arrays in generischen Methodendefinitionen

Implementieren Sie in einer Klasse GenericArrayundGenericMethoden drei generische Methoden sucheElem(), sucheMenge() und tauscheMenge(), um Elemente von Mengen, die als Elemente von Array-Objekten dargestellt werden sollen, mit Hilfe von Referenzen von generischen Arrays zu manipulieren.

Die ersten beiden Methoden definieren in spitzen Klammern zwei Typparameter T und V. Da eine Abhängigkeit zwischen einer Menge und ihren dazugehörigen Elementen besteht, soll in der Methode sucheElem() der zweite Typparameter mit einer Schranke vom Typ des ersten definiert werden. Im Methodenaufruf dieser Methode werden Referenzen vom Typ T und V[] übergeben. Das vom Typ T übergebene Element einer Menge wird in einer `for`-Schleife mit allen Elementen der Menge, die als Referenz vom Typ Array im zweiten Methodenparameter übergeben wird, verglichen. Ist es in der Menge enthalten, wird der Index des so ermittelten Elementes an den Aufrufer der Methode zurückgegeben.

Die Argumente der Methode `sucheMenge()` sind vom Typ `T[]` und `V[]` und bekommen bei einem Methodenaufruf Referenzen von zwei Mengen übergeben. Definieren Sie mit Hilfe von zwei geschachtelten `for`-Schleifen einen Algorithmus, über welchen ermittelt werden kann, ob alle Elemente der ersten Menge in der zweiten enthalten sind. Die Methode soll den `boolean` Wert `false` returnieren, sobald ein Element der ersten Menge nicht in der zweiten aufzufinden ist.

Die Methode `tauscheMenge()` definiert einen Typparameter `T` und als Rückgabewert ein generisches Array von diesem Typ. Sie bekommt zwei Mengen mit gleicher Anzahl von Elementen übergeben und tauscht die Elemente der ersten Menge durch die gleich positionierten Elemente der zweiten Menge aus, falls diese ungleich sind.

Definieren Sie beliebige Mengen als Array-Objekte von beliebigen Typen, rufen Sie für diese die Methoden der Klasse auf und zeigen Sie Ihre Ergebnisse am Bildschirm an.

Java-Dateien: `GenericArrayundGenericMethoden.java`
Programmaufruf: `java GenericArrayundGenericMethoden`

8.8 Generische Standard-Klassen und -Interfarces

Das Java Collection Framework beinhaltet die Gesamtheit der im Paket `java.util` definierten Klassen und Interfaces, welche für die Implementierung von komplexen Datenstrukturen zuständig sind, die Objekte von unterschiedlichen Typen aufnehmen können, wie Listen, Vektoren, Stacks und Queues. Alle `Collection`-Klassen und -Interfaces wurden in der Version 5.0 von Java mit generischen Datentypen erweitert. Somit können nur noch Referenzen von einem vorgegebenen Typ zu einer bestimmten Collection hinzugefügt werden, was zur Typsicherheit von Daten beiträgt. Auch der Iterator einer Collection, über welchen auf deren Elemente zugegriffen wird, muss den Typ der Elemente haben.

Mit der Version 5.0 von Java wurde auch die generische Schnittstelle `Iterable<T>` eingeführt und die `Collection`-Schnittstelle erweitert jetzt die Schnittstelle `Iterable`, um die Funktionalität einer `for-each`-Schleife zu ermöglichen. Von dieser werden weitere generische Schnittstellen, wie `List`, `Set` und `Queue` abgeleitet.

Iteratoren wurden durch das Hinzufügen eines generischen Typs sicherer gemacht und bei ihrem Einsatz ist keine Typumwandlung mehr nötig.

Das `Map<K,V>`-Interface besitzt zwei Typparameter `K` und `V`, wobei `K` für Key (Schlüssel) und `V` für Value (Wert) stehen. Die Menge der Schlüssel hat den Typ `Set<E>` und die der Werte den Typ `Collection<E>`.

Die abstrakte Klasse AbstractMap<K,V> beinhaltet eine Rahmenimplementierung für das Interface Map<K,V>. Instanzen von Klassen, die das Interface Map implementieren, werden auch Abbildungen genannt und ordnen verschiedenen Schlüsseln Werte zu. Eine Abbildung kann keine gleichen Schlüssel enthalten und einem Schlüssel kann immer nur ein Wert zugeordnet werden.

Die Klasse EnumMap<K extends Enum<K>,V> ist eine spezielle Implementierung von AbstractMap, welche den Typ von Enumerationen enum, als Typ für die Schlüssel nutzt. EnumMaps werden intern als Arrays repräsentiert. Hierfür sind null-keys nicht zugelassen, jedoch null-values.

HashMap<K,V> ist eine auf Hashtable<K,V> basierende Implementierung von Map, die null-keys und null-values zulässt.

Die Klasse TreeMap<K,V> ist eine spezielle Implementierung des Interface SortedMap<K,V>, welche garantiert, dass die Schlüssel der Abbildungen in aufsteigender Reihenfolge vorhanden sind.

Das Type-Interface ist das Oberinterface für alle Datentypen in Java und beinhaltet Raw-Typen, parametrisierte Typen, Arraytypen, Typ-Variablen und primitive Typen.

Aufgabe 8.13

Die Klasse ArrayList<E> und die Schnittstelle List<E>

Die in der Aufgabe 3.2 definierten Klassen Kugel und Kegel erweitern die abstrakte Klasse GeometrischeKoerper aus dem gleichen Kapitel. Definieren Sie eine Klasse mit dem Namen GeometrischeKoerpermitGenericStdKls, die Instanzen vom Typ Kugel und Kegel der parametrisierten Klasse ArrayList<E> erzeugt.

Dann kann eine Variable mit dem Namen aList1 vom Typ ArrayList<Kugel> nur Referenzen auf Instanzen vom Typ der Klasse Kugel, und aList2 vom Typ ArrayList<Kegel> nur Referenzen auf Instanzen vom Typ der Klasse Kegel aufnehmen.

Damit für die Ausgabe irrelevant ist, von welchem Typ die angezeigten Objekte sind, definiert die Methode ausgabe(), der Klasse GeometrischeKoerpermitGenericStdKls einen Platzhalter für einen unbekannten Typ mit Angabe der Untereigenschaft des Parametertyps, und dieser soll vom Typ der Klasse GeometrischeKoerper sein. Weil die Klasse ArrayList<E> die Schnittstelle List<T> implementiert, kann der Methodenparameter vom Typ List gewählt werden.

Java-Dateien: Kugel.java, Kegel.java, GeometrischeKoerper.java, GeometrischeKoerpermitGenericStdKls.java
Programmaufruf: java GeometrischeKoerpermitGenericStdKls

Aufgabe 8.14

Die Klasse Vector<E> und die Schnittstelle Collection<E>

Eine Klasse `GenericStdKlsundInt` definiert eine generische Methode mit generischen Wildcardtypen mit folgender Signatur: `public static <T> T addListe (Collection <T> collection, List<? super T > liste)`. Diese Methode extrahiert die Einträge einer Collection vom parametrisierten Typ `T` über eine `for-each`-Schleife und fügt diese nacheinander einer Liste von einem parametrisierten Wildcardtyp mit einer oberen Schranke gleich dem Parametertyp `T` hinzu. Das letzte Element der Collection soll bei einem Aufruf der Methode returniert werden.

Da die generische Klasse `Vector<E>` die Schnittstellen `Collection<E>` und `List<E>` implementiert, können Referenzen von diesen als Parameterwerte im Methodenaufruf angegeben werden. Sowohl Variablen vom Typ `Collection<T>` wie auch vom Typ `List<? super T>` können Referenzen von Instanzen der Klassen `Vector<Point>`, `Vector<Point2D.Float>` oder `Vector<Point2D.Double>` aufnehmen.

Erzeugen Sie Instanzen der Klassen `Vector<Point>`, `Vector<Point2D.Float>` und `Vector<Point2D.Double>`, zeigen Sie deren Werte am Bildschirm an und fügen Sie diese zu einer Liste hinzu, die unterschiedliche Datentypen (als Unterklassen von `Point2D` definiert) aufnehmen kann. Die Elemente der so erzeugten Liste sollen nochmals am Bildschirm ausgegeben werden. Wandeln Sie die Liste in ein `Point2D`- bzw. `Object`-Array um, indem Sie die Methoden `toArray()` des Interface `Collection` nutzen, und zeigen Sie auch deren Elemente am Bildschirm an.

Hinweise für die Programmierung:

Die Methoden `toArray()` des Interface `Collection` definieren eine Brücke zwischen der Array-API und der Collection-API von Java. Sie geben ein Array zurück, das alle Elemente einer Collection (hier vom Typ der Klasse `Vector`) beinhaltet. Der Runtime-Typ des zurückgelieferten Arrays entspricht dem Typ des spezifizierten Arrays. Passt die Collection in das Array, so wird genau dieses returniert. Ansonsten wird zur Laufzeit Speicher für ein neues Array vom gleichen Typ, dessen Größe der Collectionsgröße entspricht, allokiert.

Java-Dateien: `GenericStdKlsundInt.java`
Programmaufruf: `java GenericStdKlsundInt`

Aufgabe 8.15

Die Klasse TreeMap<K,V>

Die von der abstrakten Klasse `AbstractMap` abgeleitete Klasse `TreeMap` ist eine von mehreren generischen Standard-Klassen mit zwei Parametern aus der Programmiersprache Java.

Definieren Sie eine Klasse GenericMapObjekte, welche die Array-Objekte mit den Namen schule, klasse und schueler als Klassenfelder vom Typ String [2], String [2][2] und String [2][2][2] definiert, und initialisieren Sie deren Elemente mit Namen von Klassen, Schulen und Schülern in der Form Schule1, Klasse11, Schueler111, ... Schule 2, Klasse 21, etc.

Erzeugen Sie Instanzen vom parametrisierten Typ TreeMap<String,String> und TreeMap<String,Map<String,String>> und definieren Sie mit Hilfe der Methode put() des von der Klasse TreeMap implementierten Interfaces Map Zuordnungen zwischen Schülern, Klassen und Schulen. Den einzelnen Schulen sollen je zwei Klassen zugeordnet werden, deren erster Index mit dem der Schule übereinstimmt, und den einzelnen Klassen je zwei Schüler, deren erster und zweiter Index mit denen der Klasse übereinstimmt. Benutzen Sie die Methode get() der gleichen Schnittstelle, um die den Schlüsseln von Abbildungen zugeordneten Werte zu lesen, und zeigen Sie diese am Bildschirm in der Form: »Der Schueler111 ist in der Klasse11 der Schule1« an.

Java-Dateien: GenericMapObjekte.java
Programmaufruf: java GenericMapObjekte

Aufgabe 8.16

Wiederholungsaufgabe

In der main()-Methode der Klasse GenericMapObjektemitForEach werden drei eindimensionale Arrays mit String[] a = {"Schule1","Schule2"}, String[] c = {"Klasse11", "Klasse12"} und String[] d = {"Klasse21", "Klasse22"} deklariert und initialisiert und zwei zweidimensionale mit: String[][] m = {{"Schueler111", "Schueler112"}, {"Schueler121", "Schueler122"}}, String[][] n = {{"Schueler211", "Schueler212"}, {"Schueler221", "Schueler222"}}.

Wie schon bekannt, sind mehrdimensionale Arrays in Java Arrays von Arrays. Definieren Sie ein zweidimensionales Array b als Array von c und d und ein dreidimensionales Array l als Array von m und n. Zeigen Sie deren Elemente mit Hilfe von for-each-Schleifen am Bildschirm an.

Erzeugen Sie Instanzen der parametrisierten Klassen TreeMap<String,String[][]> und TreeMap<String,String[][][]> und ordnen Sie wie in der Aufgabe 8.15 mit Hilfe der Methode put() jeder Schule alle vier Klassen und jeder Klasse alle acht Schüler zu, indem Sie for-each-Schleifen für die Iteration von Arrayelementen nutzen. Ermitteln Sie mit Hilfe der Methoden keySet() und values() der Klasse TreeMap die Menge der Schlüssel und aller zugeordneten Werte für beide Abbildungen und zeigen Sie die so erzeugten Instanzen vom Typ Set<String> und Collection<String[][]> bzw. Collection<String[][][]> am Bildschirm an.

Die den Schlüsseln der Abbildungen zugeordneten Werte sollen danach über die get()-Anweisung zurückgewonnen und erneut angezeigt werden.

Java-Dateien: GenericMapObjektemitForEach.java
Programmaufrufe: javac -Xlint GenericMapObjektemitForEach und java GenericMapObjektemitForEach

8.9 Enumerationen und die generische Klasse Enum<E extends Enum<E>>

Aufzählungen von konstanten int-Werten werden in der Java Version 5.0 durch die Definition von Enumerationen ersetzt. Neben dem Schlüsselwort class werden nun mit dem Schlüsselwort enum eine spezielle Art von Klassen für Konstanten definiert. enum-Konstanten sind typsicher und jede einzelne stellt ein Objekt der Klasse dar, wie der decompilierte Code von enum-Klassenobjekten zeigt. Diese Konstanten können im Gegensatz zu int-Konstanten abgeändert werden, ohne dass die Klassen, die sie verwenden, neu kompiliert werden müssen.

enum-Klassen erweitern die abstrakte Klasse Enum<E extends Enum<E>> von Java und erben somit alle ihre Methoden wie values(), die ein Array von allen Aufzählungskonstanten liefert, und ordinal(), welche die Zahl zurückgibt, die beim Aufbau von Aufzählungen einer bestimmten Konstanten zugeordnet wird. Die Methode toString() der Klasse Enum liefert eine String-Repräsentation für eine Aufzählungskonstante, die identisch mit ihrem Namen ist.

Bei einem Decompilieren kann festgestellt werden, dass enum-Klassen automatisch als final deklariert werden und dass sie nur private Konstruktoren besitzen, sodass für diese keine Objekte erzeugt werden können. Sie werden automatisch aus der Klasse Enum abgeleitet und es ist nicht erlaubt, diese als Oberklasse anzugeben.

Aufgabe 8.17 ☆☆

Die Definition von Enumerationen

Die einfachste Variante der Definition von Enumerationen besteht darin, die Aufzählungskonstanten in geschweifte Klammern nach dem Namen der Klasse anzugeben.

Erstellen Sie eine Java-Datei, in welcher die Klasse Enumerationen den Namen der Datei vorgeben soll, die enum-Klasse WTag als externe Klasse und die enum-Klasse Tag als interne Klasse von einer externen Klasse Tage definiert werden. Im Konstruktor der Klasse Enumerationen werden die Aufzählungskonstanten vom Typ WTag und Tag mit einer erweiterten for-Schleife durchlaufen und angezeigt. Die Methode values() der Klasse Enum liefert ein Array der Aufzählungskonstanten, in der Reihenfolge ihrer Deklaration.

Untersuchen Sie die entstandenen Klassen mit Hilfe des Decompilers `javap`.

Java-Dateien: `Enumerationen.java`
Programmaufruf: `java Enumerationen`, `javap WTag` und `javap Tage.Tag`

Aufgabe 8.18 ☆☆☆

Konstruktoren und Methoden von enum-Klassen

Ergänzen Sie die Definitionen der `enum`-Klassen aus der Aufgabe 8.17, indem Sie für die `enum`-Klasse `Tag` eine abstracte Methode `ansage()` konstantenabhängig implementieren und damit den Namen jedes Wochentages am Bildschirm anzeigen. Definieren Sie für die `enum`-Klasse `WTag` einen Konstruktor, der die Aufzählungskonstanten der Enumeration `Tag` als Referenz vom Typ `Tage.Tag` übergeben bekommen kann und Zugriffsmethoden für ein Instanzfeld `tag` der Klasse. Erzeugen Sie die Aufzählungskonstanten der Enumeration `WTag` über diesen Konstruktor.

Erstellen Sie eine Klasse `EnumerationenmitMethoden`, in welcher mit Hilfe von zwei eweiterten `for`-Schleifen die Methoden der `enum`-Klassen `WTag` und `Tag` an den Aufzählungskonstanten der beiden Enumerationen aufgerufen werden, und zeigen Sie deren Rückgabewerte am Bildschirm an.

Hinweise für die Programmierung:

`enum`-Klassen können sowohl Konstruktoren als auch andere Methoden beinhalten. Die Konstruktoren müssen enteweder `private` oder ohne Modifikator definiert werden. Enthält die Klasse mindestens eine abstrakte Methode, wird sie an Stelle von `final` automatisch als `abstract` deklariert.

Methoden in `enum`-Klassen können konstantenabhängig implementiert werden, zum Beispiel in Form von anonymen Klassen, die Sie durch den Aufruf des Decompilers `javap` überprüfen können.

Java-Dateien: `EnumerationenmitMethoden.java`
Programmaufruf: `java EnumerationenmitMethoden`, `javap WTag`, `javap Tage.Tag` und `javap Tage.Tag$1`

8.10 Die Interfaces Enumeration<E>, Iterable<T> und Iterator<E> sowie Map<K,V> und Set<E>

Collections, die das Interface `Collection<E>` oder eines seiner Unterinterfaces wie `Set<E>` oder `List<E>` implementieren, liefern über die Methode `iterator()` ein `Iterator`-Objekt zurück. Die Methode `iterator()` wird von der Schnittstelle `Iterable<T>` definiert, die mit der Java Version 5.0 als Oberinterface von `Collection<E>` eingeführt wurde. Objekte von Klassen, welche dieses Interface implementieren, können mit der for-each-Schleife durchlaufen werden.

Iterator-Objekte nehmen seit dem JDK 1.2 den Platz von Enumeration-Objekten ein und unterscheiden sich von diesen dadurch, dass Iteratoren dem Aufrufer erlauben, Elemente aus einer darunter liegenden Collection zu entfernen. Die Namen ihrer Methoden wurden mit der neuen Version ebenfalls verbessert. Sie sollen deutlicher den Unterschied zwischen einer Iteration und einer Aufzählung aufzeigen.

Die Methoden keys() und elements() der Klasse Hashtable liefern ein Enumeration-Objekt zurück. Für das Durchlaufen von Containern vom Typ Enumeration gibt es keine vereinfachte for-Schleife.

Die Methode hashMoreElements() des Interface Enumeration prüft, ob noch weitere Elemente vorhanden sind und die Methode nextElement() liefert ein konkretes Element. Für die Iterator-Schnittstelle werden diese Vorgänge von den Methoden hashNext() und next() übernommen.

Aufgabe 8.19

Weitere generische Schnittstellen

Die Klasse EnumerationIteratorIterable aus dem Lösungsvorschlag für diese Aufgabe liefert Beispiele für die Anwendung der Schnittstellen Map<K,V> und Set<E> sowie Enumeration<E>, Iterator<E> und Iterable<T>. Bauen Sie anhand der darin aufgeführten Beispiele von Klasseninstantiierungen und Methodenaufrufen Ihre eigenen Collections und Abbildungen (Maps) auf und manipulieren Sie deren Inhalte mit Hilfe der Methoden von Klassen, welche diese Schnittstellen implementieren.

Die Klasse EnumerationIteratorIterable weist auch auf den Unterschied zwischen Enumerationen (Aufzählungstypen), die als Instanzen der Klasse Enum erzeugt werden, und Instanzen vom Typ der parametrisierten Schnittstelle Enumeration hin, indem sie Instanzen vom Typ Enumeration(WTag) erzeugt.

Hinweise für die Programmierung:

Die Klasse EnumMap definiert eine spezielle Implementierung des Interface Map, welche Schlüssel und Werte vom Typ Enum zulässt. Im Konstruktor der Klasse EnumMap kann ein .class-Objekt übergeben werden, welches den Typ der Schlüssel hat.

Die Klasse Hashtable implementiert ebenfalls das Interface Map und definiert eine Tabelle über eine Zuordnung zwischen Schlüsseln und Werten.

Java-Dateien: EnumerationIteratorIterable.java
Programmaufruf: java EnumerationIteratorIterable

8.11 Die Einträge der UIDefaults-Tabelle als Instanz der Klasse Hashtable<Object, Object>

Aufgabe 8.20 ☆☆

Das Ändern der font-Eigenschaft von Swing-Komponenten

Mit den neuen Erkenntnissen über generische Klassen und Interfaces wenden wir uns wieder, wie im Kapitel 6 angekündigt, der darin beschriebenen Klasse `UIDefaults` zu. So sei an dieser Stelle darauf hingewiesen, dass die Klasse `UIDefaults` ab der Version 5.0 von Java von der Klasse `Hashtable<Object,Object>` abgeleitet ist und das Interface `Map<Object,Object>` implementiert.

Die Methode `getDefaults()` der `UIManager`-Klasse liefert alle Einträge der UIDefaults-Tabelle als Instanz vom Typ `Hashtable<Object,Object>` zurück, und die Methode `keys()` der Klasse `Hashtable` gibt die Menge aller Schlüssel als Instanz vom Typ des Interface `Enumeration<Object>` zurück, auf welche mit der Methode `nextElement()` des Interfaces zugegriffen werden kann.

Die Klasse `JFramemitUIDefaultsHashTable` soll als Beispiel für das Ändern von Einträgen in der UIDefaults-Tabelle dienen, was auch die Beispiele aus den Aufgaben 6.15 und 6.16 tun, nur sollen hiermit im Unterschied zu jenen Aufgaben die Methoden der Klasse `Hashtable` und des Interface `Enumeration` genutzt werden. In einer `while`-Schleife soll mit Hilfe aller Schlüssel, die mit `.font` enden, die `font`-Eigenschaft von Swing-Komponenten abgeändert werden. Der Name für die neue Schrift soll im Programmaufruf als Argument übergeben werden.

Java-Dateien: `JFramemitUIDefaultsHashTable.java`
Programmaufruf: `java JFramemitUIDefaultsHashTable Schriftname`

8.12 Die generischen Klassen Class<T> und Constructor<T>

Seit Java 5.0 werden auch die Klassen `java.lang.Class<T>` und `java.lang.reflect.Constructor<T>` als generische Klassen implementiert.

Die Nutzung dieser Klassen steht als Beispiel für die Nutzung der Generizität in einem anderen Zusammenhang als die von Container-Klassen.

Der Parameter T steht in diesem Fall für den Typ, den das `Class`-Objekt repräsentiert. So beschreibt z. B. `Class<String>` den Typ von `String.class` oder allgemein `Class<Name>` den Typ von `Name.class`.

Die Instanzen der Klasse `Class` repräsentieren Klassen und Interfaces zur Laufzeit einer Java-Applikation.

Die Klasse `Constructor` stellt Informationen über den Konsruktor einer Klasse und den Zugriff auf diesen bereit.

Die in diesen Klassen definierte Methode newInstance() kann Exceptions auslösen, die weitergereicht oder abgefangen werden müssen.

Aufgabe 8.21

Die Klasse Class<T>

Die am häufigsten verwendete Methode, um Instanzen von Klassen zu erzeugen, ist in Java die mit Hilfe des new-Operators. Doch ein new T() Ausdruck, in welchem T eine Typ Variable ist, wird, wie schon erwähnt, vom Compiler als Fehler zurückgewiesen.

Als Alternative unterstützt Java einen Mechanismus zum dynamischen Nachladen, mit dem Programme Klassen zur Laufzeit laden und Instanzen dieser Klassen dynamisch erzeugen können.

Die Klasse GenericClass<T> soll ein Instanzfeld tClass vom Typ der generischen Klasse Class<T> definieren und eine Methode, neuesProdukt(), aus der die Methode newInstance() von java.lang.Class zum dynamischen Bilden von Instanzen von Klassen aufgerufen wird.

In der Datei GenericClass.java werden noch zwei externe Klassen definiert, SchreibProdukt und LeseProdukt, für welche Instanzen dynamisch erzeugt werden sollen. Jede dieser Klassen definiert ein Instanzfeld, das den Namen einer Instanz der Klasse aufnehmen kann, und ein Klassenfeld, das dazu dient, die gebildeten Instanzen der Klasse zu zählen.

Der Parameter T steht für den Typ, den das Class-Objekt repräsentiert. So repräsentiert Class<SchreibProdukt> den Typ von SchreibProdukt.class und Class<LeseProdukt> den Typ von LeseProdukt.class.

Java-Dateien: GenericClass.java
Programmaufruf: java GenericClass

Aufgabe 8.22

Die Klasse Constructor<T>

Um neue Instanzen von Klassen dynamisch zu erzeugen, kann, wie auch in der Aufgabe 8.21 vorgegangen wurde, ein Class-Objekt genutzt werden.

Erstellen Sie eine generische Klasse GenericClassmitGenericConstructor, die zwei generische Methoden mit den Signaturen: public static <T> Collection<T> selectObjects (Class<T> tClass, String string) und public static <T> void ausgabeObjects(Collection <T> collection) definiert.

Mit der ersten Methode sollen Instanzen von Klassen vom gleichen Typ wie das im Methodenaufruf als .class-Datei übergebene erste Argument dynamisch erzeugt werden und für den Fall, dass das im Methodenaufruf übergebene zweite Argument vom Typ String mit einem Element von einem in der Klasse definierten Array Objekt name übereinstimmt, dieses zu einer Collection vom Typ des Klassenparameters hinzugefügt werden. Die zweite generische Methode soll für die Anzeige der Einträge der so erstellten Collections genutzt werden. In beiden Methoden soll mit Hilfe der Methoden get() der Klasse Field und getDeclaredField() der Klasse Class auf die Felder mit dem Namen s und name, welche alle übergebenen Klassenobjekte besitzen, zugegriffen werden, um deren Werte mit dem Wert des Methodenparameters vom Typ String aus der ersten Methode zu vergleichen und/oder anzuzeigen.

Definieren Sie drei externe Klassen Name, Strasse und Wohnort, von welchen Objekte dynamisch erzeugt werden sollen. Alle drei Klassen definieren ein Instanzfeld s vom Typ String und ein Array-Objekt name mit Elementen vom gleichen Typ.

Erzeugen Sie in der main()-Methode der Klasse GenericClassmitGenericConstructor über den Aufruf der Methode selectObjects() Instanzen der Klassen Name, Strasse und Wohnort und fügen Sie diese zu Collections vom Typ der gleichen Klassen hinzu. Zeigen Sie die in den so erstellten Collections aufgenommenen Elemente mit Hilfe der Methode ausgabeObjects() am Bildschirm an.

Hinweise für die Programmierung:

Mit der Methode Constructor<T> getConstructor(Class parameterTypes), an einem Class-Objekt aufgerufen, wird ein Constructor-Objekt geholt, das den Konstruktor der Klasse beschreibt. An diesem Constructor-Objekt kann wiederum die Methode newInstance(Object[]) aufgerufen werden, die eine neue Instanz der Klasse erzeugt, indem sie den zugrunde liegenden Konstruktor aufruft. Der Parameter der Methode newInstance() definiert ein Array von Werten, die dem echten Konstruktor zugewiesen werden. Bei einem parameterlosen Konstruktor kann newInstance(null) aufgerufen werden.

Wegen der generischen Klassendefinition entfällt hier das Casting mit (T) bei der Objektbildung mit newInstance() und somit die Warnung vom Compiler, dass die Typsicherheit nicht gewährleistet ist.

Auf die Felder und Methoden von so erzeugten Objekten kann zugegriffen werden. Dazu können die Methoden getField("feldname") oder getDeclaredField("feldname") für das Klassenobjekt der entsprechenden Klasse aufgerufen werden. An dem gelesenen Field-Objekt kann die Methode get(instanzKlasse) aufgerufen werden, welche den im Feld gespeicherten Wert zurückgibt.

Die Klassen Constructor und Field befinden sich im Paket java.lang.reflect.

Java-Dateien: GenericClassmitGenericConstructor.java
Programmaufruf: java GenericClassmitGenericConstructor

Aufgabe 8.23

☆☆☆

Erzeugen von generischen Arrays mit Hilfe eines Class-Objektes

Zeigen Sie mit der Klassendefinition von `GenericClassmitGenericArray<T>`, dass generische Arrays auch dynamisch mit Hilfe eines `Class`-Objektes erzeugt werden können und dass das Casting beim Erzeugen von Instanzen sich in diesem Fall durch den Einsatz eines generischen Klassenparameters vom Typ `Class<T>` nicht erübrigt. Der Compiler gibt weiter eine "unchecked cast" Warnung aus, d.h. die Möglichkeit eines Fehlers zur Laufzeit ist nicht ausgeschlossen.

Definieren Sie eine globale Referenz `tClass` vom generischen Typ `Class<T>` für diese Klasse und eine generische Methode `returnArray()`, die einen Rückgabeparameter vom Typ `T[]` definiert und im Aufruf der Methode `newInstance()` der Java-Standard-Klasse `Array` als Argument eine Referenz vom Typ des Instanzfeldes der Klasse übergibt.

Definieren Sie eine externe Klasse `Produkt`, die ein Klassenfeld `name` vom Typ `String` besitzt

Erzeugen Sie in der `main()`-Methode der Klasse `GenericClassmitGenericArray` Instanzen vom Typ `Integer` und Produkt der eigenen Klasse und rufen Sie die Methode `returnArray()` auf, um Arrays vom Typ dieser Klassen zu generieren.

Greifen Sie mit Hilfe der Methode `getDeclaredField()` der Klasse `Class` auf beliebige Felder der Klassenobjekte zu und geben Sie deren Werte am Bildschirm aus.

Java-Dateien: `GenericClassmitGenericArray.java`
Programmaufruf: `java GenericClassmitGenericArray`

8.13 Definition von benutzerdefinierten Modellen, die generische Klassen und generische Interfaces benutzen

Die nachfolgenden Beispiele definieren Modellklassen, die im Konstruktor Referenzen von generischen Klassen und Interfaces übergeben bekommen und aus diesem Grund in dieses Kapitel integriert wurden. Auch diese Modellklassen können sinnvoller Weise um eine Vielzahl von Methoden ergänzt werden, welche weitere Methoden der Interfaces, die Sie implementieren oder von welchem Typ Referenzen im Konstruktor der Klasse übergeben werden, bestimmen, um einen Delegierten für das Modell festzulegen. Diese wurden bewusst weggelassen, um den Umfang der Klassen zu reduzieren und trotzdem auf die wichtigen Regeln in einer Modelldefinition hinweisen zu können.

Aufgabe 8.24 ☆☆☆

Ein benutzerdefiniertes UIDefaults-Tree-Modell, welches die Eigenschaften von JButton-, JList- und JTree-Komponenten speichert

Erstellen Sie eine Klasse `UIDefaultsTreeModel`, die als Vorlage für ein benutzerdefiniertes Modell dient und ein inneres Modell vom Typ der Java-Standard-Klasse `DefaultTreeModel` benutzt. Das Modell soll die Daten der UIDefaults-Tabelle, die Eigenschaften für Komponenten vom Typ der Klassen `JButton`, `JList` und `JTree` definieren, in Form einer Baumstruktur speichern.

Die Klasse implementiert das `TreeModel`-Interface und definiert eine globale Referenz `treeModel` vom Typ der inneren Modellklasse. Der Modellaufbau soll mit der Methode `insertNodeInto()` der Klasse `DefaultTreeModel` erfolgen, welche über ihre `firexxx`-Methoden alle von ihr definierten Listener bei einem Hinzufügen von Knoten benachrichtigt. Definieren Sie zu diesem Zweck eine Methode `uiDefaultsDefTreeModel()`, die eine Referenz vom Typ `UIDefaults` übergeben bekommt und die Schlüssel aus der Tabelle, auf welche diese Referenz zeigt, mit Hilfe der Methode `keys()` der Klasse `UIManager` in ein `Enumeration`-Objekt hinterlegt, auf dessen Elemente nacheinander durch einen sukzessiven Aufruf der Methode `nextElement()` des Interface `Enumeration` zugegriffen werden kann

Implementieren Sie die Methoden des Interface `TreeModel`, indem Sie aus diesen die gleichnamigen Methoden der Klasse `DefaultTreeModel` aufrufen. Eigene `firexxx`-Methoden und selbst eine Definition von Listener für dieses Modell werden damit überflüssig. Eine `DefaultTreeModel`-Instanz erzeugt bei jeder Änderung im Modell ein Event-Objekt und sendet dieses an alle von der Klasse definierten Listener.

Definieren Sie eine zweite Klasse `JFramemitUIDefaultsTreeModel`, die ein Modell vom Typ `UIDefaultsTreeModel` erzeugt, an diesem die Methode `uiDefaultsDefTreeModel() der Klasse aufruft und dafür den von der Klasse implementierten TreeModelListener` registriert. Erzeugen Sie in dieser Klasse über den parameterlosen Konstruktor eine Komponente vom Typ `JTree` und setzen Sie für diese das vorher erstellte Modell. Fügen Sie diese zwecks Bildschirmanzeige zu einer ScrollPane hinzu. Wenn die Methode `setModel()` aufgerufen wird, registriert sich die `JTree`-Komponente selbst als Listener, sodass sich die Anzeige immer sofort abändert, wenn das Modell geändert wird.

Protokollieren Sie die im Modell durchgeführten Änderungen am Bildschirm.

Java-Dateien: `UIDefaultsTreeModel.java, JFramemitUIDefaultsTreeModel.java`
Programmaufruf: `java JFramemitUIDefaultsTreeModel`

Aufgabe 8.25

☆☆☆

Die Syntax der firexxx-Methodensignaturen von TreeModel-Klassen

Definieren Sie eine Klasse `UIDefaultsTreeModelmitTreeModelListener`, in welcher im Gegensatz zur Klasse `UIDefaultsTreeModel` aus der Aufgabe 8.24 in den Methoden `addTreeModelListener()` und `removeTreeModelListener()` nicht die gleichnamigen Methoden des internen Modells aufgerufen werden. So muss diese Klasse ihre eigenen Listener und `firexxx`-Methoden definieren, die den Listener über Änderungen im Modell benachrichtigt.

Definieren Sie, wie in der Aufgabe 8.24, eine zweite Klasse `JFramefuerUIDefaultsTreeModelmitTreeModelListener`, die ein Modell vom Typ `UIDefaultsTreeModelmitTreeModelListener` erzeugt, an diesem die Methode `uiDefaultsDefTreeModel()` der Klasse aufruft und dafür den von der Klasse implementierten `TreeModelListener` registriert. Erzeugen Sie in dieser Klasse über den parameterlosen Konstruktor eine Komponente vom Typ `JTree` und setzen Sie für diese das vorher erstellte Modell.

Hinweise für die Programmierung:

Definieren Sie die Listener in dieser Klasse als Elemente einer Liste vom Typ der Java-Standard-Klasse `EventListenerList` und für das Ermitteln der Listener aus dieser Liste eine Methode mit dem Namen `getTreeModelListeners()`, die die Methode `getListeners()` der Klasse `EventListenerList` aufruft.

An die so definierten Listener werden die in den `firexxx`-Methoden dieser Klasse, die im Lösungsvorschlag die Namen: `fireTreeNodesInserted()`, `fireTreeNodesRemoved()` und `fireTreeNodesChanged()` tragen, erzeugten Event-Objekte vom Typ `TreeModelEvent`, über den Aufruf der Methoden `treeNodesInserted()`, `treeNodesRemoved()` und `treeNodesChanged()` der Klasse `TreeModelListener` gesendet.

Java-Dateien: `UIDefaultsTreeModelmitTreeModelListener.java`, `JFramemitUIDefaultsTreeModelmitTreeModelListener.java`
Programmaufruf: `java JFramemitUIDefaultsTreeModelmitTreeModelListener`

Aufgabe 8.26

☆☆☆

Ein UIDefaults-Tree-Modell, das die String-Eigenschaften von Swing-Komponenten speichert

Definieren Sie analog zur Klasse `UIDefaultsTreeModel` die Klasse `UIDefaultsTreeModelundLookAndFeel`, die ebenfalls als Vorlage für ein benutzerdefiniertes Modell dienen soll, das ein inneres Modell vom Typ der Java-Standard-Klasse `DefaultTreeModel` für die Definition einer Baumstruktur nutzt. Dieses Modell soll die Daten der UIDefaults-Tabelle, welche Eigenschaften für Komponenten vom Typ der Klasse `String` definieren, »look and feel«-abhängig speichern. Um diese

Daten unter verschiedenen LookAndFeels mit Hilfe einer Viewer-Komponente vom Typ `JTree` korrekt anzuzeigen, müssen die von einer vorangegangenen Anzeige eventuell vorhandenen Knoten in der Baumstruktur gelöscht werden.

Definieren Sie zu diesem Zweck eine Methode `uiDefaultsUpdate()`, die wie auch die Methode `uiDefaultsDefTreeModel()` der Klasse `UIDefaultsTreeModel` eine Referenz vom Typ `UIDefaults` übergeben bekommt und die Schlüssel der Tabelle, auf welche diese Referenz zeigt, mit Hilfe der Methode `keys()` der Klasse `UIManager` in einem `Enumeration`-Objekt hinterlegt. Bevor Sie die Werte der UIDefaults-Tabelle vom Typ der Klasse `String` selektieren, um diese in das Modell aufzunehmen, müssen alle eventuell vorhandenen Knoten der Baumstruktur gelöscht werden. Berechnen Sie deren Anzahl mit Hilfe der Methode `getChildCount()` der Klasse `DefaultMutableTreeNode` und löschen Sie die mit der Methode `getChild()` der gleichen Klasse ermittelten Knoten mit der Methode `removeNodeFromParent()` der Klasse `DefaultTreeModel`. Das Einfügen von neuen Knoten soll wie auch in der Klasse `UIDefaultsTreeModel` mit Hilfe der Methode `insertNodeInto()` der Klasse `DefaultTreeModel` erfolgen.

In der von `JFrame` abgeleiteten Klasse `JFramemitUIDefaultsTreeModelundLookAndFeel` sollen alle verfügbaren LookAndFeel-Einträge gelesen und eine `JToolBar`-Komponente mit den Namen der PLAFs erstellt werden. Diese Klasse implementiert sowohl den ActionListener, um auf die Betätigung der ToolBar-Buttons zu reagieren, als auch den TreeModelListener, um die von einem Modell vom Typ der Klasse `UIDefaultsTreeModelundLookAndFeel` ausgelösten Events abzufangen und diese Ereignisse am Bildschirm zu protokollieren. Erzeugen Sie eine `JTree`-Komponente, für welche dieses Modell gesetzt wird, und rufen Sie bei jeder neuen LookAndFeel-Auswahl die Methode `uiDefaultsUpdate()` der Modelklasse auf, um die Datenstruktur im Modell entsprechend anzupassen.

Java-Dateien: `UIDefaultsTreeModelundLookAndFeel.java, JFramemitUIDefaultsTreeModelundLookAndFeel.java`
Programmaufruf: `java JFramemitUIDefaultsTreeModelundLookAndFeel`

Aufgabe 8.27 ☆☆☆

Benutzerdefiniertes List-Modell ohne Eventbehandlung

Definieren Sie analog zur Klasse `UserComboBoxModelohneEventBehandlung` aus der Aufgabe 6.1 eine Klasse `UserListModelohneEventBehandlung`, welche die Datenstruktur eines Modells für eine `JList`-Komponente vorgibt. Diese Klasse soll die Schnittstelle `ListModel` implementieren und im Konstruktor eine Referenz vom Typ des parametrisierten Interface `List<Object>` übergeben bekommen, an Stelle der in der Aufgabe 6.1 verwendeten Referenz vom Typ der Klasse `java.awt.List`.

Wie auch die Klasse `UserComboBoxModelohneEventBehandlung` definiert diese Klasse keine Methoden, um den `ListDataListener` zu benachrichtigen, wenn

Änderungen im Datenmodell vollzogen werden, jedoch eine Referenzvariable vom Typ `List<ListDataListener>`, weil die Methoden der Schnittstelle `ListModel` zum Registrieren und Deregistrieren von `ListDataListener`-Objekte, implementiert werden müssen.

Definieren Sie eine zweite Klasse `UserListModelohneEventBehandlungTest`, die ein Modell vom Typ der Klasse `UserListModelohneEventBehandlung` erzeugt und in diesem die einzelnen Zeichen des Literals: »JAVA6.0!« hinzufügt oder löscht. Zeigen Sie die Daten des Modells am Bildschirm an.

Hinweise für die Programmierung:

`JList`-Objekte sind Komponenten, die dem Benutzer erlauben, eines oder mehrere Elemente einer Liste zu selektieren. Das Interface `ListModel` gibt Methoden vor, welche Komponenten wie `JList` benutzen, um die Werte einzelner Listelemente und die Länge der Liste zu lesen.

Die Java-Standard-Klasse `DefaultListModel`, die auch das `ListModel`-Interface implementiert, definiert ein Modell, dessen Daten in einer globalen Referenz vom Typ `Vector` hinterlegt werden. Sie implementiert die Methoden von `ListModel`, definiert zum Managen ihrer Datenstruktur zusätzliche Methoden, die die Methoden der Klasse `Vector` aufrufen, und benachrichtigt den `ListDataListener`, wenn Änderungen im Datenmodell vollzogen werden. Die Klasse arbeitet mit der Version 1.1 von `java.util.Vector`, welche das `Collection<E>`-Interface noch nicht unterstützt.

Der im Konstruktor der Klasse `UserListModelohneEventBehandlung` definierte Referenzparameter ist vom Typ des parametrisierten Interface `List<E>` aus dem Paket `java.util`, das ein Unterinterface von `Collection<E>` ist.

Java-Dateien: `UserListModelohneEventBehandlung.java`, `UserListModelohneEventBehandlungTest.java`
Programmaufruf: `java UserListModelohneEventBehandlungTest`

Aufgabe 8.28

Benutzung des List-Modells für eine Viewer-Komponente vom Typ JList

Definieren Sie aufbauend auf die Klassen der Aufgabe 8.27 die Klasse `JFramemitUserListModelohneEventBehandlung`, welche eine `JList`-Komponente erzeugt, die im Konstruktor eine Referenz vom Typ `UserListModelohneEventBehandlung` übergeben bekommt. Demonstrieren Sie damit die Unvollständigkeit dieser Modellklasse, indem Sie zeigen, dass in ihr durchgeführte Änderungen nicht automatisch in die Liste übernommen werden können, weil das Modell den `DataListener` nicht benachrichtigt, wenn in seinen Daten eine Änderung durchgeführt wird.

Java-Dateien: `UserListModelohneEventBehandlung.java`, `JFramemitUserListModelohneEventBehandlung.java`
Programmaufruf: `java JFramemitUserListModelohneEventBehandlung`

Aufgabe 8.29

☆☆☆

Benutzerdefiniertes List-Modell mit Eventbehandlung

Ergänzen Sie das mit der Klasse `UserListModelohneEventBehandlung` aus der Aufgabe 8.27 definierte List-Modell, indem Sie eine neue Klasse `UserListModelmitEventBehandlung` definieren, die Methoden besitzt, über welche der `ListDataListener` benachrichtigt wird, wenn Änderungen im Modell durchgeführt wurden. Ein Modell vom Typ `UserListModelmitEventBehandlung` erzeugt ein `ListDataEvent`-Objekt, wenn das zugrunde liegende `List`-Objekt geändert wird. Die neuen Methoden geben dieses an alle von der Klasse definierten Listener weiter und werden aus allen Methoden, die der Manipulation der Daten des Modells dienen, aufgerufen. Sie werden auch hier, wie in der Aufgabe 6.3, nach den Methoden des Interface `ListDataListener`, die sie aufrufen, mit `fireIntervalAdded()`, `fireIntervalRemoved()` und `fireContentsChanged()` benannt.

Die Klasse `UserListModelmitEventBehandlungTest` erzeugt eine `UserListModelmitEventBehandlung`-Instanz und implementiert und registriert für diese den ListDataListener. Das Hinzufügen und Löschen von Daten im Modell kann jetzt protokolliert werden. Wird der ListDataListener deregistriert, so werden die im Nachhinein durchgeführten Änderungen im Modell nicht mehr gemeldet, was in den Programmausgaben zu erkennen ist.

Java-Dateien: `UserListModelmitEventBehandlung.java`, `UserListModelmitEventBehandlungTest.java`
Programmaufruf: `java UserListModelmitEventBehandlungTest`

Aufgabe 8.30

☆☆

Benutzung des List-Modells für eine Viewer-Komponente vom Typ JList

Die Modellklasse `UserListModelmitEventBehandlung` soll wie in der Aufgabe 8.28 über eine Viewer-Komponente getestet werden. Definieren Sie dazu eine Klasse `JFramemitUserListModelmitEventBehandlung`, welche eine `JList`-Komponente erzeugt, die im Konstruktor eine Referenz vom Typ `UserListModelmitEventBehandlung` übergeben bekommt. Wenn die Methode `setModel()` aufgerufen wird, registriert sich eine `JList`-Komponente selbst als Listener, sodass sie jederzeit aktualisiert wird, wenn das Modell geändert wird. Zeigen Sie über die Programmausgaben, dass alle in der hier eingesetzten Modellklasse durchgeführten Änderungen automatisch in die Liste übernommen werden.

Java-Dateien: `UserListModelmitEventBehandlung.java`, `JFramemitUserListModelmitEventBehandlung.java`
Programmaufruf: `java JFramemitUserListModelmitEventBehandlung`

Aufgabe 8.31

☆☆☆

Vervollständigung der Lösung für ein benutzerdefiniertes List-Modell

Das in der Aufgabe 8.29 definierte List-Modell ist nur dann vollständig im Einklang mit der zugrunde liegenden `List`-Implementierung, wenn eine Änderung, welche an einem im Konstruktor übergebenen `List`-Objekt durchgeführt wurde, sofort in der `JList`-Komponente zu erkennen ist. Im Kapitel 1 wurde darauf hingewiesen, dass in Java-Methoden Objektreferenzen immer "per Wert" und gesichert übergeben werden, indem eine Kopie davon erstellt wird. So muss eine Änderung, die an einem im Konstruktor übergebenen `List`-Objekt durchgeführt wurde, auch an den ListDataListener gemeldet werden, um sowohl vom Modell wie auch von den Viewer-Komponenten berücksichtigt zu werden, weil diese ansonsten nicht nach außen getragen wird.

Definieren Sie dazu eine neue Modellklasse `UserListModel`, in welcher der Einfachheit halber die Methoden zur Benachrichtigung von ListDataListener der Klasse `UserListModelmitEventBehandlung` auf eine Methode, `fireListUpdate()` reduziert werden. Diese Methode soll bei jeder Änderung ein Event vom Typ CONTENTS_CHANGED erzeugen.

Die Modellklasse `UserListModel` soll wie in der Aufgabe 8.30, über eine Viewer-Komponente getestet werden. Definieren Sie eine von `JFrame` abgeleitete Klasse `JFramemitUserListModel`, welche eine `JList`-Komponente erzeugt, die im Konstruktor eine Referenz vom Typ `UserListModel` übergeben bekommt.

Erzeugen Sie in dieser Klasse zwei Komponenten vom Typ `JButton`. Der ActionListener soll für diese beide Komponenten so implementiert werden, dass bei einer Betätigung der ersten Komponente Änderungen des zugrunde liegenden `List`-Objektes über die Methoden des Modells vollzogen werden und bei einer Betätigung der zweiten das im Konstruktoraufruf übergebene `List`-Objekt abgeändert wird. Über die letzte Art von Änderungen muss der ListDataListener über den Aufruf der Methode `fireListUpdate()` der Modellklasse benachrichtigt werden.

Java-Dateien: `UserListModel.java`, `JFramemitUserListModel.java`
Programmaufruf: `java JFramemitUserListModel`

8.14 Lösungen

Lösung 8.1

Die Klasse GenericTyp1<T>

```
import java.awt.*;
import javax.swing.*;
public class GenericTyp1 <T> {
   private T objekt;
// Zugriffsmethoden auf das Objekt
   public void setObjekt(T objekt) {
      this.objekt = objekt;
   }
   public T getObjekt() {
      return objekt;
   }
// Typ des Objekts
   public String getObjektTyp() {
      return objekt.getClass().getName();
   }
// Objekte der Klasse erzeugen
   public static void main(String[] args) {
// Es werden GenericTyp1<Integer>- und GenericTyp1<String>-
// Objekte erzeugt und ihre Referenzen Variablen vom gleichen Typ
// zugewiesen
      GenericTyp1<Integer> iObjekt = new GenericTyp1<Integer>();
      GenericTyp1<String> sObjekt = new GenericTyp1<String>();
// Korrekte Zuweisungen von Werten
      iObjekt.setObjekt(new Integer(10));
      sObjekt.setObjekt(new String("Java"));
// Fehlerhafte Zuweisungen, erzeugen Compiler-Fehler
   // sObjekt.setObjekt(new Integer(10));
   // iObjekt.setObjekt(new String("Java"));
// Die Werte (auch Objekte) der erzeugten Instanzen der Klasse
// ermitteln und anzeigen
      System.out.println("iObjektWert = "+ iObjekt.getObjekt()
        + " * sObjektWert = "+ sObjekt.getObjekt());
// Den Datentyp dieser Objekte anzeigen
      System.out.println("iObjektTyp = "+ iObjekt.getObjektTyp()
        + " * sObjektTyp = "+ sObjekt.getObjektTyp());
   }
}
```

Programmausgaben

```
iObjektWert = 10 * sObjektWert = Java
iObjektTyp = java.lang.Integer * sObjektWert = java.lang.String
```

Lösung 8.2

Die Klasse GenericTyp2<T>

```
import java.awt.*;
import javax.swing.*;
public class GenericTyp2 <T> {
   private T objekt;
// Konstruktordefinition
   public GenericTyp2(T objekt) {
      this.objekt = objekt;
   }
// Zugriffsmethode auf das Objekt
   public T getObjekt() {
      return objekt;
   }
// Typ des Objekts
   public String getObjektTyp() {
      return objekt.getClass().getName();
   }
// Objekte der Klasse erzeugen
   public static void main(String[] args) {
// Es wird ein GenericTyp2<Integer>-Objekt der Klasse erzeugt
// und seine Referenz einer Variablen vom gleichen Typ zugewiesen
// Durch Autoboxing wird der int-Wert 10 in ein Integer-Objekt
// umgesetzt
      GenericTyp2<Integer> iObjekt =
        new GenericTyp2<Integer>(10);
// Es wird ein GenericTyp2<String>-Objekt der Klasse erzeugt und
// seine Referenz einer Variablen vom gleichen Typ zugewiesen
      GenericTyp2<String> sObjekt =
        new GenericTyp2<String>("Java");
// Die Werte (Objekte) der erzeugten Instanzen der Klasse
// ermitteln und anzeigen
      System.out.println("iObjektWert = "+ iObjekt.getObjekt()
        + " * sObjektWert = "+ sObjekt.getObjekt());
// Den Datentyp dieser Objekte anzeigen
      System.out.println("iObjektTyp = "+ iObjekt.getObjektTyp()
        + " * sObjektTyp = "+ sObjekt.getObjektTyp());
   }
}
```

Programmausgaben

```
iObjektWert = 10 * sObjektWert = Java
iObjektTyp = java.lang.Integer * sObjektWert = java.lang.String
```

Lösung 8.3

Die Klasse GenericStack<T>

```
import java.awt.*;
import javax.swing.*;
public class GenericStack <T> {
// Implementierung eines Stapels für eine einfach verkettete
// Struktur
  private Knoten aktuellElem;
  private T objekt;
// Konstruktordefinition
  GenericStack() {
    aktuellElem = new Knoten();
  }
// Methode zum Einfügen von Objekten
  public void push(T objekt) {
    Knoten  knoten = new Knoten();
    knoten.vorElem = aktuellElem;
    knoten.objekt = objekt;
    aktuellElem = knoten;
  }
// Methode zum Herausholen von Objekten
  public T pop() {
    T objekt = aktuellElem.objekt;
    aktuellElem = aktuellElem.vorElem;
    return objekt;
  }
  public static void main(String[] args) {
    JFrame frame = new JFrame();
  // JComboBox-Komponenten erzeugen
    JComboBox list1 = new JComboBox();
    JComboBox list2 = new JComboBox();
// Stacks vom Typ GenericStack<Integer> und GenericStack<String>
// erzeugen
    GenericStack<Integer> stack1 = new GenericStack<Integer>();
    GenericStack<String> stack2 = new GenericStack<String>();
    for(int i=0; i<26; i++) {
      char [] c = new char[1];
// Dem ersten Stack Integer-Objekte hinzufügen
      stack1.push(new Integer(i));
      c[0] = (char)('A'+i);
```

```
// Dem zweiten Stack String-Objekte hinzufügen
            stack2.push(new String(c));
        }
// Die im Stack gespeicherten Objekte nacheinander herauslesen
// und zu den Listen hinzufügen
        for(int i=0; i<26; i++) {
            stack1.objekt = stack1.pop();
            list1.addItem(stack1.objekt);
        }
        for(int i=0; i<26; i++) {
            stack2.objekt = stack2.pop();
            list2.addItem(stack2.objekt);
        }
// Die beiden Listen zu einem Fenster hinzufügen
        frame.add(list1, BorderLayout.WEST);
        frame.add(list2, BorderLayout.EAST);
        frame.setDefaultCloseOperation(JFrame.EXIT_ON_CLOSE);
        frame.setSize(50,50);
        frame.setVisible(true);
    }
// Innere Klasse, die ein Element der verketteten Liste definiert
    public class Knoten {
        T objekt;
        Knoten vorElem;
// Konstruktordefinition
        Knoten() {}
    }
// Innere Schnittstelle, welche die Methoden push() und pop()
// definiert
    public interface GenInterface <T> {
        public void push(T objekt);
        public T pop();
    }
}
```

Programmausgaben

Hinweise zum Lösungsvorschlag

Die Methoden `push()` und `pop()` sind keine generischen Methoden, auch wenn diese als Methoden- bzw. Rückgabeparameter eine Referenz vom parametrisierten Typ `T` definieren.

Lösung 8.4

Die Klasse GenericTypmitWildcard<T>

```
import java.awt.*;
import javax.swing.*;
public class GenericTypmitWildcard <T> {
  T objekt;
// Zugriffsmethoden auf das Objekt
  public void setObjekt(T objekt) {
    this.objekt = objekt;
  }
  public  T getObjekt() {
    return this.objekt;
  }
// Typ des Objekts
  public String getObjektTyp() {
    return objekt.getClass().getName();
  }
// Methodendefinition mit Wildcardtypen
  public static void anzeige(GenericTypmitWildcard <?> tObjekt){
    System.out.println("ObjektWert = "+ tObjekt.getObjekt()
      + " * ObjektTyp = "+ tObjekt.getObjektTyp());
  }
// Objekte der Klasse von unterschiedlichen Typen erzeugen
// und deren Werte und Typen anzeigen
  public static void main(String[] args) {
    GenericTypmitWildcard <Integer> iObjekt =
      new GenericTypmitWildcard<Integer>();
    iObjekt.setObjekt(new Integer(10));
    anzeige(iObjekt);
    GenericTypmitWildcard<Float> sObjekt =
      new GenericTypmitWildcard<Float>();
    sObjekt.setObjekt(new Float(10.10));
    anzeige(sObjekt);
    GenericTypmitWildcard<Double> dObjekt =
      new GenericTypmitWildcard<Double>();
    dObjekt.setObjekt(new Double(10E+3));
    anzeige(dObjekt);
// Eine Referenz vom Typ <?> kann auf ein beliebiges Objekt der
// Klasse zeigen
    GenericTypmitWildcard <?> obj1 =
      new GenericTypmitWildcard<Integer>();
    GenericTypmitWildcard<?> obj2 =
      new GenericTypmitWildcard<Float>();
// Darauf kann nicht schreibend zugegriffen werden,
  // obj1.setObjekt(new Integer(10)); // Fehler
// ein lesender Zugriff ist erlaubt
```

```
        GenericTypmitWildcard <?> obj3 = sObjekt;
        anzeige(obj3);
    }
}
```

Programmausgaben

```
ObjektWert = 10 * ObjektTyp = java.lang.Integer
ObjektWert = 10.1 * ObjektTyp = java.lang.Float
ObjektWert = 10000.0 * ObjektTyp = java.lang.Double
ObjektWert = 10.1 * ObjektTyp = java.lang.Float
```

Lösung 8.5

Die Klasse GenericTypmitExtend<T extends Number>

```
import java.awt.*;
import javax.swing.*;
public class GenericTypmitExtend <T extends Number> {
    T objekt;
// Zugriffsmethoden auf das Objekt
    public void setObjekt(T objekt) {
        this.objekt = objekt;
    }
    public  T getObjekt() {
        return this.objekt;
    }
// Typ des Objekts
    public String getObjektTyp() {
        return objekt.getClass().getName();
    }
// Methodendefinitionen mit Wildcardtypen
    public static GenericTypmitExtend <? extends Number>
     anzeige(GenericTypmitExtend <? extends Number> tObjekt) {
        System.out.println("Objektwert = "+ tObjekt.getObjekt()
            + " * Objekttyp = "+ tObjekt.getObjektTyp());
        return tObjekt;
    }
    public static int add(GenericTypmitExtend <? extends Number>
     iObjekt, GenericTypmitExtend <? extends Number> sObjekt) {
        Number zahl1 = iObjekt.getObjekt();
        Number zahl2 = sObjekt.getObjekt();
        return zahl1.intValue()+zahl2.intValue();
    }
// Objekte der Klasse erzeugen
    public static void main(String[] args) {
// Die Variable, welche den Rückgabewert der Methode empfängt,
// muss den gleichen Typ wie der Rückgabenwert aufweisen
        GenericTypmitExtend <? extends Number> obj;
```

```
    GenericTypmitExtend <Integer> iObjekt =
      new GenericTypmitExtend<Integer>();
    iObjekt.setObjekt(new Integer(10));
  // iObjekt = anzeige(iObjekt); // Fehler
    obj = anzeige(iObjekt);
    System.out.println("Typ des Rueckgabewertes: "
      + obj.getObjektTyp());
    GenericTypmitExtend<Float> sObjekt =
      new GenericTypmitExtend<Float>();
    sObjekt.setObjekt(new Float(10.10));
    obj = anzeige(sObjekt);
    System.out.println("Typ des Rueckgabewertes: "
      + obj.getObjektTyp());
    GenericTypmitExtend<Double> dObjekt =
      new GenericTypmitExtend<Double>();
    dObjekt.setObjekt(new Double(10E+3));
    obj = anzeige(dObjekt);
    System.out.println("Typ des Rueckgabewertes: "
      + obj.getObjektTyp());
// Die numerischen Werte, welche von den Wrapper-Klassen
// eingehüllt wurden, addieren und das Ergebnis anzeigen
    int i1 = add(iObjekt,sObjekt);
    int i2 = add(sObjekt,dObjekt);
    System.out.println("Ergebnisse der Addition: "
      + i1 + " und "+i2);
  }
}
```

Programmausgaben

```
Objektwert = 10 * Objekttyp = java.lang.Integer
Typ des Rueckgabewertes: java.lang.Integer
Objektwert = 10.1 * Objekttyp = java.lang.Float
Typ des Rueckgabewertes: java.lang.Float
Objektwert = 10000.0 * Objekttyp = java.lang.Double
Typ des Rueckgabewertes: java.lang.Double
Ergebnisse der Addition: 20 und 10010
```

Lösung 8.6

Die Klasse GenericTypmitSuper<T extends Container>

```
import java.awt.*;
import javax.swing.*;
import javax.swing.plaf.metal.MetalScrollButton;
import javax.swing.plaf.basic.BasicArrowButton;
public class GenericTypmitSuper <T extends Container> {
  T komponente;
```

```
// Zugriffsmethoden auf die Komponente
   public void setComponent(T komponente) {
      this.komponente = komponente;
   }
   public T getComponent() {
      return this.komponente;
   }
// Static-Member-Klasse
   public static GenericTypmitSuper <? super MetalScrollButton>
     add(GenericTypmitSuper <? super MetalScrollButton> komp1,
       GenericTypmitSuper <? super MetalScrollButton> komp2) {
      komp1.getComponent().add(komp2.getComponent());
      return komp1;
   }
   public static void main(String[] args) {
// Eine Instanz vom Typ Container der Klasse GenericTypmitSuper
// erzeugen und deren Instanzfeld über die Zugriffsmethode der
// Klasse mit einem Container-Objekt initialisieren
   GenericTypmitSuper<Container> c =
     new GenericTypmitSuper<Container> ();
      c.setComponent(new Container());
      c.getComponent().setLayout(new GridLayout(3,1));
// Instanzen vom Typ JButton, MetalScrollButton und
// BasicArrowButton der Klasse GenericTypmitSuper erzeugen und
// deren Instanzfeld über die Zugriffsmethode der Klasse
// mit Objekten vom gleichen Typ initialisieren
      GenericTypmitSuper <? super MetalScrollButton > komp;
      GenericTypmitSuper<JButton> komp1 =
        new GenericTypmitSuper<JButton>();
      komp1.setComponent(new JButton());
      komp = add(c,komp1);
      GenericTypmitSuper <MetalScrollButton> komp2 =
        new GenericTypmitSuper<MetalScrollButton>();
      komp2.setComponent(new MetalScrollButton(
        SwingConstants.EAST,50,true));
      komp = add(c,komp2);
      GenericTypmitSuper<BasicArrowButton> komp3 =
        new GenericTypmitSuper<BasicArrowButton>();
      komp3.setComponent(new BasicArrowButton(
        SwingConstants.WEST));
      komp = add(c,komp3);
// Die Komponente komp zu einem Fenster hinzufügen
      JFrame frame = new JFrame();
      frame.setContentPane(komp.getComponent());
      frame.setDefaultCloseOperation(JFrame.EXIT_ON_CLOSE);
      frame.setSize(100,100);
```

```
        frame.setVisible(true);
    }
}
```

Programmausgaben

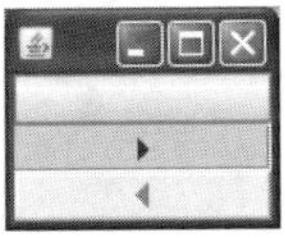

Lösung 8.7

Die Klasse RawTyp

```
public class RawTyp {
    public static void main(String args[]) {
// Objekte von parametrisierten Typen erzeugen und anzeigen
        GenericPunkt<Integer,Integer> intPunkt =
          new GenericPunkt<Integer,Integer>(-1,1);
        GenericPunkt.ausgabe(intPunkt);
        GenericPunkt<Double,Double> doublePunkt =
          new GenericPunkt<Double,Double>(1.0,-1.0);
        GenericPunkt.ausgabe(doublePunkt);
        GenericPunkt<Integer,Double> mischPunkt =
          new GenericPunkt<Integer,Double>(1,1.0);
        GenericPunkt.ausgabe(mischPunkt);
// Raw-Typ-Objekte erzeugen
        GenericPunkt punkt1 = new GenericPunkt(1.0,1.0);
        GenericPunkt punkt2 = new GenericPunkt(1,-1);
        GenericPunkt punkt3 = new GenericPunkt(-1.0F,1);
// und ausgeben
        GenericPunkt.ausgabe(punkt1);
        GenericPunkt.ausgabe(punkt2);
        GenericPunkt.ausgabe(punkt3);
// Der Runtime-Fehler: "ClassCastException: java.lang.Double"
// wird ausgegeben
    // Integer i1 = (Integer)punkt1.getKoordinate1();
    // Integer i2 = (Integer)punkt1.getKoordinate2();
// Der Compiler-Fehler: "incompatible Typs" zeigt an, dass ein
// Casting erforderlich ist, weil der Typ unbekannt ist
    // Double d1 = punkt1.getKoordinate1();
    // Double d2 = punkt1.getKoordinate2();
// Korrektes Casting
        Double d1 = (Double)punkt1.getKoordinate1();
        Double d2 = (Double)punkt1.getKoordinate2();
        GenericPunkt.ausgabe(punkt1);
```

```
// Initialisieren der Feldwerte über Zugriffsmethoden
     punkt2.setKoordinate1(2.0);
     punkt3.setKoordinate2(2.0);
     GenericPunkt.ausgabe(punkt2);
     GenericPunkt.ausgabe(punkt3);
// Raw-Typen gewährleisten keine Typsicherheit
// Eine Referenz vom Typ GenericPunkt<Double> kann ein Objekt
// von einem Raw-Typ referenzieren,
     doublePunkt = punkt2;
// doch führen die nachfolgenden Aufrufe zu dem Laufzeitfehler:
// "ClassCastException: java.lang.Integer"
   // d1 = doublePunkt.getKoordinate1();
   // d2 = doublePunkt.getKoordinate2();
// Einer Referenz von einem Raw-Typ kann eine Referenz vom Typ
// GenericPunkt<Integer> zugeweisen werden,
     punkt1 = intPunkt;
// doch führen die nachfolgenden Aufrufe zu dem Laufzeitfehler:
// "ClassCastException: java.lang.Integer"
     d1 = (Double)punkt1.getKoordinate1();
     d2 = (Double)punkt1.getKoordinate2();
   }
}
```

Die Klasse GenericPunkt<T, V>

```
public class GenericPunkt<T, V> {
   T koordinate1;
   V koordinate2;
// Konstruktordefinition
   GenericPunkt(T k1, V k2) {
     koordinate1 = k1;
     koordinate2 = k2;
   }
// Zugriffsmethoden auf die Koordinaten
   public void setKoordinate1(T k1) {
     koordinate1 = k1;
   }
   public void setKoordinate2(V k2) {
     koordinate2 = k2;
   }
   public T getKoordinate1() {
     return koordinate1;
   }
   public V getKoordinate2() {
     return koordinate2;
   }
// Anzeige von Punkten
```

```
   public static void ausgabe(GenericPunkt<?,?> punkt) {
      System.out.println("1. Koordinate vom Typ: "
        + punkt.koordinate1.getClass().getName()+" = "
          + punkt.getKoordinate1());
      System.out.println("2. Koordinate vom Typ: "
        + punkt.koordinate2.getClass().getName()
          + " = "+punkt.getKoordinate2());
   }
}
```

Programmausgaben

```
1.Koordinate vom Typ: java.lang.Integer = -1
2.Koordinate vom Typ: java.lang.Integer = 1
1.Koordinate vom Typ: java.lang.Double = 1.0
...
1.Koordinate vom Typ: java.lang.Integer = 1
2.Koordinate vom Typ: java.lang.Double = 1.0
...
Exception in Thred main "java.langClassCastException: ..."
```

Hinweise zum Lösungsvorschlag

Der Compiler erzeugt beim Instantiieren von Raw-Typen eine Warnung: "unchecked call to GenericPunkt(T,V) as a Member of the raw type GenericPunkt" bzw. "unchecked call to setKoordinate2(V) as a Member of the raw type GenericPunkt" bei der Ausführung von `punkt3.setKoordinate2(2.0);`.

Die Warnung "unchecked conversion" wird ausgegeben, wenn einem parametrisierten Typ ein Raw-Typ zugewiesen wird: `doublePunkt = punkt2;`.

Einem Raw-Typ können jedoch alle parametrisierten Typen zugewiesen werden, wie z. B. mit der Anweisung: `punkt1 = intPunkt;`.

Lösung 8.8

Die Klasse PointEqual

```
import java.awt.*;
public class PointEqual implements Equality<Point> {
// Die Methode mit dem generischen Typ implementieren
   public boolean equal(Point punkt1, Point punkt2) {
      if((punkt1.x == punkt2.x) && (punkt1.y == punkt2.y))
         return true;
      else
         return false;
   }
// Ein Array von Point-Objekten erstellen und ein Objekt der
// Klasse erzeugen, an welchem die Methode equal() aufgerufen
// werden kann
```

```
    public static void main(String args[]) {
      Point[] punkt = {new Point(1,1), new Point(1,1),
        new Point(2,2)};
    PointEqual punktE = new PointEqual();
// Je zwei der Punkte vergleichen
      for(int i=0; i<2; i++) {
        if(punktE.equal(punkt[i], punkt[i+1]))
          System.out.println("Gleicher Punkt");
        else
          System.out.println("Verschiedene Punkte");
      }
    }
}
```

Das Interface Equality<T>

```
interface Equality<T> {
  public boolean equal(T obj1, T obj2);
}
```

Programmausgaben

```
Gleicher Punkt
Verschiedene Punkte
```

Ausgabe von javap PointEqual

```
public class PointEqual extends java.lang.Object
                                          implements  Equality {
  public PointEqual();
  public boolean equal(java.lang.Point, java.lang.Point);
  public static void main(java.lang.String[]);
  public boolean equal(java.lang.Object, java.lang.Object);
}
```

Lösung 8.9

Die Klasse BrueckenMethoden

```
import java.awt.*;
public class BrueckenMethoden {
  public static void main(String[] args) {
// GenericTyp<Point>- und GenericSubTyp-Objekte erzeugen
    GenericTyp<Point> pObjekt = new GenericTyp<Point>();
    GenericSubTyp subpObjekt = new GenericSubTyp();
// und deren Instanzfeldern Werte zuweisen
    pObjekt.setObjekt(new Point(1,1));
    subpObjekt.setObjekt(new Point(2,2));
// Die Werte der erzeugten Objekte lesen
    System.out.println("Das Objekt der Oberklasse hat den Wert"
```

```
        + " = "+ pObjekt.getObjekt());
    System.out.println("Das Objekt der Unterklasse hat den "
        + " Wert = "+ subpObjekt.getObjekt());
  }
}
```

Die Klasse GenericTyp<T>

```
class GenericTyp <T> {
  T objekt;
// Zugriffsmethoden auf das Objekt
  public void setObjekt(T obj) {
    objekt = obj;
  }
  public T getObjekt() {
    return objekt;
  }
}
```

Die Klasse GenericSubTyp

```
class GenericSubTyp extends GenericTyp<Point> {
// Die Methode der Unterklasse definiert einen kovarianten
// Rückgabetyp, der Typ Point ist von Object abgeleitet
  public Point getObjekt() {
    return objekt;
  }
}
```

Programmausgaben

```
Das Objekt der Oberklasse hat den Wert = java.awt.Point [x=1,y=1]
Das Objekt der Unterklasse hat den Wert = java.awt.Point [x=2,y=2]
```

Ausgabe von javap GenericTyp

```
class GenericTyp extends java.lang.Object {
  java.lang.Object objekt;
  GenericTyp();
  public void setObjekt(java.lang.Object);
  public java.lang.Object getObjekt();
}
```

Ausgabe von javap GenericSubTyp

```
class GenericSubTyp extends GenericTyp {
  GenericSubTyp();
  public java.awt.Point getObjekt();
  public java.lang.Object getObjekt();
}
```

Lösung 8.10

Die Klasse GenericArray<T>

```
public class GenericArray<T> {
  T [] array;
// Konstruktordefinition
  GenericArray(T[] zahlen) {
// Compiler Fehler: "Generic array creation"
  // array = new T[10];
// Korrekt ist eine Zuweisung von Referenzen
    array = zahlen;
  }
  public static void main(String args[]) {
    Integer [] iNummer = {1, 2};
    Double [] dNummer = {1.0, 2.0};
// Objekte der GenericArray-Klasse von unterschiedlichen Typen
// erzeugen und die Elemente der Instanzfelder der Klasse
// (vom Typ Array) anzeigen
    GenericArray<Integer> iObjekt =
      new GenericArray<Integer>(iNummer);
    GenericArray<Double> dObjekt =
      new GenericArray<Double>(dNummer);
    for(int i=0; i<2; i++) {
      System.out.print(" I["+i+"] = "+iObjekt.array[i]);
      System.out.print(" D["+i+"] = "+dObjekt.array[i]);
    }
    System.out.println();
// Array-Objekte von unterschiedlichen parametrisierten Typen der
// GenericArray-Klasse erzeugen (zweidimensionale Arrays)
// Fehlerhafte Zuweisung: "Generic array creation"
  // GenericArray<Integer> []genArray =
  //   new GenericArray<Integer>[2];
// Korrekt ist:
    GenericArray <?>[] genArray = new GenericArray<?>[2];
    for(int i=0; i<2; i++) {
      genArray[i] = new GenericArray<Integer>(iNummer);
      for(int j=0; j<2; j++) {
        System.out.print(" I["+i+","+j+"] = "
          + genArray[i].array[j]);
      }
      System.out.println();
    }
    for(int i=0; i<2; i++) {
      genArray[i] = new GenericArray<Double>(dNummer);
      for(int j=0; j<2; j++) {
        System.out.print(" D["+i+","+j+"] = "
          + genArray[i].array[j]);
```

```
        }
        System.out.println();
      }
    }
}
```

Programmausgaben

```
I[0] = 1 D[0] = 1.0 I [1] = 2 D[1] = 2.0
I[0,0] = 1 I[0,1] = 2
I[1,0] = 1 I[1,1] = 2
D[0,0] = 1.0 D[0,1] = 2.0
D[1,0] = 1.0 D[1,1] = 2.0
```

Lösung 8.11

Die Klasse GenericMethoden

```
import java.util.*;
import java.awt.Point;
import java.lang.reflect.Array;
public class GenericMethoden {
// Generische Methodendefinitionen
  public static <T> T[] erzeugeArray(T[] ein) {
    T[] aus = (T[])Array.newInstance(
      ein.getClass().getComponentType(), ein.length);
    for(int i=0; i<ein.length; i++) {
      aus[i] = ein[i];
    }
    return aus;
  }
  public static <T> void anzeigeArray(T[] ein) {
// Die Elemente eines Arrays werden über eine for-each-Schleife
// ausgegeben
    for(T eingabeArray: ein) {
      System.out.print(eingabeArray.toString());
    }
  }
  public static void main(String args[]) {
// Nicht generische Arrays deklarieren und initialisieren
    Integer []intArray1 = new Integer[5];
    String []stringArray1 = new String[5];
    Point []pointArray1 = new Point[5];
    for(int i=0; i<5; i++) {
      intArray1[i] = new Integer(i);
      stringArray1[i] = new String("Array"+i);
      pointArray1[i] = new Point(i, i+1);
    }
```

```
// Generische Arrays erzeugen und anzeigen
      Integer []intArray2 = erzeugeArray(intArray1);
      String []stringArray2 = erzeugeArray(stringArray1);
      Point []pointArray2 = erzeugeArray(pointArray1);
      System.out.println("Eingaben:");
      anzeigeArray(intArray1);
      System.out.println();
      anzeigeArray(stringArray1);
      System.out.println();
      anzeigeArray(pointArray1);
      System.out.println();
      System.out.println("Ausgaben:");
      anzeigeArray(intArray2);
      System.out.println();
      anzeigeArray(stringArray2);
      System.out.println();
      anzeigeArray(pointArray2);
   }
}
```

Programmausgaben

```
Eingaben:
01234
Array0Array1Array2Array3Array4
java.awt.Point[x=0,y=1]java.awt.Point[x=1,y=2]java.awt.Point[x=2,
y=3]java.awt.Point[x=3,y=4]java.awt.Point[x=4,y=5]
Ausgaben:
01234
Array0Array1Array2Array3Array4
java.awt.Point[x=0,y=1]java.awt.Point[x=1,y=2]java.awt.Point[x=2,
y=3]java.awt.Point[x=3,y=4]java.awt.Point[x=4,y=5]
```

Lösung 8.12

Die Klasse GenericArrayundGenericMethoden

```
public class GenericArrayundGenericMethoden {
// Gehört das angegebene Element zur Menge?
   static <T, V extends T> int sucheElement(T elem, V[] array) {
      for(int i=0; i<array.length; i++)
         if(elem.equals(array[i]))
            return i;
         return -1;
   }
// Ist die erste Menge in der zweiten enthalten?
   static <T, V> boolean sucheMenge(T[] array1, V[] array2) {
      for(int i=0; i<array1.length; i++) {
```

```
        for(int j=0; j<array2.length; j++) {
          if(array1[i] != (array2[j])) {
            return false;
          }
        }
      }
      return true;
    }
// Bei ungleichen Mengenelementen diese gleich setzen
    static <T> T[] tauscheMenge(T[] array1, T[] array2) {
      for(int i=0; i<array1.length; i++) {
        if(array1[i] != (array2[i])) {
          array1[i] = array2[i];
        }
      }
      return array1;
    }
// Mengen als Array-Objekte darstellen und die Methoden der
// Klasse aufrufen
    public static void main(String args[]) {
      Integer []zahlen = {1, 20, 3, 14, 5, 10, 34, 4, 8};
      String []buchstaben1 = {"A", "B", "C", "D"};
      String []buchstaben2 = {"F", "B", "C", "E"};
      String []buchstaben;
// Ein Element in einer Menge suchen
      for(int i=0; i<11; i++) {
        int index = sucheElement(i, zahlen);
        if(index != -1)
          System.out.println(i + " ist ein Element der Menge");
        else
          System.out.println(i + " ist kein Element der Menge");
      }
// Teilmenge ermitteln
      if(sucheMenge(buchstaben2, buchstaben1))
        System.out.println("Menge ist Teilmenge");
      else
        System.out.println("Menge ist keine Teilmenge");
// Ungleiche Elemente austauschen
      buchstaben = tauscheMenge(buchstaben1,buchstaben2);
      System.out.print("Elemente einer Menge: ");
      for(int i=0; i<buchstaben.length; i++) {
        System.out.print(buchstaben[i]+" ");
      }
    }
}
```

Programmausgaben

```
0 ist kein Element der Menge
1 ist ein Element der Menge
...
Menge ist keine Teilmenge
...
Elemente einer Menge: F B C E
```

Hinweise zum Lösungsvorschlag

Die Klasse soll darauf hinweisen, dass Deklarationen von generischen Arrays durchaus hilfreich in generischen Methodendefinitionen eingesetzt werden können, sowohl als Parameter als auch als Rückgabetypen.

Lösung 8.13

Die Klasse GeometrischeKoerpermitGenericStdKls

```
import java.util.*;
public class GeometrischeKoerpermitGenericStdKls {
// Konstruktordefinition
  public GeometrischeKoerpermitGenericStdKls() {
// ArrayList-Instanzen vom Typ Kugel und Kegel erzeugen
    ArrayList<Kugel> aList1 = new ArrayList<Kugel>();
    ArrayList<Kegel> aList2 = new ArrayList<Kegel>();
// und diesen Instanzen der spezifizierten Klassen hinzufügen
    aList1.add(new Kugel(3));
    aList2.add(new Kegel(3,4));
    aList1.add(new Kugel(2));
    aList2.add(new Kegel(2,2));
    ausgabe(aList1);
    ausgabe(aList2);
  }
// Reguläre Methodendefinition mit generischen Wildcardtypen;
// dies ist keine generische Methode
  public static void ausgabe(
                  List <? extends GeometrischeKoerper> l) {
    for(GeometrischeKoerper geomKorp: l)
      System.out.println(geomKorp.oberflaeche()
        + "*" + geomKorp.volumen());
  }
// Objekt der Klasse erzeugen
  public static void main(String args[]) {
    GeometrischeKoerpermitGenericStdKls geomKorpList =
      new GeometrischeKoerpermitGenericStdKls();
  }
}
```

Programmausgaben

```
113.0*339.0
50.0*101.0
66.0*38.0
25.0*8.0
```

Lösung 8.14

Die Klasse GenericStdKlsundInt

```
import java.util.*;
import java.awt.geom.*;
import java.awt.Point;
public class GenericStdKlsundInt {
// Generische Methode mit generischen Wildcardtypen
  public static <T> T addListe(Collection <T> collection,
                               List<? super T > liste ) {
    T lastElem = null;
    for(T t: collection) {
      lastElem = t;
      liste.add(lastElem);
    }
    return lastElem;
  }
  public static void main(String args[]) {
// Vector-Objekte von einem parametrisierten Typ bilden
    Vector<Point> vector1 = new Vector<Point>();
    Vector<Point2D.Float> vector2 =
      new Vector<Point2D.Float>();
    Vector<Point2D.Double> vector3 =
      new Vector<Point2D.Double>();
// und Elemente vom spezifizierten Typ hinzufügen
    vector1.add(new Point(3,3));
    vector2.add(new Point2D.Float(3,3));
    vector3.add(new Point2D.Double(3E+0,3E+0));
// Eine Liste als Objekt vom parametrisierten Typ List<Point2D>
// erzeugen
    List<Point2D> liste = new Vector<Point2D>();
    Point punkt = addListe(vector1, liste);
    Point2D.Float punktFloat = addListe(vector2, liste);
    Point2D.Double punktDouble = addListe(vector3, liste);
    System.out.println("Anzeige von einzelnen Instanzen: ");
    System.out.println(punkt + " " + punktFloat + " " +
      punktDouble);
    System.out.println("Ausgabe aus der Liste: ");
    for(Point2D punktListe: liste) {
      System.out.print(punktListe.toString() + " ");
```

```
      }
      System.out.println();
// Die Liste in ein Point2D-Array umwandeln
      Point2D[]  array = new Point2D[3];
      array = liste.toArray(new Point2D[0]);
      System.out.println("Ausgabe aus dem Point2D-Array: ");
      for(Point2D punktArray: array) {
        System.out.print(punktArray.toString()+ " ");
      }
      System.out.println();
// Die Liste in ein Object-Array umwandeln
      Object[] object = new Object[3];
      object = liste.toArray(object);
    // object = liste.toArray();// ist hier auch korrekt
    // object = liste.toArray(new Object[0]); // ist auch korrekt
      System.out.println("Ausgabe aus dem Object-Array: ");
      for(Object objectArray: object) {
        System.out.print(objectArray.toString()+ " ");
      }
    }
}
```

Programmausgaben

```
Anzeige von einzelnen Instanzen:
java.awt.Point [x=3,y=3] Point2D.Float [3.0, 3.0] Point2D.Double [3.0, 3.0]
Ausgabe aus der Liste:
java.awt.Point [x=3,y=3] Point2D.Float [3.0, 3.0] Point2D.Double [3.0, 3.0]
Ausgabe aus dem Point2D-Array:
java.awt.Point [x = 3, y = 3] Point2D.Float [3.0, 3.0] Point2D.Double [3.0, 3.0]
Ausgabe aus dem Object-Array:
java.awt.Point [x = 3, y = 3] Point2D.Float [3.0, 3.0] Point2D.Double [3.0, 3.0]
```

Lösung 8.15

Die Klasse GenericMapObjekte

```
import java.util.*;
public class GenericMapObjekte {
    private static String [] schule = new String[3];
    private static String [][] klasse = new String[3][3];
    private static String [][][] schueler = new String[3][3][3];
// Instanzen der generischen Klasse TreeMap<K,V> erzeugen
    public static void main(String args[]) {
      TreeMap<String,String> map1 = new TreeMap<String,String>();
      TreeMap<String,Map<String,String>> map2 =
        new TreeMap<String, Map<String,String>>();
      for(int i=1; i<3; i++) {
        schule[i] = new String("Schule"+i);
```

```
      for(int j=1; j<3; j++) {
        klasse[i][j] = new String("Klasse"+i+j);
        for(int k=1; k<3; k++) {
          schueler[i][j][k] = new String("Schueler"+i+j+k);
        }
      }
    }
    for(int i=1; i<3; i++) {
      for(int j=1; j<3; j++) {
// Den Schlüsseln der Abbildung map1 Werte zuordnen
        map1.put(klasse[i][j], schule[i]);
      }
    }
    for(int i=1; i<3; i++) {
      for(int j=1; j<3; j++) {
        for(int k=1; k<3; k++) {
// Den Schlüsseln der Abbildung map2 Werte zuordnen
          map2.put(schueler[i][j][k], map1);
        }
      }
    }
    for(int i=1; i<3; i++) {
      for(int j=1; j<3; j++) {
        for(int k=1; k<3; k++) {
// Die Werte, in welche diese Maps ihre Schlüssel abgebildet
// haben, ermitteln
          System.out.println("Der " + schueler[i][j][k]
           + " ist in der " + klasse[i][j]+ " der " +
           (map2.get(schueler[i][j][k])).get(klasse[i][j]));
        }
      }
    }
  }
}
```

Programmausgaben

```
Der Schueller111 ist in der Klasse11 der Schulc1
...
Der Schueller212 ist in der Klasse21 der Schule2
...
```

Lösung 8.16

Die Klasse GenericMapObjektemitForEach

```
import java.util.*;
public class GenericMapObjektemitForEach {
  public static void main(String args[]) {
```

```
    String[] a = {"Schule1","Schule2"};
    String[][] b = new String [2][2];
    String[] c = {"Klasse11","Klasse12"};
    String[] d = {"Klasse21","Klasse22"};
    String[][][] l = new String[2][2][2];
    String[][] m = {{"Schueler111","Schueler112"},
      {"Schueler121","Schueler122"}};
    String[][] n = {{"Schueler211","Schueler212"},
      {"Schueler221","Schueler222"}};
    b = new String[][]{c, d};
    l = new String[][][]{m, n};
// Eine parametrisierte Instanz der Klasse TreeMap vom Typ
// <String,String[]> erzeugen
    TreeMap<String,String[][]> map1 =
      new TreeMap<String,String[][]>();
    TreeMap<String,String[][][]> map2 =
      new TreeMap<String,String[][][]>();
    System.out.println("Anzeige der Strings als "
      + "Arrayelemente");
// Ausgabe von einzelnen Arrayelementen mit Hilfe von for-each-
// Schleifen
    for(String str1: a)
      System.out.print(" "+str1);
// Die Varariable x wird als Referenz von einem eindimensionalen
// String-Array definiert; jede Iteration von dieser for-
// Schleife vereinbart das nächste Array aus b und beginnt mit
// b[0], wobei b[0] = new String [] {"Klasse11","Klasse12"};
    for(String x[] : b) {
      System.out.println();
// Die innere Schleife gibt alle Elemente dieser Arrays aus
      for(String str2: x)
        System.out.print(" "+str2);
    }
    System.out.println();
    for(String y[][] : l) {
      for(String z[] : y) {
        for(String str3: z) {
          System.out.print(" "+str3);
        }
      }
      System.out.println();
    }
// Zuordnungen zwischen Schlüsseln und Werten für die Abbildung
// map1 definieren
    for(String x : a) {
      map1.put(x,b);
```

```
    }
// Die Menge aller Schlüssel und Werte für die Abbildung map1
// anzeigen
    System.out.println(map1.keySet());
    for(String[][] s: map1.values()) {
      for(String u[] : s) {
        System.out.println(Arrays.asList(Arrays.asList(u)));
      }
    }
// Zuordnungen zwischen Schlüsseln und Werten für die Abbildung
// map2 definieren
    for(String []x : b) {
      for(String y : x) {
        map2.put(y,1);

      }
    }
// Die Menge aller Schlüssel und Werte für die Abbildung map2
// anzeigen
    System.out.println(map2.keySet());
      for(String[][][] s: map2.values()) {
        for(String t[][] : s){
          for(String r[] : t){
          System.out.println(Arrays.asList(r));
        }
      }
    }
    System.out.println("Anzeige der Strings als Werte von "
      +"Abbildungen");
    for(String x : a) {
      System.out.print("Die "+x+" hat ");
      for(String[] s: map1.get(x)) {
        for(String u: s) {
          System.out.println("die "+ u +
            " mit den Schuelern: ");
          for(String[][] t: map2.get(u)) {
            for(String r[] : t) {
              System.out.println(Arrays.asList(r));
            }
          }
        }
      }
    }
  }
}
```

Programmausgaben

```
Schule1 Schule2
Klasse11 Klasse12
Klasse21 Klasse22
Schueler111 Schueler112 Schueler121 Schueler122
Schueler211 Schueler212 Schueler221 Schueler222
...
```

Lösung 8.17

Die Klasse Enumerationen

```
import java.util.*;
public class Enumerationen {
// Konstruktordefinition
  public Enumerationen() {
// Die Anzeige der Aufzählungskonstanten aus beiden Enumerationen
    System.out.print("Enumeration WTag: ");
    for(WTag tag: WTag.values())
      System.out.print(tag+" ");
    System.out.println();
    System.out.print("Enumeration Tag: ");
    for(Tage.Tag tag: Tage.Tag.values())
      System.out.print(tag+" ");
  }
// Objekt der Klasse erzeugen
  public static void main(String args[]) {
    Enumerationen wochentage = new Enumerationen();
  }
}
```

Die Enumeration WTag

```
enum WTag {
  Montag, Dienstag, Mittwoch, Donnerstag, Freitag, Samstag,
   Sonntag
}
```

Die Klasse Tage und die Enumeration Tag

```
class Tage {
// Definition der Enumeration Tag
  enum Tag {
    tag1, tag2, tag3, tag4, tag5, tag6, tag7
  }
}
```

Programmausgaben

```
Enumeration WTag: Montag Dienstag Mittwoch Donnerstag Freitag Samstag Sonntag
Enumeration Tag: tag1 tag2 tag3 tag4 tag5 tag6 tag7
```

Aufruf des Decompilers mit javap WTag

```
Compiled from "EnumerationmitMethoden.java"
final class WTag extends java.lang.Enum {
   public static final Wtag Montag;
   public static final Wtag Dienstag;
   ...
   public static Wtag[] values();
   public static Wtag valueOf(java.lang.String);
   static {};
}
```

Aufruf des Decompilers mit javap Tage.Tag

```
Compiled from "EnumerationmitMethoden.java"
final class Tage$Tag extends java.lang.Enum {
   public static final Tage$Tag tag1;
   public static final Tage$Tag tag2;
   ...
   public static Tage$Tag[] values();
   public static Tage$Tag valueOf(java.lang.String);
   static {};
}
```

Lösung 8.18

Die Klasse EnumerationenmitMethoden

```
import java.util.*;
public class EnumerationenmitMethoden {
// Konstruktordefinition
   public EnumerationenmitMethoden() {
// An den Aufzählungskonstanten der Enumerationen werden deren
// Methoden getTag() und ansage() aufgerufen
      for(WTag tag: WTag.values())
         System.out.print(tag.getTag()+" ");
      System.out.println();
      for(Tage.Tag tag: Tage.Tag.values())
         System.out.println(tag.ansage());
   }
// Objekt der Klasse erzeugen
   public static void main(String args[]) {
      EnumerationenmitMethoden wochentage =
```

```
        new EnumerationenmitMethoden();
    }
}
```

Die Enumeration WTag

```
enum WTag {
   Montag(Tage.Tag.tag1), Dienstag(Tage.Tag.tag2), Mittwoch(
     Tage.Tag.tag3), Donnerstag(Tage.Tag.tag4), Freitag(
       Tage.Tag.tag5), Samstag(Tage.Tag.tag6), Sonntag(
         Tage.Tag.tag7);
   private Tage.Tag tag;
// Konstruktordefinition
   WTag(Tage.Tag tag) {
      this.tag = tag;
   }
// Zugriffsmethoden
   public Tage.Tag getTag() {
      return tag;
   }
   public void setTag(Tage.Tag tag) {
      this.tag = tag;
   }
}
```

Die Klasse Tage und die Enumeration Tag

```
class Tage {
// Die abstrakte Methode ansage() der Enumeration Tag wird
// konstantenabhängig implementiert
   enum Tag {
      tag1 {
         String ansage() {
            return "Heute ist Montag";
         }
      },
      tag2 {
         String ansage() {
            return "Heute ist Dienstag";
         }
      },
      tag3 {
         String ansage() {
            return "Heute ist Mittwoch";
         }
      },
      tag4 {
         String ansage() {
```

```
            return "Heute ist Donnerstag";
         }
      },
      tag5 {
         String ansage() {
            return "Heute ist Freitag";
         }
      },
      tag6 {
         String ansage() {
            return "Heute ist Samstag";
         }
      },
      tag7 {
         String ansage() {
            return "Heute ist Sonntag";
         }
      };
// Deklaration der abstrakten Methode
      abstract String ansage();
   }
}
```

Programmausgaben

```
tag1 tag2 tag3 tag4 tag5 tag6 tag7
Heute ist Montag
Heute ist Dienstag
Heute ist Mittwoch
...
```

Aufruf des Decompilers mit javap WTag

```
Compiled from "EnumerationmitMethoden.java"
final class WTag extends java.lang.Enum {
   public static final Wtag Montag;
   public static final Wtag Dienstag;
   ...
   public static Wtag[] values();
   public static Wtag valueOf(java.lang.String);
   public Tage$Tag getTag();
   public void setTag(Tage$Tag);
   static {};
}
```

Aufruf des Decompilers mit javap Tage.Tag

```
Compiled from "EnumerationmitMethoden.java"
final class Tage$Tag extends java.lang.Enum {
```

```
    public static final Tage$Tag tag1;
    public static final Tage$Tag tag2;
    ...
    public static final Tage$Tag[] values();
    public static final Tage$Tag valueOf(java.lang.String);
    abstract java.lang.String ansage();
    Tage$Tag(java.lang.String, int, Tage$1);
    static {};
}
```

Aufruf des Decompilers mit javap Tage.Tag$1

```
Compiled from "EnumerationmitMethoden.java"
final class Tage$Tag$1 extends Tage$Tag{
    Tage$Tag$1(java.lang.String, int);
    java.lang.String ansage();
}
```

Lösung 8.19

Die Klasse EnumerationIteratorIterable

```
import java.util.*;
public class EnumerationIteratorIterable {
// Parametrisierte Instanzen vom Typ der Klassen EnumMap und
// Hashtable erzeugen
    private EnumMap<Tage.Tag,WTag> map =
      new EnumMap<Tage.Tag,WTag>(Tage.Tag.class);
    private Hashtable<Tage.Tag,WTag> hashTable =
      new Hashtable<Tage.Tag,WTag>();
// Konstruktordefinition
    public EnumerationIteratorIterable() {
// Zum angelegten Container vom Typ der parametrisierten Klassen
// EnumMap<Tage.Tag,WTag> und Hashtable<Tage.Tag,WTag> werden
// Objekte vom Typ der Parameterklassen, mit der Methode put()
// der Schnittstelle Map<K,V>, hinzugefügt
        map.put(Tage.Tag.tag1, WTag.Montag);
        map.put(Tage.Tag.tag2, WTag.Dienstag);
        map.put(Tage.Tag.tag3, WTag.Mittwoch);
        hashTable.put(Tage.Tag.tag1, WTag.Montag);
        hashTable.put(Tage.Tag.tag2, WTag.Dienstag);
        hashTable.put(Tage.Tag.tag3, WTag.Mittwoch);
// Die Methode values() der Klasse Enum liefert ein Array der
// Aufzählungskonstanten in der Reihenfolge ihrer Deklaration
        for(WTag tag: WTag.values()) {
            System.out.println(tag);
// Die switch-Anweisung wurde mit Java 5.0 erweitert, so dass
// diese auch enum-Konstanten akzeptiert
```

```
        switch(tag) {
          case Montag:
            System.out.println((tag.ordinal() + 1)
              + ". Wochentag: " + tag);
            break;
          case Dienstag:
            System.out.println((tag.ordinal() + 1)
              + ". Wochentag: " + tag);
            break;
        }
      }
// Die Methode ordinal() der Klasse Enum gibt die Zahl, welche
// einer Aufzählungskonstanten zugeordnet wurde, zurück und die
// Methode get() der Schnittstelle Map liefert die Werte,
// die in einer Abbildung den Schlüsseln zugeordnet wurden
      for(Tage.Tag tag: Tage.Tag.values()) {
        System.out.println(tag + ": " + map.get(tag));
        switch(tag.ordinal()) {
          case 0:
        System.out.println((tag.ordinal() + 1)
          + ". Wochentag: " + map.get(tag));
            break;
          case 1:
        System.out.println((tag.ordinal() + 1)
          + ". Wochentag: " + map.get(tag));
            break;
        }
      }
// Mit der Methode keySet() der Schnittstelle Map wird die Menge
// der Schlüssel einer Abbildung ermittelt und in einem Objekt
// vom Typ der parametrisierten Schnittstelle Set<E>,
// einem Unterinterface von Collection<E>, abgelegt
      Set<Tage.Tag> key = map.keySet();
      Object[] object = key.toArray();
// Die verschiedenen Formen der for-Schleife für die Ausgabe der
// Schlüssel einer Abbildung nutzen
      for(int i=0; i<object.length; i++)
        System.out.print(object[i].toString() + " ");
      System.out.println();
      for(Iterator iterator=key.iterator(); iterator.hasNext();)
        System.out.print(iterator.next() + " ");
      System.out.println();
      for(Object objekt: key)
        System.out.print(objekt + " ");
      System.out.println();
// Die Schlüssel und Werte der Hashtable anzeigen
      for(Enumeration<WTag> enumeration = hashTable.elements();
```

```
      enumeration.hasMoreElements();)
     System.out.print(enumeration.nextElement() + " ");
     System.out.println();
     for(Enumeration<WTag> enumeration = hashTable.elements();
      enumeration.hasMoreElements();)
     System.out.print(enumeration.nextElement() + " ");
   }
// Objekt der Klasse erzeugen
   public static void main(String args[]) {
     EnumerationIteratorIterable instanz =
      new EnumerationIteratorIterable();
   }
}
```

Die Enumeration WTag

```
enum WTag {
   Montag, Dienstag, Mittwoch, Donnerstag, Freitag, Samstag,
    Sonntag
}
```

Die Klasse Tage und die Enumeration Tag

```
class Tage {
// Die Enumeration Tag
   enum Tag {
     tag1, tag2, tag3, tag4, tag5, tag6, tag7
   }
}
```

Programmausgaben

```
Montag
1. Wochentag: Montag
Dienstag
2. Wochentag: Dienstag
Mittwoch
...
Sonntag
tag1: Montag
1.Wochentag: Montag
tag2: Dienstag
2.Wochentag: Dienstag
tag3: Mittwoch
tag4: null
...
Tag1 tag2 tag3
...
```

```
Mittwoch Montag Dienstag
...
```

Hinweise zum Lösungsvorschlag

Die Klasse soll auch als Vertiefung der Übung mit Iterationen über multidimensionale Arrays und Collections mit Hilfe von `for-each`-Schleifen dienen. Wie schon im Kapitel 1 vermerkt wurde, kann man mit der `for-each`-Schleife Arrays und Collections nur sequentiell von Anfang zum Ende durchgehen und nicht gezielt auf bestimmte Elemente zugreifen, sodass sich nicht alle Arten von Algorithmen dafür anbieten.

Lösung 8.20

Die Klasse JFramemitUIDefaultsHashTable

```
import java.awt.*;
import javax.swing.*;
import java.util.*;
public class JFramemitUIDefaultsHashTable extends JFrame {
  private JButton [][]button  = new JButton[3][3];
  private JPanel panel = new JPanel();
// Konstruktordefinition
  public JFramemitUIDefaultsHashTable() {
    super("UIDefaults Setzen");
    setDefaultCloseOperation(JFrame.EXIT_ON_CLOSE);
    for(int i=0; i<3; i++) {
      for(int j=0; j<3; j++) {
        button[i][j] = new JButton("Button"+i+j);
        button[i][j].setForeground(new Color(100*j,255,i));
        button[i][j].setBackground(new Color(j,100*i,255));
        panel.add(button[i][j]);
      }
    }
    getContentPane().add (panel);
    pack();
    setVisible(true);
  }
  public static void main (String[] args) {
// Den Namen der Schrift aus dem im Programmaufruf übergebenen
// Argument lesen und damit eine 10-Point und PLAIN Font-Instanz
// erzeugen
    Font font = new Font(args[0], Font.PLAIN, 10);
// Der Name der neuen Schrift wird für alle Swing-Komponenten
// in die UIDefaults-Tabelle eingetragen
    Hashtable<Object,Object> defaults = UIManager.getDefaults();
    Enumeration<Object> keys = defaults.keys();
    while(keys.hasMoreElements()) {
```

```
        Object object = keys.nextElement();
        if((object instanceof String) && (((String) object).
          endsWith(".font"))) {
          defaults.put(object, font);
        }
      }
// Objekt der Klasse erzeugen
      JFramemitUIDefaultsHashTable frame =
        new JFramemitUIDefaultsHashTable();
  }
}
```

Programmausgaben (bei einer Angabe der Schrift »Arial« im Programmaufruf)

Lösung 8.21

Die Klasse GenericClass<T>

```
public class GenericClass<T> {
// Instanzfeld vom generischen Typ Class<T>
  private Class<T> tClass;
// Konstruktordefinition
  public GenericClass(Class<T> tClass) {
    this.tClass = tClass;
  }
// Die von der Methode newInstance() ausgelösten Exceptions
// werden über die throws-Klausel an die aufrufende Methode
// weitergereicht
  public T neuesProdukt() throws Exception {
    return tClass.newInstance();
  }
// Die von der Methode neuesProdukt() ausgelösten Exceptions
// werden von der main()-Methode über die throws-Klausel
// an die JVM weitergereicht
  public static void main(String[] args) throws Exception {
// Instanzen der Klasse GenericClass vom Typ der Klassen
// SchreibProdukt und LeseProdukt erzeugen
    GenericClass<SchreibProdukt> genClass1 =
      new GenericClass<SchreibProdukt>(SchreibProdukt.class);
    GenericClass<LeseProdukt> genClass2 =
      new GenericClass<LeseProdukt>(LeseProdukt.class);
// Instanzen der Klassen SchreibProdukt und LeseProdukt dynamisch
// erzeugen
    SchreibProdukt schreibProdukt1 = genClass1.neuesProdukt();
    System.out.println("Produkt: " + schreibProdukt1.getName()
```

```
        + SchreibProdukt.zaehler);
      SchreibProdukt schreibProdukt2 = genClass1.neuesProdukt();
      System.out.println("Produkt: " + schreibProdukt2.getName()
        + SchreibProdukt.zaehler);
      LeseProdukt leseProdukt1 = genClass2.neuesProdukt();
      System.out.println("Produkt: " + leseProdukt1.getName()
        + LeseProdukt.zaehler);
      LeseProdukt leseProdukt2 = genClass2.neuesProdukt();
      System.out.println("Produkt: " + leseProdukt2.getName()
        + LeseProdukt.zaehler);
  }
}
```

Die Klasse SchreibProdukt

```
class SchreibProdukt {
  private String name = "Bleistift";
  public static int zaehler;
// Konstruktordefinition
  public SchreibProdukt() {
    zaehler++;
  }
// Zugriffsmethoden
  public String getName() {
    return name;
  }
  public void setName(String name) {
    this.name = name;
  }
}
```

Die Klasse LeseProdukt

```
class LeseProdukt {
  private String name = "Buch";
  public static int zaehler;
// Konstruktordefinition
  public LeseProdukt() {
    zaehler++;
  }
// Zugriffsmethoden
  public String getName() {
    return name;
  }
  public void setName(String name) {
    this.name = name;
  }
}
```

Programmausgaben

```
Produkt: Bleistift1
Produkt: Bleistift2
Produkt: Buch1
Produkt: Buch2
```

Lösung 8.22

Die Klasse GenericClassmitGenericConstructor

```
import java.util.*;
import java.lang.reflect.*;
public class GenericClassmitGenericConstructor {
// Generische Methode für das Erzeugen einer Collection
// von ausgewählten Objekten
  public static <T> Collection<T> selectObjects(
                              Class<T> tClass, String string) {
    Collection<T> collection = new ArrayList<T>();
    try {
// Den Konstruktor der übergebenen Klasse, welcher als Parameter
// eine Referenz vom Typ String definiert, bestimmen
      Constructor<T> tConstructor =
       tClass.getConstructor(String.class);
// und damit dynamisch eine Instanz der Klasse erzeugen
      T instanz = tConstructor.newInstance(string);
// Auf Felder des Class-Objektes zugreifen
      Field f = tClass.getDeclaredField("s");
      Field feld = tClass.getDeclaredField("name");
// und deren Feldwerte anzeigen
      System.out.println(f.get(instanz));
// Für Felder vom Typ Array wird für die Anzeige ein Array-
// Objekt definiert
      Object[] array = (Object[])feld.get(instanz);
      for(int i =0; i<array.length; i++) {
        System.out.print(" "+array[i]);
// Ist der im Methodenaufruf angegebene String-Wert gleich mit
// einem der Arrayelemente, wird die vorher erzeugte Instanz
// zu einer Collection hinzugefügt
        if(array[i].equals(string)) {
          collection.add(instanz);
        }
      }
      System.out.println();
    }
    catch(Exception ex) {
      System.out.println(ex);
    }
    return collection;
```

```
  }
// Generische Methode für die Anzeige der Objekte
// in der Collection
  public static <T> void ausgabeObjects(Collection <T>
                                        collection) {
    try {
      for(T t : collection) {
        Field f = t.getClass().getDeclaredField("s");
        System.out.println(t.getClass().getName()
          + ":" + f.get(t));
      }
    }
    catch(Exception ex) {
      System.out.println(ex);
    }
  }
// Instanzen der Klassen Name, Strasse und Wohnort dynamisch
// erzeugen und diese zu Collectionen vom Typ der Klassen
// hinzufügen
  public static void main(String args[]) {
    Collection<Name> c1 = selectObjects(Name.class, "Jung");
    c1.addAll(selectObjects(Name.class, "Mueller"));
    c1.addAll(selectObjects(Name.class, "Hahn"));
    Collection<Strasse> c2 = selectObjects(Strasse.class,
      "Am Weissen Stein");
    c2.addAll(selectObjects(Strasse.class, "Goethestrasse"));
    Collection<Wohnort> c3 = selectObjects(Wohnort.class,
      "Frankfurt");
    c3.addAll(selectObjects(Wohnort.class, "Bonn"));
    c3.addAll(selectObjects(Wohnort.class, "Mainz"));
// Die Elemente der Collectionen anzeigen
    System.out.println("Die selektierten Namen sind:");
    ausgabeObjects(c1);
    System.out.println("Die selektierten Strassen sind:");
    ausgabeObjects(c2);
    System.out.println("Die selektierten Wohnorte sind:");
    ausgabeObjects(c3);
  }
}
```

Die Klasse Name

```
class Name {
  final String []name = {"Jung", "Mueller", "Mayer", "Schmidt",
    "Hahn"};
  String s;
// Konstruktordefinitionen
  public Name() {}
```

```
    public Name(String s) {
      this.s = s;
    }
}
```

Die Klasse Strasse

```
class Strasse {
    final String [] name = {"Goethestrasse", "Sandweg",
      "Am Weissen Stein", "Karl-Katsky-Weg"};
    String s;
// Konstruktordefinitionen
    public Strasse() {}
    public Strasse(String s) {
      this.s = s;
    }
}
```

Die Klasse Wohnort

```
class Wohnort {
    final String []name = {"Frankfurt", "Berlin", "Bonn",
      "Hamburg", "Koeln"};
    String s;
// Konstruktordefinitionen
    public Wohnort() {}
    public Wohnort(String s) {
      this.s = s;
    }
}
```

Programmausgaben

```
...
Die selektierten Namen sind:
Name:Jung
Name:Mueller
Name:Hahn
Die selektierten Strassen sind:
Strasse:Am Weissen Stein
Strasse:Goethestrasse
Die selektierten Wohnorte sind:
Wohnort:Frankfurt
Wohnort:Bonn
```

Hinweise zum Lösungsvorschlag

Die von der Methode `newInstance()` ausgelösten Exceptions werden in diesem Beispiel mit einem `try/catch`-Block abgefangen wie auch solche, die von den

Methoden `get()` der Klasse `Field` und `getDeclaredField()` der Klasse `Class` ausgelöst werden.

Lösung 8.23

Die Klasse GenericClassmitGenericArray<T>

```
import java.lang.reflect.*;
public class GenericClassmitGenericArray<T> {
// Instanzfeld vom generischen Typ Class<T>
  private Class<T> tClass;
// Die Methode erzeugt ein generisches Array
  public <T> T[] returnArray() {
    return (T[])java.lang.reflect.Array.newInstance(tClass,10);
  }
// Konstruktordefinition
  public GenericClassmitGenericArray(Class<T> tClass) {
    this.tClass = tClass;
  }
// Die von den Methoden der Klassen Class und Field
// ausgelösten Exceptions werden von der main()-Methode
// über die throws-Klausel an die JVM weitergereicht.
  public static void main(String[] args)throws Exception {
// Instanzen dieser Klasse vom Typ der Klassen Integer und
// Produkt erzeugen
    GenericClassmitGenericArray<Integer> iClass =
      new GenericClassmitGenericArray<Integer>(Integer.class);
    GenericClassmitGenericArray<Produkt> pClass =
      new GenericClassmitGenericArray<Produkt>(Produkt.class);
// Arrays vom Typ dieser Klassen generieren
    Integer[] integer = iClass.returnArray();
    Produkt[] produkt = pClass.returnArray();
// Auf Felder der Klassen zugreifen und deren Werte ausgeben
    for(int i=0; i<2; i++) {
      produkt[i] = new Produkt();
      integer[i] = new Integer(i);
      Field f1 = produkt[i].getClass().getDeclaredField(
        "name");
      Field f2 = integer[i].getClass().getDeclaredField(
        "MAX_VALUE");
      Field f3 = integer[i].getClass().getDeclaredField(
        "MIN_VALUE");
      System.out.println(produkt[i].getClass().getName()
        + ":" + f1.get(produkt[i]) + i);
      System.out.println(integer[i].getClass().getName()
        + ":" + " MAX_VALUE = " + f2.get(integer[i])
```

```
                + " MIN_VALUE = " + f3.get(integer[i]));
        }
    }
}
```

Die Klasse Produkt

```
class Produkt {
    public String name = "Buch";
}
```

Programmausgaben

```
Produkt:Buch0
java.lang.Integer: MAX_VALUE = 2147483647 MIN_VALUE = -2147483648
Produkt:Buch1
java.lang.Integer: MAX_VALUE = 2147483647 MIN_VALUE = -2147483648
```

Lösung 8.24

Die Klasse UIDefaultsTreeModel

```
import javax.swing.*;
import javax.swing.tree.*;
import javax.swing.event.*;
import java.util.*;
public class UIDefaultsTreeModel implements TreeModel {
    private DefaultTreeModel treeModel;
    private DefaultMutableTreeNode wurzelKnoten =
      new DefaultMutableTreeNode(
        "UIDefaults Werte fuer Komponenten");
    private DefaultMutableTreeNode treeKnoten =
      new DefaultMutableTreeNode(
        "Eigenschaften von JTree-Komponenten");
    private DefaultMutableTreeNode buttonKnoten =
      new DefaultMutableTreeNode(
        "Eigenschaften von JButton-Komponenten");
    private DefaultMutableTreeNode listKnoten =
      new DefaultMutableTreeNode(
        "Eigenschaften von JList-Komponenten");
// Konstruktordefinition
    public UIDefaultsTreeModel() {
        treeModel = new DefaultTreeModel(wurzelKnoten);
        treeModel.insertNodeInto(buttonKnoten, wurzelKnoten, 0);
        treeModel.insertNodeInto(listKnoten, wurzelKnoten, 1);
        treeModel.insertNodeInto(treeKnoten, wurzelKnoten, 2);
    }
// Die Werte der UIDefaults-Tabelle als Knoten in das Modell
// einfügen
```

```
  public void uiDefaultsDefTreeModel(UIDefaults defaults) {
    Enumeration<Object> keys = defaults.keys();
    Object keyName;
    Object valueForKey;
    while(keys.hasMoreElements()) {
      DefaultMutableTreeNode newKeyNode;
      DefaultMutableTreeNode newValueNode;
      keyName = keys.nextElement();
      valueForKey = defaults.get(keyName);
      newKeyNode = new DefaultMutableTreeNode(keyName);
      newValueNode = new DefaultMutableTreeNode(valueForKey);
      String s = new String();
      String s1 = keyName.toString();
// In das Modell werden nur Eigenschaften von JButton-, JList-
// und JTree-Komponenten übernommen
      if(s1.indexOf(".") > 0) {
        s = s1.substring(0,s1.indexOf("."));
        if(s.equals("Button")) {
          treeModel.insertNodeInto(
            newKeyNode, buttonKnoten, 0);
        }
        else if(s.equals("List")) {
          treeModel.insertNodeInto(
            newKeyNode, listKnoten, 0);
        }
        else if(s.equals("Tree")) {
          treeModel.insertNodeInto(
            newKeyNode, treeKnoten, 0);
        }
      }
      treeModel.insertNodeInto(newValueNode, newKeyNode, 0);
    }
  }
// Alle Methoden des TreeModel-Interface implementieren und
// darin die gleichnamigen Methoden des internen Modells
// aufrufen
  public Object getRoot() {
    return treeModel.getRoot();
  }
  public Object getChild(Object objekt1, int objekt2) {
    return treeModel.getChild(objekt1, objekt2);
  }
  public int getChildCount(Object objekt) {
    return treeModel.getChildCount(objekt);
  }
  public boolean isLeaf(Object objekt) {
    return treeModel.isLeaf(objekt);
```

```
    }
    public void valueForPathChanged(TreePath path, Object objekt) {
        treeModel.valueForPathChanged(path, objekt);
    }
    public int getIndexOfChild(Object objekt1, Object objekt2) {
        return treeModel.getIndexOfChild(objekt1, objekt2);
    }
    public void addTreeModelListener(TreeModelListener l) {
        treeModel.addTreeModelListener(l);
    }
    public void removeTreeModelListener(TreeModelListener l) {
        treeModel.removeTreeModelListener(l);
    }
}
```

Die Klasse JFramemitUIDefaultsTreeModel

```
import javax.swing.*;
import javax.swing.event.*;
public class JFramemitUIDefaultsTreeModel extends JFrame
                                  implements TreeModelListener {
    private JTree tree = new JTree();
    private UIDefaultsTreeModel model;
// Konstruktordefinition
    public JFramemitUIDefaultsTreeModel() {
        super("Definition einer Baumstruktur");
        setBounds(20,20,300,150);
        setDefaultCloseOperation(JFrame.EXIT_ON_CLOSE);
        model = new UIDefaultsTreeModel();
// Den TreeModelListener für das Modell registrieren
        model.addTreeModelListener(this);
// Baumstruktur erzeugen und zu einer ScrollPane hinzufügen
        model.uiDefaultsDefTreeModel(UIManager.getDefaults());
        tree.setModel(model);
        JScrollPane jsPane = new JScrollPane(tree);
        add(jsPane);
        setVisible(true);
    }
// Die Methoden von TreeModelListener implementieren
    public void treeNodesInserted(TreeModelEvent e) {
      System.out.println("Im Modell wurde ein Knoten eingefuegt");
    }
    public void treeNodesChanged(TreeModelEvent e) {
      System.out.println("Im Modell wurde ein Knoten veraendert");
    }
    public void treeNodesRemoved(TreeModelEvent e) {
      System.out.println("Im Modell wurde ein Knoten geloescht");
    }
```

```
  public void treeStructureChanged(TreeModelEvent e) {
    System.out.println("Das Modell wurde abgeaendert");
  }
// Objekt der Klasse erzeugen
  public static void main(String[] args) {
    JFramemitUIDefaultsTreeModel frame =
      new JFramemitUIDefaultsTreeModel();
  }
}
```

Programmausgaben

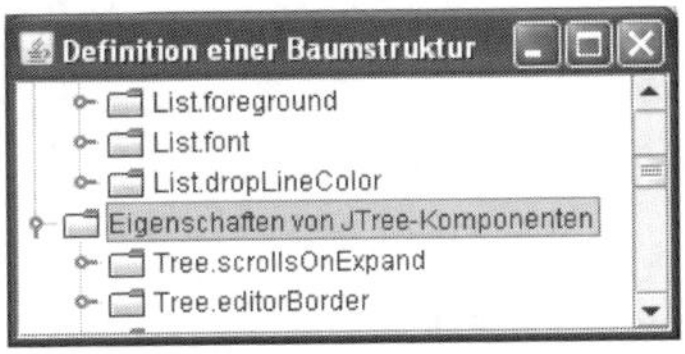


```
Im Modell wurde ein Knoten eingefügt
```

Lösung 8.25

Die Klasse UIDefaultsTreeModelmitTreeModelListener

```
import java.util.*;
import javax.swing.*;
import javax.swing.tree.*;
import javax.swing.event.*;
public class UIDefaultsTreeModelmitTreeModelListener
                                        implements TreeModel {
  private DefaultTreeModel treeModel;
  private EventListenerList listenerList =
    new EventListenerList();
  private DefaultMutableTreeNode wurzelKnoten =
    new DefaultMutableTreeNode(
      "UIDefaults Werte fuer Komponenten");
  private DefaultMutableTreeNode treeKnoten =
    new DefaultMutableTreeNode(
      "Eigenschaften von JTree-Komponenten");
  private DefaultMutableTreeNode buttonKnoten =
    new DefaultMutableTreeNode(
      "Eigenschaften von JButton-Komponenten");
  private DefaultMutableTreeNode listKnoten =
    new DefaultMutableTreeNode(
      "Eigenschaften von JList-Komponenten");
// Konstruktordefinition
  public UIDefaultsTreeModelmitTreeModelListener() {
```

```
      treeModel = new DefaultTreeModel(wurzelKnoten);
      treeModel.insertNodeInto(buttonKnoten, wurzelKnoten, 0);
      treeModel.insertNodeInto(listKnoten, wurzelKnoten, 1);
      treeModel.insertNodeInto(treeKnoten, wurzelKnoten, 2);
    }
  // Die Werte der UIDefaults-Tabelle als Knoten in das Modell
  // einfügen und alle Listener der Klasse mittels Aufruf von
  // firexxx Methoden darüber informieren
    public void uiDefaultsDefTreeModel(UIDefaults defaults) {
      Enumeration keys = defaults.keys();
      Object keyName;
      Object valueForKey;
      while(keys.hasMoreElements()) {
        DefaultMutableTreeNode newKeyNode;
        DefaultMutableTreeNode newValueNode;
        keyName = keys.nextElement();
        valueForKey = defaults.get(keyName);
        newKeyNode = new DefaultMutableTreeNode(keyName);
        newValueNode = new DefaultMutableTreeNode(valueForKey);
        String s = new String();
        String s1 = keyName.toString();
        if(s1.indexOf(".") > 0) {
          s = s1.substring(0,s1.indexOf("."));
          if(s.equals("Button")) {
            treeModel.insertNodeInto(
             newKeyNode, buttonKnoten, 0);
            fireTreeNodesInserted(buttonKnoten, treeModel.
             getPathToRoot(buttonKnoten), new int [] {0},
              new DefaultMutableTreeNode[] {newKeyNode});
          }
          else if(s.equals("List")) {
            treeModel.insertNodeInto(newKeyNode,
             listKnoten, 0);
            fireTreeNodesInserted(listKnoten, treeModel.
             getPathToRoot(listKnoten), new int [] {0},
              new DefaultMutableTreeNode[] {newKeyNode});
          }
          else if(s.equals("Tree")) {
            treeModel.insertNodeInto(newKeyNode,
             treeKnoten, 0);
            fireTreeNodesInserted(treeKnoten,treeModel.
             getPathToRoot(treeKnoten), new int [] {0},
              new DefaultMutableTreeNode[] {newKeyNode});
          }
          treeModel.insertNodeInto(newValueNode,
           newKeyNode, 0);
          fireTreeNodesInserted(newKeyNode,treeModel.
```

```
          getPathToRoot(newKeyNode), new int [] {0},
           new DefaultMutableTreeNode[] {newValueNode});
      }
    }
  }
// Eine Methode für das Ermitteln der Listener vom Typ der Klasse
// TreeModelListener aus der von dieser Klasse definierten Liste
// vom Typ EventListenerList
  public TreeModelListener [] getTreeModelListeners() {
    return (TreeModelListener [])listenerList.getListeners(
     TreeModelListener.class);
  }
// Das Modell definiert eigene Methoden zur Benachrichtigung der
// Event-Listener
  public void fireTreeNodesInserted(Object source,
       Object[] path, int[] childIndices, Object[] children) {
    TreeModelEvent event = new TreeModelEvent(source, path,
     childIndices, children);
    TreeModelListener[] listeners = getTreeModelListeners();
    for(int i=listeners.length-1; i>=0; i--)
      listeners[i].treeNodesInserted(event);
  }
  public void fireTreeNodesChanged(Object source,
       Object[] path, int[] childIndices, Object[] children) {
    TreeModelEvent event = new TreeModelEvent(source, path,
     childIndices, children);
    TreeModelListener[] listeners = getTreeModelListeners();
    for(int i=listeners.length-1; i>=0; i--)
      listeners[i].treeNodesChanged(event);
  }
  public void fireTreeNodesRemoved(Object source,
       Object[] path, int[] childIndices, Object[] children) {
    TreeModelEvent event = new TreeModelEvent(source, path,
     childIndices, children);
    TreeModelListener[] listeners = getTreeModelListeners();
    for(int i=listeners.length-1; i>=0; i--)
      listeners[i].treeNodesRemoved(event);
  }
// Die Methoden des Interface TreeModel implementieren
  public void addTreeModelListener(TreeModelListener l) {
    listenerList.add(TreeModelListener.class,l);
  }
  public void removeTreeModelListener(TreeModelListener l) {
    listenerList.remove(TreeModelListener.class,l);
  }
// Alle anderen Methodenaufrufe des Interface TreeModel an das
// interne Modell delegieren
```

```
   public Object getRoot() {
      return treeModel.getRoot();
   }
   public Object getChild(Object objekt1, int objekt2) {
      return treeModel.getChild(objekt1, objekt2);
   }
   public int getChildCount(Object objekt) {
      return treeModel.getChildCount(objekt);
   }
   public boolean isLeaf(Object objekt) {
      return treeModel.isLeaf(objekt);
   }
   public void valueForPathChanged(TreePath path, Object objekt){
      treeModel.valueForPathChanged(path, objekt);
   }
   public int getIndexOfChild(Object objekt1, Object objekt2) {
      return treeModel.getIndexOfChild(objekt1, objekt2);
   }
}
```

Die Klasse JFramefuerUIDefaultsTreeModelmitTreeModelListener

```
import javax.swing.*;
import javax.swing.event.*;
public class JFramefuerUIDefaultsTreeModelmitTreeModelListener
             extends JFrame implements TreeModelListener {
   private JTree tree = new JTree();
   private UIDefaultsTreeModelmitTreeModelListener model;
// Konstruktordefinition
   public JFramefuerUIDefaultsTreeModelmitTreeModelListener() {
      super("Die UIDefaults-Tabelle");
      setBounds(20,20,300,150);
      setDefaultCloseOperation(JFrame.EXIT_ON_CLOSE);
      model = new UIDefaultsTreeModelmitTreeModelListener();
// TreeListener für das Modell registrieren
      model.addTreeModelListener(this);
// Baumstruktur erzeugen und einer ScrollPane hinzufügen
      model.uiDefaultsDefTreeModel(UIManager.getDefaults());
      tree.setModel(model);
      JScrollPane jsPane = new JScrollPane(tree);
      add(jsPane);
      setVisible(true);
   }
// Methoden von TreeModelListener implementieren
   public void treeNodesInserted(TreeModelEvent e) {
     System.out.println("Im Modell wurde ein Knoten eingefuegt");
   }
   public void treeNodesChanged(TreeModelEvent e) {
```

```
      System.out.println("Im Modell wurde ein Knoten veraendert");
    }
    public void treeNodesRemoved(TreeModelEvent e) {
      System.out.println("Im Model wurde ein Knoten geloescht");
    }
    public void treeStructureChanged(TreeModelEvent e) {
      System.out.println("Das Modell wurde abgeaendert");
    }
// Objekt der Klasse erzeugen
    public static void main(String[] args) {
      JFramefuerUIDefaultsTreeModelmitTreeModelListener frame =
        new JFramefuerUIDefaultsTreeModelmitTreeModelListener();
    }
}
```

Programmausgaben

```
Im Modell wurde ein Knoten eingefügt
```

Lösung 8.26

Die Klasse UIDefaultsTreeModelundLookAndFeel

```
import java.util.*;
import javax.swing.*;
import javax.swing.tree.*;
import javax.swing.event.*;
public class UIDefaultsTreeModelundLookAndFeel
                                        implements TreeModel {
  private DefaultTreeModel treeModel;
  private DefaultMutableTreeNode wurzelKnoten =
    new DefaultMutableTreeNode(
      "UIDefaults Werte fuer Komponenten");
  private DefaultMutableTreeNode stringKnoten =
    new DefaultMutableTreeNode(
      "String Resources");
// Konstruktordefinition
  public UIDefaultsTreeModelundLookAndFeel() {
    treeModel = new DefaultTreeModel(wurzelKnoten);
    treeModel.insertNodeInto(stringKnoten,wurzelKnoten, 0);
  }
```

```
  public void uiDefaultsUpdate(UIDefaults defaults) {
// Vorhandene Knoten löschen
    int nrstringKnoten = stringKnoten.getChildCount();
    for(int i=0; i<nrstringKnoten; i++) {
      DefaultMutableTreeNode knoten =(DefaultMutableTreeNode)
        getChild(stringKnoten,0);
      treeModel.removeNodeFromParent(knoten);
    }
// Die Werte der UIDefaults-Tabelle vom Typ der Klasse String
// in das Modell aufnehmen
    Enumeration keys = defaults.keys();
    Object keyName;
    Object valueForKey;
    while(keys.hasMoreElements()) {
      DefaultMutableTreeNode newKeyNode;
      DefaultMutableTreeNode newValueNode;
      keyName = keys.nextElement();
      valueForKey = defaults.get(keyName);
      newKeyNode = new DefaultMutableTreeNode(keyName);
      newValueNode = new DefaultMutableTreeNode(valueForKey);
      if(valueForKey instanceof java.lang.String) {
        treeModel.insertNodeInto(newKeyNode, stringKnoten, 0);
      }
      treeModel.insertNodeInto(newValueNode, newKeyNode, 0);
    }
  }
// Alle Methodenaufrufe des Interfaces TreeModel an das interne
// Modell delegieren
  public Object getRoot() {
    return treeModel.getRoot();
  }
  public Object getChild(Object objekt1, int objekt2) {
    return treeModel.getChild(objekt1, objekt2);
  }
  public int getChildCount(Object objekt) {
    return treeModel.getChildCount(objekt);
  }
  public boolean isLeaf(Object objekt) {
    return treeModel.isLeaf(objekt);
  }
  public void valueForPathChanged(TreePath path, Object objekt){
    treeModel.valueForPathChanged(path, objekt);
  }
  public int getIndexOfChild(Object objekt1, Object objekt2) {
    return treeModel.getIndexOfChild(objekt1, objekt2);
  }
  public void addTreeModelListener(TreeModelListener l) {
```

```
        treeModel.addTreeModelListener(l);
    }
    public void removeTreeModelListener(TreeModelListener l) {
        treeModel.removeTreeModelListener(l);
    }
}
```

Die Klasse JFramemitUIDefaultsTreeModelundLookAndFeel

```
import java.awt.*;
import java.awt.event.*;
import java.util.*;
import javax.swing.*;
import javax.swing.tree.*;
import javax.swing.event.*;
public class JFramemitUIDefaultsTreeModelundLookAndFeel
    extends JFrame implements ActionListener, TreeModelListener {
    private JTree tree = new JTree();
    private UIDefaultsTreeModelundLookAndFeel model;
    private static JToolBar toolBar = new JToolBar();
// Konstruktordefinition
    public JFramemitUIDefaultsTreeModelundLookAndFeel() {
        super("Die UIDefaults-Tabelle");
        setBounds(20,20,300,150);
        setDefaultCloseOperation(JFrame.EXIT_ON_CLOSE);
// Verfügbare LookAndFeels lesen
        UIManager.LookAndFeelInfo[] plafs =
          UIManager.getInstalledLookAndFeels();
// JToolBar-Einträge mit dem Namen der PLAFs erstellen
        for(int i=0; i<plafs.length; i++) {
            JButton button = new JButton(plafs[i].getName());
            button.setActionCommand(plafs[i].getClassName());
            button.addActionListener(this);
            toolBar.add(button);
        }
// Eine TreeModel-Instanz vom Typ der Klasse
// UIDefaultsTreeModelundLookAndFeel erzeugen und die Methode
// für das Abändern der Datenstruktur aufrufen
        model = new UIDefaultsTreeModelundLookAndFeel();
        model.uiDefaultsUpdate(UIManager.getDefaults());
// Den TreeModelListener für das Modell registrieren
        model.addTreeModelListener(this);
// und das Modell für eine JTree-Komponente setzen
        tree.setModel(model);
        JScrollPane jsPane = new JScrollPane(tree);
        add(toolBar,BorderLayout.NORTH);
        add(jsPane,BorderLayout.CENTER);
```

```
      setVisible(true);
   }
// Die Methode des ActionListener implementieren
   public void actionPerformed(ActionEvent e) {
      try {
         final String plafsClassName = e.getActionCommand();
         UIManager.setLookAndFeel(plafsClassName);
// Jede im Fenster angezeigte Komponente soll ihr LookAndFeel
// ändern
         SwingUtilities.updateComponentTreeUI(this);
// Die Methode zum Ändern der Datenstruktur des Modells aufrufen
         model.uiDefaultsUpdate(UIManager.getDefaults());
         tree.scrollPathToVisible(new TreePath(model.getRoot()));
      }
      catch(Exception ex) {
         System.out.println(ex);
      }
   }
// Methoden von TreeModelListener implementieren
   public void treeNodesInserted(TreeModelEvent e) {
     System.out.println("Im Modell wurde ein Knoten eingefuegt");
   }
   public void treeNodesChanged(TreeModelEvent e) {
     System.out.println("Im Modell wurde ein Knoten veraendert");
   }
   public void treeNodesRemoved(TreeModelEvent e) {
     System.out.println("Im Model wurde ein Knoten geloescht");
   }
   public void treeStructureChanged(TreeModelEvent e) {
     System.out.println("Das Modell wurde abgeaendert");
   }
// Objekt der Klasse erzeugen
   public static void main(String[] args) {
      JFramemitUIDefaultsTreeModelundLookAndFeel frame =
        new JFramemitUIDefaultsTreeModelundLookAndFeel();
   }
}
```

Programmausgaben

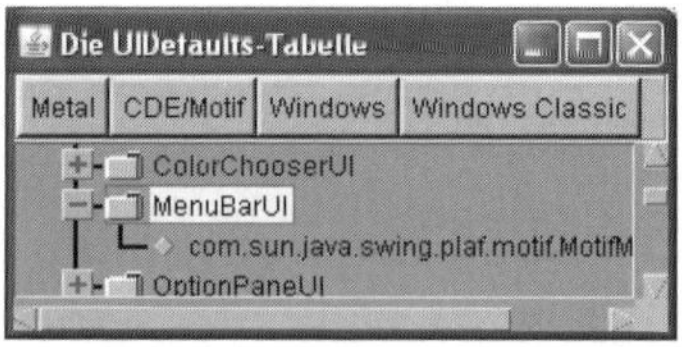

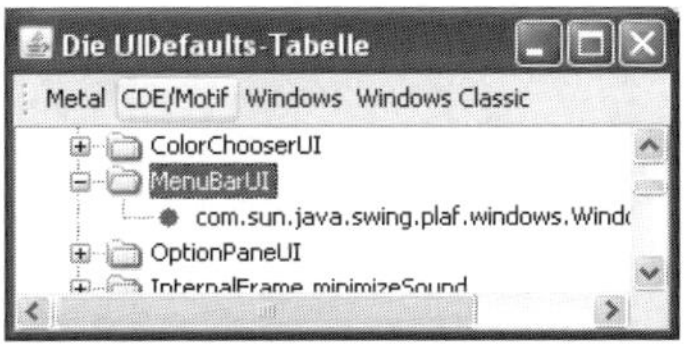


```
Im Modell wurde ein Knoten eingefügt
```

Lösung 8.27

Die Klasse UserListModelohneEventBehandlung

```
import javax.swing.*;
import javax.swing.event.*;
import java.util.*;
import java.util.List;
public class UserListModelohneEventBehandlung
                                    implements ListModel {
  private List<Object> list;
  private List<ListDataListener> listeners =
    new ArrayList<ListDataListener>();
// Konstruktordefinition
  public UserListModelohneEventBehandlung(List<Object> list) {
    this.list = list;
  }
// Die Methoden der ListModel-Schnittstelle zum Ermitteln der
// Größe und für Abfragen der Modelldatenstruktur implementieren
  public int getSize() {
    return list.size();
  }
// Das Element der List-Instanz mit dem spezifizierten Index wird
// zurückgegeben
  public Object getElementAt(int index) {
    return list.get(index);
  }
// Die Methoden der Schnittstelle ListModel zum Registrieren und
// Deregistrieren von ListDataListener-Objekte
  public void addListDataListener(ListDataListener l) {
    listeners.add(l);
  }
  public void removeListDataListener(ListDataListener l) {
    listeners.remove(l);
  }
// Die Methoden der List-Schnittstelle, über welche auf die
// Modelldaten zugegriffen werden kann, implementieren
```

```
  public void addElement(Object obj) {
    list.add(obj);
  }
  public void setElementAt(Object obj, int index) {
        list.set(index, obj);
  }
  public boolean removeElement(Object obj) {
    return list.remove(obj);
  }
// Die Methode toString() der Klasse Object überschreiben
  public String toString() {
    return list.toString();
  }
}
```

Die Klasse UserListModelohneEventBehandlungTest

```
import java.util.*;
public class UserListModelohneEventBehandlungTest {
  public static void main (String args[]) {
// Objekt der Klasse UserListModelohneEventBehandlung erzeugen
    UserListModelohneEventBehandlung userModel = new
     UserListModelohneEventBehandlung(new ArrayList<Object>());
// Im Modell Objekte hinzufügen und löschen
    userModel.addElement("J");
    userModel.addElement("A");
    userModel.addElement("V");
    userModel.addElement("A");
    userModel.addElement("!");
// Die Methode toString() der Klasse
// UserListModelohneEventBehandlung wird für die Ausgabe der
// Modelldaten automatisch aufgerufen
    System.out.println(userModel);
    userModel.setElementAt("6.0",4);
    System.out.println(userModel);
    userModel.removeElement("6.0");
    System.out.println(userModel);
  }
}
```

Programmausgaben

```
[J, A, V, A, !]
[J, A, V, A, 6.0]
[J, A, V, A]
```

Lösung 8.28

Die Klasse JFramemitUserListModelohneEventBehandlung

```
import java.awt.event.*;
import javax.swing.*;
import javax.swing.event.*;
import java.util.*;
import java.util.List;
public class JFramemitUserListModelohneEventBehandlung
                                    extends JFrame {
  private JButton button1 = new JButton("Anfuegen");
  private final JList liste;
// Konstruktordefinition
  public JFramemitUserListModelohneEventBehandlung() {
    super("Model-Klassen und Model-Interfaces");
    setBounds(20,20,100,150);
    JPanel c = (JPanel)getContentPane();
    c.setLayout(new BoxLayout(getContentPane(),
     BoxLayout.Y_AXIS));
    setDefaultCloseOperation(JFrame.EXIT_ON_CLOSE);
// Im Konstruktor der Klasse UserListModelohneEventBehandlung
// können Referenzen von Objekten vom Typ aller Klassen, welche
// das Interface List<Object> implementieren, übergeben werden
    final UserListModelohneEventBehandlung userModel =
     new UserListModelohneEventBehandlung(
      new ArrayList<Object>());
// Im Modell Objekte hinzufügen und löschen
    userModel.addElement("J");
    userModel.addElement("A");
    userModel.addElement("V");
    userModel.addElement("A");
    userModel.addElement("!");
    System.out.println(userModel);
    userModel.setElementAt("6.0",4);
    System.out.println(userModel);
    userModel.removeElement("6.0");
    System.out.println(userModel);
// Eine JList-Komponente mit dem Modell erstellen
    liste = new JList(userModel);
// Die Daten des Modells bei einer Betätigung des Buttons
// abändern
    button1.addActionListener(new ActionListener() {
      public void actionPerformed(ActionEvent e) {
        userModel.addElement("!");
        System.out.println(userModel);
      }
    });
```

```
// Die Komponenten zum Fenster hinzufügen
      c.add(liste);
      c.add(button1);
   }
// Objekt der Klasse erzeugen und sichtbar machen
   public static void main (String args[]) {
      JFramemitUserListModelohneEventBehandlung frame =
        new JFramemitUserListModelohneEventBehandlung();
      frame.setVisible(true);
   }
}
```

```
[J, A, V, A, !]
[J, A, V, A, 6.0]
[J, A, V, A]
[J, A, V, A, !]
[J, A, V, A, !, !]
```

Hinweise zum Lösungsvorschlag

In der Klasse `JFramemitUserListModelohneEventBehandlung` wird eine `JButton`-Komponente erzeugt, welche den ActionListener mittels einer anonymen Klasse implementiert. Die Daten des Modells werden bei einer Betätigung des Buttons abgeändert. Wie die Elemente der `JList`-Komponente aufweisen, werden die im Modell durchgeführten Änderungen nicht in die Liste übernommen.

Lösung 8.29

Die Klasse UserListModelmitEventBehandlung

```
import javax.swing.*;
import javax.swing.event.*;
import java.util.*;
import java.util.List;
public class UserListModelmitEventBehandlung
                                          implements ListModel {
   private List<Object> list;
// Ein ArrayList-Objekt vom Typ ListDataListener erzeugen
   private List<ListDataListener> listeners =
     new ArrayList<ListDataListener>();
```

```
// Konstruktordefinition
  public UserListModelmitEventBehandlung(List<Object> list) {
    this.list = list;
  }
// Die Methoden der ListModel-Schnittstelle zum Ermitteln
// der Größe und für Abfragen der Modellstruktur implementieren
  public int getSize() {
    return list.size();
  }
  public int indexOf(Object elem) {
    return list.indexOf(elem);
  }
// Das Element der List-Instanz mit dem spezifizierten Index
// wird zurückgegeben
  public Object getElementAt(int index) {
    return list.get(index);
  }
// Die Methoden der Schnittstelle ListModel zum Registrieren und
// Deregistrieren von ListDataListener-Objekten implementieren
  public void addListDataListener(ListDataListener l) {
    listeners.add(l);
  }
  public void removeListDataListener(ListDataListener l) {
    listeners.remove(l);
  }
// Die Methode toString() der Klasse Object überschreiben
  public String toString() {
    return list.toString();
  }
// Eine zweite Art von Methoden dient der Manipulation von
// Modelldaten und der Benachrichtigung des ListDataListener
// über die durchgeführten Operationen
  public void addElement(Object obj) {
    int index = list.size();
    list.add(obj);
    fireIntervalAdded(this, index, index);
  }
  public void setElementAt(Object obj, int index) {
    list.set(index, obj);
    fireContentsChanged(this, index, index);
  }
  public boolean removeElement(Object obj) {
    int index = indexOf(obj);
    if(index >= 0) {
      fireIntervalRemoved(this, index, index);
    }
```

```
        return list.remove(obj);
    }
// Die Methoden, über welche der ListDataListener benachrichtigt
// wird
    public void fireIntervalAdded(Object source, int index1,
                                  int index2) {
        ListDataEvent event = null;
        Iterator<ListDataListener> iterator = listeners.iterator();
        while(iterator.hasNext()) {
            if(event == null) {
                event = new ListDataEvent(source,
                  ListDataEvent.INTERVAL_ADDED, index1, index2);
            }
            ListDataListener listener = iterator.next();
            listener.intervalAdded(event);
        }
    }
    public void fireContentsChanged(Object source, int index1,
                                    int index2) {
        ListDataEvent event = null;
        Iterator<ListDataListener> iterator = listeners.iterator();
        while(iterator.hasNext()) {
            if(event == null) {
                event = new ListDataEvent(source,
                  ListDataEvent.CONTENTS_CHANGED, index1, index2);
            }
            ListDataListener listener = iterator.next();
            listener.contentsChanged(event);
        }
    }
    public void fireIntervalRemoved(Object source, int index1,
                                    int index2) {
        ListDataEvent event = null;
        Iterator<ListDataListener> iterator = listeners.iterator();
        while(iterator.hasNext()) {
            if(event == null) {
                event = new ListDataEvent(source,
                  ListDataEvent.INTERVAL_REMOVED, index1, index2);
            }
            ListDataListener listener = iterator.next();
            listener.intervalRemoved(event);
        }
    }
}
```

Die Klasse UserListModelmitEventBehandlungTest

```
import java.awt.event.*;
import javax.swing.*;
import javax.swing.event.*;
import java.util.*;
import java.util.List;
public class UserListModelmitEventBehandlungTest {
  static private ListDataListener dataListener;
  static UserListModelmitEventBehandlung userModel = new
  UserListModelmitEventBehandlung (new ArrayList<Object>());
// Konstruktordefinition
  public UserListModelmitEventBehandlungTest() {
// ListDataListener implementieren und für das benutzerdefinierte
// Modell registrieren
    userModel.addListDataListener(dataListener =
     new ListDataListener() {
      public void intervalAdded(ListDataEvent e) {
        System.out.println("Hinzufuegen: " + e);
      }
      public void intervalRemoved(ListDataEvent e) {
        System.out.println("Loeschen: " + e);
      }
      public void contentsChanged(ListDataEvent e) {
        System.out.println("Aendern: " + e);
      }
    });
  }
  public static void main (String args[]) {
// Objekt der Klasse erzeugen
    UserListModelmitEventBehandlungTest testuserModel =
     new UserListModelmitEventBehandlungTest();
// Im Modell Objekte hinzufügen und löschen
    userModel.addElement("J");
    userModel.addElement("A");
    userModel.addElement("V");
    userModel.addElement("A");
    userModel.addElement("!");
    System.out.println(userModel);
    userModel.setElementAt("6.0",4);
    System.out.println(userModel);
// Den ListDataListener deregistrieren, die nachfolgende
// Änderung im Modell wird nicht mehr gemeldet
    userModel.removeListDataListener(dataListener);
    userModel.removeElement("!");
    System.out.println(userModel);
  }
}
```

Programmausgaben

```
Hinzufuegen: javax.swing.event.ListDataEvent[type = 1, index0 = 0, index1 = 0]
....
[J, A, V, A, !]
Aendern: javax.swing.event.ListDataEvent[type = 0, index0 = 4, index1 = 4]
[J, A, V, A, 6.0]
[J, A, V, A, 6.0]
```

Lösung 8.30

Die Klasse JFramemitUserListModelmitEventBehandlung

```
import java.awt.event.*;
import javax.swing.*;
import javax.swing.event.*;
import java.util.*;
import java.util.List;
public class JFramemitUserListModelmitEventBehandlung
                                      extends JFrame {
  private JButton button1 = new JButton("Anfuegen");
  private final JList liste;
  private ListDataListener dataListener;
// Konstruktordefinition
  public JFramemitUserListModelmitEventBehandlung () {
    super("Model-Klassen und Model-Interfaces");
    setBounds(20,20,100,150);
    JPanel c = (JPanel)getContentPane();
    c.setLayout(new BoxLayout(getContentPane(),
      BoxLayout.Y_AXIS));
    setDefaultCloseOperation(JFrame.EXIT_ON_CLOSE);
// Im Konstruktor der Klasse UserListModel können Referenzen von
// Objekten vom Typ aller Klassen, welche das Interface
// List<Object> implementieren, übergeben werden
    final UserListModelmitEventBehandlung userModel =
      new UserListModelmitEventBehandlung(
        new ArrayList<Object>());
// Den ListDataListener implementieren und für das
// benutzerdefinierte Modell registrieren
    userModel.addListDataListener(dataListener =
      new ListDataListener() {
       public void intervalAdded(ListDataEvent e) {
         System.out.println("Hinzufuegen: " + e);
       }
       public void intervalRemoved(ListDataEvent e) {
         System.out.println("Loeschen: " + e);
       }
       public void contentsChanged(ListDataEvent e) {
```

```
                System.out.println("Aendern: " + e);
            }
        });
// Im Modell Objekte hinzufügen und löschen
        userModel.addElement("J");
        userModel.addElement("A");
        userModel.addElement("V");
        userModel.addElement("A");
        userModel.addElement("!");
        System.out.println(userModel);
        userModel.setElementAt("6.0",4);
        System.out.println(userModel);
// Den ListDataListener deregistrieren, die nachfolgenden
// Änderungen im Modell werden nicht mehr gemeldet
    // userModel.removeListDataListener(dataListener);
        userModel.removeElement("6.0");
        System.out.println(userModel);
// Eine JList-Komponente mit dem Modell userModel erstellen
        liste = new JList(userModel);
// Das Modell bei einer Betätigung des Buttons erweitern
        button1.addActionListener(new ActionListener() {
            public void actionPerformed(ActionEvent e) {
                userModel.addElement("!");
                System.out.println(userModel);
            }
        });
// Die Komponenten zum Fenster hinzufügen
        c.add(liste);
        c.add(button1);
    }
// Objekt der Klasse erzeugen und sichtbar machen
    public static void main (String args[]) {
        JFramemitUserListModelmitEventBehandlung frame =
          new JFramemitUserListModelmitEventBehandlung();
        frame.setVisible(true);
    }
}
```

Programmausgaben

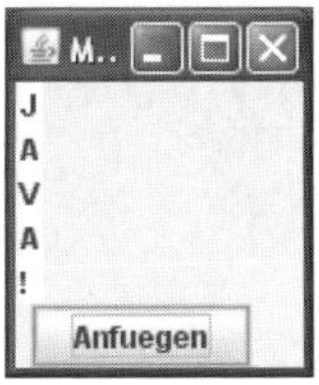

```
Hinzufuegen: javax.swing.event.ListDataEvent[type = 1, index0 = 0, index1 = 0]
...
[J, A, V, A, !]
Aendern: javax.swing.event.ListDataEvent[type = 0, index0 = 4, index1 = 4]
[J, A, V, A, 6.0]
Loeschen: javax.swing.event.ListDataEvent[type = 2, index0 = 4, index1 = 4]
[J, A, V, A ]
Hinzufuegen: javax.swing.event.ListDataEvent[type = 1, index0 = 4, index1 = 4]
[J, A, V, A, !]
...
```

Lösung 8.31

Die Klasse UserListModel

```
import java.awt.event.*;
import javax.swing.*;
import javax.swing.event.*;
import java.util.*;
import java.util.List;
public class UserListModel implements ListModel {
  private List<Object> list;
// Ein ArrayList-Objekt vom Typ ListDataListener erzeugen
  private List<ListDataListener> listeners =
    new ArrayList<ListDataListener>();
// Konstruktordefinition
  public UserListModel(List<Object> list) {
    this.list = list;
  }
// Die Methoden der ListModel-Schnittstelle zum Ermitteln der
// Größe und für Abfragen der Modellstruktur implementieren
  public int getSize() {
    return list.size();
  }
  public int indexOf(Object elem) {
    return list.indexOf(elem);
  }
// Das Element der List-Instanz mit dem spezifizierten Index wird
// zurückgegeben
  public Object getElementAt(int index) {
    return list.get(index);
  }
// Die Methoden der Schnittstelle ListModel zum Registrieren und
// Deregistrieren von ListDataListener Objekte implementieren
  public void addListDataListener(ListDataListener l) {
    listeners.add(l);
  }
  public void removeListDataListener(ListDataListener l) {
```

```
        listeners.remove(l);
    }
// Die Methode toString() der Klasse Object überschreiben
    public String toString() {
        return list.toString();
    }
// Eine zweite Art von Methoden dient der Manipulation von
// Modelldaten
    public void addElement(Object obj) {
        int index = list.size();
        list.add(obj);
        fireListUpdate(this, index, index);
    }
    public void setElementAt(Object obj, int index) {
        list.set(index, obj);
        fireListUpdate(this, index, index);
    }
    public boolean removeElement(Object obj) {
        int index = indexOf(obj);
        if(index >= 0) {
            fireListUpdate(this, index, index);
        }
        return list.remove(obj);
    }
// Die Methode, über welche die ListDataListener benachrichtigt
// werden
    public void fireListUpdate(Object source, int index1,
                               int index2) {
        ListDataEvent event = null;
        Iterator<ListDataListener> iterator = listeners.iterator();
        while(iterator.hasNext()) {
            if(event == null) {
                event = new ListDataEvent(source,
                  ListDataEvent.CONTENTS_CHANGED, index1, index2);
            }
            ListDataListener listener = iterator.next();
            listener.contentsChanged(event);
        }
    }
}
```

Die Klasse JFramemitUserListModel

```
import java.awt.event.*;
import javax.swing.*;
import javax.swing.event.*;
import java.util.*;
import java.util.List;
```

```
public class JFramemitUserListModel extends JFrame {
  private JButton button1 = new JButton("Modell abaendern");
  private JButton button2 =new JButton("List-Objekt abaendern");
  private final JList liste;
  private ListDataListener dataListener;
// Konstruktordefinition
  public JFramemitUserListModel() {
    super("Model-Klassen und Model-Interfaces");
    setBounds(20,20,200,225);
    JPanel c = (JPanel)getContentPane();
    c.setLayout(new BoxLayout(getContentPane(),
      BoxLayout.Y_AXIS));
    setDefaultCloseOperation(JFrame.EXIT_ON_CLOSE);
// Eine Referenz vom Typ List<Object> zeigt auf eine Instanz
// der Klasse ArrayList<Object>
    final List<Object> list = new ArrayList<Object>();
    list.add("J");
    list.add("A");
    list.add("V");
    list.add("A");
    list.add("!");
// Im Konstruktor der Klasse UserListModel können Referenzen von
// Objekten vom Typ aller Klassen, welche das Interface
// List<Object> implementieren, übergeben werden
    final UserListModel userModel = new UserListModel(list);
// Den ListDataListener für das benutzerdefinierte Modell
// registrieren; alle Methoden des ListDataListener müssen
// überschrieben werden, auch wenn, wie in diesem Beispiel,
// nur Events vom Typ CONTENTS_CHANGED erzeugt werden
    userModel.addListDataListener(dataListener =
      new ListDataListener() {
       public void intervalAdded(ListDataEvent e) {
         System.out.println("Hinzufuegen im Modell: " + e);
       }
       public void intervalRemoved(ListDataEvent e) {
         System.out.println("Loeschen im Modell: " + e);
       }
       public void contentsChanged(ListDataEvent e) {
         System.out.println("Aendern im Modell: " + e);
       }
    });
// Im Modell Objekte hinzufügen
    System.out.println(userModel);
    userModel.setElementAt("6.0",4);
    System.out.println(userModel);
// Eine JList-Komponente mit dem Modell userModel erstellen
    liste = new JList();
    liste.setModel(userModel);
```

```
// Ist gleichwertig mit
  //  liste = new JList(userModel);
// Den ActionListener für die Buttons registrieren
// Zum Modell neue Elemente bei einer Betätigung der Buttons
// hinzufügen
    button1.addActionListener(new ActionListener() {
      public void actionPerformed(ActionEvent e) {
        userModel.addElement("!");
        System.out.println(userModel);
      }
    });
// Zu dem im Konstruktor übergebenen List-Objekt neue Elemente
// bei einer Betätigung der Buttons hinzufügen
    button2.addActionListener(new ActionListener() {
      public void actionPerformed(ActionEvent e) {
        list.add("?");
        System.out.println(list);
        int index = list.size()-1;
// Den ListDataListener über die durchgeführte Änderung
// benachrichtigen
        userModel.fireListUpdate(this, index, index);
        System.out.println(userModel);
        System.out.println(list);
      }
    });
// Die Komponenten zum Fenster hinzufügen
    c.add(liste);
    c.add(button1);
    c.add(button2);
  }
// Objekt der Klasse erzeugen und sichtbar machen
  public static void main (String args[]) {
    JFramemitUserListModel frame =new JFramemitUserListModel();
    frame.setVisible(true);
  }
}
```

Programmausgaben

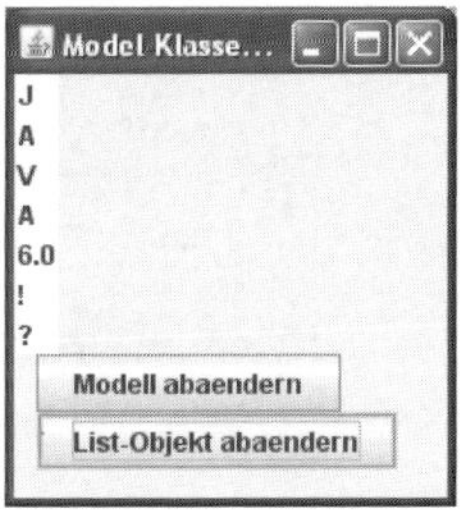

```
[J, A, V, A, !]
Aendern im Modell: javax.swing.event.ListDataEvent[type = 0, index0 = 4,
index1 = 4]
[J, A, V, A, 6.0]
Aendern im Modell: javax.swing.event.ListDataEvent[type = 0, index0 = 5,
index1 = 5]
[J, A, V, A, 6.0, !]
[J, A, V, A, 6.0, !, ?]
Aendern im Modell: javax.swing.event.ListDataEvent[type = 0, index0 = 6,
index1 = 6]
[J, A, V, A, 6.0, !, ?]
[J, A, V, A, 6.0, !, ?]
```

Kapitel 9

Exceptions und Errors

9.1 Ausnahmen auslösen

Wie schon im 1. Kapitel vermerkt wurde, treten Exceptions und Errors zur Laufzeit eines Programms auf und unterbrechen dessen Ablauf.

Im Gegensatz zu Errors, welche als schwerwiegende Fehler gegen eine weitere Programmausführung sprechen, sollten Exceptions behandelt werden, sodass der Programmablauf nicht abgebrochen wird.

Für das Auffangen von Ausnahmen werden Anweisungen, die diese auslösen können, zu einem `try`-Block zusammengefasst. Auf diesen folgen ein oder mehrere `catch`-Blöcke, in denen die Reaktionen auf die jeweiligen Ausnahmen programmiert werden. `catch`-Blöcke erhalten eine Referenz auf ein Objekt vom Typ der Klasse `Exception` oder deren Unterklassen. Dabei gelten folgende Regeln:

- Einem `try`-Block muss mindestens ein `catch`-Block folgen.
- Es wird jeweils der erste zu einer aufgetretenen Exception pasende `catch`-Block ausgeführt. Daher müssen `catch`-Blöcke für Spezialfälle (Unterklassen) in der Reihenfolge vor `catch`-Blöcken für die allgemeinen Fälle (Oberklassen) stehen.
- Ein `finally`-Block schließt einen `try/catch`-Block ab und beinhaltet Anweisungen, die jedenfalls durchgeführt werden sollen, unabhängig vom Auftreten der Ausnahmen.

`Exception` und `Error` sind Unterklassen von `java.lang.Throwable` und über ihre Erweiterungen werden mehrere Typen von Exceptions und Errors definiert.

Beim Auslösen einer Ausnahme wird eine Instanz der entsprechenden `Exception`-Klasse erzeugt. Die Felder dieser `Exception`-Instanz sind von ihrem Auslöser mit Fehlermeldungen und eventuell zusätzlichen Informationen gefüllt worden und der Programmierer kann auf Methoden zurückgreifen, die von der Klasse zum Auslesen dieser Werte zur Verfügung gestellt werden.

Jede Unterklasse von `java.lang.Throwable` definiert die Methode `getMessage()`, die eine Fehlermeldung zurückgibt, welche vom Auslöser der Ausnahme gefüllt werden kann.

Die `printStackTrace()`-Methode von `java.lang.Throwable` übernimmt die Ausgabe des StackTrace an den über eine Instanz der Klasse `System` als `System.err` definierten Fehler-Kanal. Neben der eigenen Fehlermeldung ist daraus ersichtlich, in welcher Klasse, welcher Methode und bei welcher Zeilennummer die Ausnahme ausgelöst wurde.

Ausnahmen können auch für die Anzeige von Programmfehlern genutzt werden und bieten zusätzlich die Möglichkeit für sinnvolle Strukturierungen.

Generische Klassen können nicht von der Klasse `java.lang.Throwable` abgeleitet werden, d.h., dass keine generischen `Exception`-Klassen gebildet werden können.

9.2 Ausnahmen abfangen oder weitergeben

Java zwingt den Programmierer zum Abfangen und Behandeln von allen Ausnahmen, die nicht vom Typ der Klasse `RuntimeException` oder einer ihrer Unterklassen sind. Selbstverständlich können auch diese abgefangen oder mit einem eigenen Meldungstext ausgelöst werden. Sie werden auch als ungeprüfte Ausnahmen bezeichnet, weil der Compiler nicht überprüft, ob eine Methode sie behandelt oder auslöst.

Geprüfte (markierte) Ausnahmen sind Ausnahmen, die in der Definitionszeile einer Methode, welche sie auslöst und nicht behandelt, deklariert werden müssen. Hinter dem Schlüsselwort `throws` werden durch Komma getrennt alle Exceptions aufgelistet und damit zur Behandlung weitergegeben.

Wird eine markierte Exception auch von der `main()`-Methode einer Klasse mit `throws` geworfen, so wird diese nicht mehr von der Applikation behandelt und die Applikation wird beim Auftreten dieser Exception beendet.

Aufgabe 9.1 ☆

Unbehandelte RuntimeExceptions

Definieren Sie eine Klasse `UngepruefteExceptionsohneBehandlung` zum Testen eines Programmablaufs beim Auftreten von RuntimeExceptions. Die Klasse erzeugt Instanzen über die verschiedenen Konstruktoren der Klasse `String` und ruft an diesen die Methoden `concat()` und `substring()` auf. Versuchen Sie einen Teilstring, der über die Anzahl von einzelnen Zeichen eines Strings hinausgeht, zu bilden, ohne dass Sie eine Ausnahmebehandlung dafür vorsehen.

Erzeugen Sie `String`-Instanzen mit Hilfe eines `int`-Arrays und setzen Sie deren Werte in den `int`-Typ um. Rufen Sie dafür die Methode `parseInt()` der Klasse `Integer` auf.

Java-Dateien: `UngepruefteExceptionsohneBehandlung.java`
Programmaufruf: `java UngepruefteExceptionsohneBehandlung`

Aufgabe 9. 2

☆

Behandelte RuntimeExceptions

Definieren Sie analog zur Klasse `UngepruefteExceptionsohneBehandlung` eine Klasse `UngepruefteExceptionsmitBehandlung`, welche die in der Aufgabe 9.1 aufgetretenen Ausnahmen mit einem `try/catch`-Block abfängt und behandelt.

Hinweise für die Programmierung:

Treten keine Exceptions in einem `try`-Block auf, werden alle seine Anweisungen ausgeführt und das Programm nach dem letzten dazugehörigen `catch`-Block weitergeführt. Wurde eine Exception durch keinen `catch`-Block verarbeitet, wird nach einem umgebenden `try/catch`-Block gesucht.

Es kann nicht an die Stelle im Programm zurückgesprungen werden, an welcher eine Exception aufgetreten ist. Es werden immer die Anweisungen, die einem abgearbeiteten `catch`-Block folgen, ausgeführt.

Java-Dateien: `UngepruefteExceptionsmitBehandlung.java`
Programmaufruf: `java UngepruefteExceptionsmitBehandlung`

Aufgabe 9.3

☆☆

Die Weitergabe von Ausnahmen

Wie mit Hilfe der Aufgabe 8.22 festgestellt wurde, kann die dynamische Instantiierung von Objekten einer Klasse mit der Methode `newInstance()` von `java.lang.reflect.Constructor<T>` vorgenommen werden. Diese Methode wirft mehrere Exceptions vom Typ: `InstantiationException`, `IllegalAccessException`, `IllegalArgumentException` und `InvocationTargetException`, die abgefangen oder weitergegeben werden müssen. Erstellen Sie eine generische Klasse `NewInstanceException<T>`, die im Konstruktor eine Referenz vom Typ `Class<T>` zum Initialisieren ihres Instanzfeldes `tClass` übergeben bekommt.

Definieren Sie eine Methode `neueInstanz()` mit einem Stringparameter, welche die Methode `newInstance()` der Klasse `Constructor` aufruft, um Objekte von Klassen, die einen Konstruktor mit einer Referenz vom Typ `String` definieren, zu erzeugen. Geben Sie die von dieser Methode ausgelösten Exceptions über das im Methodendefinitionskopf angegebene Schlüsselwort `throws` an eine aufrufende Methode weiter.

Die Methode `neueInstanz()` wird in der `main()`-Methode der Klasse an Instanzen von den parametrisierten Typen `String`, `Integer` und `Name` aufgerufen, wobei `Name` eine auch in dieser Java-Datei definierte externe Klasse bezeichnet. Die von der Methode `neueInstanz()` weitergegebene Exceptions werden auch von der aufrufenden `main()`-Methode in gleicher Art und Weise weitergereicht und somit nicht verarbeitet. Beim Auftreten einer dieser Ausnahmen wird das Programm beendet.

Die Klasse Name definiert ein Instanzfeld vom Typ String, einen Konstruktor mit einer Parameterreferenz vom Typ des Instanzfeldes und überschreibt die Methode toString() der Klasse Object, um den Wert ihres Instanzfeldes zu returnieren.

Java-Dateien: NewInstanceException.java
Programmaufruf: java NewInstanceException

9.3 Das Verwenden von finally in der Ausnahmebehandlung

Nach dem Auftreten einer Exception muss die Möglichkeit geschaffen werden, Aufräumungsaufgaben durchzuführen und eventuell weiter belegte Programmressourcen freizugeben. Soll ein bestimmter Codeblock nach dem Verlassen eines try/catch-Blocks jedenfalls ausgeführt werden, auch in den unten genannten Spezialfällen, so muss dieser Codeblock in einen finally-Block am Ende des try/catch-Konstruktes gesetzt werden.

Aufgabe 9.4

Der finally-Block

Die Anweisungen aus einem finally-Block werden unabhängig davon ausgeführt, ob eine Exception aufgetreten ist oder nicht bzw. ob diese behandelt wurde oder nicht. Sie werden auch dann ausgeführt, wenn der try-Block mit break, continue oder return verlassen wird, aber nicht bei System.exit(0).

Die Klasse ExceptionsundFinally definiert eine Methode ausfuehrenFinally(), deren int-Argument in einer switch-Anweisung abgefragt wird. Die als lokale Referenzen definierten Arrayvariablen buchstaben und codePoint vom Typ char und int werden im Konstruktor der String-Klasse übergeben, um Instanzen dieser Klasse zu erzeugen.

Rufen Sie an diesen in den von Ihnen definierten case-Blöcken der switch-Anweisung wie auch in den Aufgaben 9.1 und 9.2 die Methode substring() der Klasse String und die Methoden parseInt() und valueOf() der Klasse Integer mit Argumenten auf, die Fehler auslösen. Fangen Sie in mehreren nacheinander folgenden catch-Blöcken die von den aufgerufenen Methoden ausgelösten Ausnahmen ab und geben Sie in einem anschließenden finally-Block die Meldung "finally wird immer ausgefuehrt" am Bildschirm aus.

Java-Dateien: ExceptionsundFinally.java
Programmaufruf: java ExceptionsundFinally

Aufgabe 9.5

Geschachtelte try/catch-Blöcke

In der Klasse AbstractMapObjekteundExceptions sollen an Instanzen von parametrisierten Unterklassen der abstrakten Klasse AbstractMap<K,V> verschiedene Methoden der implemtierten Interfaces aufgerufen werden. Bilden Sie Instanzen vom Typ HashMap<Integer,String>, TreeMap<Integer,String> und EnumMap<Tage.Tag,WTag>, wobei mit Tag und WTag die Enumerationen aus der Aufgabe 8.17 gemeint sind. Weil alle Klassen von AbstractMap abgeleitet sind, können ihre Instanzen einer Variablen vom Typ der Oberklasse zugewiesen werden.

Erzeugen Sie mit Hilfe der Methode put() des Interface Map<K,V> beliebige Einträge für diese Instanzen und zeigen Sie diese über den Aufruf der Methode get() des gleichen Interface am Bildschirm an.

Übergeben Sie im Konstruktor der Klasse EnumMap<K extends Enum<K>,V> die Referenz, welche auf die vorher erzeugte Instanz vom Typ dieser Klasse zeigt, und erzeugen Sie damit ein zweites EnumMap <Tage.Tag,WTag>-Objekt mit den gleichen Werten.

Kopieren Sie mit der Methode putAll() des Interface Map alle Einträge (als Paare betrachtet) aus einer Abbildung in eine andere.

Erzeugen Sie über den Aufruf der Methoden subMap(), tailMap() und headMap() des Interface SortedMap<K,V> an einer Instanz vom Typ TreeMap<Integer,String> eine Sicht auf Map-Einträge ihrer Wahl und zeigen Sie die so erzeugten Untermengen von Abbildungen am Bildschirm an.

Definieren Sie mit Hilfe der Methode values() des Interface Map eine Collection-Sicht auf die Werte der Abbildung vom Typ HashMap<Integer,String> und rufen Sie an der so erzeugten Collection die Methoden containsAll(), removeAll(), retainAll() und addAll() des Interface Collection<E> mit von Ihnen beliebig gewählten Untermengen von Abbildungen als Argument auf.

Zeigen Sie die in der Collection verbliebenen Abbildungen nach dem Aufruf der Methode retainAll() in einem finally-Block, der dem äußeren catch-Block folgt, am Bildschirm an.

Die von den Methoden geworfenen Ausnahmen sollen über die catch-Blöcke von zwei geschachtelten try-Blöcken abgefangen werden.

Hinweise für die Programmierung:

Die generische Klasse AbstractMap<K,V> implementiert das generische Interface Map<K,V>, welches Zuordnungen zwischen einem Schlüssel und einem Wert definiert. Das Interface SortedMap<K,V> ist von dem Interface Map<K,V> abgeleitet und stellt eine Ordnungsrelation für die Menge der Schlüssel zur Verfügung. Die von diesem Interface definierten zusätzlichen Methoden, wie subMap(), headMap() und tailMap(), demonstrieren den Vorteil einer geordneten Reihenfolge der Schlüssel.

Java-Dateien: AbstractMapObjekteundExceptions.java
Programmaufruf: java AbstractMapObjekteundExceptions

9.4 Ausnahmen manuell auslösen

In den vorgegangenen Beispielen wurde nur auf das Auftreten von Exceptions, die von der JVM automatisch ausgelöst werden, reagiert. Der Programmierer kann aber auch selbst Ausnahmen auslösen, indem er ein neues Exception-Objekt erzeugt oder ein bereits existierendes benutzt.

Aufgabe 9.6 ☆☆

Standard-Ausnahmen manuell auslösen

Erstellen Sie eine Klasse ProgrammArgumentTest, in welcher die Java-Standard-Klasse IllegalArgumentException, eine Unterklasse von RuntimeException, zur Ausgabe von Meldungen genutzt wird. Erzeugen Sie zu diesem Zweck über den Konstruktor der Klasse IllegalArgumentException, der einen Meldungstext entgegennimmt, ein IllegalArgumentException-Objekt.

Rufen Sie das Java-Programm, in welchem diese Klasse definiert wird, mit unterschiedlichen Kommandozeilenparametern auf. Wird ein Datei- bzw. Verzeichnis-Name als Parameter im Programmaufruf übergeben, soll dieser angezeigt werden. Stellen Sie dies fest, indem Sie versuchen, mit dem übergebenen Argument eine File-Instanz zu erzeugen und an dieser die Methoden isFile() bzw. isDirectory() der Klasse File aufzurufen.

Ist eine im Programmaufruf angegebene Zeichenkette weder der Name einer Datei noch eines Dateiverzeichnisses, soll versucht werden, diese Zeichenkette in eine int-Zahl zu konvertieren.

Fügen Sie alle Anweisungen zu einem try-Block zusammen und ergänzen Sie diesen durch zwei catch-Blöcke, in welchen NumberFormatException- und IllegalArgumentException-Instanzen übergeben werden.

Eine darauf folgende Ausgabe des Literals: "Es erfolgt kein Programmabbruch: Hier kann es weiter gehen" soll zeigen, dass beim Auftreten der Ausnahmen keine Programmunterbrechung erfolgt, sondern an genau dieser Stelle im Programm weitergemacht wird.

Hinweise für die Programmierung:

Einem try-Block können mehrere catch-Blöcke folgen, wobei jeder Block eine bestimmte Art von Exceptions behandelt. Durch die Angabe eines Exception-Types werden auch alle davon abgeleiteten behandelt, darum spielt die Reihenfolge der Angaben eine wichtige Rolle.

Java-Dateien: `ProgrammArgumentTest.java`
Programmaufruf: `java ProgrammArgumentTest`

9.5 Exception-Unterklassen erzeugen

Eine eigene `Exception`-Klasse muss von einer Standard-`Exception`-Klasse abgeleitet werden. Beim Auftreten von vermeidbaren Fehlern in einem Programm sollten eigene Ausnahmen vom Typ der Klasse `RuntimeException` oder deren Unterklassen erzeugt werden. Für andere Fehlerquellen oder Ausnahmezustände können die Klasse `Exception` selbst oder andere ihrer Unterklassen verwendet werden. Wichtig ist, dass eine eigene `Exception`-Klasse mindestens zwei Konstruktoren definiert, den parameterlosen Konstruktor und einen zweiten, der eine Meldung entgegennimmt. Diese sollten ihrerseits die auf gleiche Weise definierten Konstruktoren der Oberklasse über `super()` aufrufen.

Aufgabe 9.7 ☆

Benutzerdefinierte Ausnahmen manuell auslösen

Leiten Sie die neue `Exception`-Klasse mit dem Namen `MyException` von der Java-Standard-Klasse `Exception` ab. Sie soll ein Instanzfeld `meldungsNr` vom Typ `int` definieren und zusätzlich zu dem parameterlosen Konstruktor zwei andere Konstruktoren, die jeweils eine `String`-Referenz zum Ablegen eines Meldungstextes übergeben bekommen. Der letzte Konstruktor definiert einen zweiten Parameter vom Typ `int`, über welchen das Instanzfeld der Klasse initialisiert wird. Die Klasse definiert die Zugriffsmethode `getMeldungsNr()` und kann von Ihnen durch beliebig viele Konstruktoren und Methoden ergänzt werden.

Definieren Sie analog zur Klasse `ProgrammArgumentTest` aus der Aufgabe 9.6 eine Klasse `ProgrammArgumentTestmitMyException`, in welcher an Stelle von `IllegalArgumentException` der neue Exceptiontyp `MyException` für die Anzeige von Fehlermeldungen genutzt wird.

Java-Dateien: `ProgrammArgumentTestmitMyException.java, MyException.java`
Programmaufruf: `java ProgrammArgumentTestmitMyException`

Aufgabe 9.8 ☆☆☆

Wiederholungsaufgabe

Erstellen Sie am Beispiel eines Stacks eine generische Klasse `GenericStackfuerInversWort<T>` als Definition von parametrisierten Datentypen. Die Klasse `GenericStackfuerInversWort` definiert eine innere Klasse `LinkObject`, die selbst einen parametrisierten Datentyp definiert und ein generisches Interface `LinkInterface<T>` implementiert, und das generische Interface `StackInterface<T>`, das als externe Klasse in der gleichen Java-Datei GenericStackfuerInversWort.java definiert wird.

Der Stack wird, wie auch in der Klasse GenericStack aus der Aufgabe 8.3, über eine verkettete Liste mit Elementen vom Datentyp der inneren Klasse definiert. Im Gegensatz zur Aufgabe 8.3 soll in dieser Klassendefinition eine obere Schranke für die Anzahl der Elemente, die im Stack aufgenommen werden können, gesetzt werden.

Die innere Klasse LinkObject definiert zwei Instanzfelder. In einem werden die Werte, die im Stack abgelegt sind, und in einem zweiten der Verweis auf den Nachfolger der verketteten Liste gespeichert. D.h., sie definiert ein Feld vom Typ der eigenen Klasse als selbstreferenzierendes Instanzfeld, das nicht direkt in der Deklaration instantiiert werden kann.

Das Interface StackInterface gibt die Methoden vor, welche von der Klasse GenericStackfuerInversWort implementiert werden sollen. Es definiert zusätzlich zu den Methoden push() und pop(), die für das Hineinstellen und Herausnehmen von Objekten im Stack zuständig sind, die Methoden size(), isEmpty() und isFull(), um die Anzahl der gespeicherten Objekten zu berechnen und zu prüfen, ob der Stack leer bzw. voll ist.

Das LinkInterface wird als inneres Static-Member-Interface definiert und gibt Methoden zum Lesen und Setzen von Werten für die Instanzfelder der inneren Klasse vor: getT(), setT(), getNext() und setNext().

Wird eine Instanz der Klasse GenericStackfuerInversWort vom Typ String erzeugt, so werden auch Instanzen der Klasse LinkObject vom gleichen Typ erzeugt und somit können auch nur Objekte vom Typ String dem so erzeugten Stack hinzugefügt werden.

Beim Hineinlegen und Herausnehmen von Werten wird die Anzahl der im Stack schon aufgenommenen Elemente ermittelt. Ist diese größer als 5, wirft die Methode push() eine benutzerdefinierte Ausnahme vom Typ FullStackException. Ist der Stack leer, wirft die Methode pop() eine Standard-Ausnahme vom Typ EmptyStackException.

Eine weitere Klasse JFramemitGenericStackfuerInversWort fügt zu einem Fenster mehrere JButton-Objekte mit einem Buchstaben als Beschriftung hinzu, durch deren Betätigung ihre Namen in einem Stack vom Typ der Klasse GenericStackfuerInversWort<String> hinterlegt werden. Wird ein Button mit der Beschriftung "Inverses Wort" gedrückt, werden die im Stack gespeicherten Werte herausgelesen und in einer Statuszeile, die als JLabel-Komponente erzeugt wird, ausgegeben. Beim Drücken eines Buttons mit der Beschriftung "Wort löschen" werden die in der Statuszeile angezeigten Buchstaben gelöscht. Implementieren Sie entsprechend diesen Anforderungen den ActionListener für die Buttons.

Die Klasse FullStackException dient als Vorlage für die benutzerdefinierte Ausnahme, welche von der Methode push() der Klasse GenericStackfuerInvers-

Wort geworfen wird. Sie definiert einen Konstruktor mit einer Referenzvariablen vom Typ String, die einen Meldungstext in Empfang nehmen kann.

Java-Dateien: JFramemitGenericStackfuerInversWort.java, GenericStackfuerInversWort.java, FullStackException.java
Programmaufruf: java JFramemitGenericStackfuerInversWort

9.6 Ketten von Ausnahmen

Gekettete Exceptions werden seit JDK 1.4 unterstützt und kommen zustande, wenn innerhalb eines catch-Blocks eine weitere Exception ausgelöst wird. Die ursprüngliche Exception wird an die neu erzeugte weitergegeben, damit keine Informationen verlorengehen. Dafür wurde die Throwable-Klasse um zwei weitere Konstruktoren erweitert, denen die zu behandelnde Exception als Referenz auf ein Throwable-Objekt übergeben wird. Stellt ein Ausnahmetyp diese Konstruktoren nicht zur Verfügung, so kann die Methode initCause() der Klasse Throwable aufgerufen werden, um einer Exception die verkettete Exception zuzuweisen. Mit der Methode getException() kann das mit einer Exception gekettete Exception-Objekt ermittelt werden.

Aufgabe 9.9

Exception-Ketten

Definieren Sie eine Klasse ExceptionKetten, welche die Anzahl der im Programmaufruf übergebenen Argumente prüft und eine Ausnahme vom Typ der Klasse MyException aus der Aufgabe 9.7 auslöst. Damit soll die Meldung: "Korrekte Anzahl Argumente" ausgegeben werden, falls ein Argument im Programmaufruf übergeben wurde, und ansonsten die Meldung: "Falsche Anzahl Argumente". In beiden Fällen soll versucht werden, ein File-Objekt mit der im ersten Programmargument übergebenen String-Referenz zu erzeugen.

Wurde kein Argument angegeben, wird eine Ausnahme vom Typ IndexOutOfBoundException vom Konstruktor der Klasse File geworfen.

Ansonsten soll in dem catch-Block, der diese Ausnahme abfängt, eine weitere Exception vom Typ einer Klasse MyException1 geworfen werden, mit welcher am Bildschirm bekannt gegeben wird, ob eine Datei bzw. ein Dateiverzeichnis angegeben wurden oder das Gegenteil eingetreten ist. Diese Ausnahme wird über die im Konstruktor der Klasse angegebene Referenz auf das MyException-Objekt mit der vorher geworfenen gekettet.

Im catch-Block, welcher die MyException1-Ausnahme empfängt, wird eine weitere Ausnahme vom Typ MyException ausgelöst und diese beiden sollen über die initCause()-Methode verkettet werden.

Die Klasse MyException1 wird analog zur Klasse MyException aufgebaut und besitzt zusätzlich zu dem parameterlosen Konstruktor zwei weitere Konstruktoren.

Einem wird der Rückgabewert von `getMessage()` übergeben und einem zweiten ein `Throwable`-Objekt, das den Rückgabewert von `getCause()` festlegt.

Java-Dateien: `MyException.java`, `MyException1.java`, `ExceptionKetten.java`
Programmaufruf: `java ExceptionKetten`

9.7 Die Ausnahmen bei einem Wechsel von LookAndFeel-Komponenten

Die »look and feel«-spezifischen Voreinstellungen für Komponenteneigenschaften werden, wie schon im Kapitel 6 festgestellt, in der UIDefaults-Tabelle hinterlegt. Sie können sowohl von LookAndFeel- wie auch Delegations-Klassen mit Hilfe der Methoden des UIManagers gesetzt und abgeändert werden.

Die nachfolgenden Beispielklassen gewähren noch einmal einen Blick auf die Eigenschaften der angezeigten Komponenten bei einem LookAndFeel-Wechsel.

Die `setLookAndFeel()`-Methoden werfen Ausnahmen vom Typ der Java-Standard-Klassen: `ClassNotFoundException`, `InstantiationException`, `IllegalAccessException` und `UnsupportedLookAndFeelException`, welche von diesen Beispielklassen bearbeitet werden.

Aufgabe 9.10 ☆☆☆

Die LookAndFeel-spezifischen Einträge der UIDefaults-Tabelle

Wie in der Aufgabe 6.21 gezeigt wurde, ist das Setzen einer benutzerdefinierten User-Interface-Komponente (Objekt vom Typ der Delegtionsklasse) mit `setUI()` für einzelne Komponenten nicht erforderlich, wenn ein benutzerdefiniertes LookAndFeel definiert wurde. Der Eintrag in der UIDefaults-Tabelle ersetzt den Aufruf der Methode und ist äquivalent mit: "setzt das `LookAndFeel`-Objekt, das diese Komponente wiedergibt".

In dieser Aufgabe soll, parallel zur Klasse `MyLookAndFeel` aus der Aufgabe 6.21, eine zweite benutzerdefinierte `LookAndFeel`-Komponente mit Hilfe der Klasse `CustomLookAndFeel` definiert werden, die sowohl zu Standard- wie auch zu benutzerdefinierten `JButton`-Komponenten vom Typ der Klasse `CustomButton` und `CustomButton1` ein UI-Delagtionsobjekt vom Typ der Klasse `CustomBasicButtonUI` zuordnet.

Analog zur Klasse `IconButton` aus der Aufgabe 6.5 definiert die Klasse `CustomButton` einen durchsichtigen, runden Button. Dieser soll bei einer Betätigung die Farbe seiner Oberfläche wechseln.

Die Klasse `CustomButton1` definiert einen undurchsichtigen, viereckigen Button mit der gleichen Funktionalität.

Definieren Sie in der Klasse `CustomLookAndFeel` eigene Methoden zum Setzen von Schrift und Farbe, die Objekte der Klassen `ColorUIResource` und `FontUIResource` zurückgeben.

Die Klasse `CustomBasicButtonUI` überschreibt die `paint()`-Methode der Klasse `BasicButtonUI` so, dass bei einer Komponentenwiedergabe die Beschriftung der Buttons ihre Farbe nach dem Status der Komponente ändert. Der Komponentenstatus kann mit Hilfe der von den Klassen `ButtonModel` und `AbstractButton` geerbten Methoden: `isPressed()` und `hasFocus()` hinterfragt werden.

Definieren Sie eine Klasse `JFramemitLookAndFeelundJTree`, die über eine RadioButtonGroup eine Auswahl von LookAndFeel-Namen für das Setzen aller verfügbaren LookAndFeels ermöglicht. Sie soll mit Hilfe einer `JTree`-Komponente, die über ein Modell vom Typ der in der Aufgabe 8.25 definierten Klasse `UIDefaultsTreeModelmitTreeModelListener` erzeugt wird, die Anzeige von »look and feel«-spezifischen Einträgen für Komponenten bei einem Wechsel der `LookAndFeel`-Komponente ermöglichen. Als Kindkomponenten für eine Instanz dieser Klasse soll ein Array von Standard-`JButton`-Komponenten erzeugt werden und zwei weitere benutzerdefinierte `JButton`-Komponenten vom Typ der Klassen `CustomButton` und `CustomButton1`.

Die von den Methoden `setLookAndFeel()` geworfenen Ausnahmen sollen über `try/catch`-Blöcke abgefangen werden. Übergeben Sie im Methodenaufruf zum Setzen der `CustomLookAndFeel`-Komponente den Namen der Klasse und zum Setzen der `MyLookAndFeel`-Komponente eine Instanz der Klasse.

Java-Dateien: `UIDefaultsTreeModelmitTreeModelListener.java`, `CustomButton.java`, `CustomButton1.java`, `CustomBasicButtonUI.java`, `MyStdButtonUI.java`, `CustomBorder.java`, `CustomLookAndFeel.java`, `MyLookAndFeel.java`, `JFramemitLookAndFeelundJTree.java`
Programmaufrufe: `javac CustomBasicButtonUI.java`, `javac MyStdButtonUI.java`, `javac CustomLookAndFeel.java`, `javac JFramemitLookAndFeelundJTree.java`, `java JFramemitLookAndFeelundJTree`

Aufgabe 9.11

Wiederholungsaufgabe

Ändern Sie die Klasse `JFramemitLookAndFeelundJTree` so ab, dass für die Anzeige der Werte aus der UIDefaults-Tabelle die Modellklasse `UIDefaultsTreeModelundLookAndFeel` aus der Aufgabe 8.26 genutzt wird, um die Einträge der von den `LookAndFeel`-Klassen gesetzten Namen für UI-Delegationsklassen zu beobachten. Die so erstellte Klasse soll den Namen `JFramemitLookAndFeelundJTreeAnders` tragen.

Java-Dateien: `UIDefaultsTreeModelundLookAndFeel.java`, `CustomButton.java`, `CustomButton1.java`, `CustomBasicButtonUI.java`, `MyStdButtonUI.java`, `CustomBorder.java`, `CustomLookAndFeel.java`, `MyLookAndFeel.java`, `JFramemitLookAndFeelundundCustomButtonUI.java`
Programmaufrufe: javac `JFramemitLookAndFeelundJTreeAnders`, `java JFramemitLookAndFeelundJTreeAnders`

9.8 Lösungen

Lösung 9.1

Die Klasse UngepruefteExceptionsohneBehandlung

```
public class UngepruefteExceptionsohneBehandlung  {
   public static void main(String args[]) {
// Über verschiedene Konstruktoren der String-Klasse Objekte
// erzeugen
      char[] buchstaben = {'J','A','V','A'};
      int[] codePoint1 = {1,2,3};
      int[] codePoint2 = {100,101,102};
      String s1 = new String(buchstaben);
      String s2 = new String("Java");
      String s5 = new String(codePoint1,0,3);
      String s6 = new String(codePoint2,0,3);
// String anfügen
      s1 = s2.concat(" lernen");
// Teilstring kann gebildet werden
      String s3 = s1.substring(2,8);
// Teilstring kann nicht gebildet werden und führt zu einem
// Laufzeit-Fehler; das Programm wird hier abgebrochen,
// weil keine Ausnahmebehandlung vorgesehen ist.
// Die ArrayIndexOutOfBoundsException wird geworfen.
      String s4 = s2.substring(2,8);
// Die Zahl kann nicht gebildet werden, führt ebenfalls zu
// einem Laufzeit-Fehler: NumberFormatException
   // int zahl = Integer.parseInt(s6);
   }
}
```

Programmausgaben

```
Exception in thread "main" java.lang.StringIndexOutOfBoundsException:
String index out of range: 8 …
```

Hinweise zum Lösungsvorschlag

In Java müssen nur Exceptions, die nicht vom Typ `RuntimeException` oder `Error` sind, behandelt werden. Die hier aufgerufenen Methoden werfen nur diese Art von Exceptions, sodass es nicht zwingend notwendig ist, diese abzufangen. Umbehandelte Exceptions führen jedoch zu einem sofortigen Verlassen der Methode.

Eine Meldung, die auf eine Exception vom Typ der Klasse `java.lang.StringIndexOutOfBoundsException` hinweist, wird am Bildschirm ausgegeben. Wenn Sie die fehlerhafte Zeile im Programm auskommentieren, erfolgt bei einem Neustart eine weitere Programmunterbrechung, diesmal von einer Ausnahme vom Typ `NumberFormatException` verursacht, weil versucht wird, einen nicht numerischen String in den primitiven `int`-Typ umzusetzen.

Lösung 9.2

Die Klasse UngepruefteExceptionsmitBehandlung

```
public class UngepruefteExceptionsmitBehandlung {
   public static void main(String args[]) {
      char[] buchstaben = {'J','A','V','A'};
      int[] codePoint1 = {1,2,3};
      int[] codePoint2 = {100,101,102};
      try {
         String s1 = new String(buchstaben);
         String s2 = new String("Java");
         try {
// Strings anfügen
            s1 = s2.concat(" lernen");
// Teilstrings bilden
            String s3 = s2.substring(2,8);
            String s4 = s1.substring(2,8);
         }
         catch(IndexOutOfBoundsException e) {
            System.out.println(
              "Teilstringbildung nicht moeglich");
            e.printStackTrace();
         }
// Nach Ausgabe der Fehlermeldung wird das Programm an dieser
// Stelle weitergeführt
         String s5 = new String(codePoint1,0,3);
         String s6 = new String(codePoint2,0,3);
         int zahl = Integer.parseInt(s6);
// Zu dieser Anweisung kehrt das Programm nicht mehr zurück,
// ein weiterer try/catch-Block wäre erforderlich
         int zahl2 = Integer.valueOf(s1);
      }
      catch(NumberFormatException e) {
         System.out.println("Konvertierung nicht moeglich");
         e.printStackTrace();
      }
   }
}
```

Programmausgaben

```
Teilstringbildung nicht moeglich
java.lang.StringIndexOutOfBoundsException: String index out of range: 8 ...
...
Konvertierung nicht moeglich
java.lang.NumberFormatException: For input String: "def"
...
```

Hinweise zum Lösungsvorschlag

Ein `catch`-Block mit einem Parameter vom Typ der Oberklasse `Exception` ist generell nicht zu empfehlen, weil dadurch jeder beliebige Fehler abgefangen wird. Damit würde z.B. eine `null`-Referenz, die durch eine nicht initialisierte Referenzvariable entsteht, fälschlicherweise auch behandelt werden.

Lösung 9.3

Die Klasse NewInstanceException<T>

```
import java.lang.reflect.*;
public class NewInstanceException <T> {
// Instanzfeld vom generischen Typ Class<T>
  private Class<T> tClass;
// Konstruktordefinition
  public NewInstanceException(Class<T> tClass) {
    this.tClass = tClass;
  }
// Objekte von Klassen, die einen Konstruktor mit einer Referenz
// vom Typ String definieren, dynamisch erzeugen
  public T neueInstanz(String string) throws Exception {
    Constructor<T> tConstructor = tClass.getConstructor(
      String.class);
    T instanz = tConstructor.newInstance(string);
    return instanz;
  }
  public static void main(String[] args) throws Exception {
// Eine Instanz der Klasse NewInstanceException vom Typ String
// erzeugen
    NewInstanceException<String> sInstanz =
      new NewInstanceException<String>(String.class);
// Instanzen der Klasse String dynamisch erzeugen
    System.out.println("String: "
      + sInstanz.neueInstanz("ABCD"));
    System.out.println("String: "
      + sInstanz.neueInstanz("1234"));
// Eine Instanz der Klasse NewInstanceException vom Typ Name
// erzeugen
    NewInstanceException<Name> nInstanz =
      new NewInstanceException<Name>(Name.class);
// Instanzen der Klasse Name dynamisch erzeugen
    System.out.println("Name: "
      + nInstanz.neueInstanz("Daniel").toString());
    System.out.println("Name: "
      + nInstanz.neueInstanz("Diana").toString());
// Eine Instanz der Klasse NewInstanceException vom Typ Integer
// erzeugen
```

```
      NewInstanceException<Integer> iInstanz =
        new NewInstanceException<Integer>(Integer.class);
// Instanzen der Klasse Integer dynamisch erzeugen
      System.out.println("Integer: "
        + iInstanz.neueInstanz("1234"));
// Dadurch, das "ABCD" kein konvertierbarer String für den
// Konstruktor der Klasse Integer ist, werden Ausnahmen vom Typ
// NumberFormatException und InvocationTargetException erzeugt
      System.out.println("Integer: "
        + iInstanz.neueInstanz("ABCD"));
  }
}
// Definition der externen Klasse
class Name {
  String s;
// Konstruktordefinition
  public Name(String s) {
    this.s = s;
  }
// toString-Methode überschreiben
  public String toString() {
    return s;
  }
}
```

Programmausgaben

```
String: ABCD
String: 1234
Name: Daniel
Name: Diana
Integer:1234
… java.lang.reflect.InvocationTargetException" …
Caused by java.lang.NumberFormatException: For input string: "ABCD"
```

Lösung 9.4

Die Klasse ExceptionsundFinally

```
public class ExceptionsundFinally {
// Ausnahmen generieren
  public static void ausfuehrenFinally(int i) {
    char[] buchstaben = {'J','A','V','A'};
    int[] codePoint1 = {-1,2,3,4};
    String s1 = new String(buchstaben);
    try {
      switch(i) {
        case 0:
```

```
            String s2 = s1.substring(2,8);
            break;
          case 1:
            int zahl1 = Integer.parseInt("a234");
            break;
          case 2:
            String s3 = new String(codePoint1,0,3);
            System.out.println(s3);
            break;
          case 3:
            int zahl2 =Integer.valueOf(s1);
            break;
          case 4:
            System.out.println("Rueckkehr aus dem try-Block");
            return;
          default:
            System.out.println("Keine Exception ausgeloest");
        }
      }
      catch(IndexOutOfBoundsException e) {
        System.out.println("Teilstringbildung nicht moeglich,"
          + " Rueckkehr aus dem catch-Block");
        return;
      }
      catch(NumberFormatException e) {
        System.out.println("Konvertierung nicht moeglich");
      }
      catch(IllegalArgumentException e) {
        System.out.println("Stringbildung nicht moeglich");
      }
      finally {
        System.out.println("finally wird immer ausgefuehrt");
      }
    }
    public static void main(String args[]) {
      for(int i=0; i<=5; i++)
        ausfuehrenFinally(i);
    }
}
```

Programmausgaben

```
Teilstringbildung nicht moeglich, Rueckkehr aus dem catch-Block
finally wird immer ausgefuehrt
Kovertierung nicht moeglich
finally wird immer ausgefuehrt
...
```

```
Rückkehr aus dem try-Block
finally wird immer ausgefuehrt
...
```

Lösung 9.5

Die Klasse AbstractMapObjekteundExceptions

```
import java.util.*;
public class AbstractMapObjekteundExceptions {
   private final static String []tage = {"Montag","Sonntag",
     "Mittwoch","Donnerstag","Dienstag","Freitag","Samstag"};
   private static Collection<String> collection, coll;
   private static Collection<WTag> collection1;
   public static void main(String args[]) {
      try {
         AbstractMap<Integer,String> map1 =
           new HashMap<Integer,String>();
         AbstractMap<Integer,String> map5 =
           new HashMap<Integer,String>();
         TreeMap<Integer,String> map3 =
           new TreeMap<Integer,String>();
// Im Konstruktor der Klasse EnumMap kann ein .class-Objekt
// übergeben werden, welches vom gleichem Typ wie der
// Schlüssel ist
         AbstractMap<Tage.Tag,WTag> map2 =
           new EnumMap<Tage.Tag,WTag>(Tage.Tag.class);
         try {
// Den Schlüsseln der Abbildungen map1 und map5 Werte zuordnen
// und diese anzeigen
            System.out.print("Map1: ");
            for(int i=0; i<7; i++) {
               map1.put(i,tage[i]);
               System.out.print(map1.get(i)+" ");
            }
            System.out.println();
            System.out.print("Map5: ");
            for(int i=3; i<7; i++) {
               map5.put(i,tage[i]);
               System.out.print(map5.get(i)+" ");
            }
            System.out.println();
// Die Einträge für map2 als Zuordnungen zwischen Schlüsseln
// vom Typ der Enumeration Tage.Tag und Werten vom Typ der
// Enumeration Wtag definieren
            Tage.Tag wtg;
            wtg = Tage.Tag.tag3;
```

```
        map2.put(Tage.Tag.tag1, WTag.Montag);
        map2.put(Tage.Tag.tag2, WTag.Dienstag);
        map2.put(wtg, WTag.Mittwoch);
// Mit der Methode keySet() der Schnittstelle Map die Menge aller
// Schlüssel von map2 ermitteln und anzeigen
        Set<Tage.Tag> key = map2.keySet();
        Object[] object = key.toArray();
        System.out.print("Map2Keys: ");
        for(int i=0; i<object.length; i++)
          System.out.print(object[i].toString()+" ");
        System.out.println();
// Einen Iterator vom Typ der Schlüssel für map2 über deren Menge
// legen und damit die Werte der Abbildung ausgeben
        Iterator<Tage.Tag> iterator = key.iterator();
        System.out.print("Map2Values: ");
        while(iterator.hasNext()) {
          System.out.print(map2.get(iterator.next())+" ");
        }
        System.out.println();
// Im Konstruktor der Klasse EnumMap eine Referenz vom Typ der
// gleichen Klasse übergeben und so ein zweites
// EnumMap<Tage.Tag,WTag>-Objekt erzeugen
        EnumMap<Tage.Tag,WTag> map4 =
          new EnumMap<Tage.Tag,WTag>(map2);
        System.out.print("Map4: ");
// Mit der Methode get() des Interface Map einzelne Werte von
// map4 über ihren Schlüssel lesen und anzeigen
        System.out.print(map4.get(Tage.Tag.tag1)+" ");
        System.out.print(map4.get(Tage.Tag.tag2)+" ");
        System.out.print(map4.get(wtg)+" ");
        System.out.println();
// Mit der Methode putAll() des Interface Map alle Map-Einträge
//(als Paare betrachtet) von map1 nach map3 kopieren
        map3.putAll(map1);
// Die Methode subMap() gibt eine Sicht auf alle Map-Einträge
// zurück, deren Schlüssel sich zwischen den angegebenen
// Werten befinden, inklusiv des ersten und exklusiv des zweiten
        SortedMap<Integer,String> submap = map3.subMap(2,5);
// Die Methode tailMap() gibt eine Sicht auf alle Map-Einträge
// zurück, deren Schlüssel kleiner (oder gleich) als der
// angegebene Schlüssel sind
        SortedMap<Integer,String> tailmap = map3.tailMap(3);
// Die Methode headMap() gibt eine Sicht auf alle Map-Einträge
// zurück, deren Schlüssel kleiner als der angegebene Wert sind
        SortedMap<Integer,String> headmap = map3.headMap(4);
// Die Einträge von map3 und den so erzeugten Submaps anzeigen
        System.out.print("Map3: ");
```

```
        System.out.println(map3);
        System.out.print("Das SubMap: ");
        System.out.println(submap);
        System.out.print("Das HeadMap: ");
        System.out.println(headmap);
        System.out.print("Das TailMap: ");
        System.out.println(tailmap);
// Eine Collecction-Sicht auf die Werte der Abbildung map1
// definieren; die Abbildungswerte sind nicht in aufsteigender
// Reihenfolge der Schlüsselwerte sortiert
        collection = map1.values();
// Die Einträge der so erzeugten Collection mit einer for-each-
// Schleife anzeigen
        System.out.print("1. Collection: ");
        for(String mapCollection: collection) {
          System.out.print(mapCollection+" ");
        }
        System.out.println();
// Beinhaltet die so erzeugte Collection alle Werte der
// Abbildung map4?
  System.out.println(collection.containsAll(map4.values()));
// Alle Werte der Abbildung map4, die auch in map5 enthalten
// sind, in der Collection löschen und die gebliebenen Werte
// anzeigen
        collection.removeAll(map5.values());
        System.out.print("2. Collection: ");
        for(String mapCollection: collection) {
          System.out.print(mapCollection+" ");
        }
        System.out.println();
// Nur die Abbildungswerte aus dem Submap weiter in der
// Collection beibehalten und im finally-Block anzeigen
        collection.retainAll(submap.values());
// Der Compiler gibt bei der nachfolgenden Anweisung eine Warnung
// aus; wird diese ignoriert, wird zur Laufzeit eine
// IllegalArgumentException: "Der Schlüssel = 0 liegt ausserhalb
// des zugelassenen Bereiches" ausgelöst
        submap.put(0, "Montag");
      }
      catch(IllegalArgumentException e) {
        e.printStackTrace();
      }
      catch(UnsupportedOperationException e) {
        e.printStackTrace();
      }
      catch(ClassCastException e) {
        e.printStackTrace();
```

```
        }
// Können in der Collection collection1 die Werte der Abbildung
// map2 gespeichert werden?
        collection1.addAll(map2.values());
// Kann die Collection collection eine null-Collection
// beinhalten?
        System.out.println(collection.containsAll(coll));
      }
      catch(NullPointerException e) {
        System.out.println(
          "addAll() auf collection1 nicht moeglich!");
        e.printStackTrace();
      }
// Der finally-Block wir immer ausgeführt
      finally {
        System.out.print("3. Collection: ");
        for(String mapCollection : collection) {
          System.out.print(mapCollection+" ");
        }
      }
    }
}
```

Die Enumeration WTag

```
enum WTag {
  Montag, Dienstag, Mittwoch, Donnerstag, Freitag, Samstag,
    Sonntag
}
```

Die Klasse Tage und die Enumeration Tag

```
class Tage {
  enum Tag {
    tag1, tag2, tag3, tag4, tag5, tag6, tag7
  }
}
```

Programmausgaben

```
Map1: Montag Sonntag Mittwoch Donnerstag Dienstag Freitag Samstag
Map5: Donnerstag Dienstag Freitag Samstag
...
Map2Keys: tag1 tag2 tag3
Map2Values: Montag Dienstag Mittwoch
Map3 {0=Montag, 1=Sonntag, 2=Mittwoch, 3=Donnerstag, 4=Dienstag, 5=Frei-
tag, 6=Samstag}
 ...
java.lang.IllegalArgumentException: key out of range
```

```
...
java.lang.NullPointerException...
...
3. Collection: Mittwoch
```

Lösung 9.6

Die Klasse ProgrammArgumentTest

```
import java.io.*;
public class ProgrammArgumentTest {
  public static void main(String argFile[]) {
    try {
      if(argFile.length != 1)
// Ein IllegalArgumentException-Objek, über den Konstruktor der
// Klasse, welcher einen Meldungstext entgegennimmt, erzeugen
        throw new IllegalArgumentException(
          "Falsche Anzahl Argumente");
// File-Objekt erzeugen; im Konstruktor der Klasse File kann ein
// Datei- oder Verzeichnis-Name übergeben werden
      File f = new File(argFile[0]);
// Die Klasse File stellt Methoden zur Verfügung mit denen
// Informationen über eine Datei oder ein Dateiverzeichnis geholt
// werden können
      if(f.exists() && f.isFile()) {
        throw new IllegalArgumentException(argFile[0]
          + " ist eine Datei");
      }
      else {
      if(f.exists() && f.isDirectory()) {
        throw new IllegalArgumentException(argFile[0]
          + " ist ein Dateiverzeichnis");
        }
        else {
// Ist der im Programmaufruf angegebene String weder eine Datei
// noch ein Dateiverzeichnis, soll dieser in ein int-Zahl
// konvertiert werden
          int zahl = Integer.parseInt(argFile[0]);
          System.out.println(zahl);
        }
      }
    }
    catch (NumberFormatException e) {
      System.out.println("Konvertierung nicht moeglich: "
        + e.getMessage());
    }
    catch (IllegalArgumentException e) {
      System.out.println(e.getMessage());
```

```
    }
    System.out.println("Es erfolgt kein Programmabbruch: "
      + "Hier kann es weiter gehen");
  }
}
```

Programmausgaben

- Programmaufruf: java ProgrammArgumentTest »C:\Dokumente und Einstellungen«

```
C:\Dokumente und Einstellungen ist ein Dateiverzeichnis
Es erfolgt kein Programmabbruch: Hier kann es weitergehen
```

- Programmaufruf: java ProgrammArgumentTest »edf«

```
Konvertierung nicht moeglich: For input String "edf"
Es erfolgt kein Programmabbruch: Hier kann es weitergehen
...
```

Hinweise zum Lösungsvorschlag

Die Methode `parseInt()` der Klasse `Integer` wirft eine `NumberFormatException`, falls die Konvertierung nicht möglich ist. Diese wird vom Programm in einem separaten `catch`-Block abgefangen, was aber nicht nötig ist, weil diese `Exception`-Klasse die Klasse `IllegalArgumentException` erweitert. Soll beim Eintreten dieser Ausnahme jedoch eine andere Meldung ausgegeben werden, muss der `catch`-Block, in welcher sie abgearbeitet wird, vor den `catch`-Block gestellt werden, der die `IllegalArgumentException` fängt.

Lösung 9.7

Die Klasse MyException

```
public class MyException extends Exception {
  private String meldungsNr;
// Konstruktordefinitionen
  public MyException() {
    super();
  }
  public MyException(String message) {
    super(message);
  }
  public MyException(String message, String meldungsNr) {
    super(message);
    this.meldungsNr = meldungsNr;
  }
```

```
// Zugriffsmethode
   public String getMeldungsNr() {
      return meldungsNr;
   }
}
```

Die Klasse ProgrammArgumentTestmitMyException

```
import java.io.*;
public class ProgrammArgumentTestmitMyException {
   public static void main(String argFile[]) {
// File-Objekt erzeugen; im Konstruktor der Klasse File kann
// ein Datei- oder Verzeichnis-Name übergeben werden
      try {
         if(argFile.length != 1)
// MyException-Objekt über den Konstruktor der Klasse, welcher
// einen Meldungstext entgegennimmt, erzeugen
            throw new MyException("Falsche Anzahl Argumente",
              "1. ");
         File f = new File (argFile[0]);
         if(f.exists() && f.isFile()) {
            throw new MyException(argFile[0]
              + " ist eine Datei", "2. ");
         }
         else {
            if(f.exists() && f.isDirectory()) {
               throw new MyException(argFile[0]
                 + " ist ein Dateiverzeichnis", "3. ");
            }
            else{
               int zahl = Integer.parseInt(argFile[0]);
               System.out.println(zahl);
            }
         }
      }
      catch (NumberFormatException e) {
         System.out.println("Konvertierung nicht moeglich: "
           + e.getMessage());
      }
      catch (MyException e) {
         System.out.println(e.getMeldungsNr()
           + e.getMessage());
      }
      System.out.println("Es erfolgt kein Programmabbruch: "
        + "Hier kann es weitergehen");
   }
}
```

Programmausgaben

- Programmaufruf: java ProgrammArgumentTestmitMyException

```
1. Falsche Anzahl Argumente
Es erfolgt kein Programmabbruch: Hier kann es weitergehen
```

- Programmaufruf: java ProgrammArgumentTestmitMyException MyException.java

```
2. MyException.java ist eine Datei
Es erfolgt kein Programmabbruch: Hier kann es weitergehen
...
```

Lösung 9.8

Die Klasse GenericStackfuerInversWort<T>

```
import java.util.*;
public class GenericStackfuerInversWort <T>
                               implements StackInterface <T> {
// Implementierung eines Stapels für eine einfach verkettete
// Struktur; ein Element des Stapels vom Typ der Klasse
// LinkObjekt<T> definieren
  private LinkObjekt<T> kopf;
  private int anzahl;
// Konstruktordefinition
  GenericStackfuerInversWort() {
    kopf = null;
    anzahl = 0;
  }
// Methoden des externen Interface implementieren
  public int size() {
    return anzahl;
  }
  public boolean isEmpty() {
    if(kopf == null)
      return true;
    else
      return false;
  }
  public boolean isFull() {
    if(size() == 5)
      return true;
    else
      return false;
  }
```

```
  public void push(T objekt) {
    if(isFull()) throw new FullStackException(
      "Der Stapel ist voll");
    LinkObjekt<T> knoten = new LinkObjekt<T>();
    knoten.setNext(kopf);
    knoten.setT(objekt);
    kopf = knoten;
    anzahl++;
  }
  public T pop() {
    if(isEmpty()) throw new EmptyStackException ();
    T objekt = kopf.getT();
    kopf = kopf.getNext();
    anzahl--;
    return objekt;
  }
// Static-Member-Klasse, welche ein Element der verketteten
// Liste definiert
  public static class LinkObjekt <T>
                           implements LinkInterface <T> {
    LinkObjekt<T> next;
    T objekt;
// Die Methoden der inneren Schnittstelle implementieren
    public T getT() {
      return objekt;
    }
    public void setT(T objekt) {
      this.objekt = objekt;
    }
    public void setNext(LinkObjekt<T> linkObjekt) {
       next = linkObjekt;
    }
    public LinkObjekt<T> getNext() {
      return next;
    }
  }
// Definition der inneren Schnittstelle, die von der inneren
// Klasse implementiert wird
  public interface LinkInterface <T> {
// Zugriffsmethoden zum Lesen und Setzen von Werten für die
// Instanzfelder der Klasse
    public T getT();
    public void setT(T objekt);
    public void setNext(LinkObjekt<T> linkObjekt);
    public LinkObjekt<T> getNext();
  }
}
```

Das Interface StackInterface<T>

```
interface StackInterface <T> {
// Der Stack ist leer
  public boolean isEmpty();
// Der Stack ist voll
  public boolean isFull();
// Ein Element einfügen
  public void push(T objekt);
// Ein Element herauslesen
  public T pop();
}
```

Die Klasse FullStackException

```
public class FullStackException extends RuntimeException {
  public FullStackException(String message) {
    super(message);
  }
}
```

Die Klasse JFramemitGenericStackfuerInversWort

```
import java.awt.*;
import java.awt.event.*;
import javax.swing.*;
import java.util.*;
public class JFramemitGenericStackfuerInversWort
                extends JFrame implements ActionListener {
// Globale Referenz vom Typ der parametrisierten Klasse
// GenericStackfuerInversWort<String>
  private GenericStackfuerInversWort<String> ws =
    new GenericStackfuerInversWort<String>();
  private JLabel status = new JLabel(" ");
  private JButton[] komponenten = new JButton[26];
  private JButton wort = new JButton("Inverses Wort");
  private JButton loeschen = new JButton("Wort loeschen");
// Konstruktordefinition
  public JFramemitGenericStackfuerInversWort() {
    Container contentPane = getContentPane();
    JPanel panelMitte = new JPanel();
    JPanel panelSued = new JPanel();
    panelMitte.setLayout(new GridLayout(9,3,5,5));
    for(int i=0; i<26; i++) {
      char cBuchstabe = (char)('A'+i);
      komponenten[i] = new JButton(""+cBuchstabe);
      komponenten[i].addActionListener(this);
      panelMitte.add(komponenten[i]);
    }
```

```
    wort.addActionListener(this);
    loeschen.addActionListener(this);
    contentPane.add(new Label("Woerter bilden und drehen"),
      BorderLayout.NORTH);
    contentPane.add(panelMitte, BorderLayout.CENTER);
    panelSued.add(wort);
    panelSued.add(status);
    panelSued.add(loeschen);
    contentPane.add(panelSued, BorderLayout.SOUTH);
    setDefaultCloseOperation(JFrame.EXIT_ON_CLOSE);
    setSize(300,250);
            setVisible(true);
  }
// Die Methode des ActionListener implementieren
  public void actionPerformed(ActionEvent ae) {
// Welcher Button wurde gedrueckt?
    try {
      String sBefehl = ae.getActionCommand();
      if(sBefehl.equals("Wort loeschen")) {
          status.setText("");
      }
      else if(sBefehl.equals("Inverses Wort")) {
        String sWort ="";
// Solange der Stack nicht leer ist,
        while(!ws.isEmpty()) {
// die im Stack gespeicherten Werte lesen
          sWort = sWort + ws.pop();
        }
// Inverses Wort anzeigen
        status.setText(sWort);
// Ist der Stack leer?
        ws.pop();
      }
// Die Namen der ausgewählten Buttons im Stack speichern
      else {
        ws.push(sBefehl);
      }
    }
// Ausnahmen behandeln
    catch(FullStackException fse) {
// Den Messagetext der Ausnahme anzeigen
      System.out.println(fse.getMessage());
    }
    catch(EmptyStackException ese) {
// Diese Ausnahme definiert einen leeren Meldungstext
      System.out.println(ese.toString()
        + ": Der Stapel ist jetzt leer");
```

```
      }
   }
// Objekt der Klasse erzeugen
   public static void main(String[] args) {
      JFrame frame = new JFramemitGenericStackfuerInversWort();
   }
}
```

Programmausgaben

```
java.util.EmptyStackException: Der Stapel ist jetzt leer
Der Stapel ist voll
 ...
```

Lösung 9.9

Die Klasse MyException1

```
public class MyException1 extends Exception {
// Konstruktordefinitionen
   public MyException1() {
      super();
   }
   public MyException1(String message) {
      super(message);
   }
   public MyException1(String message, Throwable cause) {
      super(message,cause);
   }
}
```

Die Klasse ExceptionKetten

```
import java.io.*;
public class ExceptionKetten {
// Globale Referenzen
```

```
  private String [] argFile;
  private File f;
  private MyException nofileEx, fileEx, directoryEx;
  private MyException1 myEx;
// Konstruktordefinition
public ExceptionKetten(String [] argFile) throws MyException1,
                MyException {
    try {
      this.argFile = argFile;
// Ein MyException-Objekt über den Konstruktor der Klasse,
// welcher einen Meldungstext entgegennimmt, erzeugen
      if(argFile.length == 1) {
        throw new MyException("Korekte Anzahl Argumente");
      }
      else {
        throw new MyException("Falsche Anzahl Argumente");
      }
    }
    catch (MyException e) {
      try {
// Ein File-Objekt erzeugen und mit den Methoden der Klasse
// Informationen über die Datei oder das Verzeichnis holen
        f = new File(argFile[0]);
// Eine mit der Exception e gekettete Ausnahme erzeugen und
// werfen
        if(f.exists())
          myEx =  new MyException1(argFile[0]
           + " ist eine Datei oder ein Dateiverzeichnis",e);
        else
          myEx =  new MyException1(argFile[0]
           +" ist keine Datei und kein Dateiverzeichnis",e);
        throw myEx;
      }
// Wurde kein Argument im Programmaufruf angegeben,
// wird eine IndexOutOfBoundsException erzeugt,
// weil argFile[0] nicht vorhanden ist
      catch (IndexOutOfBoundsException npe) {
        System.out.println(e.getMessage());
        npe.printStackTrace();
      }
// Weitere Ausnahmen vom Typ MyException erzeugen und diesen,
// da sie nicht über einen entsprechenden Konstruktor verfügen,
// über die Methode initCause() die zu verkettende Ausnahme mye
// zuweisen
      catch (MyException1 mye) {
        if(f.isFile()) {
```

```
                fileEx = new MyException(argFile[0]
                  + " ist eine Datei");
                fileEx.initCause(mye);
                throw fileEx;
              }
              else if(f.isDirectory()) {
                directoryEx = new MyException(argFile[0]
                  + " ist ein Dateiverzeichnis");
                directoryEx.initCause(mye);
                throw directoryEx;
              }
              else {
                nofileEx = new MyException(argFile[0]
                  + " wurde im Programmaufruf angegeben");
                nofileEx.initCause(mye);
                throw nofileEx;
              }
            }
          }
        }
// Objekt der Klasse erzeugen
  public static void main(String argFile[]) {
    try {
      ExceptionKetten exKette = new ExceptionKetten(argFile);
    }
// Alle Exceptions, die vom Konstruktor der Klasse ausgelöst und
// nicht abgefangen wurden, hier abarbeiten
    catch(Exception e) {
      while(e != null) {
// Die Meldungstexte der Ausnahmen in der Reihenfolge ihrer
// Kettung ausgeben
        System.out.println(e.getMessage());
        e =(Exception)e.getCause();
      }
    }
    System.out.println("Die gesamte Kette wurde abgearbeitet");
  }
}
```

Programmausgaben

- Programmaufruf: `ExceptionKetten`

```
Falsche Anzahl Argumente
java.lang.ArrayIndexOutOfBoundsException: 0 ...
Die gesamte Kette wurde abgearbeitet
...
```

- Programmaufruf: `ExceptionKetten` MyException.java

```
MyException.java ist eine Datei
MyException.java ist eine Datei oder ein Dateiverzeichnis
Korrekte Anzahl Argumente
Die gesamte Kette wurde abgearbeitet
```

Hinweise zum Lösungsvorschlag

Ausgelöste Ausnahmen, die nicht behandelt werden, sind in der `throws`-Klausel des Konstruktors deklariert und werden so zur Behandlung weitergeben. Es sind die Exceptions, welche innerhalb von `catch`-Blöcken ausgelöst werden. Diese werden in der `main()`-Methode der Klasse abgearbeitet und ihre Meldungstexte in der Reihenfolge der Kettung der Ausnahmen ausgeben.

Lösung 9.10

Die Klasse CustomButton

```
import java.awt.*;
import javax.swing.*;
public class CustomButton extends JButton {
  private String string;
  public CustomButton(String string) {
    super(string);
    this.string = string;
    setPreferredSize(new Dimension(100,100));
      setContentAreaFilled(false);
  }
  protected void paintComponent(Graphics g) {
// Die Methode isArmed() wird von der Klasse ButtonModel
// definiert; darum wird ein Objekt der Klasse erzeugt, an
// welchem die Methode aufgerufen werden kann
    if(getModel().isArmed())
      g.setColor(Color.green);
    else
      g.setColor(getBackground());
    g.fillOval(0, 0, getSize().width-1, getSize().height-1);
    super.paintComponent(g);
  }
  protected void paintBorder(Graphics g) {
    g.setColor(getForeground());
    g.drawOval(0, 0, getSize().width-1, getSize().height-1);
  }
}
```

Die Klasse CustomButton1

```
import java.awt.*;
import javax.swing.*;
public class CustomButton1 extends JButton {
   private String string;
   public CustomButton1(String string) {
      super(string);
      this.string = string;
      setPreferredSize(new Dimension(100,100));
   }
   protected void paintComponent(Graphics g) {
      if(getModel().isArmed())
         g.setColor(Color.green);
      else
         g.setColor(getBackground());
      g.fillRect(0, 0, getSize().width-1, getSize().height-1);
      super.paintComponent(g);
   }
}
```

Die Klasse CustomBasicButtonUI

```
import java.awt.*;
import javax.swing.*;
import javax.swing.plaf.ComponentUI;
import javax.swing.plaf.basic.*;
public class CustomBasicButtonUI extends BasicButtonUI {
// Ein selbstreferenzierendes Klassenfeld kann in seiner
// Deklaration initialisiert werden
   private final static CustomBasicButtonUI buttonUI =
     new CustomBasicButtonUI();
   private static Color defaultLowColor = UIManager.getColor(
     "Button.LowBackground");
   private static Color defaultHighColor = UIManager.getColor(
     "Button.HighBackground");
// Die Methoden der Klasse BasicButtonUI überschreiben
   public static ComponentUI createUI(JComponent c) {
      return buttonUI;
   }
   public void installUI(JComponent c) {
      super.installUI(c);
// Für die Standard-Buttons ist die opaque-Eigenschaft auf
// true gesetzt und für den CustomButton wird sie über
// setContentAreaFilled(false) gesetzt; damit dies nicht dazu
// führt, dass für das CustomLookAndFeel Bildschirmmmüll im
// Standard-Buttons angezeigt wird, werden auch diese
// durchsichtig gemacht
```

```
      c.setOpaque(false);
   }
   public void uninstallUI(JComponent c) {
      super.uninstallUI(c);
   }
   public void paint(Graphics g, JComponent c) {
// Die Schrift auf den Buttons soll ihre Farbe nach dem Status
// der Komponente ändern
      AbstractButton b =(AbstractButton)c;
      ButtonModel bm = b.getModel();
      Dimension d = b.getSize();
      FontMetrics fm = g.getFontMetrics();
      String label = b.getText();
      int x = (d.width-fm.stringWidth(label))/2;
      int y = (d.height+fm.getAscent())/2;
      if(bm.isPressed()) {
         g.setColor(defaultLowColor);
      }
      else if(b.hasFocus()) {
         g.setColor(defaultHighColor);
      }
      else {
         g.setColor(Color.blue);
      }
      g.drawString(label,x,y);
      g.drawOval(0, 0, d.width-3, d.height-3);
   }
}
```

Die Klasse CustomLookAndFeel

```
import java.awt.*;
import javax.swing.*;
import javax.swing.plaf.*;
import javax.swing.plaf.basic.*;
import javax.swing.plaf.TextUI;
public class CustomLookAndFeel extends BasicLookAndFeel {
// Schrift und Farben definieren
   private FontUIResource lucidaHand = new FontUIResource(
     "Lucida HandWriting",Font.PLAIN,12);
   private ColorUIResource white = new ColorUIResource(
     Color.white);
   private ColorUIResource gray = new ColorUIResource(Color.gray);
   private ColorUIResource red = new ColorUIResource(Color.red);
   private ColorUIResource orange = new ColorUIResource(
     Color.orange);
   private ColorUIResource blue = new ColorUIResource(Color.blue);
   private ColorUIResource pink = new ColorUIResource(Color.pink);
```

```
// Die User-Interfaces-Klassen (UI-Delegationsklassen) setzen;
// die für JButton und die davon abgeleiteten Klassen wird
// ausgetauscht und die anderen werden über den Aufruf der
// Methode der Oberklasse initialisiert
  protected void initClassDefaults(UIDefaults defaults ) {
    super.initClassDefaults(defaults);
    Object[] uiDefaults = {"ButtonUI", "CustomBasicButtonUI"};
    defaults.putDefaults(uiDefaults);
  }
// Die nachfolgenden Methoden aus der Klasse LookAndFeel
// müssen überschrieben werden damit die Klasse nicht als
// abstract deklariert werden muss
// Gibt eine Klassen-Id zurück
  public String getID() {
    return "Custom";
  }
// Gibt den Namen für das LookAndFeel zurück
  public String getName() {
    return "Custom LookandFeel";
  }
// Gibt eine Beschreibung für das LookandFeel zurück
  public String getDescription() {
    return "Ein benutzerdefiniertes LookAndFeel";
  }
// Dieses LookAndFeel ist nicht das native-LookAndFeel
  public boolean isNativeLookAndFeel() {
    return false;
  }
// Dieses LookAndFeel wird generell unterstützt
  public boolean isSupportedLookAndFeel() {
    return true;
  }
// Externe Defaultwerte für Farben und Schrift von Komponenten
// der UIDefaults-Tabelle hinzufügen
  protected void initComponentDefaults(UIDefaults table) {
    super.initComponentDefaults(table);
    Object[] defaults = {"Button.HighBackground",
      getHighBackground(), "Button.LowBackground",
      getLowBackground(), "Button.font", getFont()};
    table.putDefaults(defaults);
    UIManager.getDefaults().put("Button.foreground", blue);
  }
// Eigene Methoden zum Setzen von Schrift und Farbe als Objekte
// der Klassen FontUIResource und ColorUIResource definieren
  public FontUIResource getFont() {
    return lucidaHand;
  }
```

```
    public ColorUIResource getHighBackground() {
      return orange;
    }
    public ColorUIResource getLowBackground() {
      return red;
    }
}
```

Die Klasse JFramemitLookAndFeelundJTree

```
import javax.swing.tree.*;
import java.awt.*;
import javax.swing.*;
import java.awt.event.*;
import javax.swing.event.*;
public class JFramemitLookAndFeelundJTree extends JFrame
            implements ActionListener, TreeModelListener {
// JRadioButton-Komponenten für die Auswahl der LookAndFeels
// einrichten; ButtonGroup für das Ausschließen von RadioButtons
// erzeugen
  private ButtonGroup rbg = new ButtonGroup();
  private JRadioButton[] rb = new JRadioButton[6];
  private CustomButton button1 = new CustomButton(
    "CustomButton1");
  private CustomButton1 button2 = new CustomButton1(
    "CustomButton2");
  private JButton button = new JButton("StdButton");
  private JButton []b = new JButton[3];
  private JTree tree = new JTree();
  private UIDefaultsTreeModelmitTreeModelListener model;
//Konstruktordefinition
  public JFramemitLookAndFeelundJTree() {
    super("Standard und benutzerdefiniertes LookAndFeel");
    JPanel p1 = new JPanel();
    JPanel p2 = new JPanel();
    JPanel p = new JPanel();
    button1.setBackground(Color.pink);
    button2.setBackground(Color.lightGray);
    Container cPanel = getContentPane();
    cPanel.setBackground(Color.lightGray);
    p2.setLayout(new FlowLayout());
    p1.setLayout(new FlowLayout());
    p.setLayout(new FlowLayout());
    cPanel.add(button, BorderLayout.WEST);
    cPanel.add(p2, BorderLayout.EAST);
    p2.add(button1);
    p2.add(button2);
    cPanel.add(p, BorderLayout.SOUTH);
```

```
// Die im System verfügbaren LookAndFeels lesen
    UIManager.LookAndFeelInfo[] plafs =
      UIManager.getInstalledLookAndFeels();
// RadioButton-Einträge mit dem Namen der PLAFs einrichten
    for(int i=0; i<plafs.length; i++) {
      String plafName = plafs[i].getName();
      rb[i] = new JRadioButton(plafName);
      rbg.add(rb[i]);
      rb[i].addActionListener(this);
      p1.add(rb[i]);
    }
// RadioButton-Einträge mit den benutzerdefinierten LookAndFeels
// einrichten
    rb[4] = new JRadioButton("CustomLookAndFeel");
    rbg.add(rb[4]);
    rb[4].addActionListener(this);
    p.add(rb[4]);
    rb[5] = new JRadioButton("MyLookAndFeel");
    rbg.add(rb[5]);
    rb[5].addActionListener(this);
    p.add(rb[5]);
// Buttons und RadioButtons zu dem Fenster hinzufügen
    cPanel.add(p1, BorderLayout.NORTH);
// Modell für eine Baumstruktur erzeugen und diese zu einer
// ScrollPane hinzufügen
    model = new UIDefaultsTreeModelmitTreeModelListener();
    model.uiDefaultsDefTreeModel(UIManager.getDefaults());
// Den TreeModelListener für das Modell registrieren
    model.addTreeModelListener(this);
    tree.setModel(model);
    JScrollPane jsPane = new JScrollPane(tree);
    add(jsPane,BorderLayout.CENTER);
    setDefaultCloseOperation(JFrame.EXIT_ON_CLOSE);
    setSize(650, 250);
    setVisible(true);
  }
// Beim Drücken der RadioButtons das entsprechende LookAndFeel
// setzen
  public void actionPerformed(ActionEvent e) {
    try {
      String sBefehl = e.getActionCommand();
      if(sBefehl.equals("Metal")) {
        UIManager.setLookAndFeel(
          "javax.swing.plaf.metal.MetalLookAndFeel");
      }
      else if(sBefehl.equals("CDE/Motif")) {
        UIManager.setLookAndFeel(
```

```
"com.sun.java.swing.plaf.motif.MotifLookAndFeel");
      }
      else if(sBefehl.equals("Windows")) {
        UIManager.setLookAndFeel("com.sun.java.swing."
          + "plaf.windows.WindowsLookAndFeel");
      }
      else if(sBefehl.equals("Windows Classic")) {
        UIManager.setLookAndFeel("javax.swing."
          + "plaf.synth.SynthLookAndFeel");
      }
      else if(sBefehl.equals("CustomLookAndFeel")) {
// Benutzerdefiniertes LookAndFeel über den Namen der
// LookAndFeel-Klasse setzen
        UIManager.setLookAndFeel("CustomLookAndFeel");
      }
      else if(sBefehl.equals("MyLookAndFeel")) {
// Benutzerdefiniertes LookAndFeel über ein LookAndFeel-Objekt
// setzen
         UIManager.setLookAndFeel(new MyLookAndFeel());
      }
// Jede Kindkomponente der JFrame-Komponente soll ihr
// LookAndFeel ändern
      model.uiDefaultsDefTreeModel(UIManager.getDefaults());
      SwingUtilities.updateComponentTreeUI(this);
      tree.scrollPathToVisible(new TreePath(model.getRoot()));
    }
    catch(ClassNotFoundException e1) {
      System.out.println("Die LookAndFeel-Klasse konnte nicht"
        + " gefunden werden: " + e1);
    }
    catch(InstantiationException e2) {
     System.out.println("Es kann keine neue Instanz der "
       + "LookAndFeel-Klasse gebildet werden: " + e2);
    }
    catch(IllegalAccessException e3) {
      System.out.println("Der Zugriff auf die "
        + "LookAndFeel-Klasse ist nicht erlaubt: " + e3);
    }
    catch(UnsupportedLookAndFeelException e4) {
      System.out.println("Die darunterliegende Systemplatform"
        + ", unterstützt das LookAndFeel nicht: " + e4);
    }
  }
// Methoden von TreeModelListener implementieren
  public void treeNodesInserted(TreeModelEvent e) {
    System.out.println("Im Modell wurde ein Knoten eingefuegt");
  }
```

```
    public void treeNodesChanged(TreeModelEvent e) {
      System.out.println("Im Modell wurde ein Knoten veraendert");
    }
    public void treeNodesRemoved(TreeModelEvent e) {
       System.out.println("Im Model wurde ein Knoten geloescht");
    }
    public void treeStructureChanged(TreeModelEvent e) {
       System.out.println("Das Modell wurde abgeaendert");
    }
// Objekt der Klasse erzeugen
    public static void main(String[] args) {
       JFramemitLookAndFeelundJTree frame =
          new JFramemitLookAndFeelundJTree();
    }
}
```

Programmausgaben

- Mit CustomLookAndFeel:

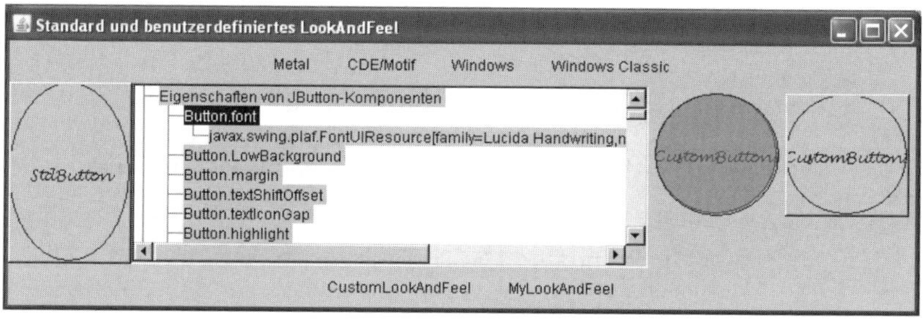

- Mit MyLookAndFeel:

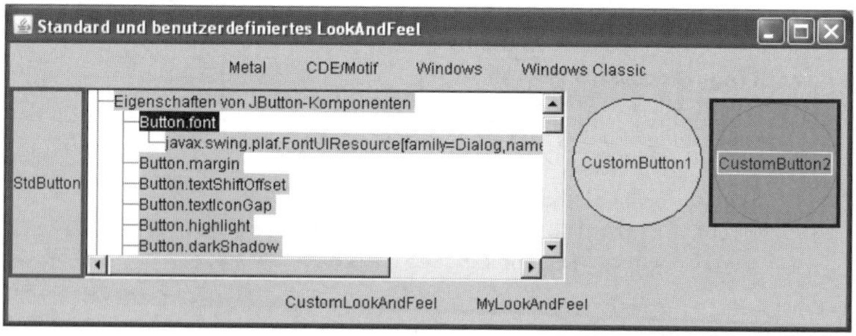


```
Im Modell wurde ein Knoten eingefügt
...
```

Lösung 9.11

Die Klasse JFramemitLookAndFeelundJTreeAnders

```
import javax.swing.tree.*;
import java.awt.*;
import javax.swing.*;
import java.awt.event.*;
import javax.swing.event.*;
public class JFramemitLookAndFeelundJTreeAnders extends JFrame
            implements ActionListener, TreeModelListener {
// JRadioButton-Komponente für die Auswahl des LookAndFeel
// einrichten; ButtonGroup für das Ausschließen von RadioButtons
// erzeugen
  private ButtonGroup rbg = new ButtonGroup();
  private JRadioButton[] rb = new JRadioButton[6];
  private CustomButton button1 = new CustomButton(
    "CustomButton1");
  private CustomButton1 button2 = new CustomButton1(
    "CustomButton2");
  private JButton button = new JButton("StdButton");
  private JTree tree = new JTree();
  private UIDefaultsTreeModelundLookAndFeel model;
//Konstruktordefinition
  public JFramemitLookAndFeelundJTreeAnders() {
    super("Standard und benutzerdefiniertes LookAndFeel");
    JPanel p1 = new JPanel();
    JPanel p2 = new JPanel();
    JPanel p = new JPanel();
    button.setBackground(Color.pink);
    Container cPanel = getContentPane();
    cPanel.setBackground(Color.lightGray);
    button1.setBackground(Color.pink);
    button2.setBackground(Color.lightGray);
    p2.setLayout(new FlowLayout());
    p1.setLayout(new FlowLayout());
    p.setLayout(new FlowLayout());
    cPanel.add(button, BorderLayout.WEST);
    cPanel.add(p2, BorderLayout.EAST);
    p2.add(button1);
    p2.add(button2);
    cPanel.add(button, BorderLayout.WEST);
    cPanel.add(p2, BorderLayout.EAST);
    cPanel.add(p, BorderLayout.SOUTH);
// Im System verfügbare LookAndFeels lesen
    UIManager.LookAndFeelInfo[] plafs =
      UIManager.getInstalledLookAndFeels();
// RadioButton-Einträge mit dem Namen der PLAFs einrichten
```

```
      for(int i=0; i<plafs.length; i++) {
        String plafName = plafs[i].getName();
        rb[i] = new JRadioButton(plafName);
        rbg.add(rb[i]);
        rb[i].addActionListener(this);
        p1.add(rb[i]);
      }
// RadioButton-Einträge mit den benutzerdefinierten LookAndFeels
// einrichten
      rb[4] = new JRadioButton("CustomLookAndFeel");
      rbg.add(rb[4]);
      rb[4].addActionListener(this);
      p.add(rb[4]);
      rb[5] = new JRadioButton("MyLookAndFeel");
      rbg.add(rb[5]);
      rb[5].addActionListener(this);
      p.add(rb[5]);
// Buttons und RadioButtons zu dem Fenster hinzufügen
      cPanel.add(p1, BorderLayout.NORTH);
// Modell für eine Baumstruktur erzeugen und diese zu einer
// ScrollPane hinzufügen
      model = new UIDefaultsTreeModelundLookAndFeel();
      model.uiDefaultsUpdate(UIManager.getDefaults());
// Den TreeModelListener für das Modell registrieren
      model.addTreeModelListener(this);
      tree.setModel(model);
      JScrollPane jsPane = new JScrollPane(tree);
      add(jsPane,BorderLayout.CENTER);
      setDefaultCloseOperation(JFrame.EXIT_ON_CLOSE);
      setSize(600, 250);
      setVisible(true);
    }
// Beim Drücken der RadioButtons das entsprechende LookAndFeel
// setzen
    public void actionPerformed(ActionEvent e) {
      try {
        String sBefehl = e.getActionCommand();
        if(sBefehl.equals("Metal")) {
          UIManager.setLookAndFeel("javax.swing.plaf."
            + "metal.MetalLookAndFeel");
        }
        else if(sBefehl.equals("CDE/Motif")) {
          UIManager.setLookAndFeel("com.sun.java.swing.plaf."
            + "motif.MotifLookAndFeel");
        }
        else if(sBefehl.equals("Windows")) {
          UIManager.setLookAndFeel("com.sun.java.swing.plaf."
```

```
          + "windows.WindowsLookAndFeel");
      }
      else if(sBefehl.equals("Windows Classic")) {
        UIManager.setLookAndFeel("javax.swing.plaf."
          + "synth.SynthLookAndFeel");
      }
      else if(sBefehl.equals("CustomLookAndFeel")) {
// Benutzerdefiniertes LookAndFeel über den Namen der
// LookAndFeel-Klasse setzen
        UIManager.setLookAndFeel("CustomLookAndFeel");
      }
      else if(sBefehl.equals("MyLookAndFeel")) {
// Benutzerdefiniertes LookAndFeel über ein LookAndFeel-Objekt
// setzen
        UIManager.setLookAndFeel(new MyLookAndFeel());
      }
// Jede JFrame-Komponente soll ihr LookAndFeel ändern
      SwingUtilities.updateComponentTreeUI(this);
      model.uiDefaultsUpdate(UIManager.getDefaults());
      tree.scrollPathToVisible(new TreePath(model.getRoot()));
    }
    catch(ClassNotFoundException e1) {
      System.out.println("Die LookAndFeel Klasse konnte nicht"
        + " gefunden werden: "+e1);
    }
    catch(InstantiationException e2) {
      System.out.println("Es kann keine neue Instanz der "
        + "LookAndFeel-Klasse gebildet werden: " + e2);
    }
    catch(IllegalAccessException e3) {
      System.out.println("Der Zugriff auf die LookAndFeel-"
        +"Klasse ist nicht erlaubt: " + e3);
    }
    catch(UnsupportedLookAndFeelException e4) {
      System.out.println("Die darunterliegende Systemplatform"
        + " unterstützt das LookAndFeel nicht: " + e4);
    }
  }
// Die Methoden von TreeModelListener implementieren
  public void treeNodesInserted(TreeModelEvent e) {
    System.out.println("Im Modell wurde ein Knoten eingefuegt");
  }
  public void treeNodesChanged(TreeModelEvent e) {
    System.out.println("Im Modell wurde ein Knoten veraendert");
  }
  public void treeNodesRemoved(TreeModelEvent e) {
    System.out.println("Im Model wurde ein Knoten geloescht");
```

```
    }
    public void treeStructureChanged(TreeModelEvent e) {
      System.out.println("Das Modell wurde abgeaendert");
    }
// Objekt der Klasse erzeugen
    public static void main(String[] args) {
      JFramemitLookAndFeelundJTreeAnders frame =
        new JFramemitLookAndFeelundJTreeAnders();
    }
}
```

Programmausgaben

- Mit CustomLookAndFeel

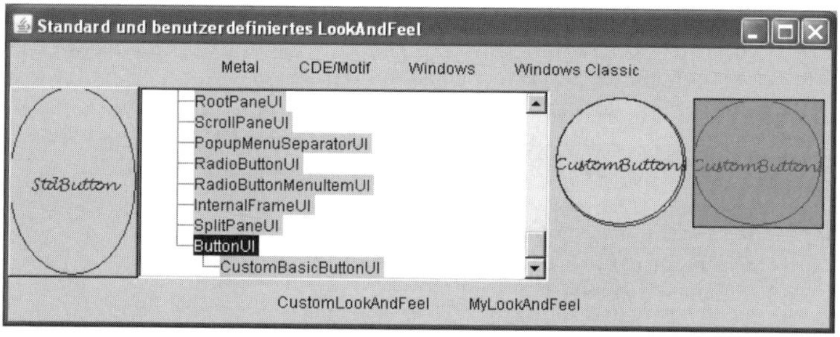

- MyLookAndFeel

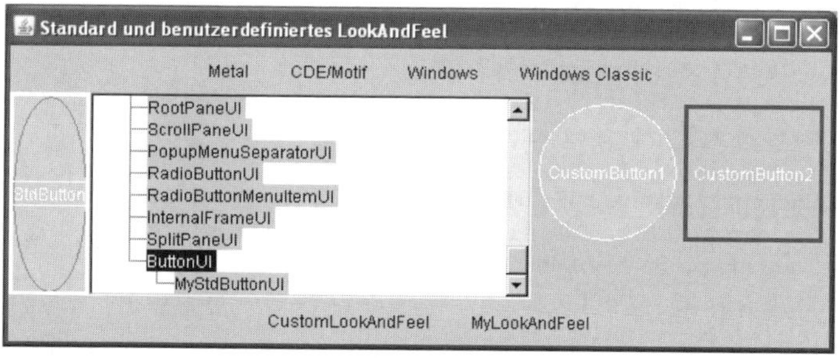


```
Im Modell wurde ein Knoten eingefügt
```

Kapitel 10

Updates mit Java 6.0

10.1 Ergänzungen im Sprachumfeld und in der Behandlung von Exceptions mit Java 6.0

Mit Logging wird das Protokollieren von Fehlernachrichten oder Ereignissen in Programmen bezeichnet. Die gewünschten Daten können in einer Datei oder am Bildschirm ausgegeben werden. Die Logging-API, welche über die im Paket `java.util.logging` enthaltenen Dateien und Interfaces Log-Einträge verwaltet, steht seit dem JDK 1.4 zur Verfügung. `Logger`-Objekte können unbenannt oder über einen Namen verfügend mit der Methode `getLogger()` der Klasse bereitgestellt werden. In der Version 6.0 von Java wird mit `GLOBAL_LOGGER_NAME` ein globaler Logger-Name definiert, welcher ein kontrolliertes Logging für Entwickler und Anwender vereinfacht. Im Aufruf der Methode `log()` der Java-Standard-Klasse `Logger` kann ein Log-Level wie `SEVERE`, `WARNING`, `INFO`, etc. (als Klassenfelder in der Java-Standard-Klasse `Level` definiert) und eine Nachricht übergeben werden.

Eine Ausnahme, die ein `try/catch`-Block auffängt, kann mit der Version 6.0 von Java im `catch`-Block mit Hilfe der `throw`-Anweisung wieder neu ausgelöst werden.

Mit den Methoden `copyOfRange()` und `copyOf()` der Klasse `java.util.Arrays` können Arrays ganz oder teilweise kopiert werden und die Methode `isEmpty()` der Klasse `String` kann einen leeren String erkennen.

Aufgabe 10.1 ☆☆

Der GLOBAL_LOGGER_NAME, Array-Copies, Empty-Strings und throw in einem catch-Block

Erstellen Sie eine Klasse `SprachundAusnahmeErweiterungen` mit Beispielen zur Benutzung von `throw` in einem `catch`-Block, zum Kopieren von Arrays, zu der Anwendung von leeren Strings und der Vergabe eines globalen Logger-Namens. Definieren Sie als Klassenfelder zwei Array-Objekte `erweiterungen` und `s` vom Typ `String` mit den Einträgen: "ThrowinCatch", "ArrayCopy", "EmptyString" und "GLOBAL_LOGGER_NAME" bzw. "", "JAVA 6.0" und `null` und zwei weitere Array-Objekte: `array1` und `array2` vom Typ `Integer` und `Number` mit den Einträgen 1.0, 2.0, 3.0 und 4.0 bzw. 1, 2, 3 und 4. Eine globale Referenz vom Typ der Klasse `Logger` soll auf die über den Methodenaufruf `getLogger(Logger.GLOBAL_LOGGER_NAME)` gewonnene `Logger`-Instanz zeigen.

Die Instanzmethode `catchThrow()` der Klasse definiert als Parameter eine Referenz vom Typ der Klasse `RuntimeException` und soll eine Warnung am Bildschirm ausgeben. Nachdem der StackTrace gefüllt wurde, soll die an die Methode übergebene `RuntimeException`-Referenz über `throw` an den Aufrufer der Methode weitergeleitet werden.

Rufen Sie in der `main()`-Methode der Klasse einige der mehrmals überladenen Methoden `copyOfRange()` und `copyOf()` der Java-Standard-Klasse `Arrays` auf, um deren Handlungsweise zu prüfen. Geben Sie die von Ihnen definierten Array-Objekte vor und nach einem Aufruf der Methoden am Bildschirm aus.

Prüfen Sie in einer `for`-Schleife mit Hilfe der Methode `isEmpty()` der Klasse `String`, ob das Array-Objekt mit dem Namen `s` leere Strings enthält, und zeigen Sie auch die Elemente dieses Array am Bildschirm an. Fangen Sie die Ausnahme vom Typ `NullPointerException`, die beim Zugriff auf einen `null`-String ausgelöst wird, mit Hilfe eines `try/catch`-Blocks ab und geben Sie diese im `catch`-Block über den Aufruf der Methode `catchThrow()` der Klasse weiter.

Java-Dateien: `SprachundAusnahmeErweiterungen.java`
Programmaufruf: `SprachundAusnahmeErweiterungen`

10.2 Die neuen displayName[s] Methoden der Klasse Calendar

Die Klasse `java.lang.Calendar` ist eine abstrakte Klasse, die Methoden vorgibt, um die Zeit (Tagesdatum und Uhrzeit) festzuhalten. Andere Methoden der Klasse dienen dazu, diese Werte in Instanzen zu ändern oder zu vergleichen.

Die davon abgeleitete Klasse `GregorianCalendar` basiert auf dem gregorianischen Kalender, der in der Mehrzahl der Länder benutzt wird. Mit den Konstruktoren dieser Klasse können für ein Land spezifische Zeit- und Datumsobjekte erstellt werden.

Beide Klassen besitzen eine große Anzahl von Felddefinitionen, welche die einzelnen Bestandteile eines Datums, wie Tag, Monat, Jahr, Stunde, Minute und Sekunde speichern können.

Die Klasse `Calendar` stellt eine Methode `getInstance()` zur Verfügung, über welche ein Standard-Objekt vom Typ der Klasse erzeugt werden kann. Dieses benutzt die landesspezifischen Einstellungen des zugrunde liegenden Systems.

Eine Instanz der Klasse `java.lang.Locale` repräsentiert eine spezifische geographische, politische oder kulturelle Region. Mit der Methode `getDefault()` der Klasse können die standardmäßigen Ländereinstellungen für eine bestimmte Region ermittelt werden. Diese Klasse ist als `final` deklariert, sodass man keine Unterklassen von ihr definieren kann.

Diese Klassen GregorianCalendar und Calendar wurden mit der JDK-Version 1.1 als Ersatz für die entsprechende Funktionalität der Klasse java.util.Date eingeführt. Die Klasse Date hatte zwei Funktionen, erstens die Speicherung eines Zeitpunktes in einem Objekt, und zweitens die Bereitstellung von Methoden für die Veränderung und die formatierte Ausgabe der Werte. Für die erste Funktion soll auch mit dem JDK 1.1 weiterhin die Klasse java.util.Date verwendet werden, für die zweite Funktion jedoch die neuen, besser geeigneten Klassen GregorianCalendar und Calendar.

Die Formatierung von Zeitangaben mit Hilfe von vordefinierten Formaten haben inzwischen die Klassen DataFormatSymbols und DateFormat aus dem Paket java.text übernommen und die entsprechenden Methoden der Date-Klasse, wie auch einige ihrer Konstruktoren, wurden als »deprecated« gekennzeichnet. Der Einfachheit halber werden in den Beispielen 10.6 bis 10.10 Date-Instanzen zur Definition von Datumsangaben weiter genutzt.

Mit der Java Version 6.0 können an Stelle von Methoden der Klassen, die für die Formatierung zuständig sind, die Methoden getDisplayName() und getDisplayNames() der Klasse Calendar aufgerufen werden. Das erste Argument im Methodenaufruf steht für die Übergabe der gewünschten Feldnamen, das zweite bezeichnet die Art der Ausgabe und das dritte die ausgewählte Region.

So können z.B. an Stelle der Methode getShortMonths() der Klasse DataFormatSymbols die beiden Methoden getDisplayName() und getDisplayNames() der Klasse Calendar mit Angabe von Calendar.MONTH und Calendar.SHORTH für Feldnamen und Art der Ausgabe aufgerufen werden. Die erste gibt den gekürzten Namen des aktuellen Monats als String zurück und die zweite ermöglicht über eine Map<String,Integer>-Referenz einen Zugriff auf alle Monatsnamen.

Aufgabe 10.2 ☆

Die Klassen Calendar und Date

Erstellen Sie eine Klasse CalendarundDate, in welcher Sie die im Vorhinein beschriebenen Klassen und Methoden benutzen, um Instanzen der Klassen Calendar und Locale zu erzeugen, den Namen des aktuellen Monats zu ermitteln und am Bildschirm anzuzeigen.

Ordnen Sie mit Hilfe der Methode getDisplayNames() der Klasse Calendar die gekürzten Namen der Monate den konstanten Werten von 0 bis 11 in einer Abbildung vom Typ Map<String,Integer> zu und zeigen Sie diese am Bildschirm an.

Erzeugen Sie auch Instanzen der Klassen Date und GregorianCalendar und zeigen Sie die damit erstellten Zeitangaben am Bildschirm an.

Java-Dateien: CalendarundDate.java
Programmaufruf: java CalendarundDate

10.3 Die Interfaces NavigableMaps und NavigableSets

Die Interfaces `NavigableMap<K,V>` und `NavigableSet<E>` aus der Java-Version 6.0 sind von den Interfaces `SortedMap<K,V>` und `SortedSet<E>` abgeleitet und erweitern diese um eine Vielzahl von Methoden (siehe auch die Klasse `AbstractMapObjekteundExceptions` aus der Aufgabe 9.5).

Aufgabe 10.3 ☆☆

Die Methoden der Interfaces NavigableMap und NavigableSet

Definieren Sie eine Klasse `NavigableMapsundSets`, in welcher die Methoden der Interfaces `NavigableMap` und `NavigableSet` an Objekten vom parametrisierten Typ `<Tage.Tag,WTag>` der Schnittstellen aufgerufen werden. Wie auch in der Aufgabe 9.5 sind mit `Tag` und `WTag` die Enumerationen aus der Aufgabe 8.17 gemeint.

Definieren Sie eine Abbildung (Map) vom Typ `EnumMap<Tage.Tag,WTag>` und ordnen Sie mit Hilfe der Methode `put()` der Schnittstelle `Map` zu einer Aufzählungkonstante vom Typ `Tage.Tag` den zugehörigen Eintrag der Enumeration `WTag` zu.

Erzeugen Sie eine Instanz vom Typ `NavigableMap<Tage.Tag,WTag>`, um die Methoden Ihrer Wahl des Interface `NavigableMap` aufzurufen.

Im Konstruktor der Klasse `TreeMap` kann die vorher definierte `Map`-Referenz übergeben werden und das so erstellte Objekt kann einer Referenz vom Typ `NavigableMap<Tage.Tag,WTag>` zugewiesen werden, da die Klasse diese Schnittstelle implementiert.

Eine Instanz vom Typ `NavigableSet<String>`, an welcher Sie die unterschiedlichen Methoden dieses Interface aufrufen können, kann über den Aufruf der Methode `descendingKeySet()` an dem vorher erzeugten Objekt vom Typ `NavigableMap<String,Integer>` erzeugt werden.

Hinweise für die Programmierung:

Erstellen Sie eine zweite Version der Klasse `NavigableMapsundSets`, in welcher an Stelle einer Map-Referenz vom Typ `EnumMap<Tage.Tag,WTag>` die von der Methode `getDisplayNames()` der Klasse `Calendar` gelieferte Referenz vom Typ `Map<String,Integer>` benutzt wird.

Java-Dateien: `NavigableMapsundSets.java`
Programmaufruf: `java NavigableMapsundSets`

10.4 Splash Screens

Splash Screens sind Images, die angezeigt werden, während ein Programm geladen wird. Mit den Vorgängerversionen von Java 6.0 konnte ein Splash Screen realisiert werden, indem am Anfang der `main()`-Methode ein Fenster erstellt und darin ein Image angezeigt wurde. Vor der Anzeige des Fensters musste die gesamte Java-Laufzeitumgebung initialisiert sein. Die Laufzeitumgebung einer Java-Anwendung wird, wie im Kapitel 1 beschrieben, über eine Instanz der Klasse `Runtime` repräsentiert und kann über den Aufruf der Methode `getRuntime()`dieser Klasse ermittelt werden. Über das so erzeugte Objekt kann auf die aktuell laufende JVM zugegriffen werden. Die Initialisierung der Laufzeitumgebung beinhaltet sowohl das AWT als auch das Swing, sodass die Anzeige von Graphiken verzögert wird.

Mit Java 6.0 macht eine Option beim Programmaufruf über den Kommandozeilenparameter `-splash` die Anzeige von Images parallel zum Ladevorgang eines Programms möglich, bevor die Java-Laufzeitumgebung gestartet wird. Zugelassene Image-Formate sind `GIF`, `JPG` und `PNG`.

Aufgabe 10.4 ☆

Einen Splash Screen setzen

Die von `JFrame` abgeleitete Klasse `JFramemitSplash` fügt im Konstruktor zu dem aktuellen Objekt der Klasse eine `JLabel`-Komponente mit der Überschrift »Java 6.0« hinzu.

Über den Programmaufruf `java -splash:Vron.JPG JFramemitSplash` wird die Image-Datei `Vron.JPG` angezeigt, während das Programm geladen wird.

Java-Dateien: `JFramemitSplash.java`
Programmaufruf: `java -splash:Vron.JPG JFramemitSplash`

Aufgabe 10.5 ☆

Auf einen Splash Screen zeichnen

Auf einen Splash Screen kann gezeichnet werden, indem man seinen Graphikkontext mit der Methode `createGraphics()` der Klasse `SplashScreen` ermittelt, mit den Methoden der Klasse `Graphics` wie z.B. `drawString()` darauf zeichnet und danach die `update()`-Methode der Klasse aufruft.

Folgen Sie diesen Anweisungen, um mit der Klasse `JFramemitSplashScreen` einen Text auf den von Ihnen mit der vorigen Aufgabe angezeigten Splash Screen zu schreiben.

Überschreiben Sie die `paint()`-Methode der Oberklasse, um das gleiche Bild mit dem gleichen Text auch im Fenster anzuzeigen.

Java-Dateien: `JFramemitSplashScreen.java`
Programmaufruf: `java -splash:Vron.JPG JFramemitSplashScreen`

10.5 Der Dialog-ModalityType

Mit früheren Java-Versionen können `[J]Dialog`-Fenster über eine Option als modal (»den Hintergrund sperrend«) definiert werden, was bedeutet, dass alle Fenster einer Applikation nach dem Eröffnen eines Dialog-Fensters für Eingaben geblockt bleiben, bis auf das `[J]Dialog`-Fenster selbst.

Mit Java 6.0 gibt es mehrere Optionen, welche über die Klasse `java.awt.Dialog.ModalityType`, die von der generischen Klasse `java.lang.Enum<Dialog.ModalityType>` abgeleitet ist, definiert werden.

Eine `MODELESS`-Dialog-Box blockiert nicht die Eingaben in anderen Fenstern einer Applikation. Mit dem `APPLICATION_MODAL`-Typ können in den von der Dialog-Box selbst kreierten Fenstern noch Eingaben getätigt werden, aber in allen anderen nicht mehr. Dieser Typ entspricht der Modalität aus den früheren Java-Versionen.

Der `TOOLKIT_MODAL`-Typ ist dem `APPLICATION_MODAL`-Typ gleich, bis auf die Einschränkung, dass die Applikation in diesem Fall der Browser ist.

Erzeugen zwei verschiedene Fenster Dialog-Boxen mit einem `DOCUMENT_MODAL` Modalitytyp, so kann mit beiden interaktiv kommuniziert werden, jedoch nicht mit den darunter liegenden Fenster und auch nur so lange, bis in der gleichen Applikation keine Dialog-Box mit einem `APPLICATION_MODAL`-Typ geöffnet wird.

Ein Dialog-ModalityType wird für ein Dialog-Fenster und alle von ihm als Besitzer weiter erzeugten Dialog-Boxen definiert, falls diese nicht neue Dialog-ModalityTypen zugeordnet bekommen. Der Typ kann über den Konstruktor der Klassen `[J]Dialog` oder mit Hilfe der Methode `setModalityType()` gesetzt werden.

Mit Hilfe der Methode `setModalExclusionType()` der Klasse `Window`, von welcher alle Fensterklassen abgeleitet sind, kann für alle Dialog-Fenster über ihren Besitzer ein `Dialog.ModalExclusionType` gesetzt werden. Damit beteiligen sich diese nicht mehr weiter an dem damit ausgeschlossenen Modalitytyp.

Mit Java 6.0 gibt es drei Optionen, die über eine `Dialog.ModalExclusionType`-Enumeration, die von der generischen Klasse `Enum<Dialog.ModalExclusionType>` abgeleitet ist, definiert werden: `TOOLKIT_EXCLUDE`, `APPLICATION_EXCLUDE` und `NO_EXCLUDE`.

Der Standard-Modalitytyp kann über die Konstante `DEFAULT_MODALITY_TYPE` der Klasse `Dialog` definiert werden und ist, wie schon erwähnt, `APPLICATION_MODAL`. Wird die Methode `setModal()` der Klasse mit `false` aufgerufen, so wird dieser Wert auf `MODELESS` gesetzt und bei einem Aufruf mit `true` auf `APPLICATION_MODAL`.

Aufgabe 10.6 ☆☆☆

Die Dialog.ModalityType-Option

Die Klasse `JFramemitDialogModalityBeispielen` soll als Beispiel für die Definition von `JDialog`-Fenstern mit einer `Dialog.ModalityType`-Option dienen.

Erzeugen Sie drei Fenster vom Typ `JFrame` mit je einer Dialog-Box. Definieren Sie unterschiedliche Modalitytypen für die Dialog-Boxen und vergewissern Sie sich, dass das Setzen des Modalitytyps bestimmt, auf welche Art und Weise Sie mit den Fenstern und Dialog-Boxen interaktiv kommunizieren können. Fügen Sie zu diesem Zweck zu allen Fenstern und Dialog-Boxen je ein Textfeld hinzu, dessen Inhalte während des Dialogs abgeändert werden sollen. Setzen Sie für eines der erzeugten Fenster einen `Dialog.ModalExclusionType`, um zu sehen, welche Auswirkung dies auf die Reihenfolge der Anzeige hat. Benutzen Sie in Ihrer Klassendefinition die nachfolgenden Vorgaben.

Mit der Klassenmethode `values()` der `Dialog.ModalityType`-Enumeration kann ein Array mit allen `Dialog.ModalityType`-Optionen erzeugt werden. Zeigen Sie die darin gepeicherten Werte mit Hilfe der Methode `asList()` der Klasse `java.util.Arrays` am Bildschirm an.

Definieren Sie zum Erzeugen von Fenstern und Dialog-Boxen mit ihren JTextField-Kindkomponenten die globalen Referenzen `f`, `d`, `tf` und `dtf`, die `Array-Objekte vom Typ JFrame`, `JDialog` und `JTextField` mit je drei Elementen aufnehmen können.

Zu einer `JToolBar`-Komponente werden drei `JButton`-Komponenten mit dem Namen der Fenster hinzugefügt. Reihen Sie die Butttons untereinander an, indem Sie die Methode `setOrientation(VERTICAL)` der Klasse `JToolBar` aufrufen. Die Konstante `VERTICAL` wird von der Java-Standard-Schnittstelle `SwingConstants` definiert, die von der Klasse `JFramemitDialogModalityBeispielen` implementiert wird.

Die drei `JFrame`-Komponenten sollen bei einer Betätigung der ToolBar-Buttons als Besitzer der dabei erstellten drei `JDialog`-Komponenten eingesetzt werden. Dazu wird eine `switch`-Anweisung genutzt, welche über ein Argument, das den Namen der ToolBar-Buttons zugewiesen bekommt, entscheidet, mit welchen Modalitytyp die entsprechende Dialog-Box geöffnet werden soll.

Wählen Sie den Typ `DOCUMENT_MODAL` für die erste und dritte der Dialog-Boxen und den Typ `APPLICATION_MODAL` für die zweite.

Implementieren Sie den ActionListener für die Klasse `JFramemitDialogModalityBeispielen` und registrieren Sie diesen für die `JButton`-Komponenten, damit auf eine Auswahl von Seiten des Benutzers reagiert werden kann.

Java-Dateien: `JFramemitDialogModalityBeispielen.java`
Programmaufruf: `java JFramemitDialogModalityBeispielen`

10.6 Sortieren und Filtern von Tabelleneinträgen

Mit der Version 6.0 von Java können die Spalten einer JTable-Komponente sortiert werden, indem der Name der Spalte einfach angeklickt wird. Dafür muss der Komponente ein sortiertes Modell vom Typ der parametrisierten Java-Standard-Klasse TableRowSorter<M extends TableModel> aus dem Paket javax.swing.table zugewiesen werden.

Die generische Klasse TableRowSorter<M extends TableModel> erweitert die generische Klasse DefaultRowSorter<M,Integer>, die wiederum von der abstrakten generischen Klasse RowSorter<M> abgeleitet ist.

Die Java-Standard-Klasse RowSorter<M>, wobei M für einen Modelltyp steht, gibt eine Basisstruktur für das Sortieren und Filtern vor, indem sie eine Zuordnung zwischen zwei Koordinatensystemen definiert, das einer Viewer-Komponente wie z.B. JTable, falls die Komponente eine Tabelle ist, und das eines Modells, welches die darunter liegenden Daten beinhaltet.

Die Klasse TableRowSorter<M extends TableModel> ist die Implementierung von RowSorter, welche das Sortieren und Filtern von Tabellen übernimmt. Der zweite Typparameter I der Klasse DefaultRowSorter<M,I> steht für den Identifikator, welcher einer Filterkomponente übergeben wird und ist im Falle von JTable der Typ Integer.

Mit Hilfe der abstrakten generischen Klasse RowFilter<M,I> können Tabelleneinträge gefiltert werden. Sechs Klassenmethoden können genutzt werden, um von der Klasse vordefinierte Filter wie z.B. dateFilter(), andFilter() oder regexFilter() einzustellen. Man kann aber auch durch die Erweiterung der Klasse eigene Unterklassen definieren und damit benutzerdefinierte Filter erzeugen.

Aufgabe 10.7

Das Sortieren von Tabelleneinträgen mit Hilfe der Klasse TableRowSorter<TableModel>

Wie in der Aufgabe 3.7 schon demonstriert wurde, können Interfaces zusätzlich zu Methodendeklarationen nur Definitionen von Konstanten enthalten. Das Interface Tabelle aus dieser Aufgabe definiert die Spalteneinträge für eine Tabelle, welche Angaben zu »Name«, »Vorname«, »Geburtsdatum«, »Alter« und »Groesse« von Personen macht, als ein zweidimensionales Array vom Typ Object mit dem Namen rows. Die Zeichenketten selbst werden als Elemente eines eindimensionalen Array vom Typ String mit dem Namen columns definiert.

Definieren Sie in der Klasse JFramemitJTableStandardSorting, welche das Interface Tabelle implementiert, um das Sortieren von Spalteneinträgen in einer Tabelle zu demonstrieren.

Eine Referenzvariable vom Typ TableModel kann eine Referenz auf eine Instanz der Klasse DefaultTableModel aufnehmen, die ein Java-Standard-Modell definiert. Übergeben Sie ein so erzeugtes Tabellenmodell in den Konstruktoren der Klassen `JTable` und `TableRowSorter<TableModel>`. Erzeugen Sie eine Instanz vom Typ der parametrisierten Standard-Klasse `RowSorter<TableModel>` und weisen Sie diese mit Hilfe der Methode `setRowSorter()` der vorher erzeugten Tabelle zu. Zeigen Sie die Tabelle mithilfe einer `JScrollPane`-Komponente am Bildschirm an.

Hinweise für die Programmierung:

Die Methode `getColumnClass()`, welche die Klasse `DefaultTableModel` von der abstrakten Klasse `AbstractTableModel` erbt, gibt das Klassenobjekt `Object.class` zurück, weil standardmäßig alle Daten einer `DefaultTableModel`-Komponente vom Typ `Object` sind. Diese Methode wird beim Sortieren der Spalteneinträge von Tabellen aufgerufen und damit werden die Tabellenelemente, standardmäßig, in alphabetischer Reihenfolge sortiert.

Java-Dateien: `JFramemitJTableStandardSorting.java`
Programmaufruf: `java JFramemitJTableStandardSorting`

Aufgabe 10.8

Das Sortieren von Tabelleneinträgen unter Benutzung eines benutzerdefinierten Table-Modells

Definieren Sie eine von `DefaultTableModel` abgeleitete Klasse `UserTableModel`, die die Methode `getColumnClass()` ihrer Oberklasse so überschreibt, dass numerische Daten, im Gegensatz zu alphanumerischen Daten, nach ihrem numerischen Wert sortiert werden. Um den Typ der Daten erfragen zu können, muss die Methode an Stelle von `Object` den eigentlichen Typ als Klassenobjekt zurückgeben. Das Klassenobjekt soll für jedes Element aus der ersten Zeile der jeweiligen Spalte einer Tabelle ermittelt werden.

Die Klasse `JFramemitJTableUserSorting` implementiert das gleiche Interface `Tabelle` wie auch die Klasse `JFramemitJTableStandardSorting` aus der Aufgabe 10.7 und übergibt in den Konstruktoren der Klassen `JTable` und `TableRowSorter<TableModel>` ein Modell vom Typ der Klasse `UserTableModel`. Sie soll auch den Namen der Java-Datei vorgeben, in welcher diese Klasse und die Klasse `DefaultTableModel` gespeichert werden.

Java-Dateien: `JFramemitJTableUserSorting.java`
Programmaufruf: `java JFramemitJTableUserSorting`

Aufgabe 10.9

Filtern von Tabelleneinträge mit Hilfe von Standard-Filterklassen

Ergänzen Sie die Definition der Klasse `JFramemitJTableStandardSorting` aus der Aufgabe 10.6 um das Filtern von Tabelleneinträgen, indem Sie eine neue Klasse `JFramemitJTableStandardFiltering` erstellen.

Um die Eingabe eines Wertes, der für das Filtern von Tabelleneinträgen genutzt werden soll, zu ermöglichen, wird eine JTextField-Komponente erzeugt, die mit Hilfe einer JLabel-Komponente mit dem Text: »Ausdruck eingeben:« beschriftet wird.

Erzeugen Sie drei weitere Komponenten vom Typ JButton mit den Beschriftungen »regexFilter«, »dateFilter« und »andFilter«, die den ActionListener mittels einer anonymen Klasse implementieren und in seiner Methode actionPerformed() die Filter mit gleichem Namen für vorher erzeugte Instanzen vom Typ RowSorter setzen.

Fügen Sie alle so erzeugten Komponenten zu einer Instanz der Klasse JFramemitJTableStandardFiltering hinzu, indem Sie das Fenster-Layout, wie von Ihnen gewünscht, definieren.

Hinweise für die Programmierung:

Mit dem Dritten der Filter sollen alle Tabelleneinträge selektiert werden, die einen Eintrag für Geburtsdatum größer als das aktuelle Datum und den Namen »Jung« enthalten. Dafür werden zwei Instanzen vom Typ der parametrisierten Klasse RowFilter<Object,Object> erzeugt und zu einem ArrayList-Objekt vom gleichen Typ hinzugefügt.

Java-Dateien: JFramemitJTableStandardFiltering.java
Programmaufruf: java JFramemitJTableStandardFiltering

Aufgabe 10.10 ☆☆☆

Einen benutzerdefinierten Filter erzeugen

Aufbauend auf die Definition der Klasse JFramemitJTableUserSorting soll eine Klasse JFramemitJTableCustomFiltering erstellt werden, die einen benutzerdefinierten Tabellenfilter für eine Auswahl von Tabelleneinträgen nutzt.

Benutzerdefinierte Filter werden als Erweiterung von Standard-Filterklassen definiert und können deren Methoden, die vom implementierten Interface vorgegeben sind, überschreiben.

Um einen benutzerdefinierten Tabellenfilter zu definieren, muss die Methode include() der generischen Klasse RowFilter<TableModel,Integer> überschrieben werden. Diese Methode definiert als Parameter eine globale Referenz vom Typ der Klasse RowFilter.Entry<TableModel,Integer>, in welcher ein Entry-Objekt von einer Instanz der Klasse RowFilter (gleich einem Tabelleneintrag) übergeben wird. Der Filter liest die Daten der übergebenen Entry-Objekte und legt durch die Prüfung seiner Vorgaben fest, welches davon angezeigt wird.

Erstellen Sie anhand von diesen Vorgaben eine von RowFilter<TableModel,Integer> abgeleitete Klasse CustomRowFilter<TableModel,Integer>, welche die include()-Methode ihrer Oberklasse so überschreibt, dass alle Tabelleneinträge für Personen mit einem Alter zwischen 18 und 22 beim Setzen dieses

Filters selektiert werden. Diese Klasse soll wie auch die Klasse CustomTableModel, die ein benutzerdefiniertes Modell für das Erstellen einer Tabelle definiert, als externe Klasse in einer Java-Datei definiert werden, die den Namen der Klasse JFramemitJTableCustomFiltering trägt.

Fügen Sie zu einer Fensterkomponente vom Typ der Klasse JFramemitJTableCustomFiltering eine JButton-Komponente hinzu, für welche der ActionListener mittels einer anonymen Klasse so implementiert wird, dass beim Betätigen des Buttons die vom Filter definierten Einträge in der Tabelle selektiert und angezeigt werden.

Hinweise für die Programmierung:

Die abstrakte Klasse Entry<M,I> wird in der Java-Standard-Klasse RowFilter.Entry<M,I> definiert. Im Falle eines Tabellenmodells wird dem Filter immer eine Zeile der Tabelle übergeben. Die Methode getValue() der Klasse RowFilter.Entry gibt den Wert für den spezifizierten Index zurück, der im Falle einer Tabelle die Spalte der Tabelle angibt.

Java-Dateien: JFramemitJTableCustomFiltering.java
Programmaufruf: java JFramemitJTableCustomFiltering

Aufgabe 10.11

Wiederholungsaufgabe

Definieren Sie, aufbauend auf die Klassen JFramemitJTableUserSorting und JFramemitJTableCustomFiltering aus der Aufgabe 10.8 und 10.10 eine weitere Klasse JFramemitJTableUserSortingundFiltering. Nutzen Sie für die Definition von benutzerdefinierten Modellen und Filtern an Stelle von externen Klassen lokale Klassen, um auch diese Möglichkeit zu demonstrieren und die Definition der lokalen Klassen aus dem Kapitel 7 zu wiederholen.

Java-Dateien: JFramemitJTableUserSortingundFiltering.java
Programmaufruf: java JFramemitJTableUserSortingundFiltering

10.7 Komponenten für die Registerkarten (Tabs) von JTabbedPane-Instanzen nutzen

Eine JTabbedPane-Komponente ist ein Container, der eine beliebige Anzahl von Kindkomponenten enthalten kann, aber zu einem bestimmten Zeitpunkt nur eine einzelne Kindkomponente anzeigt. Damit wird gewährleistet, dass eine große Anzahl von Komponenten auf einem kleinen Raum darstellbar ist. Die Komponente stellt für jedes Kind dem Benutzer eine Registerkarte (Tab) zur Verfügung, die per Voreinstellung am oberen Rand der Komponente dargestellt wird und der Auswahl der Kindkomponenten dient. Die Klasse JTabbedPane definiert mehrere Methoden addTab(), die sich überladen und mit welchen eine beliebige Komponente zusammen mit einem String, Icon oder Tooltip-Text für ihre Registerkarte spezifiziert werden kann.

Aufgabe 10.12

☆☆

JTabbedPane-Registerkarten mit einer String-Beschriftung

Definieren Sie ein Interface `JavaKomponenten`, welches die Namen von AWT- und Swing-Komponenten in der Form `java.awt.Button` bzw. `javax.swing.JSlider` als Strings den Elementen eines Array-Objektes in seiner Deklaration zuweist.

Dieses Interface soll von einer Klasse `JFramemitJTabbedPane` implementiert werden, die ermöglicht, ihre Kindkomponenten einzeln in einer `JTabbedPane`-Komponente anzuzeigen.

Erzeugen Sie anhand der mit dem Interface `JavaKomponenten` definierten Namen dynamisch die Kindkomponenten für einen `JTabbedPane`-Container, indem Sie jede Komponentenklasse mit Hilfe der Methode `forName()` der Klasse `Class<T>` laden und mit Hilfe der Methode `newInstance()` von `Component` eine Instanz davon erzeugen. Achten Sie auf die von diesen Methoden geworfenen Exceptions und zeigen Sie im Fehlerfall die Meldung: »Laden bzw. Instantiieren der Klasse nicht möglich« am Bildschirm an.

Fügen Sie die `JTabbedPane`-Komponente zu einem Fenster vom Typ der Klasse `JFramemitJTabbedPane` hinzu und Setzen Sie die Größe des Fensters mit Hilfe der Methode `setSize()`.

Java-Dateien: `JFramemitJTabbedPane.java`
Programmaufruf: `java JFramemitJTabbedPane`

Aufgabe 10.13

☆☆

JTabbedPane-Registerkarten mit Komponenten

Wie schon vermerkt, bringt die Version 6.0 von Java als Erweiterung zu den Vorgängerversionen die Möglichkeit, beliebige Komponenten in die Registerkarten einer `JTabbedPane`-Komponente zu platzieren. Dazu kann die Methode `setTabComponentAt()` der Klasse `JTabbedPane` genutzt werden, die einer Registerkarte über ihren Index eine Komponente zuordnet. Der Benutzer kann weiter auf die Registerkarte klicken, um die gewünschte Kindkomponente anzuzeigen. Es besteht jedoch auch die Möglichkeit, über die der Registerkarte hinzugefügte Komponente einzelne Kindkomponenten zu selektieren, was mit diesem Beispiel gezeigt werden soll.

Definieren Sie dazu analog zu der Klasse `JFramemitJTabbedPane` aus der Aufgabe 10.12 eine Klasse `JFramemitJTabbedPaneV6`, die diesen Anforderungen genügt. Platzieren Sie an Stelle eines Textes eine `JButton`-Komponente mit dem Klassenname der Komponente als Beschriftung in die Registerkarten.

Die Klasse implementiert das Interface ActionListener, um beim Betätigen der Buttons die den Registerkarten zugeordneten Kindkomponenten anzeigen zu können. Ermitteln Sie dafür mit Hilfe der Methode `getActionCommand()` der Klasse `ActionEvent` den Name der Kindkomponente, machen Sie diese innerhalb der Tabs der `JTabbedPane`-Komponente ausfindig und selektieren Sie diese.

Hinweise für die Programmierung:

Definieren Sie eine Methode `defKomponenten()`, um alle Komponenten mit Hilfe des vom Interface `JavaKomponenten` vorgegebenen Klassennamens zu erzeugen, und hinterlegen Sie diese in einer Komponente vom Typ der generischen Klasse `Vector<Component>`. Fügen Sie die so erzeugten Elemente der `Vector`-Komponente nacheinander den Tabs der `JTabbedPane`-Komponente hinzu.

Java-Dateien: `JFramemitJTabbedPaneV6`
Programmaufruf: `java JFramemitJTabbedPaneV6`

10.8 Drag-and-Drop-Unterstützung in Java

Mit »drag-and-drop« wird das Transferieren der Daten von Komponenten auf andere Komponenten bezeichnet. Dazu werden die gewünschten Daten mit der linken Maustaste angeklickt und durch Ziehen mit der gedrückten Maustaste verschoben oder kopiert.

Das Interface `java.awt.datatransfer.Transferable` muss von Klassen implementiert werden, um Daten für eine Transferoperation bereitzustellen. Das Format dieser Daten ist vom Typ der Klasse `DataFlavor`, die im gleichen Paket aufzufinden ist, und kann mit der Methode `getTransferData()` von `Transferable` ermittelt werden. Verschiedene Swing-Komponenten, darunter `JTextArea`, `JList`, `JTable`, `JTree` und `JPasswordField` unterstützten das »drag-and-drop«, nur ist diese Fähigkeit standardmäßig ausgeschaltet. Um diese zu aktivieren, kann die Methode `setDragEnabled()` mit dem Wert `true` aufgerufen werden. Die Komponenten `JList` und `JTree` können standardmäßig nur für Drag-Operationen genutzt werden, andere, wie `JPasswordField`, wiederum nur für eine Drop-Operation.

Eine Zwischenablage für Daten wird in Java mit der Klasse `java.awt.datatransfer.Clipboard` definiert. Die Zwischenablage des Systems wird von der Methode `getSystemClipboard()` der Klasse `Toolkit` geliefert.

Mit den Methoden `get/setContents()` der Klasse `Clipboard` können Daten in Form eines `Transferable`-Objects aus einer Zwischenablage gelesen bzw. in eine gespeichert werden.

Die Klasse `StringSelection` implementiert die `Transferable`-Schnittstelle und definiert die Fähigkeit einer `Transferable`-Instanz, einen String zu transferieren. Dabei wird das Datenformat `DataFlavor.stringFlavor` unterstützt.

Die `javax.swing.TransferHandler`-Klasse wird genutzt, um den Transfer eines `Transferable`-Objektes von Swing-Komponenten zu gewährleisten. Wird die Drag-Fähigkeit für eine Komponente mit `setDragEnabled(true)` eingeschaltet, fragt die Komponente den Transfer-Handler, was transferiert werden soll.

Bei der Erzeugung einer `TransferHandler`-Instanz kann über den Konstruktor der Klasse die Komponenteneigenschaft mit übergeben werden, welche in der Drag-and-Drop-Operation transferiert werden soll. Wird eine Instanz der Klasse `TransferHandler` mit der Eigenschaft `text` einer Komponente bei einer Drag-Operation zugewiesen, wird die Methode `getText()` der Klasse `JComponent` genutzt, um den in der Komponente enthaltenen Text zu lesen und in eine Zwischenablage als `Transferable`-Objekt abzulegen. Wird danach eine Drop-Operation gestartet, wird der Text aus der Zwischenablage der zutreffenden Komponente über die Methode `setText()`der Klasse `JComponent` zugewiesen. Soll an Stelle des Textes z.B. die `foreground`-Eigenschaft der Komponente transferiert werden, muss diese im Konstruktor der Klasse `TransferHandler` übergeben werden und die so erzeugte Instanz mit der Methode `setTransferHandler()` der Klasse `JComponent` der Komponente zugewiesen werden.

Die Methode `setTransferHandler()` kann auch genutzt werden, um Komponenten benutzerdefinierte `TransferHandler` zuzuweisen.

Beim Transferieren von Daten ist zu beachten:

- Für das Verschieben von Inhalten wird ein Textfragment eines Textfeldes mit der linken Maustaste markiert, dann wird diese losgelassen, der markierte Text erneut angeklickt und auf die gewünschte Komponente gezogen,
- oder ein Element einer Liste bzw. der Knoten einer Baumstruktur wird mit der linken Maustaste angeklickt und auf die gewünschte Komponente gezogen.
- Um Daten zu kopieren statt zu verschieben, muss zusätzlich die Taste »`Strg`« gedrückt werden.

Aufgabe 10.14

Drag-and-Drop-Test für JTextArea- und JList-Komponenten

Verschiedene Swing-Komponenten, darunter auch `JList`, unterstützten die Drag-Operation, nur ist diese Fähigkeit standardmäßig ausgeschaltet. Um diese zu aktivieren, kann die Methode `setDragEnabled()` mit dem `boolean`-Wert `true` aufgerufen werden. Die Drop-Operation wird von `JList` standardmäßig nicht unterstützt.

Definieren Sie ein Interface `Texte` mit zwei Konstanten `text1` und `text2` vom Typ eines `String`-Array für die Definition von Listenelementen. Das erste Array soll die Zeichenketten "JAVA1", "JAVA2", "JAVA3", "JAVA4", "JAVA5" und "JAVA6" beinhalten und das zweite die Zeichenketten "java1", "java2", "java3", "java4", "java5" und "java6".

Definieren Sie eine Klasse `JFramemitDnDfuerJList`, von `JFrame` abgeleitet, die eine Instanz vom Typ `JTextArea` mit dem Textinhalt "Die\nVersion\nlernen" erzeugt, und eine `JList`-Komponente, für welche die Texte "JAVA1", "JAVA2", "JAVA3", "JAVA4", "JAVA5" und "JAVA6" als `String`-Array im Konstruktor ihrer Klasse übergeben werden.

Schalten Sie die Drag-Fähigkeit für die Komponenten ein und fügen Sie diese zu einer Fensterkomponente vom Typ der Klasse hinzu.

Versuchen Sie, nach dem Aufruf ihres Programms die Textdaten aus beiden Komponenten zwischen diesen hin und her zu schieben bzw. zu kopieren.

Java-Dateien: `Texte.java, JFramemitDnDfuerJList.java`
Programmaufruf: `java JFramemitDnDfuerJList`

Aufgabe 10.15

☆☆

Eigenschaften für den Transfer definieren

Bei der Erzeugung einer `TransferHandler`-Instanz über ihren Konstruktor kann eine Komponenteneigenschaft mit übergeben werden. Damit die Drag-Operation korrekt durchgeführt wird, muss der TransferHandler der Komponente, für welche die Drop-Operation durchgeführt wird, die gleiche Eigenschaft definieren.

Mit der von `JFrame` abgeleiteten Klasse `JFramemitDnDfuerJTextArea` soll ein Drag-and-Drop-Test für `JTextArea`-Komponenten durchgeführt werden, der diese Möglichkeit demonstriert.

Erzeugen Sie vier `JTextArea`-Komponenten mit einem beliebigen Textinhalt. Weisen Sie eine Instanz der Klasse `TransferHandler` mit der Eigenschaft `text` der ersten `JTextArea` zu und eine mit der `foreground`-Eigenschaft der zweiten und dritten. Setzen Sie die `foreground`-Eigenschaft der zweiten und dritten Komponente gleich den Farben blau und magenta.

Schalten Sie die Drag-Fähigkeit für die erste, zweite und vierte Komponente ein. Der vierten TextArea soll kein Transfer-Handler zugewiesen werden. Somit bekommt diese standardmäßig eine Instanz der Klasse zugewiesen, welche die Eigenschaft `text` besitzt.

Fügen Sie diese Komponenten zu einer Fensterkomponente vom Typ der Klasse hinzu.

Versuchen Sie nach dem Programmaufruf, die Inhalte der Komponenten zwischen diesen hin und her zu schieben bzw. zu kopieren. Achten Sie dabei auf deren `foreground`-Eigenschaft. Was geschieht, wenn der Transfer-Handler von Komponenten nicht die gleiche Komponenteeingenschaft definiert?

Java-Dateien: `JFramemitDnDfuerJTextArea`
Programmaufruf: `java JFramemitDnDfuerJTextArea`

Aufgabe 10.16 ☆☆

Drag-and-Drop-Test für JLabel-Komponenten

Mit der von `JFrame` abgeleiteten Klasse `JFramemitDnDfuerJLabel` soll ein Test der Drag-Operation für `JLabel`-Komponenten durchgeführt werden.

Da die Komponente `JLabel` weder Drag- noch Drop-Operationen standardmäßig unterstützt, muss über die Methode `exportAsDrag()` der Klasse `TransferHandler` die Unterstützung von Drag-Operationen für die Komponente eingeschaltet werden.

Die `foreground`-Eigenschaft einer `JLabel`-Komponente soll zu einer `JTextArea`-Komponente übertragen werden. Darum muss diese Eigenschaft für beide Komponenten im Konstruktor des `TransferHandler`-Objektes übergeben werden.

Beim Anklicken mit der Maus soll mit Hilfe der Methode `exportAsDrag()` eine Drag-Operation vom Typ `COPY` für die `JLabel`-Komponente gestartet werden. Implementieren Sie dafür den MouseAdapter für diese Komponente mittels einer anonymen Klasse.

Java-Dateien: `JFramemitDnDfuerJLabel.java`
Programmaufruf: `java JFramemitDnDfuerJLabel`

Aufgabe 10.17 ☆☆

Die Klassen ClipBoard, StringSelection und DataFlavor

Erstellen Sie eine von `JFrame` abgeleitete Klasse `JFramemitClipBoard`, die globale Referenzen vom Typ der Klassen `Clipboard`, `JTextArea` und `JMenuBar` definiert, die einem Transfer von Daten zwischen zwei `JTextArea`-Komponenten mit Hilfe einer Zwischenablage dienen sollen.

Wir wollen die Funktionlität eines Edit-Menüs aus einem Textsystem nachstellen. Dazu definiert die Klasse `JFramemitClipBoard` eine Methode `defmenueEdit()`, welche eine `JMenu`-Komponente mit drei Einträgen returniert, die für das Kopieren, Ausschneiden und Einfügen der Texte von mehrzeiligen Textfeldern ausgewählt werden können. Eine so erzeugte `JMenu`-Komponente soll zu einer MenuBar, die im Fenster mit der Methode `setJMenuBar()` eingerichtet wird, hinzugefügt werden.

Erzeugen Sie die Menüeinträge als `JRadioButtonMenuItem`-Komponenten und legen Sie die Aktionen, welche bei der Auswahl eines Menüeintrags durchgeführt werden sollen, über die Definition einer anonymen Klasse fest. Die `JRadioButtonMenuItem`-Komponenten bekommen im Konstruktor ein mit Hilfe der Dateien: `copy.gif`, `cut.gif` und `paste.gif` erzeugtes Icon und eine der Beschriftungen: "Copy", "Cut" und "Paste" zugewiesen, die als Elemente von lokalen Arrayvariablen vom Typ `ImageIcon` bzw. `String` in der Methode `defmenueEdit()` definiert werden.

Zwei `JTextArea`-Komponenten `textArea1` und `textArea2` sollen über den Konstruktor ihrer Klasse die Zeichenketten »Java« und »lernen« zugewiesen bekommen.

Wird das Menü »Cut« vom Benutzer gewählt, soll der aus `textArea1` gelesene Text in die Zwischenablage des Systems gelegt und in der TextArea gelöscht werden. Im Falle des Menüs »Copy« wird der aus `textArea1` gelesene Text in die Zwischenablage des Systems abgelegt, aber nicht in der TextArea gelöscht.

Bei einer Menüauswahl von »Paste« sollen die Daten aus der Zwischenablage gelesen und ausgewertet werden. Das Datenformat, in dem Daten transferiert werden, ist vom Typ der Klasse `DataFlavor`. Zeigen Sie alle Datenformate aus der Zwischenschenablage am Bildschirm an und fügen Sie nur die Daten vom Typ `DataFlavor.stringFlavor` der zweiten `JTextArea`-Komponente an Position 0 hinzu.

Hinweise für die Programmierung:

Setzen Sie für das Programmieren dieser Vorgänge die vom Typ `String` gelieferten Daten von der Methode `getText()` der Klasse `TextComponent` in Instanzen der Klasse `StringSelection` um und rufen Sie die Methoden `setContents()` und `getContents()` der Klasse `Clipboard` auf.

Zeigen Sie die Datenformate aus der Zwischenablage am Bildschirm an, indem Sie an den Instanzen der Klasse `DataFlavor` die Methode `getMimeType()` aufrufen.

Die Methode `getTransferData()` der Schnittstelle `Transferable` wirft Ausnahmen vom Typ `UnsupportedFlavorException` (wenn das angeforderte Datenformat nicht unterstützt wird) und `IOException` (wenn die Daten vom angeforderten Format nicht verfügbar sind). Fangen Sie diese mit Hilfe eines `try/catch`-Blocks ab und zeigen Sie den StackTrace am Bildschirm an.

Java-Dateien: `JFramemitClipBoard.java`
Programmaufruf: `java JFramemitClipBoard`

Aufgabe 10.18 ☆☆☆

Das Interface DropTargetListener und die Klasse DropTargetEvent

Definieren Sie eine Klasse `JFramemitDropTargetListener`, die eine Instanz der Klasse `java.awt.dnd.DropTarget` nutzt, um die Drop-Operation für eine `JList`-Komponente einzuschalten.

Zwei `JList`-Komponenten werden über die globalen Referenzen `liste1` und `liste2` der Klasse definiert und sollen die vom Interface `Texte` definierten Strings über die Array-Referenzen `text1` und `text2` als Elemente zugeordnet bekommen. Fügen Sie die Listen links und rechts zu der ContentPane des Fensters hinzu und zeigen Sie über die Beschriftung einer im oberen Bereich des Fensters angesiedelten `JLabel`-Komponente den Text "Die Elemente der linken Liste auf die rechte Liste ziehen:" an.

Der Einfachheit halber sollen die Elemente der linken Liste immer am Anfang der rechten Liste eingefügt werden.

Für die linke Liste soll die Drag-Fähigkeit eingeschaltet werden.

Die rechte Liste soll Daten empfangen, darum wird das DropTargetListener-Interface von der Klasse implementiert und die Klasse DropTarget eingeschaltet, um die Events vom Typ DropTargetEvent für diese Komponente mit Hilfe des DropTargetListener zu handeln. Sowohl das Interface DropTargetListener als auch die Klasse DropTargetEvent sind im Paket java.awt.dnd zu finden.

Implementieren Sie die Methode dragEvent() der Schnittstelle so, dass mit dieser über den Aufruf der Methode acceptDrag(DnDConstants.ACTION_COPY_OR_MOVE) der Klasse DropTargetDragEvent die Drag-Fähigkeit für die rechte JList-Komponente eingeschaltet wird, falls ein Event vom Typ DropTargetDragEvent von der linken JList-Komponente ausgelöst wurde.

Eine DropTargetEvent-Instanz wird über die Methode drop() des DropTargetListener zugestellt. Die Methode drop() wird aufgerufen, wenn die Drag-Operation mit einer Drop-Operation beendet wird.

Ein gezogener Text wird mit der Methode getTransferable() abgeholt und in eine Zwischenablage gestellt. Werten Sie die so gewonnenen Daten wie in der Klasse JFramemitClipboard der Aufgabe 10.17 aus und zeigen Sie die Datenformate der Daten aus der Zwischenablage und deren Anzahl am Bildschirm an.

Stellen Sie über den Aufruf der Methode isFlavorTextType() der Klasse DataFlavor fest, ob die zu übertragenden Daten über ein von dieser Java-Plattform-Implementierung zugelassenes Text-Format verfügen. Ansonsten soll die Drop-Operation abgelehnt werden.

Alle Daten mit einem Format vom Typ DataFlavor.stringFlavor sollen über den Methodenaufruf acceptDrop(DnDConstants.ACTION_COPY) der Klasse DropTargetDropEvent in die rechte Liste an Position 0 eingefügt werden.

Alle anderen Methoden des implementierten Interface sollen sich über Bildschirmausgaben melden.

Hinweise für die Programmierung:

Die Klasse java.awt.dnd.DropTarget erweitert die Klasse Object. Eine Instanz dieser Klasse wird einer Komponente zugeordnet, um zu signalisieren, dass die Komponente während einer Drag-and-Drop-Operation bereit ist, Daten zu empfangen.

Die Klasse DropTargetEvent erweitert die Klasse java.util.EventObject und definiert den Kontext von Drag-and-Drop-Operationen. Sie ist die Oberklasse der Klassen DropTargetDragEvent und DropTargetDropEvent.

Java-Dateien: Texte.java, JFramemitDropTargetListener.java
Programmaufruf: java JFramemitDropTargetListener

10.9 Benutzerdefinierte Transfer-Handler

Benutzerdefinierte Transfer-Handler, die für eine bestimmte Art von Drag-and-Drop-Operationen zuständig sind, erweitern die Klasse `TransferHandler` und überschreiben deren Methoden.

Die Methode `importData()` führt den Datentransfer von einem `Transferable`-Objekt zu der spezifizierten Komponente durch.

Die Methode `exportDone()` wird aufgerufen, nachdem die Daten exportiert wurden. War es eine Operation vom Typ `MOVE`, ist diese Methode dafür zuständig, die transferierten Daten in der Source-Komponente zu löschen.

Die Methode `canImport()` spezifiziert das zugelassene Datenformat für die Daten, die von einer Komponente importiert werden können.

Mit der Methode `createTransferable()` wird ein `Transferable`-Objekt erzeugt, welches genutzt wird, um die Daten der im Methodenaufruf referenzierten Komponente zu übertragen.

Aufgabe 10.19 ☆☆☆

Benutzerdefinierter Transfer-Handler für JList-Komponenten

Da eine `JList`-Komponente nur die Drag-Operation standardmäßig unterstützen kann, müssen für das Durchführen von Drop-Operationen benutzerdefinierte Komponenten erstellt werden. So kann z.B. von einer Klasse das Interface `DropTargetListener` implementiert werden und in der `drop()`-Methode der Rahmen für das Exportieren von Daten aus einer Liste festgelegt werden, wie in der Klasse `JFramemitDropTargetListener` aus der Aufgabe 10.18.

Es kann aber auch, wie in diesem Beispiel, ein benutzerdefinierter Transfer-Handler erzeugt werden, der sowohl das Exportieren wie auch das Importieren von Listenelementen übernimmt.

Die Klasse `JListTransferHandler` erweitert die Klasse `TransferHandler` und überschreibt deren Methoden `createTransferable()`, `canImport()`, `importData()`, `getSourceActions()` und `exportDone()`.

Der Einfachheit halber sollen benutzerdefinierte Transfer-Handler für Listen, in welchen nur einzelne Elemente selektiert werden können, erstellt werden. Der Index eines selektierten Listenelementes wird in einer globalen `int`-Variable mit dem Namen `index` gespeichert, damit dieses Listenelement im Falle einer `MOVE`-Operation gelöscht werden kann. Das zugelassene Datenformat für diesen Transfer-Handler soll `DataFlavor.stringFlavor` sein und dieses soll über eine Array-Referenz `flavors` spezifiziert werden.

Die Methode `createTransferable()` returniert ein `Transferable`-Objekt, welches genutzt wird, um die Daten der im Methodenaufruf referenzierten Komponente zu übertragen. Das über eine Referenz vom Typ `JComponent` übergebene

Argument wird zu einer Komponente vom Typ `JList` gecastet. Aus der so übergebenen Liste wird ein selektiertes Element über seinen Index ermittelt und als Instanz vom Typ der Klasse `StringSelection`, welche die Schnittstelle `Transferable` implementiert, zurückgegeben.

In der für den Datentransfer von einem `Transferable`-Objekt zu der spezifizierten Komponente zuständigen Methode `importData()` soll ein importierter String an der vom Benutzer selektierten Stelle in der übergebenen Liste eingefügt werden. Wurde kein Listenelement selektiert, wird der importierte String am Anfang der Liste eingefugt.

Nachdem die Drop-Operation erfolgreich beendet wurde, muss im Falle einer `MOVE`-Operation das selektierte Element aus der Liste gelöscht werden. Diese Aktion wird über die Methode `exportDone()` realisiert. Im Falle einer `COPY`-Operation wird die Liste nicht abgeändert.

Die Methode `canImport()` spezifiziert das zugelassene Datenformat für die Daten, die von der Komponente importiert werden können. Für Strings ist dies, wie schon in den vorangegangenen Beispielen festgestellt, der Typ `DataFlavor.stringFlavor`.

Die Methode `getSourceActions()` returniert den mittels der Konstante `COPY_OR_MOVE` definierten Typ für die Transferoperation.

Definieren Sie zum Testen des benutzerdefierten Transfer-Handlers eine weitere Klasse `JFramemitJListTransferHandler`, die eine `JTextArea`-Komponente und eine `JList`-Komponente für Transferoperationen bereitstellt. Die Liste soll mit den String-Werten aus der Definition der Arrayreferenz `text1` des Interface `Texte` über ein Modell vom Typ der Klasse `DefaultListModel` erzeugt werden und für diese soll keine mehrfache Selektion von Elementen zugelassen sein.

Schalten Sie für beide Komponenten die Drag-Fähigkeit ein und setzen Sie für die `JList`-Komponente einen Transfer-Handler vom Typ der Klasse `JListTransferHandler`.

Java-Dateien: `JListTransferHandler.java, JFramemitJListTransferHandler.java`
Programmaufruf: `java JFramemitJListTransferHandler`

Aufgabe 10.20 ☆☆☆

Benutzerdefinierter Transfer-Handler für JTree-Komponenten

Analog zur Klassendefinition von `JListTransferHandler` definiert die Klasse `JTreeTransferHandler` einen Transfer-Handler für eine `JTree`-Komponente, in welcher der Einfachheit halber die transferierten Daten immer in den Wurzel-Knoten eingefügt werden.

So wird die Referenz eines selektierten Knotens über eine globale Referenzvariable `node` festgehalten, damit der Knoten im Falle einer `MOVE`-Operation gelöscht werden kann und das zugelassene Datenformat für diesen Transfer-Handler, wie auch in der Klasse `JListTransferHandler`, als das Format `DataFlavor.stringFlavor` definiert und ermittelt.

Rufen Sie in der Methode `createTransferable()` die Methoden `getLastSelectedPathComponent()`, `getSelectionPath()` und `getLastPathComponent()` auf, um den Wert der zuletzt selektierten Komponente in der Baumstruktur zurückgeben zu können und den Knoten, der diese Komponente beinhaltet, über den Namen des selektierten Pfades zu ermitteln und zu speichern.

In der Methode `importData()` werden importierte Strings in einen Knoten vom Typ der Klasse `DefaultMutableTreeNode` umgesetzt, der Wurzelknoten der Komponente mit Hilfe der Methode `getRoot()` ermittelt und in diesem der neue Knoten an Position 0 über den Aufruf der Methode `insertNodeInto()` eingefügt. Vergessen Sie dabei nicht, die Anzeige in Ihrer `JTree`-Komponente zu aktualisieren.

Analog zu der Klassendefinition von `JFramemitJListTransferHandler` aus der Aufgabe 10.19 soll die Klasse `JFramemitJTreeTransferHandler` einen benutzerdefinierten Transfer-Handler vom Typ der Klasse `JTreeTransferHandler` für eine `JTree`-Komponente setzen. Erzeugen Sie eine `JTree`-Komponente als Instanz einer Klasse `BaumStruktur` und eine `JTextArea`-Komponente mit dem Inhalt: »Java lernen« und fügen Sie diese zu der Fensterkomponente hinzu.

Die Klasse `BaumStruktur` erstellt eine einfache Baumstruktur mit dem Wurzel-Knoten »Schule«, welcher die weiteren Knoten: »Klasse 1« und »Klasse 2« mit den Blättern »Schueler 11« und »Schueler12« bzw. »Schueler21« und »Schueler22« aufnimmt.

Java-Dateien: `BaumStruktur.java`, `JTreeTransferHandler.java`, `JFramemitJTreeTransferHandler.java`
Programmaufruf: `java JFramemitJTreeTransferHandler`

10.10 Die neuen Drag-and-Drop-Klassen aus der Java-Version 6.0

Mit der Version 6.0 von Java wurde für das Ausführen der Drop-Operation von Komponenten wie `JList`, `JTree`, `JTable` und `JTextComponent` durch die Einführung der Klassen `TransferHandler.DropLocation`, `TransferHandler.TransferSupport` und `DropMode` eine hilfreiche Umgebung geschaffen. Diese Komponenten besitzen eine Mehtode `setDropMode()` mit einem `DropMode`-Argument.

Alle unterstützen den Drop-Modus `USE_SELECTION`, der anzeigt, wo die selektierten Daten hingezogen werden sollen. Der Drop-Modus `ON` wird von den Klassen `JList`, `JTree` und `JTable` unterstützt und fügt die Inhalte oben ("on top") von Elementen ein. Damit kann z.B. ein `JTree`-Knoten einen Subknoten generieren. Mit dem Drop-Modus `INSERT`, der auch für alle vier Komponenten zur Verfügung steht, werden die Daten zwischen zwei Elementen eingefügt. Der Drop-Modus `ON_OR_INSERT` gelt für `JList`, `JTable` und `JTree`. Eine `JTable`-Komponente verfügt über zusätzliche Drop-Modi.

Einen Beitrag zum Vereinfachen von Drop-Operationen leisten auch die neuen überladenen Methoden `importData()` und `canImport()` der Klasse `TransferHandler`, die beim Methodenaufruf Referenzen vom Typ der Klasse `TransferHandler.TransferSupport` übergeben bekommen. Die Klasse `TransferHandler.TransferSupport` stellt wichtige Einträge aus der Zwischenablage für die durchzuführende Drag-and-Drop-Operation zur Verfügung.

Aufgabe 10.21

Eine neue Betrachtung der Drop-Fähigkeit für JList-Komponenten

Mit der Definition der Klasse `JListTransferHandlermitDropLocation` soll demonstriert werden, wie die Drop-Fähigkeit für JList-Komponenten mit Hilfe der in der Version 6.0 von Java implementierten neuen Features vereinfacht werden kann.

Die Klasse definiert zwei globale Referenzen vom Typ JList und `DefaultListModel` und als Parameter für ihren Konstruktor eine Referenz vom Typ `JList`. Das zugrunde liegende Modell der im Konstruktor übergebenen `JList`-Komponente kann mit Hilfe der Methode `getModel()` ermittelt werden.

Überschreiben Sie die neuen Methoden `canImport()` und `importData()` der Klasse `TransferHandler`, die eine Parameterreferenz vom Typ `TransferHandler.TransferSupport` definieren, und rufen Sie an der im Methodenaufruf übergebenen Instanz dieser Klasse die Methoden `isDataFlavorSupported()`, `isDrop()`, `getDropLocation()` und `getTransferable()` auf. Damit können Sie festlegen, was wohin transferiert werden soll, die zu transferierenden Daten aus der Zwischenablage lesen und diese je nach definiertem Drop-Modus und anhand des selektierten Listenelementes im Listenmodell abspeichern.

Über den Aufruf der Methode `getDropLocation()` an einer Instanz der Klasse `TransferHandler.TransferSupport` kann ein `DropLocation`-Objekt vom Typ ihrer Unterklasse `JList.DropLocation` erzeugt werden, um damit auf die Daten der Zwischenablage zugreifen zu können. Die Methode `getIndex()` der Klasse `JList.DropLocation` liefert den Index des selektierten Listenelementes.

Die Methode `canImport()` gibt `true` zurück, wenn ein Transfer positiv quittiert werden soll und die Methode `importData()`, wenn im Listenmodell ein neues Element der Liste korrekt eingefügt wurde.

Die Klasse `JFramefuerJListTransferHandlermitDropLocation` definiert eine `JMenu`-Komponente, mit deren Hilfe der Benutzer die unterschiedlichen Drop-Modi für eine `JList`-Komponente einschalten kann. Sie erzeugt die gleichen Komponenten vom Typ `JTextArea` und JList wie die Klasse `JFramemitJListTransferHandler` aus der Aufgabe 10.19 und setzt für die `JList`-Komponente einen Transfer-Handler vom Typ der Klasse `JListTransferHandlermitDropLocation`.

Die `JMenu`-Komponente für die Auswahl der Drop-Modi wird von einer Methode `defmenueDropMode()` returniert, deren Einträge analog zu denen in der Methode `defmenueEdit()` der Klasse `JFramemitClipBoard` aus der Aufgabe 10.16, eingerichtet werden sollen. Die so erzeugte `JMenu`-Komponente soll zu einer MenuBar hinzugefügt werden, die im Fenster mit der Methode `setJMenuBar()` eingerichtet wird.

Die Feldwerte für die Definition des Drop-Modus wie auch die gleichnamigen Menüeinträge "USE_SELECTION", "ON", "INSERT" und "ON_OR_INSERT" sollen über zwei static-Block-Initialisierer definiert werden (siehe die Aufgabe 1.24), um diese Art der Initialisierung von Klassenfelder zu wiederholen.

Definieren Sie für die Fensterkomponente einen Layout-Manager vom Typ `FlowLayout` und fügen Sie die einzelnen Kindkomponenten zu der ContentPane des Fensters hinzu.

Hinweise für die Programmierung:

Die mit der Version 6.0 von Java eingeführte Klasse `TransferHandler.TransferSupport` befindet sich im Paket `javax.swing`. Sie vereinfacht den Zugriff auf die Daten der Zwischenablage.

Die Klasse `JList.DropLocation` wird von der Klasse `TransferHandler.DropLocation` abgeleitet und definiert eine Ablage für Daten, die beim Transferieren von `JList`-Komponenten eingefügt werden sollen.

`DropeMode` ist eine Enumeration, die mit der Version 6.0 von der Klasse `Enum<DropeMode>` abgeleitet wurde, um die zugelassenen Konstanten für die Festlegung des Drop-Modus in einer Drag-and-Drop-Operation zu definieren. Auf die so definierten Konstanten kann mit Hilfe der Methoden `values()` und `valueOf()` der Enumeration zugegriffen werden. Weil im Fall von `JList`-Komponenten nicht alle über den Methodenaufruf: `DropMode dropMode[] = new DropMode().values()` zurückgelieferten Werte zugelassen sind, wird in der Aufgabenstellung auf eine davon unabhängige Konstantendefinition hingewiesen.

Java-Dateien: `JListTransferHandlermitDropLocation.java`, `JFramefuerJListTransferHandlermitDropLocation`
Programmaufruf: `java JFramefuerJListTransferHandlermitDropLocation`

Aufgabe 10.22 ☆☆☆

Eine neue Betrachtung der Drop-Fähigkeit für JTree-Komponenten

Mit der Definition der Klasse `JTreeTransferHandlermitDropLocation` soll demonstriert werden, wie die Drop-Fähigkeit für JTree-Komponenten mit Hilfe der mit der Version 6.0 von Java implementierten neuen Features vereinfacht werden kann.

Die Klasse definiert zwei globale Referenzen vom Typ `JTree` und `DefaultTreeModel` und als Parameter für ihren Konstruktor eine Referenz vom Typ JTree. Im Konstruktor der Klasse wird eine über eine Instanz der Klasse BaumStruktur aus der Aufgabe 10.20 erstellte einfache Baumstruktur übergeben und für diese das zugrunde liegende Modell vom Typ der Java-Standard-Klasse DefaultTreeModel ermittelt.

Überschreiben Sie wie auch in der Klasse JListTransferHandlermitDropLocation aus der Aufgabe 10.21 die neuen Methoden canImport() und importData() der Klasse TransferHandler. Über den Aufruf der Methode getDropLocation() an einer Instanz der Klasse TransferHandler.TransferSupport kann ein DropLocation-Objekt vom Typ ihrer Unterklasse JTree.DropLocation erzeugt werden, um damit auf die Daten der Zwischenablage zugreifen zu können. Nutzen Sie die Methoden getPath() und getIndex() der Klasse JTree.DropLocation, um den Pfad und Index eines selektierten Knoten zu ermitteln, und die Methoden getLastPathComponent() der Klasse TreePath und insertNodeInto() der Klasse DefaultTreeModel, um einen neuen Knoten zu der JTree-Komponente je nach ausgewähltem Drop-Modus hinzuzufügen.

Definieren Sie analog zur Klasse JFramefuerJListTransferHandlermitDropLocation aus der Aufgabe 10.21 die Klasse JFramefuerJTreeTransferHandlermitDropLocation. Sie erzeugt die gleichen Komponenten vom Typ JTextArea und JTree wie die Klasse JFramemitJTreeTransferHandler aus der Aufgabe 10.20 und setzt für die JTree-Komponente einen Transfer-Handler vom Typ der Klasse JTreeTransferHandlermitDropLocation.

Hinweise für die Programmierung:

Die Klasse JTree.DropLocation ist wie auch die Klasse JList.DropLocation von der Klasse TransferHandler.DropLocation abgeleitet und definiert eine Ablage für Daten, die beim Transferieren von JTree-Komponenten eingefügt werden sollen.

Java-Dateien: BaumStruktur.java, JTreeTransferHandlermitDropLocation.java, JFramefuerJTreeTransferHandlermitDropLocation.java
Programmaufruf: java JFramefuerJTreeTransferHandlermitDropLocation

10.11 Lösungen

Lösung 10.1

Die Klasse SprachundAusnahmeErweiterungen

```
import java.util.Arrays;
import java.util.logging.*;
public class SprachundAusnahmeErweiterungen {
// Ein unbenanntes Logger-Objekt wäre in diesem Fall ausreichend,
// private static Logger logger = Logger.getAnonymousLogger();
// dieses kann aber auch über einen Namen verfügen
  private static Logger logger = Logger.getLogger(
```

```
    Logger.GLOBAL_LOGGER_NAME);
  private static String[] erweiterungen = {"ThrowinCatch",
    "ArrayCopy", "EmptyString", "GLOBAL_LOGGER_NAME"};
  private static String[] s = {"","JAVA 6.0",null};
  private static Integer[] array1 = {1, 2, 3, 4};
  private static Number[] array2 = {1.0,2.0,3.0,4.0};
// Eine Warnung am Bildschirm ausgeben, und nachdem der
// StackTrace gefüllt wurde, wird die im Methodenaufruf
// über eine RuntimeException-Referenz übergebene Exception-
// Instanz mit der Anweisung throw weitergeleitet
  static void catchThrow(RuntimeException e) {
// Die nachfolgenden Aufrufe führen zu gleicher Ausgabe
   // logger.warning("Laufzeitfehler!");
      logger.log(Level.WARNING, "LaufzeitFehler");
      e.fillInStackTrace();
      throw e;
   }
   public static void main(String args[]) {
// Die Methoden copyOfRange() und copyOf()
     System.out.println("1. Array vor dem Kopieren: "
       + Arrays.toString(erweiterungen));
     System.out.println("2. Array vor dem Kopieren: "
       + Arrays.toString(s));
// Den angegebenen Bereich des spezifizierten Arrays in ein neues
// Array kopieren
     String copy[] = Arrays.copyOfRange(erweiterungen,1,3);
     System.out.println("Neues Array nach dem Kopieren: "
       + Arrays.toString(copy));
// Das spezifizierte Array kopieren, kürzen oder ergänzen und mit
// null-Werten auffüllen, damit das erzeugte Array die angegebene
// Länge hat
     erweiterungen = Arrays.copyOf(s, 4);
     System.out.println("1. Array nach dem Kopieren: "
       + Arrays.toString(erweiterungen));
     System.out.println("2. Array nach dem Kopieren: "
       + Arrays.toString(s));
// Die Methode isEmpty()
     for(int i=0; i<s.length; i++) {
       try {
         if(s[i].isEmpty())
           System.out.println("Leerer String: "+s[i]);
         else
           System.out.println("Nicht leerer String: "+s[i]);
       }
       catch(NullPointerException e) {
         System.out.println("null-String: "+s[i]);
```

```
// Die abgefangene Exception wird aus diesem catch-Block
// über den Aufruf der Methode catchThrow() der Klasse
// weitergegeben
          catchThrow(e);
        }
      }
    }
}
```

Programmausgaben

```
1. Array vor dem Kopieren [ThrowinCatch, ArrayCopy, EmptyString,
GLOBAL_LOGGER_NAME]
2. Array vor dem Kopieren [, JAVA 6.0, null]
Neues Array nach dem Kopieren [ArrayCopy, EmptyString]
1. Array nach dem Kopieren [, JAVA 6.0, null, null]
2. Array nach dem Kopieren [, JAVA 6.0, null]
...
Leerer String:
Nicht leerer String: Java 6.0
Null-String: null
25.06.2007 11.49.13 SprachundAusnahmeErweiterungen catchThrow
WARNUNG: Laufzeitfehler
Exception in thread "main" java.lang.NullPointerException...
```

Hinweise zum Lösungsvorschlag

Das Überladen von Methoden ist, wie schon angesprochen, ein Beispiel für den »überladenen Polymorphismus« in Java.

Lösung 10.2

Die Klasse CalendarundDate

```
import java.util.*;
public class CalendarundDate {
  public static void main(String args[]) {
// Eine Instanz der Klasse Calendar anlegen
    Calendar calendar = Calendar.getInstance();
// Die einzelnen Werte anzeigen
    System.out.print("Heute ist der: " + calendar.get(
      Calendar.DAY_OF_MONTH) + " ");
    System.out.print((calendar.get(Calendar.MONTH))+1 + " ");
    System.out.print(calendar.get(Calendar.YEAR) + " ");
    System.out.print(" und es ist: " + calendar.get(
      + Calendar.HOUR _OF_DAY) + " ");
    System.out.print(calendar.get(Calendar.MINUTE) + " ");
```

```
    System.out.print(calendar.get(Calendar.SECOND) + " Uhr");
    System.out.println();
// Eine Instanz der Klase Locale anlegen
    Locale locale = Locale.getDefault();
// Den Namen des aktuellen Monats anzeigen
    String monat = calendar.getDisplayName(Calendar.MONTH,
      Calendar.LONG, locale);
    System.out.println("Der aktuelle Monat ist: "+ monat);
// und die gekürtzten Namen der Monate in einer Abbildung vom
// Typ Map<String,Integer> den konstanten Werten von 0 bis 11
// zuordnen
    Map<String,Integer> map = calendar.getDisplayNames(
      Calendar.MONTH, Calendar.SHORT, locale);
// Die Map-Einträge anzeigen
    System.out.println(map);
// Die Instanzen der Klassen Date und GregorianCalendar
// Der Konstruktor Date(year+1900, month, date) ist "deprecated"
    Date datum1 = new Date(107,04,22);
    System.out.println(datum1);
// und wurde durch GregorianCalendar(year+1900, month, date)
// ersetzt
    GregorianCalendar datum2 =
      new GregorianCalendar(2007,04,22);
// Damit wird jedoch eine andere String-Representation für ein
// Datum geliefert
  // System.out.println(datum2);
// Darum für die Datumsanzeige die get-Methoden der Klasse
// aufrufen
    System.out.println(datum2.get(Calendar.DAY_OF_MONTH) +
      " " + datum2.get(Calendar.MONTH) + " "
        + datum2.get(Calendar.YEAR));
// Wenn der Monat nicht von 0 bis 11, sondern von 1 bis 12
// angezeigt werden soll, muss +1 addiert werden:
    System.out.println(datum2.get(Calendar.DAY_OF_MONTH) +
      " " + ( datum2.get(Calendar.MONTH)+1 ) + " "
        + datum2.get(Calendar.YEAR));
// Die Methode getTime() der Klasse Calendar liefert ein
// Date-Objekt zurück
    System.out.println(calendar.getTime());
// Der parameterlose Konstruktor ist nicht "deprecated";
// ebenfalls die Methode getTime() der Klasse Date
    Date datum3 = new Date();
    System.out.println(datum3.getTime());
  }
}
```

Programmausgaben

```
Heute ist der 9 7 2007 und es ist 12 13 43 Uhr
Der aktuelle Monat ist: Juli
{Dez=11, Sep=8, Feb=1, Apr=3, Jan=0, Nov=10, Jul=6, Mrz=2, Okt=9, Aug=7,
Jun=5, Mai=4}
Tue May 22 00:00:00 CEST 2007
22.4.2007
22.5.2007
Mon Jul 09 12:13:43 CEST 2007
```

Lösung 10.3

Die Klasse NavigableMapsundSets

```
import java.util.*;
public class NavigableMapsundSets {
  private static AbstractMap<Tage.Tag,WTag> map =
    new EnumMap<Tage.Tag,WTag>(Tage.Tag.class);
  public static void main(String args[]) {
// Die EnumMap mit Daten füllen
    map.put(Tage.Tag.tag1, WTag.Montag);
    map.put(Tage.Tag.tag2, WTag.Dienstag);
    map.put(Tage.Tag.tag3, WTag.Mittwoch);
    map.put(Tage.Tag.tag4, WTag.Donnerstag);
    map.put(Tage.Tag.tag5, WTag.Freitag);
    map.put(Tage.Tag.tag6, WTag.Samstag);
    map.put(Tage.Tag.tag7, WTag.Sonntag);
// Die EnumMap als TreeMap ansprechen und an dieser Instanz
// die Methoden des Interface NavigableMap aufrufen
    NavigableMap<Tage.Tag,WTag> navigableMap =
      new TreeMap<Tage.Tag,WTag>(map);
    System.out.println(map);
    System.out.println(navigableMap);
    System.out.println("Erster Schluessel: "
      + navigableMap.firstKey());
    System.out.println("Letzter Schluessel: "
      + navigableMap.lastKey());
    System.out.println("Erster Schluessel, der kleiner oder "
      + "gleich dem angegebenen Wert ist: "
        + navigableMap.floorKey(Tage.Tag.tag4));
    System.out.println("Erster Schluessel, der kleiner als "
      + "der angegebene Wert: "
        + navigableMap.lowerKey(Tage.Tag.tag4));
    System.out.println("Erster Schluessel, der groesser oder "
      + "gleich dem angegebenen Wert ist: "
        + navigableMap.ceilingKey(Tage.Tag.tag4));
    System.out.println("Erster Schluessel, der groesser als "
      + "der angegebene Wert ist: "
```

```
          + navigableMap.higherKey(Tage.Tag.tag4));
// Map-Einträge, d.h. Instanzen vom Typ Map.Entry in Form von
// Schlüssel-Werte Paaren anzeigen
      System.out.println("Erster Eintrag: "
        + navigableMap.firstEntry());
      System.out.println("Letzter Eintrag: "
        + navigableMap.lastEntry());
// Eine dritte Art von Methoden liefert die Menge aller Schlüssel
// und Map-Einträge in absteigender Reihenfolge
      System.out.println("MapKeys: "
        + navigableMap.descendingKeySet());
      System.out.println("MapEntrys: "
        + navigableMap.descendingMap());
// Eine Instanz vom Typ NavigableSet<String> mit Hilfe der
// Methode descendingKeySet() des Interface NavigableMap liefern
// und ihre Referenz einer Variablen vom gleichen Typ zuweisen
      NavigableSet<Tage.Tag> navigableKey =
        navigableMap.descendingKeySet();
// Die Methoden des Interface NavigableSet
// Eine Sicht auf Untermengen einer NavigableSet-Instanz
// definieren; die Argumente vom Typ boolean ermöglichen, die
// angegebenen Elementwerte ein- bzw. auszuschliessen
      System.out.println("Die Untermenge der Mengenelemente, "
        + "welche kleiner als der angegebene Wert sind: "
          + navigableKey.headSet(Tage.Tag.tag6,true));
      System.out.println("Die Untermenge der Mengenelemente, "
        + "welche groesser oder gleich dem angegebenen Wert "
          + "sind: "+ navigableKey.tailSet(Tage.Tag.tag4,false));
      System.out.println("Die Untermenge der Mengenelemente, "
        + "welche zwischen den angegebenen Werten liegen: "
          + navigableKey.subSet(Tage.Tag.tag6,true,
            Tage.Tag.tag4,true));
// Die Methoden zum Ermitteln von spezifizierten Elementen einer
// Menge vom Typ NavigableSet aufrufen
      System.out.print("Einzelne Elemente der Menge: ");
      System.out.println(navigableKey.ceiling(Tage.Tag.tag4)
        + " " + navigableKey.floor(Tage.Tag.tag4) + " "
          + navigableKey.higher(Tage.Tag.tag4) + " "
            + navigableKey.lower(Tage.Tag.tag4));
   }
}
```

Die Enumeration WTag

```
enum WTag {
   Montag, Dienstag, Mittwoch, Donnerstag, Freitag, Samstag,
     Sonntag
}
```

Die Klasse Tage und die Enumeration Tag

```
class Tage {
   enum Tag {
      tag1, tag2, tag3, tag4, tag5, tag6, tag7
   }
}
```

Programmausgaben

```
{tag1=Montag, tag2=Dienstag, …
Erster Schluessel: tag1
Letzter Schluessel: tag7
Erster Schluessel, der kleiner oder gleich dem angegebenen Wert ist: tag4
…
Erster Eintrag: tag1=Montag;
Letzter Eintrag: tag7=Sonntag;
…
Die Untermenge der Mengenelemente, welche kleiner als der angegebene Wert
sind: [tag7, tag6]
…
```

Lösung 10.4

Die Klasse JFramemitSplash

```
import javax.swing.*;
import java.awt.*;
public class JFramemitSplash extends JFrame {
// Konstruktordefinition
   public JFramemitSplash() {
      setPreferredSize(new Dimension(100,100));
// Eine Instanz der Klasse in die Mitte des Bildschirms
// positionieren
      Dimension d = Toolkit.getDefaultToolkit().getScreenSize();
      setLocation((d.width -getSize().width)/2,
        (d.height-getSize().height)/2);
      setDefaultCloseOperation(JFrame.EXIT_ON_CLOSE);
// JLabel-Komponente zu dem Fenster hinzufügen
      JLabel label = new JLabel("Java 6.0", JLabel.CENTER);
      add(label);
      setVisible(true);
      pack();
   }
// Objekt der Klasse erzeugen
   public static void main(String args[]) {
      JFramemitSplash frame = new JFramemitSplash();
   }
}
```

Programmausgaben

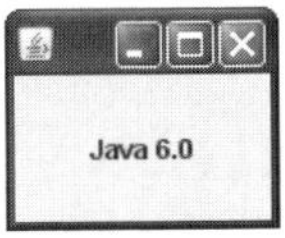

Lösung 10.5

Die Klasse JFramemitSplashScreen

```
import javax.swing.*;
import java.awt.*;
public class JFramemitSplashScreen extends JFrame {
  private ImageIcon icon = new ImageIcon("Vron.jpg");
  private Image bild = icon.getImage();
// Konstruktordefinition
  public JFramemitSplashScreen() {
    SplashScreen splash = SplashScreen.getSplashScreen();
    Graphics g = splash.createGraphics();
    for(int i=0; i<=1000; i++) {
      g.setColor(Color.red);
      g.drawString("VRONI",10,35);
      splash.update();
    }
// Eine Instanz der Klasse in die Mitte des Bildschirms
// positionieren
    setPreferredSize(new Dimension(100,125));
    Dimension d = Toolkit.getDefaultToolkit().getScreenSize();
    setLocation((d.width -getSize().width)/2,
      (d.height-getSize().height)/2);
    setDefaultCloseOperation(JFrame.EXIT_ON_CLOSE);
    setVisible(true);
    pack();
  }
// Die paint()-Methode überschreiben
  public void paint(Graphics g) {
// Das Bild wird auf dem Bildschirm an den Pixelkoordinaten
// (50,75) ausgegeben
    g.drawImage(bild,0,25,this);
// Die Farbe für das Zeichnen setzen
    g.setColor(Color.red);
// Den Text über dem Bild anzeigen
    g.drawString("VRONI",10,50);
  }
// Objekt der Klasse erzeugen
  public static void main(String args[]) {
    JFramemitSplashScreen frame = new JFramemitSplashScreen();
```

```
    }
}
```

Programmausgaben

Hinweise zum Lösungsvorschlag

Nur damit der Text auf dem angezeigten Splash Screen gelesen werden kann, wird dieser in einer `for`-Schleife mehrmals geschrieben.

Lösung 10.6

Die Klasse JFramemitDialogModalityBeispielen

```
import java.awt.*;
import java.awt.event.*;
import javax.swing.*;
import java.util.Arrays;
public class JFramemitDialogModalityBeispielen extends JFrame
                  implements ActionListener, SwingConstants {
   private JTextField[] tf = new JTextField[3];
   private JTextField[] dtf = new JTextField[3];
   private static JToolBar toolBar = new JToolBar();
   private JFrame[] f = new JFrame[3];
   private JDialog[]d = new JDialog[3];
   private static Dialog.ModalityType []typ =
     Dialog.ModalityType.values();
// Konstruktordefinition
   public JFramemitDialogModalityBeispielen () {
      super("JDialog ModalityTyp");
      setBounds(10,10,100,150);
      setDefaultCloseOperation(JFrame.EXIT_ON_CLOSE);
      setVisible(true);
// Die zur Verfügung stehenden Modalitytypen am Bildschirm
// anzeigen
      System.out.println(Arrays.asList(typ));
      for(int i=0; i<3; i++) {
// JFrame-Komponenten erzeugen
         f[i] = new JFrame("Fenster"+(i+1));
         f[i].setBounds(100*i,100*i,200,100);
// Zu jedem Fenster ein Textfeld hinzufügen
         tf[i] = new JTextField("DialogModality "+(i+1));
```

```
        tf[i].setBackground(Color.pink);
        f[i].add(tf[i]);
        f[i].setBackground(Color.pink);
        f[i].setDefaultCloseOperation(JFrame.EXIT_ON_CLOSE);
        f[i].setVisible(true);
// JToolBar-Komponente mit JButton-Komponenten erzeugen
        JButton button = new JButton("Fenster"+(i+1));
        button.setActionCommand(""+i);
        button.setBackground(new Color(200,i*40,i));
        button.addActionListener(this);
        toolBar.add(button);
        toolBar.setOrientation(VERTICAL);
      }
// Für das dritte Fenster einen ModalExclusionType setzen
      f[2].setModalExclusionType(Dialog.
       ModalExclusionType.APPLICATION_EXCLUDE);
      add(toolBar);
    }
// Die Methode des ActionListener implementieren
    public void actionPerformed(ActionEvent e) {
      String s = e.getActionCommand();
      System.out.println(s);
      int i = Integer.parseInt(s);
      switch(i) {
        case 0:
          d[i] = new JDialog(f[i], "Dialog"+(i+1)
            + typ[1].toString(), typ[1]);
          break;
        case 1:
          d[i] = new JDialog(f[i], "Dialog"+(i+1)
            + typ[2].toString(), typ[2]);
              break;
        case 2:
          d[i] = new JDialog(f[i], "Dialog"
            + (i+1)+typ[1].toString(), typ[1]);
              break;
      }
// Zu jedem Dialogfenster ein Textfeld hinzufügen
      d[i].setBounds(100*i+50,100*i+50,250,100);
      dtf[i] = new JTextField("DialogModality "+(i+1));
      dtf[i].setBackground(Color.gray);
      d[i].add(dtf[i]);
      d[i].setVisible(true);
    }
// Objekt der Klasse erzeugen
    public static void main(String[] args) {
      JFramemitDialogModalityBeispielen JFrame =
```

```
        new JFramemitDialogModalityBeispielen();
    }
}
```

Programmausgaben

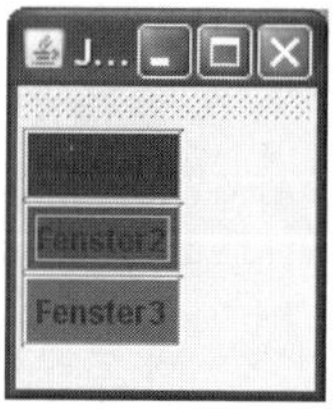

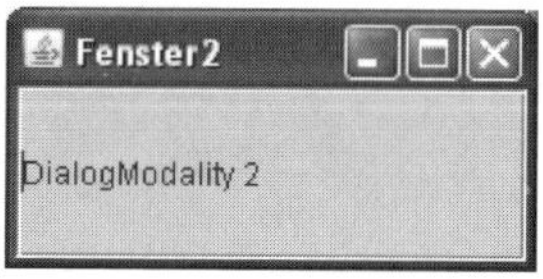

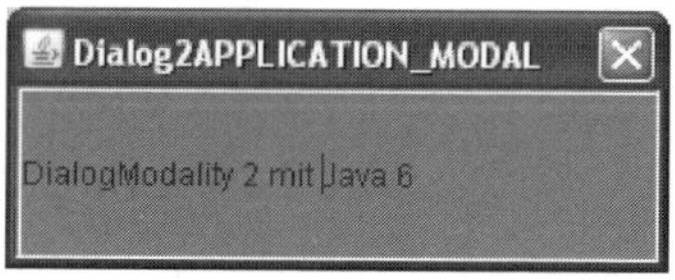

Hinweise zum Lösungsvorschlag

Für das dritte Fenster der Applikation wurde der ModalExclusionType: APPLICATION_EXCLUDE gesetzt.

Die `JFrame`-Komponente mit dem Namen `Fenster1` eröffnet als Besitzer ein `DOCUMENT_MODAL`-Dialog-Fenster. Dieses muss geschlossen werden, bevor `Fenster1` geschlossen wird, weil es zum gleichen Dokument gehört. Danach kann das `Fenster1` nur in Abhängigkeit von den anderen Fenstern der Anwendung geschlossen werden, weil es den `ModalExclusionType APPLICATION_EXCLUDE` nicht definiert.

Die `JFrame`-Komponente mit dem Namen `Fenster2` eröffnet als Besitzer ein `APPLICATION_MODAL`-Dialog-Fenster. Dieses muss geschlossen werden, bevor alle anderen Fenster der Anwendung geschlossen werden können oder ein neues geöffnet werden kann.

Die `JFrame`-Komponente mit dem Namen `Fenster3` eröffnet als Besitzer ein `DOCUMENT_MODAL`-Dialog-Fenster, dieses muss geschlossen werden, bevor `Fenster3` geschlossen wird, weil es zum gleichen Dokument gehört. Danach kann das `Fenster3` unabhängig von allen anderen Fenstern der Anwendung geschlossen werden, weil es den `ModalExclusionType: APPLICATION_EXCLUDE` definiert.

Lösung 10.7

Das Interface Tabelle

```
import java.util.*;
interface Tabelle{
    {"Jung", "Daniel", new Date(84,06,23), 23, 180.0},
    {"Jung", "Andrea", new Date(85,02,23), 22, 173.0},
    {"Jung", "Claudia", new Date(79,12,27), 27, 175.54},
    {"Jung", "Lucian", new Date(69,10,25), 37, 177.0},
    {"Michel", "Maren", new Date(76,10,10), 30, 160.0},
```

```
        {"Sajnowitz", "Alexander", new Date(87,02,06), 20, 178.45},
        {"Sajnowitz", "Maximilian", new Date(95,10,13), 12, 99.99},
    };
    final static String columns[] =
        {"Name", "Vorname", "Geburtsdatum", "Alter", "Groesse"};
}
```

Die Klasse JFramemitJTableStandardSorting

```
import javax.swing.*;
import javax.swing.table.*;
import java.awt.*;
import java.awt.event.*;
import java.util.*;
public class JFramemitJTableStandardSorting extends JFrame
                                          implements Tabelle {
// Konstruktordefinition
    public JFramemitJTableStandardSorting() {
// Den Konstruktor der Oberklasse aufrufen
        super("Sortieren der Spalten von Tabellen");
        setDefaultCloseOperation(JFrame.EXIT_ON_CLOSE);
// Eine Referenzvariable vom Typ TableModel kann eine Referenz
// auf eine Instanz der Klasse DefaultTableModel, die ein Java-
// Standard-Modell definiert, aufnehmen
        TableModel tableModel =
          new DefaultTableModel(rows, columns);
// Das Tabellenmodell wird in den Konstruktoren der Klassen
// JTable und TableRowSorter<TableModel> per Referenz übergeben
        JTable table = new JTable(tableModel);
        RowSorter<TableModel> tableSorter =
          new TableRowSorter<TableModel>(tableModel);
// Die Instanz vom Typ der parametrisierten Standard-Klasse
// RowSorter<TableModel> wird der Tabelle zugewiesen, die
// ihrerseits in einer JScrollPane-Komponente angezeigt wird
        table.setRowSorter(tableSorter);
        JScrollPane pane = new JScrollPane(table);
        add(pane, BorderLayout.CENTER);
        setSize(350,175);
        setVisible(true);
    }
// Objekt der Klasse erzeugen
    public static void main(String[] args) {
        JFramemitJTableStandardSorting frame =
          new JFramemitJTableStandardSorting();
    }
}
```

Programmausgaben

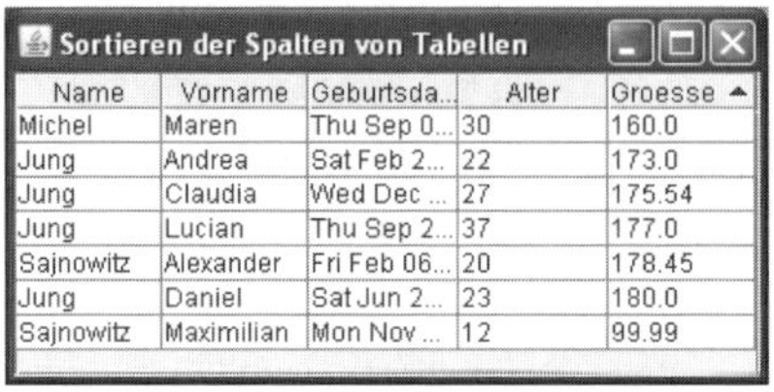

Name	Vorname	Geburtsda...	Alter	Groesse ▲
Michel	Maren	Thu Sep 0...	30	160.0
Jung	Andrea	Sat Feb 2...	22	173.0
Jung	Claudia	Wed Dec ...	27	175.54
Jung	Lucian	Thu Sep 2...	37	177.0
Sajnowitz	Alexander	Fri Feb 06...	20	178.45
Jung	Daniel	Sat Jun 2...	23	180.0
Sajnowitz	Maximilian	Mon Nov ...	12	99.99

Lösung 10.8

Die Klasse JFramemitJTableUserSorting

```
import javax.swing.*;
import javax.swing.table.*;
import java.awt.*;
import java.awt.event.*;
import java.util.*;
public class JFramemitJTableUserSorting extends JFrame
                                             implements Tabelle {
// Konstruktordefinition
   public JFramemitJTableUserSorting() {
      super("Sortieren der Spalten von Tabellen");
      setDefaultCloseOperation(JFrame.EXIT_ON_CLOSE);
// Eine Referenzvariable vom Typ TableModel kann eine Referenz
// auf eine Instanz der Klasse UserTableModel, die ein
// benutzerdefiniertes Modell definiert, aufnehmen
      TableModel tableModel = new UserTableModel(rows, columns);
// Das Tabellenmodell wird in den Konstruktoren der Klassen
// JTable und TableRowSorter<TableModel> per Referenz übergeben
      JTable table = new JTable(tableModel);
      RowSorter<TableModel> tableSorter =
        new TableRowSorter<TableModel>(tableModel);
// Die Instanz vom Typ RowSorter<TableModel> wird der Tabelle
// zugewiesen, welche ihrerseits in einer JScrollPane-Komponente
// angezeigt wird
      table.setRowSorter(tableSorter);
      JScrollPane pane = new JScrollPane(table);
      add(pane, BorderLayout.CENTER);
      setSize(350,175);
      setVisible(true);
   }
// Objekt der Klasse erzeugen
   public static void main(String[] args) {
      JFramemitJTableUserSorting frame =
```

```
        new JFramemitJTableUserSorting();
    }
}
```

Die Klasse UserTableModel

```
class UserTableModel extends DefaultTableModel {
// Konstruktordefinition
  public UserTableModel(Object[][] rows, Object[] columns){
// Den Konstruktor der Oberklasse aufrufen
     super(rows,columns);
  }
// Die Methode der Oberklasse wird überschrieben
  public Class getColumnClass(int col) {
     if((col >= 0) && (col < getColumnCount())) {
// Für jede Spalte die Klasse des Elementes aus ihrer
// ersten Zeile ermitteln
        return getValueAt(0, col).getClass();
     }
     else {
        return Object.class;
     }
  }
}
```

Programmausgaben

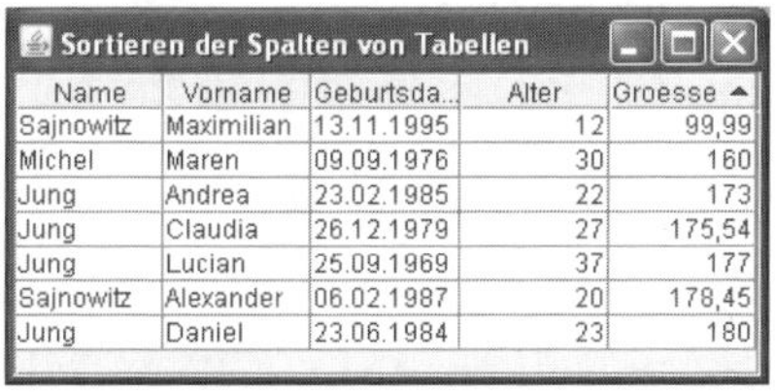

Name	Vorname	Geburtsda...	Alter	Groesse ▲
Sajnowitz	Maximilian	13.11.1995	12	99,99
Michel	Maren	09.09.1976	30	160
Jung	Andrea	23.02.1985	22	173
Jung	Claudia	26.12.1979	27	175,54
Jung	Lucian	25.09.1969	37	177
Sajnowitz	Alexander	06.02.1987	20	178,45
Jung	Daniel	23.06.1984	23	180

Lösung 10.9

Die Klasse JFramemitJTableStandardFiltering

```
import javax.swing.*;
import javax.swing.table.*;
import java.awt.*;
import java.awt.event.*;
import java.util.*;
import java.util.List;
public class JFramemitJTableStandardFiltering extends JFrame
                                             implements Tabelle {
```

```
// Konstruktordefinition
  public JFramemitJTableStandardFiltering() {
    super("Filtern von Tabelleneinträgen");
    setDefaultCloseOperation(JFrame.EXIT_ON_CLOSE);
// Eine Referenzvariable vom Typ TableModel kann eine Referenz
// auf eine Instanz der Klasse DefaultTableModel, die ein Java-
// Standard-Modell definiert, aufnehmen
    TableModel tableModel =
      new DefaultTableModel(rows, columns);
// Das Tabellenmodell wird in den Konstruktoren der Klassen
// JTable und TableRowSorter<TableModel> per Referenz übergeben
    JTable table = new JTable(tableModel);
// Weil in einer anonymen Klasse angesprochen, als final
// deklarieren
    final TableRowSorter<TableModel> tableSorter =
      new TableRowSorter<TableModel>(tableModel);
// Die Instanz vom Typ RowSorter<TableModel> wird der Tabelle
// zugewiesen, die ihrerseits in einer JScrollPane-Komponente
// angezeigt wird
    table.setRowSorter(tableSorter);
    JScrollPane pane = new JScrollPane(table);
// Um die Eingabe eines Wertes für das Filtern von
// Tabelleneinträgen  zu ermöglichen, wird eine JTextField-
// Komponente, die mit Hilfe einer JLabel-Komponente beschriftet
// wird, erstellt und beide Komponenten zu einem Panel hinzugefügt
    final JTextField filterText = new JTextField("Jung");
    JPanel panel = new JPanel();
    JPanel panel1 = new JPanel();
    JLabel label = new JLabel(" Ausdruck eingeben: ");
    panel.add(label);
    panel.add(filterText);
    JButton button = new JButton("regexFilter");
// Der regexFilter selektiert bei einer Betätigung des Buttons
// die Zeilen der Tabelle, welche den im Textfeld angegebenen
// Ausdruck beinhalten
    button.addActionListener(new ActionListener() {
      public void actionPerformed(ActionEvent e) {
        String filter = filterText.getText();
        if(filter.length() == 0) {
          tableSorter.setRowFilter(null);
        }
        else {
          tableSorter.setRowFilter(
            RowFilter.regexFilter(filter));
        }
      }
```

```
    });
// Der dateFilter selektiert Tabelleneinträge, welche
// Datumsangeben vom spezifizierten Kriterium beinhalten
    JButton button1 = new JButton("dateFilter");
    button1.addActionListener(new ActionListener() {
      public void actionPerformed(ActionEvent e) {
// Alle Tabelleneinträge mit einem Geburtsdatum kleiner als das
// aktuelle Datum werden selektiert
        tableSorter.setRowFilter(RowFilter.dateFilter(
        RowFilter.ComparisonType.BEFORE, new Date()));
      }
    });
    JButton button2 = new JButton("andFilter");
    button2.addActionListener(new ActionListener() {
      public void actionPerformed(ActionEvent e) {
// Zwei Instanzen vom Typ der parametrisierten Klasse
// RowFilter<Object,Object> werden erzeugt und zu einem ArrayList
// -Objekt vom gleichen Typ hinzugefügt
        List<RowFilter<Object,Object>> filter =
         new ArrayList<RowFilter<Object,Object>>(2);
        filter.add(RowFilter.regexFilter("Jung"));
        filter.add(RowFilter.dateFilter(
         RowFilter.ComparisonType.BEFORE, new Date()));
// Alle Tabelleneinträge, die ein Geburtsdatum größer als das
// aktuelle Datum und den Namen "Jung" enthalten, werden
// selektiert
        tableSorter.setRowFilter(
         RowFilter.andFilter(filter));
      }
    });
    add(panel, BorderLayout.NORTH);
    add(pane, BorderLayout.CENTER);
    panel1.add(button);
    panel1.add(button1);
    panel1.add(button2);
    add(panel1, BorderLayout.SOUTH);
    setSize(350,200);
    setVisible(true);
  }
// Objekt der Klasse erzeugen
  public static void main(String[] args) {
    JFramemitJTableStandardFiltering frame =
     new JFramemitJTableStandardFiltering();
  }
}
```

Programmausgaben

Lösung 10.10

Die Klasse JFramemitJTableCustomFiltering

```
import javax.swing.*;
import javax.swing.table.*;
import java.awt.*;
import java.awt.event.*;
import java.util.*;
public class JFramemitJTableCustomFiltering extends JFrame
                                             implements Tabelle {
// Konstruktordefinition
  public JFramemitJTableCustomFiltering() {
    super("Filtern von Tabelleneinträgen");
    setDefaultCloseOperation(JFrame.EXIT_ON_CLOSE);
// Eine Referenzvariable vom Typ TableModel kann eine Referenz
// auf eine Instanz der Klasse CustomTableModel, die ein
// benutzerdefiniertes Modell definiert, aufnehmen
    TableModel tableModel = new CustomTableModel(rows,columns);
// Das Tabellenmodell wird in den Konstruktoren der Klassen
// JTable und TableRowSorter<TableModel> per Referenz übergeben
    JTable table = new JTable(tableModel);
    final TableRowSorter<TableModel> tableSorter =
      new TableRowSorter<TableModel>(tableModel);
    table.setRowSorter(tableSorter);
    JScrollPane pane = new JScrollPane(table);
// Einen benutzerdefinierten Filter erzeugen
    final CustomRowFilter<TableModel,Integer> alterFilter =
      new CustomRowFilter<TableModel,Integer>();
// JButton-Komponente erzeugen und dafür den ActionListener
// implementieren
    JButton button = new JButton("Zeilen selektieren");
    button.addActionListener(new ActionListener() {
      public void actionPerformed(ActionEvent e) {
// Beim Betätigen des Buttons werden die vom Filter definierten
// Einträge selektiert
        tableSorter.setRowFilter(alterFilter);
```

```
        }
      });
      add(pane, BorderLayout.CENTER);
      add(button, BorderLayout.SOUTH);
      setSize(350,175);
      setVisible(true);
  }
// Objekt der Klasse erzeugen
  public static void main(String[] args) {
    JFramemitJTableCustomFiltering frame =
      new JFramemitJTableCustomFiltering();
  }
}
```

Die Klasse CustomTableModel

```
class CustomTableModel extends DefaultTableModel {
// Konstruktordefinition
  public CustomTableModel(Object[][] rows, Object[] columns) {
      super(rows, columns);
  }
// Die Methode der Oberklasse überschreiben
  public Class getColumnClass(int col) {
    if((col>=0) && (col<getColumnCount())) {
      return getValueAt(0, col).getClass();
    }
    else {
      return Object.class;
    }
  }
}
```

Die Klasse CustomRowFilter<TableModel,Integer>

```
class CustomRowFilter<TableModel,Integer>
                    extends RowFilter<TableModel,Integer> {
// Die Methode der Oberklasse überschreiben
  public boolean include(RowFilter.Entry<? extends TableModel,
                    ? extends Integer> entry) {
    System.out.println(entry + "*" + entry.getValueCount());
    for(int i=0; i<entry.getValueCount(); i++) {
      if((entry.getValue(i)) instanceof java.lang.Integer) {
        String s = entry.getStringValue(i);
        int alter = java.lang.Integer.parseInt(s);
        if((alter>=11) && (alter<=22)) {
// Wird true zurückgegeben, heißt es, dass die Zeile selektiert
// wird
            return true;
```

```
            }
         }
      }
      return false;
   }
}
```

Programmausgaben

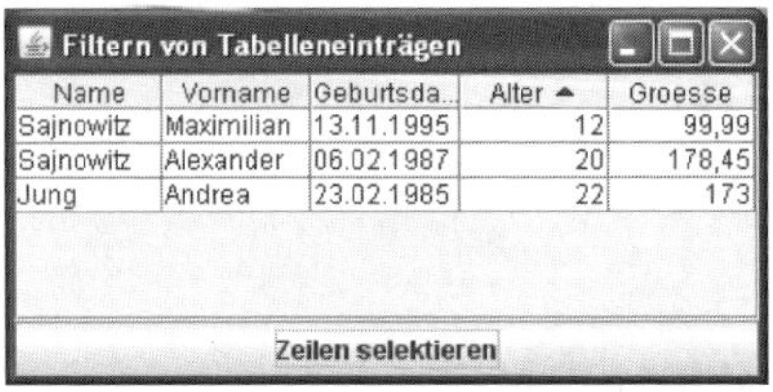


```
javax.swing.DefaultRowsorter$FilterEntry…*5
…
```

Lösung 10.11

Die Klasse JFramemitJTableUserSortingundFiltering

```
import javax.swing.*;
import javax.swing.table.*;
import java.awt.*;
import java.awt.event.*;
import java.util.*;
public class JFramemitJTableUserSortingundFiltering
                         extends JFrame implements Tabelle {
// Konstruktordefinition
  public JFramemitJTableUserSortingundFiltering() {
    super("Filtern von Tabelleneinträgen");
    setDefaultCloseOperation(JFrame.EXIT_ON_CLOSE);
// Definition der lokalen Klassen
// Die Methode getColumnClass() der Klasse DefaultTableModel
// überschreiben und eine Instanz der Klasse erzeugen
    TableModel tableModel =
      new DefaultTableModel(rows, columns) {
        public Class getColumnClass(int column) {
          Class returnValue;
          if((column>=0) && (column<getColumnCount())) {
            returnValue = getValueAt(0, column).getClass();
          }
          else {
            returnValue = Object.class;
          }
```

```
            return returnValue;
        }
      };
// Die Methode include() der Klasse RowFilter<TableModel,Integer>
// überschreiben und eine Instanz der Klasse erzeugen
      final RowFilter<TableModel,Integer> alterFilter =
        new RowFilter<TableModel,Integer>() {
         public boolean include(Entry<? extends TableModel,
           ? extends Integer> entry) {
            for(int i=0; i<entry.getValueCount(); i++) {
              if((entry.getValue(i))
                instanceof java.lang.Integer) {
                 String s = entry.getStringValue(i);
                 int alter = java.lang.Integer.parseInt(s);
                 if((alter>=11) && (alter<=22)) {
                   return true;
                 }
              }
            }
            return false;
        }
      };
// Das Tabellenmodell wird in den Konstruktoren der Klassen
// JTable und TableRowSorter<TableModel> per Referenz übergeben
      JTable table = new JTable(tableModel);
      final TableRowSorter<TableModel> tableSorter =
        new TableRowSorter<TableModel>(tableModel);
      table.setRowSorter(tableSorter);
      JScrollPane pane = new JScrollPane(table);
// JButton-Komponente erzeugen und mittels einer anonymen Klasse
// den ActionListener für diese registrieren
      JButton button = new JButton("Zeilen selektieren");
      button.addActionListener(new ActionListener() {
         public void actionPerformed(ActionEvent e) {
// Beim Betätigen des Buttons werden die vom Filter definierten
// Einträge selektiert
            tableSorter.setRowFilter(alterFilter);
        }
      });
      add(pane, BorderLayout.CENTER);
      add(button, BorderLayout.SOUTH);
      setSize(350,150);
      setVisible(true);
  }
// Objekt der Klasse erzeugen
  public static void main(String[] args) {
    JFramemitJTableUserSortingundFiltering frame =
```

```
      new JFramemitJTableUserSortingundFiltering();
   }
}
```

Programmausgaben

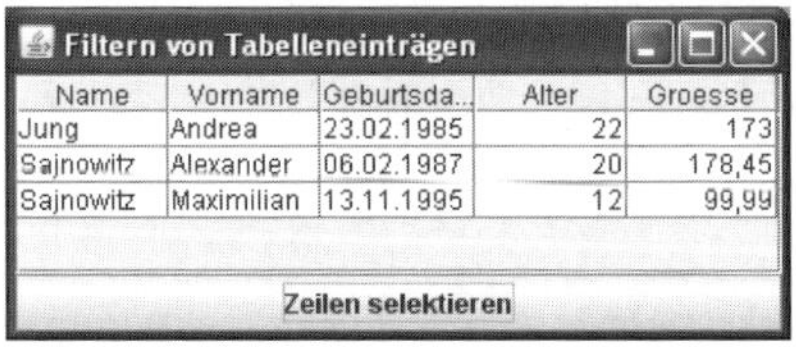

Lösung 10.12

Das Interface JavaKomponenten

```
interface JavaKomponenten {
   final static String[] komponentenName = {
     "javax.swing.JSpinner", "java.awt.Button",
     "javax.swing.JRadioButton", "javax.swing.JSlider",
     "javax.swing.JComboBox", "javax.swing.JScrollPane",
     "javax.swing.JToolBar", "java.awt.List"
   };
}
```

Die Klasse JFramemitJTabbedPane

```
import java.awt.*;
import java.awt.event.*;
import javax.swing.*;
import java.util.Vector;
public class JFramemitJTabbedPane extends JFrame
                                implements JavaKomponenten {
   private JTabbedPane pane = new JTabbedPane();
// Konstruktordefinition
   public JFramemitJTabbedPane () {
      super("JTabbedPane mit einem Text fuer Registerkarten");
      setDefaultCloseOperation(JFrame.EXIT_ON_CLOSE);
// Kindkomponenten für den JTabbedPane-Container dynamisch
// erzeugen
      for(int i=0; i<komponentenName.length; i++) {
         try {
// Komponentenklasse laden
            Component komponente = null;
            Class componentClass = Class.forName(
              komponentenName[i]);
// und eine Instanz davon erzeugen
```

```
            komponente = (Component)componentClass.newInstance();
            komponente.setBackground(Color.blue);
            komponente.setName(komponentenName[i]);
            String className = komponente.getClass().getName();
            String tabName = className.
              substring(className.lastIndexOf('.')+1);
// Die Komponenten zu den Tabs (Registerkarten) hinzufügen
            pane.addTab(tabName, komponente);
          }
          catch(Exception e) {
// Bei Fehler eine Meldung ausgeben
            System.out.println("Laden bzw. Instantiieren der "
              + "Klasse nicht möglich " + komponentenName[i]);
          }
        }
// Die JTabbedPane-Komponente zu dem Fenster hinzufügen
      add(pane);
// Größe des Fensters festlegen
      setSize(500,100);
// Fenster auf dem Bildschirm sichtbar machen
      setVisible(true);
    }
// Objekt der Klasse erzeugen
   public static void main(String[] args) {
      JFramemitJTabbedPane frame = new JFramemitJTabbedPane();
   }
}
```

Programmausgaben

Lösung 10.13

Die Klasse JFramemitJTabbedPaneV6

```
import java.awt.*;
import java.awt.event.*;
import javax.swing.*;
import java.util.Vector;
public class JFramemitJTabbedPaneV6 extends JFrame
                  implements ActionListener, JavaKomponenten {
   private JTabbedPane pane = new JTabbedPane();
   private Vector<Component> komponenten;
// Konstruktordefinition
```

```
  public JFramemitJTabbedPaneV6 () {
    super("JTabbedPane mit Komponenten fuer Registerkarten");
// Die in den Tabs anzuzeigenden Komponenten dynamisch erzeugen
    komponenten = defKomponenten(komponentenName);
    setDefaultCloseOperation(JFrame.EXIT_ON_CLOSE);
// Komponenten zu den Tabs (Registerkarten) hinzufügen
    for(int i=0; i<komponenten.size(); i++) {
      Component komponente = komponenten.elementAt(i);
      pane.addTab(null, komponente);
// An Stelle eines Textes eine JButton-Komponente mit dem
// Klassenname der Komponente als Label direkt in die
// Registerkarten platzieren
      String className = komponente.getClass().getName();
      String tabName = className.substring(
        className.lastIndexOf('.')+1);
      JButton button = new JButton(tabName);
      button.addActionListener(this);
      pane.setTabComponentAt(pane.getTabCount()-1, button);
    }
// Die JTabbedPane-Komponente zu dem Fenster hinzufügen
    add(pane);
    setSize(500,125);
    setVisible(true);
  }
// Die Methode des ActionListener implementieren
  public void actionPerformed(ActionEvent ae) {
// Beim Betätigen der Buttons die den Registerkarten
// zugeordneten Kindkomponenten anzeigen
// Den Name der Kindkomponenten ermitteln,
    String s ="";
    if(((ae.getActionCommand()).equals("Canvas")) ||
      ((ae.getActionCommand()).equals("Button"))){
      s = s.concat("java.awt.");
    }
    else {
      s = s.concat("javax.swing.");
    }
    s = s.concat(ae.getActionCommand());
// diese über ihren Namen in der JTabbedPane-Komponente finden
    for(int i=0; i<komponenten.size(); i++) {
      Component komponente =pane.getComponentAt(i);
      if((komponente.getClass().getName()).equals(s)) {
// und selektieren
        pane.setSelectedComponent(komponente);
        break;
      }
    }
```

```
  }
// Ladbare Swing- und AWT-Komponenten mit Hilfe eines
// vorgegebenen Klassennamens erzeugen und in eine Instanz vom
// Typ Vector<Component> legen
  public static Vector<Component> defKomponenten(String[] name){
// Eine Vector<Component>-Instanz für die Aufnahme von
// Komponenten erzeugen
    Vector<Component> komponenten = new Vector<Component>();
// Aktuelle Komponente initialisieren
    Component komponente = null;
    for(int i=0; i<name.length; i++) {
      try {
// Komponentenklasse laden
        Class componentClass = Class.forName(name[i]);
// und eine Instanz davon erzeugen
        komponente = (Component)componentClass.newInstance();
        komponente.setBackground(Color.blue);
        komponente.setName(name[i]);
      }
      catch(Exception e) {
// Bei Fehler eine Meldung ausgeben
        System.out.println("Laden bzw. Instantiieren der "
          + "Klasse nicht möglich " + name[i]);
      }
// Ansonsten die so erzeugte Komponente zu der Vector<Component>
// -Instanz hinzufügen und diese
      komponenten.addElement(komponente);
    }
// returnieren
    return komponenten;
  }
// Objekt der Klasse erzeugen
  public static void main(String[] args) {
    JFramemitJTabbedPaneV6 frame =
      new JFramemitJTabbedPaneV6();
  }
}
```

Programmausgaben

Lösung 10.14

Das Interface Texte

```
interface Texte {
   final static String[] text1 = {"JAVA1", "JAVA2", "JAVA3",
     "JAVA4", "JAVA5", "JAVA6"};
   final static String[] text2 = {"java1", "java2", "java3",
     "java4", "java5", "java6"};
}
```

Die Klasse JFramemitDnDfuerJList

```
import java.awt.*;
import javax.swing.*;
public class JFramemitDnDfuerJList extends JFrame
                                            implements Texte {
   private JTextArea textArea = new JTextArea(
      "Die\nVersion\nlernen",3,3);
   private JList liste;
// Konstruktordefinition
   public JFramemitDnDfuerJList() {
      super("Drag-and-Drop-Test");
      liste = new JList(text1);
// Die Drag-Fähigkeit für die Komponenten einschalten
      liste.setDragEnabled(true);
      textArea.setDragEnabled(true);
      getContentPane().setLayout(new FlowLayout());
      add(new JLabel("TextArea: "));
      add(textArea);
      add(new JLabel("Liste: "));
      add(liste);
      setDefaultCloseOperation(JFrame.EXIT_ON_CLOSE);
      setVisible(true);
      setSize(300,150);
   }
// Objekt der Klasse erzeugen
   public static void main(String args[]) {
      JFramemitDnDfuerJList frame = new JFramemitDnDfuerJList();
   }
}
```

Programmausgaben

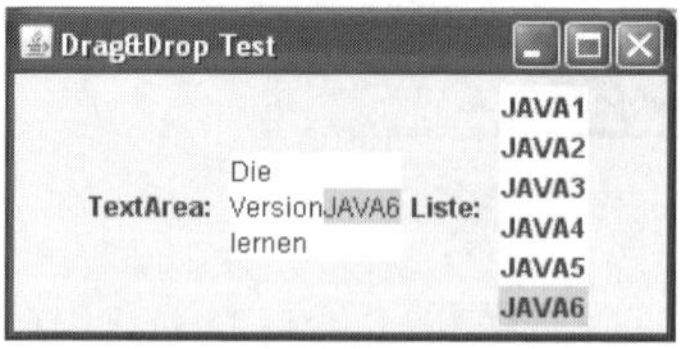

Lösung 10.15

Die Klasse JFramemitDnDfuerJTextArea

```
import java.awt.*;
import javax.swing.*;
public class JFramemitDnDfuerJTextArea extends JFrame {
// Vier mehrzeilige Textfelder erzeugen
   private JTextArea textArea1 = new JTextArea(
     "lernen");
   private JTextArea textArea2 = new JTextArea("Java4",3,3);
   private JTextArea textArea3 = new JTextArea("Java5",3,3);
   private JTextArea textArea4 = new JTextArea("Java6",3,3);
// Konstruktordefinition
   public JFramemitDnDfuerJTextArea() {
      super("Drag-and-Drop-Test");
// Eine Instanz der Klasse TransferHandler mit der Eigenschaft
// "text" zu der ersten JTextArea-Komponente zuweisen und eine
// mit der Eigenschaft "foreground" zu der zweiten und dritten
       TransferHandler transferHandler1 = new TransferHandler(
         "text");
       TransferHandler transferHandler2 = new TransferHandler(
         "foreground");
       textArea2.setForeground(Color.blue);
       textArea3.setForeground(Color.magenta);
       textArea1.setTransferHandler(transferHandler1);
       textArea2.setTransferHandler(transferHandler2);
       textArea3.setTransferHandler(transferHandler2);
// Die Drag-Fähigkeit für die erste, zweite und vierte
// Komponente einschalten
       textArea1.setDragEnabled(true);
       textArea2.setDragEnabled(true);
// Der 4. TextArea wird kein TransferHandler zugewiesen, somit
// bekommt diese eine Standard-Instanz der Klasse zugewiesen,
// welche die Eigenschft "text" besitzt
       textArea4.setDragEnabled(true);
       getContentPane().setLayout(new FlowLayout());
       add(new JLabel("TextArea1: "));
       add(textArea1);
       add(new JLabel("TextArea2: "));
       add(textArea2);
       add(new JLabel("TextArea3: "));
       add(textArea3);
       add(new JLabel("TextArea4: "));
       add(textArea4);
       setDefaultCloseOperation(JFrame.EXIT_ON_CLOSE);
       setVisible(true);
       setSize(500,100);
```

```
   }
// Objekt der Klasse erzeugen
   public static void main(String args[]) {
      JFramemitDnDfuerJTextArea frame =
        new JFramemitDnDfuerJTextArea();
   }
}
```

Programmausgaben

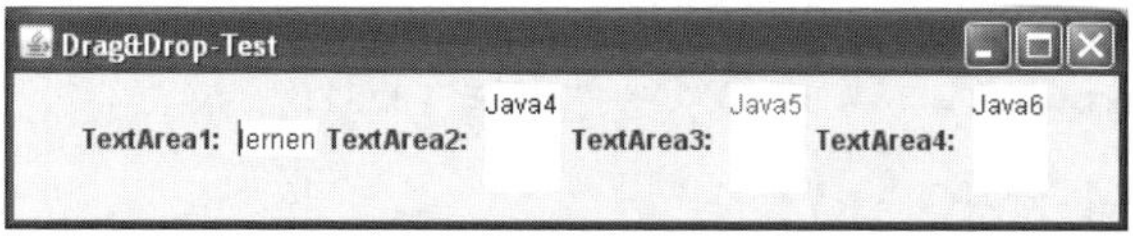

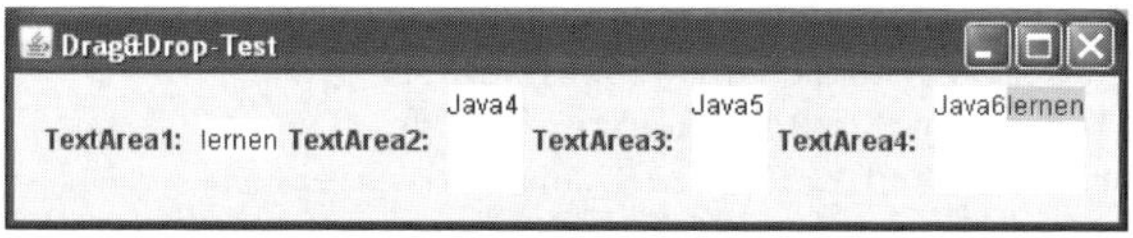

Lösung 10.16

Die Klasse JFramemitDnDfuerJLabel

```
import java.awt.*;
import javax.swing.*;
import java.awt.event.*;
public class JFramemitDnDfuerJLabel extends JFrame {
   private JTextArea textArea = new JTextArea("Java6");
   private JLabel label = new JLabel("lernen");
// Konstruktordefinition
   public JFramemitDnDfuerJLabel() {
      super("Drag-and-Drop-Test");
// Die Drag-Fähigkeit für die JTextArea-Komponente einschalten
      textArea.setDragEnabled(true);
// foreground-Eigenschaft für die Komponenten setzen
      textArea.setForeground(Color.blue);
      label.setForeground(Color.magenta);
// Eine Instanz der Klasse TransferHandler mit Angabe der
// foreground-Eigenschaft im Konstruktoraufruf muss beiden
// Komponenten zugewiesen werden, damit diese Eigenschaft
// übertragen wird
      TransferHandler transferHandler = new TransferHandler(
        "foreground");
      textArea.setTransferHandler(transferHandler);
      label.setTransferHandler(transferHandler);
// Beim Anklicken mit der Maus wird eine Drag-Operation vom Typ
// COPY für die JLabel-Komponente gestartet;
```

```
// der MouseAdapter wird mittels einer anonymen Klasse definiert
      label.addMouseListener(new MouseAdapter() {
         public void mousePressed(MouseEvent me) {
            JComponent c = (JComponent)me.getSource();
            TransferHandler trans = c.getTransferHandler();
            trans.exportAsDrag(c, me, TransferHandler.COPY);
         }
      });
      getContentPane().setLayout(new FlowLayout());
      add(new JLabel("TextArea: "));
      add(textArea);
      add(new JLabel("Label: "));
      add(label);
      setDefaultCloseOperation(JFrame.EXIT_ON_CLOSE);
      setVisible(true);
      setSize(300,75);
   }
// Objekt der Klasse erzeugen
   public static void main(String args[]) {
      JFramemitDnDfuerJLabel frame =
        new JFramemitDnDfuerJLabel();
   }
}
```

Programmausgaben

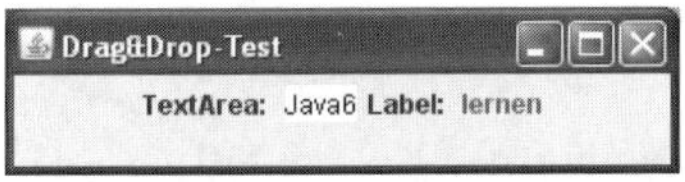

Hinweise zum Lösungsvorschlag

Sollte die `text`-Eigenschaft übertragen werden, reicht es, einen TransferHandler mit dieser Eigenschaft für die `JLabel`-Komponente zu setzen, da dieser standardmäßig für eine `JTextArea`-Komponente schon gesetzt ist. Prüfen Sie dies, indem Sie die entsprechenden Änderungen im Programm durchführen.

Lösung 10.17

Die Klasse JFramemitClipBoard

```
import java.awt.*;
import java.awt.datatransfer.*;
import javax.swing.*;
```

```
import java.awt.event.*;
public class JFramemitClipBoard extends JFrame {
  private Clipboard clipboard;
  private JTextArea textArea1 = new JTextArea("Java ",3,3);
  private JTextArea textArea2 = new JTextArea("lernen",3,3);
  private JMenuBar menueBar = new JMenuBar();
// Konstruktordefinition
  public JFramemitClipBoard() {
    super("Die Klassen Clipboard, StringSelection und "
      + "DataFlavor");
    clipboard = Toolkit.getDefaultToolkit().
      getSystemClipboard();
    getContentPane().setLayout(new FlowLayout());
    add(new JLabel("TextArea1: "));
    add(textArea1);
    add(new JLabel("TextArea2: "));
    add(textArea2);
// MenuBar für die Auswahl der Bearbeitungsvorgänge im Fenster
// einrichten
    setJMenuBar(menueBar);
// Ein Menü mit allen verfügbaren Bearbeitungsvorgängen erzeugen
// und zu der Menüleiste hinzufügen
    JMenu menue = defmenueEdit();
    menueBar.add(menue);
    setDefaultCloseOperation(JFrame.EXIT_ON_CLOSE);
    setVisible(true);
    setSize(350,125);
  }
// Instanzmethode, die eine JMenue-Komponente erzeugt
  public JMenu defmenueEdit() {
    String[] name = {"Copy", "Cut", "Paste"};
    ImageIcon[]icon = {new ImageIcon("copy.gif"),
      new ImageIcon("cut.gif"), new ImageIcon("paste.gif")};
// JMenu-Komponente instantiieren
    JMenu menueEdit = new JMenu("Edit");
// ButtonGroup für das Ausschließen von Menüeinträgen erzeugen
    ButtonGroup radiogroup = new ButtonGroup();
// Menüeintrag als JRadioButtonMenuItem-Komponente erzeugen
    for(int i=0; i<name.length; i++) {
      JMenuItem item = menueEdit.add(
        new JRadioButtonMenuItem(name[i],icon[i]));
// Aktionen, die bei der Auswahl eines Menüeintrags durchgeführt
// werden, über die Definition einer anonymen Klasse festlegen
        item.addActionListener(new ActionListener() {
          public void actionPerformed(ActionEvent ae) {
            try {
              if(ae.getActionCommand().equals("Paste")) {
```

```
// Daten aus der Zwischenablage lesen
            Transferable trans =
             clipboard.getContents(clipboard);
// und die Daten auswerten; das Datenformat ist vom Typ der Klasse
// DataFlavor
            DataFlavor[] flavors =
             trans.getTransferDataFlavors();
// Alle Datenformate anzeigen
            for(int i=0; i<flavors.length; i++)
              System.out.println("Datenformate aus der "
               + "Zwischenablage: " + flavors[i].
                getMimeType() + "*" + flavors.length);
// und nur Daten vom Typ DataFlavor.stringFlavor zu der zweiten
// JTextArea-Komponente an Position 0 hinzufügen
              String str = trans.getTransferData(
              DataFlavor.stringFlavor).toString();
              textArea2.insert(str,0);
            }
            else {
// Den aus textArea1 gelesenen Text in die Zwischenablage des
// Systems legen
              StringSelection strSelection =
               new StringSelection(textArea1.getText());
              clipboard.setContents(strSelection,
               strSelection);
              if(ae.getActionCommand().equals(
               "Cut"))
// Den Inahlt der TextArea löschen
              textArea1.setText("");
            }
          }
          catch(Exception ex) {
            System.err.println(ex);
          }
        }
      });
// MenueItem zu der radioGroup-Komponente hinzufügen
      radiogroup.add(item);
    }
// das so erstellte Menü returnieren
    return menueEdit;
  }
// Objekt der Klasse erzeugen
  public static void main(String args[]) {
    JFramemitClipBoard frame = new JFramemitClipBoard();
  }
}
```

Programmausgaben

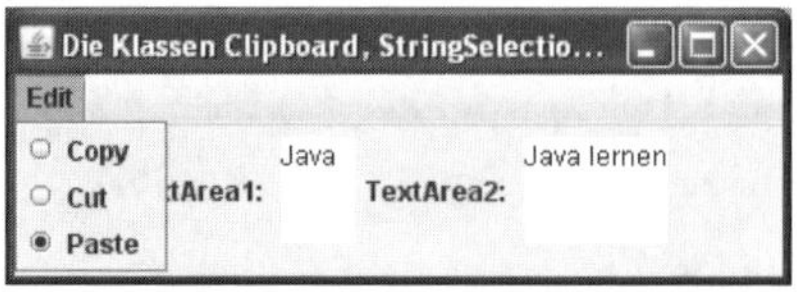

Lösung 10.18

Die Klasse JFramemitDropTargetListener

```
import java.awt.*;
import java.awt.dnd.*;
import java.awt.datatransfer.*;
import javax.swing.*;
public class JFramemitDropTargetListener extends JFrame
                    implements DropTargetListener, Texte {
   private DropTarget dropTarget;
   private JTextArea textArea;
   private DefaultListModel listModel = new DefaultListModel();
   private JList liste1, liste2;
   private JPanel panel1 = new JPanel();
   private JPanel panel2 = new JPanel();
// Konstruktordefinition
   public JFramemitDropTargetListener() {
      super("Drop-Test fuer eine JList-Komponente");
      setDefaultCloseOperation(JFrame.EXIT_ON_CLOSE);
      getContentPane().add(new JLabel("Die Elemente der"
        + " linken Liste auf die rechte Liste ziehen:"),
          BorderLayout.NORTH);
// Die rechte Liste wird über ein Modell vom Typ der Klasse
// DefaultListModel erzeugt, für die linke wird im Konstruktor
// eine Referenz vom Typ eines String-Array übergeben
      for(int i=0; i<text1.length; i++) {
         listModel.add(i,text1[i]);
      }
      liste1 = new JList(text2);
      liste1.setDragEnabled(true);
      liste2 = new JList(listModel);
      liste2.setBackground(Color.white);
      panel1.add(new JLabel("Liste1: "));
      panel1.add(liste1);
      panel2.add(new JLabel("Liste2: "));
      panel2.add(liste2);
      add(panel1, BorderLayout.WEST);
      add(panel2, BorderLayout.EAST);
// Die rechte Liste soll Daten empfangen, die Klasse DropTarget
```

```
// handelt die DropEvents für diese Komponente mit Hilfe des
// DropTargetListener
      dropTarget = new DropTarget(liste2, this);
      setSize(300,200);
      setVisible(true);
  }
// Die Methoden des DropTargetListener implementieren
  public void dragEnter(DropTargetDragEvent dropEvent) {
    System.out.println("Drag-Enter");
    if(dropEvent.getSource() != dropTarget)
// Die Drag-Operation wird abgelehnt, wenn das Event vom Typ
// DropTargetDragEvent nicht von der erwarteten Komponente
// ausgelöst wurde
      dropEvent.rejectDrag();
    else {
      dropEvent.acceptDrag(DnDConstants.ACTION_COPY_OR_MOVE);
      System.out.println("Beginn der Drag-Operation");
    }
  }
  public void dragExit(DropTargetEvent dte) {
    System.out.println("Drag-Exit");
  }
  public void dragOver(DropTargetDragEvent dropEvent) {
    System.out.println("Drag-Over");
  }
  public void dropActionChanged(DropTargetDragEvent dropEvent) {
      System.out.println("Drop-Action-Changed");
  }
// Die Methode drop() wird aufgerufen, wenn die Drag-Operation mit
// einer Drop-Operation beendet wird
  public void drop(DropTargetDropEvent dropEvent) {
    try {
// Den gezogenen Text abholen
      Transferable trans = dropEvent.getTransferable();
// Daten auswerten, das erwartete Datenformat ist vom Typ
// DataFlavor
      DataFlavor[] flavors = trans.getTransferDataFlavors();
// Anzeige aller Datenformate
      System.out.print("Datenformate aus der "
        + "Zwischenablage: ");
      System.out.println("Anzahl "+flavors.length);
      for(int i=0; i<flavors.length; i++) {
        System.out.println(flavors[i].getMimeType());
      }
      for(int i=0; i<flavors.length; i++) {
        if(flavors[i].isFlavorTextType()) {
          dropEvent.acceptDrop(DnDConstants.ACTION_COPY);
```

```
// Ist das Datenformat vom Typ stringFlavor, sollen die Daten in
// die rechte Liste an Position 0 eingefügt werden
            listModel.insertElementAt(trans.
            getTransferData(DataFlavor.stringFlavor).
              toString(), 0);
// Der Instanz, von welcher die Daten abgeholt wurden, wird
// mitgeteilt, dass die Drop-Operation erfolgreich beendet wurde
            dropEvent.dropComplete(true);
            return;
         }
// Die gezogenen Daten sind nicht vom angegebenen Typ
         System.out.println("Fehlerhafter Drop: "
           + dropEvent);
// Die Drop-Operation wird abgelehnt
         dropEvent.rejectDrop();
      }
    }
    catch (Exception e) {
      e.printStackTrace();
      dropEvent.rejectDrop();
    }
  }
// Objekt der Klasse erzeugen
  public static void main(String args[]) {
    JFramemitDropTargetListener frame =
      new JFramemitDropTargetListener();
  }
}
```

Programmausgaben

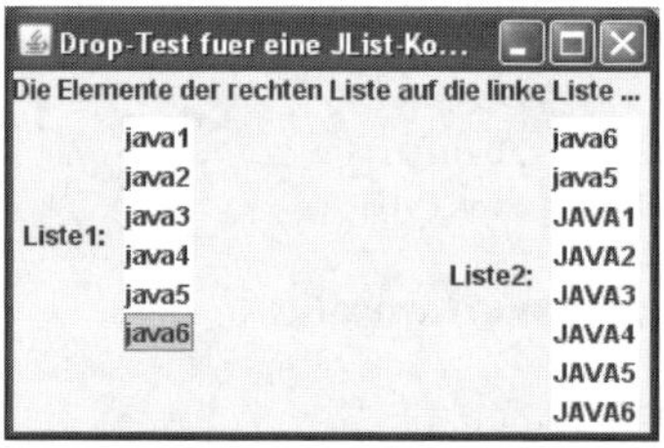


```
Drag-Enter
Beginn der Drag-Operation
Drag-Over
...
Datenformate aus der Zwischenablage: Anzahl 8
text/html; class = java.lang.String
...
```

Hinweise zum Lösungsvorschlag

Für den Programmtest wird ein Element der linken Liste mit der linken Maustaste angeklickt und auf der rechten Liste abgelegt.

Lösung 10.19

Die Klasse JListTransferHandler

```
import javax.swing.*;
import java.awt.*;
import java.awt.datatransfer.*;
public class JListTransferHandler extends TransferHandler {
// Der Index eines selektierten Listenelementes wird in einer
// globalen int-Variablen gespeichert, damit dieses, im Falle
// einer MOVE-Operation gelöscht werden kann
  private int index = 0;
// Das zugelassene Datenformat für diesen TransferHandler ist:
// DataFlavor.stringFlavor
  private static final DataFlavor flavors[] = {
    DataFlavor.stringFlavor};
// Die Methoden der Klasse TransferHandler überschreiben
// Ein Transferable-Objekt erzeugen, welches genutzt wird, um die
// Daten der im Methodenaufruf referenzierten Komponente zu
// übertragen
  public Transferable createTransferable(JComponent c) {
    JList liste = (JList)c;
    index = liste.getSelectedIndex();
    Object value = liste.getSelectedValue();
    return new StringSelection(value.toString());
  }
// Die Methode returniert den Typ der Transferoperation
  public int getSourceActions(JComponent c) {
    return COPY_OR_MOVE;
  }
// Die Methode führt ein Datentransfer von einem Transferable-
// Objekt zu der spezifizierten Komponente durch
  public boolean importData(JComponent c, Transferable trans) {
    if(c instanceof JList) {
      JList liste = (JList)c;
      DefaultListModel listModel =
        (DefaultListModel)liste.getModel();
      try {
// Importierte Strings werden in der Liste eingefügt
        String string = (String)trans.getTransferData(
          DataFlavor.stringFlavor);
        index = liste.getSelectedIndex();
// Wurde kein Listenelement selektiert, wird der importierte
// String am Anfang der Liste eingefügt
```

```
          if(index == -1)
            listModel.insertElementAt(string,0);
          else
            listModel.insertElementAt(string,index);
          return true;
        }
        catch (Exception e) {
          e.printStackTrace();
        }
      }
      return false;
    }
// Nachdem die Drop-Operation erfolgreich beendet wurde,
// muss im Fall einer MOVE-Operation das selektierte Element
// der Liste gelöscht werden; im Fall einer COPY-Operation wird
// die Liste nicht abgeändert
    public void exportDone(JComponent c, Transferable data,
                           int action) {
      if(action == MOVE) {
        JList liste = (JList)c;
        DefaultListModel model = (DefaultListModel)liste.
          getModel();
        model.remove(index);
      }
    }
// Die Methode spezifiziert das zugelassene Datenformat für die
// Daten, welche von der Komponente importiert werden können,
// für Strings ist es der der Typ DataFlavor.stringFlavor
    public boolean canImport(JComponent c, DataFlavor flavors[]) {
      for(int i=0; i<flavors.length; i++) {
        for(int j=0; j<this.flavors.length; j++) {
          if(flavors[i].equals(this.flavors[j])) {
            return true;
          }
        }
      }
      return false;
    }
}
```

Die Klasse JFramemitJListTransferHandler

```
import java.awt.*;
import javax.swing.*;
import java.awt.event.*;
public class JFramemitJListTransferHandler extends JFrame
                                       implements Texte {
  private JTextArea textArea = new JTextArea(
```

```
    "Die\nVersion\nlernen",3,3);
  private DefaultListModel listModel = new DefaultListModel();
  private JList liste;
// Konstruktordefinition
  public JFramemitJListTransferHandler() {
    super("Benutzerdefinierte Transfer-Handler");
    for(int i=0; i<text1.length; i++) {
      listModel.add(i,text1[i]);
    }
// Die Liste wird über ein Modell vom Typ der Klasse
// DefaultListModel erzeugt
    liste = new JList(listModel);
// und es ist keine mehrfache Selektion von Elementen erlaubt
    liste.setSelectionMode(ListSelectionModel.
      SINGLE_INTERVAL_SELECTION);
//  Die Drag-Fähigkeit für die Komponenten einschalten
    textArea.setDragEnabled(true);
    liste.setDragEnabled(true);
// Eine Instanz der Klasse JListTransferHandler der JList-
// Komponente zuweisen
    JListTransferHandler transHandler =
      new JListTransferHandler();
    liste.setTransferHandler(transHandler);
    getContentPane().setLayout(new FlowLayout());
    add(new JLabel("JTextArea: "));
    add(textArea);
    add(new JLabel("JList: "));
    add(liste);
    setDefaultCloseOperation(JFrame.EXIT_ON_CLOSE);
    setVisible(true);
    setSize(300,150);
  }
// Objekt der Klasse erzeugen
  public static void main(String args[]) {
    JFramemitJListTransferHandler frame =
      new JFramemitJListTransferHandler();
  }
}
```

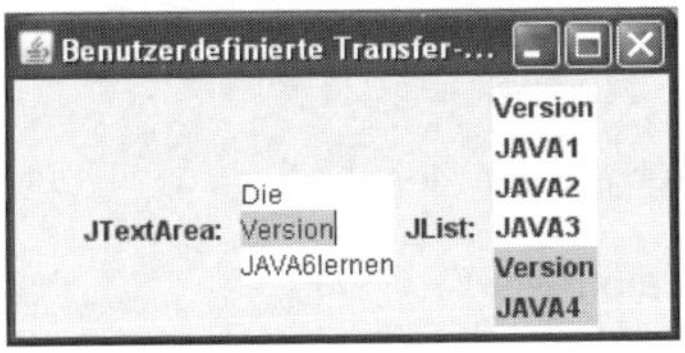

Hinweise zum Lösungsvorschlag

Für den Programmtest kann ein Element der Liste mit der linken Maustaste angeklickt und auf der TextArea abgelegt werden, aber auch ein Textfragment aus der TextArea-Komponente oberhalb eines ausgewählten Elementes der Liste.

Lösung 10.20

Die Klasse JTreeTransferHandler

```
import javax.swing.*;
import javax.swing.tree.*;
import java.awt.*;
import java.awt.datatransfer.*;
public class JTreeTransferHandler extends TransferHandler {
// Die Referenz eines selektierten Knoten wird über eine globale
// Referenzvariable festgehalten, damit dieser im Falle einer
// MOVE-Operation gelöscht werden kann
   private DefaultMutableTreeNode node;
// Das zugelassene Datenformat für diesen TransferHandler ist
// DataFlavor.stringFlavor
   private static final DataFlavor flavors[] = {
     DataFlavor.stringFlavor};
// Die Methoden der Klasse TransferHandler überschreiben
// Ein Transferable-Objekt erzeugen, das genutzt wird, um die
// Daten der im Methodenaufruf referenzierten Komponente zu
// übertragen
   public Transferable createTransferable(JComponent c) {
       JTree tree = (JTree)c;
// Ermitteln der selektierten Komponente
       Object value = tree.getLastSelectedPathComponent();
// Ermitteln des selektierten Pfades
       TreePath treePath = tree.getSelectionPath();
       if(treePath != null)
// Ermitteln des selektierten Knotens
          node = (DefaultMutableTreeNode)treePath.
             getLastPathComponent();
       return new StringSelection(value.toString());
   }
// Den Typ der Transferoperation zurückgeben
   public int getSourceActions(JComponent c) {
     return COPY_OR_MOVE;
   }
// Ein Datentransfer von einem Transferable-Objekt zu der
// spezifizierten Komponente durchführen
   public boolean importData(JComponent c, Transferable trans) {
     if(c instanceof JTree) {
       JTree tree = (JTree)c;
       DefaultTreeModel model = (DefaultTreeModel)tree.
```

```
        getModel();
      try {
// Importierte Strings werden in einen Knoten vom Typ der Klasse
// DefaultMutableTreeNode umgesetzt
        String string = (String)trans.
          getTransferData(DataFlavor.stringFlavor);
        DefaultMutableTreeNode newNode =
          new DefaultMutableTreeNode(string);
// Den Wurzel-Knoten der Komponente ermitteln
        DefaultMutableTreeNode parentNode =
          (DefaultMutableTreeNode)model.getRoot();
// und den neuen Knoten an Position 0 einfügen
        model.insertNodeInto(newNode, parentNode, 0);
// Die Anzeige aktualisieren
        TreePath newPath = tree.getSelectionPath();
        tree.makeVisible(newPath);
        tree.scrollRectToVisible(tree.
          getPathBounds(newPath));
        return true;
      }
      catch(Exception e) {
        e.printStackTrace();
      }
    }
    return false;
  }
// Die Methode exportDone() wird aufgerufen, nachdem die Daten
// exportiert wurden; nachdem die Drop-Operation erfolgreich
// beendet wurde, muss im Fall einer MOVE-Operation der
// selektierte Knoten gelöscht werden, im Falle einer COPY-
// Operation wird die JTree-Komponente nicht abgeändert
  public void exportDone(JComponent c, Transferable data,
                         int action) {
    if(action == MOVE) {
      JTree tree = (JTree)c;
      DefaultTreeModel model = (DefaultTreeModel)tree.
        getModel();
      TreeNode previousNode = node.getPreviousNode();
      TreeNode[] pathtoRoot = model.
        getPathToRoot(previousNode);
// Knoten im Pafd löschen
      model.removeNodeFromParent(node);
// und die Anzeige aktualisieren
      tree.setSelectionPath(new TreePath(pathtoRoot));
    }
  }
// Die Methode canImport() spezifiziert das zugelassene
```

```
// Datenformat für die Daten welche von der Komponente importiert
// werden können, für diesen TransferHandler ist es der Typ
// DataFlavor.stringFlavor
   public boolean canImport(JComponent c, DataFlavor flavors[]) {
      for(int i=0; i<flavors.length; i++) {
         for(int j=0; j<this.flavors.length; j++) {
            if(flavors[i].equals(this.flavors[j])) {
               return true;
            }
         }
      }
      return false;
   }
}
```

Die Klasse BaumStruktur

```
import java.awt.*;
import javax.swing.*;
import javax.swing.tree.*;
public class BaumStruktur {
   public JTree tree;
   public DefaultMutableTreeNode schule, klasse, schueler;
// Konstruktordefinition
   public BaumStruktur() {
// Wurzel, Knoten und Blätter der Baumstruktur definieren
      schule = new DefaultMutableTreeNode("Schule");
      for(int i=0; i<2; i++) {
         klasse = new DefaultMutableTreeNode("Klasse " + (i+1));
         schule.add(klasse);
         for(int j=0; j<2; j++) {
            schueler = new DefaultMutableTreeNode("Schueler "
              + (i+1) + (j+1));
            klasse.add(schueler);
         }
      }
      tree = new JTree(schule);
   }
}
```

Die Klasse JFramemitJTreeTransferHandler

```
import java.awt.*;
import javax.swing.*;
import javax.swing.tree.*;
public class JFramemitJTreeTransferHandler extends JFrame {
   private JTextArea textArea = new JTextArea(
     "Java lernen");
```

```
  private BaumStruktur schule =
    new BaumStruktur();
// Konstruktordefinition
  public JFramemitJTreeTransferHandler() {
    super("Benutzerdefinierte Transfer-Handler");
    setDefaultCloseOperation(JFrame.EXIT_ON_CLOSE);
// Eine Instanz der Klasse JTreeTransferHandler der
// JTree-Komponente zuweisen
    JTreeTransferHandler trans = new JTreeTransferHandler();
    schule.tree.setTransferHandler(trans);
//  Die Drag-and-Drop Fähigkeit für die Komponenten einschalten
    schule.tree.setDragEnabled(true);
    textArea.setDragEnabled(true);
    getContentPane().setLayout(new FlowLayout());
    add(new JLabel("JTextArea: "));
    add(textArea);
    add(new JLabel("JTree: "));
    add(schule.tree);
    setVisible(true);
    setSize(400,200);
  }
// Objekt der Klasse erzeugen
  public static void main(String args[]) {
    JFramemitJTreeTransferHandler frame =
      new JFramemitJTreeTransferHandler();
  }
}
```

Programmausgaben

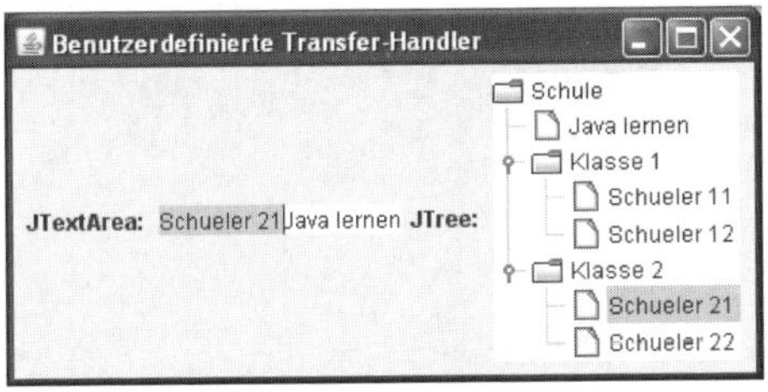

Hinweise zum Lösungsvorschlag

Der Text der TextArea wurde kopiert und über die Baumstruktur gelegt. Damit wird er an Position 0 in den Wurzel-Knoten eingefügt. Der Knoten »Schueler 12« wurde auf die TextArea gezogen, dabei wird er in der Baumstruktur gelöscht.

Lösung 10.21

Die Klasse JListTransferHandlermitDropLocation

```
import javax.swing.*;
import javax.swing.tree.*;
import java.awt.*;
import java.awt.datatransfer.*;
public class JListTransferHandlermitDropLocation
                    extends TransferHandler implements Texte {
  private JList liste;
  private DefaultListModel model;
// Konstruktordefinition
  JListTransferHandlermitDropLocation(JList liste) {
    this.liste = liste;
    model = (DefaultListModel)liste.getModel();
  }
// Die Methode definiert, was, wann und wohin und transferiert
// werden kann, und gibt true zurück, wenn ein Transfer positiv
// quitiert werden soll
  public boolean canImport(TransferHandler.
                          TransferSupport support) {
    if(!support.isDataFlavorSupported(DataFlavor.stringFlavor)
      || !support.isDrop()) {
      return false;
    }
    return true;
  }
// Die Methoden der Klasse TransferHandler überschreiben.
// Die Methode liest die zu transferierenden Daten aus der
// Zwischenablage und speichert diese je nach definiertem Drop-
// Modus und anhand des selektierten Listenelementes
  public boolean importData(TransferHandler.
                          TransferSupport support) {
    if(!canImport(support)) {
      return false;
    }
    JList.DropLocation dropLocation =
      (JList.DropLocation)support.getDropLocation();
    Transferable trans = support.getTransferable();
    String string;
    try {
      string = (String)trans.getTransferData(
        DataFlavor.stringFlavor);
    }
    catch (Exception e) {
      e.printStackTrace();
      return false;
```

```
      }
// Die Methode getIndex() der Klasse JList.DropLocation liefert
// den Index des selektierten Listenelementes
      int index = dropLocation.getIndex();
      model.insertElementAt(string,index);
      return true;
   }
}
```

Die Klasse JFramefuerJListTransferHandlermitDropLocation

```
import java.awt.*;
import javax.swing.*;
import java.awt.event.*;
public class JFramefuerJListTransferHandlermitDropLocation
                                 extends JFrame implements Texte {
   static final String name[] = new String[4];
   static {
     name[0] = "USE_SELECTION";
     name[1] = "ON";
     name[2] = "INSERT";
     name[3] = "ON_OR_INSERT";
   }
   static final DropMode dropMode[] = new DropMode[4];
   static {
     dropMode[0] = DropMode.USE_SELECTION;
     dropMode[1] = DropMode.ON;
     dropMode[2] = DropMode.INSERT;
     dropMode[3] = DropMode.ON_OR_INSERT;
   }
   private JTextArea textArea = new JTextArea(
     "Die\nVersion\nlernen",3,3);
   private DefaultListModel model = new DefaultListModel();
   private JList liste;
   private JMenuBar menueBar = new JMenuBar();
// Konstruktordefinition
   public JFramefuerJListTransferHandlermitDropLocation() {
      super("Benutzerdefinierte Transfer-Handler");
      setDefaultCloseOperation(JFrame.EXIT_ON_CLOSE);
      JMenu menue = defmenueDropMode();
      menueBar.add(menue);
// Die MenueBar für die Auswahl der Drop-Modi im Fenster
// einrichten
      setJMenuBar(menueBar);
// Die Liste wird über ein Modell vom Typ der Klasse
// DefaultListModel erzeugt
      for(int i=0; i <text1.length; i++) {
         model.add(i,text1[i]);
```

```
      }
      liste = new JList(model);
// und es ist keine mehrfache Selektion von Elementen erlaubt
      liste.setSelectionMode(ListSelectionModel.
        SINGLE_INTERVAL_SELECTION);
// Die Drag-Fähigkeit für die Komponenten einschalten
      textArea.setDragEnabled(true);
      liste.setDragEnabled(true);
// Einen benutzerdefinierten TransferHandler vom Typ der Klasse
// JListTransferHandlermitDropLocation der JList-Komponente
// zuweisen
      JListTransferHandlermitDropLocation transHandler =
        new JListTransferHandlermitDropLocation(liste);
      liste.setTransferHandler(transHandler);
// Einen Layout-Manager definieren und die einzelnen Komponenten
// zu der ContentPane des Fensters hinzufügen
      getContentPane().setLayout(new FlowLayout());
      add(new JLabel("JTextArea: "));
      add(textArea);
      add(new JLabel("JList: "));
      add(liste);
      setSize(275,200);
      setVisible(true);
    }
// Die Methode returniert eine JMenu-Komponente für die Auswahl
// der Drop-Modi
    public JMenu defmenueDropMode() {
// JMenu-Komponente instantiieren
      JMenu menueDropMode = new JMenu("DropMode");
// ButtonGroup für das Ausschließen von Menüeinträgen erzeugen
      ButtonGroup radiogroup = new ButtonGroup();
// Menüeinträge erstellen
      for(int i=0; i<name.length; i++) {
        JMenuItem item = menueDropMode.add(
          new JRadioButtonMenuItem(name[i]));
        final int n = i;
// Aktionen, die bei der Auswahl eines Menüeintrags durchgeführt
// werden, über die Definition einer anonymen Klasse festlegen
        item.addActionListener(new ActionListener() {
          public void actionPerformed(ActionEvent ae) {
            liste.setDropMode(dropMode[n]);
          }
        });
// MenueItem zu der RadioGroup-Komponente hinzufügen
        radiogroup.add(item);
      }
// das so erstellte Menü returnieren
```

```
      return menueDropMode;
   }
// Objekt der Klasse erzeugen
   public static void main(String args[]) {
      JFramefuerJListTransferHandlermitDropLocation frame =
         new JFramefuerJListTransferHandlermitDropLocation();
   }
}
```

Programmausgaben

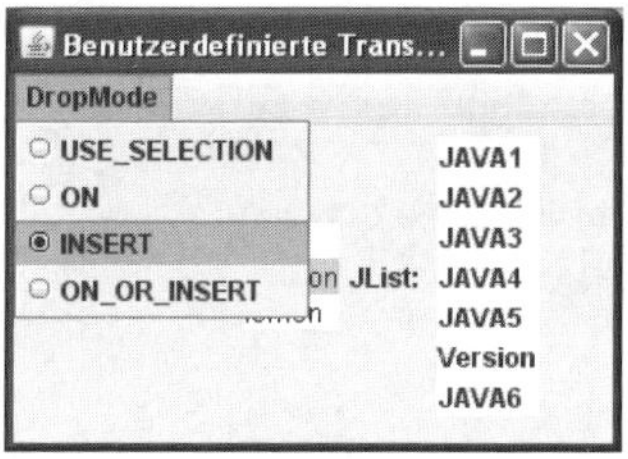

Lösung 10.22

Die Klasse JTreeTransferHandlermitDropLocation

```
import javax.swing.*;
import javax.swing.tree.*;
import java.awt.*;
import java.awt.datatransfer.*;
public class JTreeTransferHandlermitDropLocation
                                    extends TransferHandler {
   private JTree tree;
   private DefaultTreeModel model;
// Konstruktordefinition
   JTreeTransferHandlermitDropLocation(JTree tree) {
      this.tree = tree;
// Das Modell der im Konstruktor übergebenen JTree-Komponente
// ermitteln
      model = (DefaultTreeModel)tree.getModel();
   }
// Die Methoden der Klasse TransferHandler überschreiben.
// Die Methode definiert, was, wann und wohin transferiert
// werden kann, und gibt true zurück wenn ein Transfer positiv
// quitiert werden soll
   public boolean canImport(TransferHandler.
                           TransferSupport support) {
      if(!support.isDataFlavorSupported(DataFlavor.stringFlavor)
        || !support.isDrop()) {
         return false;
```

```
      }
      JTree.DropLocation dropLocation =
        (JTree.DropLocation)support.getDropLocation();
      return dropLocation.getPath()!= null;
    }
// Die Methode liest die zu transferierenden Daten aus der
// Zwischenablage und speichert diese, je nach definiertem Drop-
// Modus und anhand des selektierten Knoten
    public boolean importData(TransferHandler.
                        TransferSupport support) {
      if(!canImport(support)) {
        return false;
      }
      JTree.DropLocation dropLocation =
        (JTree.DropLocation)support.getDropLocation();
      Transferable trans = support.getTransferable();
      String string;
      try {
        string = (String)trans.getTransferData(
          DataFlavor.stringFlavor);
      }
      catch(Exception e) {
        e.printStackTrace();
        return false;
      }
// Mit den Methoden getPath() und getindex() der Klasse
// JTree.DropLocation den Pfad und Index des selektierten Knotens
// ermitteln
      TreePath path = dropLocation.getPath();
        int index = dropLocation.getChildIndex();
        if(index == -1) {
          index = model.getChildCount(
            path.getLastPathComponent());
        }
// und einen neuen Knoten zu der JTree-Komponente je nach
// ausgewähltem Drop-Modus hinzufügen
        DefaultMutableTreeNode newNode =
          new DefaultMutableTreeNode(string);
        DefaultMutableTreeNode parentNode =
          (DefaultMutableTreeNode)path.getLastPathComponent();
        model.insertNodeInto(newNode, parentNode, index);
// Die Anzeige aktualisieren
        TreePath newPath = path.pathByAddingChild(newNode);
        tree.makeVisible(newPath);
        tree.scrollRectToVisible(tree.getPathBounds(newPath));
        return true;
    }
}
```

Die Klasse JFramefuerJTreeTransferHandlermitDropLocation

```
import java.awt.*;
import javax.swing.*;
import javax.swing.tree.*;
import java.awt.event.*;
public class JFramefuerJTreeTransferHandlermitDropLocation
                                              extends JFrame {
   static final String name[] = new String[4];
   static {
     name[0] = "USE_SELECTION";
     name[1] = "ON";
     name[2] = "INSERT";
     name[3] = "ON_OR_INSERT";
   }
   static final DropMode dropMode[] = new DropMode[4];
   static {
     dropMode[0] = DropMode.USE_SELECTION;
     dropMode[1] = DropMode.ON;
     dropMode[2] = DropMode.INSERT;
     dropMode[3] = DropMode.ON_OR_INSERT;
   }
   private JTextArea textArea = new JTextArea("Java lernen");
   private JMenuBar menueBar = new JMenuBar();
   private BaumStruktur schule =
     new BaumStruktur();
// Konstruktordefinition
   public JFramefuerJTreeTransferHandlermitDropLocation() {
      super("Benutzerdefinierte Transfer-Handler");
      setDefaultCloseOperation(JFrame.EXIT_ON_CLOSE);
      JMenu menue = defmenueDropMode();
      menueBar.add(menue);
// MenueBar für die Auswahl der Drop-Modi im Fenster einrichten
      setJMenuBar(menueBar);
// Die Drag-Fähigkeit für die Komponenten einschalten
      textArea.setDragEnabled(true);
      schule.tree.setDragEnabled(true);
// Eine Instanz der Klasse JTreeTransferHandlermitDropLocation
// der JTree-Komponente zuweisen
      JTreeTransferHandlermitDropLocation transHandler =
        new JTreeTransferHandlermitDropLocation(schule.tree);
      schule.tree.setTransferHandler(transHandler);
      getContentPane().setLayout(new FlowLayout());
      add(new JLabel("JTextArea: "));
      add(textArea);
      add(new JLabel("JTree: "));
      add(schule.tree);
      setSize(350,200);
```

```
      setVisible(true);
   }
// Die Methode returniert eine JMenu-Komponente für die Auswahl
// der Drop-Modi
   public JMenu defmenueDropMode() {
// JMenu-Komponente instantiieren
      JMenu menueDropMode = new JMenu("DropMode");
// ButtonGroup für das Ausschließen von Menüeinträgen erzeugen
      ButtonGroup radiogroup = new ButtonGroup();
// Menüeintrag erstellen
      for(int i = 0; i < name.length; i++) {
         JMenuItem item = menueDropMode.add(
           new JRadioButtonMenuItem(name[i]));
         final int n = i;
// Aktionen, die bei der Auswahl eines Menüeintrags durchgeführt
// werden, mittels einer anonymen Klasse festlegen
         item.addActionListener(new ActionListener() {
            public void actionPerformed(ActionEvent ae) {
               schule.tree.setDropMode(dropMode[n]);
            }
         });
// MenueItem zu der RadioGroup-Komponente hinzufügen
         radiogroup.add(item);
      }
// und das so erstellte Menü returnieren
      return menueDropMode;
   }
// Objekt der Klasse erzeugen
   public static void main(String args[]) {
      JFramefuerJTreeTransferHandlermitDropLocation frame =
        new JFramefuerJTreeTransferHandlermitDropLocation();
   }
}
```

Programmausgaben

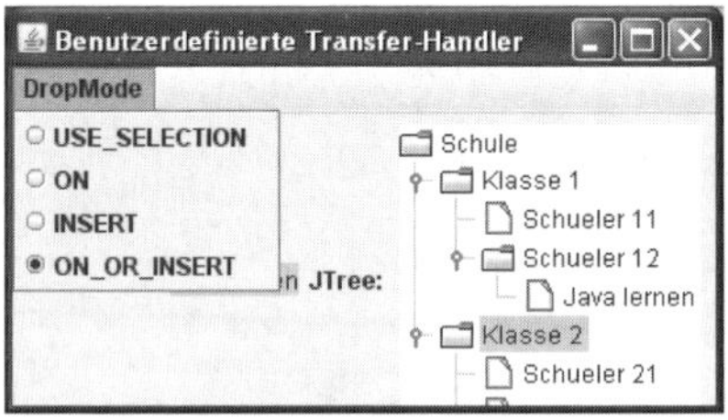

Stichwortverzeichnis

H

I

J

K

L

M

S

T

U

V

W

Z